2024 / 2025

COORDONNÉ PAR ARNAUD THAUVRON

GESTION DE PATRIMOINE

STRATÉGIES JURIDIQUES, FISCALES ET FINANCIÈRES

DUNOD

Visuel de couverture : © Prairat Fhunta – Shutterstock

NOUS NOUS ENGAGEONS EN FAVEUR DE L'ENVIRONNEMENT :

Nos livres sont imprimés sur des papiers certifiés pour réduire notre impact sur l'environnement.

Le format de nos ouvrages est pensé afin d'optimiser l'utilisation du papier.

Depuis plus de 30 ans, nous imprimons 70 % de nos livres en France et 25 % en Europe et nous mettons tout en œuvre pour augmenter cet engagement auprès des imprimeurs français.

Nous limitons l'utilisation du plastique sur nos ouvrages (film sur les couvertures et les livres).

11 rue Paul Bert, 92240 Malakoff
www.dunod.com

ISBN 978-2-10-086543-7

Les auteurs

Tous les droits d'auteur de cet ouvrage sont versés à la Fondation pour la recherche médicale.

Coordination

Docteur en sciences de gestion, **Arnaud Thauvron** est maître de conférences en finance à l'Université Paris-Est Créteil au sein de l'Institut d'administration des entreprises (IAE Paris-Est, ex-Gustave Eiffel). Il y est responsable du Master Gestion de patrimoine. Son domaine de spécialité est l'évaluation d'entreprise, thème sur lequel il a publié un ouvrage : *Évaluation d'entreprise*, 5e éd., Economica, 2020.

Contributeurs

La plupart des contributeurs de cet ouvrage interviennent au sein du Master Gestion de patrimoine de l'Université Paris-Est Créteil (IAE Paris-Est, ex-Gustave Eiffel).

Serge Anouchian, expert-comptable, est titulaire d'un DES de gestion de patrimoine (Clermont-Ferrand) et d'un DU de gestion fiscale des entreprises (Dijon). Fondateur du Club Expert-Patrimoine, il était chargé d'enseignement à l'AUREP, à l'Université de Toulouse. Ses domaines de prédilection sont l'immobilier d'entreprise et la société civile, ainsi que l'ISF, devenu IFI. Il est coauteur d'un ouvrage sur le démembrement de l'immobilier d'entreprise (*Revue Fiduciaire*) et d'un livre intitulé *Gérer son patrimoine : Les bons réflexes,* Éditions Expert comptable média.

Mathieu Becker est dirigeant fondateur du cabinet Qwalify, expert en recrutement, conseil RH et développement des compétences techniques, commerciales et managériales pour les professionnels de la gestion de patrimoine. Il est lui-même titulaire du Master Gestion de patrimoine de l'IAE. Par ailleurs, il est maître de conférences associé à l'Université Paris-Est Créteil. Il dirige avec Arnaud Thauvron le Master Gestion de patrimoine.

Catherine Bienvenu, titulaire du Diplôme supérieur du notariat (Université Paris-Est Créteil), exerce dans le monde de la philanthropie et de la recherche de fonds au profit d'associations et fondations, après six ans passés dans le notariat. Elle est elle-même diplômée du Master 2 de Gestion de patrimoine de l'IAE Paris-Est où elle est intervenue en droit de la famille.

Jean-François Carrier, diplômé en droit des affaires (Université d'Auvergne) et en finance (IAE Paris-Sorbonne), est titulaire du CESB Gestion de patrimoine. Il exerce le métier d'ingénieur patrimonial chez BNP Paribas-Banque Privée depuis 2010 après avoir exercé les fonctions de conseil en banque privée entrepreneurs de 2006 à 2009. Il est chargé du cours « Impôt sur le revenu » au sein du Master 2 Gestion de patrimoine de l'IAE Paris-Est.

Roseline Charasse est directrice de l'équipe d'ingénierie patrimoniale de CIC Banque Privée Ile de France depuis juillet 2022. Diplômée d'une Maîtrise de finance de marché et gestion de l'épargne, puis du Master de Gestion de patrimoine de Clermont-Ferrand, elle a débuté en 1999 en tant que conseil en gestion de patrimoine à Paris au sein de BNP Paribas-Banque Privée pour exercer ensuite la fonction d'ingénieur patrimonial au sein du même groupe à Paris, à Marseille, puis au sein de CIC Banque Privée à Lyon. Elle intervient également pour l'AUREP dans le cadre des formations diplômantes de Gestion de patrimoine et d'Ingénierie patrimoniale du dirigeant d'entreprise.

Pierre Chollet est professeur émérite à l'Institut Montpellier Management, Université de Montpellier, et professeur agrégé des universités. Il est également chercheur au sein du laboratoire Montpellier Research in Management et du LABEX Entreprendre. Ses sujets de recherche portent notamment sur les options, les produits dérivés actions, les investissements directs à l'étranger et l'investissement socialement responsable.

Vincent Cornilleau est dirigeant fondateur du multi *family office* VH23, basé au Luxembourg. Fort d'une expérience de place financière au sein de grandes banques privées, il s'appuie sur les techniques modernes de gestion de fortune. Il est intervenant auprès de l'ESCP Europe et de l'Université Paris-Est Créteil, directeur scientifique du programme d'enseignement de l'IFCAM pour les conseillers privés du Crédit Agricole Indosuez, et enseigne la stratégie patrimoniale et la mobilité internationale des personnes physiques. Il est l'auteur de nombreux ouvrages spécialisés en droit patrimonial, dont *Gestion de patrimoine et démembrement de propriété* aux éditions Lexis Nexis, *Le droit patrimonial luxembourgeois, aspects civils et fiscaux*

aux éditions Kluwer, *Cas d'ingénierie patrimoniale dans un contexte franco-belge* aux éditions Larcier et *Guide de l'assurance vie* aux éditions Lexis Nexis.

Jean-Pierre Cossin a été conseiller maître à la Cour des comptes, professeur associé à l'Université de Paris-Est Créteil, ancien secrétaire général du Conseil des impôts et du Conseil des prélèvements obligatoires. Il est également membre de diverses commissions fiscales et du jury de l'examen de commissaire aux comptes. Il est l'auteur d'un rapport sur la fiscalité des petites et moyennes entreprises à la demande du Premier ministre (1991).

Mario Da Silva, diplômé du Master de Gestion de patrimoine à l'Université Paris-Est Créteil, a passé trois ans au sein d'un important cabinet de conseil parisien en gestion de patrimoine en tant que consultant patrimonial. Il y a notamment développé son expertise auprès de cadres de groupes internationaux bénéficiant de stock-options. Aujourd'hui associé fondateur de Widoowin, société spécialisée dans le financement des PME non cotées françaises au travers du PEA, il se concentre sur la recherche de nouvelles sociétés en forte croissance.

Bruno Dalmas (DEA de droit de Paris II et DES Gestion de patrimoine de Clermont-Ferrand) est fondateur de Patrimoine Office, cabinet de conseil en stratégie patrimoniale et en investissement s'adressant aux groupes familiaux et leurs actionnaires, dirigeants d'entreprises et équipes dirigeantes, investisseurs en capital, cédants et acteurs du *private equity*. Il assure la formation de conseillers en gestion de patrimoine depuis dix ans. Il est coauteur des ouvrages *Pratique du démembrement de propriété*, Litec, 2009 et *La société civile, instrument majeur de la gestion de patrimoine*, Gualino, 2006.

Jérôme Dubreuil, diplômé de l'Université Paris-Dauphine (DESS 223 Droit du patrimoine professionnel) et certifié *European Financial Planner*, est ingénieur patrimonial au pôle retraite de BNP Paribas Wealth Management après avoir été directeur de centre banque privée de 2013 à 2022. Il est également chargé d'enseignement au Master 223 de l'université Paris Dauphine-PSL, au programme « Objectif Manager de l'immobilier » dédié aux joueurs professionnels de rugby de NEOMA Business School et au Master of Science Banque et chargé d'affaires d'Excelia Business School.

Gwénaëlle Laizé, diplômée d'un DEA de fiscalité et finances publiques, a travaillé au sein du département fiscalité personnelle et mobilité internationale du cabinet d'avocats Landwell & Associés (PwC Avocats) où elle s'occupait de la situation fiscale des salariés impatriés et expatriés, des problématiques liées aux transferts internationaux et des stock-options. Après plusieurs années d'expérience dans des pôles d'ingénierie patrimoniale (Cyrus Conseil, AXA Gestion Privée et Balthazar Gestion Privée), elle rejoint le *family office* Vigifinance en tant que responsable ingénierie patrimoniale.

Olivier Lejeune est administrateur des finances publiques adjoint. Il a travaillé au ministère de l'Intérieur où il a été chef-adjoint de la Brigade nationale de répression de la délinquance fiscale. Il a ensuite rejoint la direction départementale des finances publiques des Côtes d'Armor. Son domaine de spécialité est le contrôle fiscal des particuliers, la détection des montages juridiques frauduleux, la fiscalité des résidents à l'étranger et le droit pénal des affaires.

Camil Mikolajczack est titulaire d'un Master Banque-Assurance (IAE Pau-Bayonne), d'un Master Gestion de patrimoine (IAE Paris-Est) et de la certification *European Financial Planner*. Il intervient en tant que chargé d'enseignement en sociétés civiles et en fiscalité immobilière auprès de ces deux formations universitaires. Auparavant, il a exercé des fonctions de banquier privé au sein de BNP Paribas puis de Delubac & Cie au service d'une clientèle composée de dirigeants et de familles fortunées. Actuellement, il est dirigeant-fondateur de The Wealth Office, un cabinet qui propose une approche moderne de la gestion de patrimoine.

Frédéric Petit, notaire à Taverny, est diplômé du DES Gestion de patrimoine (Faculté de Clermont-Ferrand). Il est également membre du conseil d'administration de l'Institut notarial du patrimoine et de la famille, et chargé d'enseignement à l'Université Paris-Est Créteil et à l'Université Jean Moulin (Lyon 3).

Pascal Pineau est consultant et formateur, spécialiste en stratégie et communication comportementale au sein du cabinet Métisse Finance. Son approche intégrative lui permet d'aborder en complément d'outils opérationnels des dimensions émotionnelles et non verbales, sources de confiance et de récurrence dans le monde des affaires. Il travaille tout particulièrement auprès des métiers de la Banque Finance et a publié *Prendre soin de son client en gestion de patrimoine,* d'abord aux éditions AFNOR (2012), puis aux éditions Dunod (2019).

Renaud Salomon est avocat général à la Cour de cassation et professeur associé à l'Université Paris-Dauphine où il enseigne le droit des marchés financiers, le droit fiscal et le droit pénal des affaires. Codirecteur scientifique de la revue *Droit des sociétés* et auteur d'une chronique mensuelle dans cette revue, il est l'auteur de nombreux ouvrages (*Précis de droit commercial* aux PUF, *Manuel de droit pénal des affaires* chez LexisNexis, *Manuel sur les abus de marché chez* LexisNexis, *Précis de droit pénal fiscal* chez LexisNexis et *Traité de droit pénal social* chez Economica, un ouvrage sur les grands arrêts de la jurisprudence en droit pénal des affaires chez Cujas) et de publications diverses dans ces branches du droit.

Arnaud Sultan, diplômé d'un DESS en droit des affaires et d'un DEA de Sciences politiques, a débuté sa carrière en tant qu'attaché parlementaire au Sénat avant de rejoindre le groupe Aviva et d'intégrer le service d'ingénierie patrimoniale. Il a développé son expertise auprès des réseaux d'agents et de courtiers partenaires avant de se voir confier la création du service d'ingénierie patrimoniale d'un courtier filiale « Épargne Actuelle ». Il intervient auprès d'une clientèle « privée » sur des problématiques tant personnelles que professionnelles et assure la montée en compétence des conseillers et des services supports de la compagnie. Désormais directeur commercial et en charge du service d'ingénierie patrimoniale, il a contribué au changement de statut de l'entreprise en cabinet de conseil en investissements financiers.

Sabine Vacrate, avocate et docteur en droit, est spécialisée en droit des sociétés, procédures collectives, droit bancaire et gestion de patrimoine. Elle exerce au sein de son cabinet, spécialisé dans la protection du patrimoine du dirigeant d'entreprise qui est confronté aux contentieux des sûretés réelles et personnelles souscrites au bénéfice des créanciers sociaux, ainsi que l'optimisation de la transmission patrimoniale.

Remerciements

Ce livre est le fruit d'un long travail collectif, associant une grande partie du corps professoral actuel ou passé du Master Gestion de patrimoine de l'Institut d'administration des entreprises (IAE Paris-Est, ex-Gustave Eiffel) de l'Université Paris-Est Créteil. Je tiens ainsi à remercier sincèrement les différents contributeurs de cet ouvrage : Serge Anouchian, Mathieu Becker, Catherine Bienvenu, Jean-François Carrier, Roseline Charasse, Pierre Chollet, Vincent Cornilleau, Jean-Pierre Cossin, Mario Da Silva, Bruno Dalmas, Jérôme Dubreuil, Gwénaëlle Laizé, Olivier Lejeune, Camil Mikolajczack, Frédéric Petit, Pascal Pineau, Renaud Salomon, Arnaud Sultan et Sabine Vacrate.

Enfin, je tiens à exprimer ici ma gratitude à mon collègue Olivier Meier à l'origine de ce projet.

Qu'ils trouvent ici l'expression de mes sincères remerciements.

Arnaud THAUVRON

Sommaire

Partie 2
La dimension juridique de la gestion de patrimoine

Partie 3
La dimension fiscale de la gestion de patrimoine

Introduction

La gestion de patrimoine peut se définir comme l'activité qui permet d'optimiser le patrimoine d'une personne. Cette activité est, par nature, pluridisciplinaire, car l'optimisation peut s'entendre du point de vue juridique, fiscal et/ou financier. Plus précisément, la gestion de patrimoine va avoir pour objet de faire fructifier un patrimoine, tout en le protégeant des aléas de la vie personnelle ou professionnelle et en limitant autant que faire se peut son imposition. Elle doit, par ailleurs, permettre sa transmission dans les meilleures conditions possibles.

Cet ouvrage s'organise ainsi autour de **six parties.**

La **Partie 1** (**Le conseil en gestion de patrimoine**) débute par une présentation des différents acteurs de cette activité, et des règles juridiques qui les encadrent (**Les professionnels de la gestion de patrimoine**). Puis est présentée la démarche de diagnostic, préalable à tout conseil (**Le diagnostic patrimonial**). Enfin, elle se termine par une réflexion sur le premier des actifs dont toute personne dispose, son nom de famille (**Vers une gestion globale du patrimoine**).

La **Partie 2** (**La dimension juridique de la gestion de patrimoine**) présente en détail les différentes règles de droit qu'il est impératif de connaître. Cette partie débute par trois chapitres que l'on pourrait résumer par *tout va bien* (**Les régimes matrimoniaux**), *tout va mal* (**Le divorce**) et *tout est fini* (**Les successions**).

Mais le droit n'est pas une discipline statique, il se gère de façon dynamique. L'utilisation des règles du droit peut permettre d'aider un proche (**Les libéralités**), de protéger son conjoint (**La protection du conjoint survivant**) ou son enfant incapable (**La protection d'un incapable**). Enfin, le droit peut être utilisé comme un outil d'optimisation, que ce soit au travers du démembrement (**Le démembrement de propriété**) ou du recours à une forme particulière de société (**La société civile**).

La **Partie 3** (**La dimension fiscale de la gestion de patrimoine**) traite d'un sujet, ô combien sensible en France, l'impôt. Après une présentation générale des grands principes de l'impôt sur le revenu (**L'impôt sur le revenu**), sont détaillées deux des principales catégories de revenus patrimoniaux, ceux issus du patrimoine financier (**L'imposition des revenus du patrimoine financier**) et ceux provenant du patrimoine immobilier (**L'imposition des revenus du patrimoine immobilier et les produits de défiscalisation immobilière**). Cette partie se termine par de longs développements sur l'IFI (**l'Impôt sur la Fortune Immobilière**).

La **Partie 4** (**La dimension financière de la gestion de patrimoine**) débute par une présentation des différents produits financiers dans lesquels un particulier peut être amené à investir (**Les produits d'épargne et de placement**). Puis l'assurance-vie, support d'investissement préféré des Français, est expliquée en détail (**L'assurance-vie et les contrats de capitalisation**). Une des règles de base de la finance est que la rentabilité espérée d'un placement est proportionnelle au risque encouru. Ce principe et son utilisation sont ainsi détaillés (**La gestion d'un portefeuille titres**). Enfin, la constitution d'une épargne en prévision de la retraite fait l'objet du dernier chapitre (**L'épargne retraite**).

La **Partie 5** (**Le dirigeant d'entreprise**) se focalise sur une catégorie spécifique de particuliers, les dirigeants. Après une présentation des particularités fiscales auxquelles ils sont soumis (**Le régime fiscal des rémunérations des dirigeants**), le système des stock-options et les pistes de son optimisation sont traités (**Les stock-options**). De par son activité, le dirigeant est amené à prendre des risques. Il est alors important pour lui de mettre en place des outils de protection de son patrimoine privé (**La protection du patrimoine du dirigeant**). Enfin, à l'occasion de la transmission de son entreprise, certaines impositions sont dues. Afin d'éviter que ces dernières soient pénalisantes pour l'activité économique et la pérennité des entreprises, le législateur est intervenu afin d'en limiter les conséquences (**La fiscalité de la transmission d'entreprise**).

Enfin, la **Partie 6** (**Études de cas de stratégie patrimoniale**) conclut l'ouvrage par trois études de cas dont l'objet est de montrer que le patrimoine des particuliers doit se gérer de façon active et selon une approche pluridisciplinaire, faisant tout autant appel au droit, à la fiscalité et à la finance.

Public intéressé par l'ouvrage

Grâce à la rigueur de son contenu et à son approche résolument opérationnelle, cet ouvrage s'adresse :

- aux étudiants des masters de gestion de patrimoine, de droit (fiscal ou notarial) et de finance, des universités et écoles de management ;
- aux professionnels de la gestion de patrimoine, qu'ils soient conseillers indépendants ou salariés des réseaux bancaires ;
- aux particuliers soucieux de gérer de façon éclairée leur patrimoine.

Partie 1

Le conseil en gestion de patrimoine

Le conseil en gestion de patrimoine est une activité en plein essor. Afin de protéger les épargnants, la loi de Sécurité financière de 2003 a encadré l'activité de conseil en investissements financiers et des associations professionnelles font l'objet d'un agrément par l'Autorité des marchés financiers. Le chapitre 1 présente les cadres juridiques associés à cette activité.

Préalablement à tout conseil, il est impératif de réaliser un diagnostic, par le biais d'un recensement patrimonial, avant de pouvoir aboutir à une analyse, puis à la définition d'une stratégie patrimoniale. Ce thème, très opérationnel, fait l'objet du chapitre 2. En matière de conseil en gestion de patrimoine, chaque cas est un cas particulier. Il est donc primordial pour le conseiller en gestion de patrimoine de tenir compte des spécificités de chaque client dans ses recommandations afin d'intégrer tout ce qui fait son patrimoine, y compris ce qui relève de l'immatériel, qu'il s'agisse de son nom de famille ou de ses valeurs. C'est ce thème qui est traité au sein du chapitre 3.

Chapitre 1

Les professionnels de la gestion de patrimoine

Renaud Salomon

SOMMAIRE

La France compte quelque 3 000 conseillers en gestion de patrimoine, regroupés en près de 1 500 établissements, tenus aux trois quarts d'entre eux par des professionnels indépendants.

Cette profession, longtemps dépourvue de statut, s'est structurée depuis la loi du 1er août 2003 de sécurité financière. Tout d'abord, cette dernière a défini la profession de conseiller en investissement financier (art. L. 541-1 du Code monétaire et financier), dont le périmètre d'activité, qui recoupe partiellement celui du conseiller en gestion de patrimoine, est soumis à la tutelle de l'Autorité des marchés financiers (AMF) et qui s'est vu doter d'un encadrement juridique destiné à moraliser la profession. Par ailleurs, la profession de conseiller en gestion de patrimoine se structure autour d'organisations professionnelles qui offrent à leurs adhérents une assurance de responsabilité civile professionnelle, leur propose des formations ainsi que des guides de bonnes pratiques professionnelles uniformes.

Le conseil en gestion de patrimoine, dont l'activité consiste à orienter son client dans des choix de placement ainsi qu'à l'informer des conséquences juridiques et fiscales des orientations prises, reste cependant très hétéroclite. Révélateur à cet égard sont les diverses professions qui participent à cette activité de gestion de patrimoine : conseillers indépendants, banques, entreprises d'investissement, assureurs, experts-comptables, gérants de portefeuilles, commissaires-priseurs, notaires…

À défaut de statut autonome du conseil en gestion de patrimoine, le droit financier renvoie indirectement aux règles concernant les prestataires de services d'investissement (PSI) et les conseillers en investissement financier (CIF).

Section 1 LES OBLIGATIONS DES CONSEILLERS EN GESTION DE PATRIMOINE

Il convient de distinguer les obligations propres au conseiller en investissement financier de celles propres au prestataire de services d'investissement.

1 Les obligations spécifiques du conseil en investissement financier (CIF)

Le CIF est soumis à des obligations liées à son activité de conseil, mais également à des obligations quant à son organisation.

1.1 Les obligations inhérentes à l'activité de conseil

L'obligation d'information

Il s'agit de l'obligation minimale qui s'impose au professionnel. « Elle se caractérise par sa neutralité, dans la mesure où elle n'implique aucune impulsion à agir mais "porte sur des faits objectivement vérifiables"[1]. »

Ainsi, le CIF doit remettre à son client, dès son entrée en relation avec celui-ci, un document comportant son statut de CIF et son numéro d'adhérent à l'association dont il dépend et l'identité des établissements promoteurs de produits financiers avec lesquels il entretient une relation significative de nature capitalistique ou commerciale (art. 335-3 du Règlement général de l'AMF). Par ailleurs, l'article 335-4 du Règlement général de l'AMF prévoit que, avant de formuler un conseil, le CIF délivre à son client une lettre de mission, comprenant notamment la nature et les modalités de la prestation, les modalités de l'information due au client ainsi que les modalités de sa rémunération.

L'obligation de conseil

Débordant largement la simple obligation d'information, l'obligation de conseil « implique une véritable immixtion dans les affaires du client, une orientation positive de l'activité du partenaire à qui le conseil est dû[2] ». Le CIF doit donc fournir un conseil adapté, en fonction tout à la fois de la situation financière du client, de son expérience en matière financière et de ses objectifs en matière d'investissements. À cette fin, la pratique du bilan patrimonial est le préalable indispensable à la délivrance d'un conseil adapté. Enfin, l'article 335-5 du Règlement général de l'AMF pose le principe de la nécessaire information du client sur les risques juridiques, fiscaux et financiers que comportent les propositions de placement du CIF.

L'obligation de discrétion

Comme tout professionnel, le CIF est soumis au secret professionnel, dans les conditions de droit commun, le cas échéant, sous peine de sanctions pénales (art. 226-1 du Code pénal). En outre, l'article 335-7 du Règlement général de l'AMF prévoit que, sauf accord exprès du client, le CIF doit s'abstenir de communiquer et d'exploiter, pour son propre compte ou pour le compte d'autrui, les informations relatives au client qu'il détient du fait de ses fonctions.

1. S. Tandeau de Marsac, *La responsabilité des conseils en gestion de patrimoine*, Litec, 2006, n° 374.
2. *Ibid.*

1.2 L'obligation d'organisation

En application de l'article 335-8 du Règlement général de l'AMF, le CIF doit disposer de moyens et de procédures adaptés à l'exercice de son activité et notamment de moyens techniques suffisants et d'outils d'archivage sécurisés. Par ailleurs, selon l'article 335-9 du Règlement général de l'AMF, lorsque le CIF emploie plusieurs personnes dans le cadre de son activité, il se dote de procédures écrites lui permettant d'exercer son activité en conformité avec les dispositions législatives, réglementaires et déontologiques en vigueur.

2 Les obligations spécifiques au prestataire de services d'investissement (PSI)

2.1 Les obligations inhérentes à l'activité de conseil

Le prestataire de services d'investissements doit constamment évaluer les compétences de son client et doit, à ce titre, se renseigner sur sa situation patrimoniale et connaître les objectifs de gestion avant de préciser les opérations ou les investissements conseillés. À l'instar du CIF, le PSI doit informer le client des risques inhérents à la nature des opérations envisagées (risques financiers, juridiques et fiscaux) et conseiller le client sur les aspects fiscaux et financiers des produits proposés. Enfin, en application de l'obligation de coopération dans le contrat (art. 1134 al. 3 du Code civil), le PSI doit exécuter avec loyauté ses obligations et privilégier l'intérêt de son client avant ses propres intérêts.

2.2 Les obligations déontologiques

Le déontologue a pour mission d'assurer au sein de l'entreprise de PSI le respect des règles de bonne conduite (art. 332-26 à 332-32 du Règlement général de l'AMF). Il incombe donc au déontologue d'établir un recueil de bonnes pratiques, notamment d'éviter la circulation d'informations privilégiées au sein de l'entreprise, par l'édification de « murailles de Chine » entre *front* et *back-office*. Le déontologue sensibilisera tout particulièrement les collaborateurs du PSI aux obligations pesant sur eux de secret professionnel et d'abstention sur le marché, dès lors qu'ils détiennent des informations de marché confidentielles.

Section 2 LA RESPONSABILITÉ DES CONSEILLERS EN GESTION DE PATRIMOINE

1 La responsabilité civile

La mise en cause de la responsabilité civile du conseiller suppose que soit établie à l'encontre de ce dernier une faute (1.1) en relation causale (1.3) avec le dommage éprouvé (1.2).

1.1 La faute

La faute, qui est de différents types, peut être limitée de diverses façons.

Les divers types de faute

Le conseil en gestion de patrimoine doit tout d'abord établir le profil du client et ses objectifs afin d'être en mesure d'effectuer les choix les plus judicieux au profit de ce dernier. Par ailleurs, le conseil doit se renseigner sur la nature juridique, la fiscalité ainsi que les caractéristiques financières des produits qu'il est susceptible de conseiller. Pèse ensuite sur le conseil une obligation d'informer les clients des risques encourus par les opérations qu'il propose. En pratique, c'est essentiellement en matière de défiscalisation que se concentrent les principaux manquements de ce professionnel à son obligation d'information, en cas de redressement opéré par l'administration fiscale. À cet égard, si pèse sur le conseil une obligation de résultat en cas d'information donnée sur le contenu d'une règle fiscale déterminée, l'obligation d'information n'est que peu de moyen en cas d'incertitude sur l'efficacité d'un montage. Enfin, le conseil en gestion de patrimoine est tenu à une obligation de conseil qui, débordant l'obligation d'information portant sur des faits objectivement vérifiables, consiste à orienter les choix du client en fonction de ses objectifs et de ses besoins. C'est particulièrement en matière d'abus de droit (art. L. 64 du Livre des procédures fiscales) que se pose de façon cornélienne la responsabilité du conseil : si le conseil doit faire preuve d'optimisation, voire d'imagination fiscale, celles-ci ne doivent pas dégénérer en abus, sous peine d'engager sa propre responsabilité.

La limitation de la faute

La faute du conseil en gestion de patrimoine peut se trouver atténuée lorsqu'il est en présence d'un client averti, soit parce qu'il possède une compétence propre, soit parce qu'il est conseillé par ailleurs en matière juridique et fiscale. Mais cette limitation de responsabilité ne joue que pour l'obligation d'information et non pour l'obligation de conseil (Cass. civ. 1re, 13 décembre 2005 à propos d'un notaire).

Par ailleurs, le principe de liberté contractuelle posé à l'article 1134 du Code civil n'interdit pas l'insertion de clauses de limitation de responsabilité contractuelle dans les contrats passés entre les conseils et leurs clients. La jurisprudence veille seulement à ce que de telles clauses ne privent pas le contrat de cause en application de l'article 1131 du Code civil. Au demeurant, de telles clauses sont systématiquement écartées par le juge en cas de dol ou de faute lourde du professionnel.

1.2 Le préjudice

La victime d'un manquement du conseil de gestion de patrimoine à ses obligations professionnelles doit établir le préjudice qu'elle a subi. Ce préjudice doit être tout à la fois réel, certain et direct. En vertu du droit à la réparation intégrale, ce préjudice doit correspondre tant au gain manqué qu'à la perte subie (art. 1149 du Code civil). Mais, en marge des textes, la jurisprudence a admis le droit à la réparation du client en cas de perte de chance réelle et sérieuse de gain.

1.3 Le lien de causalité

La victime doit enfin établir le lien de causalité entre la faute commise et le préjudice subi. En premier lieu, le professionnel de la gestion de patrimoine parviendra à écarter sa responsabilité s'il établit que le dommage résulte non de sa faute, mais des choix de gestion faits par la victime. De même, la responsabilité de ce professionnel peut être écartée si ce dernier établit un aléa financier ou encore une faute de la victime.

2 La responsabilité pénale

Cette responsabilité peut résulter d'infractions de droit commun (2.1) et du droit pénal des sociétés (2.2) ainsi que d'infractions boursières (2.3).

2.1 Les infractions de droit commun

La lutte contre le blanchiment d'argent sale passe par une répression du conseil en gestion de patrimoine lorsque celui-ci « facilite, par tous moyens, la justification mensongère de l'origine des biens ou des revenus de l'auteur d'un crime ou d'un délit ayant procuré à celui-ci un profit direct ou indirect ou [...] apporte un concours à une opération de placement, de dissimulation ou de conversion du produit direct ou indirect d'un crime ou d'un délit » (art. 324-1 du Code pénal). Par ailleurs, dans la mesure où le conseil en gestion de patrimoine se fait remettre des fonds à l'occasion de sa profession, lui est également imputable le délit d'abus de confiance en cas de détournement « au préjudice d'autrui des fonds, des valeurs ou d'un bien quelconque qui lui ont été remis et qu'il a accepté à charge de les rendre, de les représenter ou d'en faire un usage déterminé » (art. 314-1 du Code pénal)[1].

2.2 Les infractions du droit pénal des sociétés

Les différentes infractions encourues

Si le conseiller en gestion de patrimoine exerce sa profession dans une structure sociétaire à engagement limité (SA, SARL, SAS…), il peut engager sa responsabilité pénale au titre de diverses infractions au Code de commerce. On peut en relever quatre en particulier, qui donnent lieu à un contentieux nourri devant les juridictions répressives.

Ainsi, tout d'abord, si ce professionnel fait, de mauvaise foi, des biens ou du crédit de la société qu'il dirige, un usage qu'il sait contraire à l'intérêt de celle-ci, à des fins personnelles ou pour favoriser une autre société ou entreprise dans laquelle il est intéressé directement ou indirectement, il commet le délit d'abus de biens sociaux[2], puni d'un emprisonnement de cinq ans et d'une amende de 375 000 €[3].

Ensuite, le fait pour un dirigeant social de présenter aux actionnaires, même en l'absence de toute distribution de dividendes, des comptes annuels ne donnant pas, pour chaque exercice, une image fidèle du résultat des opérations de l'exercice, de la situation financière et du patrimoine, à l'expiration de cette période, en vue de dissimuler la véritable situation de la société, constitue le délit de présentation ou de publication de bilan inexact, puni des peines de l'abus de biens sociaux[4].

En outre, encourt les mêmes peines le dirigeant qui commet le délit de répartition de dividendes fictifs, consistant à opérer respectivement entre les actionnaires ou entre les associés une répartition de dividendes, en l'absence d'inventaire ou au moyen d'inventaires frauduleux[5].

Enfin, le dirigeant d'une société en état de cessation des paiements qui :

- procède à l'achat en vue d'une revente au-dessous des cours ou emploie des moyens ruineux pour se procurer des fonds ;
- détourne ou dissimule tout ou partie de l'actif du débiteur ;
- augmente frauduleusement le passif de la société ;

1. Pour une illustration, s'agissant d'un prestataire de services d'investissement, Trib. Corr. Paris, 5 oct. 2010, *aff. Kerviel c/société générale* : Dr Sociétés 2011, comm. 55, obs. R. Mortier. Le jugement du tribunal correctionnel a été confirmé en appel : cour d'appel Paris, 24 oct. 2012, *JCP* n° 47, 1702, note R. Mortier.

2. C. com., art. L. 242-6, 3°, pour les dirigeants de sociétés anonymes.- C. com., art. L. 241-3, 4°, pour les dirigeants des SARL.

3. A. Lepage, P. Maistre du Chambon et R. Salomon, *Droit pénal des affaires*, 6e éd., 2021, n° 725 et s.

4. C. com., art. L. 242-6, 2°, pour les dirigeants de sociétés anonymes.- C. com., art. L. 241-3, 3°, pour les dirigeants des SARL. A. Lepage, P. Maistre du Chambon et R. Salomon, *Droit pénal des affaires*, préc., n° 791 et s.

5. C. com., art. L. 242-6, 1°, pour les dirigeants de sociétés anonymes.- C. com., art. L. 241-3, 3°, pour les dirigeants des SARL. A. Lepage, P. Maistre du Chambon et R. Salomon, *Droit pénal des affaires*, préc., n° 813 et s.

– ou procède à diverses irrégularités comptables (tenue d'une comptabilité fictive, disparition de documents comptables, abstention de tenir toute comptabilité lorsque les textes en font l'obligation ou tenue d'une comptabilité manifestement incomplète ou irrégulière au regard des dispositions légales) commet le délit de banqueroute[1], réprimé par un emprisonnement de cinq ans et une amende de 75 000 €.

La rigueur du droit pénal en droit des sociétés

L'ensemble de ces infractions s'illustre par une grande rigueur du droit pénal tant dans leur appréhension que dans leur appréciation.

Une appréhension rigoureuse des infractions du droit pénal des sociétés

La matérialité de l'infraction de droit des sociétés est appréhendée de façon extensive, qu'elle soit de commission ou d'omission.

Ainsi, tout d'abord, l'abus de biens sociaux et les délits comptables – présentation de comptes inexacts et répartition de dividendes fictifs – présentent des contours matériels beaucoup plus larges que ceux de l'abus de confiance et de l'escroquerie, infractions dont ils procèdent respectivement.

Par ailleurs, les infractions sanctionnant des omissions ou des abstentions tendent à occuper une place particulièrement importante en droit pénal des sociétés. En effet, ce dernier punit encore de nombreuses omissions, dans la mesure où il tend à imposer des règles positives de conduite. De tels délits présentent un avantage probatoire indéniable : la tâche de la partie poursuivante est grandement facilitée, car la seule carence du débiteur de l'obligation de faire constitue le délit[2].

Le peu d'importance accordé par le droit pénal des sociétés à l'élément moral se traduit de deux façons : tantôt, le dol général est présumé, tantôt le dol spécial exigé par le texte d'incrimination se dissout dans le dol général.

Le dol général peut tout d'abord résulter des défaillances matérielles du dirigeant social constatées par l'enquête. Il se retrouve dans certaines infractions commises lors de la constitution et lors du fonctionnement de la société, telles que les délits d'établissement et de publication de la valeur d'actions non négociables ou de répartition de dividendes fictifs[3]. Il peut ensuite se déduire de la qualité de professionnel de l'agent. Ce dol de fonction se retrouve notamment dans un grand nombre d'infractions commises par les dirigeants sociaux (abus de biens sociaux, omission de déclaration dans l'acte de société, défaut de tenue de l'assemblée générale…).

Par ailleurs, la tendance contemporaine à la dissolution du dol spécial dans le dol général se manifeste tout particulièrement dans les infractions comptables ainsi que dans les infractions relatives à la gestion de la société (présentation de faux bilan,

1. C. com., art. L. 654-2.
2. A. Lepage, P. Maistre du Chambon et R. Salomon, préc., n° 622.
3. C. com., art. L. 242-4.

distribution de dividendes fictifs, abus de biens sociaux). Plus particulièrement, en matière d'abus de biens sociaux, la preuve du dol spécial – l'usage à des fins personnelles – est facilitée par le jeu d'une présomption simple posée par la jurisprudence lorsque le dirigeant a prélevé de façon occulte des fonds sociaux. En pareil cas, la Cour de cassation présume que ces fonds ont été utilisés dans l'intérêt personnel des dirigeants sociaux, sauf si ces derniers justifient de leur utilisation dans le seul intérêt de la société[1]. Par ailleurs, plus généralement, la jurisprudence prend en considération au titre du dol spécial tout mobile[2].

Une appréciation rigoureuse des infractions du droit pénal des sociétés

Le droit pénal des sociétés s'illustre, tout d'abord, par une grande sévérité des sanctions encourues. Outre l'emprisonnement, pouvant s'élever jusqu'à dix ans, sont encourues des peines d'amende particulièrement dissuasives. Par ailleurs, certaines peines accessoires constituent de véritables mesures de prophylaxie commerciale : interdiction de gérer, faillite personnelle, interdictions diverses d'exercer certaines activités économiques...

En outre, ce droit très technique est désormais confié à des enquêteurs (services régionaux de police judiciaire, sections de recherches, offices centraux...) ainsi qu'à des magistrats ayant acquis une solide expérience financière.

L'ensemble des infractions de droit pénal des affaires est bien évidemment imputable, depuis le 1er janvier 2005, tant aux personnes physiques qu'aux personnes morales[3].

Le droit pénal des sociétés connaît, enfin, des règles particulières, parfois dérogatoires au droit commun, notamment en matière de prescription. Si les infractions du droit pénal des sociétés sont, pour la plupart d'entre elles, des infractions instantanées, elles tendent toutefois à se rapprocher, à raison du point de départ particulier de leur prescription, des infractions continues. Ainsi, en matière d'abus de biens sociaux, la Cour de cassation retient comme point de départ de la prescription du délit, la date de présentation des comptes sociaux, sauf si les faits ont été dissimulés[4].

2.3 Les infractions boursières

Les infractions boursières présentent en droit français une double face. En effet, la France est un des rares pays connaissant une double définition des actes illicites en matière boursière, tout à la fois pénale et administrative. Dans le premier cas, il s'agit des délits, prévus et réprimés par les articles L. 465-1 et suivants du Code

1. Cass. crim., 20 juin 1996 : *Bull. Joly Sociétés* 1997, p. 18. – Cass. crim., 9 juill. 1998 : *Bull. Joly Sociétés* 1998, p. 1257, note J.-F. Barbièri.

2. W. Jeandidier, « L'élément moral des infractions d'affaires ou l'art de la métamorphose », *in* Mél. A. Decocq, Litec, 2004.

3. Cass. crim., 27 avr. 2011 : Dr sociétés 2011, comm. 162, note R. Salomon.

4. Cass. crim., 5 mai 1997 : Bull. Joly Sociétés 1997, p. 953, note J.-F. Barbiéri. – Cass. crim., 13 oct. 1999 : Rev. sociétés 2000, p. 360, note B. Bouloc.

monétaire et financier. Dans le second, il s'agit des manquements prévus par le règlement MAR n° 596/2014/EU sur les abus de marché, dès lors que les pratiques boursières ont pour effet de « fausser le fonctionnement du marché, procurer aux intéressés un avantage injustifié qu'ils n'auront pas obtenu dans le cadre normal du marché, porter atteinte à l'égalité d'information et de traitement des investisseurs ou à leurs intérêts, faire bénéficier les émetteurs et les investisseurs des agissements d'intermédiaires, contraires à leurs obligations professionnelles ».

Cette réglementation duale vise des pratiques boursières diverses, notamment de la part des conseils en gestion de patrimoine. Ainsi, l'utilisation et la communication d'une information privilégiée, avant que le public en ait connaissance, sont simultanément constitutives des délits d'initié et de communication d'information privilégiée, prévus à l'article L. 465-1 alinéas 1 et 2 du Code monétaire et financier, et du manquement d'initié prévu par le règlement MAR n° 596/2014/EU sur les abus de marché. De même, l'inobservation des règles générales d'information sur le marché est constitutive tout à la fois du délit de fausse information de l'article L. 465-2 alinéa 2 du Code monétaire et financier et du manquement administratif à la bonne information du public. Enfin, la manipulation de cours peut être appréciée au regard tant du délit prévu à l'article L. 465-2 alinéa 1er du Code monétaire et financier, que de la réglementation européenne précitée.

Cette double réglementation des comportements boursiers est l'œuvre de pouvoirs normatifs distincts. En effet, s'il revient à la loi, en vertu de l'article 34 de la Constitution de 1958, d'incriminer et de sanctionner les délits boursiers, c'est à l'Autorité des marchés financiers qu'incombe le soin de prendre, en application de l'article L. 621-6 du Code monétaire et financier, « pour l'exécution de ses missions, un règlement général » définissant les contours des manquements boursiers. Coexistent donc le plus souvent une incrimination de nature pénale et un manquement administratif de nature para-pénale, pouvant respectivement donner lieu à une condamnation pénale, prononcée par la juridiction correctionnelle, et à une sanction administrative, prononcée par l'Autorité des marchés financiers[1].

Un arrêt, rendu le 4 mars 2014, dans une affaire « Grande Stevens c/ Italie », par la Cour européenne des droits de l'homme, a remis en cause le cumul possible de la sanction pénale et de la sanction administrative, jusqu'ici fortement ancrée dans notre droit. En l'espèce, la Cour européenne des droits de l'homme a condamné l'Italie à raison d'une double sanction – administrative et pénale – d'une infraction boursière. Le gouvernement italien invoquait la réserve qu'il avait émise quant à l'application des articles 2 à 4 du protocole n° 7 et selon laquelle les dispositions susvisées « ne s'appliquent qu'aux infractions, aux procédures et aux décisions qualifiées pénales par la loi italienne ». La Cour de Strasbourg a toutefois constaté que

1. Sur ces infractions, D. Martin, E. Dezeuze, F. Bouaziz, R. Salomon et M. Françon, en collaboration avec G. Rivière, *Les abus de marché*, 2e éd., LexisNexis, « coll. Droit & professionnels », 2021 ; A. Lepage, P. Maistre du Chambon et R. Salomon, préc., n° 908 et s.

cette réserve, contrairement aux exigences de l'article 57 de la Convention de sauvegarde des droits de l'homme et des libertés fondamentales, ne comportait pas un bref exposé de la loi italienne, excluant du domaine de l'article 4 certaines infractions ou certaines procédures. Or, selon la Cour, « une réserve qui n'invoque ni ne mentionne les dispositions spécifiques de l'ordre juridique national excluant des infractions ou des procédures du champ d'application de l'article 4 du protocole n° 7, n'offre pas à un degré suffisant la garantie qu'elle ne va pas au-delà des dispositions explicitement écartées par l'État contractant. Par conséquent, la réserve invoquée par l'Italie ne satisfait pas aux exigences de l'article 57 et n'est, de ce fait, pas valide[1] ».

Il s'est agi pour les pouvoirs publics français de tirer – en droit interne – les conséquences de la décision du Conseil constitutionnel, rendue le 18 mars 2015, et de réformer la répression des délits et des manquements administratifs, dans une perspective conforme au principe *ne bis in idem*.

La loi n° 2016-819 du 21 juin 2016 réformant le système de répression des abus de marché a organisé une concertation entre le procureur de la République financier et le Collège de l'AMF, cette concertation expliquant que l'action publique ne peut être mise en mouvement que si l'AMF n'a pas l'intention de procéder à une notification de grief[2] et que cette notification, qui déclenche la poursuite administrative, ne puisse intervenir que si le procureur de la République financier n'a pas l'intention de mettre en mouvement l'action publique[3].

Focus

Liste des associations professionnelles agréées

Chambre des indépendants du patrimoine (CIP)
www.independants-patrimoine.fr

Association des analystes conseillers en investissements financiers (AACIF)
www.sfaf.com

Compagnie des conseils et experts financiers (CCEF)
www.ccef.net

Chambre nationale des conseillers en investissements financiers (CNCIF)
www.cncif.org

Association nationale des conseils financiers-CIF (ANACOFI-CIF)
www.anacofi.asso.fr

Compagnie des conseils en gestion de patrimoine indépendants (Compagnie des CGP)
www.lacompagniedescgpi.fr

1. CEDH, 4 mars 2014, n° 18640/18, « Grande Stevens et a. c/ Italie : Dr. Sociétés », 2014, comm. 87, note S. Torck.
2. C. monét. fin., art. L. 465-3-6, II.
3. *Ibid.*

Chapitre 2

Le diagnostic patrimonial

Bruno Dalmas, Pascal Pineau et Vincent Cornilleau

SOMMAIRE

Nous venons de découvrir, dans les pages qui précèdent ce chapitre, que la gestion de patrimoine est une activité qui embrasse un champ vaste de matières aux frontières étendues[1].

Section 1 PRÉAMBULE

Le diagnostic patrimonial contribue à la réalisation d'une mission. Avant d'aborder le contenu de cette mission, il convient d'en définir le champ d'intervention.

1 Définition de la gestion de patrimoine

« Elle consiste à promouvoir un ou plusieurs produits patrimoniaux en s'appuyant sur une prescription justifiée par la situation patrimoniale de la personne conseillée[2]. » Cette définition fixe deux domaines d'intervention : la gestion des actifs financiers ou immobiliers et le conseil patrimonial. Le conseil patrimonial s'attache à déterminer les structures juridiques d'accueil des biens du patrimoine, adaptées aux besoins du client. Le gestionnaire d'actifs, quant à lui, propose des produits correspondants aux attentes du client, qu'il s'agisse, à titre d'exemple, de la valorisation d'un capital ou de la recherche de revenus. Autrement présenté, le conseil patrimonial serait le contenant de la gestion de patrimoine et la gestion d'actifs son contenu.

Ces deux activités sont-elles complémentaires ou en opposition ? Compte tenu du mode de rémunération des conseils en gestion de patrimoine, les commissions versées provenant quasi exclusivement de la commercialisation des produits financiers, deux écoles semblent aujourd'hui se distinguer. Il y a ceux qui considèrent que l'activité de conseil patrimonial est exclusive de toute vente de produits financiers afin de garantir au client l'objectivité de la préconisation. Il se rémunère par des honoraires sur le conseil donné. D'autres, au contraire, estiment que ces deux domaines, conseil et vente d'un produit, sont complémentaires. À l'appui de leur argumentation, ils font valoir que :

– se limiter à préconiser les axes d'une stratégie sans accompagner le client dans sa mise en œuvre revient à le laisser au milieu du gué ;
– vouloir distinguer la vente du conseil comme garant de l'objectivité n'est qu'un paravent dans un marché inondé par l'offre de produits immobiliers ou financiers.

Uniquement dans le secteur financier, ce sont près de 25 000 OPCVM qui sont proposés en Europe, dont 40 % en France. Comment être assuré de l'objectivité de

1. S. Tandeau de Marsac, *La responsabilité des conseils en gestion de patrimoine,* Litec, 2006.
2. P.M. Guillon, *La gestion de patrimoine*, Economica, 1996.

celui qui préconise dans un choix aussi vaste ? Aura-t-il véritablement la faculté de comparer efficacement toutes les offres ? Par ailleurs, les conditions de gestion comme des prélèvements des frais sont aujourd'hui largement standardisés, et les marchés évoluent de la même manière pour tous les acteurs. La différence ne tient-elle pas finalement à la qualité de l'individu, et au-delà, du suivi de son client ?

2 La gestion d'actifs

Si l'on met de côté le marché particulier de l'art, le choix des investisseurs se retrouve toujours face à trois secteurs : le marché financier, le marché monétaire et le marché de l'immobilier. Il est curieux que l'assurance-vie soit systématiquement présentée comme un secteur d'investissement. Ce réflexe conduit d'ailleurs à la confusion des clients. Un conseil qui préconise l'assurance-vie peut être rapidement considéré comme un « vendeur d'assurance ». En outre, les fluctuations de la valeur de rachat peuvent être inacceptables venant d'un produit dit d'« assurance ». Il convient de rappeler avec force que l'assurance-vie n'est qu'un mode de détention particulier d'actifs qui peuvent être financiers, monétaires ou immobiliers ; un cadre juridique qui, par ses caractéristiques propres, recèle des atouts certains.

Quoi qu'en disent les représentants des plus belles maisons de gestion, les prévisions économiques n'engagent que ceux qui les annoncent. Force est de constater qu'un analyste sur deux se trompe. C'est la raison pour laquelle les principes qui gouvernent la gestion d'actifs restent profondément ancrés sur des préceptes simples. Seule une diversification permet d'obtenir une relative sécurité dans la fluctuation d'un patrimoine en vue d'obtenir une rentabilité acceptable. Quant aux meilleurs moments pour arbitrer, nul ne sachant le niveau le plus haut pour céder un actif, ni le plus bas pour l'acheter, ici encore il est régulièrement fait référence aux adages classiques : « pierre qui roule n'amasse pas mousse », « un tiens vaut mieux que deux tu l'auras », etc. Comme tout est question de mesure, ce seront le tempérament d'investisseur du client et les conditions de marchés qui viendront tempérer ou amplifier les comportements.

3 Le conseil patrimonial

L'activité de conseil patrimonial, structurée comme elle l'est aujourd'hui, est récente. On peut la dater de la fin des années 1980. Jusqu'à alors, beaucoup de professions liées au conseil revendiquaient la pratique du conseil patrimonial. Mais bien peu avait un regard sur toutes les dimensions juridique, fiscale et économique du patrimoine privé comme du patrimoine professionnel. Le conseiller patrimonial moderne, véritable point géodésique du patrimoine global, doit développer des compétences générales et spécifiques dans des matières aussi riches que diversifiées. On attend de lui qu'il affiche des compétences dans les domaines du droit civil (droit de la famille, droit des libéralités, droits des successions, droit des biens, droit des personnes), du droit social (droit de la protection sociale et droit du travail), du droit commercial (droit des sociétés), du droit fiscal (fiscalité de la personne physique et fiscalité d'entreprise), et encore de la comptabilité et de la gestion. Cette réalité se retrouve dans le contenu des enseignements universitaires récemment dédiés à la gestion de patrimoine. Il convient de noter que les champs du droit liés à la gestion de patrimoine offrent un large espace de liberté. Contrairement aux idées reçues, les Français disposent d'outils efficaces, simples d'utilisation, pourvu que l'on en fasse un emploi raisonné. Charge aux conseillers de le leur faire découvrir[1].

4 La combinaison des activités de conseil et de gestion

Comment utiliser les outils juridiques dans la réalisation d'objectifs financiers ? Selon la réponse, l'exercice du métier de conseil en gestion de patrimoine aura une teinte plutôt juridique ou plutôt financière.

Deux positions s'affrontent généralement. Il y a ceux qui considèrent le droit comme un outil au service du financier[2]. Dans cette conception économique de la gestion de patrimoine, on estime que le droit est un véhicule devant faciliter le mouvement des biens dans le temps et à travers les générations. On peut remarquer que grand nombre des étudiants en master de gestion de patrimoine viennent de filières de gestion et non de droit. À l'opposé, il y a les partisans du respect de l'application classique de la règle de droit ne devant pas s'affranchir des principes de protection de la paix familiale. Outre les risques fiscaux que font peser certaines préconisations originales, il convient aussi de mettre en avant les risques humains de discordes. Certaines stratégies peuvent se révéler de véritables bombes à retardement au sein des familles. La fin économique ne justifie pas que l'on ait recours à n'importe quel moyen de droit détourné de son objectif premier.

La vérité est certainement entre ces deux positions. La gestion de patrimoine a pour objectif exclusif de mettre le patrimoine des individus à leur service, en tenant compte des principes de modération qui gouvernent leurs relations. Au risque de décevoir un grand nombre de conseils, la fiscalité n'est pas un objectif patrimonial, même si la recherche d'optimisation reste le « sport préféré des Français ». Réduire son assiette d'imposition ou son impôt passe par des choix d'investissements comme des cadres juridiques dont les conséquences vont bien au-delà de l'économie fiscale. D'ailleurs, nombreux sont les conseillers qui ont pu constater dans leur clientèle les effets dévastateurs de cette quête quasi mystique.

1. Exemple : article 1387 du Code civil.
2. Un des partisans de cet instrumentalisation du droit au service de la matière financière est Jean Aulagnier.

5 L'exercice du conseil en gestion de patrimoine

La difficulté liée à ce métier est double.

- Elle tient, d'abord, à l'intimité nécessaire de la relation entre le client et son conseiller. En Angleterre, on appelle les conseillers en gestion de patrimoine les *moneys doctors*. La qualité de la relation humaine est déterminante dans la réussite de la mission. C'est ce que l'on a désigné par relation commerciale. À la différence d'un médecin qui n'a que des patients, le CGP a une activité marchande, qu'il propose un conseil juridique ou un produit financier. Cet aspect commercial du métier de gestion de patrimoine est encore trop souvent entaché d'une connotation péjorative, liée à une réalité historique non contestable, qui ne tient pas compte de la difficulté et des qualités requises pour offrir à son interlocuteur une écoute efficace.
- Elle tient, ensuite, à la matière qu'elle touche : l'argent. Il est inutile de rappeler que la culture judéo-chrétienne nourrie un rapport à l'argent particulier que l'on ne rencontre pas, par exemple, dans le protestantisme[1].

Le domaine d'intervention du conseiller en gestion de patrimoine ainsi défini, reste à fixer les modalités selon lesquelles il va réaliser sa mission.

6 Définition du diagnostic patrimonial

Le diagnostic patrimonial consiste à collecter les informations pertinentes du client, à les organiser et à les traiter pour proposer des stratégies.

La collecte. Derrière ce mot simple se trouve la plus grande des difficultés. Il s'agit, en effet, de capter des informations à travers des échanges matériels (de documents) et verbaux.

Première difficulté : les mots renferment les valeurs de celui qui les prononce. Dans les discussions entre individus, le premier réflexe est d'entendre son interlocuteur avec ses propres croyances et valeurs. Le message enregistré a donc de fortes chances d'être faussé. La qualité de cette collecte repose sur la capacité d'écoute du conseil.

Les informations pertinentes. La qualification de la pertinence des informations va dépendre du CGP. Des filtres vont nécessairement apparaître en fonction de son historique, professionnel ou non. Selon son analyse, un tri s'opère naturellement entre ce qui est important de ce qui ne l'est pas pour le client.

L'organisation des informations. Le diagnostic patrimonial revêt un aspect formel incontournable. En la matière, à chacun son style.

Traitement des informations. La méthode de traitement des informations est propre à chacun. Il convient néanmoins d'être attentif au vocable employé. La perception par le client du travail accompli peut être biaisée.

1. Voir sur cette approche sociologique notamment M. Weber, *L'éthique protestante et l'esprit du capitalisme*, Gallimard, 2004.

Il peut s'agir :

- d'un bilan, c'est-à-dire d'une photographie du passé immédiat ;
- d'une étude : un ensemble de travaux qui précèdent l'exécution d'un projet ;
- ou encore d'un audit : procédure de contrôle pour vérifier que l'organisation patrimoniale du client correspond à ses objectifs.

Si, sur le fond, le traitement aboutit à un même résultat, ces trois documents (bilan, étude et audit) semblent répondre à des attentes apparemment différentes. Le sentiment du client sur la qualité du travail réalisé dans un bilan n'est pas le même s'il attendait de son conseiller un document intitulé étude. Partant, le CGP peut suivre une multitude de démarches dans son approche avec le client. De manière générale, le diagnostic patrimonial se décompose en trois phases : le recensement patrimonial, l'analyse, et la stratégie.

Section 2 LE RECENSEMENT PATRIMONIAL

Au fil du temps et des modes, de multiples techniques de communication ont été développées. Leur utilisation excessive, parfois à la limite de l'agressivité, a fait la renommée des démarcheurs financiers bien malgré eux. Pourtant, utilisées à bon escient, il convient de reconnaître qu'elles facilitent l'échange entre le professionnel et le profane.

Après avoir présenté une méthode d'approche dans la prise de renseignements par le conseiller, nous nous arrêterons sur le contenu même du recensement patrimonial.

1 La prise de renseignements par le conseiller en gestion de patrimoine

Deux points apparaissent essentiels : d'une part, l'identification par le conseiller des attentes du client et, d'autre part, la présentation d'une organisation particulière dans la prise de renseignements.

1.1 L'identification des attentes du client

Présentation

Utilisons une image : à quoi peut bien servir une voiture de Formule 1 si l'on doit faire le Paris-Dakar ? Inversement, un véhicule tout terrain serait bien ridicule au départ d'un Grand prix.

Quel que soit le contenu de son savoir ou de ses compétences, la première de toutes les précautions à prendre est de les adapter aux attentes de son interlocuteur. Il est peut-être inutile de réaliser une étude en profondeur pour un client qui souhaite simplement mettre en place une épargne. La démarche vise aussi à éviter une multitude d'embarras au rang desquels on peut retrouver une question complètement étrangère au domaine de compétence du conseiller. Si l'offre de conseil n'est pas en phase avec la demande du client, il est inutile de poursuivre la relation. Par ailleurs, renoncer à répondre à une question en dehors de son champ d'intervention n'est pas une preuve d'incompétence, mais au contraire une preuve de lucidité plutôt rassurante pour le client. De manière schématique, on retrouve deux types d'attente chez le client :

– soit il souhaite une réponse à une question bien déterminée ;
– soit il est dans l'attente d'une démarche globale.

L'approche spécifique

L'énoncé d'une question particulière n'appelle pas, *a priori*, de longs développements. Elle peut se décliner soit dans le volet juridique et fiscal, soit dans le volet économique.

Les questions d'ordre patrimonial que l'on rencontre sont, par exemple :

– la rédaction d'une donation entre époux ;
– la rédaction d'un engagement collectif de conservation de titres ;
– remplir une déclaration de revenus…

Au plan financier, les questions semblent évidentes :

– faire l'acquisition d'une résidence principale ou secondaire ;
– anticiper le financement des études de ses enfants ;
– valoriser un capital…

À ces questions pratiques, le client attend une réponse de même nature, sans que cela présume de la plus ou moins grande complexité de cette réponse. Pour faire face à cette demande, le CGP aura besoin d'un minimum de renseignements qu'il obtiendra par une évaluation simple de la situation. Une grille de renseignements classique est généralement utilisée, au sein de laquelle seront déterminés les moyens, les motivations et les objectifs poursuivis. La réponse qui s'ensuit est généralement rapide et orientée vers un produit financier si la demande a un caractère économique, ou vers la rédaction d'un acte (ou l'orientation vers le professionnel compétent le cas échéant) s'il s'agit d'un besoin patrimonial. Il convient de préciser que dans ce contexte, la préconisation d'un produit financier, même rapide, n'est pas choquante. À une demande spécifique, il est répondu par un produit particulier adapté. En revanche, la relation entre le CGP et le client a de fortes chances d'échouer si le conseiller propose à son interlocuteur une démarche en profondeur tant d'un point de vue du recensement que de l'analyse. Elle est alors perçue comme trop indiscrète, en tous les cas incongrue. Dans son travail de vérification, le CGP pourra néanmoins contrôler que, derrière la question simple formulée, ne se dissimule pas en réalité une problématique globale mal exprimée par le client. Profane, le client ne mesure pas la pertinence de tous les éléments de sa réflexion et ne livre, au moins dans les premiers instants de la relation, que quelques bribes.

L'approche globale

A contrario, toutes les fois où le client exprimera des besoins plus larges, une approche en profondeur s'imposera. On retrouve très fréquemment comme préoccupations générales qui entrent dans ce type d'approche la protection du conjoint survivant, la préparation de la retraite, la transmission de son entreprise. Toutes ces questions embrassent en même temps :

- la nature des relations entre les individus ;
- la répartition des prérogatives, actuelle ou future, sur les biens entre le conjoint survivant et les enfants ;
- la fiscalité du patrimoine, des revenus, ou successorale ;
- la répartition des actifs du patrimoine ;
- la perception de revenus complémentaires…

Le niveau de renseignements requis pour répondre aux attentes du client est bien supérieur à celui réclamé pour une question spécifique. Dans ce cadre, la mission du CGP est généralement fixée par convention pour limiter au mieux l'étendue des travaux à réaliser. Ici, le CGP qui offrirait une solution « produit » simple ou élaborée, même parfaitement adaptée, serait indéniablement perçu comme un marchand.

Démarche spécifique ou globale ?

Quel que soit le niveau de compétence du conseil, il y a des choses qui ne se devinent pas. Et le meilleur moyen de connaître les attentes de son interlocuteur, c'est encore de les lui demander. L'expérience nous montre que même si cela va sans le dire, cela va mieux en l'écrivant. Cela se matérialise par des questions élémentaires.

EXEMPLES DE QUESTIONS

> En quoi puis-je vous aider ? Avez-vous une attente précise pour laquelle vous voulez une réponse du même ordre, ou souhaitez-vous, au contraire, une étude approfondie de votre situation pour vérifier tous les paramètres qui pourraient influer sur la préconisation ? Souhaitez-vous que l'on réalise un bilan global, ou les seuls éléments que vous m'avez confiés doivent me suffire à la construction d'une solution ? Etc.

1.2 La méthode d'approche

La méthode présentée suit un parcours ordinaire mais irréductible. Elle se décompose en quatre étapes : la situation présente, les projets, les obstacles à la réussite du projet, et les ressources nécessaires au projet.

L'état présent

L'écoute du client

Le CGP entre dans la phase de découverte de son client. Il s'agit de faire connaissance. En la matière, il existe une méthode universelle qui est celle du silence et de la reformulation des questions, pour faire préciser au maximum son interlocuteur. Elle conduit le client à mieux définir le sens de ses propos. Ce mode de communication tente d'éviter les *a priori* générés par les propres croyances et valeurs du CGP.

Exemples de questions

> Et donc ?... Pouvez-vous préciser ? Vous êtes satisfait ?... Cela pose problème ? Quelles conséquences ? Avant d'entrer dans les différentes solutions que vous avez adoptées, d'après vous, sont-elles efficaces ?... Et suffisantes ?

Cette phase d'écoute permet de vérifier le niveau d'autorisation octroyé par le client au CGP dans le cadre d'une approche spécifique ou dans le cadre d'une approche globale. Le client peut, en effet, au fil des entretiens, exprimer des objectifs ambitieux en ayant livré peu d'éléments pour élaborer une stratégie. Et à l'impossible, nul n'est tenu. Il suffira dès lors de lui faire remarquer que son niveau d'exigence est parfaitement inadapté à la qualité des éléments qu'il aura fourni.

Elle offre aussi un regard sur le niveau de stress du client par rapport à la problématique qu'il soulève. Il peut avoir une vision confuse de sa situation patrimoniale alors qu'elle se révèle sans difficulté. Cette écoute permettra finalement de rassurer le client et de le conforter dans ses choix.

L'inventaire patrimonial

Il correspond à la partie chiffrée de la phase de découverte du client. Dans la première partie de l'entretien, le CGP a dû relever les informations relatives aux structures juridiques qui composent le patrimoine[1]. Si la connaissance qualitative de ces différentes composantes est essentielle, la connaissance quantitative va permettre de mieux appréhender les enjeux des questions soulevées. Le CGP est-il face à des enjeux financiers significatifs ou à des questions de principe entre différents individus auxquels il peut répondre seul ? Cette mesure est d'importance, car elle va permettre au CGP de vérifier si les solutions envisageables nécessitent ou non l'intervention d'autres professionnels du conseil. Il pourra ainsi valider soit un travail

1. Voir *supra*, section 2 point 2.6.

complémentaire à réaliser avec les partenaires actuels du client, soit proposer une offre de service globale avec ses propres partenaires.

Focus

Méthode de collecte des informations

Il est toujours craint que l'interlocuteur ressente négativement cet interrogatoire sur le contenu financier du patrimoine. Il s'agit, alors, de montrer que le quanta n'est qu'un élément parmi tant d'autres. Pour y parvenir, différentes méthodes existent.

Exemple : Vous détenez quoi ? Depuis quand ? Vous l'avez reçu comment (achat, donation, succession) ? Combien ? (L'aspect quantitatif sera toujours réservé pour la fin !)

Les projets

Cette seconde phase vise à déterminer l'état désiré dans lequel le client souhaiterait se retrouver une fois la stratégie mise en place. Il s'agit de définir les objectifs mais aussi les contraintes de gestion. Autrement dit, il y a ce que le client désire, et la manière selon laquelle il va y parvenir. Le contrôle est toujours présent. Le CGP vérifie en permanence la sincérité des informations délivrées par le client.

Exemples de questions

Idéalement, quelles mesures sont nécessaires ? En quoi est-ce utile ? Est-ce simplement utile pour vous, ou également pour d'autres ? Pour quel objectif ? Comment saurez-vous que vous êtes dans la bonne direction ? Comment saurez-vous que vous avez atteint votre objectif ? La dernière question donne un indice particulièrement intéressant pour le CGP. Il peut ainsi noter les critères de réussite définis par son client pour les constater le moment venu.

Attention

Comme cela a été rappelé précédemment, la fiscalité n'est pas un objectif patrimonial.

Les obstacles à la réussite du projet

La volonté n'est pas tout. Des freins à la réussite existent, ils peuvent être extérieurs ou propres à soi. Les identifier permet d'évaluer les chances de réussite *a priori* du projet. Il est évident que si le client exprime en même temps des contre-indications rédhibitoires à la mise en place de la stratégie, il y a peu à attendre de son succès. Ici, on mesure aussi le niveau de motivation du client, car ne perdons pas de vue que choisir une stratégie, c'est aussi renoncer à autre chose. Par exemple, donner la nue-propriété d'un bien, c'est renoncer à sa libre disposition. Il serait dommage d'inscrire un client indécis dans une stratégie irréversible.

Il faut enfin connaître ses aversions à la perte (quantitative), à la dépossession (valeur affective) et au risque (aléas immédiat et futur). Ces trois aversions développées par la finance comportementale[1] influencent la prise de décision du client. Il est donc nécessaire d'établir un cadre de référence de ce qui est supportable ou non, permettant de mettre en perspective les choix et leurs conséquences.

Exemples de questions

> Existe-t-il un aspect qui vous empêche de réaliser votre objectif ? Existe-t-il des inconvénients, pour vous ou pour d'autres ? Et si jamais vous n'y arrivez pas ?... Que perdriez-vous ? Etc.
> Cette phase importante, s'il en est, révèle les contraintes fixées.

Les ressources nécessaires au projet

Cette phase identifie les moyens concrets que le client est prêt à mobiliser pour parvenir à son objectif.

Exemple

> Le client souhaite obtenir un capital de 1 000 000 € dans 10 ans. Pour cela, il est prêt à faire un effort d'épargne annuel de 50 000 €. Or, pour atteindre son objectif avec les ressources qu'il est prêt à y consacrer, il faudrait soit que le taux de rentabilité annuelle soit supérieur à 14,5 %, soit pour un taux plus raisonnable de 5 % qu'il consente à allonger le terme à plus de 14 ans.

Exemples de questions

> De quoi avez-vous besoin pour réaliser votre objectif ? Que vous faut-il exactement pour réussir ? Les avantages sont-ils plus importants que les inconvénients ? De quels moyens disposez-vous en termes de partenaires, d'épargne, de capital ? De qui avez-vous besoin ? Que décidez-vous ? Quand commencez-vous ?

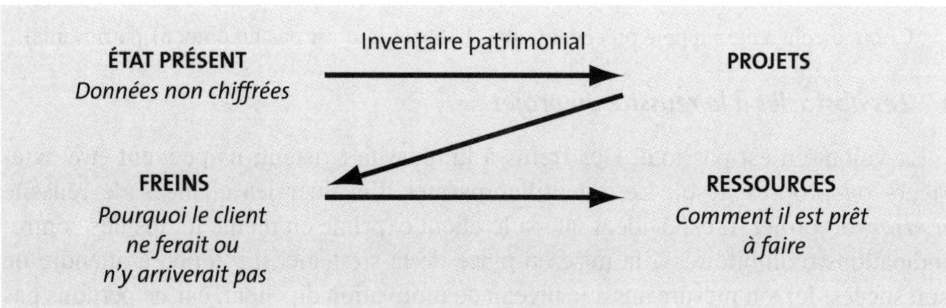

Figure 2.1 – Synthèse

1. Voir les travaux de Daniel Kahneman, prix Nobel d'économie en 2002.

2 Le contenu du recensement patrimonial

L'offre en logiciels pour faciliter le travail des CGP est aujourd'hui conséquente. Généralement de bonne facture, on peut néanmoins leur faire un reproche lié à leur avantage : la standardisation des données. Pour les clients à la surface financière restreinte, ils conviennent parfaitement. En revanche, ils se prêtent moins aux patrimoines plus étendus et complexes.

Quelle que soit la méthode employée, le recours à un document de synthèse s'impose pour plusieurs raisons :

- il fournit au client un état clair de sa situation, à lui faire valider ;
- il matérialise aux yeux du client l'emploi des données confidentielles qu'il a fourni au CGP ;
- ce document délivre un premier aperçu des qualités intrinsèques du CGP. Il montre au client sa capacité de synthèse, sa clarté, et son efficacité ;
- enfin, il donne une indication supplémentaire au client sur la démarche globale entreprise.

Sauf cas particulier, si cette étape n'est pas franchie, cela peut être un signe que le CGP n'a pas l'adhésion du client. Dans ce cas, il est préférable de mettre un terme à la relation.

Les éléments présentés ci-après n'ont pas la prétention d'être exhaustifs. Ils sont une illustration de la démarche proposée tant sur le fond que sur la forme. Retenons toutefois que l'on mesure la qualité d'un conseil à ses questions et non à ses réponses.

2.1 La situation familiale

On entre ici dans l'intimité du client. Il s'agit de mêler des prises d'informations basiques et plus techniques.

Focus

État civil

- Âge/date de naissance des époux.
- Prénom des enfants/âges/régime matrimonial s'ils sont mariés/profession.
- Prénom des petits-enfants/âges.
- Nom/prénom/âge des parents du client.

Nature du régime matrimonial. Il permet de connaître la répartition de la propriété des biens entre les époux. Une déclaration d'IFI (impôt sur la fortune immobilière) ne la précise pas. S'ils ont fait un contrat de mariage, il est important d'en avoir la copie. Il arrive fréquemment que les clients ne soupçonnent pas le contenu ingénieux de leur convention.

En présence d'un régime de communauté, les récompenses sont fréquentes et peuvent créer un passif dans la succession. Il faut alors ventiler les biens en fonction de leur nature juridique :

– biens propres du conjoint 1 ;
– biens propres du conjoint 2 ;
– biens communs.

En présence d'un régime de séparation de biens, il convient de vérifier la pertinence du régime au jour de l'analyse :

– soit le régime de la séparation de biens a été respecté et l'un des époux ou les deux ont constitué un patrimoine propre important grâce à une réussite professionnelle ou un héritage. Dans cette hypothèse, le régime ne protège plus le patrimoine contre le risque économique si c'est celui qui détient l'intégralité du patrimoine du couple qui en supporte le risque ;
– soit le régime de la séparation de biens a pu aboutir à un déséquilibre des patrimoines entre les conjoints, ce qui peut être un inconvénient pour la protection du conjoint survivant selon l'ordre des décès ;
– soit le régime n'a pas été respecté et toutes les acquisitions ont été faites ensemble (indivision). Auquel cas, il conviendra de vérifier si un régime communautaire semble plus adapté.

2.2 La situation sociale

Il s'agit d'identifier le statut et le régime social auxquels les clients sont soumis :

– profession de chaque conjoint ;
– identifier les différents mandats (gérant, administrateur, président…) ;
– selon le cas, demander si un chiffrage de la retraite a été réalisé.

Question

Quel est le niveau de risque économique qui pèse sur l'activité ? Cette question anodine permet de vérifier si une intervention éventuelle sur le régime matrimonial est envisageable.

2.3 Les libéralités antérieures

Dans cette étape, il s'agit d'identifier les différentes mutations à titre gratuit (donations et testaments) qui sont intervenues dans le champ familial au sens large.

– Un testament a-t-il été rédigé ? Si oui, quel est son contenu ?
– Une donation entre époux a-t-elle été rédigée ? Si oui, en relever la copie.

Attention, il n'est pas rare que certains clients aient rédigé sans le savoir des actes particuliers. À titre d'exemple, on trouve régulièrement des donations entre époux qui ne contiennent qu'une seule option : 100 % en usufruit. Jusqu'à la loi du 23 juin 2006[1], cette rédaction pouvait se révéler inadaptée par rapport à la capacité du conjoint survivant de revendiquer aussi le ¼ en pleine propriété de la dévolution légale. À ce stade de prise d'informations, l'objectif n'est pas de commencer une analyse sur le vif du contenu des actes. Il s'agit simplement de recueillir les éléments qui permettront ensuite de rendre une analyse précise de la situation juridique des clients.

Focus

Pour éviter de répondre à des questions alors que ce n'est pas l'objet du rendez-vous, généralement les conseillers diffèrent leur réponse.

Exemple : « Je note que cette question vous intéresse, nous y reviendrons lorsque je vous présenterai le résultat de mon analyse. »

Si un parent est décédé, comment s'est déroulée la succession ? Le défunt avait-il consenti une donation entre époux au profit du survivant ? Le parent vivant a-t-il pris 100 % en usufruit ou une autre option ? Quel est l'état de la fortune des parents ? Ont-ils reçu des donations de leurs parents ? Si oui, quoi, quand et combien ? Si cela paraît significatif, ou s'il y a un démembrement, en demander l'acte. Si s'agit d'une donation de parts de SCI, demander l'acte.

Focus

Dans l'acte de donation, en général au moins six informations sont intéressantes.

1. Date : pour le rappel fiscal.
2. Qui reçoit ?
3. Quoi et combien ?
4. Si démembrement : y a-t-il une clause de réversion d'usufruit ?
5. Si donation de parts de SCI, quelle valeur a été retenue ?
6. Y a-t-il une clause d'exclusion de communauté ?

1. La loi du 23 juin 2006 a modifié la règle d'imputation pour éviter cette conséquence issue de la loi du 3 décembre 2001.

En présence de plusieurs enfants, toutes les donations autres que les donations partages peuvent contenir un risque juridique. Il peut être intéressant de connaître les raisons pour lesquelles les clients ont procédé de la sorte. Il convient de partir du principe que ces motivations ont toujours une source valable.

Exemple

> Un client donne, en 1992, un appartement à l'un de ses enfants qui part faire ses études à Paris. Valeur 1 MF, donation simple en avance d'hoirie. En 2007, son deuxième enfant débute à son tour des études supérieures à Bordeaux. Il souhaite lui faire aussi la donation d'un appartement d'une valeur de 150000 €. Valeur alors de l'appartement parisien : 400000 €.
> Question : a-t-il conscience des difficultés juridiques que cette situation peut occasionner dans le temps ?

2.4 Les objectifs patrimoniaux

Les objectifs peuvent être soit purement financiers, soit purement patrimoniaux, soit la combinaison des deux. Chaque conseiller développe un champ de compétences et d'activité qui lui est propre. Définir au préalable avec précision les attentes du client évitera pour les uns comme pour les autres de faire fausse route.

Exemples

> **Objectifs patrimoniaux** : transmission, protection du conjoint survivant, protection d'un enfant diminué, etc.
> **Objectifs financiers** : construction, recherche de revenus complémentaires, constitution d'un capital, financement des études des enfants, retraite, etc.

Une fois les objectifs définis, il convient de les hiérarchiser par ordre de priorité et selon la durée de l'investissement. Cette précision est essentielle pour la construction d'une stratégie et d'un plan de travail adapté.

2.5 Les contraintes de gestion

Après la définition de l'objectif (quoi ?), il faut établir la façon dont le client souhaite y parvenir (comment ?). Il fixe son idéal.

Avantages :

- cela vient de lui ;
- si ce n'est pas atteignable, le CGP l'identifie immédiatement. Il n'est pas obligé de poursuivre la relation. Est-ce bien raisonnable de courir après un objectif qu'on ne pourra jamais atteindre[1] !

1. Voir *infra*, section 2.

– cela permet de vérifier que ce que le client attend de son CGP entre bien dans le champ de ses compétences, et non pas celles de l'avocat, du notaire ou de l'expert-comptable.

Exemples de questions

Comment va-t-on arriver à votre objectif ?
Comment saura-t-on que nous y sommes parvenus ?

2.6 La composition du patrimoine privé

C'est une photographie complète du contenu du patrimoine privé.

Parmi les questions à poser

Est-il suffisamment diversifié selon vous ? Les liquidités sont-elles suffisantes ou surabondantes ? Y a-t-il un déséquilibre entre le patrimoine du 1er conjoint et du 2nd conjoint ? La pression fiscale est-elle maîtrisée ? Quel degré de risque est accepté dans la gestion de ce patrimoine ? Etc.

Tableau 2.1 – Détail et répartition du patrimoine

	Conjoint 1	Conjoint 2	Communauté/ indivision	Passif	Total
Marché monétaire :					
Compte sur livret Compte chèques Assurance-vie					
Total					
Marché financier :					
PEA Comptes titres Assurance-vie					
Total					
Marché immobilier :					
Résidence princ. Résidence sec. Locatif SCPI SCI					
Total					
Total global					

Renseignements relatifs aux sociétés civiles

Comme cela va être précisé dans le chapitre relatif à la société civile (chapitre 11), lorsque le capital social est faible et que le bien détenu par la société civile a été acquis à crédit et dont le financement est terminé, alors des comptes courants d'associés sont présents. Seule une comptabilité correctement tenue permet de les matérialiser. Si ce n'est pas le cas, il y a de fortes probabilités pour que la déclaration d'IFI (impôt sur la fortune immobilière), s'il y en a une, soit mal rédigée. Elle ne peut faire apparaître ses comptes courants, et la valeur des parts sociales est généralement estimée pour la valeur du bien, ce qui est faux.

EXEMPLE

Associés :

- M : X %.
- Mme : Y %.
- Enfant 1 : W %.
- Etc.

Capital :

Valeur des biens :

- À l'achat.
- Aujourd'hui.

Financement :

- À crédit ? En cours ou terminé ?

Revenus :

- Charges :

Renseignements relatifs à l'assurance-vie

Il s'agit de collecter des données. Ce n'est pas le moment de faire l'inventaire de tous les avantages de l'assurance-vie, ou de critiquer la rédaction d'une clause bénéficiaire, etc.

Tableau 2.2 – Répartition de l'assurance-vie

Intitulé du contrat/ souscripteur	Date de souscription	Date de versement des capitaux	Clause bénéficiaire

Renseignements relatifs aux valeurs mobilières

Il s'agit de connaître la façon dont sont gérés ces actifs. La personne les gère-t-elle seule, ou par l'intermédiaire d'un professionnel ? Quelle stratégie de gestion ? Quelle répartition géographique, sectorielle, etc. ?

Exemple

> Sur la diversification sectorielle : services, banque, assurance, distribution, bâtiment, pétrole, etc.
> Sur la diversification géographique : Amérique, Europe, Asie, etc.
> Sur le nombre de lignes : s'il y en a beaucoup trop, si certaines sont insignifiantes ou conséquentes par rapport au capital, lignes en plus-values ou moins-values, etc.
> Sur la répartition du couple rendement/risque : % risque, % sécurité, % coté, % non coté, etc.

Si le portefeuille est démembré : qui de l'usufruitier ou du nu-propriétaire paie l'impôt plus-value ?

2.7 La composition du patrimoine professionnel

Un schéma évite bien des difficultés de compréhension. Les informations comptables sont nécessaires pour appréhender la situation économique de l'entreprise, son mode fonctionnement et ses propres contraintes. Elles mettent aussi en lumière la méthode de gestion du chef d'entreprise.

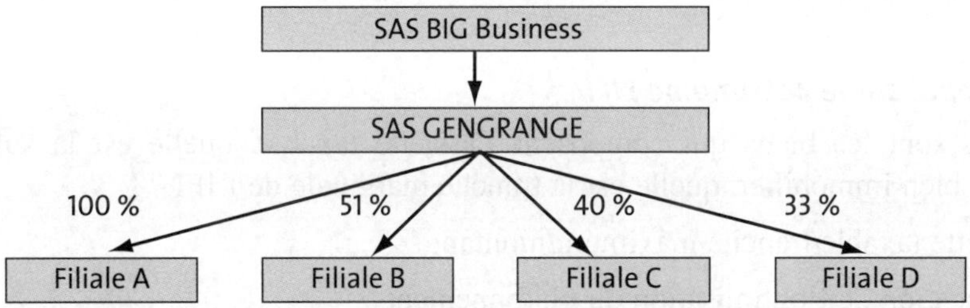

Figure 2.2 – Organigramme du groupe

Exemples de questions

> Avez-vous réalisé un engagement collectif de conservation de titres : transmission ? Existe-t-il un pacte d'associés ? Avez-vous songé à la transmission de votre entreprise, totalement ou partiellement ? Avez-vous des projets de développement, de croissance interne ou de croissance externe ? Souhaitez-vous basculer une partie de votre richesse industrielle dans votre patrimoine privé ? Pour y parvenir, êtes-vous prêt à intégrer un tiers au capital ? Etc.

2.8 La fiscalité

L'impôt sur le revenu

Il convient de se munir des avis d'imposition comme de la déclaration elle-même. En effet, certaines informations essentielles n'apparaissent pas dans la première (ex. : ligne EE, les revenus soumis à prélèvement libératoire).

Les revenus fonciers : déclarations 2044/2072

Il peut être intéressant de dresser le tableau suivant afin de mesurer la véritable rentabilité du patrimoine immobilier. Pour cela, encore faut-il prendre la valeur du bien pour son prix de marché actuel.

Tableau 2.3 – Détail des revenus fonciers

	Immeuble 1	Immeuble 2	Immeuble 3
Revenus bruts avant charges			
Revenus bruts après charges			
Revenus nets après IR			
Valeur vénale (prix du marché)			
Taux de rendement avant IFI			
Taux de rendement après IFI			

L'impôt sur le patrimoine : IFI

Quels sont les biens qui composent l'assiette taxable, quelle est la valeur de chaque bien immobilier, quelle est la tranche marginale de l'IFI ?

Assiette taxable/tranche maximum/montant.

Vérification de l'optimisation du plafonnement.

2.9 Le bilan retraite

Selon l'âge du client et ses préoccupations, il peut être nécessaire d'avoir une vision précise de cette projection.

Section 3 L'ANALYSE PATRIMONIALE

À partir du recensement patrimonial, il s'agit de vérifier si oui ou non ce qui a été réalisé par le client est en adéquation avec ses objectifs et ses contraintes de gestion. L'objectivité de l'analyse est garantie parce qu'elle se fonde sur des informations incontestables, celles communiquées par le client lui-même. C'est dans cette phase que le CGP dévoile ses compétences techniques. Il peut être confronté à un dilemme : comment annoncer les résultats d'un choix mal évalué ? Même si un conseiller n'a pas à rechercher la popularité, il sait aussi ce qu'il advient du messager de mauvais augure. Il convient alors d'adapter le fond à la forme.

Dans cette phase d'analyse, ici encore, plusieurs formes de présentation sont possibles. Elle doit être adaptée à la situation patrimoniale du client. Certains distinguent l'audit économique de l'audit juridique. D'autres auront plutôt tendance à suivre une méthode thématique selon les objectifs énoncés par le client.

Section 4 LA STRATÉGIE PATRIMONIALE

Elle se décline sous ses trois aspects juridique, fiscal et économique. L'ordonnancement de ces attributs dépend des attentes du client. Il est difficile de préconiser une méthodologie particulière. Le CGP s'adapte en permanence.

Quelques précautions de bon sens peuvent néanmoins être énoncées.

- Répondre directement aux questions qui sont posées. Un client n'attend pas de son conseil qu'il fasse un cours ou un livre sur sa problématique. Dans ce sens, les documents de plusieurs dizaines de pages, sauf cas particuliers, sont à proscrire. Ils ne rassurent et ne servent que ceux qui les rédigent.
- Adopter une démarche pédagogique : le CGP est amené à utiliser des notions familières pour lui mais à chaque fois découverte par le client. Le principal reproche formulé à l'encontre de certains conseils est le langage abscons usité. Ce n'est pas un facteur positif qui incite le client à s'inscrire dans une stratégie, et ce quelle que soit sa pertinence.
- Les comparaisons de stratégie éventuellement proposées doivent s'attacher à présenter les facteurs soumis à la comparaison. Il s'agit d'éviter de comparer des éléments incomparables.

Chapitre 3

La dimension émotionnelle de la gestion de patrimoine

Pascal Pineau

SOMMAIRE

Parler d'une gestion *globale* du patrimoine, c'est prendre le risque d'être généraliste et d'oublier la notion de spécificité de chaque cas. Cependant, ces deux approches, *globale* et *spécifique,* sont indissociables. En quelque sorte, il s'agit de travailler à la *louche* et à la *loupe*.

Faire systématiquement ce chemin de la *louche* à la *loupe,* et inversement, est nécessaire pour valider, ou non, un ensemble de solutions. C'est reconnaître que ces alternatives ne sont souvent qu'une ébauche. C'est revenir sans cesse sur ce qui est commun et sur ce qui est différenciant. Là se trouve la critique constructive de son propre travail en tant que conseiller en gestion de patrimoine. C'est ici que l'on gère l'angle mort de toute prise de décision. C'est ce détail anodin, plus ou moins pris en compte, qui donne la préconisation juste et pas juste une préconisation.

Le principe de précaution nous demande donc de partir de notre plus petit dénominateur commun, de ce qui nous est universel, de ce qui représente la genèse de notre patrimoine. Il nous ramène ainsi, avec émotions, à notre première valeur, notre premier actif : notre nom patronymique.

Section 1 LE NOM PATRONYMIQUE, LE PREMIER TITRE DE PROPRIÉTÉ

Notre nom patronymique est porteur de l'histoire vécue par les nôtres et il est parfois déjà lourd d'impacts sur les décisions futures à prendre. Le conseiller en gestion de patrimoine se doit d'intégrer cette donnée. C'est d'ailleurs cet élément qui lui a permis d'obtenir un rendez-vous (par recommandation, par prescription ou par téléphone) pour présenter son activité et ses services. C'est le point de départ de toute relation humaine, commerciale et contractuelle. Mais le conseiller a-t-il déjà fait le lien avec la gestion de patrimoine si globale et si dédiée ?

1 De la famille

Dès notre conception, les nôtres nous intègrent déjà dans la lignée de la famille. Ils nous projettent dans l'histoire, nous imaginent un métier, un positionnement, une qualité de vie…

Pour assurer ce scénario, ils nous *équipent* souvent de leurs propres valeurs – de ce qui est bien et mal, de ce qui coûte et de ce qui rapporte, du degré d'autonomie ou de coopération dans un projet, des droits et devoirs et de toutes les dérogations possibles pour parvenir à ses fins. Et pour les plus chanceux, de moyens matériels, de biens et de capitaux.

À chacun de prendre ou de laisser ce cadeau. C'est avec ce nom patronymique que nous allons signer et engager notre vie. Ce nom, notre nom, recouvre de nombreuses réalités : notre réputation, notre image, notre origine familiale, nos réseaux relationnels induits, notre puissance financière, nos entités structurelles et déjà nos successions à prévoir ! À chacun selon sa famille. Mais déjà, je possède !

Et même sans aucun actif financier, je peux gérer un potentiel. Tout n'est pas écrit, bien entendu, et heureusement, mais en filigrane, l'espoir des nôtres vibre. À partir de ce constat, nous pouvons décider, quel que soit l'âge d'ailleurs, de ne pas suivre la voie tracée et de renier ce nom.

Ou de le garder et de se faire un prénom. Exister…

2 De l'impact de la famille sur la qualité de la signature

Ce nom nous donne aussi la qualité de notre signature : ouvrir un compte en banque, investir, devenir propriétaire de biens concrets, valider les écritures des autres, protéger les siens, témoigner du passé, prouver ses droits et ses devoirs…

Je suis qui je signe.

Mon nom patronymique devient une valeur plus ou moins reconnue des autres, voire du marché. Dans une approche patrimoniale digne de ce nom, il serait dommage que le conseiller en gestion de patrimoine ne prenne pas le temps de relever les effets induits de l'histoire de ce nom.

En fait, qui signe ?

Monsieur D. est investi d'une mission de tradition familiale – de la sienne et parfois de sa belle-famille ! La qualité de ma signature peut-être une ressource, un accélérateur, un créateur de droit comme une limite à mes projets, à ma conception d'investissements – *on n'a jamais dans notre famille fait de telles opérations, ça ne se fait pas, ce n'est pas bien.*

D'où viennent ces « on, ça, ce » ?

3 Du poids de la tradition familiale sur la stratégie patrimoniale

Quel est le service réel de cette filiation dans un monde en perpétuel mouvement avec de nouveaux outils financiers et de nouveaux textes de lois ?

Quelle est votre stratégie patrimoniale… peut se révéler une question complexe.

Traduisons-la par : existe-t-il une ligne directrice personnelle quand vous prenez des décisions quant à votre patrimoine ? Souvent, cette ligne n'est pas consciente. Il peut être important de la définir pour mieux comprendre la motivation du client, son motif d'action. Les premiers actes patrimoniaux enclenchent, s'ils sont réussis, une croyance positive du dispositif de prise de décision. La validation des éléments retenus, du mode de réflexion et de calcul, des conseillers sollicités, se font par la validation des résultats souhaités et obtenus. La fin justifie les moyens.

On ne change pas un processus qui fonctionne et qui apporte le résultat escompté. On le valide comme vrai. *Ma manière de voir l'environnement, de gérer les contraintes et les opportunités est la bonne, la meilleure ! Telle est ma croyance.*

Bien évidemment, l'inverse est vrai : l'échec d'un montage, par un effet de généralisation, écarte un système complet de prise en compte du problème et des facteurs qui lui sont associés : un produit, une fiscalité, un individu, un rythme de décision, un environnement… Rares sont ceux qui analysent séquence par séquence ce qui est à garder et ce qui est à remettre en cause. Le cerveau, par un raccourci (trop) rapide, décide que c'est dorénavant ainsi que « ça marche » ou que « ça ne marche jamais ».

Vous remarquerez que « l'honnêteté » du cerveau n'est pas toujours une donnée fiable.

Ainsi, il existe une vraie stratégie (et pas toujours la meilleure) qui nous anime. Nous avons tous remarqué que les scénarios d'investissement de certains clients sont verrouillés : « J'ai toujours acheté mes investissements avec un apport personnel de 30 % en taux fixe et amortissable, alors même si c'est mieux de faire un crédit *in fine*, je maintiens ma décision ».

Et donc, dans certains cas, la solution n'est pas optimisée. La gestion de patrimoine est globale, elle prend en compte des données qualitatives de l'histoire de vie du client – *son scénario de vie*. Le conseiller peut essayer de les traiter, de les relativiser en montrant que le contexte et les objectifs ne sont plus les mêmes. Il doit surtout ne pas oublier *qui* signe.

Le respect de la relation humaine, qui n'est pas toujours porteuse de la solution la plus optimale, est la base de cet *intuitu personae.*

4 De la personne et de son patrimoine mesurable

Ce patrimoine, obtenu par héritage ou par acquisition, est vivant. Il évolue, fluctue et le marché lui donne l'occasion d'être mesuré, pesé, arbitré. Son propriétaire est sollicité pour élaborer un bilan patrimonial notamment par son conseiller (ou la concurrence qui y voit une porte d'entrée en vue d'une déstabilisation potentielle), afin de constater la bonne santé des comptes, des acquis et des flux financiers. Tel un vrai bilan, l'idée est de répertorier son *actif* et son *passif* bien entendu, mais aussi d'aller jusqu'à la prise en compte des éléments personnels et professionnels.

Souvent, le *hors-bilan* est négligé : les assurances (hors capitalisation), les responsabilités, les cautionnements et nantissements, le mode réel de détention des biens, les héritages à venir…

Ces données sont incontournables, et une fois de plus, c'est par ces éléments que le conseiller accède à la gestion globale du patrimoine. Il s'agit donc bien d'aller au-delà de ce qui pèse uniquement sur le plan comptable. Le simple vendeur de produits financiers basiques, de solution *one shot*, ne s'intéresse pas ou peu à ces éléments presque invisibles : il n'a pas besoin de les prendre en compte, il n'aura pas à gérer l'histoire de sa vente. Pour le client, c'est un des marqueurs de crédibilité de son interlocuteur : *à qui vais-je confier la gestion de mes biens ?*

5 Du pouvoir de disposer de son patrimoine

Posséder c'est avoir du pouvoir. Notamment celui de choisir : l'arbitrage.

Pour piloter son patrimoine dans un souci de cohérence (c'est le cas le plus souvent rencontré), son propriétaire, nourri de ses expériences, définit donc une ligne de conduite. C'est d'ailleurs une des premières décisions qu'il va prendre et qui peut changer dans le temps : *vais-je piloter seul ou m'entourer ?*

Quel degré d'autonomie[1] vais-je laisser au professionnel de la gestion de patrimoine pour arbitrer : mandat sous gestion, accord de principe par prise d'avis, ratification de chaque mouvement ? Et ce degré d'autonomie accordé n'est pas toujours lié au degré de compétence de l'un comme de l'autre d'ailleurs.

Cette expérience de *pouvoir délégué,* voire *transféré* – selon les résultats obtenus et leurs prix à payer (en temps, en énergie, en argent, en conflits) –, sera déterminante lors de la préparation de la transmission du patrimoine avec les débats *démembrement, indivision, mandataire, pacte familial…*

Ne pas reproduire les sources d'échecs ou valider les facteurs de succès d'hier aux miens. La boucle est bouclée…

1. Voir *Le conseil en gestion de patrimoine, prendre soin de ses clients*, par Claude Lajugée et Pascal Pineau aux Éditions Afnor, 2012 et Dunod, 2019.

Section 2 DE LA PROPRIÉTÉ À L'UTILITÉ

1 Du patrimoine global au service d'une mission spécifique

Quelle est la mission de ce patrimoine, quelle est son utilité aux yeux de son propriétaire ?

En effet, hormis ceux qui considèrent (et il y en a) que le but est d'avoir plus, toujours plus, d'autres pensent que leur patrimoine est un outil au service de quelque chose de plus *noble* : la protection des leurs, la vie sans souci lors de la retraite, la possibilité de changer le monde par la réalisation d'un projet, d'une création, d'une invention, l'indépendance pour faire ce que l'on souhaite… Une solution patrimoniale qui ne répondrait pas à cet aspect (peu révélé par le client car trop souvent non recherché par son conseiller) ne saurait durer à travers le temps. Le conseiller passerait ainsi du *pourquoi* (origine de la problématique) au *pour quoi* (destination de la solution) : quel en est l'enjeu ?

2 De l'objectif à un besoin de gestion spécifique

Quelle gestion serait la plus adaptée au profil de ce client compte tenu de son objectif et de la durée estimée de réalisation ?

La prise de risque est aussi une histoire de vie dans sa globalité, à rapporter à l'instant présent : l'enjeu réel de son objectif. Certains clients, alors qu'ils ont largement le temps et les liquidités de se positionner sur des contrats à échéance moyen-long terme, boycottent des solutions de types assurance-vie ou investissements en valeurs mobilières. Une aberration pour les professionnels, une décision invivable pour les propriétaires. La rentabilité parfois obsédante pour certains clients et conseillers n'est qu'une donnée (à faible coefficient de pondération) pour d'autres. C'est une fois de plus un tout qu'il faut gérer, le tout du client.

Le profilage des actifs de type *Prudent, Équilibré, Offensif* est un début de réponse dont la Directive MIF a précisé les contours pour éviter les abus. Cependant, même contrôlée, et même bien bordée par les textes réglementaires, la gestion patrimoniale est avant tout une gestion de croyances personnelles.

Se positionner sur des taux variables pour l'acquisition d'un immobilier locatif (dans la mesure où objectivement c'est le meilleur taux et la meilleure configuration compte tenu du marché) peut-être mal vécu par un client de typologie *prudent*. Son interprétation pourrait être : *j'achète à crédit avec une dette indexée sur la Bourse !*

3 De la gestion patrimoniale au management du patrimoine

Car il s'agit bien de manager un individu, un client (avec un nom patronymique) et ses croyances (comme une règle de gestion de son patrimoine), ses aversions et/ou appétences aux risques, ses droits et ses devoirs sur ses biens : un vrai management de contraintes et d'opportunités à la fois du client mais aussi du marché.

La finance comportementale (selon Daniel Kahneman, lauréat du prix Nobel d'économie en 2002) nous apprend que *l'on ne gère pas l'argent d'un individu mais un individu qui a de l'argent !*

Transformer les éléments, les souhaits, les croyances de la vie quotidienne du client en positionnements juridiques et financiers, telle est la mission du conseiller en gestion de patrimoine. Plus le patrimoine est conséquent, plus la diversification semble facile. Quoique…

Là aussi, la gestion globale du patrimoine n'est pas un vain mot. Une préconisation pourrait s'envisager comme une véritable combinaison de plusieurs facteurs. Nous pourrions parler d'un *Rubik's Cube*© avec ses six facettes :

- **financière** : que la solution réponde à la diversification des supports d'investissement (suivant le fameux dicton : *ne pas mettre tous les œufs dans le même panier*) ;
- **fiscale** : que le choix se porte sur l'ouverture des faits générateurs des niches existantes (évitant d'en privilégier une et d'être menacé de sa fermeture par simple décret politique) ;
- **successorale** : que cet aspect soit anticipé (sans jouer les alarmistes) en complétant les propositions *produits* avec des aménagements et services juridiques ;
- **sociale** : que les aléas et les certitudes soient débattus et trouvent une réponse (le décès, l'invalidité, les retraites, les pensions de réversion…) ;
- **contractuelle** : que la meilleure rentabilité ne soit pas tributaire de pénalités excessives, de conditions contraignantes et abusives ;
- **émotionnelle** : que la solution soit compatible avec le client, son histoire et ses croyances…

4 Du contrôle et de l'adaptabilité

Le contrôle des combinaisons permet de valider dans sa globalité si les décisions prises sont saines, cohérentes et adaptables dans le temps. Cette dernière notion d'adaptabilité est certainement la plus décisive, faisant écho au rapport Delmas Marsalet quant aux notions d'ajustements dans le temps des préconisations. Elle donne le droit au propriétaire de changer d'avis, de nuancer ses choix et de ne pas (trop) subir l'environnement économique et familial.

Face à cette complexité, qui pourrait être ce conseiller en gestion de patrimoine respectant le client dans la globalité ?

Partie 2

La dimension juridique de la gestion de patrimoine

Dans la vie d'un couple, il arrive un moment où la question du cadre juridique de ce dernier se pose. Faut-il opter pour l'union libre, le mariage ou le Pacs ? Et, au sein du mariage, quel régime doit être retenu, compte tenu des deux patrimoines en présence, des revenus respectifs, des objectifs recherchés… ? Puis vient, éventuellement, le moment où la vie de couple ne correspond plus aux attentes d'une ou des deux parties. Une procédure de divorce peut alors être engagée, avec des conséquences patrimoniales diverses. Si le divorce n'est jamais certain, le décès finit toujours par arriver. En présence d'un patrimoine, se pose alors la question de la succession, qui aura pu être préparée ou non par le défunt. Il est cependant possible de ne pas attendre ce moment fatal pour transmettre à titre gratuit tout ou partie de son patrimoine. Cette possibilité est cependant très encadrée afin de ne pas porter préjudice aux héritiers. Ces différents points font l'objet de quatre chapitres (chapitres 4, 5, 6 et 7).

Le futur défunt peut souhaiter qu'une fois plus de ce monde, son patrimoine serve à protéger son conjoint ou un incapable, que cette incapacité soit liée au fait que la personne à protéger soit mineure, majeure aux facultés personnelles altérées ou handicapée. Le thème de la protection du conjoint survivant fait l'objet du chapitre 8 et celui sur la protection d'un incapable du chapitre 9.

Enfin, le droit français est une matière suffisamment riche pour permettre des montages optimisant la gestion d'un patrimoine. Ceci peut notamment se faire par le recours au démembrement de propriété. Cette technique conduit à séparer les droits d'user (*usus*) et de tirer des revenus (*fructus*) d'un bien du droit de propriété de ce dernier (*abusus*). Ceci aboutit alors à distinguer l'usufruitier du bien de son nu-propriétaire. Cette technique est présentée en détail au chapitre 10.

Un dernier outil très utile en matière de gestion de patrimoine est le recours à la société civile. Ce type de société présente l'immense avantage de laisser une grande liberté dans la rédaction de ses statuts. Elle fait l'objet du chapitre 11, comprenant par ailleurs deux études de cas très éclairantes.

Chapitre

4 Les régimes matrimoniaux

Catherine BIENVENU

SOMMAIRE

Les régimes matrimoniaux sont une partie des règles qui constituent le statut des époux dans leurs rapports mutuels et dans leurs relations avec les tiers. Ces règles permettent de répondre à diverses interrogations, dont certaines concernent la vie de tous les jours.

- Quelle répercussion l'état d'époux a-t-il sur le sort des biens détenus avant et après le mariage, ainsi que sur le passif, les dettes ?
- Qui va gérer ces biens ? L'un, l'autre des époux, les deux et alors dans quelles conditions ?
- Comment vont être réglés les intérêts des époux à la dissolution du lien conjugal, quelle qu'en soit son origine ?

Mais les régimes matrimoniaux ne sont qu'une partie des événements, des relations, des devoirs, des obligations et de tout ce qui peut arriver pour le meilleur et pour le pire à un couple. Le mariage a des effets d'ordre personnel et financier. Le droit patrimonial de la famille se consacre exclusivement aux effets pécuniaires. De nombreuses autres règles régissent les époux, en tant que couple, comme l'obligation alimentaire, les libéralités ou les successions qui sont vues dans d'autres matières et dans leurs relations avec les autres, et au premier chef avec leurs enfants.

Le régime matrimonial se limite donc à déterminer la propriété des biens et leur gestion.

Il n'existe pas un seul régime matrimonial. Le mariage est un fait, mais c'est aussi un contrat passé entre deux personnes. Même si les époux n'ont rien signé, dans ce dernier cas, ce sont les règles établies par le Code civil qui s'appliqueront. Le législateur a laissé une grande liberté aux futurs époux, qui peuvent prévoir le règlement de leurs relations comme ils l'entendent, sous réserve, bien entendu, de respecter l'ordre public ainsi qu'un certain nombre de dispositions relatives à ce que l'on pourrait appeler les devoirs des époux, et qualifié par la pratique de régime primaire ou statut impératif de base.

Si le législateur a laissé une grande liberté, il a également prévu des régimes types pour ceux qui n'auraient pas fait précéder leur union d'un contrat (régime légal de la communauté réduite aux acquêts) ou qui se seraient contentés des dispositions proposées par le Code civil et reprises dans les modèles de contrats de mariage des notaires (séparation de biens, participation aux acquêts et communauté universelle). La liberté des conventions matrimoniales permet aux futurs époux (ou suite à un changement de régime matrimonial, possible après 2 ans sous un régime précédent), par contrat de mariage, d'aménager comme ils le jugent souhaitable leurs relations patrimoniales entre eux et avec les tiers.

À côté du statut impératif de base ou régime primaire (section 1), qui est commun à tous les régimes, le Code civil prévoit le régime légal de la communauté réduite aux acquêts (section 2) et des régimes conventionnels communautaires et séparatistes (section 3).

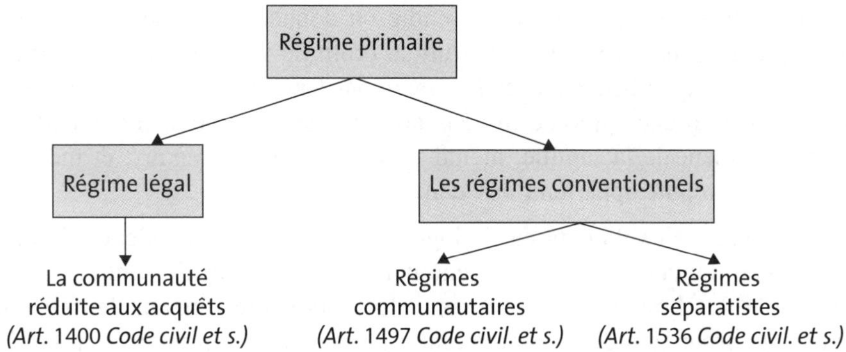

Figure 4.1 – Les différents régimes matrimoniaux

Section 1 LE RÉGIME PRIMAIRE

Le statut impératif de base (Code civil 214 à 226) est fondamental car il s'impose aux époux quel que soit le régime matrimonial et quelle que soit la date de leur mariage. Ces dispositions sont d'ordre public, on ne peut donc pas y déroger, y compris dans le contrat de mariage. Le régime primaire permet d'éviter, à la fois, que l'état d'époux ne constitue une entrave à l'autonomie juridique, et que cette autonomie ne nuise aux fins du mariage. Il protège la famille contre l'époux. Ces articles ont une importance d'autant plus pratique qu'ils concernent la vie de tous les jours et de tous les couples, même ceux dont la valeur du patrimoine est très faible.

1 Le logement de la famille

Dans le but de protéger le logement commun, l'article 215 alinéa 3 du Code civil prévoit :

– une atteinte au droit de propriété si le bien est propre ou personnel ;
– une atteinte au pouvoir de propriétaire de l'époux sur ses biens personnels en régime de séparation de biens et d'administration et de jouissance de bien propre en communauté.

Ainsi, les époux ne peuvent, l'un sans l'autre, vendre le logement familial (la résidence principale uniquement), ni son contenu. Le propriétaire, marié, ne peut réaliser les actes privant la famille de son logement sans le consentement de son conjoint (vente, promesse de vente, apport en société, constitution d'hypo-thèque, donation, bail, résiliation d'un contrat d'assurance habitation). Mais la protection a une limite puisque l'époux propriétaire peut vendre ou donner avec réserve d'usufruit à son profit (même sans réversion d'usufruit au profit de son conjoint). Cet article n'empêche pas les hypothèques légales, n'évite pas les droits des créanciers, notamment les saisies (sauf déclaration d'insaisissabilité). De la même manière, le droit au bail sur le logement de la famille, même conclu par un seul époux, et même avant le mariage, est réputé appartenir aux deux époux.

Ces atteintes s'expliquent car le logement de la famille ne s'entend plus avec sa valeur patrimoniale. Même si souvent un tel bien constitue l'essentiel du patrimoine du couple, les limitations de pouvoirs du propriétaire trouvent leurs causes dans l'évidente protection de la famille tant matériellement (en interdisant la réalisation dudit bien immobilier) que financièrement, par le crédit qu'a le ménage vis-à-vis des tiers lorsqu'il est propriétaire foncier.

L'importance de la protection du logement familial se retrouve en matière de divorce[1] et de succession[2], mais aussi dans le cadre de la vie des affaires grâce à la déclaration d'insaisissabilité. Pour parer au drame que pourrait constituer la disparition du logement de la famille, souvent seul bien de valeur dans de nombreux couples, la loi du 1er août 2003 sur l'initiative économique (art. L. 526-1s) prévoit que l'entrepreneur individuel (commerçant, artisan, agriculteur et profession libérale) a la possibilité de procéder, par acte notarié, à une déclaration d'insaisissabilité des droits sur l'immeuble où est située sa résidence principale. Cette déclaration n'est opposable qu'aux seuls créanciers dont les droits naissent à l'occasion de l'activité professionnelle de l'époux et postérieurement à ladite déclaration. La résidence principale peut être propre à l'entrepreneur ou commune. La loi de modernisation de l'économie du 4 août 2008 a étendu ce dispositif à tout bien foncier bâti ou non, non affecté à son usage professionnel.

2 Les charges du mariage

Deux articles règlent le sort des charges du mariage :

- l'article 214 du Code civil permet de rechercher dans quelle mesure chacun des époux doit prendre part à ce type de dépenses. **C'est la contribution à la dette** ;

1. Voir chapitre 5.
2. Voir chapitre 6 (les droits spécifiques du conjoint survivant sur son logement).

– l'article 220 du Code civil, quant à lui, permet de déterminer l'étendue du droit de poursuite du créancier, notamment lorsque les époux sont communs en biens, de savoir si ce droit peut être exercé non seulement sur les biens personnels du débiteur mais aussi sur ceux dépendant de la masse commune, voire sur les propres du conjoint. **C'est l'obligation à la dette**.

2.1 La contribution des époux aux charges du mariage

La contribution à la dette concerne les relations mutuelles des époux. La notion de charges du mariage est plus large que celle de dettes ménagères, car elles dépendent du train de vie que, d'un commun accord, les époux se sont donnés. Elles ne se limitent pas au strict nécessaire (essentiellement les dépenses d'entretien du ménage et d'éducation des enfants – même ceux d'un 1er lit –, nourriture, logement, vêtements, agréments, loisirs…), mais aussi une acquisition immobilière si elle représente le seul moyen d'assurer le logement de la famille. Il a même été jugé que la contribution aux charges du mariage peut inclure des dépenses d'agrément telles que l'acquisition d'une résidence secondaire.

Si les conventions matrimoniales ne règlent pas la contribution aux charges du mariage, les époux y contribuent à proportion de leurs facultés respectives. Le contrat de mariage ne peut pas exonérer totalement l'un des époux de cette contribution, qui peut revêtir diverses formes : remise de deniers au conjoint, paiement direct, collaboration non rémunérée à la profession de l'autre époux, temps passé aux tâches ménagères… L'époux peut demander au juge aux affaires familiales de fixer cette contribution (art. 1069-3 NCPC). L'époux fautif, s'il ne s'y conforme pas, s'expose à des sanctions pénales (délit d'abandon de famille) et une poursuite par son conjoint sur ses revenus.

2.2 La solidarité vis-à-vis des tiers

L'obligation à la dette concerne les relations des époux avec les tiers.

■ *Le principe : la solidarité*

La loi de 1965 a attribué, en toute réciprocité et à chacun des époux, le pouvoir de passer valablement seul les contrats ayant pour objet l'entretien du ménage et l'éducation des enfants. Le corollaire de cette parfaite égalité est l'association des époux dans la responsabilité des dettes qui en découlent puisque, par le canal de la solidarité, l'article 220 du Code civil ouvre aux créanciers (qui doivent toutefois prouver le caractère ménager de la dette) l'accès à l'ensemble des biens appartenant au couple, ce qui augmente le crédit de ce dernier. Ainsi, en régime séparatiste, le conjoint qui a payé peut se retourner contre son époux et, en régime communautaire, la dette fait partie de la communauté.

Le créancier peut poursuivre le paiement sur les biens communs, ceux propres de son cocontractant et ceux propres du conjoint en vertu de la solidarité.

La notion de dettes ménagères est évidente pour l'éducation des enfants, la nourriture, le chauffage, l'habillement ou les frais de maladie. Elle a été étendue en jurisprudence, notamment : loyers, cotisations retraites, santé, eau, gaz, électricité, charges de copropriété (même pour un immeuble propre servant au logement), acquisition d'automobiles, salaires d'une employée de maison, frais de scolarité, livres, séjour linguistique. Au contraire, la nature ménagère n'a pas été admise pour des dépenses d'investissements ou professionnelles.

Les exceptions : il n'y a plus solidarité

Il n'y a plus solidarité lorsque les dépenses sont manifestement excessives et lorsqu'il y a achat à tempérament ou crédit, à moins que le bien acquis soit de valeur modeste et nécessaire à la vie courante. Une loi du 17 mars 2014 est venue renforcer la protection du conjoint, mais corrélativement réduire le crédit du couple, puisqu'elle prévoit qu'en cas de pluralité d'emprunts, c'est leur montant cumulé qui ne devra pas être excessif eu égard au train de vie du ménage. L'exclusion de la solidarité signifie que l'engagement demeure valable mais que la dette est personnelle. Ainsi, en régime de séparation, la masse débitrice sera constituée des biens personnels du débiteur et, en régime de communauté, des biens communs et des biens propres du cocontractant (mais donc pas des biens propres de son conjoint).

3 L'exercice d'une profession

Chaque époux est libre de décider de travailler ou non et de choisir sa profession. Il existe cependant des situations particulières, lorsque les époux participent à un même commerce. La liberté d'exercer une profession isolément n'interdit pas aux époux de travailler ensemble. Cette dernière situation, longtemps ignorée par la loi, est désormais organisée. Il existe donc :

- des règles permettant à l'époux qui travaille avec son conjoint d'obtenir la qualité de commerçant (ou au contraire d'éviter d'être qualifié comme tel s'il le préfère) ;
- des présomptions de pouvoirs dans l'exercice de la profession sont accordées au conjoint collaborateur *via* le système du mandat (que n'aurait pas un autre collaborateur) ;
- des règles qui fixent le statut social et fiscal du conjoint salarié ainsi que celui des époux participant à une même exploitation agricole.

La loi reconnaît donc le travail de l'époux auquel il donne les mêmes droits qu'un travailleur non marié avec quelques nuances eu égard à la situation particulière des relations ; soit par la reconnaissance dudit travail soit, au contraire, en limitant certaines déductions fiscales sur les salaires.

Les conséquences de cette liberté concernent le sort des gains et salaires. La notion des gains et salaires porte sur la rémunération principale comme ses accessoires, telle une prime. Les bénéfices commerciaux et agricoles sont également des gains et salaires.

L'article 223 donne une pleine liberté de principe à l'époux sur ses gains professionnels après avoir satisfait les besoins du ménage. La règle est remarquable, surtout en régime communautaire, car les revenus professionnels (biens communs) échappent aux restrictions que connaissent les pouvoirs respectifs des époux et au principe de la gestion concurrente. Aux termes de l'article 1422 du Code civil, « les époux ne peuvent, l'un sans l'autre, disposer entre vifs, à titre gratuit, des biens de la communauté ». Cet article l'emporterait sur l'article 223 dès lors que les gains et salaires ont été économisés. C'est ainsi que la Cour de cassation a affirmé (29 février 1984), à propos d'une donation de gains professionnels par un mari à sa maîtresse, que les juges du fond avaient pu admettre la validité de principe de la libéralité, car elle avait été consentie au moyen de sommes provenant de gains et salaires alors que ces sommes n'avaient pas été économisées. Ainsi, les gains et salaires, une fois économisés, s'apparenteraient à des acquêts ordinaires.

L'époux a une libre perception de ses gains et salaires, qui « ne peuvent être saisis par les créanciers de son conjoint que si l'obligation a été contractée pour l'entretien du ménage ou l'éducation des enfants, conformément à l'article 220 (dettes solidaires) » (art. 1414 du Code civil).

Lorsque les gains et salaires sont versés à un compte courant ou de dépôt, ceux-ci ne peuvent être saisis que dans les conditions définies par décret. Il est ainsi laissé immédiatement à la disposition de l'époux, commun en biens, une somme équivalant, à son choix, au montant des gains et salaires versés au cours du mois précédant la saisie ou au montant moyen mensuel des gains et salaires versés dans les douze mois précédant la saisie. Il y a donc une insaisissabilité de principe des gains et salaires d'un époux par les créanciers du conjoint.

4 L'autonomie bancaire des époux

Le Code civil (art. 221) pose une présomption de pouvoirs sur tous types de comptes ouverts au nom d'un époux, mais non une présomption de propriété (un compte au nom d'un seul époux est, *a priori*, commun en régime communautaire). L'ouverture du compte est libre. Pour le fonctionnement de tout compte et pour toute opération, la règle est la présomption irréfragable de pouvoir. En conséquence, le conjoint du titulaire du compte ne pourra faire bloquer ledit compte qu'en prouvant que les fonds lui appartiennent, soit en suivant les voies judiciaires de droit commun avec notamment une saisie-attribution des sommes déposées, soit en suivant les voies du régime matrimonial en obtenant le pouvoir de gérer le compte du titulaire (1426 et 1429 du Code civil. *cf. infra* situations de crise). La présomption de libre disposition est maintenue à la dissolution du mariage.

5 La gestion des situations de crise

5.1 Les mécanismes judiciaires réglant les conséquences d'un désaccord entre époux ou la défaillance de l'un d'eux

Il s'agit de mécanismes judiciaires permettant de pallier les conséquences d'un désaccord entre les époux ou de la défaillance de l'un d'eux pour le bon fonctionnement de leur régime matrimonial.

Autorisation judiciaire à agir seul en cas d'incapacité ou de refus à agir du conjoint

L'article 217 du Code civil dispose : « Un époux peut être autorisé par justice à passer seul un acte pour lequel le consentement de son conjoint serait nécessaire, si celui-ci est hors d'état de manifester sa volonté ou si son refus n'est pas justifié par l'intérêt de la famille. » Ainsi, l'époux autorisé va agir en son nom propre pour des actes qu'il aurait dû faire avec son conjoint (cogestion en communauté). Ceci exclut tout acte sur les biens propres en communauté et les biens personnels en régime de séparation de biens.

Mandat judiciaire en cas d'incapacité à agir

« Si l'un des époux se trouve hors d'état de manifester sa volonté, l'autre peut se faire habiliter par justice à le représenter, d'une manière générale ou pour certains actes particuliers, dans l'exercice des pouvoirs résultant du régime matrimonial… » (art. 219 du Code civil).

Tableau 4.1 – Gestion des biens en cas de crise

	Article 217	Article 219
Circonstances	– Absence ou maladie du conjoint. – Refus de consentir du conjoint.	– Absence. – Maladie du conjoint.
Domaine quant aux biens	Biens relevant d'un régime de gestion conjointe (certains biens communs/logement de la famille).	Biens privatifs du conjoint.
Domaine quant aux actes	Un acte nécessitant le consentement des deux époux.	Un ou plusieurs actes relevant du pouvoir exclusif de l'époux absent ou malade.
Effets	L'acte autorisé par le juge est opposable à l'époux qui n'a pas consenti : celui-ci n'est pas personnellement engagé.	Le ou les actes autorisés par le juge engage(nt) directement le conjoint empêché lequel est représenté (on peut ainsi éviter la mise en place d'une tutelle).

Article 220-1 du Code civil

Si l'un des époux manque gravement à ses devoirs et met ainsi en péril les intérêts de la famille, le juge peut prescrire toutes les mesures urgentes que requièrent ces intérêts. Il peut notamment interdire à cet époux, sans le consentement de l'autre, tout acte de disposition sur ses biens propres ou sur ceux de la communauté, meubles ou immeubles. Lorsque les violences exercées par l'un des époux mettent en danger son conjoint et un ou plusieurs enfants, le juge peut statuer sur la résidence séparée des époux en précisant lequel des époux continuera à résider dans le logement conjugal. Sauf circonstances particulières, la jouissance de ce logement est attribuée au conjoint qui n'est pas l'auteur des violences. Le juge se prononce, s'il y a lieu, sur les modalités d'exercice de l'autorité parentale et sur la contribution aux charges du mariage. Les mesures prises sont caduques si, à l'expiration d'un délai de quatre mois à compter de leur prononcé, aucune requête en divorce ou en séparation de corps n'a été déposée. La durée des autres mesures prises en application du présent article doit être déterminée par le juge et ne saurait, prolongation éventuelle comprise, dépasser trois ans.

La mise en application de cet article requiert trois conditions : l'urgence, le manquement par un époux à ses devoirs et la mise en péril des intérêts de la famille. Il permet alors d'élargir le domaine de la cogestion en portant atteinte à la libre disposition des biens propres.

Section 2 LE RÉGIME LÉGAL DE LA COMMUNAUTÉ RÉDUITE AUX ACQUÊTS

Cette section concerne les époux soumis au régime légal, issu de la loi du 13 juillet 1965, c'est-à-dire s'appliquant aux époux mariés sans contrat depuis le 1er février 1966 : **le régime de la communauté réduite aux acquêts**.

Les époux mariés sans contrat avant le 1er février 1966 sont soumis au régime légal de la communauté de meubles et d'acquêts. La différence fondamentale vient de ce que, dans ce cas, les biens meubles tombent toujours en communauté, c'est-à-dire l'argent liquide, les comptes bancaires, les livrets, les portefeuilles de valeurs mobilières, les actions, les obligations, le mobilier, les meubles meublants, les tableaux, les véhicules, les fonds de commerce… et ce quelle qu'en soit l'origine.

Les époux mariés sans contrat avant le 1er février 1966 ont eu la faculté d'opter pour le nouveau régime par simple déclaration notariée jusqu'au 31 décembre 1967. Peu d'époux ont usé de cette possibilité. Beaucoup de couples sont encore soumis au régime légal de la communauté de meubles et d'acquêts où tous les biens meubles sont, en principe, dans la masse commune.

Aux termes de l'article 1401 du Code civil : « La communauté se compose activement des acquêts faits par les époux ensemble ou séparément durant le mariage et provenant tant de leur industrie personnelle que des économies faites sur les fruits et revenus de leurs biens propres ». L'article 1402 du Code civil précise qu'« est un bien commun tout bien dont les époux ne rapportent pas la preuve du caractère propre ».

Le Code civil établit donc une présomption de communauté :

- entre époux : c'est donc à l'époux qui invoque un bien propre qu'il incombe d'en apporter la preuve, en principe par écrit. D'où l'intérêt du contrat de mariage (même pour un régime légal), où l'on peut insérer un inventaire successoral ou dressé entre époux, notamment quant aux biens meubles. La preuve pourra en être rapportée par tous moyens, en cas d'impossibilité morale ou matérielle, mais sera rarement admise ;
- vis-à-vis des tiers : la preuve qu'un bien est propre, par un époux contre un tiers, se fera par écrit et la preuve d'un tiers contre un époux par tous moyens.

1 La composition de la communauté légale

1.1 Les gains et salaires (produits de l'activité professionnelle des époux)

Ils sont communs avant même leur perception. Chacun des époux peut néanmoins en disposer librement après s'être acquitté des charges du mariage (art. 223). Depuis la loi du 23 décembre 1985, ils ne peuvent être saisis par les créanciers du conjoint (voir *supra*). Les substituts de gains et salaires sont aussi communs. Ainsi, l'indemnité de licenciement versée à un époux tombe en communauté.

1.2 Les acquêts

Les acquêts sont tous les biens, meubles ou immeubles, acquis à titre onéreux par l'un ou l'autre époux, voire les deux, pendant le mariage ainsi que ceux créés. Ils comprennent notamment :

- l'entreprise commerciale (exploitée à titre individuel ou en société), acquise ou créée pendant le mariage, bien qu'exploitée par un seul des époux ;
- la valeur du fonds libéral, créé ou acquis pendant le mariage, y compris la valeur du matériel et des locaux ;
- la valeur de rachat des contrats d'assurance-vie souscrits pendant la communauté et non dénoués au jour de la dissolution (Civ. 1re 31 mars 1992, Praslika, toujours applicable sur le plan civil) ;
- la valeur des contrats de crédit-bail souscrits dans les mêmes conditions (Civ. 1re 1er juillet 1997) ;

– la valeur des options de souscription non encore levées au jour de la dissolution du mariage (réponses ministérielles publiées aux *JO* des 16 juin et 23 août 2001) ;
– l'industrie personnelle, qui comprend tout ce qui provient du travail, au sens large (ex. : table fabriquée, même un gain du loto), l'œuvre de l'esprit où le monopole exploitation est propre mais le droit pécuniaire commun.

1.3 Les fruits et revenus de biens propres

« La communauté n'a droit qu'aux fruits perçus et non consommés.
Mais récompense pourra lui être due à la dissolution de la communauté pour les fruits que l'époux a négligé de percevoir ou a consommés frauduleusement, sans qu'aucune recherche, toutefois, soit recevable au-delà de cinq années ». (Art. 1403 al. 1 et 2)

- **Les revenus consommés** : chaque époux a la libre administration de ses biens propres. Il a donc le pouvoir de consommer les fruits et les revenus de ceux-ci après avoir acquitté sa contribution aux charges du mariage, sans récompense au profit de la communauté. Néanmoins, si l'un des époux utilise les revenus d'un bien propre en vue de son amélioration (ex. : travaux d'agrandissement), cet acte, bien que non frauduleux, donnera lieu à récompense. En revanche, les travaux d'entretien financés de la même manière ne donnent lieu à aucune indemnité au profit de la communauté (charges usufructuaires). De la même manière, aucune récompense ne sera due pour les intérêts d'emprunt de l'acquisition d'un bien immeuble propre.
- **Les revenus non consommés** : ils sont communs dès leur perception.

1.4 Les biens communs par la volonté du donateur ou du testateur

« La libéralité peut stipuler que les biens qui en font l'objet appartiendront à la communauté. Les biens tombent en communauté sauf stipulation contraire, quand la libéralité est faite aux deux époux conjointement[1]. » En pratique, l'utilisation de cet article remplit les objectifs d'un couple souhaitant transmettre un bien qui doit profiter à son enfant (et son conjoint), puis à ses petits-enfants. On peut envisager deux solutions.

Analyse comparative

Donation consentie à l'enfant et à son épouse conjointement

Lorsque la donation est faite conjointement aux deux époux avec stipulation que le bien deviendra commun aux donataires (généralement les enfants), elle s'analyse comme une donation faite pour moitié à chacun d'eux. Les droits de mutation à titre-gratuit sont liquidés suivant le degré de parenté des donataires avec le donateur. Le conjoint de l'enfant n'a pas, en vertu de la loi, de lien de parenté avec le donateur.

1. Art. 1405 al. 2 du Code civil.

Il ne peut donc bénéficier, ni de l'abattement personnel, ni du tarif en ligne directe[1]. L'enfant acquittera des droits de mutation à titre gratuit sur la moitié du bien, avec abattement et tarif en ligne directe. Son conjoint devra, lui, acquitter les droits de mutation à titre gratuit sur la moitié du bien, sans abattement et au tarif entre étrangers (60 %).

Donation consentie à l'enfant assortie d'une stipulation de communauté

La donation est considérée comme faite en totalité à la personne désignée au contrat. Le régime fiscal des droits de mutation en ligne directe est donc applicable à la totalité de l'opération (réponses ministérielles des 22 mars 1969 et 16 février 1987). L'enfant sera soumis aux droits de mutation à titre gratuit sur la totalité du bien, avec abattement et tarif en ligne directe. Son conjoint n'aura aucun droit de mutation à acquitter, et n'a ni à intervenir ni à consentir à l'acte.

Application

Monsieur B. est propriétaire à titre personnel d'un terrain à bâtir d'une valeur de 200000 €. Il en fait donation à son fils Jean, marié sous le régime de la communauté légale, pour y construire la résidence du couple. Aussi souhaite-t-il en faire également profiter sa belle-fille. Deux solutions sont envisageables.

1. Donation conjointe au profit de Jean et de sa femme :	2. Donation du terrain à Jean, assortie d'une stipulation de bien commun :
Droits dus par Jean : Assiette : 200000 € / 2 = 100000 € Abattement : 100000 € Soit : 0 Droits dus par la femme de Jean : Assiette : 200000 € / 2 = 100000 € Taux : 60 % Soit : 60000 € (Fiscalité au 01.01.2015)	Droits dus par Jean : Assiette : 200000 € Abattement : 100000 € Base taxable : 100000 € Droits à : 5 % (sur 8072) soit 403,60 € 10 % (sur 4037) soit 403,70 € 15 % (sur 3823) soit 573,45 € 20 % (sur 84068) soit 16813,60 € Soit : 18194,35 € NB : Cette solution est applicable aux legs à un descendant marié sous condition d'entrée du bien dans la communauté.

Difficultés d'application de cette donation

Il faudra attirer l'attention des parties sur l'égalité entre les successibles. La donation est rapportable[2], pour la totalité, par l'époux donataire et imputable pour le tout sur sa part de réserve, ce qui créera un déséquilibre avec les frères et sœurs. L'effet de cette clause est immédiat, et définitif, entre époux. Il est toutefois possible de prévoir une clause de condition résolutoire en cas de divorce ou de stipuler une clause de récompense dans l'acte.

1. Voir chapitre 7.
2. Voir chapitre 6.

2 La composition du patrimoine propre

2.1 Les biens propres à raison de leur origine

Les biens présents

« Restent propres les biens dont les époux avaient la propriété ou la possession au jour de la célébration du mariage. » (Art. 1405 al. 1 C. civ.)

Les biens acquis à titre gratuit : dévolution successorale légale, legs, donation (Art. 1405 al. 1)

Sauf volonté contraire du donateur ou du testateur[1], les biens acquis à titre gratuit restent propres à l'époux gratifié, y compris le capital issu du dénouement, par le décès du souscripteur, d'un contrat d'assurance-vie lorsque celui-ci constitue « une opération de capitalisation » et réalise « la transmission d'une épargne en vertu d'une intention libérale[2] ».

Les biens acquis à titre d'accessoire d'un bien propre

« Forment des propres, sauf récompense s'il y a lieu, les biens acquis à titre d'accessoires d'un bien propre…[3] » En matière immobilière, c'est l'application de la notion d'accession. Ainsi, un époux est propriétaire d'un terrain au jour du mariage. Le couple finance la construction de la maison familiale (opération à titre onéreux, acquêt de communauté). La théorie de l'accession permet à l'époux propriétaire du terrain de conserver en propre la propriété de la maison moyennant récompense. En matière de biens professionnels, c'est l'accessoire au service de l'unité d'exploitation. Ainsi, le matériel destiné à l'exploitation d'un bien propre en est l'accessoire (destination économique) ; il est propre même s'il est acquis à titre onéreux pendant le mariage. L'extension d'activité d'un bien professionnel propre en est aussi l'accessoire, sauf création d'une clientèle nouvelle (Civ. 1re 17 décembre 1996). S'agissant des plus-values apportées par le travail d'un époux sur son bien propre, ou même celui de son conjoint, elles lui restent propres, sans récompense.

Les biens acquis par accroissement

« Forment également des biens propres, les valeurs nouvelles et autres accroissements se rattachant à des valeurs mobilières propres. » (Art. 1406)

En cas d'augmentation de capital d'une société anonyme, le droit préférentiel de souscription est propre, ainsi que les valeurs préférentiellement et nouvellement

1. Art. 1405 al. 2.
2. Civ. 1re 18 juillet 2000, arrêt Leroux confirmé par Civ. 1re 29 janvier 2002.
3. Art. 1406 al. 1.

acquises, sauf récompense à la communauté lorsque des deniers communs ont été utilisés pour acquérir les actions nouvelles. De même, lorsqu'il y a augmentation de capital par incorporation de réserves, les « actions gratuites » restent propres (sauf mise en réserve anormale). Il en va différemment avec la question de la gestion d'un portefeuille de valeurs mobilières (voir *infra*).

La cession de droits indivis

> « L'acquisition faite à titre de licitation ou autrement, de portion d'un bien dont l'un des époux était propriétaire par indivis, ne forment point un acquêt, sauf la récompense due à la communauté pour la somme qu'elle a pu fournir. » (Art. 1408)

L'indivision peut être d'origine successorale ou conventionnelle. L'acquisition peut se faire à titre onéreux, sous forme de partage, de vente, de licitation, de droit de préemption du co-indivisaire ou de substitution[1]. Il n'est pas nécessaire que la cession fasse cesser l'indivision. Il n'est pas tenu compte de la part contributive de la communauté. Ainsi, si par succession l'un des époux est propriétaire d'un dixième d'un bien, il peut acquérir celui-ci qui lui restera propre contre récompense à la communauté à hauteur des 9/10e.

2.2 Les biens propres par nature

> « Forment des propres par nature, quand même ils auraient été acquis pendant le mariage, les vêtements et linge à usage personnel de l'un des époux, les actions en réparation d'un dommage corporel ou moral, les créances et pensions incessibles, et plus généralement tous les biens qui ont un caractère personnel et tous les droits exclusivement attachés à la personne. Forment aussi des propres par nature, mais sauf récompense s'il y a lieu, les instruments de travail nécessaires à la profession de l'un des époux, à moins qu'ils ne soient l'accessoire d'un fonds de commerce ou d'une exploitation faisant partie de la communauté. » (Art. 1404)

Les dispositions de cet article s'appliquent depuis la loi du 23 décembre 1985 également aux époux mariés sans contrat avant le 1er février 1966, donc soumis au régime légal de la communauté des meubles et acquêts.

2.3 Les biens propres par subrogation

La subrogation réelle automatique

Les créances et indemnités qui remplacent un bien propre « forment aussi des propres, par l'effet de la subrogation réelle, les créances et indemnités qui remplacent les propres…[2] ». Par exemple, le prix de vente d'un bien propre reste propre comme l'indemnité d'assurance à la suite d'un sinistre ou l'indemnité d'expropriation.

1. Art. 815-14 et 815-15.
2. Art. 1406 al. 2.

> « Le bien acquis en échange d'un bien qui appartenait à l'un des époux est lui-même propre, sauf la récompense due à la communauté ou par elle, s'il y a soulte. Toutefois, si la soulte mise à la charge de la communauté est supérieure à la valeur du bien cédé, le bien acquis en échange tombe dans la masse commune, sauf récompense au profit du cédant. » (Art. 1407)

Les parts souscrites en contrepartie de l'apport en société de biens ou de deniers propres sont propres sans qu'il y ait lieu de procéder à déclaration de remploi[1]. Cette situation ne doit pas être confondue avec l'acquisition de parts existantes à l'aide de deniers propres qui nécessite une déclaration d'emploi pour assurer le maintien dans le patrimoine qui l'a financée.

Pour les valeurs acquises à l'occasion d'arbitrages dans la gestion d'un portefeuille de valeurs mobilières propre, il y aurait probablement application de la notion d'universalité dégagée par la Cour de cassation le 12 novembre 1998 (arrêt Baylet) à propos d'un portefeuille démembré.

La subrogation réelle par emploi ou remploi

L'emploi est l'utilisation de deniers propres reçus par succession ou libéralités ou possédés antérieurement au mariage. Le remploi est l'utilisation du prix de vente d'un bien propre. Pour qu'un bien, acquis à l'aide de deniers propres, demeure propre à l'un des époux, celui-ci doit le revendiquer.

L'emploi ou le remploi concomitant

> « L'emploi ou le remploi est censé fait à l'égard d'un époux, toutes les fois que lors d'une acquisition, il a déclaré qu'elle était faite de deniers propres ou provenant de l'aliénation d'un propre et pour lui tenir lieu d'emploi ou de remploi. » (Art. 1434)

Il est nécessaire qu'il y ait une double déclaration dans l'acte d'acquisition :

- manifestation unilatérale de volonté (l'accord du conjoint est inutile) ;
- la double déclaration (origine des deniers et souhait de (r)emploi) est nécessaire dans l'hypothèse d'une acquisition. Elle n'est donc pas indispensable lorsqu'un époux réalise un placement à l'aide de deniers propres (placement en compte épargne : Civ. 1re 3 novembre 1983).

L'époux doit en outre se ménager la preuve de l'origine des deniers utilisés pour éviter toute contestation ultérieure de la part du conjoint ou des créanciers.

Le remploi a posteriori

> « À défaut de cette déclaration (manifestation de volonté) dans l'acte, l'emploi ou le remploi n'a lieu que par l'accord des deux époux et il ne produit ses effets que dans leurs rapports réciproques. » (Art. 1434 *in fine*)

1. Civ. 1re 21 novembre 1978.

Ainsi :

- le consentement du conjoint est nécessaire puisqu'il s'agit de faire sortir un bien de la communauté ;
- il est, par ailleurs, utile de se ménager une preuve écrite de l'accord du conjoint ;
- ce remploi n'a que des effets limités : il est inopposable aux tiers.

Le remploi par anticipation

« Si l'emploi ou le remploi est fait par anticipation, le bien acquis est propre sous la condition que les sommes attendues du patrimoine propre soient payées à la communauté dans les 5 ans de la date de l'acte. » (Art. 1435)

Ainsi :

- l'acquisition précède la vente ;
- il faut une double déclaration unilatérale dans l'acte d'acquisition ;
- la reconnaissance du caractère propre du bien est subordonnée au remboursement de la communauté dans les délais impartis par la loi ;
- tant que la communauté n'est pas remboursée, le bien est considéré comme commun.

Tableau 4.2 – Biens propres par subrogation

	Subrogation automatique	Subrogation non automatique
Opérations	– Créances et indemnités remplaçant un bien propre – Échange – Apport – Arbitrages	– Emploi de deniers propres – Remploi de deniers propres
Formalisme	Aucun	– Double déclaration unilatérale dans l'acte d'acquisition – Accord des époux manifesté postérieurement à l'acte
Limites	En cas d'échange, si la contribution de la communauté est supérieure à la valeur du bien propre, le bien devient commun.	Si la contribution de la communauté est supérieure à la valeur du bien propre, le bien devient commun.

3 Les pouvoirs de gestion dans la communauté légale

Les pouvoirs de gestion sont différents selon la nature des biens propres ou communs. Il y a une variation des pouvoirs sur les biens communs en fonction de la nature de l'opération. Il existe, en effet, 3 types de gestion :

- la gestion concurrente (art. 1421 al. 1 Code civil), qui concerne la gestion des biens que chacun des époux a le pouvoir d'administrer seul et d'en disposer ;

– la gestion exclusive (art. 1421 al. 2 Code civil), qui concerne la gestion des biens réservée exclusivement à l'un des époux ;
– la cogestion (art. 1422, 1424 et 1425 Code civil), qui concerne les biens nécessitant l'intervention des deux époux.

Sur les biens propres, la gestion est toujours exclusive, exception faite de l'immeuble assurant le logement de la famille (art. 215 al. 3 Code civil) et, ponctuellement, lors des situations de crise.

Tableau 4.3 – Pouvoirs de gestion

Opération sur bien commun	Type de gestion
PRINCIPE	**GESTION CONCURRENTE (art. 1421 al. 1)**
Actes courants (achats, vente mobilière, bail d'habitation, prêt…)	Gestion concurrente (art. 1421 al. 1)
Cautionnement	Gestion concurrente
EXCEPTIONS	**GESTION EXCLUSIVE OU COGESTION**
Actes courants concernant l'exercice d'une activité professionnelle séparée (accord du conjoint s'il est salarié ou collaborateur)	Gestion exclusive de l'exploitant (art. 1421 al. 2) sauf cas cogestion (*infra*)
Donations (directes, indirectes, déguisées, dons manuels), sauf présents d'usage (sauf si disproportionnés)	Cogestion (art. 1422) exception faite des gains et salaires (art. 223) avec la distinction s'ils ont été économisés (1422) ou non (223)
Ventes immobilières et constitutions d'hypothèque ou d'usufruit, ventes et nantissements de fonds de commerce ou exploitation dépendant de la communauté, apports en société de ces mêmes biens	Cogestion (art. 1424)
Cessions de droits sociaux non négociables (parts de société de personnes ; parts SARL)	Cogestion (art. 1424)
Bail commercial et bail rural	Cogestion (art. 1425)
Cession de bail, location gérance si le conjoint participe à l'activité du chef d'entreprise	Cogestion (art. 2 loi 10 juillet 1982)
Revenus des biens propres Gains et salaires	Gestion exclusive (art. 1403 al. 2 et 223) tant qu'ils ne sont pas économisés
Apport de biens communs à société ou acquisition de parts sociales non négociables	Cogestion et information du conjoint (art. 1832-2 du Code civil) pour revendiquer la qualité d'associé
Legs	Gestion exclusive. Mais (art. 1423) un époux ne peut léguer plus que sa part dans la communauté. Un legs particulier sera délivré en nature ou en valeur selon le résultat du partage de la communauté

En raison de la grande liberté de gestion laissée aux époux, la loi a prévu, à côté des règlements des situations de crise issus du régime primaire (voir *supra*), des mesures de dessaisissement judiciaire propres au régime de la communauté.

D'une part, par l'article 1426 du Code civil sur les biens communs, lorsqu'il y a incapacité, inaptitude ou fraude du conjoint. L'époux qui sollicite le dessaisissement a déjà tout pouvoir sur la communauté. Il demande seulement à agir seul. Il n'y aura substitution que dans les cas où le conjoint avait des droits exclusifs comme dans l'exercice d'une profession séparée. D'autre part, par l'article 1429 du Code civil sur les biens propres du conjoint, si ce dernier est dans l'incapacité d'agir ou a des comportements répréhensibles (laisse dépérir ses propres ou les détourne). Le conjoint demandeur pourra alors représenter son époux pour les actes d'administration et de jouissance.

4 Passif dans la communauté légale

Il y a lieu de distinguer entre l'obligation (relations des époux avec les tiers) et la contribution (relations mutuelles des époux) à la dette.

- Une dette peut être commune sous le double aspect de l'obligation et de la contribution. Il s'agit d'un passif définitif à la communauté qui devra récompense au patrimoine propre qui l'acquitterait.
- Une dette peut être propre sous le double aspect de l'obligation et de la contribution. Il s'agit d'un passif définitif pour le patrimoine propre qui devra récompense à la communauté si elle a été réglée avec des deniers communs.
- Une dette peut être commune du point de vue de l'obligation, mais personnelle quant à la contribution. Si le créancier a poursuivi le règlement sur la communauté, elle aura droit à récompense.

Les dettes nées au cours du mariage sont communes au plan de l'obligation (vis-à-vis des tiers créanciers). Toutefois, en fonction de l'auteur de la dette (un seul époux ou les deux ensemble) et de sa nature, le gage des créanciers (le ou les patrimoines qu'ils pourront poursuivre) sera plus ou moins large.

Tableau 4.4 – Passifs de la communauté légale

Dettes	Biens communs	Biens propres
Dettes d'un époux avant le mariage et dettes successorales	Uniquement les revenus du débiteur	Du seul époux débiteur
Dettes ménagères même par un seul époux (art. 220 Code civil)	Tous	Des 2 époux
Dettes postérieures au mariage du chef d'un seul époux	Tous sauf 1/12e annuel des gains et salaires du conjoint du débiteur ou montant des gains et salaires versés le mois précédant la saisie	Du seul époux débiteur
Emprunt ou cautionnement souscrit par un seul époux	Uniquement les revenus du débiteur	Du seul époux débiteur
Emprunt ou cautionnement souscrit par un époux avec accord du conjoint	Tous	Du seul époux débiteur
Emprunt ou cautionnement souscrit par les 2 époux	Tous	Des 2 époux

La contribution à la dette est relative à la répartition définitive du passif. Lors de la liquidation du régime matrimonial, il y aura lieu de distinguer le passif définitif de la communauté et son passif provisoire. Ainsi, les dettes incombant à un seul des époux, qui auraient été acquittées avec des deniers communs, feront l'objet d'une récompense du patrimoine propre de l'époux débiteur au patrimoine commun (voir *infra*). Inversement, une dette commune acquittée par un des patrimoines propres engendrera une récompense depuis le patrimoine commun vers le patrimoine propre qui l'a acquittée.

5 La dissolution et la liquidation de la communauté légale

5.1 Les causes de dissolution du régime

La nature du divorce a une incidence sur la date d'effet du divorce et ses conséquences entre les époux ou vis-à-vis des tiers. Voir tableau 4.5.

On peut noter qu'une dette née après la date d'effet entre époux et avant la date d'effet vis-à-vis des tiers est une dette entrant dans la communauté.

Tableau 4.5 – Dissolution de la communauté

<table>
<tr><th rowspan="2">CAS DE DISSOLUTION</th><th colspan="2">DATE D'EFFET</th></tr>
<tr><th>Entre époux</th><th>À l'égard des tiers</th></tr>
<tr><td>Décès</td><td colspan="2">Au jour du décès</td></tr>
<tr><td>Absence déclarée</td><td colspan="2">Date de la transcription en marge de l'acte de naissance</td></tr>
<tr><td>Divorce ou séparation de corps</td><td>Date de l'assignation ou date de cessation de la cohabitation ou de la collaboration</td><td rowspan="3">Date de la mention en marge de l'acte de mariage et des actes de naissance</td></tr>
<tr><td>Divorce par consentement mutuel</td><td>Date d'homologation judiciaire ou date du dépôt de l'acte d'avocat au rang des minutes du notaire</td></tr>
<tr><td>Autre divorce</td><td>Ordonnance de non-conciliation</td></tr>
<tr><td>Séparation de biens judiciaire</td><td colspan="2">Jour de l'assignation</td></tr>
</table>

5.2 Les effets de la dissolution

Dans l'attente de la liquidation et du partage de la communauté, c'est une indivision post-communautaire qui s'installe.

Application des articles 815 et s. du Code civil entre les indivisaires

Dès la dissolution de la communauté, c'est le droit de l'indivision qui s'applique entre les époux ou entre le conjoint survivant et les héritiers du défunt. Tout bien acquis pendant l'indivision est présumé personnel à l'époux acquéreur. L'indivision se compose des biens communs.

Application de l'article 815-17 du Code civil au profit des créanciers

Les créanciers de l'indivision (ceux dont la créance est née de la conservation et de la gestion des biens indivis pendant l'indivision, et les créanciers qui auraient pu agir sur les biens de la communauté avant qu'ils ne tombent dans l'indivision) ont le droit d'être payés par prélèvement sur l'actif indivis avant le partage. Les créanciers personnels des indivisaires (ceux dont la créance est née après la dissolution de la communauté pour une autre cause que la conservation et la gestion des biens indivis et ceux qui, en cours de mariage, n'auraient pas eu de droit de poursuite sur le patrimoine commun) n'ont aucun droit sur l'actif indivis.

5.3 Les opérations de liquidation

Elles ont pour but de permettre à chacun des époux de reprendre ses biens propres et de se partager l'actif commun.

La reprise des biens propres

Elle suppose la preuve du caractère propre des biens et donc le renversement de la présomption de communauté de l'article 1402 du Code civil.

Le calcul des récompenses

Il est destiné à corriger les mouvements de valeur entre les patrimoines propres et communs[1] et est soumis aux règles d'évaluation de l'article 1469 du Code civil. En principe, la récompense est égale à la plus faible des deux sommes entre :

– la dépense faite au jour où elle a été réalisée ;
– le profit subsistant, évalué au jour de la liquidation.

Par exception :

– la récompense ne peut pas être inférieure à la dépense faite si elle était nécessaire ;
– elle ne peut pas être inférieure au profit subsistant lorsque la valeur utilisée a servi à acquérir, à conserver ou à améliorer un bien.

Tableau 4.6 – Calcul des récompenses

Cause de la récompense	Montant de la récompense
Dépense utile	La plus faible des 2 sommes entre dépense faite et profit subsistant
Dépense nécessaire	Au moins la dépense faite
Acquisition, amélioration, conservation	Au moins le profit subsistant

Une fois les récompenses établies, on en fait le compte, de sorte que le solde donnera lieu à règlement. Le règlement en numéraire n'est possible que si la récompense est due par la communauté à un des époux. Le règlement peut, dans un sens ou dans l'autre, se faire par incorporation au partage de la communauté. Le solde des récompenses est alors un actif ou un passif de la communauté. Il y aura lieu de partager le solde de la communauté en attribuant à l'époux créancier ou débiteur cet actif ou ce passif.

Les époux pourront aussi procéder à des opérations de prélèvements préalables au partage de la communauté. « Les prélèvements s'exercent d'abord sur l'argent comptant, ensuite sur les meubles et subsidiairement sur les immeubles de la communauté[2]. » Ainsi, l'époux créancier pourra prélever des biens communs à concurrence de sa créance. En sens inverse, si c'est un des époux qui est débiteur, c'est son conjoint qui procédera au prélèvement. Il ne restera plus alors qu'à partager la communauté par moitié selon la volonté des parties ou par voie judiciaire en cas de désaccord.

1. Art. 1433 et 1437 du Code civil.
2. Art. 1470.

Tableau 4.7 – Avantages et inconvénients du régime légal

Bilan du régime légal	Atouts	Limites
Équilibre des patrimoines	La présomption de communauté profite à la masse commune. Mais les époux conservent la propriété des biens présents et des biens d'origine familiale.	Pour assurer le maintien de son patrimoine propre, chaque époux doit être titulaire de deniers propres et procéder à une déclaration de remploi.
Les règles de gestion	Les deux époux ont aujourd'hui les mêmes pouvoirs. Les actes les plus importants nécessitent leur accord.	Risques de conflit et de blocage, corrigés par les mécanismes (judiciaires) du régime primaire. Atteinte à l'autonomie de l'époux professionnel qui exploite un fonds commun.
La protection du conjoint	Le conjoint qui n'exerce pas d'activité rémunérée profite de l'activité de l'autre. Le conjoint survivant ou l'ex-époux conserve sa part de communauté.	Si l'un des époux est salarié de l'autre, la déduction fiscale de son salaire est limitée en raison des interférences entre les patrimoines propres et communs, le partage peut compliquer le règlement de la succession ou du divorce.
La répartition des dettes des époux	L'étendue du gage des créanciers permet à l'un ou à l'autre des époux d'obtenir du crédit.	L'accumulation des dettes du chef de l'un et de l'autre risque de mettre en danger le patrimoine familial et/ou professionnel, malgré les règles protectrices de la loi de 1985.
Conclusion	Régime adapté à de jeunes époux dont un seul exerce une activité rémunérée ou exerçant tous les deux une activité salariée.	Régime à déconseiller pour des époux dont l'un (ou les deux) a (ont) une activité présentant des risques financiers et/ou supposant un bien professionnel à sauvegarder.

Section 3 LES RÉGIMES CONVENTIONNELS COMMUNAUTAIRES ET SÉPARATISTES

1 Les régimes conventionnels communautaires

Il est possible aux futurs époux, ou lors d'un changement de régime matrimonial, d'établir dans un contrat de mariage un régime matrimonial sur mesure en modifiant :

– la composition des patrimoines ;

– la gestion des patrimoines (cet aménagement n'est que difficilement envisageable car il s'agirait d'augmenter les situations de cogestion, situation difficile à vivre en pratique) ;

– la liquidation et le partage des biens communs.

Les règles de la communauté légale restent applicables pour tous les points qui n'ont pas fait l'objet d'un aménagement.

1.1 L'aménagement de la composition des patrimoines

Il pourra se faire par l'établissement de clauses particulières :

– clauses restrictives de la masse commune : on pourra ainsi prévoir une stipulation de bien propre pour des biens communs sous le régime légal en excluant, notamment, les gains et salaires ou un bien professionnel particulier ;
– clauses extensives de la masse commune : on prévoira ainsi l'ameublissement d'un bien, propre en régime légal, par une stipulation de communauté.

Ce sera également le cas des deux contrats prévus par le Code civil, la communauté de meubles et acquêts et la communauté universelle, qui, eux aussi sont adaptables.

La communauté de meubles et acquêts

La composition active du patrimoine commun est celle de la communauté légale, augmentée de tous « les biens meubles dont les époux avaient la propriété ou la possession au jour du mariage ou qui leur sont échus depuis par succession ou libéralité, à moins que le donateur ou le testateur n'ait stipulé le contraire »[1]. En conséquence, les biens propres sont les immeubles possédés par les époux avant le mariage et ceux recueillis par succession ou libéralité, les biens meubles qui auraient formé des biens propres par nature sous le régime légal en application de l'article 1404 du Code civil, les acquisitions à titre d'accessoire de propre[2], les acquisitions assorties de subrogation réelle dans les mêmes conditions que dans le régime légal (subrogation automatique ou par la technique de l'emploi ou du remploi) ainsi que les donations et legs de meubles avec stipulation de propres.

Le passif se gère comme en régime légal, sauf les dettes antérieures au mariage afférentes aux meubles qui tombent en communauté. Les règles de gestion sont celles du régime légal et, lors de la dissolution du régime, il y a un partage par moitié sauf stipulation contraire.

La communauté universelle

La composition active de la communauté comprend tous les biens appartenant aux époux avant le mariage et ceux qui leur échoient par succession ou libéralité pendant le mariage. Ce qui ne signifie pas qu'il ne puisse pas y avoir de biens propres. D'une part, les biens déclarés propres par l'article 1404 du Code civil ne tombent pas dans la communauté, sauf si les époux en manifestent la volonté. D'autre part, les époux peuvent recevoir des biens avec exclusion d'entrée dans la communauté.

La communauté supporte définitivement toutes les dettes des époux, présentes et futures. Les règles de gestion sont celles du régime légal. Quant à la dissolution du

1. Art. 1498 al. 1.
2. Art. 1406 du Code civil.

régime et à défaut de stipulation contraire, la communauté fait l'objet d'un partage par moitié entre le conjoint survivant et les héritiers. Toutefois, le plus souvent, le régime est assorti d'une clause d'attribution intégrale de la communauté au conjoint survivant (*cf. infra* la technique de l'avantage matrimonial).

1.2 L'aménagement du partage et de la liquidation de la communauté

Les modalités de la liquidation et/ou du partage de la communauté peuvent prendre des aspects bien différents, permettant à chaque couple de trouver la solution qui lui convient et de laisser plus ou moins de liberté au survivant d'entre eux.

Tableau 4.8 – Fin de la communauté

	Clauses de prélèvement moyennant indemnité	Clause préciputaire	Stipulation de parts inégales	Attribution intégrale
Fondement (Code civil)	Art. 1511	Art. 1515	Art. 1520	Art. 1524
Assiette	Biens communs en pleine propriété ou en usufruit			
Bénéficiaire	Le conjoint survivant ou l'époux désigné. Prévoir l'application de la clause au seul cas de dissolution par décès			
Nature de l'opération	Opération de partage	Avantage matrimonial		
Protection des héritiers			Possibilité de prévoir une clause de reprise des apports	
Protection enfants de 1er lit		Action en retranchement		
Fiscalité	Droit de partage			Aucune

1.3 L'aménagement de la liquidation des biens propres : la faculté d'attribution ou d'acquisition

Cette faculté concerne tous les régimes et permet, sans parler d'avantage gratuit, d'orienter l'issue du partage sur un bien en particulier.

Tableau 4.9 – Aménagement de la liquidation

Fondement	Art. 1390 Code civil
Assiette	Biens propres de l'époux prédécédé
Bénéficiaire	Le conjoint survivant
Nature de l'opération	1) Partage si le conjoint est appelé à la succession 2) Vente s'il n'y est pas appelé
Fiscalité	Droit de partage + droit de mutation à titre onéreux sur l'éventuelle soulte

2 Les régimes conventionnels séparatistes

2.1 La séparation de biens pure et simple

Les règles de base du régime séparatiste permettent d'octroyer aux époux toute liberté, sauf en ce qui concerne le logement de la famille.

Tableau 4.10 – Séparation de biens

	Biens personnels	Biens indivis
Composition des patrimoines	Chaque époux est privativement propriétaire des biens qu'il possède au jour du mariage et des biens qu'il acquiert individuellement pendant le mariage à titre gratuit ou à titre onéreux. Il est prudent de se ménager des modes de preuve et/ou de prévoir dans le contrat de mariage des présomptions de propriété. Le titre l'emporte sur le mode de financement (Civ 1re 17 décembre 1997).	Les époux peuvent créer volontairement une masse de biens indivis en réalisant des acquisitions au nom de l'un et de l'autre (ex. : le logement familial est souvent acquis en indivision). Lorsque les époux n'apportent pas la preuve de leur propriété individuelle, l'article 1538 du Code civil prévoit une présomption d'indivision applicable pendant la vie du régime comme à la dissolution.
Pouvoirs de gestion	Chaque époux conserve « l'administration, la jouissance et la libre disposition de ses biens personnels » (art. 1536 al. 1), à l'exception des biens qui assurent le logement de la famille (art. 215 al. 3).	Principe d'unanimité pour les actes d'administration et de disposition (art. 815-3).
Les dettes	Chaque époux « reste seul tenu des dettes nées en sa personne, avant ou après le mariage » (art. 1536 al. 2), sauf les dettes ménagères de l'article 220 Code civil, l'engagement solidaire et le cautionnement de l'un au profit de l'autre.	Les créanciers des époux peuvent atteindre les biens indivis dans des conditions prévues à l'article 815-17 Code civil.
La dissolution	Chaque époux conserve la propriété de ses biens personnels sous réserve d'en rapporter la preuve.	Quelle que soit la cause de dissolution, il y a lieu à partage des biens indivis (art. 1543). Perception du droit proportionnel de partage étendu au montant des soultes éventuelles, sauf si les époux avaient prévu une clause de tontine en vertu de laquelle l'époux survivant sera réputé seul propriétaire du bien rétroactivement depuis l'acquisition.

Tableau 4.11 – Avantages et limites de la séparation de biens

Avantages	Limites
Indépendance des époux.	Régime peu équitable lorsqu'un époux n'a pas d'activité rémunérée ou peu de revenus : il ne profite pas de l'activité de l'autre.
Le patrimoine de l'un est protégé contre les risques de l'activité de l'autre.	Sauf : société de fait ou co-exploitation/solidarité conventionnelle/cautionnement.
La liquidation du régime est en principe simple sous réserve des difficultés éventuelles de preuve et du règlement des créances entre époux (soumises depuis la loi du 23 décembre 1985 aux règles d'évaluation de l'art. 1469).	Sauf requalification de certaines opérations en donations indirectes, désormais irrévocables depuis la loi du 26 mai 2004 réformant le divorce (achat au nom de l'un et financé en tout ou partie par l'autre), avec les risques de révocation en cours de régime ou au jour de la dissolution par le divorce des époux ou de réduction pour atteinte à la réserve au cas de dissolution par décès (*cf.* successions).
Régime à conseiller : • aux commerçants, aux époux ayant une activité présentant des risques financiers ; • aux époux ayant chacun un patrimoine et souhaitant une indépendance totale ; • aux époux ayant des enfants d'un précédent mariage.	Régime à proscrire : • si l'un des époux n'a ni patrimoine personnel, ni activité rémunératrice, même pour quelques années (épouse voulant élever ses enfants, époux touché par la maladie, l'invalidité, le chômage…).

2.2 L'aménagement de la séparation de biens : la séparation de biens avec adjonction d'une société d'acquêts

La société d'acquêts va permettre aux époux de tempérer certains effets du régime de la séparation de biens dès lors que le mariage est conçu par les époux comme une communauté d'intérêts.

Tableau 4.12 – Séparation avec société d'acquêts

	Biens de l'époux 1	Biens de l'époux 2	Biens constitutifs de la société d'acquêts
Composition des patrimoines	Propriété privative	Propriété privative	La société d'acquêts peut être constituée de biens acquêts au sens du régime de communauté légale (acquis à titre onéreux pendant le mariage), mais aussi de biens acquis antérieurement au mariage, voire issus de successions ou libéralités. La société d'acquêts peut être plus ou moins large selon la volonté des époux et tenir compte par exemple : – de la nature des biens (ex. : le logement familial et les meubles le garnissant ; revenus des époux ; tous les acquêts immobiliers ou mobiliers ; tous les biens des époux autres que professionnel…) ; – de leur mode d'acquisition (ex. : biens acquis pendant le mariage avec les économies faites sur les revenus des époux, biens issus de successions et/ou libéralités…). Selon les cas, prévoir la question du changement d'affectation des biens (ex. : logement familial), et/ou celle de l'emploi ou du remploi de deniers personnels.

☞

☞

	Biens de l'époux 1	Biens de l'époux 2	Biens constitutifs de la société d'acquêts
Règles de gestion	Indépendance de l'époux propriétaire	Indépendance de l'époux propriétaire	– application des règles de gestion de la communauté légale (gestion concurrente mais aussi conjointe au sens des articles 1424 et s. Code civil) ; – attention aux articles 1413 et 1415 Code civil également applicables aux biens constitutifs de la société d'acquêts (il convient donc d'en limiter le contenu).
Conséquences de la dissolution	Reprise des biens personnels	Reprise des biens personnels	Partage par moitié des biens constitutifs de la société d'acquêts, sauf aménagement de la dissolution du régime en cas de décès avec la prévision d'un avantage matrimonial : clause d'attribution intégrale de la société d'acquêts au conjoint survivant, clause de préciput…

2.3 La participation aux acquêts

Ce régime est un compromis entre la séparation de biens, dont elle emprunte les règles en cours de régime, et la communauté de biens à la dissolution du régime, car les époux participent à l'amélioration, en valeur, du patrimoine de l'autre.

Tableau 4.13 – Participation aux acquêts

	Époux 1	Époux 2
Pendant la vie du régime	Biens personnels soumis à gestion autonome. Dettes personnelles sauf exceptions. Biens indivis soumis à l'article 815-3.	Biens personnels soumis à gestion autonome. Dettes personnelles sauf exceptions. Biens indivis soumis à l'art. 815-3.
	Fonctionnement identique à un régime de séparation de biens.	
À la dissolution du régime	Patrimoine final – Patrimoine originaire = Enrichissement	Patrimoine final – Patrimoine originaire = Enrichissement
	Chacun des époux a droit, en valeur, à la moitié de l'enrichissement réalisé par l'autre. Le résultat compensé donne lieu au versement d'une créance de participation.	

Le patrimoine d'origine (biens n'ouvrant pas droit à participation) comprend (art. 1570 du Code civil) :

– les biens appartenant aux époux au jour du mariage ;
– les biens reçus par succession ou libéralité ;
– les biens propres par nature n'ouvrant pas droit à récompense ;
– tout bien subrogé à l'un de ceux-ci, à l'exclusion de ceux dont l'époux a disposé par donation. De la même manière, les fruits ne sont pas comptabilisés.

La preuve de la consistance du patrimoine originaire pèse sur l'époux auquel on conseillera de faire un inventaire (valeurs et état) et des déclarations de remploi en cours de régime. L'évaluation du patrimoine se fait en fonction de l'état au jour du mariage ou de l'acquisition avec la valeur au jour de la liquidation ou de l'aliénation sauf subrogation. Les dettes dépendant du patrimoine d'origine sont les dettes présentes au jour du mariage et celles grevant les successions et libéralités pour leur valeur nominale ou réévaluée (selon les règles de l'art. 1469 du Code civil), s'il s'agit d'une dette d'acquisition, d'amélioration ou de conservation des biens.

Le patrimoine final comprend tous les biens existants à la dissolution du régime, donc en ce compris les biens originaires qui s'y trouvent, sans omettre les créances entre époux et les biens légués. Les biens sont évalués selon leur état au jour de la dissolution avec leur valeur au jour de la liquidation. On y réunit fictivement, parce que leur disparition n'est pas opposable au conjoint, les biens d'acquêts donnés sans le consentement du conjoint ou aliénés frauduleusement (art. 1573), les améliorations apportées pendant le mariage à des biens originaires, données sans le consentement du conjoint (art. 1574) et le déficit du patrimoine originaire (art. 1571 al. 2) engendré par les acquêts. Les biens donnés sont évalués selon leur état au jour de la donation et leur valeur au jour de la liquidation. Les améliorations sont évaluées au jour de l'aliénation. En principe, la créance de participation se règle en numéraire, dans un délai maximum de 5 ans. Par exception, et si les deux époux en sont d'accord, la créance peut être réglée en nature par remise d'un bien.

Section 4 LE PACTE CIVIL DE SOLIDARITÉ (PACS)

Le Pacs, autre mode de conjugalité, à côté du mariage bien sûr, mais aussi du concubinage ou de l'union libre, est un contrat permettant à deux personnes (les partenaires), de même sexe ou de sexes différents, d'organiser leur vie commune.

Ne peuvent pas conclure de Pacs :

- les mineurs même émancipés et les personnes déjà engagées dans les liens du mariage ou d'un Pacs ;
- les parents en ligne directe : entre ascendants et descendants (parents et enfants) et entre alliés (beaux-parents et beaux-enfants) ;
- les parents collatéraux jusqu'au troisième degré inclus (frères et sœurs, oncles et tantes, neveux et nièces).

Le Pacs est un contrat, forcément écrit (contrairement au régime matrimonial légal). Cette convention, à établir avant toute démarche, peut l'être par acte sous seing privé ou notarié. L'intervention d'un notaire n'est pas obligatoire mais fortement recommandée. De plus, le notaire assurera la conservation de la convention, contrairement au greffier du tribunal d'instance ou désormais à l'officier d'état civil.

Le Pacs confère certains avantages aux partenaires, il leur impose aussi des devoirs. S'engager dans les liens d'un Pacs n'est donc pas un acte sans conséquence.

1 Les conséquences civiles du Pacs

Le Pacs implique l'obligation de s'apporter une **aide matérielle et une assistance réciproques**. Les modalités de cette obligation doivent être déterminées dans la convention (ex. : versement d'une somme d'argent mensuelle). À défaut, l'aide est proportionnelle aux moyens respectifs des partenaires.

Les partenaires sont légalement **solidaires** vis-à-vis des tiers des **dépenses** contractées par l'un des partenaires pour les **besoins de la vie courante** (ex. : frais de nourriture, dépenses d'entretien d'une voiture, loyers et charges du logement...). Chaque partenaire est alors tenu de la totalité de ces dettes même si c'est l'autre qui a engagé la dépense. Ainsi, l'un comme l'autre peut être poursuivi sur ses gains et salaires et ses biens personnels.

La solidarité ne joue cependant pas pour :

- les dépenses autres que celles liées aux dépenses de la vie courante ;
- celles de la vie courante qui sont manifestement excessives (1er janvier 2007) ;
- depuis le 1er mai 2011, la solidarité ne joue pas non plus pour les achats à tempérament et les emprunts ne portant pas sur des sommes modestes nécessaires aux besoins de la vie courante, s'ils n'ont pas été conclus avec le consentement des deux partenaires (loi du 1er juillet 2010 portant réforme du crédit à la consommation). Et à la condition supplémentaire, ajoutée par la loi du 17 mars 2014, que le montant cumulé de ces sommes, en cas de pluralité d'emprunts, ne soit pas manifestement excessif eu égard au train de vie du ménage.

2 La propriété et la gestion des biens

Le principe général du Pacs est la séparation des patrimoines. Chacun est seul propriétaire des biens qu'il acquiert à titre onéreux, qu'il crée ou qu'il reçoit à titre gratuit et en conserve l'administration, la jouissance et la libre disposition (même sur le logement de la famille). Pour les biens meubles, il y a présomption de tout pouvoir. L'achat en indivision reste possible.

Il est cependant possible d'opter pour l'indivision (présomption d'indivision pour moitié). Les biens achetés, ensemble ou séparément, sont alors réputés appartenir pour moitié à chacun des partenaires sans recours de l'un contre l'autre en raison d'une contribution inégale ou inexistante.

Par exception, certains biens ont le caractère de propriété exclusive : biens à caractère personnel, création en cours de Pacs et accessoires, fonds perçus non utilisés (salaires), acquisition avec fonds détenus avant l'enregistrement du Pacs ou provenant d'une donation/succession avec emploi/licitation.

Sauf disposition contraire de la convention, chaque partenaire est gérant de l'indivision et dispose des mêmes pouvoirs reconnus aux époux sur les biens communs. On peut établir une convention d'indivision.

3 Les successions/donations

Le Pacs **ne confère pas la qualité d'héritier** au partenaire dans la succession de l'autre. Pour y remédier, la rédaction d'un testament est nécessaire, par acte distinct de la convention de Pacs. Chaque partenaire doit rédiger son propre testament.

Depuis le 1er janvier 2007, au décès de l'un des partenaires, le survivant peut demander à bénéficier de deux droits sur le logement :

- droit à la jouissance gratuite de sa résidence principale et du mobilier la garnissant pendant 1 an (ce droit n'est pas lié à l'existence d'un testament) ;
- attribution préférentielle de sa résidence principale et de son mobilier si le partenaire décédé l'a prévu par testament.

4 La rupture du Pacs

À la fin du Pacs, les partenaires doivent procéder eux-mêmes à la liquidation de leurs droits et obligations résultant du Pacs. À défaut d'accord, le juge aux affaires familiales statue sur les conséquences patrimoniales de la rupture. Il est possible de prévoir les conséquences de la rupture dans la convention de Pacs, ce qui peut limiter les conflits. Il convient pour cela de se rapprocher d'un notaire pour être conseillé.

Sauf convention contraire, depuis la loi du 23 juin 2006, les créances entre partenaires se liquident selon les règles applicables aux époux communs en biens.

Chapitre

5 Le divorce

Catherine BIENVENU

SOMMAIRE

Avec la réforme du divorce par la loi du 26 mai 2004, le législateur a maintenu la pluralité des cas, tout en simplifiant les procédures et en permettant d'adapter les demandes en cours d'instance. La loi prévoit également un accompagnement des époux afin de les aider à organiser les conséquences de leur séparation le plus efficacement possible, en évitant les conflits après le prononcé du divorce. On notera que la loi n° 2015-177 du 16 février 2015 suivie de l'ordonnance n° 2015-1288 du 15 octobre 2015 portant simplification et modernisation du droit de la famille ne concerne pas directement les points développés ci-dessous, mais l'intervention du juge sur l'ensemble de la liquidation et le partage des intérêts patrimoniaux des époux en cas de désaccord. La loi n° 2016-1547 du 18 novembre 2016 de Modernisation de la justice du XXIe siècle conserve les quatre cas de divorce (Art. 229 C. civ.) mais dédouble le divorce par consentement mutuel en instituant le divorce contractualisé.

Enfin, la loi n° 2019-222 du 23 mars 2019 de programmation 2018-2022 et de réforme pour la justice poursuit l'œuvre de simplification du législateur en supprimant la phase de conciliation à compter du 1er janvier 2021. L'audit de la situation d'un client entamant une procédure de divorce devra donc être d'autant plus fourni qu'une des étapes préparatoires à la séparation disparaît.

Section 1 LES CAS DE DIVORCE

1 Le divorce par consentement mutuel

Il s'agit de l'unique procédure envisageable lorsque les époux s'accordent à la fois sur le divorce et sur ses conséquences.

1.1 Le divorce par consentement mutuel contractualisé

Depuis le 1er janvier 2017, les époux peuvent désormais bénéficier d'une procédure simplifiée dans laquelle le divorce n'est plus prononcé par le juge mais enregistré. Chacun des époux doit être d'accord sur le principe du divorce et ses conséquences. Une convention est signée sous signatures privées par les époux, chacun assisté d'un avocat qui contresigne. La convention est déposée au rang des minutes d'un notaire. En l'absence d'homologation judiciaire, les règles encadrant le consentement des époux disparaissent. L'avocat, professionnel majeur de la contractualisation, devra avoir soin d'apprécier la réalité de l'accord de l'époux le plus vulnérable. Le rôle du notaire devient mineur car il va procéder à un simple dépôt de la convention. Toutefois, rien n'empêche d'avoir recours à ses services lorsque la liquidation du régime matrimonial sera complexe et de profiter de son intervention, obligatoire lorsqu'il y a des biens immobiliers à partager. C'est d'ailleurs dans cet esprit qu'une Charte commune de bonne conduite a été signée entre le Conseil National des Barreaux et le Conseil Supérieur du Notariat le 23 décembre 2020.

1.2 Le divorce par consentement mutuel judiciaire

Si le couple a un enfant mineur qui souhaite être auditionné, les époux présentent alors au juge une convention reprenant tous les points d'accord sur la rupture du mariage et ses effets, y compris la liquidation du régime matrimonial. Le divorce est désormais prononcé, en principe, à l'issue d'une seule audience, au lieu de deux auparavant.

2 Le divorce par acceptation du principe de la rupture du mariage

Le juge constatera l'accord des époux sur le principe de la rupture, sans considération des faits à l'origine de celle-ci. Par contre, les époux s'en remettent au juge pour statuer sur les conséquences de la rupture, faute d'avoir pu trouver un accord.

3 Le divorce pour altération définitive du lien conjugal

Dès lors que le juge constate que les conditions de l'altération définitive du lien conjugal sont réunies, il doit prononcer le divorce, sans rechercher les causes de la rupture comme auparavant. Le conjoint subissant la rupture pourra obtenir une compensation financière (soit une prestation compensatoire, soit des dommages et intérêts sur le fondement de l'art. 266 du Code civil).

Le but de la loi étant de pacifier les situations, ce cas de divorce permet d'éviter un divorce pour faute :

- soit parce qu'il est demandé à titre principal, même par un seul des époux, dès lors que la communauté de vie a cessé depuis plus de deux ans (un an à compter du 1er janvier 2021) lors de l'assignation en divorce (et non plus de la requête comme précédemment) ;
- soit parce qu'il est demandé à titre reconventionnel, sans condition de délai, ni de cessation de vie commune, dès lors que la demande principale en divorce pour faute est rejetée.

4 Le divorce pour faute

Il nécessite que le conjoint ait commis une violation grave ou renouvelée des devoirs et obligations liés au mariage, rendant intolérable le maintien de la vie commune. Les faits sont laissés à l'appréciation du juge. On notera qu'en cours d'instance, la loi a prévu des passerelles vers les divorces les moins contentieux en cas d'accord des époux.

Section 2 LES CONSÉQUENCES PATRIMONIALES DU DIVORCE

La législation récente tendant à ce que les époux règlent définitivement les effets du divorce, il y a lieu d'en prévoir minutieusement les conséquences patrimoniales en amont. Contrairement à la législation antérieure, le divorce est désormais sans incidence sur les droits que les époux tiennent de la loi (pensions de retraite…) ou de conventions passées avec les tiers (assurance-vie…).

Pour l'établissement des conventions relatives à la liquidation du régime matrimonial (art. 265-2 Code civil), et quel que soit le cas de divorce, un acte notarié n'est exigé que si la liquidation porte sur des biens soumis à publicité foncière. Dans les autres cas, elle peut résulter d'une convention établie par les parties et leurs avocats, qui sera soumise à l'homologation du juge (sauf consentement mutuel contractualisé). Le recours au notaire est toutefois recommandé puisqu'il est le spécialiste du droit de la famille. Nous n'évoquerons ici que les conséquences pécuniaires entre époux, mais c'est bien l'ensemble des conséquences de la rupture qui doivent être prévues, notamment en ce qui concerne les enfants.

Il y a lieu d'être particulièrement vigilant sur la date et le report des effets du divorce dans les rapports entre époux et la date des mêmes effets vis-à-vis des tiers. Une dette contractée par un époux entrera dans la communauté, vis-à-vis du tiers créancier, si elle est née entre ces deux dates. En cas de divorce par consentement mutuel, le jugement prend effet à la date de l'homologation de la convention réglant les conséquences du divorce, à défaut de clause particulière. Dans les autres cas, ses effets sont fixés, non plus à la date de l'assignation, mais à celle de l'ordonnance de non-conciliation pour les procédures en cours avant le 1er septembre 2020. Ceci n'interdit pas à un des époux de demander, en cours de procédure, au juge de fixer les effets du jugement à une autre date (cessation de la cohabitation notamment). À l'égard des tiers, la dissolution du mariage n'est opposable qu'à la date de la mention du jugement de divorce en marge de l'acte de mariage et des actes de naissance.

Nous verrons ainsi le sort qui est réservé aux libéralités et avantages matrimoniaux (1), au logement de la famille (2), les indemnités financières qui peuvent être dues entre époux (3) et la liquidation du régime matrimonial (4).

1 Les libéralités et les avantages matrimoniaux (art. 265 Code civil)

Désormais, le sort des avantages matrimoniaux et des libéralités ne dépend plus du cas de divorce mais de leur nature. En principe, ceux qui produisent leurs effets en cours de mariage, donc avant le divorce, sont maintenus. Au contraire, ceux qui n'ont pas encore produit leurs effets sont révoqués de plein droit.

1.1 Les donations de biens présents

Le nouvel article 1096 du Code civil pose le principe de l'irrévocabilité des donations de biens présents entre époux (qui ont donc produit leurs effets pendant le mariage), sauf application des dispositions de droit commun (inexécution des conditions sous lesquelles elles ont été faites et l'ingratitude). Comme sous l'empire de la loi antérieure, ces donations ne sont pas révoquées pour cause de survenance d'enfant (art. 1096 al. 3). L'article 1096 du Code civil ne s'applique, en dehors de toute procédure de divorce, qu'aux donations consenties après le 1er janvier 2005. En conséquence, toutes les donations faites pendant le mariage avant le 1er janvier 2005 demeurent librement révocables.

1.2 Les dispositions à cause de mort

Le testament ou la donation au dernier vivant (classiquement nommée également « donation entre époux » sous-entendu de biens à venir) consentis par un époux, par contrat de mariage ou pendant le mariage, sont révoqués de plein droit par l'effet du divorce, quelle que soit sa cause. Toutefois, l'époux qui les a accordés peut décider de les maintenir. Dès lors, sa volonté doit être constatée par le juge car le maintien a pour conséquence de rendre la libéralité irrévocable (art. 265 al. 2).

1.3 Les avantages matrimoniaux

Selon le nouveau principe de prise en compte des actes selon qu'ils ont ou non pris effet au cours du mariage, il y a lieu de distinguer :

– les avantages matrimoniaux, qui prennent effet au cours du mariage (apport d'un bien propre par un époux à la communauté, par exemple), et restent irrévocables. On notera qu'à l'occasion de la mise en cause d'un notaire pour défaut de conseil dans le cadre d'une liquidation de communauté conventionnelle avec d'importants apports de propres par Madame à la communauté avant 2004 et un divorce aux torts exclusifs de Monsieur postérieurement à la loi de 2004, la Cour de cassation (1re Civ, 5 novembre 2020) a renvoyé au Conseil constitutionnel une question prioritaire de constitutionnalité : les dispositions transitoires de la loi de 2004 méconnaîtraient l'article 16 de la Déclaration des droits de l'homme et du citoyen en ce qu'elles pourraient remettre en cause les effets qui pouvaient être

légitimement attendus d'une situation légalement acquise (possibilité pour Madame de reprendre ses apports en raison d'un divorce prononcé contre Monsieur) ;
- les avantages qui prennent effet à la dissolution du régime matrimonial, sous-entendu par décès ou changement de régime matrimonial (clause de préciput, clause de partage inégal) qui sont révoqués de plein droit par l'effet du divorce, quelle que soit sa cause.

Toutefois, la liberté d'organisation des effets du divorce permet, comme en matière de libéralités, à l'époux qui les a consentis de les maintenir. Ici encore, cette volonté devra être constatée par le juge lors du prononcé du divorce puisqu'ils ne pourront plus être révoqués.

2 Le logement de la famille

Comme évoqué dans les parties réservées aux régimes matrimoniaux et aux successions, le législateur organise toujours le sort du logement occupé par la famille. La loi du 26 mai 2004 a mis en place un certain nombre de mesures provisoires à la disposition du juge, permettant d'organiser la vie du couple séparé. L'une de ces mesures est la résidence séparée des époux jusqu'au prononcé du divorce. La protection édictée par l'article 215 alinéa 3 (voir régime primaire des régimes matrimoniaux, chapitre 4 section 1) demeure, pendant toute la durée du mariage, que les époux soient séparés de fait ou même de droit, donc en vertu d'une autorisation de résidence séparée. C'est donc le juge qui va attribuer la jouissance du logement et du mobilier du ménage. La jouissance du logement et du mobilier peut ainsi être attribuée à titre provisoire à l'un des époux, que ce logement soit la propriété des deux époux ou de l'un d'entre eux, ou que celui-ci soit détenu en vertu d'un bail d'habitation.

La nouveauté de la loi du 26 mai 2004 impose au juge de préciser le caractère gratuit ou non de la jouissance du logement[1]. Aux termes de l'article 262-1 alinéa 4 *in fine* du Code civil, jusqu'à l'ordonnance de non-conciliation, la jouissance du logement par un seul époux conserve un caractère gratuit, sauf décision contraire du juge.

Si la jouissance du logement revêt un caractère gratuit, elle repose sur l'exécution du devoir de secours entre époux, devoir qui subsiste au cours de la procédure en divorce. Si la jouissance du logement fait l'objet d'une indemnité d'occupation, le juge n'a pas le pouvoir pour la fixer. Soit les époux s'accordent pour la fixer, soit le juge y pourvoira à l'occasion de la liquidation du régime matrimonial lors de la procédure de partage judiciaire.

1. Ce qui posait de nombreuses difficultés auparavant, lorsque l'ordonnance de non-conciliation ne précisait rien quant à la prise en charge de cette jouissance au titre du devoir de secours : jouissance gratuite ou à l'existence d'une éventuelle indemnité d'occupation.

Lorsque le logement de la famille appartient en propre ou personnellement à l'un des époux, le juge peut le concéder à bail à son conjoint, quel que soit le cas de divorce, si trois conditions sont réunies :

– cet époux exerce seul ou en commun l'autorité parentale ;
– un ou plusieurs enfants résident habituellement dans ce logement ;
– l'intérêt des enfants commande une telle solution.

Le juge doit alors fixer la durée du bail, qui peut être renouvelé jusqu'à la majorité du plus jeune des enfants. Il pourra également le résilier si des circonstances nouvelles le justifient.

3 Les indemnisations financières

Quel que soit le cas de divorce, un des époux peut être amené à indemniser son conjoint.

3.1 Les dommages et intérêts (art. 266 du Code civil)

Des dommages et intérêts peuvent être demandés à l'occasion de l'action en divorce (sauf pour le divorce par consentement mutuel) sur deux fondements :

– l'article 266 du Code civil (preuve par le demandeur qu'il subit des conséquences particulièrement graves, tel l'abandon de la femme et d'un enfant handicapé au profit d'une maîtresse) permet l'allocation de dommages et intérêts au défendeur à un divorce pour altération définitive du lien conjugal ou à l'époux qui obtient le divorce aux torts exclusifs de son conjoint ;
– l'article 1382 du Code civil répare les fautes commises par un conjoint pendant le mariage, mais sans que le préjudice soit lié à la dissolution du mariage (injures par exemple).

3.2 La pension alimentaire entre époux

Une telle pension pourra être fixée pendant le cours de l'instance en divorce et prendra fin avec son prononcé. Elle a pour but de maintenir le niveau de vie d'un des époux. Elle sera fonction des revenus et charges de chacun des époux et est révisable.

3.3 La prestation compensatoire

Définition

La prestation compensatoire a un caractère forfaitaire, et est donc déterminée lors du divorce. Son montant ne peut pas être révisé. Son objet est de compenser la disparité dans les conditions de vie respectives des époux engendrée par la dissolution du mariage.

Conformément au souci du législateur de ne plus lier les conséquences patrimoniales du divorce à sa cause, le droit à bénéficier d'une prestation compensatoire est désormais généralisé et ne dépend plus du cas de divorce ou de la répartition des torts. Toutefois, le juge peut la refuser si l'équité le commande. Sa demande doit être faite en cours d'instance, où le juge apprécie à la fois qu'il existe une disparité dans les conditions de vie des époux et que cette disparité résulte de la rupture du mariage.

La prestation compensatoire prend, en principe, la forme d'un capital, la rente viagère demeurant l'exception. Toutefois, les époux ont une grande liberté quant à la forme de son paiement, notamment en mixant les types de versements. S'ils trouvent un accord, les époux peuvent déroger aux principes généraux fixés aux articles 274 à 276 et déterminer librement le montant et les modalités de paiement de la prestation. Ils peuvent notamment décider que la prestation compensatoire cessera à compter de la réalisation d'un événement déterminé (retraite, remariage du créancier…), voire qu'elle prendra la forme d'une rente temporaire. La convention devra être homologuée par le juge qui vérifiera qu'elle préserve suffisamment les intérêts des époux et des enfants.

Les formes de la prestation compensatoire

Le principe du capital

Le capital peut prendre deux formes distinctes :

- le versement immédiat d'une somme d'argent ;
- l'attribution d'un bien en propriété ou d'un droit temporaire ou viager d'usage, d'habitation ou d'usufruit (pour l'attribution en propriété d'un bien propre reçu par succession ou donation, le juge doit obtenir l'accord exprès du débiteur).

En cas d'impossibilité pour le débiteur de verser immédiatement l'intégralité de la somme fixée, le capital peut être fractionné sur une période n'excédant pas huit ans, sous forme de versements périodiques. Il est possible de s'acquitter de la prestation en cumulant le versement d'une somme d'argent, l'attribution d'un bien et un capital échelonné. Le débiteur peut se libérer du solde à tout moment, sans intervention judiciaire. Le calcul du solde à payer doit s'effectuer à partir du capital indexé.

Fiscalement, les incidences ne seront pas les mêmes :

- **en matière d'impôt sur le revenu** : lorsque la totalité de la prestation est versée en numéraire sur moins de douze mois, ou en cas d'affectation de biens ou de droits, l'article 199 octodecies du CGI prévoit une réduction d'impôt sur le revenu[1] calculée en fonction de la valeur des biens ou droits cédés, qui doit être fixée dans la convention ou le jugement. À défaut, le débiteur ne peut prétendre à aucune réduction d'impôt. En cas de prestation mixte, et dès lors que le versement

1. 25 % du montant du capital, dans la limite de 30 500 €.

est effectué sur plus de douze mois, le débiteur ne peut bénéficier de la déduction de ses revenus que des sommes effectivement versées. Le créancier doit ne déclarer que ces mêmes sommes (art. 156 du Code général des impôts) ;
- **en matière de droits d'enregistrement** : lorsque la prestation est payée sur des biens communs, il y a application du droit de partage de 1,10 %. Lorsque la prestation est payée au moyen de biens propres, il y a une imposition fixe de 125 € s'il s'agit d'un bien meuble, ou d'un droit d'enregistrement de 0,715 % s'il s'agit d'un bien soumis à publicité foncière.

La prestation compensatoire a un caractère forfaitaire et ne peut donc pas être révisée. Toutefois, les modalités de paiement du capital échelonné peuvent être révisées, à titre exceptionnel et à la seule demande du débiteur. Le juge échelonnera donc son versement sur une durée supérieure à 8 ans.

L'exception, la rente viagère

Le juge peut, à titre exceptionnel, octroyer une rente viagère[1], en considération de la situation du créancier, lorsque son âge ou son état de santé ne lui permet pas de subvenir à ses besoins.

Le montant de la rente, indexé comme en matière de pension alimentaire, peut être fixé de manière uniforme ou varier selon l'évolution probable des ressources et des besoins (mise à la retraite avec pour corollaire une baisse de revenus). Il est possible d'attribuer une fraction de la prestation compensatoire en capital, lorsque les circonstances l'imposent, le montant de la rente étant en conséquence minoré.

On notera un changement fiscal positif important à la suite de la décision du Conseil constitutionnel de déclarer contraires à la Constitution, pour rupture d'égalité, les dispositions du II de l'article 199 octodecies du CGI (version loi 2004), qui énonçaient qu'en cas de cumul de rente et de capital, seules les sommes versées au titre de la rente pouvaient être déduites du revenu imposable du débiteur. La loi de Finances pour 2021 entérine la décision en étendant le champ d'application de la réduction d'impôt pour versement d'une prestation compensatoire en capital aux prestations compensatoires « mixtes », soit les prestations compensatoires versées pour partie sous forme de capital libéré dans les 12 mois du jugement ou de la convention de divorce et pour partie sous forme de rente (CGI Art. 199 octodecies).

On notera qu'en principe la prestation compensatoire ne peut être assortie de l'exécution provisoire. Toutefois, cette règle peut s'avérer très préjudiciable aux intérêts du créancier, lorsqu'un recours est formé sur cette prestation alors que le principe du divorce est acquis.

Le divorce étant devenu définitif, le devoir de secours prend fin, privant ainsi le créancier du droit à la pension alimentaire alors que la prestation compensatoire n'est pas encore exigible. Ainsi, par exception et lorsque l'absence d'exécution de

1. Par application de l'article 276 alinéa 1.

la prestation compensatoire aurait des conséquences manifestement excessives pour le créancier, l'exécution provisoire peut alors être ordonnée pour tout ou partie de la prestation.

Contrairement à la prestation en capital, la prestation compensatoire sous forme de rente peut être révisée, suspendue ou supprimée en cas de changement important dans les ressources ou les besoins de l'une ou l'autre des parties, que la rente ait été fixée avant ou après la date d'entrée en vigueur de la loi. Toutefois, le montant initial de la rente ne pourra pas être dépassé.

Le débiteur d'une rente peut solliciter qu'il y soit substitué un capital à tout moment alors que le créancier ne le peut que s'il justifie qu'une modification de la situation de son ex-conjoint rend possible la substitution. Le juge n'est pas lié par la demande et peut, par une décision spécialement motivée, refuser d'y faire droit.

Le montant du capital est déterminé à partir du montant de la rente annuelle indexée et de l'âge du créancier, en fonction de son espérance de vie et d'un taux de capitalisation de 4 %.

Le décès du débiteur

La loi de 2004 a supprimé le principe de la transmissibilité de la prestation compensatoire aux héritiers du débiteur, qui ne sont donc plus en principe tenus personnellement à son paiement. On y a substitué un mécanisme automatique de prélèvement sur la succession, dans la limite de l'actif de celle-ci (art. 280 du Code civil).

La prestation compensatoire constitue une dette de la succession. S'il y a également un conjoint survivant bénéficiant d'une créance d'aliments (art. 767 du Code civil), ils seront tous deux en concours. Lorsque la prestation a été fixée par le juge sous forme d'un **capital** échelonné, le solde de ce capital indexé est immédiatement exigible.

Lorsque la prestation compensatoire prenait la forme d'une **rente viagère ou temporaire**, il lui est substitué un capital immédiatement exigible, après déduction des pensions de réversion versées du chef du conjoint survivant, par application de l'article 280-2 (en l'absence de clause particulière de la convention).

Par exception, les héritiers peuvent solliciter, à l'unanimité, le maintien des modalités de paiement qui incombaient au débiteur lors de son décès. Ils sont alors tenus personnellement au paiement de la prestation et bénéficient des mêmes droits que ceux dont bénéficiait le débiteur lui-même en matière de révision ou d'apurement.

4 La liquidation du régime matrimonial

Les époux doivent la prévoir dans la convention établie dans l'acte sous seing privé contresigné par les avocats, en cas de divorce par consentement mutuel puisque, par définition, il y a accord et sur le principe du divorce et sur ses conséquences.

Dans les autres cas de divorce, une procédure souple permet de présenter un acte de liquidation à tout moment de la procédure, même s'il est incomplet, voire après le prononcé du divorce. Dans ce dernier cas, la présentation de la liquidation au juge est encadrée dans des délais stricts.

Lorsqu'il y a accord des époux, ils peuvent soumettre à l'homologation du juge leur convention réglant tout ou partie des conséquences du divorce, concernant tous leurs intérêts tant patrimoniaux qu'extrapatrimoniaux. L'homologation globale permet des arbitrages par les époux en fonction de leurs souhaits, sachant que le juge veillera, en tout état de cause, à la préservation des intérêts de chacun des époux et des enfants.

À défaut d'un règlement conventionnel de la liquidation par les époux lors du prononcé du divorce, le juge ordonne la liquidation et le partage des intérêts patrimoniaux des époux et statue, s'il y a lieu, sur les demandes de maintien dans l'indivision ou d'attribution préférentielle. Le juge peut aussi accorder à l'un des époux une avance sur sa part de communauté ou de biens indivis.

Afin d'accélérer le règlement définitif des intérêts patrimoniaux des époux qui n'aurait pas pu avoir lieu lors du prononcé du divorce, la loi impose la mise en œuvre de la liquidation et du partage dans un délai d'un an après que le jugement est passé en force de chose jugée. Lorsque, à l'expiration de ce délai, ces opérations ne sont pas achevées, le notaire transmet au tribunal un procès-verbal des difficultés reprenant les déclarations des parties.

Au vu de ce document, le tribunal peut soit octroyer un délai supplémentaire de six mois maximum, lorsqu'il apparaît qu'un accord peut encore être finalisé entre les parties, soit statuer sur les contestations subsistant entre elles, si les éléments transmis par le notaire le permettent. Si les parties ne s'accordent toujours pas, le notaire en informe le tribunal et établit un nouveau procès-verbal, afin qu'il soit statué sur les désaccords persistant entre les époux.

Le tribunal statue sur ces contestations, puis renvoie les parties devant le notaire afin d'établir l'état liquidatif.

Chapitre

6 Les successions

Catherine BIENVENU

SOMMAIRE

Au décès, le patrimoine est immédiatement dévolu aux héritiers.

En l'absence d'expression de volonté du défunt, la loi prévoit la dévolution de la succession (section 1). Sous réserve des dispositions d'ordre public, telle que la réserve, le défunt peut organiser différemment la transmission de son patrimoine, par l'établissement d'un testament ou d'une donation entre époux conférant au conjoint des droits supplémentaires (section 2).

Pour hériter, il suffit d'être conçu et de naître viable. Il ne faut pas non plus être indigne (sanction suite à une condamnation pénale lorsqu'on a attenté à la vie du défunt). On peut refuser d'hériter en renonçant à la succession. La qualité d'héritier se démontre par l'état civil qui est repris dans l'acte de notoriété dressé par le notaire. En cas d'incertitude, on aura recours à un généalogiste pour vérifier l'existence de parents.

Section 1 LES HÉRITIERS À DÉFAUT DE VOLONTÉ EXPRESSE DU DÉFUNT

1 La dévolution successorale en l'absence de conjoint

Les principes de dévolution font appel à deux notions : l'ordre et le degré. Les membres de la famille sont classés par ordres :

- le 1er ordre est celui des descendants ;
- le 2e celui des ascendants privilégiés (père et mère) et collatéraux privilégiés (frères et sœurs) ;
- le 3e celui des ascendants ordinaires (grands-parents) ;
- le 4e celui des collatéraux ordinaires (oncles et tantes, cousins et cousines) ;
- si le défunt n'a pas de famille proche, son successeur sera l'État.

Un seul représentant d'un ordre élimine tous les ordres subséquents (l'ordre des descendants exclut celui des ascendants : l'enfant du défunt héritera de son père et exclura son grand-père, père du défunt). À l'intérieur de chaque ordre, la successibilité est déterminée par le degré, c'est-à-dire le nombre de générations séparant le défunt de l'héritier. Le parent du degré le plus proche élimine le plus éloigné (l'enfant du défunt exclut le petit enfant).

À ces deux mécanismes, la loi a ajouté deux tempéraments que sont la **représentation**, qui permet à un héritier de degré subséquent de remplacer celui qui l'a exclu (le petit enfant viendra à la place de son père pour hériter de son grand-père), et la

fente, qui permet une répartition entre les deux familles d'origine du défunt. Ainsi, pour déterminer qui doit hériter, il faut procéder par étapes. Les successibles doivent être classés par ordres, puis degrés, mais il faut avoir à l'esprit que les mécanismes de la représentation et de la fente peuvent intervenir pour rétablir une dévolution perturbée par, notamment, le prédécès d'un héritier.

1.1 Le classement par ordre (1re étape)

Le **1er ordre** est celui des descendants, composé des enfants du défunt quelle que soit leur filiation et de leurs propres descendants sans limitation. S'il existe un descendant, il n'y a pas lieu de s'intéresser aux autres membres de la famille pour déterminer les successeurs.

À défaut de descendants, ce sont les membres du **2e ordre** qui viendront à la succession : les ascendants privilégiés (les père et mère du défunt) et les collatéraux privilégiés (ses frères et sœurs ou leurs descendants). Il y a concurrence entre ces personnes. Le père a droit à un quart de la succession, la mère un quart et les frères et sœurs à la moitié. S'il ne reste que le père ou la mère, le survivant conservera son quart et les frères et sœurs se partageront donc les trois quarts restants. Si les deux parents sont prédécédés, les frères et sœurs se partageront l'intégralité de la succession. À défaut de frère et sœur, les père et mère se partagent la succession chacun pour moitié. Si un seul parent a survécu, il héritera de la totalité des biens de son enfant, à la condition qu'il n'existe pas d'ascendant ordinaire dans l'autre branche (voir la fente *infra*).

S'il n'existe aucun des héritiers ci-dessus, c'est au **3e ordre** des ascendants ordinaires que reviendront les biens. Le patrimoine sera alors dévolu aux grands-parents, arrières grands-parents, etc. Faute d'existence de membres des ordres ci-dessus, la succession profitera au **4e ordre** des collatéraux ordinaires, comprenant les oncles et tantes, grands oncles et grandes tantes ainsi que les cousins et cousines jusqu'au 6e degré.

Au-delà, et à défaut de dispositions prises par le défunt, son patrimoine revient à l'État.

1.2 La notion de degré (2e étape)

À l'issue de la 1re étape, on a déterminé l'ordre de la succession. Il n'y a plus lieu de s'intéresser aux autres ordres. Toutes les personnes appartenant au même ordre ne seront pas héritiers. La successibilité est, en effet, déterminée par le degré. Le degré correspond au nombre de générations séparant le défunt de celui dont on veut calculer la qualité de successeur. Le plus proche en degré exclut les autres. Pour ce faire, on suit les branches de l'arbre généalogique. Entre ascendant et descendant, la ligne est directe, le degré se calcule par génération (espace) entre le défunt et le présomptif héritier.

Exemple

Au décès d'un grand-père laissant un fils et un petit-fils, les successibles appartiennent à l'ordre des descendants dans lequel on retrouve le père au 1er degré (une génération entre le défunt et lui) et le petit-fils au 2e degré (une génération entre le défunt et le fils et une autre entre le fils et le petit-fils). Le père exclut le fils, lui seul héritera.

Deux lignes reliées par un ancêtre commun sont **collatérales**. Déterminer le degré impose de calculer le nombre d'espaces (de générations) en passant par l'ancêtre commun.

Exemple

Le défunt laisse un cousin germain, fils du frère de son père (donc oncle du défunt) et une cousine issue de germaine, petite fille d'une sœur de son père (donc tante du défunt). Il n'existe aucune famille du côté de sa mère.

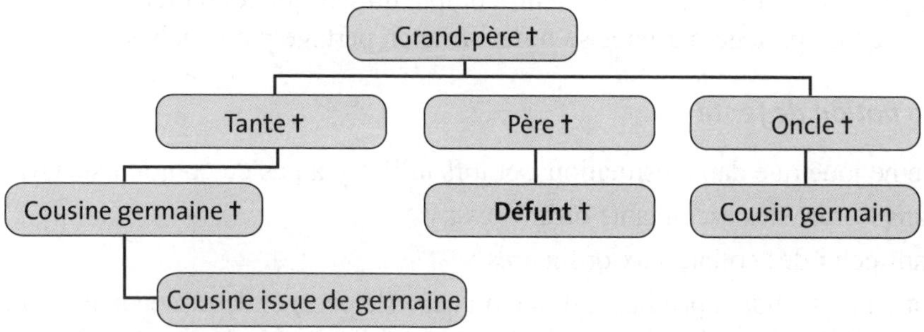

Le cousin germain, collatéral ordinaire, est au 4e degré : un degré entre le défunt et son père, un 2e entre son père et son grand-père (également père de son père et de son oncle), un 3e entre son grand-père et son oncle et enfin un 4e entre son oncle et le fils de ce dernier.
La cousine issue de germaine, également collatérale ordinaire, est au 5e degré : un degré entre le défunt et son père, un 2e entre son père et son grand-père (également père de son père et de sa tante), un 3e entre son grand-père et sa tante, un 4e entre sa tante et la fille de cette dernière, également cousine germaine du défunt et enfin, un 5e entre sa cousine germaine et la fille de cette dernière.
Seul le cousin germain au 4e degré héritera, la cousine issue de germaine étant au 5e degré, elle est exclue.

1.3 Les tempéraments (3e étape)

Les règles ci-dessus ne sont justes que si l'ordre naturel des décès est respecté. La loi y pallie par deux mécanismes que sont la représentation et la fente.

La notion de représentation

Elle ne joue que dans l'**ordre des descendants** et dans celui des **collatéraux privilégiés**. Elle permet à un héritier évincé en fonction du degré de prendre la place de son auteur, qui, dans l'ordre naturel des choses et des décès, aurait dû être appelé à succéder au défunt.

Exemple

> Un père laisse 3 fils dont un prédécédé ayant lui-même 5 enfants.
> Si les 3 enfants avaient tous survécu, ils auraient eu chacun 1/3. Sans représentation, les 2 enfants vivants, au 1er degré, excluent les 5 petits-enfants qui se trouvent au 2e degré. Mais, par le jeu de la représentation, les 5 petits-enfants (du fils déjà décédé) vont venir prendre la place de leur père et donc être au 1er degré, comme leurs 2 oncles. Ils auront droit, ensemble, à la part du 1/3 de leur père prédécédé.

Il n'y a plus de condition quant à la qualité de celui qu'on représente, qu'il soit prédécédé, sous le coup d'une condamnation ou qu'il ait renoncé à la succession. Lorsqu'il n'y a pas représentation, on divise la succession en autant de parts qu'il y a d'héritiers. Lorsqu'il y a représentation, on divise la succession en autant de parts qu'il y aurait eu d'héritiers, sans tenir compte du fait que tel ou tel héritier n'y participe pas. Le partage par têtes se transforme en partage par souches.

La notion de fente

Elle ne joue que dans 3 situations, et lorsqu'il n'y a pas de conjoint survivant :

1. dans l'ordre des ascendants ordinaires ;
2. dans celui des collatéraux ordinaires ;
3. entre un ascendant privilégié d'une branche (le père) et des ascendants ordinaires dans l'autre branche (le grand-père maternel), depuis la loi du 23 juin 2006 (738-1 C. Civ.).

La fente tempère le principe d'unité de la succession car, avant de partager en fonction des ordres et des degrés, on va procéder à un partage entre la branche maternelle et la branche paternelle. Lorsqu'on est dans un des 3 cas ci-dessus, procéder à la fente successorale devient la 1re étape dans la recherche de la dévolution. Pour sa mise en œuvre, la fente respecte l'ordre (les ascendants excluent les collatéraux ordinaires…) et le degré dans chaque ordre déterminé.

Exemple

> Le défunt laisse un grand-père et un arrière-grand-père paternels (ascendants ordinaires au 2e et 3e degré) et une arrière-grand-mère maternelle (ascendant ordinaire au 3e degré). On partage la succession en deux, de sorte que le grand-père paternel (et non l'arrière-grand-père paternel au 3e degré évincé par le grand-père au 2e degré) et l'arrière-grand-mère maternelle hériteront chacun de la moitié.

2 La dévolution successorale en présence d'un conjoint

Le conjoint survivant est successible dès lors qu'il n'est pas divorcé et quand bien même il existe contre lui un jugement de séparation de corps (loi du 23 juin 2006). Outre des droits successoraux (2.1), le conjoint a également un droit particulier sur son logement (2.2).

2.1 Les droits légaux du conjoint survivant

En présence de descendants

Si les enfants sont communs au couple qu'il formait avec le défunt, il a un droit personnel de choisir entre la pleine propriété du quart de la succession ou la totalité en usufruit. Si un des enfants est issu d'une précédente union du défunt, le conjoint n'a droit qu'à la pleine propriété du quart de la succession. L'étendue des droits du conjoint diffère selon leur nature.

Les droits en usufruit du conjoint : l'usufruit[1] porte sur les biens existants au décès (biens qui se trouvent dans le patrimoine au décès), desquels on déduit les biens légués par testament. On notera que tant que le partage n'est pas réalisé, l'usufruit peut être converti en rente viagère à la demande du conjoint ou des enfants. Si cette conversion est imposée au conjoint, elle ne peut pas porter sur le logement occupé par lui, ni sur le mobilier le garnissant.

Fiscalement, le conjoint sera imposé à l'impôt sur le revenu car il s'agit d'une rente constituée à titre onéreux et les nus-propriétaires ne pourront pas la déduire de leur revenu imposable. L'usufruit peut également être converti en capital si conjoint et enfants en sont d'accord.

Les droits en propriété du conjoint : si le défunt n'a consenti aucune libéralité (par donation de son vivant ou par testament), le quart (revenant en pleine propriété au conjoint) s'exercera sans difficulté sur les biens existants au décès. Par contre, si le défunt a consenti des libéralités, il y a lieu de reconstituer le patrimoine sur lequel les droits du conjoint auraient porté en l'absence de libéralité.

1. Droit qui permet à l'usufruitier de se servir d'un bien (*usus*) et d'en recevoir les revenus (*fructus*) mais ne permet pas d'en disposer (*abusus*), de le vendre par exemple. Voir chapitre 10.

Focus

Estimation de l'étendue du patrimoine en cas de libéralité

L'estimation de l'étendue du patrimoine en cas de libéralité se fait en trois étapes.

1. Estimation de la masse de calcul, qui est constituée des biens existants au décès. À cette masse de calcul, on réunit fictivement les biens donnés ou légués aux successibles uniquement (y compris au conjoint) lorsqu'ils sont rapportables (voir *infra* le rapport). Ceci permet de définir les droits théoriques du conjoint.
2. Détermination de la masse d'exercice sur laquelle les droits du conjoint vont effectivement s'exercer, c'est-à-dire tous les biens dont le défunt n'aura pas disposé par donation ou legs (rapportables ou préciputaires), ni sur la réserve des enfants.
3. Estimation des droits du conjoint. Soit la masse d'exercice est supérieure aux droits du conjoint (= ¼ de la masse de calcul), il sera rempli complètement de ses droits. Soit elle est inférieure, ses droits seront réduits à la masse d'exercice.

Exemple 1

Monsieur a donné à chacun de ses trois enfants en avancement de part successorale 1 000. Au décès du père, les biens existants sont de 1 200. Le conjoint a opté pour recevoir ¼ en pleine propriété.
Masse de calcul : 3 000 (les 3 donations rapportables) + 1 200 (biens existants) = 4 200
Masse d'exercice : 1 200 (biens existants, mais sans préjudicier à la réserve, ici de ¾ de 4 200 dont les enfants ont déjà reçu 3 000).
Droits théoriques : ¼ × 4 200 = 1 050
Le conjoint a donc droit à la quasi-totalité des biens existants en pleine propriété ; il n'y aura pas de réduction de ses droits puisque la masse d'exercice (1 200, dont il y aura lieu de déduire le solde de réserve) est supérieure à ses droits (1 050). Les enfants n'auront que 150 à se partager car ils ont déjà reçu leur part du vivant de leur père.

Exemple 2

Monsieur a légué à un tiers un immeuble (valeur 200) et a un enfant d'un premier lit. Au décès de Monsieur, les biens existants (outre l'immeuble) ont une valeur de 320 (avoirs bancaires).
Masse de calcul : 320 (et non 520 car le legs n'est pas rapportable).
Droits théoriques ¼ × 320 = 80
Masse d'exercice = 0 (car les avoirs bancaires constituent la réserve, voir *infra*, qui est de moitié et s'exerce sur tous les biens existants, ici 520).
Le conjoint n'aura rien, car Monsieur a disposé en faveur d'un tiers qui sera alloti avant lui. On notera qu'ici le conjoint survivant est indirectement déshérité, n'étant pas réservataire.

En présence d'ascendants privilégiés

Les droits légaux des père et mère sont du quart de la succession en l'absence de descendant. En conséquence, le conjoint du défunt aura la moitié ou les trois quarts de la succession selon que les deux parents ou un seul aient survécu à leur enfant défunt.

Pour les successions ouvertes à compter du 1er janvier 2007, les père et mère n'ont plus de réserve. Par contre, ils bénéficient d'un droit de retour sur les biens qu'ils ont donnés à leur enfant. Leurs droits légaux restent d'un quart chacun. Il y a lieu, là aussi, de déterminer l'étendue des droits du conjoint. Ces droits ne peuvent porter sur les biens ayant fait l'objet d'une libéralité ou bénéficiant du droit de retour aux parents (par ordre) :

- droits théoriques du conjoint sur la **masse de calcul** : biens existants au décès, auxquels on réunit fictivement les biens donnés ou légués lorsqu'ils sont rapportables et desquels on déduit les biens donnés par les père et mère ;
- **masse d'exercice** sur laquelle les droits du conjoint vont effectivement s'exercer et ne comprenant que les biens existants au décès, à l'exclusion des donations (rapportables ou préciputaires), des legs (rapportables ou préciputaires) et des biens bénéficiant du droit de retour aux père et mère ;
- **droits du conjoint** : soit la masse d'exercice est supérieure aux droits du conjoint (= ½ ou ¾ de la masse de calcul), il sera rempli complètement de ses droits, soit elle est inférieure, ses droits seront réduits à la masse d'exercice qui devra correspondre, au moins, à sa part de réserve du quart de la succession (voir *infra*).

En l'absence de descendant et d'ascendant privilégié

Dans cette situation, le conjoint recueille l'intégralité de la succession. Toutefois, il n'aura aucun droit sur la moitié des biens (se retrouvant dans le patrimoine au décès) reçus par le défunt de tous ses ascendants (privilégiés ou non) qui reviennent à ses frères et sœurs (ou à leurs descendants), à la condition que les ascendants du défunt soient également ceux desdits frères et sœurs (ne concerne donc pas les demi-frères et sœurs issus d'une autre ascendance). Il est à noter que lorsque le conjoint a droit à la totalité ou aux 3/4 de la succession, les ascendants ordinaires dans le besoin ont une créance d'aliments contre la succession.

2.2 Les droits du conjoint survivant sur son logement

Le conjoint bénéficie de divers droits sur le logement qui constituait la résidence principale du couple.

Le droit temporaire au logement

Le droit temporaire au logement est la jouissance gratuite du logement et du mobilier pendant 12 mois, même en cas de remariage du conjoint survivant dans ce délai. C'est un droit d'ordre public qui découle des effets du mariage et non du droit successoral. En conséquence, si le logement est légué, le légataire doit laisser le conjoint dans les lieux. S'il renonce à la succession, il conserve son droit. Ce droit n'a pas de valeur patrimoniale susceptible d'être déduite de ses droits sur la succession.

Si le bien est la propriété du défunt ou des époux, les charges afférentes au logement doivent être remboursées au conjoint survivant par la succession. Si le logement était loué, les loyers seront remboursés par la succession et pourront être déduits sous forme de provision (à régulariser) au passif de la déclaration de succession. Ce droit est également accordé au partenaire lié par un Pacs mais n'est pas d'ordre public et, faute d'être un effet du mariage en l'occurrence, il est un droit successoral dont il peut être privé par testament.

Le droit viager au logement

À la suite du droit temporaire de 12 mois, le conjoint peut demander à bénéficier du droit viager sur le logement et le mobilier lorsqu'il dépendait de la succession ou appartenait aussi au conjoint (le logement ne devait pas appartenir, en indivision, au défunt et à une tierce personne). Si le logement était loué, ce droit se limite au mobilier.

Eu égard à la nature d'ordre successoral de ce droit, le conjoint doit avoir accepté la succession. La valeur de ce droit s'impute sur ses droits dans la succession. Si ses droits sont en usufruit, ils absorbent le droit viager. Si ses droits sont en pleine propriété et que la valeur des droits viagers est supérieure, le conjoint conserve son droit sans devoir aucune indemnité à la succession. Sa valeur est, fiscalement, fixée forfaitairement à 60 % de celle de l'usufruit mais les parties peuvent décider d'une évaluation économique. Ce droit n'est pas d'ordre public et le défunt peut en priver son conjoint, mais par testament authentique uniquement. Ce droit viager peut être converti en rente viagère. Il ne profite pas au partenaire lié par un Pacs.

L'attribution préférentielle du logement

Le conjoint a un droit préférentiel prioritaire (sur les autres propriétaires) sur le logement dès lors qu'il hérite d'une quote-part de la succession en pleine propriété. Le partenaire lié par un Pacs y a également droit si le défunt l'a prévu par testament, mais il ne pourra pas solliciter de délai pour s'acquitter de l'éventuelle soulte due, contrairement au conjoint.

Section 2 LES HÉRITIERS SUIVANT LA VOLONTÉ EXPRESSE DU DÉFUNT

Le défunt a pu organiser la transmission de son patrimoine. Tout d'abord, il a pu faire des donations de son vivant. Ensuite, il a pu prévoir la dévolution de ses biens à son décès, soit par testament, soit par donation entre époux. La liberté de transmettre son patrimoine est limitée par la **réserve héréditaire**, qui est la quote-part du patrimoine dont on ne peut pas disposer. Son pendant est la **quotité disponible** dont le défunt pourra disposer librement. En effet, celui qui souhaite disposer de son patrimoine n'est pas totalement libre dès lors qu'à son décès il laissera des réservataires. La quote-part réservataire est déterminée au jour du décès, compte tenu des libéralités faites par le défunt à son décès bien sûr, mais également tout au long de sa vie.

1 La réserve et la quotité disponible

Les réservataires sont les descendants, quel que soit leur degré et, en leur absence, le conjoint non divorcé. Les ascendants ne sont plus réservataires mais la loi a institué à leur profit un nouveau droit de retour évoqué ci-dessus pour les biens qu'ils auraient donnés au défunt.

1.1 La quotité disponible ordinaire

La réserve des descendants

La réserve des descendants est fonction du nombre d'enfants. Lorsque le bénéficiaire de la libéralité n'est pas le conjoint, la réserve est une quote-part en pleine propriété. En présence d'un enfant, la quotité disponible correspond à la moitié de la succession et la réserve à l'autre moitié. Le défunt peut donc disposer de la moitié de son patrimoine au profit de toute personne de son choix. Lorsque le défunt laisse deux enfants, la quotité disponible est du 1/3 et la réserve des 2/3. La réserve globale se répartit entre les enfants. Dès lors que le défunt avait trois enfants, ou plus, la quotité disponible est fixée au 1/4 et la réserve globale aux 3/4. On tient compte de l'enfant prédécédé s'il est représenté (répartition par souche) et de l'enfant renonçant s'il est représenté ou lorsqu'il devra rapporter une libéralité (voir le rapport *infra*).

La réserve du conjoint survivant

En l'absence de descendant, la réserve du conjoint est fixe et représente le quart en pleine propriété de la succession. La quotité disponible est donc des 3/4.

1.2 La quotité disponible spéciale entre époux

En présence d'enfants et lorsque le bénéficiaire de la libéralité est le conjoint, la quotité disponible est plus large que la quotité disponible ordinaire car le conjoint survivant peut bénéficier de l'usufruit de la réserve. Le défunt peut ainsi disposer au profit de son conjoint des quotités suivantes :

- la pleine propriété de la quotité disponible ordinaire, donc 1/2, 1/3 ou 1/4 si le défunt laisse 1, 2 ou 3 enfants ;

– le quart en pleine propriété et les 3/4 en usufruit ;
– la totalité en usufruit.

Le défunt peut décider laquelle de ces 3 possibilités il accorde à son conjoint. En pratique, l'option est laissée au conjoint qui l'exercera en fonction de sa situation et de celle de ses enfants au jour du décès. Hors l'option pour la quotité disponible ordinaire qui laisse pleine et entière la réserve globale des descendants, le choix a, bien entendu, une incidence sur la réserve globale des enfants.

Quel que soit le nombre d'enfants :

– si le conjoint opte pour 1/4 en pleine propriété et 3/4 en usufruit, la réserve globale sera des 3/4 en nue-propriété ;
– si le conjoint opte pour la totalité en usufruit, la réserve globale sera de la totalité en nue-propriété.

Tableau 6.1 – Quotité disponible entre époux

Réserve des enfants / Droits du conjoint selon l'option choisie	En présence d'1 enfant	En présence de 2 enfants	En présence de 3 enfants ou plus
Option pour la quotité disponible	QD = 1/2 → R = 1/2 PP	QD = 1/3 PP → R = 2/3 PP	QD = 1/4 PP → R = 3/4 PP
Option pour 1/4 PP + 3/4 U	R = 3/4 NUP		
Option pour la totalité en usufruit	R = Totalité en NUP		

* QD (quotité disponible), R (réserve), PP (pleine propriété), NUP (nue-propriété), U (usufruit).

En présence d'enfants issus du seul défunt, si le conjoint est gratifié en pleine propriété (cette quote-part pourra se retrouver dans sa succession à laquelle les enfants du seul défunt ne participeront pas), ces derniers pourront imposer au conjoint que la pleine propriété soit convertie en usufruit en lui abandonnant la part d'usufruit que ces enfants auraient eue en l'absence de conjoint. L'usufruit forcé n'est pas possible lorsque :

– le conjoint bénéficie du 1/4 en pleine propriété et des 3/4 en usufruit car il n'y a pas d'usufruit à abandonner par les enfants ;
– le défunt s'y est opposé, même tacitement, en laissant au conjoint le choix entre les 3 options.

Le conjoint ne peut pas cumuler ses droits légaux avec les libéralités qui lui sont consenties. Les libéralités consenties au conjoint s'imputent d'abord sur ses droits successoraux. Si les libéralités sont moindres que ses droits légaux, il aura droit au complément, dans la limite de la quotité disponible spéciale. La loi du 23 juin 2006 permet au conjoint de cantonner son émolument. Lorsqu'il est en concours avec des descendants, il peut limiter ses droits sur une partie des biens seulement composant la libéralité : le conjoint survivant peut décider de prendre moins que ce que le défunt avait décidé de lui octroyer. En conséquence, il renonce à une partie de ses droits, ce qui accroît d'autant la quote-part revenant aux descendants, sans que cela soit regardé comme une libéralité faite aux successibles, donc sans droit de succession.

La quote-part ainsi abandonnée revient directement aux descendants et sera taxée aux droits de succession directement au nom des enfants, plutôt que de subir un premier transfert (exonéré) entre époux, puis des droits de succession (ou de donation) entre le survivant et les enfants.

2 La protection de la réserve : le mécanisme du rapport et de la réduction

La réserve dont bénéficient les descendants constitue une manifestation de l'ordre public. Deux mécanismes permettent de la protéger :

- **le rapport** qui, au-delà de la présence d'héritiers réservataires ou non, permet de reconstituer la masse successorale en tenant compte des libéralités que le défunt a consenties de son vivant ;
- **la réduction** qui sanctionne l'empiétement sur la réserve héréditaire.

2.1 Le rapport successoral

Ce mécanisme assure l'égalité entre les héritiers. Tout héritier venant à la succession doit y rapporter les biens qui lui ont été donnés par le défunt car la loi présume que ce dernier veut l'égalité entre ses successeurs. La donation ne serait donc qu'une avance sur la succession. Ainsi, la loi établit une présomption :

- les legs sont présumés hors part successorale (anciennement préciputaires) c'est-à-dire non rapportables ;
- les donations sont présumées en avancement sur part successorale (anciennement en avancement d'hoirie), c'est-à-dire rapportables.

Mais le donateur ou testateur peut prévoir expressément le contraire, afin que la donation soit hors part successorale et que le legs soit rapportable.

Qui doit le rapport ?

S'agissant de reconstituer le patrimoine du défunt, pour l'égalité des héritiers, le rapport est dû par tout héritier venant à la succession, réservataire ou non. Le rapport est dû aux seuls héritiers. Depuis la réforme, le donataire[1] qui n'était pas héritier

1. Ne pas confondre « donataire », celui qui reçoit, et « donateur », celui qui donne.

présomptif lors de la donation (le petit-fils du vivant de son père lorsque le donateur est le grand-père) et qui se retrouve héritier au décès du donateur (parce que son père n'y vient pas), ne doit pas le rapport de la libéralité, sauf si cela a été expressément exigé dans l'acte de donation. De la même manière, celui qui renonce à la succession est dispensé du rapport à moins que le donateur n'ait prévu le contraire. Le légataire universel ou à titre universel ne doit pas le rapport.

De quelles libéralités ?

Toutes les donations sont rapportables, sauf :

- s'il y a une dispense expresse dans l'acte car le donateur aura voulu avantager le bénéficiaire ;
- les donations-partages, avec une nuance pour la nouvelle donation-partage transgénérationnelle : le rapport pourra être dû par les petits-enfants dans la succession de leur père ou mère et non dans celle du grand-parent donateur.

Au contraire, les legs ne sont pas rapportables, sauf volonté contraire du testateur. Le rapport aura ici pour intérêt d'attribuer un bien en particulier à un héritier sans pour autant lui donner plus.

Comment ?

Le rapport se fait au moment du partage. Le bénéficiaire de la libéralité met dans la masse à partager la valeur du bien (et non le bien lui-même). Le bien est rapporté pour sa valeur au moment du partage d'après son état à l'époque de la donation. Ainsi, il sera attribué à l'héritier donataire ou légataire le montant de l'indemnité (qu'il ne doit pas verser[1]) augmentée d'autres biens dépendant de la succession pour compléter ses droits s'il y a lieu. Si l'indemnité est supérieure à ses droits, il y aura réduction de ladite libéralité (voir *infra*).

En cas d'aliénation du bien donné, le rapport est égal à la valeur du bien ce jour-là, compte tenu de son état au jour de la donation ou, si le prix a été remployé, au bien qui lui aura été subrogé compte tenu de son état lors de l'acquisition et proportionnellement à la valeur du bien initialement donné.

En cas de donation d'argent, il y aura lieu de rapporter cette même somme. Si un bien a été acquis, le rapport sera calculé sur celui-ci. Si le bien a disparu pour une raison dont le donataire n'est pas la cause, il n'y aura pas rapport (sauf à ce qu'il ait reçu une indemnité). Sinon, il rapportera la valeur que le bien aurait eue au jour du partage. Le règlement de l'indemnité de rapport s'effectue donc en moins prenant.

1. Il a déjà reçu le bien, on lui attribue fictivement cette indemnité pour assurer l'égalité avec ses cohéritiers.

Exemple

Un père laisse deux enfants, Arnaud et Bernard. Arnaud a reçu par donation un immeuble valant 100 000 tant au jour de la donation qu'au jour du décès.

Biens existants au décès :

Valeurs mobilières :	150 000	
Maison :	300 000	550 000
Appartement :	100 000	

Total de la masse à partager (biens existants + donation) = 650 000

Droits de chacun : 1/2 × 650 000 = 325 000

Attributions lors du partage :

Arnaud		Bernard	
Indemnité de rapport :	100 000	Maison :	300 000
Appartement :	100 000	Valeurs mobilières :	25 000
Valeurs mobilières :	125 000		

Par exception, le rapport se fera en nature s'il en a été convenu ainsi dans la libéralité ou si le donataire le souhaite, à la condition que le bien soit libre de toute charge et occupation. L'intérêt pour le donataire est alors de remettre le bien lui-même dans la masse à partager et de s'en faire attribuer un autre.

2.2 La réduction des libéralités

L'héritier dont la réserve est entamée par une libéralité consentie à une autre personne peut exercer une action en réduction. Dans cette situation, la libéralité dépasse la quotité disponible, et empiète donc sur la réserve. La libéralité est alors réduite de telle sorte que la réserve soit reconstituée.

Les héritiers réservataires peuvent renoncer à exercer l'action en réduction après le décès, mais aussi désormais par avance. Dans ce cas, la renonciation porte non pas sur le droit à réserve, mais sur l'exercice de l'action en réduction. Cette renonciation ne peut avoir lieu que dans le cadre d'un pacte de famille établi par deux notaires et signé, séparément, par chaque renonçant pour garantir leur liberté et la bonne compréhension des conséquences juridiques, qui doivent également être inscrites dans l'acte. Le bénéficiaire de la renonciation doit être nommément désigné ainsi que l'absence de contrepartie. La renonciation peut porter sur la totalité de la réserve ou une partie seulement ou sur un bien précis, sans pour autant qu'elle ne dégénère en une libéralité de la part du renonçant (ou de ses représentants).

2.3 Le montant de la réserve héréditaire

Comme on l'a vu plus haut, la personne ayant des héritiers réservataires (descendants ou conjoint en l'absence d'eux) doit leur réserver une part de son patrimoine et n'a toute liberté que sur la quotité disponible. Ce n'est qu'au décès que l'on peut apprécier si, oui ou non, le défunt a respecté la réserve (raison pour laquelle la nouvelle possibilité de renoncer à l'action en réduction des libéralités excessives avant même le décès est une opportunité importante pour assurer le maintien des libéralités et donc la volonté du donateur).

Pour apprécier si une libéralité (donation ou legs) peut conserver ou recevoir son entière exécution, il y a lieu de procéder à la reconstitution du patrimoine. Nous avons vu les fractions de la réserve et de la quotité disponible. Lors du règlement d'une succession, il faut en chiffrer la valeur au jour du décès pour pouvoir imputer les libéralités faites et savoir s'il reste assez de biens dans la succession pour que les héritiers réservataires soient remplis de leurs droits minimums que constitue la réserve.

Comment chiffrer la réserve ?

Le montant de la réserve héréditaire est déterminé par l'application de sa fraction (1/2, 2/3, 3/4…) à la masse de calcul, composée :

- des biens existants au décès, évalués à ce jour, en ce compris les legs et l'éventuelle donation entre époux ;
- déduction faite des dettes du défunt.

On réunit alors fictivement tous les biens donnés pour leur valeur au jour du décès en fonction de leur état au jour de la donation (comme en matière de rapport), quels que soient les bénéficiaires, la nature de la donation ou sa forme, donc en ce compris les donations-partages. Ceci ne doit pas être confondu avec le mécanisme du rapport, qui concerne l'égalité entre les héritiers et non leurs droits minimums.

Il y a lieu d'y ajouter la pleine propriété des biens vendus par le défunt moyennant rente viagère ou avec réserve d'usufruit à un présomptif héritier à moins que les héritiers réservataires aient consenti à cette vente qui est présumée être une donation hors part successorale. Pour mémoire, les avantages matrimoniaux n'étant pas des libéralités, il n'y a pas lieu de les réunir à la masse de calcul (voir l'action en retranchement des enfants de 1er lit, chapitre 8, point 2.2). À cette masse de calcul, on applique le taux de la réserve et son pendant qu'est la quotité disponible. On peut ensuite imputer les libéralités faites par le défunt pour s'assurer qu'elles n'empiètent pas sur la réserve.

EXEMPLE

> Un père laisse deux enfants, Arnaud et Bernard, issus de son union avec le conjoint survivant. De son vivant, le père a donné :
>
> – à Arnaud un immeuble valant 300 au jour de la donation et 350 au jour du décès ;

– à sa nièce une somme de 50 ;

– par donation entre époux, il attribue à son épouse la quotité disponible ;

– par testament, il lègue à son neveu la somme de 100.

Les biens existants au décès sont de 550. Il laisse un passif de 50.

1. En présence de 2 enfants, la réserve est des 2/3. Ces 2/3 ne sont pas à calculer sur les 550 de biens existants mais sur une masse à reconstituer tenant compte des libéralités faites par le défunt.

2. Le montant chiffré de la réserve est de :

Masse de calcul :

Biens existants :	550
– Passif :	– 50
+ Donation Arnaud :	+ 350
+ Donation nièce :	+ 50
	900

Réserve = 2/3 × 900 = 600, soit moitié pour chaque enfant = 300

Et la quotité disponible = 300

Suite du cas ci-après.

L'imputation des libéralités

On impute les libéralités dans l'ordre suivant :

– les donations, puis les legs ;

– puis, concurremment, les legs avec la donation au dernier des vivants. On notera que les époux peuvent prévoir à l'acte de donation qu'elle s'imputera avant les legs.

Ainsi, s'il n'y a pas assez de biens pour remplir chacun de ses droits, ce sont les legs qui seront réduits en premier. Les libéralités peuvent s'imputer sur la réserve ou sur la quotité disponible, selon le bénéficiaire et la nature de la libéralité.

S'imputent sur la réserve, les donations faites en avancement de part successorale aux réservataires puisqu'il s'agit d'une avance sur la succession. C'est également le cas de la donation faite à l'héritier réservataire renonçant mais représenté, sauf volonté contraire du donateur. Si la donation faite au réservataire dépasse sa part de réserve, le surplus est imputé sur la quotité disponible. Si la quotité disponible est insuffisante, l'excédent correspondra à la réduction que devra subir la libéralité. Le donateur peut prévoir à l'acte de donation faite à un héritier réservataire que la donation s'imputera sur la réserve globale (celle de tous les réservataires), de sorte que la quotité disponible sera moins vite atteinte. Mais il ne donne pas ainsi plus de droit au réservataire ayant reçu la donation qui sera, en tout état de cause, réduite du montant de la réserve personnelle qu'elle dépasse.

On imputera sur la quotité disponible les donations faites en avancement de part successorale dépassant la part de réserve de l'héritier réservataire concerné ainsi que les libéralités faites hors part successorale à un réservataire et celles faites aux non-réservataires. La libéralité excédant la quotité disponible est alors réductible pour l'excédent, même si elle est faite à un réservataire car il n'y aura pas imputation sur sa part de réserve. Lorsque le conjoint est bénéficiaire d'une libéralité, il y a lieu de combiner les quotités disponible et spéciale. Les deux quotités ne s'additionnent pas : elles se recouvrent pour la pleine propriété et le conjoint peut être gratifié de l'excédent en usufruit. Ainsi, les libéralités en pleine propriété s'imputent sur la quotité disponible ordinaire et, pour l'excédent, sur ce que la quotité disponible spéciale lui donne en plus. L'excédent sera réduit. Les libéralités en usufruit s'imputent, en priorité, sur la quotité disponible spéciale. Le conjoint est en concours avec les autres bénéficiaires de libéralités en fonction de la nature et de la date de la libéralité.

Exemple – (Suite de cas)

Imputation des donations :

La donation faite à Arnaud (350), héritier réservataire, a été faite en avancement de part successorale (sinon il aurait fallu que le père le décide expressément). Elle s'imputera donc sur sa part de réserve (300) et pour le surplus sur la quotité disponible (300).
La donation faite à la nièce (50) s'imputera sur la quotité disponible (300).
La quotité disponible n'est donc plus que de 300 – (50 + 50) = 200

Imputation du legs et de la donation entre époux :

Suite aux imputations des donations, le solde de quotité disponible (200) n'est pas suffisant pour remplir le neveu et le conjoint de leurs droits.

Réserve globale = 600		Quotité disponible = 300		
300 = Réserve Arnaud	300 = Bernard	50 = Arnaud	50 = nièce	Reste 200

Suite du cas ci-après.

La réduction des libéralités

Si les héritiers en font la demande, il y aura réduction des libéralités dans l'ordre inverse des imputations :

– en premier lieu, les legs concurremment (en ce compris la donation au dernier vivant s'il n'a pas été prévu qu'elle soit réduite après eux) ;
– puis les donations en commençant par la plus récente.

Jusqu'à présent, la réduction s'opérait en principe en valeur pour les donations faites aux successibles et en nature pour les autres. Avec la loi du 23 juin 2006, les règles de réduction ont été modifiées. Désormais, la réduction s'opère en valeur dans tous les cas. Il n'y aura réduction en nature que lorsqu'elle sera demandée par le bénéficiaire de la libéralité lui-même, ou si l'action est exercée contre un tiers détenteur du bien donné. Le bénéficiaire ayant reçu trop ne rend donc pas le bien mais la partie de sa valeur excédant ce dont le défunt pouvait disposer à son profit. Il est donc redevable à la succession d'une indemnité de réduction. Cette indemnité correspond à la valeur du bien donné ou légué au jour du partage, selon son état au jour de la libéralité, comme en matière de rapport. Elle sera acquittée lors du partage en moins prenant si son débiteur intervient au partage (parce qu'il est par ailleurs héritier) ou versée dans la masse à partager.

Exemple – (Suite de cas)

Le legs (100) au bénéfice du neveu et la donation entre époux (300) consentie à l'épouse vont devoir être réduits concurremment puisque le solde de la quotité disponible n'est plus que de 200.
Les deux libéralités vont devoir être réduites du montant de l'excédent (400 – 200) par rapport au montant total des libéralités (100 + 300), soit :
(400 – 200)/(100 + 300) = 1/2
Le legs au neveu sera réduit de 100 × 1/2 = 50
La donation au conjoint de 300 × 1/2 = 150
La succession se répartira ainsi :

Réserve globale = 600		Quotité disponible = 300			
300 = Réserve Arnaud	300 = Bernard	50 = Arnaud	50 = nièce	50 = neveu	150 = conjoint

Mais il y a encore lieu de procéder à la liquidation de l'indivision et son partage, notamment avec le rapport des libéralités (*supra* 2.1). À ce stade, on a seulement déterminé définitivement le maintien (donation à Arnaud et à la nièce) ou la réduction des libéralités (legs au neveu et donation au conjoint).
Pour les enfants, il faut procéder au partage égalitaire entre eux puisque la donation faite à Arnaud est présumée faite en avancement de part successorale.
La masse partageable dégagée comprend :
– en nature, les biens existants (550 – 50 de passif), à l'exception de ceux dont le défunt avait disposé à cause de mort, avant réduction [legs au neveu (100) et donation entre époux (300)] ;
– en valeur, les rapports des libéralités aux enfants (350). Les indemnités de réduction des libéralités excédant la quotité disponible (50 + 150), il n'y a plus lieu de tenir compte de la donation à la nièce, comme ce serait le cas de la donation hors part successorale à un réservataire car il n'en a été tenu compte que pour s'assurer qu'elle n'empiétait pas sur la réserve.
La masse partageable est donc de :

Biens existants	500
– Legs neveu	– 100
– Donation entre époux	– 300
	100

+ Rapport libéralité Arnaud + 350
+ Indemnité réduction neveu + 50
+ Indemnité réduction conjoint + 150
650

Revenant à chacun des enfants pour moitié, soit 325 chacun.
De sorte que la succession sera ainsi dévolue :

<table>
<tr><th colspan="2">Réserve globale = 600</th><th colspan="3">Quotité disponible = 300</th></tr>
<tr><td colspan="2">Droits des enfants = 650</td><td rowspan="2">50 = nièce</td><td rowspan="2">50 = neveu</td><td rowspan="2">150 = conjoint</td></tr>
<tr><td>Arnaud = 325</td><td>Bernard = 325</td></tr>
</table>

Section 3 LES RÈGLES FISCALES

La loi du 21 août 2007 en faveur du travail, de l'emploi et du pouvoir d'achat, dite loi TEPA, visait à alléger la charge fiscale des Français dans divers domaines. Elle s'applique pour les successions ouvertes à compter de sa publication, soit le 22 août 2007. La mesure majeure concerne la suppression totale des droits de succession entre époux et entre partenaires liés par un Pacs et le principe d'une actualisation au 1er janvier de chaque année des barèmes et des abattements. On notera également les modifications quant au « non-rappel » des donations, passé de 6 (en 2006) à 10 ans le 29 juillet 2011, puis de 10 à 15 ans (à compter du 16 août 2012).

1 Les droits de succession

1.1 Les abattements

On applique à la part nette reçue par chaque successeur un abattement avant de calculer les droits de succession[1].

1. Pour rappel, les donations antérieures de plus de 15 ans consenties par une même personne au même bénéficiaire ne sont pas prises en compte pour le calcul des droits de succession ou donation.

Tableau 6.2 – Abattements lors d'une succession

Personne concernée	À compter du 17 août 2012
En ligne directe : – sur la part de chacun des enfants vivants ou représentés (en cas de représentation, l'abattement se divise entre les représentants) ; – sur la part de chacun des ascendants.	100 000 €
Frères et sœurs*.	15 932 €
Neveux et nièces.	7 967 €
Tout autre héritier ou légataire (dont les petits-enfants s'ils ne viennent pas en représentation de leur auteur).	1 594 €
Héritier ou légataire handicapé. Cet abattement s'ajoute aux autres abattements dont le successeur peut être bénéficiaire.	159 325 €

* Exonération entre frères et sœurs si le bénéficiaire est célibataire, veuf, divorcé ou séparé de corps et à la double condition :

– d'être âgé de plus de 50 ans ou infirme ;

– d'avoir eu un domicile constant avec le défunt pendant les 5 ans précédant le décès.

1.2 Le taux d'imposition

La part taxable (part nette reçue sous déduction du ou des abattements) est taxée suivant la qualité du successeur. On applique un barème progressif, chaque tranche étant taxée à un taux différent[1].

Tableau 6.3 – Taux d'imposition pour les successions ouvertes[2]

FRACTION DE PART NETTE TAXABLE	TAUX	CALCUL RAPIDE
En ligne directe		
N'excédant pas 8 072 €	5 %	5 % × PNT
De 8 072 à 12 109 €	10 %	10 % × PNT – 404 €
De 12 109 et 15 932 €	15 %	15 % × PNT – 1 009 €
De 15 932 à 552 324 €	20 %	20 % × PNT – 1 806 €
De 552 324 à 902 838 €	30 %	30 % × PNT – 57 038 €
De 902 838 à 1 805 677 €	40 %	40 % × PNT – 147 322 €
Supérieure à 1 805 677 €	45 %	45 % × PNT – 237 606 €
Entre frères et sœurs		
N'excédant pas 24 430 €	35 %	35 % × PNT
Supérieure à 24 430 €	45 %	45 % × PNT – 2 443 €
Entre collatéraux jusqu'au 4e degré		
Sur la part nette taxable	55 %	55 % × PNT
Entre collatéraux au-delà du 4e degré et entre non parents		
Sur la part nette taxable	60 %	60 % × PNT

1. Pour un calcul rapide, on taxe la totalité de la part reçue à la tranche supérieure et on retranche l'impôt des tranches inférieures. Voir chapitre 12 pour une présentation du principe de progressivité.

2. Taux applicables à compter de l'entrée en vigueur de la loi de finances du 29 décembre 2014.

Exemple

Soit pour un enfant héritant de son père, décédé le 15 janvier 2016, de la somme de 1 200 000 € :

Part brute	1 200 000
– Abattement	– 100 000
	1 100 000

Calcul avec le barème progressif

8 072 € × 5 % =	403,60 €	(arrondi à 404)
12 109 – 8 072 = 4 037 × 10 % =	403,70 €	(arrondi à 404)
15 932 – 12 109 = 3 823 × 15 % =	573,49 €	(arrondi à 573)
552 324 – 15 932 = 536 392 × 20 % =	107 278,40 €	(arrondi à 107 278)
902 838 – 552 324 = 350 514 × 30 % =	105 154,20 €	(arrondi à 105 154)
1 040 675 – 902 838 = 197 162 × 40 % =	78 864,80 €	(arrondi à 78 865)
	292 673,19 €	(arrondi à 292 673)

Calcul rapide : (1 000 000 × 40 %) – 147 322 = 292 678 €.

1.3 La réduction sur les droits dus

Jusqu'au 31 décembre 2016, tout héritier, donataire ou légataire ayant au moins 3 enfants vivants ou représentés bénéficie d'une réduction de :

- 610 € par enfant en sus du deuxième, si la transmission s'opère en ligne directe ou entre époux ;
- 305 € par enfant en sus du deuxième, pour les autres transmissions.

Cette réduction disparaît à compter du 1er janvier 2017.

2 Paiement des droits de succession et pénalités de retard

Les droits de succession doivent être réglés à la Recette des Impôts dans un délai de 6 mois à compter du décès, à défaut de quoi des intérêts et majorations sont encourus :

- au-delà de six mois du décès : 0,40 % par mois de retard ;
- au-delà de douze mois du décès et lorsque la déclaration de succession a été présentée dans les 90 jours suivants la 1re mise en demeure, une majoration de 10 % ;
- lorsque la déclaration de succession n'a pas été présentée dans les 90 jours après la première mise en demeure : une majoration de 40 % ;
- en cas d'insuffisances, ommisions ou inexactitudes dans la déclaration de manière délibérée, la majoration est de 40 %, et portée à 80 % en cas d'abus de droit, de manœuvres frauduleuses ou de dissimulation.

Le versement d'un acompte sur les droits de succession dans un délai de six mois à compter du décès, ou même ultérieurement, arrête le cours des intérêts et éventuellement les majorations des droits. Les héritiers sont solidaires du paiement (à l'exception du conjoint depuis la loi du 21 août 2007, puisqu'il n'est plus redevable de droit), mais l'administration ne peut demander le paiement intégral à l'un d'entre eux : elle doit le demander à tous les héritiers. L'Administration dispose de 3 ans, plus l'année en cours, pour contester les énonciations de la déclaration. Elle a 6 ans depuis la loi TEPA (antérieurement le délai était de 10 ans) pour constater toute omission dans la déclaration.

3 La déclaration des revenus courus du 1er janvier au jour du décès

La déclaration des revenus du défunt est désormais à effectuer dans les délais de droit commun, soit en mai ou en juin de l'année suivant le décès (et non plus dans les 6 mois du décès). Le conjoint survivant ou le partenaire de Pacs aura intérêt à signaler le décès sur le service « Gérer mon prélèvement à la source » de son « espace particulier » afin d'adapter en temps réel son taux de prélèvement et les éventuels acomptes. L'année du décès, le conjoint ou partenaire de Pacs survivant aura deux déclarations de revenus à souscrire en ligne : une déclaration pour la période avant le décès pour le couple et une déclaration pour la période après le décès relative aux revenus du seul survivant.

Les deux déclarations doivent être souscrites l'année suivant celle du décès, à la date normale de dépôt des déclarations de revenus, soit en mai N+1.

4 Les pièges fiscaux à éviter

4.1 Le compte indivis ou joint avec un héritier (art. 753 du CGI)

Tous les titres ou sommes d'argent figurant sur ce compte seront censés faire partie de la succession pour moitié. Toutefois, l'Administration a la faculté de retenir comme base de calcul l'intégralité du compte joint au nom du défunt, en apportant la preuve notamment que l'héritier n'a effectué aucun dépôt sur ce compte ou bien encore qu'il avait des revenus très faibles ne lui permettant pas de l'alimenter.

4.2 Les comptes ouverts au nom des mineurs (art. 784 du CGI)

S'il s'avère que le compte a été uniquement alimenté par les parents, les fonds doivent être rapportés à la succession (sauf à les analyser comme des cadeaux ou présents d'usage).

4.3 Les retraits bancaires avant le décès (art. 752 du CGI)

L'Administration a la faculté de réintégrer dans l'actif taxable toutes sommes retirées dans l'année précédant le décès, à charge par elle de prouver la conservation de ces sommes. Par ailleurs, il est rappelé que tout retrait même au-delà d'un an peut être constitutif d'un don manuel qui, en tant que tel, serait réintégré dans la succession.

4.4 Les dettes du défunt envers ses héritiers (art. 773 du CGI)

Toute dette due par le défunt envers ses héritiers, quand bien même serait-elle réelle et sincère, ne pourra être déduite de l'actif successoral qu'à condition qu'elle soit établie par un document ayant date certaine ou par acte notarié. Par exemple, si un héritier a payé des factures pour le compte du défunt avant le décès sans autre formalité, il ne pourra les déduire.

4.5 Les biens appartenant en usufruit au défunt et en nue-propriété aux héritiers (art. 751 du CGI)

Ils sont réputés, jusqu'à preuve contraire, faire partie intégralement de la succession. Néanmoins, cette règle ne s'applique pas lorsque le démembrement de propriété résulte d'une donation établie plus de 3 mois avant le décès. La preuve contraire consiste notamment à démontrer que le nu-propriétaire a effectivement acquis la nue-propriété à l'aide d'une somme d'argent lui appartenant personnellement.

4.6 Les donations antérieures (art. 784 du CGI)

Toutes donations antérieures consenties à un titre ou sous une forme quelconque par le défunt, à l'exception de celles passées depuis plus de 15 ans, doivent être déclarées.

4.7 Les biens existants au premier décès et taxés une deuxième fois au second décès

- **Les comptes titres**. Si, au premier décès, le compte titres est laissé intégralement au nom du conjoint survivant seulement, sans faire état des droits des enfants en nue-propriété, l'ensemble de ces titres sera taxé lors du deuxième décès sauf à établir un compte d'administration reprenant les différentes opérations ayant eu lieu entre le premier et le second décès. Pour éviter cela, il convient simplement d'effectuer un acte de partage au lendemain du premier décès qui organisera la gestion de ces titres et qui évitera une double taxation au second décès.
- **Les sommes d'argent** (art. 587 du Code civil). Il convient de déduire, au deuxième décès, au titre d'une dette de restitution, la valeur nominale des sommes d'argent ayant été déclarées au premier décès. Mais aucun texte fiscal ne consacre cette solution. Il est préférable alors d'avoir établi un acte notarié de « reconnaissance de quasi-usufruit ».

Chapitre

7 Les libéralités

Catherine BIENVENU

SOMMAIRE

La libéralité est l'acte par lequel une personne transmet à titre gratuit tout ou partie de ses biens ou de ses droits au profit d'une autre personne (art. 893 al. 1, C. civil). Celui qui dispose doit donc avoir une intention libérale et doit s'appauvrir. Il ne peut le faire que par donation, pour une transmission de son vivant, ou par legs, pour une transmission à son décès.

Comme nous l'avons vu précédemment (chapitre 6), toute libéralité peut être touchée par une action en réduction pour atteinte à la réserve héréditaire. Ce n'est donc qu'au décès du donateur que l'on connaîtra le sort de cette libéralité, ce qui fragilise la situation du bénéficiaire et des tiers. La loi du 23 juin 2006 a cependant renforcé la sécurité juridique de la libéralité. D'une part, il y est affirmé le principe de la réduction en valeur, celle en nature étant l'exception et ce, qu'il s'agisse d'une donation ou d'un legs, à un successible ou non. En cas de réduction, c'est donc bien une somme d'argent que le gratifié sera tenu de restituer et non pas le bien lui-même. D'autre part, alors qu'il n'était possible de renoncer à exercer l'action en réduction qu'une fois la succession ouverte, la loi rend licite le pacte par lequel l'héritier réservataire présomptif y renonce du vivant du disposant.

Cette innovation de la loi constitue une véritable opportunité patrimoniale, adaptée à la réalité économique et sociologique de notre époque, ainsi qu'à l'évolution actuelle de l'espérance de vie. En effet, elle va permettre de consolider les donations qui sont faites aux petits-enfants, d'envisager différemment les transmissions de patrimoine au sein des familles recomposées, d'assurer efficacement la protection d'un enfant handicapé, de faire échapper les changements de régimes matrimoniaux aux actions en retranchement… Finalement, plus qu'un pacte de renonciation, la loi consacre un véritable pacte de famille.

Section 1 LA DONATION SIMPLE

Le donateur doit être propriétaire du bien au moment de la donation et avoir le droit d'en disposer. Il s'en dépouille irrévocablement. Le donataire accepte la donation. Ces donations peuvent porter sur toutes sortes de biens dont la valeur est évaluée au jour du décès du donateur[1].

1. Voir chapitre 6.

Section 2 LA DONATION-PARTAGE

La donation partage est un acte double.

D'une part, elle réalise une donation irrévocable, par des parents de leur vivant, de certains biens à leurs enfants ou, depuis la loi du 23 juin 2006, à leurs petits-enfants ou présomptifs héritiers (notamment les frères et sœurs), et même au sein des familles recomposées voire au profit d'une tierce personne lorsqu'il s'agira de l'allotir d'une entreprise individuelle (c'était déjà le cas avant la réforme) ou exploitée sous forme de société, à la condition que le donateur exerce une fonction de direction. D'autre part, elle constitue un partage anticipé et définitif avec la possibilité de réintégrer les donations antérieures (évaluées contractuellement) et de composer des lots d'inégale valeur. Cet acte permet un partage définitif des biens donnés qui sont définitivement évalués au jour de la donation. Il est exonéré du droit de partage de 1,10 % (sauf sur les biens réintégrés).

1 La donation-partage transgénérationnelle

La donation partage aux petits-enfants en présence d'enfants s'effectuera par souche. La génération intermédiaire devra donner son accord (on retrouve l'idée du pacte de renonciation à la réserve). Techniquement, les petits-enfants seront censés avoir reçu les biens de leur auteur direct. Une telle donation ne peut être consentie qu'entre petits-enfants. S'agissant d'un partage anticipé de la succession, un présomptif héritier (enfant) au moins doit y participer. Toutefois, le donateur qui n'a qu'un enfant peut consentir une donation transgénérationnelle au profit de cet enfant unique et de ses petits-enfants ou même au profit uniquement de ses petits-enfants.

L'enfant qui abandonne ainsi ses droits doit donner son consentement à l'acte. Toutefois, il ne faut pas oublier que d'écarter un de ses enfants lors d'une donation-partage au profit de descendants de degrés différents fait perdre l'avantage de figer la valeur des biens donnés. En effet, un des avantages de la donation-partage est de pouvoir maintenir la valeur des biens donnés au jour de la donation, pour le calcul de la réserve, à la double condition que tous les enfants de l'ascendant donateur aient donné leur consentement au partage et qu'il n'ait pas été prévu de réserve d'usufruit sur une somme d'argent.

2 La donation-partage dans les familles recomposées

La donation-partage conjonctive permet aux parents, mariés sous le régime de la communauté, de répartir, ensemble, leurs biens – propres et communs – entre leurs enfants et descendants.

Mais, avant la loi du 23 juin 2006, la donation-partage conjonctive soulevait des difficultés lorsque les époux avaient des enfants qui ne leur étaient pas communs (tel un enfant d'un premier lit). La jurisprudence déclarait nulle la donation-partage conjonctive « portant indistinctement sur les biens des deux époux ».

Avec la réforme, il est possible de réaliser une donation-partage conjonctive en présence d'enfants qui ne sont pas issus des deux époux. Désormais :

– les enfants non communs ne peuvent donc recevoir que des biens propres de leur auteur ou des biens communs. S'agissant des biens communs, l'autre époux ne peut pas se porter codonateur. Il n'intervient que pour donner son consentement, conformément à l'actuel article 1422 du Code civil ;
– les enfants communs, quant à eux, peuvent recevoir indifféremment des biens propres et des biens communs de leur père et mère.

Section 3 LES CLAUSES CONVENTIONNELLES AUTORISÉES

Les libéralités peuvent être faites avec charge[1] tant qu'elles conservent leur nature de libéralité (la charge ne doit pas avoir une valeur supérieure au bien donné) et que la charge soit possible, licite et morale.

On listera ici un certain nombre de clauses.

La clause d'inaliénabilité (Code civil, art. 900-1), qui doit être temporaire et justifiée par « un intérêt sérieux et légitime. Même dans ce cas, le donataire ou le légataire peut être judiciairement autorisé à disposer du bien si l'intérêt qui avait justifié la clause a disparu ou s'il advient qu'un intérêt plus important l'exige ». La Cour de cassation juge temporaire l'inaliénabilité stipulée pour la vie du donateur lorsque la clause garantit l'un de ses intérêts qui est lui-même viager.

La clause de retour conventionnel (art. 951 et 952 du Code civil), par laquelle le « donateur pourra stipuler le droit de retour des objets donnés, soit pour le cas du prédécès du donataire seul, soit pour le cas du prédécès du donataire et de ses descendants ». Une telle clause évitera d'avoir à acquitter des droits de succession

1. Celui qui bénéficie de la libéralité doit, par ailleurs, supporter une charge.

si le donataire venait à décéder avant le donateur, qui serait alors son héritier. On peut prévoir un droit de retour même si le bien a été vendu. L'avantage sera de créer un passif dans la succession du donataire.

La clause de dispense de rapport (art. 844 du Code civil) pour la donation hors part successorale (voir chapitre 6).

La clause de rapport forfaitaire (art. 860 du Code civil). Les règles légales d'évaluation du rapport peuvent être conventionnellement modifiées dans une donation simple. Notamment, il peut être prévu de fixer le rapport à une somme forfaitaire, insusceptible d'évoluer. Par exemple pour la donation de parts sociales dont on sait que la plus-value sera acquise par le travail du donataire.

La clause d'exclusion ou d'inclusion de la communauté (ou de la société d'acquêts) du donataire qui permet, soit de maintenir au bien son caractère propre dans le temps, soit de l'inclure immédiatement dans la communauté de biens du donataire. Il y a lieu de prévoir également la révocation ou la reprise en cas de divorce. Par exemple, lors de la transmission d'une entreprise, la clause d'inclusion permet de tenir compte du travail du conjoint par une donation consentie au couple et non pas simplement à l'enfant du donateur. Fiscalement, une donation conjointe à un enfant et au conjoint de celui-ci entraînera une taxation au titre des droits de donation au taux en ligne directe pour l'enfant sur la moitié de la valeur du bien et au taux entre étranger pour le conjoint de l'enfant pour l'autre moitié, alors qu'une donation à l'enfant avec stipulation de communauté (1404 al. 2 du Code civil) n'engendrera des droits qu'en ligne directe sur la totalité de la valeur du bien transmis. Toutefois, si cet enfant a des frères et sœurs, c'est bien la totalité de la donation dont il sera tenu compte dans ses droits (dans la succession de son père donateur) et non pas seulement la moitié.

La clause d'administration, pour les donations consenties à un mineur, permet de stipuler dans l'acte de donation que les fonds donnés ne seront pas gérés par les parents (administrateurs légaux) mais par toute autre personne (grands-parents, frère…).

L'obligation d'emploi permet de stipuler dans l'acte de donation les conditions d'emploi des biens donnés.

La gestion de l'après cession d'un bien démembré. Cette clause organisera les conséquences de la cession d'un bien démembré par l'usufruitier et le nu-propriétaire. En principe, toute cession d'un bien démembré entraîne le partage du prix de cession en fonction de la valeur respective de chaque droit, mais il est possible de déroger à cette règle, notamment en prévoyant le maintien du démembrement sur un nouveau bien.

La donation *de residuo* ou résiduelle s'analyse comme une clause de substitution. Elle opère une double mutation. Elle est désormais autorisée quels que soient les liens de parenté ou non, entre le disposant, le grevé et le premier gratifié. Elle ne peut jouer qu'à concurrence de la quotité disponible, sauf accord du premier gratifié. Le donateur va imposer au donataire la charge de restituer ce qu'il reste des biens donnés au décès du donataire à une personne désignée, qui doit être conçue au moment de l'acte de donation. Le donataire n'a pas la charge de conserver le bien donné (contrairement à la donation graduelle, voir *infra*). Si la donation est exempte de toute charge, elle peut porter sur la part de réserve héréditaire. Ainsi, le premier gratifié peut disposer du bien par acte entre vifs, que ce soit à titre onéreux ou à titre gratuit (sauf clause contraire de l'acte dans ce dernier cas, encore que cette clause contraire ne puisse peser sur les biens donnés en avancement de part successorale à l'héritier réservataire). Cependant, comme il a l'obligation de transmettre au second gratifié ce qui restera, il ne peut en disposer à cause de mort, mais ici encore, l'héritier réservataire, à qui les biens ont été donnés en avancement de part successorale, ne supporte pas cette restriction et il conserve la liberté de disposer à cause de mort. Le second gratifié tient ses droits directement du disposant, ainsi n'est-il pas exposé à une action en réduction des héritiers réservataires du premier gratifié. Cette donation bénéficie d'un régime fiscal de faveur. Au décès du disposant, seul le premier gratifié acquitte les droits comme sur n'importe quelle libéralité. Les droits de succession au décès du premier gratifié sont calculés en fonction du lien de parenté existant entre le disposant et le second gratifié : les taux applicables et la valeur imposable du bien transmis sont déterminés au jour du décès du premier gratifié, mais les droits acquittés lors du décès du disposant (par le premier gratifié) sont imputables sur ceux dus sur le même bien par le second gratifié. Par exemple, un couple de grands-parents souhaite donner à leur petit-fils une somme d'argent. Ils tiennent à ce qu'en cas de décès du donataire, cette somme revienne exclusivement à leur fille, mère du donataire. Ils feront une donation *de residuo* avec comme premier donataire le petit-fils et comme donataire en second leur fille. De la même manière, pour un couple ayant deux enfants, dont l'un est handicapé et n'aura jamais de postérité. À la donation consentie à l'enfant handicapé, il va être stipulé une clause *de residuo* au profit de son frère.

La donation graduelle issue de la loi du 23 juin 2006 permet au donateur d'imposer au donataire la double charge de conserver les biens donnés et de les transmettre, à son décès, à une autre personne désignée par le donateur lui-même. Jusqu'à présent, une telle donation (dite substitution fidéicommissaire) était interdite sauf si le disposant était le père ou la mère du grevé ou, en l'absence d'enfant, le frère ou la sœur. Maintenant, peu importe le degré de parenté avec le second gratifié, qui peut même être un étranger à la famille. Le second gratifié ne pourra pas avoir l'obligation de conserver le bien. Si la donation est faite à un héritier réservataire, elle devra être faite hors part successorale, la part réservataire ne devant pas supporter de charge. Toutefois, le grevé pourra consentir à ce que la charge porte sur tout ou partie de sa réserve, à condition que la libéralité bénéficie de plein droit à ses enfants nés et à naître. Fiscalement, lors de la libéralité, le premier gratifié acquitte les droits de mutation à titre gratuit sur la valeur totale des biens transmis. À son décès, le second gratifié acquittera les droits en fonction de son degré de parenté avec le donateur (ou testateur) initial, mais les droits acquittés par le premier gratifié seront alors imputés sur ceux dus par le second gratifié (784C du CGI).

On notera qu'une autre forme de libéralité permet une transmission similaire, avec une fiscalité moins lourde : la **double libéralité d'usufruit à une personne** (qui serait le premier gratifié dans la libéralité graduelle) et **de nue-propriété à une autre** (qui serait le second gratifié dans la libéralité graduelle). Les droits seront alors calculés sur les valeurs respectives de l'usufruit et de la nue-propriété mais uniquement en fonction du lien de parenté entre le disposant et chacun des bénéficiaires.

Avec **la clause de réserve d'usufruit**, le donateur conserve le droit de jouir (de manière viagère en général) du bien dont le donataire a la propriété mais à charge d'en conserver la substance. Il y aura réserve de quasi-usufruit si le bien donné est consomptible (bien qui disparaît à l'usage, une somme d'argent par exemple).

La réserve d'un usufruit successif conduit à ce que l'usufruit soit constitué au profit de plusieurs personnes appelées à en jouir successivement. Le titulaire d'un usufruit successif devient usufruitier, avec tous les droits attachés à cette qualité, à l'extinction de l'usufruit précédent. La Cour de cassation l'analyse comme une donation à terme de biens présents. C'est le cas de la réversion d'usufruit entre époux. Il y a lieu de préciser que depuis la loi du 26 mai 2004 sur le divorce, les donations de biens présents entre époux consenties à compter du 1er janvier 2005 sont irrévocables. Ainsi, si l'acte a été passé avant le 1er janvier 2005, la réversion reste librement révocable. Toutefois, la loi du 23 juin 2006 a aménagé l'irrévocabilité des donations de biens présents entre époux, puisque seules y seront désormais soumises les donations qui prennent effet au cours du mariage. Les donations qui ne prennent pas effet au cours du mariage redeviennent par conséquent librement révocables.

Enfin, **la délivrance à terme du bien donné** permet de stipuler, sur une donation de somme d'argent par exemple, une remise à terme. Il s'agit alors d'une donation d'une créance que le donateur crée sur lui-même et dont l'exigibilité est reportée. Le terme peut même être le décès du donateur. La donation constituera un passif successoral.

Section 4 LE SORT DES DONATIONS AU DÉCÈS DU DONATEUR

On renverra aux développements sur les successions. Pour rappel, les donations ne doivent pas porter atteinte à la réserve héréditaire. Mais le donateur peut avantager la personne de son choix par le biais de la quotité disponible.

Section 5 L'ÉVALUATION DES BIENS DONNÉS

Les biens doivent être évalués pour leur valeur vénale au jour de la donation. Il doit être tenu compte de la nature juridique et du statut des biens transmis (participation minoritaire d'une société familiale, bien immobilier occupé mais en tenant compte du rendement locatif qui, s'il est élevé, ne permettra pas une décote importante…). Lors du décès du donateur, il y aura lieu de procéder à une nouvelle évaluation des biens donnés (voir chapitre 6 sur les successions : droits du conjoint survivant, rapport, réduction) afin d'assurer l'égalité des héritiers et la protection de la réserve.

Section 6 LE RÉGIME FISCAL DES DONATIONS ET LE PAIEMENT DES DROITS DE DONATION

La loi prévoit que les frais et droits sont acquittés par le donataire. Cette disposition législative n'est pas d'ordre public. Ainsi, il est possible de prévoir, dans l'acte de donation, une clause stipulant que les frais de donation seront à la charge du donateur. Cet avantage n'est pas taxable, le paiement des droits par le donateur n'étant pas regardé comme un supplément de donation.

Comme en matière de successions (voir *supra*), la loi TEPA du 21 août 2007 avait allégé la charge fiscale en matière de donations consenties à compter de son entrée en vigueur, soit le 22 août 2007. La nouveauté majeure concerne l'égalité de traitement entre les époux et les partenaires liés par un Pacs.

1 Les abattements

Tableau 7.1 – Abattements lors des donations

Personne concernée	Montant de l'abattement
En ligne directe	100 000 € entre parent et enfant. 31 865 € entre grand-parent et petit-enfant 5 310 € entre arrière-grand-parent et arrière-petit-enfant
Entre époux et partenaires liés par un Pacs	80 724 €
Entre frères et sœurs (sauf exonération sous les mêmes conditions qu'en matière successorale)	15 932 €
À un neveu ou une nièce	7 967 €
Personne handicapée	159 325 € qui se rajoutent aux autres abattements dont le donataire peut être bénéficiaire

On applique à la part nette reçue par chaque donataire un abattement personnel avant de calculer les droits de donation. L'abattement se reconstitue tous les 15 ans[1].

2 Les taux d'imposition

La part taxable (part nette reçue sous déduction du ou des abattements) est taxée suivant la qualité du donataire. On applique le même barème progressif qu'en matière successorale[2], sauf en ce qui concerne les libéralités entre époux ou partenaires liés par un Pacs (tableau 7.2).

Tableau 7.2 – Entre époux et entre partenaires liés par un Pacs

Fraction de part nette taxable (PNT)	Taux	Calcul rapide
N'excédant pas 8 072 €	5 %	5 % × PNT
De 8 072 à 15 932 €	10 %	10 % × PNT – 404 €
De 15 932 à 31 865 €	15 %	15 % × PNT – 1 200 €
De 31 865 à 552 324 €	20 %	20 % × PNT – 2 793 €
De 552 324 à 902 838 €	30 %	30 % × PNT – 58 026 €
De 902 838 à 1 805 677 €	40 %	40 % × PNT – 148 310 €
Supérieure à 1 805 677 €	45 %	45 % × PNT – 238 594 €

3 Les exonérations et réductions supplémentaires sur les droits dus

Une réduction de 50 % des droits de donation s'applique lorsque le donateur, âgé de moins de 70 ans, consent une donation en pleine propriété de parts ou actions d'une société ou d'une entreprise individuelle ayant une activité industrielle, commerciale, artisanale, agricole ou libérale. L'âge du donateur s'apprécie à la date de l'acte notarié ou à la date d'enregistrement de la déclaration de don manuel.

La loi de finances 2015 prévoit également une exonération temporaire des droits en cas de donation de terrains à bâtir et de logements neufs. Ces donations sont exonérées à hauteur de :

– 100 000 € pour les donations consenties aux enfants, au conjoint ou partenaire de Pacs ;

– 45 000 € pour les donations consenties à un frère ou une sœur ;

– 35 000 € pour les donations consenties en faveur d'une autre personne.

1. Pour mémoire, ce délai est passé de 6 (en 2006) à 10 ans le 29 juillet 2011, puis de 10 à 15 ans (à compter du 16 août 2012).

2. Voir chapitre 6.

Pour les donations de terrains à bâtir, l'exonération s'applique aux donations en pleine propriété signées entre le 1er janvier 2015 et le 31 décembre 2015 et sous réserve que la personne qui bénéficie de cette donation s'engage à faire construire un logement dans un délai de quatre ans à compter de la date de la donation.

Pour les donations de logements neufs, l'exonération est applicable aux immeubles dont le permis de construire sera obtenu avant le 31 décembre 2016, sous réserve que la donation intervienne au plus tard dans les trois ans suivant l'obtention du permis de construire et que le logement n'ait jamais été habité, y compris par un locataire.

4 La réduction forfaitaire complémentaire sur les droits dus

La même réduction qu'en matière de succession s'appliquait jusqu'au 31 décembre 2016 :

- 610 € par enfant en sus du deuxième, si la transmission s'opère en ligne directe ou entre époux ;
- 305 € par enfant en sus du deuxième, pour les autres transmissions.

La loi TEPA a étendu cette réduction aux donations réalisées entre partenaires liés par un Pacs.

Section 7 LE TESTAMENT

1 Les différentes formes de testament

Le **testament olographe** doit être écrit en entier de la main du testateur mais également daté et signé de sa main. Le **testament authentique** est reçu par deux notaires ou un notaire et deux témoins. Il doit être dicté au notaire par le testateur. Le testament mystique est clos, cacheté et scellé. La forme manuscrite n'est pas obligatoire.

Le **testament international** (Convention de Washington du 28.10.1973) ne nécessite pas un élément international. Le terme « international » fait référence à la source juridique. Il n'est pas nécessaire que le testament soit écrit de la main du testateur mais il doit être signé par le testateur sur chaque page. Le testament fait l'objet d'un acte de dépôt chez un notaire. Il permet de rendre un testament valable en la forme, quel que soit le pays où il a été établi, qui, notamment, n'impose pas nécessairement les mêmes conditions de validité que dans le pays où il devra être exécuté.

Le **mandat à effet posthume**, qui doit être donné et accepté par acte notarié, à l'effet de gérer ou administrer tout ou partie de la succession revenant à un héritier déterminé, peut être donné depuis le 1er janvier 2007. Le mandat doit être motivé par un intérêt sérieux et légitime (car il prive l'héritier du droit d'administrer ses biens) lié à la personne (incapacité d'un héritier) ou à l'existence d'un bien, notamment professionnel, dont la gestion requiert des compétences particulières. La durée du mandat est en principe de 2 ans mais peut être de 5 ans avec une ou plusieurs prorogations à solliciter auprès du juge.

2 Les fonctions essentielles d'un testament

La rédaction d'un testament permet de modifier les règles légales de transmission en effectuant des legs ou, à l'inverse, en exhérédant un héritier. Il permet de désigner des bénéficiaires pour les contrats d'assurance-vie ou les personnes habiles à gérer le patrimoine d'un mineur ou encore de nommer un exécuteur testamentaire.

On peut y inclure les clauses listées ci-dessus. Avant la loi du 23 juin 2007, l'exécuteur testamentaire avait pour seule mission de veiller à la bonne exécution des volontés du testateur. Il pouvait prendre des mesures conservatoires mais devait être autorisé par le juge pour agir. Désormais, sous certaines conditions, il pourra exécuter lui-même les volontés du défunt qui pourra étendre sa saisine, c'est-à-dire sa compétence aux biens immobiliers en l'absence d'héritier réservataire.

Chapitre

8

La protection du conjoint survivant

Frédéric PETIT

SOMMAIRE

Depuis la « loi en faveur du travail, de l'emploi et du pouvoir d'achat » du 21 août 2007, la protection du conjoint survivant prend une nouvelle coloration. En effet, désormais, tant le conjoint survivant que le partenaire survivant sont totalement exonérés de droits de succession. Il en résulte que la protection du conjoint survivant se traite désormais exclusivement d'un point de vue patrimonial et juridique, l'objectif étant de lui conférer un pouvoir d'action circonstancié (maximum, ou au moins ciblé) sur le patrimoine du *de cujus*.

Cet objectif a notamment pour contraintes la situation familiale (familles recomposées...), la structure patrimoniale (biens frugifères[1] ou non, aisément cessibles ou non...), la nature des droits détenus sur ce patrimoine (biens propres ou communs, droits en pleine propriété, en démembrement...). Ainsi compris, l'objectif de protection du conjoint survivant va pouvoir être réalisé en agissant sur trois niveaux : le régime matrimonial, les libéralités et succession et enfin, l'assurance-vie.

Section 1 LA PROTECTION DU CONJOINT SURVIVANT PAR LE RÉGIME MATRIMONIAL

1 Du choix du régime légal ou régime conventionnel

1.1 Le choix initial

La loi prévoit différents régimes matrimoniaux, qu'elle réglemente à défaut de conventions contraires. En termes de protection du conjoint survivant, ce choix initial n'est pas neutre. À l'évidence, un conjoint survivant n'ayant jamais travaillé sera mieux protégé par un régime de communauté légale (ou de séparation avec participation aux acquêts ou de séparation avec société d'acquêts), grâce auquel il aura la moitié des acquêts de l'autre, que par un régime de séparation de biens pure et simple. Au surplus, la convention initiale peut prévoir des avantages matrimoniaux en cas de dissolution par décès.

1.2 La modification du régime matrimonial

Mais, dans 95 % des cas, les époux, par ignorance, n'envisagent pas une telle convention. Il leur est pourtant possible de modifier totalement ou partiellement leur régime matrimonial, ce qui peut donc arriver plusieurs fois au cours d'une même

1. Bien mobilier ou immobilier qui rapporte des fruits.

union. Au surplus, la loi du 23 mars 2019 (dite « Loi de programmation 2018-2022 et réforme justice ») a supprimé le délai de 2 ans d'application du régime matrimonial d'origine. On peut donc dès le lendemain du mariage modifier son régime matrimonial.

Depuis la loi du 23 juin 2006 (art. 1397 du Code civil), l'homologation judiciaire du changement de régime matrimonial n'est plus nécessaire que dans deux cas :

- en présence d'enfants mineurs ou de petits enfants mineurs venant par représentation, mais seulement à l'initiative du notaire, dans les conditions prévues à l'article 837-3 du Code civil, s'il considère que l'acte compromet manifestement et substantiellement les intérêts patrimoniaux du mineur ou qu'il est de nature à porter un préjudice grave à ceux-ci (modification issue de la loi du 23 mars 2019. Auparavant, il fallait systématiquement recourir à l'homologation judiciaire) ;
- en cas d'opposition des enfants majeurs ou des créanciers ou des personnes qui avaient été parties dans le contrat modifié.

Sous peine de nullité (nullité absolue selon une doctrine majoritaire), l'acte doit contenir une liquidation du régime modifié, lorsque celle-ci est nécessaire (précision issue de la loi du 5 mars 2007). Selon les travaux parlementaires ayant précédé cette loi, et une réponse ministérielle du 11.11.2008, « il appartient au notaire, voire au juge, de décider de la nécessité ou non de la liquidation ; lorsque l'opération ne conduit à aucun changement dans la composition et l'organisation des patrimoines des époux, la liquidation peut être inutile ».

Toutefois, on mesure bien tout l'intérêt d'une telle liquidation lors du passage d'une communauté légale à une communauté universelle :

- il est important de déterminer les biens propres et les causes de récompenses pour permettre la reprise en cas de divorce ultérieur, en cas d'exercice d'action en retranchement, pour faire prendre conscience aux époux de ce qu'ils abandonnent ;
- il convient de mesurer l'utilité du changement de régime et peut-être qu'à la suite de cette liquidation ne sera-t-il pas nécessaire d'effectuer ce changement ;
- il convient de déterminer l'impact du changement de régime sur les donations antérieures (qui peuvent devenir de ce fait réductibles) et sur les clauses contradictoires incluses dans des actes antérieurs.

2 La stipulation d'un avantage matrimonial

2.1 La notion d'avantage matrimonial

Il peut être défini comme l'avantage qu'un époux tire de son contrat de mariage du fait de l'adoption d'un régime de communauté conventionnelle, par rapport aux règles de la communauté légale.

Exemple 1 – Communauté légale avec clause de préciput sur le logement

Communauté = logement (100) + liquidités (50) = 150
Droits du conjoint sous ce régime : 100 % du logement (préciput) + ½ liquidités = 125
Droits du conjoint sous communauté légale : ½ logement + ½ liquidités = 75
Avantage matrimonial = 125 – 75 = 50

Exemple 2 – Communauté universelle avec attribution intégrale

Communauté = 1 000 000 (dont 400 000 d'apports)
Droits du conjoint sous ce régime = 1 000 000
Droits du conjoint sous communauté légale = ½ × 600 000 (compté hors apports) = 300 000
Avantage matrimonial si l'époux apporteur survit = 300 000
Avantage matrimonial si l'époux non-apporteur survit = 700 000

L'avantage matrimonial peut résulter des clauses extensives de la composition de la communauté (communauté universelle, communauté meubles et acquêts, apport d'un bien) ou des clauses relatives au partage (préciput, stipulation de parts inégales dont fait partie l'attribution intégrale de communauté au survivant). Il ne peut porter que sur des biens communs ou assimilés (société d'acquêts, créance de participation…).

Sur le plan fiscal, l'avantage matrimonial a perdu sa supériorité par rapport aux droits successoraux du conjoint survivant depuis que ce dernier est exonéré de tout droit de mutation à titre gratuit. Mais le préciput, le prélèvement moyennant indemnité et la clause de partage inégal (sauf celle d'attribution intégrale) sont fiscalement considérés comme des opérations de partage et donnent lieu au droit de 2,5 %. Par ailleurs, l'avantage matrimonial ne donne plus lieu à perception d'honoraires pour le notaire rédacteur.

Sur le plan civil, les avantages matrimoniaux ne sont pas considérés comme des donations, tant sur la forme que sur le fond, mais comme des conventions de mariage et entre associés. Ainsi, ces avantages consentis au conjoint ne sont pas soumis aux règles du rapport et de la réduction pour atteinte à la réserve héréditaire, en présence d'enfants communs. Par ailleurs, le conjoint peut cumuler ces avantages matrimoniaux s'il y a lieu avec ses droits successoraux. En outre, ces avantages ne peuvent être révoqués pour cause d'ingratitude. L'avantage matrimonial constitue donc un outil privilégié de la protection du conjoint survivant.

2.2 Les limites de l'avantage matrimonial

L'action en retranchement

Puisque l'avantage matrimonial peut aboutir à léser les enfants au profit du conjoint survivant, la loi vient ici protéger les enfants qui ne sont pas issus des deux époux. Il s'agit des enfants naturels, simples ou adultérins, et des enfants d'un précédent mariage. Sont au contraire considérés comme issus des deux époux, les enfants de l'un, adoptés même simplement par l'autre (arrêt Cour cass. du 7 juin 2006). Les enfants communs profitent de l'exercice de cette action par les autres, mais ne peuvent eux-mêmes l'exercer. L'action en retranchement a pour effet de réduire l'avantage matrimonial et de le limiter, en valeur, à la quotité disponible entre époux, prévue à l'article 1094-1 du Code civil.

Pour autant, les titulaires de cette action (les enfants non issus des deux époux) peuvent chacun renoncer à l'exercer, et le conjoint survivant conserve alors l'avantage matrimonial, toujours en franchise fiscale (arrêt Cour cass 1re civile du 6 mai 1997). Ils peuvent aussi renoncer par avance à l'exercer (art. 1527 al. 3 du Code civil. Loi du 23 juin 2006). Si le formalisme est le même que celui de la renonciation anticipée à l'action en réduction (articles 929 et 930 du Code civil), la portée s'en éloigne car la renonciation n'est ici que provisoire en ce sens qu'il y aura lieu de déterminer, au premier décès, le montant du retranchement pour ne le revendiquer qu'au second décès. Cet outil de protection du conjoint survivant dans les familles recomposées sera à utiliser en cas de bonne entente. Un peu comme un quasi-usufruit, le conjoint survivant est en situation de débiteur à terme de sommes d'argent, même si les renonçants bénéficient de certaines garanties (inventaire des meubles, état des immeubles, privilège de plein droit sur les immeubles que l'on inscrira ou non).

Le droit de reprise (art. 1525 du Code civil)

Les biens propres mis en communauté par leur auteur peuvent être repris par leurs héritiers, sauf clause contraire, ce qui devrait être une clause de style dans la convention matrimoniale lorsque celle-ci a pour but d'augmenter la protection du conjoint survivant.

Le divorce (art. 265 du Code civil)

La loi du 26 mai 2004 portant réforme du divorce a opéré une distinction :

- sont révoqués de plein droit par le divorce, les avantages matrimoniaux prenant effet à la dissolution ou au décès d'un époux (c'est-à-dire toutes les clauses de partage) ;
- sont maintenus ceux prenant effet au cours du mariage (c'est-à-dire toutes les clauses liées à la composition de la communauté).

Toutefois, la loi du 23 juin 2006 a validé « la clause alsacienne » par laquelle les époux peuvent reprendre, en cas de divorce, les biens qu'ils auront apportés à la communauté. Il est également opportun de prévoir une clause révoquant tous ces avantages matrimoniaux en cas de décès pendant une instance en divorce.

3 Les variétés d'avantages matrimoniaux

3.1 Les clauses liées à la composition de la communauté

Il s'agit ici d'élargir la communauté en prévoyant qu'un bien, normalement propre sous le régime légal, sera commun. La clause peut viser tel bien précis ou bien une catégorie de biens (tous les meubles ou tous les immeubles par exemple), qu'ils soient détenus avant et/ou après le mariage, par succession ou donation.

La clause la plus extrême est la **communauté universelle de biens présents et à venir**. Sous l'angle de la protection du conjoint survivant, l'intérêt d'une telle clause de mise en communauté est que le conjoint non-apporteur devient propriétaire pour moitié du bien apporté, voire même davantage en cas de clause de partage en ce sens. Toutefois, un tel mécanisme peut s'avérer inefficace dans le cas particulier d'un bien apporté provenant d'une donation contenant une clause de droit de retour, une clause d'interdiction d'aliéner ou une clause d'interdiction d'entrée en communauté. Il convient alors de faire intervenir les parents donateurs pour y renoncer. L'adoption d'une communauté universelle de biens présents et à venir doit se faire à bon escient. Elle étend les règles contraignantes de gestion, issues du régime de communauté, aux biens propres devenus communs. Elle élargit le passif commun qui devient également universel (une prestation compensatoire, par exemple, versée sous forme de rente par l'époux apporteur, qui doit alors être supportée pour moitié par chaque époux en cas de communauté universelle, et en totalité par l'époux survivant en cas d'attribution intégrale).

3.2 Les clauses liées au partage de la communauté

Les clauses d'attribution et de prélèvement

Ces clauses ont en commun qu'elles visent au profit du seul conjoint survivant (possibilité de prévoir des clauses différentes selon que ce soit l'un ou l'autre des époux), un bien précis en nature, une somme d'argent, ou une certaine quantité d'une espèce déterminée de biens, le tout en pleine propriété ou en usufruit ou même en quasi-usufruit.

La faculté d'attribution ou d'acquisition vise les biens propres du prédécédé et constitue une sorte d'attribution préférentielle pour le conjoint survivant. Au contraire, la clause de préciput et la clause de prélèvement moyennant indemnité ont pour objet des biens de communauté. La clause de préciput rompt l'égalité en nature et en valeur au profit du conjoint survivant puisqu'elle lui permet d'appréhender le bien avant tout partage sans rien devoir. Par contre, la clause de prélèvement rompt l'égalité en nature mais non en valeur, le conjoint survivant prélevant le bien mais devant une indemnité d'égal montant (ce qui ne constitue pas un avantage matrimonial et est donc utile dans les familles recomposées, sauf si le versement de l'indemnité est stipulé payable au second décès). Ces clauses ont surtout pour avantage qu'elles sont d'exercice facultatif pour le conjoint survivant. Ce caractère essentiel donne toute sa souplesse au mécanisme. La recherche du « sur-mesure » en faveur du conjoint survivant sera atteinte en prévoyant dans l'acte une série de préciputs en pleine propriété, en usufruit ou en quasi-usufruit, sur tout ou partie des différents éléments pouvant composer la communauté au décès… Reste alors au conjoint survivant à faire son « marché ».

Les stipulations de parts inégales

Contrairement au principe du partage par moitié, il est possible de prévoir d'autres quotités, par exemple l'attribution des immeubles à un époux et des meubles à l'autre, les 5/8e en pleine propriété et les 3/8e en usufruit ou en quasi-usufruit au survivant, l'attribution intégrale en pleine propriété au survivant… Seule l'attribution intégrale ne peut se faire qu'au profit du survivant. Pour ce qui est du passif, chaque époux en recueillera une part proportionnelle. Les stipulations de parts inégales ne sont pas facultatives, d'où leur manque de souplesse. Aussi a-t-on envisagé valablement des clauses alternatives (c'est-à-dire différentes stipulations de parts inégales selon qu'il y a divorce ou décès ; selon qu'il y ait des descendants ou non ; selon que le conjoint survivant est capable ou non…) et a-t-on aussi envisagé, mais beaucoup plus discutablement, des clauses optionnelles au seul choix du conjoint survivant (ex. : « 5/8e en pleine propriété, 3/8e usufruit ou attribution intégrale »).

C'est pourquoi il est conseillé d'utiliser diverses clauses de préciputs (*cf. supra*), qu'il convient de coupler avec une stipulation de parts inégales neutre (100 % de l'usufruit au conjoint survivant et 100 % de la nue-propriété au prédécédé).

Section 2 LA PROTECTION DU CONJOINT SURVIVANT PAR LES LIBÉRALITÉS ET LORS DE LA SUCCESSION

1 L'anticipation successorale et la protection du conjoint survivant

Cette anticipation peut se réaliser par des libéralités de biens présents et des libéralités de biens à venir.

1.1 Les donations de biens présents au profit du conjoint survivant

La donation-partage au profit des présomptifs héritiers (art. 1075 al. 1 du Code civil)

C'est une innovation de la loi du 23 juin 2006 que d'ouvrir la donation-partage non plus seulement à ses descendants, mais désormais à tous ses présomptifs héritiers, et tel est le cas de son conjoint en présence d'enfants. L'intérêt pour le conjoint est de pouvoir bénéficier d'une évaluation au jour de l'acte pour ce qui est de l'imputation et du calcul de la réserve (art. 1078 du Code civil) si les conditions en sont réunies.

Qui plus est, la donation-partage n'est pas rapportable. Cependant, il conviendra de rappeler à l'époux donateur qu'une telle donation de biens présents et prenant effet au cours du mariage est irrévocable (art. 1096 du Code civil).

De plus, sur le plan fiscal, l'époux donataire demeure taxable au-delà de 80 724 € (contrairement à l'époux héritier). Une telle donation-partage, certes intéressante pour le conjoint, sera donc à étudier au cas par cas.

La donation d'usufruit successif

Il est fréquent que des parents donateurs de la nue-propriété se réservent un usufruit, qu'ils se donnent mutuellement et successivement. Une telle clause s'analyse en une donation à terme de biens présents et le droit du second usufruitier lui est définitivement acquis dès le jour de l'acte, seul l'exercice de ce droit s'en trouvant différé au décès du donateur[1].

La loi du 23 juin 2006 a confirmé (art. 1096 *a contrario* et débats parlementaires) qu'une telle donation de biens présents, mais ne prenant pas effet au cours du mariage, demeurait révocable. Sur le plan fiscal, alors que les donations de biens présents entre époux demeurent taxables, il est désormais précisé que les réversions d'usufruit au profit du conjoint survivant bénéficient de l'exonération de droits de succession lui profitant (art. 796-0 quater nouveau CGI).

1.2 La donation de biens à venir au profit du conjoint survivant

Les droits successoraux du conjoint survivant, en l'absence de tous testament ou libéralités (« vocation *ab intestat* »), tels qu'ils résultent de la loi du 3 décembre 2001, lui sont désormais très favorables. Malgré cela, la donation au dernier des vivants lui apporte toujours une protection supérieure.

1. Arrêt Cour Cass. Civ. 1re 21 octobre 1997 et Arrêt Cour Cass. Ch. mixte 8 juin 2007.

La supériorité quantitative de la donation au dernier des vivants sur les droits ab intestat *du conjoint survivant*

Tableau 8.1 – Avantages de la donation au conjoint survivant (1/2)

Héritiers en concours	Loi du 3 décembre 2001	Donation entre époux (DEE)
Absence d'ascendants, de descendants, frères, sœurs ou neveux et nièces	• Tout en pleine propriété (art. 757-2) • Héritier réservataire pour 1/4	Idem
Frères, sœurs ou neveux et nièces	• Totalité en pleine propriété (art. 752-2) • Réserve d'1/4 en pleine propriété (art. 914-1) (même si instance en divorce ou séparation de corps et même si jugement de séparation de corps a été prononcé – loi 23 juin 2006) • Droit de retour de moitié en pleine propriété au profit des collatéraux (art. 757-3)	Idem Droit de retour légal anéanti. En ce sens : Rép Min du 13 février 2007
Ascendants	• Moitié en pleine propriété en présence père et mère (art. 757-1 al. 1) • 3/4 en pleine propriété en présence de père ou mère (art. 757-1 al. 2) • Droit de retour d'1/4 chacun sur les biens qu'ils ont donnés, en nature ou en valeur, s'imputant sur leurs droits successoraux : d'ordre public (art. 738-2 loi 23 juin 2006) • Non taxable (art. 763 Bis CGI issu art. 48 LFR 2006) • Totalité en pleine propriété en présence d'autres ascendants (art. 757-2) • Héritier réservataire pour 1/4 (art. 914-1 C. civ. – Loi 23 juin 2006)	• Totalité en pleine propriété (art. 1094 du C. civ.) • Les ascendants ne sont plus réservataires – (suppression de l'art. 914 – loi 23 juin 2006) • Droit de retour d'1/4 chacun sur les biens qu'ils ont donnés, en nature ou en valeur, s'imputant sur leurs droits successoraux : d'ordre public (art. 738-2 loi 23 juin 2006) Non taxable (art. 763Bis CGI issu art. 48 LFR 2006)
Enfants issus des 2 époux	1/4 en pleine propriété ou Totalité en usufruit (art. 757)	Article 1094 – 1 Rappel étant ici fait que sauf rédaction contraire, la réduction a désormais lieu en valeur Totalité en usufruit Ou 1/4 en pleine propriété + 3/4 en usufruit ou Quotité disponible ordinaire : – 1/2 en pleine propriété si 1 enfant – 1/3 en pleine propriété si 2 enfants – 1/4 en pleine propriété si 3 enfants et plus.
Enfants non issus des 2 époux	1/4 en pleine propriété (art. 757)	Idem que ci-dessus

La supériorité liquidative de la donation au dernier des vivants sur les droits ab intestat *du conjoint survivant*

Tableau 8.2 – Avantages de la donation au conjoint survivant (2/2)

	Loi du 3 décembre 2001	Donation entre époux (DEE)
Usufruit	Tous les biens existants sauf ceux légués	Tous les biens existants
Pleine propriété	Masse de calcul : Biens existants + libéralités non préciputaires Masse d'exercice : Biens existants sauf les légués, et sans préjudicier aux droits de réserve et de retour	Art. 922 Biens existants + toutes libéralités Peut porter sur tous les biens existants même légués
Commentaire	Le conjoint survivant voit ses droits réduits par les libéralités faites à d'autres personnes et qui s'imputeraient sur la quotité disponible.	Il en va de même mais dans une moindre mesure car DEE et legs s'imputent concurremment (arrêt Cour Cass du 10.02.1998). Clauses à insérer : exécution prioritaire de la DEE/autres legs (art. 927 du C. civ)

Exemple 1

Soit un conjoint avec 3 enfants :

– bien existant = 1 600

– le défunt avait fait un legs au profit de sa voisine pour un montant de 400

Hypothèse : le conjoint opte pour le quart légal en pleine propriété

a) Masse de calcul

Bien existant	1 600
Sous déduction du legs	– 400
Total	1 200
Dont le quart représente la vocation théorique du conjoint	= 300

b) Calcul de la quotité disponible (art. 922 C. Civ)

Bien existant	1 600
Dont la quotité disponible égale au quart soit :	400

La quotité disponible est totalement absorbée par le legs ; le conjoint ne reçoit rien.

Hypothèse : le conjoint opte pour un 1/4 en pleine propriété et 3/4 en usufruit en vertu d'une donation entre époux

La quotité disponible demeure égale à 400 comme précédemment. Mais, cette fois-ci, le legs et la donation seront réduits concurremment de telle sorte que le legs sera réduit à hauteur de 400/800 × 400 = 200.

La vocation en pleine propriété du conjoint sera réduite à 200 (et il aura l'usufruit de 1 200).

Hypothèse : le conjoint opte pour un 1/4 en pleine propriété et 3/4 en usufruit en vertu d'une donation entre époux avec clause d'exécution prioritaire

La quotité disponible demeure égale à 400 comme précédemment. Mais, cette fois-ci, la quotité disponible est totalement absorbée par la donation entre époux.

Le conjoint reçoit 400 en pleine propriété et l'usufruit de 1 200.

La légataire ne reçoit rien.

Par ailleurs, depuis la loi du 23 juin 2006, et sauf volonté contraire du disposant, les libéralités consenties au conjoint survivant s'imputent sur ses droits dans la succession (art. 758-6 C. civ.). Lorsque les libéralités ainsi reçues sont inférieures à sa vocation légale, le conjoint survivant peut en réclamer le complément, sans jamais pouvoir dépasser chacune des quotités définies aux articles 1094-1. **Cette imputation signifie que le conjoint survivant ne prendra sa part successorale que diminuée de ce qu'il a déjà reçu**.

Exemple 2

Donation en pleine propriété de biens présents à son épouse : 40 (portefeuille d'actions)
Biens existants au décès de M. : 120 (résidence principale)
1 enfant commun
Mme opte pour ¼ en PP

1. Masse de calcul (on inclut la donation au conjoint survivant)

Biens existants	120
Donation rapportable	40
160 (120 + 40) × 25 % =	40

2. Masse d'exercice	160
Réserve	– 80
	80

3. Imputation sur les droits légaux

40 (1/4 légal) – 40 (donation) = 0
Donc le conjoint survivant ne prend rien de plus dans les biens existants. Avec une donation entre époux, le conjoint aurait eu l'usufruit des biens existants.

Exemple 3

Donation en pleine propriété de biens présents à son épouse : 10 (portefeuille d'actions)
Biens existants au décès de M. : 100 (résidence principale).

1 enfant commun

Mme opte pour la totalité en usufruit (évalué, par hypothèse, à 50 % de la propriété, compte tenu du barème de l'art. 669 CGI).
Pour imputer des droits en pleine propriété reçus par libéralité sur des droits légaux reçus en usufruit, il faut convertir cet usufruit en pleine propriété.
En l'absence de libéralités, le conjoint survivant aurait un usufruit de 110, soit à 50 % = 55
Donc, 55 (vocation légale) – 10 (donation) = 45
ainsi Mme aura sur les biens existants l'usufruit de 90 (car 50 % = 45)
S'il y avait eu une donation au dernier des vivants, le conjoint survivant aurait eu l'usufruit de tous les biens existants ! (Et il aurait également conservé sa donation). Le tout étant inférieur à l'article 1094-1 du C. civ.

Variante :

La donation au conjoint du bien valant 10 n'est plus faite en pleine propriété mais en usufruit (il s'agit par exemple d'une réversion en usufruit).

Les biens existants au décès valent toujours 100.

- Avec un usufruit légal (sur option offerte par l'article 757 C. civ.) et du fait de l'imputation prévue à l'article 758-6 C. civ., le conjoint survivant n'a droit qu'à l'usufruit de 90 (usufruit de 100 moins l'usufruit de 10 déjà reçu).
- Avec un usufruit converti (issu d'une donation au dernier vivant), le conjoint a droit à un usufruit de 100, c'est-à-dire l'usufruit de tous les biens existants, et ce, tout en conservant le bénéfice de la précédente libéralité en usufruit (la seule limite, non dépassée ici, étant celle de l'article 1094-1 C. civ.).

La supériorité qualitative de la donation au dernier des vivants

La donation au dernier vivant peut, par ailleurs, servir de support à un certain nombre de clauses, telles que :

- une renonciation anticipée à exercer l'action en réduction (RAAR), de façon à augmenter les droits du conjoint survivant par une libéralité en pleine propriété ou par une renonciation à la faculté de conversion en rente viagère ou à l'obligation d'emploi (permettre de conférer un quasi-usufruit sur tels actifs) ;
- en présence d'enfant d'une précédente union, il est possible d'assortir les droits en pleine propriété conférés au conjoint survivant d'une clause de *residuo* ;
- clause précisant que les arbitrages effectués par l'usufruitier sur un portefeuille de valeurs mobilières le seront librement, sans qu'il puisse y avoir d'atteinte à la substance ;
- clause stipulant que si l'emploi est demandé par les enfants, le conjoint aura tous pouvoirs pour déterminer la nature du remploi ;
- clause prévoyant un usufruit temporaire ou un simple droit d'usage et d'habitation ;
- clause attribuant au conjoint la pleine propriété de toute la succession (ou le quasi-usufruit), libre alors aux enfants de demander la réduction, ou bien au contraire ne conférer d'emblée que tout ou partie des quotités disponibles entre époux.

Seulement s'il a été gratifié par testament ou donation au dernier des vivants (et donc tel n'est pas le cas lorsque l'usufruit est reçu par convention matrimoniale ou par la loi), le conjoint survivant peut cantonner son émolument (art. 1094-1 al. 2 et 1002-1 Code civil), sauf disposition contraire du disposant. Le conjoint peut alors limiter l'effet de son acceptation à une partie seulement des biens et droits dont il a été gratifié (il peut par exemple limiter ses droits à la pleine propriété du bien A, l'usufruit du bien B, et un droit d'usage sur le bien C, à l'exclusion du bien D), sans que cette limitation soit analysée comme une libéralité.

Cette faculté est très utile. Elle permet aux descendants d'hériter immédiatement de certains actifs en évitant une double taxation (auparavant, le principe de l'indivisibilité de l'option faisait que le conjoint était censé accepter le tout, puis faire donation d'une partie). Elle constitue une arme de négociation pour le conjoint survivant (par exemple, pour obtenir en échange un quasi-usufruit). Elle permet aussi une meilleure répartition de la transmission entre les deux décès (lorsque, par exemple, l'une des successions est plus « lourde » que l'autre du fait de biens propres). Le cantonnement sera optimisé en présence d'une libéralité universelle donnant vocation à la totalité en pleine propriété au conjoint survivant même en présence d'enfants et permettra une attribution « sur-mesure » au conjoint survivant. Cette faculté s'applique à toutes les donations entre époux déjà faites. D'un point de vue fiscal, il y a neutralité car les biens ainsi recueillis par un héritier ou un légataire sont réputés transmis à titre gratuit par le défunt[1] et non par le renonçant.

2 La gestion successorale et la protection du conjoint survivant

2.1 Le bilan patrimonial

Préalablement à la mise en place d'outils de protection du conjoint survivant, il convient de procéder à un bilan patrimonial.

Analyse de la famille

Les héritiers du défunt et du conjoint survivant sont-ils les mêmes ? L'entente est-elle bonne avec les enfants ? Avec leur famille ? Quelle est la situation matrimoniale des enfants ? Ce bilan patrimonial doit permettre de mesurer l'adéquation de la situation avec les objectifs de chacun, et de proposer le cas échéant des conventions visant à organiser le démembrement, voire d'autres actes (donation, partage…).

Analyse économique des éléments composant la succession

On peut citer par exemple :

- la distinction des biens propres, communs, indivis (en incluant ceux qui sont « hors succession », tels que les contrats d'assurance-vie présents et à venir, les successions à recevoir, ceux détenus en pleine propriété, nue-propriété ou usufruit) ;
- l'analyse par catégorie d'actifs : en distinguant les stocks et les flux, à l'actif et au passif, en comparant la maturité de ces biens/espérance de vie du conjoint survivant, en incluant le patrimoine social (réversions de retraites…), en analysant l'état des biens (par le biais d'expertises, par exemple) ;

1. Art. 788 bis CGI – issu LFR 2006 art. 53.

– l'analyse « affective » : (ex. : c'est le défunt qui gérait le portefeuille de valeurs mobilières, le conjoint survivant n'y connaît rien, « maison de famille », souhait d'un des enfants de conserver tel actif…).

Analyse politique des droits et obligations de chacun sur les éléments composant la succession

En distinguant les pouvoirs d'administration et de disposition, les actes relevant d'une gestion exclusive, concurrente ou de la cogestion et leurs conséquences (par exemple, la vente d'un immeuble pour aller en maison de retraite), les décisions immédiates (accepter ou non une clause bénéficiaire, partager le compte-titres ou convention de quasi-usufruit, demander l'emploi ou y renoncer, cantonner l'usufruit sur certains biens seulement…) et les décisions futures (réparations à faire, assemblée de copropriété, arbitrage des actifs ou des modes de détention…), ce qui relève du postulat et ce qui peut être mis en œuvre par convention…

Analyse des incidences fiscales

Conséquences immédiates : calcul des droits de succession, modalités de paiement (paiement différé, fractionné…), quels actifs arbitrer pour payer, évaluation des biens (problème IFI antérieur déclaré ou non, – 30 % sur la résidence principale, choix du cours à retenir pour les valeurs mobilières…).

Conséquences futures : incidence des choix d'aujourd'hui sur la succession future, problème des plus-values (sur un portefeuille de valeurs mobilières laissé au nom des nus-propriétaires ou les faire supporter par l'usufruitier…), incidences futures sur le patrimoine des enfants (IFI, plus-values, transmission à leurs enfants…).

2.2 La protection légale des nus-propriétaires

L'obligation pour le conjoint survivant usufruitier de faire inventaire

Au terme de l'article 600 du Code civil, « l'usufruitier prend les choses dans l'état où elles sont, mais il ne peut entrer en jouissance qu'après avoir fait dresser inventaire des meubles et état des immeubles sujets à usufruit, en présence du nu-propriétaire ». Le but de cet article est de permettre au nu-propriétaire de se préconstituer la preuve de la consistance des biens soumis à usufruit. Les frais de l'acte sont à la charge de l'usufruitier. Si l'usufruitier refuse de faire inventaire, le nu-propriétaire peut refuser l'entrée en jouissance des biens et faire ordonner leur séquestre provisoire.

L'inventaire est d'ordre public dans les libéralités entre époux en présence de descendants (art. 1094-3 du Code civil). Pourtant, en pratique, on trouve souvent une dispense insérée dans l'acte : le nu-propriétaire peut cependant demander qu'il soit fait inventaire, mais alors les frais sont à sa charge. L'usufruitier peut entrer immédiatement en jouissance. À défaut d'inventaire effectué, le nu-propriétaire peut alors prouver par tous les moyens l'état de la consistance des biens soumis à usufruit.

L'obligation pour le conjoint survivant usufruitier de fournir une caution

Cette formalité à la charge de l'usufruitier permet d'assurer le respect de ses obligations envers le nu-propriétaire, et de garantir son obligation de restitution en cas d'insolvabilité.

À défaut de caution, l'usufruitier peut présenter une garantie équivalente (hypothèque, gage...). L'intérêt de fournir une caution réside dans le cas de mésentente ou d'héritiers du défunt et de l'usufruitier qui ne seraient pas les mêmes.

En cas de non-respect de son obligation de caution (art. 602 Code civil), les immeubles sont loués ou mis en séquestre et les sommes d'argent sont placées... L'auteur de la libéralité peut dispenser l'usufruitier d'avoir à fournir une caution.

Si l'usufruitier est dispensé d'avoir à fournir une caution par le nu-propriétaire, il n'a donc pas à faire emploi des sommes, à mettre sous séquestre les immeubles... (qui ne sont que les sanctions du défaut de caution). Il y a donc un véritable quasi-usufruit sur les sommes d'argent.

L'obligation pour le conjoint survivant usufruitier de faire emploi des sommes d'argent

Deux cas sont à distinguer :

- il y a obligation d'emploi lorsque l'usufruitier était tenu de fournir caution mais qu'il n'a pu satisfaire à cette obligation. Dans ce cas, l'emploi est une sanction ;
- il y a obligation d'emploi lorsque l'usufruit procède d'une libéralité au profit du conjoint survivant et en présence de descendants.

L'article 1094-3 du Code civil dit que « les enfants ou descendants pourront, nonobstant toute stipulation contraire du disposant, exiger quant aux biens soumis à usufruit... qu'il soit fait emploi des sommes... ». Ce texte est donc d'ordre public mais les descendants peuvent y renoncer après ouverture de leurs droits.

Ce texte n'est pas applicable en cas de convention matrimoniale (il est possible de stipuler un quasi-usufruit avec dispense de fournir caution et donc emploi) sauf en présence d'enfants non issus des deux époux : le quasi-usufruit sur une fraction excédant la quotité disponible serait vraisemblablement un avantage matrimonial.

Focus

- Le conjoint survivant usufruitier légal se trouve de plein droit soumis au droit commun de l'usufruit (art. 600, 601, 602 du Code civil). Il n'y a pas de titre constitutif du démembrement.
- Le conjoint survivant bénéficiaire d'une libéralité en présence de descendants est finalement dans la même situation en ce qui concerne l'emploi (néanmoins, les clauses qui le dispensent de fournir une caution l'obligent *ipso facto* à faire emploi des sommes d'argent).
- Le conjoint survivant est dans une bien meilleure situation lorsqu'il tient son usufruit d'une convention matrimoniale (sauf en présence d'enfants non issus des deux époux).
- En pratique, et compte tenu des actes standardisés, trop de dispenses ou de renonciations à emploi, caution et inventaires sont libellées sans que les parties concernées ne prennent la mesure de ces engagements.

2.3 La convention organisant le démembrement

La loi, en matière de démembrement, n'est bien souvent pas d'ordre public et il convient alors d'organiser les relations économiques, politiques, juridiques, fiscales, entre usufruitier et nu-propriétaire, sur la totalité des actifs détenus.

La convention d'usufruit

Une convention d'usufruit est possible, tant sur des biens meubles qu'immeubles. Par exemple :

- sur un immeuble :
  - prévoir qui participera et votera aux assemblées de copropriété ;
  - prévoir qu'en cas de vente, le prix ne sera pas partagé mais fera l'objet d'un quasi-usufruit ou d'un remploi ;
  - qualifier davantage ce qui relèvera des grosses réparations ou des réparations d'entretien ; on pourrait aussi répartir différemment la charge des réparations… ;
- sur un portefeuille de valeurs mobilières :
  - définir le degré de liberté de l'usufruitier quant aux arbitrages ;
  - organiser l'information du nu-propriétaire ;
  - déterminer qui supportera la plus-value (le nu-propriétaire par principe ou l'usufruitier par convention) et organiser le moyen de la financer ;
  - apport à société civile, mandat de gestion…

La convention de quasi-usufruit

La convention de quasi-usufruit peut porter sur des biens consomptibles ou non. Seuls des biens consomptibles peuvent, par nature, faire l'objet d'un quasi-usufruit.

La convention permet alors l'organisation des rapports entre quasi-usufruitier et nu-propriétaire.

La reconnaissance d'un quasi-usufruit sur les biens consomptibles permet de prendre acte de la renonciation à demander emploi, de notifier aux banques les droits du quasi-usufruitier, de figer la bonne entente sans pouvoir revenir dessus après (mésentente ultérieure, prédécès d'un enfant) et de conserver la mémoire de la créance de restitution tant vis-à-vis de l'Administration fiscale (futur passif fiscal et civil), que de chacune des parties (hypothèse d'héritiers différents, de prédécès).

Il est conseillé au notaire d'inscrire cette convention au « Fichier des dispositions de dernières volontés » au nom tant de l'usufruitier que du nu-propriétaire (en cas de prédécès, sa créance constitue un actif).

La convention permet également de mesurer le quantum de la restitution (en tenant compte du calcul des récompenses, du passif, des droits et frais de succession...). Elle permet d'organiser la protection du nu-propriétaire pour sécuriser son droit à restitution lors du décès du quasi-usufruitier (garanties à prendre, indexation conventionnelle...). Quant aux biens non consomptibles, ils nécessitent une convention pour faire l'objet d'un quasi-usufruit.

Exemple – Sur une voiture neuve au jour de la succession (ou sur des meubles meublants)

Valeur : 15 000 €
Droits payés par l'enfant = 3 000 € (droits à 20 %)
Valeur au deuxième décès = 0
Alors qu'avec la convention de quasi-usufruit, la dette de restitution sera de 15 000 € à porter au passif et imputable sur les autres actifs.

Exemple – Sur un portefeuille de valeurs mobilières

Les plus-values deviennent imposables chez le quasi-usufruitier. Par ailleurs, une telle convention offre plus de sécurité fiscale au second décès, car elle évite une pratique fiscale qui consiste, malgré l'arrêt Baylet (C. Cass. 12.11.98), à demander un compte de remploi sur les différents arbitrages du portefeuille ; évite les problèmes issus de la « pollution » du portefeuille.

Dans cet acte, on fixera également les modalités de calcul de la dette de restitution à porter au passif successoral du quasi-usufruitier.

Exemples

– Fixer une clause d'indexation (sur tel indice en rapport avec l'objet de la convention ou l'activité de l'une des parties ; en prévoyant un indice de substitution en cas de disparition de l'indice de référence).

– Adopter le système de la dette de valeur en prévoyant la subrogation.
– Prévoir un seuil plancher (la valeur actuelle du portefeuille en pleine propriété).

On organisera l'information du nu-propriétaire, en prévoyant éventuellement l'obligation de remploi (au seul nom du quasi-usufruitier), ce qui serait à mi-chemin entre l'usufruit et le quasi-usufruit. On pourrait garantir le nu-propriétaire en le désignant bénéficiaire à titre onéreux d'un contrat d'assurance-vie souscrit par le quasi-usufruitier et qu'il aurait accepté… (ex. : dans les familles recomposées).

Section 3 LA PROTECTION DU CONJOINT SURVIVANT PAR L'ASSURANCE-VIE

1 Les clauses bénéficiaires au profit du conjoint

Deux questions sont ici évoquées. Quelle rédaction adopter pour rendre bénéficiaire son conjoint en cas de décès ? Quels sont les risques d'une telle désignation en cas de divorce ?

1.1 La portée des différentes clauses bénéficiaires au profit du conjoint survivant

Désigner son conjoint en tant que bénéficiaire d'un contrat d'assurance peut se faire sous différents libellés, dont il faut mesurer la portée.

« Mon conjoint »

Cette désignation indirecte est valide en ce que le bénéficiaire est déterminable (art. L. 132.8 Code des assurances). La clause vise ici celui qui aura cette qualité lors du décès de l'assuré et non pas celui lors de la souscription du contrat (*cf.* art. L. 132-8 al. 4). Le concubin peut-il prétendre revêtir cette qualité ? C'est ce qui a été décidé par la Cour d'appel de Rennes le 6 novembre 2002, en considérant qu'il résultait des pièces fournies que telle était l'intention de la souscriptrice qui était veuve depuis plusieurs années, et considérant que sous la clause type, il n'y en avait pas de seconde qui prévoyait « si exceptionnellement cette clause ne convient pas, indiquer ci-dessous celle demandée »…

« Madame X, mon conjoint »

Cette clause n'est efficace que si Madame X est effectivement le conjoint lors de l'exigibilité. Si le divorce est prononcé, le contrat sera réputé sans bénéficiaire désigné alors même que le souscripteur s'est remarié.

Toutefois, la jurisprudence a parfois admis que le bénéfice soit versé à l'ex-époux. Ainsi, dans un arrêt de la Cour d'appel de Paris du 11 juin 2002, dans le cas d'un contrat avec pour clause « mon épouse, née Martine D », la Cour énonce qu'« en mentionnant sur le bulletin individuel d'adhésion les nom et prénom de sa première épouse, l'assuré a voulu faire de celle-ci la bénéficiaire du capital décès quelles que soient les circonstances ultérieures ».

« Madame X »

La désignation est ici nominative, donc Madame X recevra le bénéfice alors même qu'elle ne serait plus le conjoint.

« Madame X » qui est la maîtresse

Cette clause pose le problème de l'assurance-vie souscrite en vue du maintien de relations sexuelles, notamment adultérines. Elle serait désormais valable car « n'est pas contraire aux bonnes mœurs la cause de la libéralité dont l'auteur entend maintenir la relation adultère qu'il entretient avec le bénéficiaire » (Cass. 1re Civ. du 3 février 1999).

1.2 Le sort de la clause acceptée par le conjoint

La clause en faveur du conjoint : les limites en présence d'une libéralité indirecte

En principe, la stipulation pour autrui ne peut plus être révoquée lorsque le tiers bénéficiaire a déclaré vouloir en profiter (art. 1121 du Code civil et art. L. 132-9 C. Ass.). Que se passe-t-il si, alors marié, le conjoint a accepté le contrat et que le divorce a été prononcé par la suite ? Dans quelle mesure le souscripteur peut-il révoquer la clause bénéficiaire malgré l'acceptation ? Depuis les lois du 26 mai 2004 et du 23 juin 2006, seules les donations de biens présents qui prennent effet au cours du mariage sont irrévocables. Or, bien que le contrat d'assurance soit porteur d'une donation indirecte, il ne peut pas s'agir d'une donation de biens à venir, pour cause de mort. La donation ne porte pas sur tout ou partie de la succession du souscripteur, mais bien indirectement sur les primes versées, représentées alors par la valeur de rachat au jour de l'acceptation.

Si le contrat d'assurance est porteur d'une donation indirecte de biens présents, celle-ci prend-t-elle « effet au cours du mariage » ? La réponse à la question posée est négative, car il nous semble que l'assurance-vie, si elle est qualifiée de libéralité, doit s'analyser en une donation à terme de biens présents. À ce titre, le droit du bénéficiaire lui est définitivement acquis dès le jour de son acceptation et seul l'exercice de ce droit s'en trouve différé au décès du souscripteur.

Dès lors, et tout comme en matière d'usufruit successif entre époux (c'est d'ailleurs l'objectif poursuivi par la loi du 23 juin 2006), une telle donation demeure révocable. Au demeurant, la rétroactivité de l'acceptation ne change rien, car tout comme en matière d'usufruit successif accepté au jour de la donation, c'est au décès que le bénéficiaire appréhende le capital. En l'absence d'une jurisprudence en ce sens, il conviendra, plus encore qu'hier, d'établir la clause bénéficiaire par testament.

La loi du 17 décembre 2007 vient néanmoins diminuer la portée de cette discussion puisque depuis le législateur subordonne l'acceptation du bénéficiaire et son effet de blocage à l'accord du souscripteur. Sous un autre angle, on notera la prééminence de l'article 1096, en ce sens qu'un époux, qui aurait ainsi validé l'acceptation de son conjoint bénéficiaire, pourrait toujours, malgré cela, révoquer sa désignation...

La clause en faveur du conjoint : en l'absence d'une libéralité indirecte

La désignation du conjoint a été envisagée comme ayant été faite à titre gratuit. Faut-il encore que l'intention libérale existe. Tel n'a pas été le cas, selon la Cour de cassation, dans l'affaire des époux Noguer (arrêt Cour Cass. 13 mai 1998). Les faits étaient les suivants : chacun des époux avait adhéré de façon concomitante à une assurance groupe, en désignant comme bénéficiaire le conjoint, à défaut les enfants. Puis Monsieur modifie la clause quelques années après au profit de ses parents, et décède. La Cour énonce :

> « Attendu que la Cour d'appel a constaté que les assurances des époux étaient contractées dans l'intérêt de la famille, et que la désignation de chaque conjoint en qualité de bénéficiaire du capital décès avait pour contrepartie la désignation de l'autre, de sorte qu'aucune donation indirecte n'était réalisée faute d'intention libérale ; qu'enfin, en relevant la volonté commune des époux quant à la désignation du bénéficiaire, la Cour d'appel a par là même caractérisé l'acceptation de l'épouse de sa désignation comme bénéficiaire, ce qui avait pour effet de la rendre irrévocable. »

Les juges considèrent ici logiquement que l'opération de prévoyance écarte l'intention libérale, ce qui écarte l'application de l'article 1096 du Code civil et donc la désignation devient irrévocable. Sous l'empire des textes nouveaux, il n'est pas sûr que la solution soit différente : en effet, la loi du 17 décembre 2007 ne s'applique qu'aux contrats non encore acceptés ; or c'est cette désignation réciproque qui caractérise l'acceptation du contrat par le bénéficiaire mais aussi, peut-être, l'accord du souscripteur au sens de la nouvelle loi : prudence donc...

2 Le contrat d'assurance et ses incidences liquidatives sur les époux

Les incidences liquidatives de la souscription d'un contrat d'assurance sont différentes selon que le contrat est dénoué (par le fait du décès de l'assuré) ou non (divorce ; contrat souscrit par le conjoint survivant).

2.1 Le contrat est dénoué

Le contrat est dénoué au bénéfice du conjoint

Trois cas sont à distinguer :

- dénouement en cas de vie (assurance en cas de vie souscrite par un époux sur sa propre tête) : lorsque les primes étaient communes, il en est de même du capital versé pendant la communauté car nul époux ne peut se constituer un bien propre avec des fonds communs ;
- dénouement en cas de décès lorsque le contrat a été souscrit par un tiers au profit de l'un des époux : s'agissant des contrats modernes d'assurance-vie (réalisant une donation indirecte), le conjoint bénéficiaire ne reçoit le capital qu'à titre de propre, comme procédant d'une intention libérale ;
- dénouement en cas de décès lorsque le contrat a été souscrit par un époux au profit de son conjoint : nous sommes pleinement dans l'hypothèse visée à l'article L. 132-16 du Code des assurances et « le bénéfice de l'assurance contractée par un époux commun en biens en faveur de son conjoint constitue un propre pour celui-ci. Aucune récompense n'est due à la communauté en raison des primes payées par elle, sauf dans les cas spécifiés dans l'article L. 132-13, deuxième alinéa ». Ici, le capital perçu par le conjoint bénéficiaire lui sera propre, soit par nature lorsque la souscription poursuit un but de prévoyance, soit parce qu'elle réalisera une libéralité indirecte.

Mais récompense est due lorsque les primes sont manifestement exagérées (art. L. 132-16 al. 2). Ici le texte renvoi à l'article L. 132-13. La notion, on le sait, est floue, puisque le législateur n'a pas fixé de critères précis. On peut s'inspirer de la jurisprudence rendue au regard de l'article L. 132-13 :

- un premier critère est la comparaison entre le montant des primes d'une part et le patrimoine et les revenus du souscripteur d'autre part ;
- un second critère est celui de l'utilité de l'opération pour le souscripteur (*cf.* arrêt Régent Cour Cass. 01.07.1997).

Il nous semble que le redevable de la récompense est le souscripteur (ou sa succession), car si l'on suit un raisonnement classique en droit des régimes matrimoniaux, la récompense est due à la communauté par l'époux qui a appauvri cette dernière (*cf.* art. 1412), peu importe la qualité du donataire (en l'occurrence ici l'autre époux).

Quelle est la fiscalité applicable au contrat dénoué, souscrit par un époux au bénéfice de son conjoint ? Depuis la loi du 21 août 2007, le conjoint survivant est totalement exonéré de droits de succession ; il en est de même lorsqu'il est bénéficiaire d'un contrat d'assurance-vie, que ce dernier relève de l'article 757-B ou 990-I du CGI[1].

Le contrat est dénoué au bénéfice d'un tiers

L'article L. 132-16 ne concerne pas cette hypothèse puisque le contrat n'est pas dénoué ici au bénéfice du conjoint mais d'un tiers, et dès lors une récompense est due à la communauté (Arrêt Daignan Cour Cass. civ. 1re – 10 juillet 1996). Sauf en cas de prévoyance (art. 1409 C. civ.), une récompense peut être due même si le bénéficiaire est un enfant, et notamment en cas de clause bénéficiaire démembrée (on peut douter qu'il y ait dépense de prévoyance en ce qui concerne la nue-propriété). Ce que l'on oublie peut être trop souvent… Mais le cas d'application des récompenses n'étant pas d'ordre public, une clause du contrat de mariage (ou changement de régime) pourrait écarter la récompense dans cette hypothèse.

L'application d'une récompense, quand les bénéficiaires sont les enfants communs, peut avoir son intérêt fiscal (au premier décès seulement cependant… car la récompense viendra augmenter la masse taxable de la deuxième succession). Lorsque la récompense est due, quel en est son montant ? La question est ici de savoir si la récompense est égale à la dépense faite (c'est-à-dire les primes acquittées voire augmentées des autres frais d'entrée…) ou égale au profit subsistant (qui serait de zéro puisque le capital perçu par le bénéficiaire n'est censé n'avoir jamais appartenu au souscripteur). La jurisprudence est incertaine et la doctrine est divisée mais, en pratique, il faudrait retenir la dépense faite, donc les primes versées

2.2 Le contrat n'est pas dénoué, mais la communauté est dissoute

Le sort civil du contrat non dénoué

Le souscripteur détient à l'encontre de la compagnie un droit de créance sous forme d'un droit de rachat ; « ce droit à remboursement, même différé, a une valeur économique prédéterminée par le jeu même du taux d'intérêt du contrat aux dates prévues » (arrêt Cour Cass. 24 juin 1997). Dès lors que cette valeur de rachat s'est constituée sur la base de primes prélevées sur la communauté (d'où l'importance de

1. Ce qui est particulièrement intéressant en cas de clause démembrée lorsque le conjoint survivant est l'usufruitier, puisque selon l'Administration, seul l'usufruitier est redevable de l'article 990-I : Instruction 7K-1-06 du 12 janvier 2006.

la clause de remploi, s'il y a lieu, voir *supra*), elle constitue un actif de communauté, évalué à la date de la dissolution de la communauté (date des effets patrimoniaux du divorce, date du décès du conjoint du souscripteur).

Cette solution, logique juridiquement, a été posée par la jurisprudence (arrêt Praslicka rendu par la Cour de Cassation le 31 mars 1992). La solution a été confirmée par la suite :

> « [...] la somme représentant l'épargne faite sur un contrat d'assurance-vie en cours au jour de la dissolution de la communauté entre dans l'actif de la communauté... l'éventuel caractère aléatoire du contrat ou encore l'existence d'une contre-assurance étant indifférents à la solution apportée » (Arrêt Cour Cass. du 19 avril 2005).

La solution consacrée par l'arrêt Praslicka s'applique quelle que soit la cause de la dissolution de la communauté. Le conjoint souscripteur pourra se voir alors attribuer, dans le partage de la communauté, la valeur de rachat (en moins prenant). Comme tout partage de communauté, le droit de partage de 2,5 % sera appliqué. La solution est applicable à tous contrats où il y a une valeur de rachat (ce qui *a contrario* exclut les contrats d'assurance décès) et donc en ce compris les souscriptions conjointes avec dénouement au second décès. Quelle parade ? Sur un plan civil, il est possible de faire en sorte que la valeur de rachat soit attribuée au conjoint survivant, sans aucune contrepartie, par le jeu des clauses de partage d'une convention de mariage.

Le sort fiscal du contrat non dénoué

Intégrer la valeur de rachat à l'actif de communauté en cas de décès conduit à le rendre taxable pour moitié dans la succession de l'époux prédécédé... Après moult remous, l'administration avait instauré une neutralité fiscale, laquelle avait donné lieu à la réponse ministérielle Bataille du 3 juillet 2000 :

> « Lorsque les héritiers considèrent que le contrat d'assurance souscrit à l'aide de deniers communs par le conjoint survivant au bénéfice de son époux prédécédé constitue un bien commun, ils liquident la succession sur le plan civil de telle sorte que l'émolument du ou des héritiers autre que le conjoint survivant est supérieur à celui qu'il aurait été si le contrat avait été considéré comme un propre. L'impôt de succession, liquidé sur les parts nettes civiles des héritiers, est donc calculé par voie de conséquence sur cet accroissement qui provient de la prise en compte du contrat d'assurance. Dans l'autre cas de figure, c'est-à-dire lorsque les héritiers considèrent que le contrat d'assurance constitue un bien propre au conjoint survivant, l'Administration ne remettra plus en cause les parts nettes civiles calculées en conséquence au seul motif de la transposition de la jurisprudence Praslicka. L'Administration fiscale se bornera à tirer les conséquences des parts civiles déclarées par les redevables en ce qui concerne les contrats d'assurance. »

La réponse maladroite qui avait été formulée amenait à une confusion des genres. Dire qu'on ne taxe pas un bien ne signifie pas qu'on ne doit pas en tenir compte pour la détermination des droits civils des héritiers... Or l'Administration semblait bien s'opposer à une différence de traitement entre les liquidations civile et fiscale.

Par là même, elle renvoyait aux héritiers le soin de qualifier eux-mêmes la valeur de rachat[1], de bien commun ou de bien propre, ce qui, d'une part, contrevenait au principe d'immutabilité des régimes matrimoniaux, et d'autre part était source de difficultés en cas de désaccord entre héritiers.

Un nouveau revirement a été opéré avec la réponse ministérielle Bacquet[2], venue mettre fin à la tolérance fiscale qui prévalait jusqu'à cette date, et aux termes de laquelle « la valeur de rachat des contrats d'assurance-vie souscrits avec des fonds communs fait partie de l'actif de communauté soumis aux droits de succession dans les conditions de droit commun. »

Puis un nouveau revirement a été opéré avec la réponse ministérielle Ciot du 23 février 2016, qui instaure de nouveau une neutralité fiscale applicable aux successions ouvertes à compter du 1er janvier 2016.

Pour autant, sur le plan civil, il y a toujours bien lieu d'intégrer cette valeur de rachat à l'actif de communauté, le cas échéant.

Cette valeur doit donc apparaître en tant qu'acquêt défiscalisé dans la déclaration de succession ; cette valeur doit faire l'objet, à défaut d'un partage, d'une convention de quasi-usufruit… Ainsi, et alors même qu'elle n'a pas été fiscalisée au premier décès, elle sera déductible de l'actif successoral au second décès. Les enfants seront donc tout à la fois bénéficiaires du capital décès du contrat souscrit par le conjoint survivant, et créanciers dans la succession de ce dernier au titre d'un quasi-usufruit ayant porté sur la valeur de rachat de ce même contrat valorisé au premier décès…

On mesure bien alors l'intérêt accru qu'il y a toujours à s'informer de cette valeur de rachat !

Il a été jugé (arrêt CA Nancy du 12 mai 2013 jurisdata n° 2016-012149, arrêt CA Douai du 12 mai 2016 n° 15/03664 jurisdata n° 2016-012149), au surplus, que la désignation du nu-propriétaire en tant que bénéficiaire d'un contrat d'assurance-vie ne constituait pas en soi un moyen de paiement et que par conséquent la dette de restitution demeurait toujours due.

1. Confirmation par Rép. ministérielle Doublet du 18 janvier 2001.

2. Rép. ministérielle Bacquet du 29 juin 2010.

Chapitre 9

La protection d'un incapable

Catherine BIENVENU

SOMMAIRE

Toute personne physique de plus de 18 ans a la capacité juridique d'exercer les droits dont elle a la jouissance. La capacité juridique n'est, en principe, pas accordée aux mineurs et peut être retirée aux majeurs dont les facultés sont altérées. Les personnes vulnérables peuvent faire l'objet d'une protection dans le cadre d'un dispositif légal, réformé récemment, mais qui conserve la plupart des règles de la tutelle des mineurs et les régimes de protection des majeurs. L'adaptation porte sur de nouvelles institutions comme le mandat de protection future. La loi du 5 mars 2007, dernier texte majeur en la matière, n'est entrée pleinement en vigueur que le 1er janvier 2009 suite aux décrets d'application et la mise en place des nouvelles institutions. La réforme ne concerne les mineurs que pour la tutelle. Par contre, elle refond toutes les mesures relatives aux majeurs. L'ordonnance du 15 octobre 2015 prise à la suite de la loi relative à la modernisation et à la simplification du droit et des procédures dans les domaines de la justice et des affaires intérieures, précédemment évoquée, a ajouté au Code civil (art. 494-1 et s.), à compter du 1er janvier 2016, la possibilité pour le juge d'autoriser une habilitation familiale sans qu'il soit besoin de prononcer une mesure de protection judiciaire. L'incapable pourra être représenté dans un contexte purement familial à l'occasion d'actes d'administration ou de disposition avec toutefois l'autorisation expresse du juge pour les actes de disposition à titre gratuit.

En raison de l'allongement de l'espérance de vie, les mesures de protection devraient concerner prochainement un million de personnes.

Pour s'assurer de la capacité juridique d'une personne, il suffit de solliciter son extrait d'acte de naissance en marge duquel peut être porté le numéro d'une mention au répertoire civil, dite mention « RC ». Ces mesures indiquent les jugements concernant notamment les mesures de protection qui auraient pu être prises. Il y aura également lieu de prendre connaissance du contenu du jugement qui peut adapter les règles légales.

Section 1 LES MINEURS

En principe, le mineur est privé de la capacité juridique pour tous les actes de la vie civile. Il peut néanmoins conclure des actes dans trois circonstances :

- les actes conservatoires qui ont pour but d'éviter une perte patrimoniale ;
- les actes d'administration dès lors qu'il n'y a aucune lésion ;
- les actes autorisés par l'usage.

Notamment, le mineur peut se faire ouvrir un livret bancaire (mais non un compte de dépôt) sans l'intervention de ses représentants légaux :

- avant 16 ans, il ne pourra faire aucun prélèvement sans l'accord du représentant légal ;
- à partir de 16 ans, il peut retirer seul des sommes dès lors qu'il n'y a pas d'opposition de la part du représentant légal.

À partir de 16 ans, une demande d'émancipation pourra être demandée au juge des tutelles à condition qu'elle soit motivée. Le mineur émancipé dispose alors de tous les pouvoirs d'un majeur.

1 La représentation du mineur

Pendant sa minorité, l'enfant est représenté par ses père et mère, dès lors que la filiation est légalement établie et qu'ils ont sur lui l'autorité parentale. Depuis le 1er janvier 2016 (Ord. du 15 octobre 2015), on ne parle plus d'administration légale pure et simple des deux parents ou d'administration légale sous contrôle judiciaire pour le parent survivant en cas de prédécès de l'un d'eux, mais d'administration légale, régime unique quelle que soit la composition familiale; monoparentale ou avec les deux parents.

Les parents disposent d'un droit de jouissance légale sur les biens du mineur jusqu'à l'âge de 16 ans. Ils ont alors le droit de percevoir les revenus des biens de leur enfant, même si ces revenus dépassent les frais d'entretien et d'éducation à l'exception de 3 catégories de biens :

- les fruits du travail de l'enfant ;
- les donations ou legs faits à l'enfant prévoyant que les parents n'en jouiront pas et qu'ils seront administrés par la personne désignée dans la libéralité ;
- les successions recueillies en représentation du parent indigne.

Le représentant doit administrer les biens de l'enfant dans un but de préservation. Il peut faire tous les actes d'administration qui sont ceux pour lesquels une autorisation spéciale n'a pas été prévue dans le régime de la tutelle. Les règles relatives à la gestion du patrimoine figurant aux nouveaux articles 496 à 515 du Code civil sont communes aux mineurs et aux majeurs sous tutelle (voir *infra*).

2 L'administration légale : les pouvoirs des parents du mineur

Profitant de l'instauration d'un régime unique, les textes se rapportant aux pouvoirs des parents, détenteurs de l'autorité parentale, ont été regroupés aux articles 382 à 387-1 du Code civil.

Lorsque l'administration légale est exercée en commun, chacun des parents est présumé avoir reçu de l'autre le pouvoir de réaliser seul les actes conservatoires ou d'administration. Par renvoi de l'article 496 du Code civil, la liste des actes d'administration et de disposition se trouve dans les tableaux des annexes 1 et 2 du décret n° 2008-1484 du 22 décembre 2008 relatif aux actes de gestion de patrimoine des personnes placées en curatelle ou en tutelle et pris en application des articles 452, 496 et 502 du Code civil.

Les actes de disposition peuvent être effectués par les administrateurs légaux dès lors qu'ils sont d'accord entre eux. À défaut d'accord, le juge des tutelles pourra autoriser ledit acte. Toutefois, le législateur a maintenu l'autorisation préalable du juge pour les actes considérés les plus lourds de conséquences, comme la vente immobilière ou l'acceptation d'une succession (article 387-1 C. civ.).

3 La tutelle des mineurs

Dans l'**administration sous contrôle judiciaire**, le parent ne peut faire seul que les actes d'administration. Pour tous les autres actes, il devra demander l'autorisation au juge des tutelles. Il pourra y avoir nomination d'un administrateur *ad hoc* lorsque les intérêts du parent s'opposent à ceux du mineur pour une opération précise et uniquement pour celle-ci.

La **tutelle** du mineur sera mise en place en l'absence de parent titulaire de l'autorité parentale (parents déchus ou décédés), voire dans l'intérêt de l'enfant, en cas d'administration légale. L'enfant est alors représenté par un tuteur, éventuellement assisté d'un conseil de famille, qui donne les lignes directrices d'entretien et d'éducation, organise la tutelle, nomme les intervenants comme le subrogé tuteur qui surveille la gestion du tuteur ou le mandataire bancaire qui gérera un portefeuille de valeurs mobilières. C'est également lui qui autorise les actes de disposition. Le conseil de famille est présidé par le juge des tutelles qui a une voix délibérative et prépondérante.

En pratique, il conviendra au représentant légal de se référer aux tableaux des annexes 1 et 2 du décret 2008-1484 du 22 décembre 2008 ci-dessus évoqué, pour s'assurer de l'étendue de ses pouvoirs.

Section 2 LES MAJEURS

Les majeurs ont, en principe, la capacité juridique d'exercer les droits dont ils ont la jouissance. Ils peuvent néanmoins en être privés en cas d'altération de leurs facultés personnelles.

La loi du 5 mars 2007 a maintenu les trois mesures judiciaires traditionnelles que sont la **sauvegarde de justice**, la **curatelle** et la **tutelle**, en recadrant chacune des institutions. La réforme a voulu, d'une part, réserver les régimes de protection aux seules personnes dont l'altération des facultés personnelles a été médicalement constatée (fin de la curatelle pour prodigalité, intempérance et oisiveté), d'autre part, renforcer les droits de la personne en la consultant autant que son état le permet et en adaptant son régime de protection selon que son état s'aggrave mais aussi s'améliore.

La réforme a été poursuivie par la loi du 12 mai 2009 (transfert de la tutelle des mineurs au juge aux affaires familiales pour alléger l'activité du juge des tutelles) et celle du 16 février 2015 et son ordonnance du 15 octobre qui ajoutent à la durée initiale de la mesure de 5 ans, celle de 10 ans si l'altération des facultés personnelles de la personne sous tutelle n'apparaît manifestement pas susceptible de connaître une amélioration selon les données acquises par la science. Il est également créé une nouvelle mesure de protection de l'habilitation familiale.

On citera également les lois du 28 décembre 2015 et du 2 février 2016 qui ont permis la refonte de la désignation de la personne de confiance et les directives anticipées.

Pour finir, la loi du 23 mars 2019 de programmation 2018-2022 et de réforme de la Justice a pris en compte des évolutions jurisprudentielles permettant des passerelles entre l'habilitation familiale et la tutelle, ainsi que les recommandations du Défenseur des droits (restitution du droit de vote aux personnes en tutelle, suppression de l'autorisation à mariage, création de l'habilitation familiale par assistance). La déjudiciarisation se traduit essentiellement par un transfert de pouvoirs de contrôle du juge des tutelles à d'autres professionnels (notaire, MJPM, professionnels du chiffre).

Comme nous le verrons plus loin, les mesures judiciaires deviennent subsidiaires et ne seront donc mises en place que si aucun mode de représentation ou d'assistance plus souple n'est envisageable. De manière générale, quel que soit le régime de protection, la personne chargée de s'occuper des biens du majeur protégé ne peut passer aucune convention sur le logement, les meubles et objets personnels du majeur (vente, bail…). Une autorisation du juge des tutelles ou du conseil de famille, en cas de nécessité ou dans l'intérêt du majeur, devra être sollicitée. La personne chargée de s'occuper des biens du majeur protégé ne peut pas non plus, seule, modifier les comptes ou livrets ouverts au nom de son protégé, ni ouvrir un autre compte ou livret.

1 La sauvegarde de justice

Il s'agit d'une mesure temporaire laissant au majeur sa capacité. Il peut donc agir sans représentation ni assistance. Mais cette mesure ouvre les actions de la lésion (action en nullité de l'acte passé s'il y a préjudice pour le majeur) et de la réduction de ses engagements en cas d'excès. Outre la nécessité du constat médical et l'audition du majeur, la procédure prévoit qu'en cas de besoin, le juge des tutelles pourra nommer un mandataire spécial pour accomplir des actes d'administration et de disposition. On notera que le divorce par consentement mutuel ou accepté n'est pas possible. Dès lors, à peine de nullité, le majeur ne pourra pas passer les actes prévus au dit mandat. La mesure, toujours temporaire, sera d'un an maximum, renouvelable une fois.

2 La curatelle et la tutelle

Lorsque la sauvegarde de justice se révèle insuffisante, on pourra mettre en place d'autres mesures de protection : le majeur n'agira plus seul ; il sera assisté s'il est placé sous curatelle (simple, renforcée, ou aménagée) selon le besoin d'accompagnement. Le majeur pourra même se voir retirer ses droits à agir ; il sera représenté s'il est placé sous tutelle.

Le curateur et le tuteur sont désignés par le juge des tutelles qui pourra même en nommer plusieurs pour une même personne, l'exercice de la mission étant alors commun. Cette nouveauté évite d'avoir à choisir entre les parents d'un enfant majeur. Le juge pourra également désigner un curateur ou tuteur pour la personne du majeur et un autre pour ses biens. Il pourra, en outre, désigner un curateur ou tuteur adjoint pour la gestion de certains biens nécessitant une compétence particulière.

2.1 Les principes communs

Dans les deux régimes de curatelle et tutelle, la loi du 5 mars 2007 instaure une période suspecte de 2 ans précédant la mesure de protection pendant laquelle les actes passés par le majeur seront susceptibles d'une action en réduction ou en nullité pendant 5 ans. Après l'ouverture de la mesure de protection, les nouveaux articles du Code civil distinguent :

- si le majeur a agi seul alors qu'il devait être assisté, la nullité ne pourra être prononcée que s'il y a preuve d'un préjudice ;
- si le majeur devait être représenté, l'acte sera nul sans condition ;
- si le curateur ou le tuteur passe seul un acte alors qu'il devait y être autorisé par le juge ou se contenter d'assister le majeur, celui-ci sera nul sans condition.

La loi du 5 mars 2007 permet au majeur lui-même (ou les parents du majeur incapable) de désigner ces personnes par le mandat de protection future (voir *infra*) pour le temps où il n'aura plus la capacité d'agir seul. Le juge pourra désigner un subrogé curateur ou tuteur, notamment pour adjoindre la famille à la protection si le curateur ou le tuteur est un mandataire judiciaire. Son rôle sera de surveiller le curateur ou tuteur ou d'intervenir en cas d'opposition d'intérêts. Comme auparavant, un curateur ou tuteur *ad hoc* pourra être nommé en cas d'opposition d'intérêts ou si les missions confiées au mandataire initial sont trop limitées. Enfin, le juge pourra décider d'adjoindre un conseil de famille.

2.2 Les règles spécifiques

Dans le régime de la *curatelle*, le majeur doit être assisté de son curateur pour les actes de disposition et peut agir seul pour les actes d'administration car le majeur n'a besoin que d'assistance ou de contrôle. Lorsqu'un acte écrit doit être passé, le curateur doit le signer, aux côtés du majeur. Le curateur ne peut agir seul, sauf lorsqu'il y a été autorisé par le juge. En sens inverse, le majeur peut être autorisé à agir seul lorsque le curateur refuse, sans raison valable, d'intervenir. Le juge peut moduler l'application de la curatelle en précisant les actes que le majeur peut passer seul ou ceux que le curateur devra passer seul.

Le *tuteur* est, quant à lui, le représentant du majeur qui n'a plus de capacité juridique. La tutelle peut être allégée, le juge énumérant alors les actes que le majeur aura la faculté d'accomplir seul ou avec l'assistance (et non la représentation) de son tuteur.

Section 3 LES ACTES INTÉRESSANT LA GESTION DE PATRIMOINE

La distinction entre les actes d'administration (simple gestion) et de disposition (actes importants avec des conséquences lourdes) fera l'objet d'un décret d'application.

1 Les actes à caractère personnel concernant les seuls majeurs

Si le juge n'en a pas décidé autrement, le majeur sous protection peut passer les actes suivants, sous conditions.

- **Mariage – contrat de mariage et changement de régime matrimonial**. Avec la loi du 23 mars 2019 de programmation 2018-2022 et de réforme de la Justice, le majeur sous tutelle n'est plus tenu d'obtenir l'autorisation du juge ou du conseil de famille pour se marier, mais doit informer préalablement son tuteur qui peut s'opposer au mariage s'il estime qu'il y a un risque pour le majeur protégé. Le tuteur doit saisir le juge afin qu'il l'autorise à conclure un contrat de mariage pour préserver les intérêts du majeur protégé. En cas de Pacte civil de solidarité, le majeur sous tutelle est assisté de son tuteur pour la signature de la convention par laquelle il conclut un Pacs et l'autorisation du juge ou du conseil de famille n'est plus requise (C. civ. art. 462).
- **Donation**. La personne sous curatelle peut faire des donations avec l'assistance de son curateur. Le majeur en tutelle peut faire des donations en étant assisté ou représenté par le tuteur, avec l'autorisation du juge.
- **Testament**. La personne sous curatelle peut rédiger un testament seule. En matière de tutelle, la loi du 5 mars 2007 distingue :
  - le testament antérieur à la mise sous tutelle, qui demeurera valable sauf disparition de la cause qui l'avait déterminé ;

- un testament qui pourra être établi en cours de tutelle avec l'autorisation du juge ou du conseil de famille. Il n'y a ni assistance ni représentation par le tuteur. Le majeur agira seul. Le majeur protégé pourra révoquer seul son testament établi antérieurement ou postérieurement à sa mise sous protection avec le risque d'une contestation pour trouble mental.

• **Logement principal de la personne protégée.** Toute décision concernant le logement principal de la personne protégée, en tutelle ou en curatelle, doit être autorisée par le juge.

2 Les actes à caractère patrimonial concernant les majeurs et mineurs

Les pouvoirs de la personne protégée ou de son représentant sont, comme auparavant, déterminés par rapport aux pouvoirs du tuteur. Le majeur sous curatelle ne peut accomplir seul que les actes que le tuteur a le pouvoir de réaliser sans autorisation, à savoir les actes conservatoires et d'administration. En matière de tutelle, les règles relatives à la gestion du patrimoine sont communes aux majeurs et mineurs.

Le tuteur peut accomplir sans autorisation les actes conservatoires et d'administration nécessaires à la gestion du patrimoine ainsi que les actions en justice pour faire valoir les droits patrimoniaux de son protégé. Par contre, le tuteur ne peut passer les actes de disposition qu'avec l'autorisation du conseil de famille ou du juge. Aucune autorisation n'est nécessaire lorsque l'acte de disposition n'émane pas d'une décision du tuteur (vente judiciaire). Notamment, le tuteur devra être autorisé par le conseil de famille ou le juge pour signer un contrat de gestion de valeurs mobilières. Le tuteur choisira le gestionnaire et, à compter du 1er janvier 2009, il pourra résilier, à tout moment, et même en présence d'une clause contraire, le contrat de gestion. De la même manière, depuis le 1er janvier 2009, le tuteur, autorisé par le juge, pourra souscrire ou racheter un contrat d'assurance-vie et en désigner le bénéficiaire (initial et en cas de substitution).

Un certain nombre d'actes ne peuvent être accomplis par le tuteur. La liste de ces actes est donnée par le nouvel article 509 du Code civil :

- les actes qui emportent une aliénation gratuite des biens ou des droits du protégé, comme la renonciation anticipée à l'action en réduction des libéralités excessives ;
- les actes ayant pour objet d'acquérir d'un tiers un droit ou une créance que ce tiers détient contre le protégé ;
- l'exercice d'un commerce ou d'une profession libérale au nom de la personne protégée ;
- l'achat des biens du protégé ainsi que la mise en location d'un bien du protégé sauf si cet acte est autorisé par le conseil de famille ou le juge et que le tuteur ne soit pas un mandataire judiciaire. L'opération doit être exceptionnelle et dans l'intérêt du protégé.

La loi du 23 mars 2019 précise un certain nombre de mesures simplificatrices (allégement ou contrôle *a posteriori* pour faciliter la mission de la personne en charge de la mesure de protection).

Notamment, si le conseil de famille ou le juge des tutelles détermine la somme à partir de laquelle le tuteur a l'obligation d'employer les capitaux liquides et l'excédent des revenus, la loi nouvelle prévoit que le tuteur peut placer les fonds sur un compte sans avoir besoin d'une autorisation en ce sens.

Le tuteur peut accepter purement et simplement la succession (et non plus à concurrence de l'actif net) qui revient au protégé, à condition d'obtenir une attestation du notaire en charge du règlement de la succession établissant que l'actif successoral excède manifestement le passif. À défaut de cette attestation, le tuteur doit obtenir l'autorisation du conseil de famille ou du juge des tutelles.

Section 4 LE MANDAT DE PROTECTION FUTURE

La loi du 5 mars 2007 a introduit une nouvelle institution en créant une mesure de protection conventionnelle : le mandat de protection future.

Le nouvel article 428 du Code civil énonce le principe de subsidiarité des mesures judiciaires de protection des incapables qui ne pourront être ouvertes que si les dispositifs suivants, plus souples, se révèlent inefficaces ou insuffisants :

- droit commun de la représentation ;
- droit des régimes matrimoniaux ou les règles fixant les droits et devoirs entre époux ;
- mesure de protection conventionnelle, c'est-à-dire le mandat de protection future.

La loi a prévu deux sortes de mandat :

- le mandat de protection future pour soi-même, qui permet à une personne majeure ou émancipée ne faisant pas l'objet d'une mesure de tutelle de désigner un mandataire chargé de la représenter, pour le jour où elle ne pourra plus pourvoir à ses intérêts. La personne sous curatelle devra être assistée de son curateur pour établir un tel mandat ;
- le mandat de protection future pour autrui, qui peut être établi par les parents d'un enfant mineur, pour le cas où ils disparaîtraient avant sa majorité. Ou encore, et surtout, par les parents d'un enfant handicapé pour organiser sa vie lorsqu'ils n'en seront plus eux-mêmes capables ou suite à leur décès, par la personne de confiance de leur choix.

Le mandataire pourra être une personne physique, au choix du mandant, ou une personne morale, qui devra alors être choisie sur la liste des mandataires judiciaires à la protection des majeurs. L'objet du mandat pourra concerner tant la protection de la personne (dans un cadre légal organisé) que ses intérêts patrimoniaux. Le mandat ne sera effectif qu'en cas de besoin, sur production d'un certificat médical établi par un médecin autorisé attestant que le mandant n'est plus capable d'agir pour lui-même ou son enfant. Le mandataire sera autorisé à agir après vérification par le greffier du tribunal d'instance que le mandant ne peut plus pourvoir seul à ses intérêts. Un inventaire du patrimoine devra alors être dressé.

Le mandat fonctionnera selon les règles de la protection des majeurs et du droit commun du mandat lorsqu'il ne s'opposera pas à celles-là. Les actes et mesures dont le mandataire sera à l'origine seront rescindables (annulables) pour simple lésion ou réduits en cas d'excès mais non annulés. L'action appartiendra à la personne protégée ou ses héritiers dans le délai de 5 ans.

Le choix de la forme du mandat est important car il ne donnera pas les mêmes pouvoirs au mandataire :

- le mandat conclu sous seing privé ne permettra au mandataire d'effectuer que les actes qu'un tuteur peut faire sans autorisation ;
- le mandat conclu par acte notarié donnera la possibilité au mandataire de réaliser tous les actes patrimoniaux que le tuteur a le pouvoir d'accomplir, seul ou avec autorisation, et donc même les actes de disposition (à l'exception des actes de disposition à titre gratuit qui nécessiteront une autorisation du juge des tutelles). Cette forme est obligatoire pour le mandat pour autrui (parents pour enfant handicapé).

Chaque année, le mandataire établira le compte de sa gestion qui sera supervisée selon les indications du mandat mais également par le juge. À l'expiration du mandat, et pendant 5 ans, il devra pouvoir produire à la personne prenant sa suite tout inventaire, compte de gestion et autre pièce nécessaire à la poursuite de la gestion. La responsabilité du mandataire sera celle du droit commun du mandat.

Si le mandat a été conclu par acte notarié, le notaire recevra les comptes annuels et les pièces justificatives. Il n'aura pas de rôle de contrôle mais une obligation de conservation. Toutefois, il devra saisir le juge des tutelles pour tout mouvement de fonds ou acte non justifié ou ne paraissant pas conforme aux termes du mandat.

Le mandat prendra fin par le décès du protégé ou du mandataire. Il prendra également fin lorsque les facultés du mandant auront évoluées :

- soit parce qu'il aura recouvré une certaine autonomie et que des institutions plus souples suffiront (représentation de droit commun, règles des régimes matrimoniaux…) ;
- soit, au contraire, parce que l'aggravation de sa dépendance nécessitera une protection renforcée par la mise en place d'une mesure judiciaire de protection.

Toute personne intéressée pourra saisir le juge des tutelles aux fins de contester la mise en œuvre du mandat ou de voir statuer sur les conditions et les modalités de son exécution. Le juge pourra alors substituer ou adjoindre au mandat une protection juridique. La loi du 28 décembre 2015 impose désormais la publication du mandat dans un registre spécial dont les modalités et l'accès seront réglés par décret en Conseil d'État toujours attendu début 2020. C'est au mandataire de présenter l'original de l'acte sous seing privé ou la copie authentique de l'acte notarié mis à exécution. Le défaut de registre dédié aux mandats de protection future laisse les tiers dans l'ignorance de l'existence d'un tel mandat et risque de créer des situations difficiles avec des concurrences entre un mandat inconnu et une procuration, voire un autre mandat de protection future non révoqué.

Section 5 CAS PARTICULIER DE L'ADULTE HANDICAPÉ

La présence d'un enfant handicapé dans une famille impose de prévoir son avenir. Il existe, à ce titre, de nombreux outils en matière de droit de la famille comme en gestion de patrimoine afin de préparer au mieux la vie de l'enfant lorsque les parents ne le pourront plus ou auront disparu, tout en évitant la charge financière à la famille. Au-delà de la protection pure et simple de la personne de l'enfant, il convient donc d'assurer son autonomie financière en en minimisant les conséquences perverses :

- lui attribuer trop de revenus risquerait de le priver d'aides sociales telles que l'Allocation aux adultes handicapés (AAH) qui assure aussi sa couverture sociale ;
- le doter d'un patrimoine trop conséquent serait pénalisant en termes de transmission ultérieure, si l'enfant n'a pas de descendant et que son patrimoine revienne à ses frères et sœurs ou neveux et nièces supportant des droits de succession élevés.

Des solutions personnalisées existent et leur intérêt a été renforcé par les récentes réformes des successions et libéralités ainsi que celle de la tutelle. Comme nous l'avons vu ci-dessus, si l'enfant doit être mis sous tutelle, les deux parents pourront être tuteurs conjointement, il n'y aura plus à choisir entre eux. Le mandat de protection future pour autrui permettra également au survivant des parents d'organiser la vie de son enfant, selon ses désirs, pour le jour où il ne le pourra plus ou disparaîtra.

L'handicapé, bien que pouvant avoir une activité professionnelle, ne percevra généralement que de faibles revenus, augmentés de diverses allocations allouées en fonction de son revenu imposable. Il y a donc lieu de prévoir pour son enfant des placements défiscalisés (Livret A, Livret d'épargne Populaire ou Livret de développement durable), dont les intérêts ne sont pas pris en compte dans ses ressources. En complément, les parents ainsi que les grands-parents, frères et sœurs et oncles et tantes, peuvent souscrire un contrat de rente-survie à son profit. Au décès du souscripteur, l'assureur verse au bénéficiaire une rente viagère qui n'est pas prise en compte dans ses ressources. L'État accorde une réduction d'impôt plafonnée, égale à 25 % des cotisations annuelles, dans la limite de 1 525 € (soit 381,25 € de réduction), augmentée de 300 € par enfant à charge.

Une partie du capital appartenant à la personne handicapée peut être placée dans une épargne handicap, qui fonctionne comme une assurance-vie classique mais avec un régime fiscal plus avantageux (réduction d'impôts comme le contrat de rente-vie et prélèvements sociaux limités à la seule CRDS). À l'issue du délai de 8 ans, il pourra y avoir retraits des capitaux ou sortie en rente viagère, dont une partie ne sera pas prise en compte pour ses ressources.

Il y a également lieu d'organiser la transmission du patrimoine que l'adulte handicapé sera susceptible de recevoir ainsi que la dévolution de son propre patrimoine. En fonction de la composition de la famille de l'handicapé et de la capacité de ses membres à le prendre en charge mais aussi de l'évolution de son handicap, on pourra limiter la transmission de capital ou, au contraire, l'augmenter. Au sein du couple parental, on pourra préférer reculer la transmission du patrimoine pour que le survivant des époux conserve le maximum de droits sur le patrimoine commun et donc de liberté (ne pas avoir recours au juge des tutelles pour disposer d'un bien immobilier par exemple). Il pourra donc être judicieux de recourir à une communauté universelle en cas d'enfant unique (mais non en présence de nombreux enfants pour ne pas perdre les abattements sur les droits de succession octroyés lors de la 1re succession), clause de préciput sur un bien immobilier pour les couples en régime de communauté ou adjonction d'une société d'acquêts pour les époux en séparation de biens.

Les parents pourront aussi léguer la quotité disponible de leur succession aux frères et sœurs qui assumeront l'enfant handicapé. Au contraire, ils pourront la léguer à l'enfant handicapé s'il a lui-même des enfants pour faciliter financièrement sa vie. Le pacte de famille (voir *supra*) organisé par la réforme des successions permet d'envisager toutes les hypothèses dès lors qu'il y a entente.

On pourra également utilement préparer la succession de la personne handicapée, si elle n'a pas d'enfant, en évitant d'augmenter son patrimoine, tout en lui réservant des revenus en lui transmettant essentiellement de l'usufruit. Notamment, on pensera à l'assurance-vie avec démembrement de la clause bénéficiaire en instituant le protégé pour l'usufruit et ses frères et sœurs pour la nue-propriété. De leur vivant, les parents (et grands-parents) pourront faire des donations dont les nouvelles formes offrent souplesse et sécurité (voir *supra*) :

- la donation résiduelle à la personne protégée lui permettra de vendre les biens compris dans la libéralité. À son décès, ce sont ses frères et sœurs qui recueilleront ce qui restera comme s'ils héritaient des parents (droits de succession réduits), sous déduction des droits déjà supportés par l'enfant handicapé ;
- la donation graduelle bénéficie du même régime de transmission que la donation résiduelle mais avec interdiction de vendre et une fiscalité moins attrayante. Ceci peut être utile pour préserver un patrimoine aux frères et sœurs mais sera difficile à gérer en cas d'aggravation de la dépendance et d'un besoin de capital ;
- les parents, en fonction des affinités et des engagements que pourra prendre un des frères et sœurs, pourront favoriser un de leur enfant par une donation partage avec attribution d'un bien à ce frère ou cette sœur qui aura pour charge de s'occuper de l'handicapé dans des conditions à prévoir minutieusement.

Chapitre

10 Le démembrement de propriété

Bruno Dalmas

SOMMAIRE

Le démembrement de propriété occupe depuis quelques années une place de plus en plus grande dans la gestion de patrimoine. Les raisons sont à la fois simples et multiples :

- la transmission des patrimoines s'anticipe de plus en plus tôt. Les parents donateurs, dont l'espérance de vie augmente, transfèrent la nue-propriété de leurs biens en s'en réservant la jouissance ;
- le démembrement de propriété est un outil efficace qui permet de dissocier la propriété des revenus. En matière de transmission d'entreprise, il offre au chef d'entreprise la possibilité de passer le témoin à la génération suivante, tout en conservant tout ou partie des droits à revenus qu'il peut retirer de son activité pour agrémenter sa retraite ;
- la loi du 3 décembre 2001 attribue au conjoint survivant, dans le cadre de la dévolution légale et dans la plupart des cas, la faculté de recevoir 100 % en usufruit du patrimoine de son époux décédé.

C'est cette séparation des prérogatives dans le temps entre différents individus qui fait du démembrement un mode de détention attractif pour réaliser une transmission progressive et moins fiscalisée des patrimoines, mais aussi toute sa complexité car il fait cohabiter, parfois, des personnes sans liens affectifs.

Section 1 DÉFINITION DU DÉMEMBREMENT DE PROPRIÉTÉ

Pour bien appréhender le démembrement de propriété, il convient de revenir succinctement sur la définition de la propriété. Selon l'article 544 du Code civil, la propriété est « le droit de jouir et de disposer des choses de la manière la plus absolue ».

Au sein du droit de propriété, on retrouve trois composantes :

- l'*usus* : droit d'user du bien ;
- le *fructus* : droit d'en tirer des fruits, des revenus ;
- l'*abusus* : droit d'en disposer.

C'est la somme de ces trois prérogatives qui confère au propriétaire la liberté d'action totale sur le bien qu'il possède. Ce tout ainsi formé peut être néanmoins dissocié. On sépare alors les prérogatives d'*usus* et de *fructus* de celle de disposition (d'*abusus*).

Autrement formulé, la pleine propriété correspondrait à l'équation suivante :

pleine propriété =

usufruit (*usus* + *fructus*) + **nue-propriété** (*abusus*)

L'usufruitier a le pouvoir de jouir du bien directement ou d'en tirer des revenus. Le nu-propriétaire a le pouvoir de disposer du bien au terme de l'usufruit.

1 Le champ d'action de l'usufruitier

Article 578 du Code civil :

> « L'usufruit est le droit de jouir des choses dont un autre à la propriété, comme le propriétaire lui-même, mais à la charge d'en conserver la substance ».

Au quotidien, l'usufruitier possède toutes les apparences du propriétaire. Qu'il s'agisse d'un immeuble ou de biens meubles, il peut utiliser le bien objet du démembrement de propriété comme il peut le louer, le prêter…, comme le propriétaire. Cette jouissance directe ou indirecte qu'il retire du bien doit s'effectuer en bon père de famille. En effet, et c'est la limite de l'usufruit, l'usufruitier doit s'attacher dans son emploi à conserver la substance du bien. Il ne doit pas l'altérer pour permettre au nu-propriétaire de le récupérer au terme de l'usufruit.

L'usufruitier est titulaire d'un droit réel autonome et indépendant du droit de nue-propriété. Autrement dit, il est plein propriétaire de son droit d'usufruit. Par voie de conséquence, il peut en disposer librement sans l'accord du nu-propriétaire. D'ailleurs, le nu-propriétaire ne peut pas entraver l'usufruitier dans la jouissance qu'il tire du bien objet du démembrement, ni même le juge (art. 599 al. 1er C. civ.).

1.1 Sur les immeubles

L'usufruitier peut occuper les biens comme il peut les donner à bail. Il peut encore céder son usufruit temporairement ou définitivement à un tiers. Il se développe, d'ailleurs, de plus en plus d'officines qui proposent, notamment à des propriétaires fonciers, de leur acheter l'usufruit, pour un temps, de leurs immeubles dans un but d'une optimisation fiscale.

En effet, le revenu locatif est soumis au barème de l'impôt sur le revenu (IR), sans avantage particulier. L'intégralité du revenu est taxée. En matière d'optimisation IFI, cette source de revenus peut se révéler être une contrainte. Dans ce cas de figure, les conseils en gestion de patrimoine cherchent à minimiser le revenu imposable, ce qui n'est pas possible avec les revenus fonciers.

En revanche, en récupérant le prix correspondant à la valeur de l'usufruit pour une certaine durée, le cédant de l'usufruit place généralement cette somme dans le cadre juridique de l'assurance-vie, duquel il retirera des revenus largement défiscalisés[1].

Les charges qui reviennent à l'usufruitier sont celles habituellement dévolues au locataire. Il est tenu aux réparations d'entretien (art. 605 et 608 du C. civ.). Néanmoins,

1. Voir chapitre 17.

les charges de grosse réparation normalement dévolues au nu-propriétaire (art. 606 C. civ.) peuvent être imputées conventionnellement à l'usufruitier (art. 605 al. 2 C. civ.).

Pour toute la plus-value qu'il aurait pu apporter, l'usufruitier ne peut, à la cession de l'usufruit, réclamer aucune indemnité (art. 599 al. 2 C. civ.).

1.2 Sur les valeurs mobilières

Il convient de distinguer les valeurs mobilières de placement des droits sociaux.

Les valeurs mobilières de placement

Elles s'entendent des actions, des obligations de sociétés cotées et OPCVM L'usufruitier a droit aux dividendes et aux coupons. Les prérogatives accordées à l'usufruitier pour la gestion des portefeuilles de valeurs mobilières ont été étendues par la jurisprudence[1], qui lui reconnaît le droit de les gérer seul.

En effet, les juges, comme la doctrine dominante, considèrent que le démembrement ne porte pas sur les titres ou OPCVM individuellement, mais sur l'ensemble, constituant ainsi une universalité. C'est sur cette universalité que porte le démembrement. C'est donc elle qu'il convient d'observer pour vérifier si l'usufruitier a bien respecté son obligation de préserver la substance du portefeuille.

Cette décision, qui permet une gestion plus efficace des portefeuilles, n'est pas exempte de toute critique, au rang desquelles on retrouve :

- l'absence de réelle garantie pour le nu-propriétaire qui ne dispose que d'un contrôle *a posteriori* sur la gestion de l'usufruitier ;
- la fiscalité des plus-values toujours à la charge du nu-propriétaire sauf exception[2].

Les droits sociaux

Ce sont les titres qui permettent à leur propriétaire d'exercer une influence directe dans la société. La frontière de la répartition des prérogatives entre usufruitier et nu-propriétaire semble aujourd'hui fixée. Depuis une quinzaine d'années[3], cette question a fait l'objet d'une jurisprudence relativement abondante et pas toujours très claire[4].

À présent, à la faveur d'un arrêt récent[5], la répartition des prérogatives entre usufruitier et nu-propriétaire apparaît plus clairement. En définitive, on peut retenir que l'usufruitier participe aux assemblées générales ordinaires pour ce qui intéresse

1. Cass. 1re civ., 12 nov. 1998, arrêt Mallet-Baylet.

2. Pour les démembrements issus d'une succession, nu-propriétaire et usufruitier, sur option expresse et irrévocable, peuvent décider ensemble de soumettre à l'impôt plus-value l'usufruitier, BOI 5 C-1-01, n° 199, 3 juil. 2001.

3. Arrêt de Gaste, Cass. com., 4 janv. 1994, *Dr. et patrimoine*, juil.-août 1994, p. 69.

4. L'arrêt Château d'Yquem en est une illustration parfaite ! Cass. com. 9 févr. 1999, JCP N 1999, n° 417.

5. Arrêt Rapeaud, 2 déc. 2008.

la gestion courante de l'entreprise. Il ne peut pas être écarté de la décision d'affectation du résultat[1].

Quant au nu-propriétaire, il participe à toutes les assemblées générales extraordinaires dont les décisions pourraient affecter directement l'objet même de la société[2]. Mais il peut parfaitement être écarté de tout droit de vote, et les décisions prises par l'usufruitier ne seront pas contestables tant qu'il respectera le formalisme prévu dans les statuts et l'intérêt social.

Cette dernière jurisprudence distingue ainsi parfaitement deux domaines, le premier réservé à l'usufruitier, l'affectation du résultat, et le second, le reste des décisions qui entre dans le champ de la liberté contractuelle de l'article 1844 al. 4 du Code civil.

2 Le champ d'action du nu-propriétaire

2.1 Le droit de nue-propriété

Selon l'expression consacrée par le Professeur Aulagnier, le nu-propriétaire est dans l'attente de la pleine propriété future. D'un point de vue économique, il ne dispose de rien, puisque celui qui profite du bien, par définition, est l'usufruitier. Mais d'un point de vue juridique, son droit de nue-propriété lui confère des prérogatives et des garanties.

À l'instar de l'usufruitier, le nu-propriétaire est plein propriétaire de son droit de nue-propriété. Autrement dit, il peut en disposer librement : l'apporter, le céder ou le donner.

Dans la pratique, on observe que généralement le nu-propriétaire se voit réduire considérablement ce pouvoir. En effet, les démembrements naissent majoritairement des donations réalisées par les parents à leurs enfants. Les premiers se garantissent une jouissance paisible sur le bien donné en interdisant, dans l'acte de donation, à l'enfant nu-propriétaire toute faculté d'aliénation.

Cette mesure de protection à l'égard de l'usufruitier peut se comprendre, car il pourrait lui être désagréable de devoir partager la propriété d'un bien avec un étranger qui en aurait acquis la nue-propriété des mains de l'enfant donataire.

Par ailleurs, quel que soit l'usage que pourra faire le nu-propriétaire de son droit de nue-propriété, il ne modifie pas le droit de l'usufruitier qui continue à jouir de son usufruit sur le bien, s'il n'y pas expressément renoncé (art. 621 al. 2 du Code civil).

Le nu-propriétaire a finalement un rôle passif. Il observe l'usufruitier jouir du bien. Pour le protéger dans ses droits et lui assurer, au terme du démembrement,

1. Arrêt VH Holding, 31 mars 2004, JCP N n° 37, 9 sept. 2004, p. 1378.

2. Pour de plus longs développements, voir l'ouvrage de B. Dalmas, V. Cornilleau, *Pratique du démembrement de propriété*, 2e éd., Litec, 2009.

de récupérer le bien dans les meilleures conditions, il peut bénéficier de garanties soient offertes par la loi, soit offertes par le disposant.

2.2 Les garanties du nu-propriétaire

Les garanties d'ordre public

L'inventaire

Selon les dispositions de l'article 600 du Code civil :

> « L'usufruitier prend les choses dans l'état où elles sont, mais il ne peut entrer en jouissance qu'après avoir fait dresser, en présence du propriétaire, ou lui dûment appelé, un inventaire des meubles et un état des immeubles sujets à l'usufruit. »

C'est la jurisprudence[1] qui a donné à l'inventaire son caractère d'ordre public. Un usufruitier qui refuserait l'inventaire pourrait donc se voir refuser son entrée en jouissance sur le bien démembré. Malgré tout, l'importance pratique de l'inventaire doit être mesurée.

Même si son rôle probatoire peut s'avérer déterminant au terme de l'usufruit pour constater éventuellement une créance au bénéfice du nu-propriétaire, à faire valoir dans le patrimoine de l'usufruitier négligeant dans l'entretien du bien, il reste peu utilisé. La raison tient encore dans la source du démembrement : la transmission familiale. La demande d'inventaire sera généralement mal vécue par le parent survivant.

L'emploi des sommes

L'article 1094-3 du Code civil dispose :

> « Les enfants ou descendants pourront, nonobstant toute stipulation contraire du disposant, exiger, quant aux biens soumis à l'usufruit, qu'il soit dressé inventaire des meubles ainsi qu'état des immeubles, qu'il soit fait emploi des sommes et que les titres au porteur soient, au choix de l'usufruitier, convertis en titres nominatifs ou déposés chez un dépositaire agréé. »

Cette protection offerte aux nus-propriétaires ne concerne que les démembrements issus d'une donation entre époux. Un démembrement qui tirerait son origine d'une convention matrimoniale n'entre pas dans le champ d'application de ce texte. En outre, il concerne les liquidités détenues par le défunt. Le législateur n'a pas voulu laisser au conjoint survivant la possibilité de convertir son usufruit en quasi-usufruit[2] sans le consentement exprès du nu-propriétaire.

Il convient de noter que ce texte institue une protection forte pour le nu-propriétaire. Dans la pratique, on observe toutefois que la clause de dispense de faire emploi des sommes, stipulée dans la déclaration d'option au moment de l'ouverture de la succession ou dans l'acte de notoriété, est largement systématisée. Les liquidités

---

1. Cass. 1re civ., 4 janv. 1957 : Bull. civ. I, n° 1, p. 1.
2. Voir *infra*.

étant, dans la plupart des cas, le fruit de l'épargne du couple, il est malaisé aux enfants d'apporter au conjoint survivant une restriction dans sa capacité de jouissance.

La conversion de l'usufruit en rente viagère

Cette faculté, mesure de protection du nu-propriétaire, a été étendue au conjoint survivant par loi du 3 décembre 2001. Elle n'est donc plus une garantie exclusivement réservée au nu-propriétaire. Mais le *de cujus* peut interdire au conjoint survivant la demande de renonciation à l'usufruit que pourrait subir les nus-propriétaires par voie testamentaire.

Article 759 du Code civil :

> « Tout usufruit appartenant au conjoint sur les biens du prédécédé, qu'il résulte de la loi, d'un testament ou d'une donation de biens à venir, donne ouverture à une faculté de conversion en rente viagère, à la demande de l'un des héritiers nus-propriétaires ou du conjoint successible lui-même. »

Il convient de préciser qu'à la différence du régime antérieur, la règle est identique qu'il s'agisse d'un usufruit légal ou conventionnel. Le régime nouveau prévoit que cette demande peut être formulée jusqu'au partage définitif, et maintient la protection sur la résidence principale et les meubles meublants au bénéfice du conjoint survivant. Celui-ci ne pourra pas subir de conversion forcée sur ces biens (C. civ., art. 760). Par ailleurs, la loi du 3 décembre 2001 autorise la conversion en capital des usufruits sous la condition de l'accord unanime entre nu-propriétaire et usufruitier (C. civ., art. 761).

Pour l'usufruit légal, l'article 767 alinéa 5 du Code civil dispose :

> « Jusqu'au partage définitif, les héritiers peuvent exiger, moyennant sûretés suffisantes, et garantie du maintien de l'équivalence initiale, que l'usufruit de l'époux survivant soit converti en une rente viagère équivalente. S'ils sont en désaccord, la conversion sera facultative pour les tribunaux. »

Pour l'usufruit testamentaire, l'article 1094-2 du Code civil prévoit :

> « Lorsque la libéralité faite, soit en pleine propriété et en usufruit (3/4 US, 1/4 PP), soit en usufruit seulement (100 % US), portera sur plus de la moitié des biens, chacun des enfants ou descendants aura, en ce qui concerne sa part de succession, la faculté d'exiger, moyennant sûretés suffisantes et garantie du maintien de l'équivalence initiale, que l'usufruit soit converti en une rente viagère d'égale valeur. Toutefois, cette faculté ne pourra pas s'exercer quant à l'usufruit du local d'habitation où le conjoint gratifié avait sa résidence principale à l'époque du décès, ni quant à l'usufruit des meubles meublants qui garnissent ce local. »

La caution

À la différence des mesures de protection décrites précédemment, la caution est un outil de protection qui peut être encadré par le disposant. Autrement dit, il a la faculté de l'imposer à l'usufruitier, ou au contraire de l'en dispenser.

Article 601 du Code civil :

> « Il (l'usufruitier) donne caution de jouir en bon père de famille, s'il n'en est dispensé par l'acte constitutif de l'usufruit ; cependant, les père et mère ayant l'usufruit légal du

bien de leurs enfants, le vendeur ou le donateur, sous réserve d'usufruit, ne sont pas tenus de donner caution. »

Ce texte opère une distinction selon la nature de l'usufruit. Ainsi, de manière générale, pour tous les usufruits, les usufruitiers doivent fournir caution sauf volonté contraire du disposant. Et, au cas particulier des usufruits légaux familiaux, les usufruitiers sont dispensés de fournir caution, sauf volonté contraire du disposant.

3 Le quasi-usufruit

Article 587 du Code civil :

« Si l'usufruit comprend des choses dont on ne peut faire usage sans les consommer, comme l'argent, les grains, les liqueurs, l'usufruitier a le droit de s'en servir, mais à la charge de rendre, à la fin de l'usufruit, soit des choses de même quantité et qualité soit leur valeur estimée à la date de la restitution. »

3.1 Définition

Tous les biens meubles, corporels ou incorporels, ou immeubles peuvent faire l'objet d'un démembrement[1]. Pour autant, selon leur nature, les modalités selon lesquelles vont s'exercer les prérogatives entre usufruitier et nu-propriétaire vont différer.

En effet, s'agissant des biens consomptibles par leur premier usage, c'est-à-dire les biens dont on ne peut jouir sans les consommer, l'exercice de l'usufruit ne pourra répondre aux exigences de l'article 578 du Code civil aux termes duquel l'usufruitier doit conserver la substance.

Dès lors, comment utiliser son droit d'usufruit sur un grand vin, par exemple, sans le consommer ? Comment jouir d'une somme d'argent sans la dépenser ? Le Code civil prévoit un régime propre aux biens dont l'usage conduit à leur destruction. Il étend ainsi les prérogatives de l'usufruitier et offre au nu-propriétaire des modalités de restitution particulières au terme du démembrement.

■ *Les pouvoirs étendus de l'usufruitier*

Dans le cas d'un quasi-usufruit, l'usufruitier reprend en apparence toutes les qualités du propriétaire. Il va pouvoir user du bien, en jouir, et même le consommer. Une expression résume parfaitement la situation : « Plus qu'un quasi-usufruit, l'usufruit des choses consomptibles serait une quasi-propriété[2]. »

C'est cette liberté d'action qui donne au quasi-usufruit tout son attrait. Économiquement, l'usufruitier va pouvoir prendre seul toutes les décisions, sans l'autorisation du nu-propriétaire. Qu'on ne s'y trompe pas pour autant, le quasi-

1. Article 581 du Code civil.
2. P. Sirinelli, *Le quasi-usufruit*, LPA, juil. 1993, n° 87, p. 5.

usufruit reste un usufruit, et se distingue de la propriété par l'obligation qui est faite à l'usufruitier de restituer au terme de l'usufruit soit des choses de même quantité et qualité, soit leur valeur estimée à la date de la restitution. Contrairement à l'usufruit classique[1], le quasi-usufruit ne s'éteint pas par la disparition de la chose.

L'article 587 du Code civil prévoit les modalités de la restitution. Si le démembrement porte sur une somme d'argent, alors on appliquera le principe du nominalisme monétaire. Pour lutter contre l'érosion monétaire, il pourra toujours être envisagé d'indexer la créance.

Pour les autres biens, la restitution pourra se faire soit en nature, par des choses de même qualité et quantité, soit en valeur, son montant étant alors apprécié au jour de la restitution.

Les prérogatives du nu-propriétaire

À la différence du démembrement classique, le nu-propriétaire d'un quasi-usufruit n'a plus de droit réel sur la chose. Il ne peut pas exercer son droit de préférence, ni son droit de suite sur le bien. Il devient créancier chirographaire. Il sera créancier de dernier rang, et les modalités de sa restitution seront fixées par les ayants droit de l'usufruitier.

Face à cette situation précaire, le nu-propriétaire dispose de garanties plus ou moins étendues selon l'origine du démembrement et la volonté du disposant.

Il disposera des garanties d'ordre public exposées ci-dessus, à savoir :

- l'obligation d'employer les sommes au titre des dispositions de l'article 1094-3 du Code civil si le démembrement provient d'une donation entre époux ;
- l'inventaire.

En outre, le disposant aura pu exiger de l'usufruitier qu'il fournisse caution pour entrer dans son droit.

3.2 Domaine du quasi-usufruit

Si le législateur n'a envisagé le quasi-usufruit que sur des biens consomptibles, la jurisprudence a reconnu qu'il était possible, par convention, de créer un quasi-usufruit sur des biens qui ne l'étaient pas par nature.

Le quasi-usufruit légal ou par nature

L'article 587 du Code civil, s'il ne définit pas la notion de biens consomptibles, donne des exemples : l'argent, les liqueurs, les grains. Le critère essentiel retenu est celui de la disparition immédiate du bien par sa consommation. Si l'utilisation n'entraîne qu'une dégradation progressive du bien, alors on sort du champ de la consomptibilité.

1. Article 617 du Code civil, voir *infra*.

L'exemple souvent retenu est celui des véhicules automobiles. Les héritiers, usufruitiers et nus-propriétaires, peuvent devoir régler des droits de succession sur un véhicule, alors qu'au décès de l'usufruitier il y a de fortes probabilités pour qu'il ait perdu complètement sa valeur[1].

Si le quasi-usufruit porte sur les biens consomptibles par nature, il peut aussi trouver à s'appliquer dans l'hypothèse de la perte subie du bien objet du démembrement. Dans ce cas de figure, le démembrement se reportera sur l'indemnité perçue par l'usufruitier qui exercera alors un quasi-usufruit sur cette somme d'argent. Ce report du démembrement sur l'indemnité se justifie par le mécanisme de la subrogation réelle.

Les cas de subrogation automatique :

- **la destruction accidentelle d'un bien** : généralement, le bien est assuré pour la pleine propriété. Dans ce cas, l'indemnité est perçue par l'usufruitier qui jouira d'un quasi-usufruit. Il se peut, malgré tout, que chacun des protagonistes ait assuré son propre droit. Dans ce cas de figure, ils perçoivent la valeur représentative de leur droit. Le démembrement est terminé ;
- **l'expropriation** : selon l'article L. 13-7 du Code de l'expropriation « le juge prononce des indemnités distinctes en faveur des parties qui les demandent à des titres différents Toutefois, dans le cas d'usufruit, une seule indemnité est fixée, le nu-propriétaire et l'usufruitier exercent leurs droits sur le montant de l'indemnité au lieu de les exercer sur la chose. L'usufruitier, autre que le père ou la mère ayant l'usufruit légal, est tenu de donner caution. Si le propriétaire d'un bien exproprié n'a pu être identifié, le juge fixe l'indemnité pour le compte de qui il appartiendra » ;
- **les créances** : si le démembrement naît d'une créance non échue, alors l'usufruitier exercera un usufruit classique. Il percevra les intérêts servis par le débiteur. En revanche, si à l'échéance du terme de la créance le démembrement existe toujours, alors le produit de la créance sera remis entre les mains de l'usufruitier[2] qui exercera un quasi-usufruit sur la somme d'argent.

Le quasi-usufruit conventionnel

C'est un arrêt ancien de la chambre des requêtes[3] que l'on évoque habituellement comme source juridique qui reconnaît la faculté de faire porter un quasi-usufruit sur des biens qui ne sont pas consomptibles. Le quasi-usufruit conventionnel n'est en fait qu'une expression de la liberté contractuelle. La jurisprudence a même admis que cette volonté pouvait ne résulter que de la seule intention des parties[4]. Si le principe est admis, sa portée reste sujette à discussion doctrinale. La question qui

1. Il convient de ne pas confondre la notion de « consomptibilité » avec celle de « fongibilité ». Les biens fongibles sont les biens qui peuvent se remplacer car ils n'ont pas de caractère propre.

2. C. cass., 4 oct. 1989, JCP 1990, II, 21519, note J.-F. Pillebout.

3. C. cass., ch. req., 30 mars 1926, *DH* 1927, p. 217.

4. C.A. Paris, 11 juin 1980, 2e ch., sect. 1, rép. gén. n° G 11 655, Juris-Data n° 243.

subsiste est celle de savoir si l'on peut créer un quasi-usufruit sur tout type de bien, y compris les immeubles.

Une partie de la doctrine considère qu'il faut que le bien soit au moins fongible pour que l'on puisse créer un quasi-usufruit. Un immeuble étant unique par définition, on ne peut créer de quasi-usufruit sur ce type de bien.

L'autre partie de la doctrine conteste cette analyse en évoquant, d'une part, qu'il n'existe aucune exigence sur le caractère fongible ou non du bien objet du quasi-usufruit et, d'autre part, que selon l'article 581 du Code civil, le démembrement peut porter sur toute espèce de biens meubles ou immeubles.

D'un point de vue pratique, cette controverse doctrinale n'a que peu d'importance. En effet, la donation de la nue-propriété d'un immeuble avec réserve de quasi-usufruit va générer deux sources de difficultés qui tirent leur origine de l'adage de Loisel, « donner et retenir ne vaut » !

D'abord, les notaires ne se risqueront pas dans cette voie qui leur paraît hétérodoxe en l'absence de dépossession. Ensuite, l'administration fiscale pourra considérer que le démembrement n'avait pas d'autre but que d'éluder l'impôt[1].

Concrètement, la conversion d'un usufruit en quasi-usufruit va trouver sa justification lorsque le bien objet du démembrement est susceptible de disparition[2], lorsque le démembrement portera sur des biens non frugifères, c'est-à-dire peu ou pas générateurs de revenus, ou enfin pour optimiser la gestion de certains biens qui commandent des prises de décisions fréquentes et rapides, tels les portefeuilles de valeurs mobilières.

Section 2 L'ÉVALUATION DES DROITS DÉMEMBRÉS

Le démembrement est le résultat d'une scission de la pleine propriété :

La pleine propriété = l'usufruit + la nue-propriété

Si l'on connaît la valeur d'un bien en pleine propriété, comment déterminer alors la valeur de chacun des composants ? Deux méthodes d'évaluations coexistent qui, en fait, n'en forment qu'une. Elles reposent toutes les deux sur la technique de l'actualisation des flux de revenus futurs.

La différence provient de ce que l'une, l'évaluation fiscale, correspond à un barème intangible qui s'impose dans des conditions définies par la loi, et que l'autre, l'évaluation économique, permet de s'adapter à tous les éléments environnant le démembrement d'un bien : espérance de vie de l'usufruitier, sexe de l'usufruitier (les femmes vivent plus longtemps que les hommes), rendement spécifique du bien, etc.

1. Voir *infra*.
2. Voir *supra* l'exemple des véhicules automobiles.

1 L'évaluation fiscale des droits démembrés

Le barème fiscal d'évaluation des droits démembrés a été modifié au 1er janvier 2004.

Si l'ancien barème a été abrogé au 1er janvier 2004, l'article 762 du CGI reste encore applicable, notamment en matière de calcul de plus-value lors de la cession de droits démembrés. Il convient donc de le rappeler pour mémoire :

Tableau 10.1 – Barème de l'article 762 du CGI

Âge de l'usufruitier	Valeur de l'usufruit	Valeur de la nue-propriété
Moins de 20 ans révolus	70 %	30 %
Moins de 30 ans révolus	60 %	40 %
Moins de 40 ans révolus	50 %	50 %
Moins de 50 ans révolus	40 %	60 %
Moins de 60 ans révolus	30 %	70 %
Moins de 70 ans révolus	20 %	80 %
Plus de 70 ans révolus	10 %	90 %

1.1 Le barème des droits

L'usufruit viager

La détermination de la valeur respective des deux droits se fait en fonction de l'âge de l'usufruitier (art. 669 du CGI).

Tableau 10.2 – Barème de l'article 669 du CGI

Âge de l'usufruitier	Valeur de l'usufruit	Valeur de la nue-propriété
Moins de 21 ans révolus	90 %	10 %
Moins de 31 ans révolus	80 %	20 %
Moins de 41 ans révolus	70 %	30 %
Moins de 51 ans révolus	60 %	40 %
Moins de 61 ans révolus	50 %	50 %
Moins de 71 ans révolus	40 %	60 %
Moins de 81 ans révolus	30 %	70 %
Moins de 91 ans révolus	20 %	80 %
Plus de 91 ans révolus	10 %	90 %

L'usufruit temporaire

L'usufruit peut parfaitement être fixé pour un temps[1], sans pour autant être viager. Cet usufruit temporairement limité dans le temps est évalué à 23 % de la pleine propriété par période de 10 ans. Lorsqu'il est constitué au profit d'une personne morale, l'usufruit temporaire ne peut pas dépasser 30 ans[2].

1.2 Le champ d'application de l'article 669 du CGI

L'article 669 du CGI s'impose pour la détermination de l'assiette taxable des droits démembrés lors des mutations à titre onéreux ou à titre gratuit, qu'il s'agisse :

- des droits d'enregistrement ;
- de la taxe de publicité foncière ;
- en matière d'IFI lorsque la déclaration des droits d'usufruit et de nue-propriété appartient à chaque titulaire[3] ;
- en matière d'impôt sur la plus-value immobilière, uniquement lorsque l'usufruit ou la nue-propriété provient d'un immeuble détenu par le cédant en pleine propriété (cas du propriétaire qui vend son usufruit ou sa nue-propriété).

Dans le dernier cas, l'article 74 SE, annexe II du CGI dispose :

> « Si la cession a pour objet la nue-propriété, l'usufruit ou tout autre droit portant sur un bien acquis en pleine propriété, la plus-value imposable est déterminée en tenant compte, d'une part, du prix du droit cédé et, d'autre part, du prix d'acquisition afférent à ce droit. Ce prix d'acquisition est réputé égal à une fraction, appréciée au jour de la cession, du prix d'acquisition de la pleine propriété du bien. En cas d'usufruit ou de nue-propriété, cette fraction est déterminée en appliquant le barème institué par l'article 669 du Code général des impôts. »

En revanche, dans tous les autres cas de cession de biens immobiliers ou mobiliers, le choix est laissé aux parties de la méthode d'évaluation des droits démembrés. Ainsi, ils pourront décider librement du prix à fixer à chacun des droits.

2 L'évaluation économique des droits démembrés

2.1 Définition

Au plan juridique, l'usufruitier utilise le bien directement ou indirectement par la perception des revenus qu'il génère. Quant au nu-propriétaire, il ne perçoit rien. Il est dans l'attente de la pleine propriété future.

1. Article 580 du Code civil.
2. Article 619 du Code civil.
3. Voir chapitre 15.

Reprenons les définitions économiques énoncées par Jean-Pierre Andrieu[1] :

- **définition économique de l'usufruit** : « L'usufruit est le droit de percevoir les revenus pendant la durée du démembrement, mais ne possède plus rien à la fin. »
- **définition économique de la nue-propriété** : « C'est le droit de posséder le bien à la fin du démembrement, mais de ne percevoir aucun revenu pendant sa durée. »

2.2 Les paramètres

Pour déterminer la valeur du droit d'usufruit et de celui de nue-propriété, il faut disposer des éléments suivants :

- l'espérance de vie de l'usufruitier : elle correspond à la durée du démembrement viager ;
- la durée prévue pour l'opération de démembrement dans le cas d'un démembrement temporaire ;
- les revenus nets générés par le bien : il s'agit des revenus nets des charges usufructuaires, c'est-à-dire celles supportées par l'usufruitier ;
- un taux d'actualisation : il doit correspondre au rendement attendu ou espéré d'un investissement dont le niveau de risque est équivalent[2].

2.3 Le modèle d'évaluation actuarielle

Comme n'importe quel actif, il est possible d'estimer la valeur de l'usufruit et de la nue-propriété par l'actualisation des flux de trésorerie qu'ils vont générer dans le futur.

L'actualisation est une technique qui permet de convertir une somme future en une somme actuelle (par exemple, combien vaut aujourd'hui 50 000 € s'il est prévu que cette somme soit perçue dans 2 ans ?).

Pour procéder à ce calcul actuariel, il faut connaître trois paramètres :

- les revenus futurs (R_1, R_2… R_n) ;
- les dates de perception des revenus (les années 1 à n) ;
- le taux de rendement exigé pour un investissement qui serait équivalent en terme d'aléa (i).

La valeur de l'actif est alors égale à :

$$V = \frac{R_1}{(1+i)^1} + \frac{R_2}{(1+i)^2} + \ldots + \frac{R_n}{(1+i)^n} = \sum_{t=1}^{n} \frac{R_t}{(1+i)^t}$$

1. J.-P. Andrieu, *Calculs Financiers et évaluations mathématiques en gestion de patrimoine*, Maxima, 1996, p. 137.

2. J. Aulagnier, « Aspects de droit civil : évaluation des droits d'usufruit, de quasi usufruit et de nue-propriété par la méthode d'actualisation des flux futurs », *Dr. et patrimoine*, nov. 1999, n° 76.

EXEMPLE

Soit un actif qui va dégager les flux suivants, sur les 5 prochaines années :

F_1	F_2	F_3	F_4	F_5
100	120	140	160	170

Au-delà de l'année 5, plus aucun flux ne sera perçu. Le taux de rendement exigé pour ce type d'actif est de 8 %. Sa valeur est donc de :

$$V = \frac{100}{(1{,}08)^1} + \frac{120}{(1{,}08)^2} + \frac{140}{(1{,}08)^3} + \frac{160}{(1{,}08)^4} + \frac{170}{(1{,}08)^5} = 539{,}9$$

Détermination de la valeur de l'usufruit

L'usufruitier va percevoir des revenus nets de charges (R_t), générés par le bien, jusqu'à la fin de sa vie, soit pendant *n* années (*n* correspond donc à son espérance de vie).

La valeur de l'usufruit est donc égale à :

$$V_{usufruit} = \frac{R_1}{(1+i)^1} + \frac{R_2}{(1+i)^2} + \ldots + \frac{R_n}{(1+i)^n} = \sum_{t=1}^{n} \frac{R_t}{(1+i)^t}$$

Détermination de la valeur de la nue-propriété

La valeur de la nue-propriété va être déterminée de la même façon. Le nu-propriétaire ne disposera du bien qu'au décès de l'usufruitier, soit dans *n* années. À ce moment-là, il possédera la pleine propriété du bien. La valeur de la nue-propriété correspond donc à la valeur actualisée de la pleine propriété. Si la valeur de cette pleine propriété, dans *n* années, est $V_{\text{pleine propriété}}$:

$$V_{\text{nue-propriété}} = \frac{V_{\text{pleine propriété}}}{(1+i)^n}$$

EXEMPLE

Soit un bien dont la valeur anticipée dans 10 ans sera de 5 M€. Pour un taux d'actualisation de 9 %, la valeur de la nue-propriété à la date d'aujourd'hui est :

$$V_{\text{nue-propriété}} = 5\ 000\ 000 \times (1+0{,}09)^{-10} = 2\ 112\ 054$$

Cette formule pose cependant la question de la valeur de la pleine propriété dans *n* années. Pour l'estimer, il est possible de suivre la même logique, à savoir ce que le plein propriétaire percevra grâce au bien des revenus, à partir de l'année n+1 jusqu'à la fin de vie de ce bien, en *m*. On en déduit donc que la valeur, à l'année *n*, de la PP est :

$$V_{\text{pleine propriété}} = \frac{R_{n+1}}{(1+i)^1} + \frac{R_{n+2}}{(1+i)^2} + \ldots + \frac{R_m}{(1+i)^{m-n}} = \sum_{t=n+1}^{m} \frac{R_t}{(1+i)^{l-n}}$$

On peut faire remarquer que certains biens ont une durée de vie infinie (on pense notamment à certains biens immobiliers), ou tout au moins indéfinie. Ceci ne remet pas en cause l'évaluation actuarielle, et ce pour deux raisons :

- tout d'abord, plus un revenu est éloigné dans le temps, plus sa valeur actualisée tend vers zéro. De la sorte, raisonner sur 100 ans ou un million d'années ne change pas la valeur du bien ;
- il n'est pas possible de faire des prévisions sur un horizon de 50 ou 100 ans, mais il est souvent possible de modéliser l'évolution future des revenus qui seront dégagés par l'actif. Or, en posant un taux de croissance moyen à l'infini (*g*), il devient très simple d'estimer la valeur du bien[1].

Valeur de la pleine propriété (à l'année *n*) d'un bien dégageant des revenus augmentant chaque année d'un même taux (*g*), sur un horizon infini :

$$V_{\text{pleine propriété}}(\text{année n}) = \frac{R_{n+1}}{(1+i)^1} + \frac{R_{n+2}}{(1+i)^2} + \ldots = \sum_{t=n+1}^{\infty} \frac{R_t}{(1+i)^{t-n}} = \frac{R_{n+1}}{i-g}$$

Dans cette situation, la valeur de la nue-propriété à la date d'aujourd'hui est :

$$V_{\text{nue-propriété}} = \frac{R_{n+1}}{i-g} \times (1+i)^{-n}$$

EXEMPLE

> Soit un immeuble démembré, dont la pleine propriété sera récupérée dans 7 ans. À ce moment-là, il procurera des loyers nets de 15 K€ par an. Ce bien étant situé dans le centre de Paris, il est raisonnable d'estimer que sa durée de vie est infinie, et que ses recettes nettes augmenteront chaque année de 3 %. Le taux de rendement attendu pour ce type de bien est de 6 %.
>
> $$V_{\text{nue-propriété}} = \frac{15}{0{,}06 - 0{,}03} \times (1+0{,}06)^{-6} = 352{,}5 \text{ K€}$$

1. Pour une présentation détaillée de la méthode, voir A. Thauvron, *Évaluation d'entreprise*, 4e éd., Economica, 2013.

Section 3 LA FIN DU DÉMEMBREMENT

Au terme du démembrement de propriété, qu'il fût viager ou temporaire, l'usufruit rejoint la nue-propriété pour reformer la pleine propriété. Fiscalement, cette réunion n'est pas considérée comme une mutation, et ne donne lieu à la perception d'aucun impôt ni taxe. En effet, selon l'article 1133 du CGI :

> « Sous réserve des dispositions de l'article 1020[1], la réunion de l'usufruit à la nue-propriété ne donne ouverture à aucun impôt ou taxe lorsque cette réunion à lieu par l'expiration du temps fixé pour l'usufruit ou par le décès de l'usufruitier. »

C'est cette conséquence fiscale du partage de la propriété dans le temps qui a fait la promotion du démembrement. Il convient de distinguer les causes normales d'extinction du démembrement des causes particulières.

1 Les causes normales d'extinction

1.1 L'extinction naturelle de l'usufruit

Les causes naturelles d'extinction du démembrement sont prévues à l'article 617 du Code civil. Elles sont au nombre de cinq.

- La mort de l'usufruitier. S'il s'agit d'une personne morale, alors le démembrement s'éteindra automatiquement au terme de 30 ans.
- Pour le temps pour lequel il a été fixé, dans le cas du démembrement temporaire. En aucun cas il ne pourra perdurer au-delà du décès du disposant[2].
- La consolidation, sur la même tête, des qualités d'usufruitier et de nu-propriétaire. L'usufruitier peut recouvrer la pleine propriété soit parce qu'il a racheté son droit de nue-propriété, soit parce qu'il en a hérité.
- Par le non-usage du droit pendant trente ans. Il s'agit de la prescription acquisitive qui vient constater une absence totale de jouissance du bien durant 30 ans.
- La perte totale de la chose. Ce dernier cas d'extinction naturelle ne doit pas être imputable à une conduite négligente de l'usufruitier. Cela peut être le cas de l'usure du véhicule automobile évoqué ci-dessus.

1. L'impôt prévu à l'article 1020 du CGI est un impôt de publication.
2. Article 620 du Code civil.

1.2 La vente du bien démembré

La vente entraîne le partage du prix...

Le législateur[1] a consacré une position jurisprudentielle[2] bien établie. L'article 621 nouveau du Code civil dispose que :

> « En cas de vente simultanée de l'usufruit et de la nue-propriété d'un bien, le prix se répartit entre l'usufruit et la nue-propriété selon la valeur respective de chacun de ces droits, sauf accord des parties pour reporter l'usufruit sur le prix. La vente du bien grevé d'usufruit, sans l'accord de l'usufruitier, ne modifie pas le droit de ce dernier, qui continue à jouir de son usufruit sur le bien s'il n'y a pas expressément renoncé. »

Autrement dit, par principe, le prix de vente du bien démembré sera réparti entre l'usufruitier et le nu-propriétaire. Les modalités de répartition du prix entre chacun des protagonistes restent libres[3] au plan civil. Au plan fiscal, pour le calcul de l'impôt plus-value, les parties sont aussi libres de déterminer la méthode à appliquer, sauf dans certains cas en matière immobilière[4].

... sauf convention contraire

L'article 621 du Code civil retient précisément la position de la jurisprudence qui reconnaît aux protagonistes la faculté de pouvoir maintenir le démembrement sur le prix de cession[5] ou sur tout autre bien acquis en remploi. Pour être valable, la subrogation conventionnelle alors mise en place doit intervenir impérativement avant la cession. Après, il est trop tard, le démembrement ne pouvant resurgir une fois le partage consommé.

2 Les causes particulières d'extinction

Trois causes particulières d'extinction :
- l'abus de jouissance ;
- la renonciation à usufruit ;
- la conversion de l'usufruit en rente viagère[6].

1. L. 23 juin 2006, n° 2006-728, *JO*, 24 juin 2006.
2. Cass. 1re civ., 20 oct. 1987, *D.*, 1988, 85, note Morin ; *JCP* N 1988, II, 165, note Remy.
3. Voir *supra*.
4. Article 74 SE, annexe II du CGI, voir *supra*.
5. Dans ce cas, il se crée un quasi-usufruit sur le prix de cession.
6. Voir développements *supra*.

2.1 L'abus de jouissance

Selon l'article 618 du Code civil :

> « L'usufruit peut aussi cesser par l'abus que l'usufruitier fait de sa jouissance, soit en commettant des dégradations sur le fonds, soit en le laissant dépérir faute d'entretien. Les créanciers de l'usufruitier peuvent intervenir dans les contestations, pour la conservation de leurs droits ; ils peuvent offrir la réparation des dégradations commises, et des garanties pour l'avenir. Les juges peuvent, suivant la gravité des circonstances, ou prononcer l'extinction absolue de l'usufruit, ou n'ordonner la rentrée du propriétaire dans la jouissance de l'objet qui en est grevé, que sous la charge de payer annuellement à l'usufruitier, ou à ses ayants cause, une somme déterminée jusqu'à l'instant où l'usufruit aurait dû cesser. »

L'abus de jouissance vient condamner, au plan civil, un comportement fautif de l'usufruitier qui va ou peut avoir pour conséquence la dégradation ou la disparition du bien. Les deux comportements décrits par le texte ne sont pas exhaustifs. En pratique, c'est une mesure rarement mise en œuvre.

2.2 La renonciation à l'usufruit

La renonciation à usufruit est visée à l'article 621 alinéa 3 et 622 du Code civil. Elle ne se présume pas.

Les motivations peuvent être multiples :

- volonté de libérer immédiatement le bien entre les mains du nu-propriétaire pour lui restituer la libre disposition ;
- volonté de se séparer d'un bien dont l'entretien se révèlerait plus coûteux que productif ;
- etc.

Au plan civil, la renonciation entraîne la reconstitution de la pleine propriété. Au plan fiscal, son traitement peut être sujet à perception de droits de mutation. En effet, il convient de distinguer selon que la renonciation est abdicative ou translative de droit.

Dans le premier cas de figure, elle n'est mue par aucune intention libérale. Dans le second cas, au contraire, l'intention libérale est avérée. Pour éviter toute contestation de l'administration qui souhaiterait taxer cet abandon, il conviendra de conserver toutes les preuves utiles pour démontrer que la valeur d'usufruit était nulle et ne constituait donc pas une transmission de valeur taxable.

Section 4 LA FISCALITÉ DU DÉMEMBREMENT

Le recours au démembrement de propriété s'est généralisé ces dernières années. Sa mécanique permet, au plan civil, une préparation efficace à une transmission progressive des patrimoines et, au plan fiscal, de réduire considérablement le coût de cette transmission. Cette inflation dans l'emploi du démembrement a eu une double conséquence :

– d'abord, la pratique a fait preuve d'une imagination prolifique dans la mise en œuvre de montages justifiés par des considérations seulement fiscales. L'administration est intervenue pour borner le champ du permis et de l'interdit ;
– ensuite, il a fallu mettre en place des dispositifs fiscaux propres aux situations de démembrement qui rendent la matière particulièrement complexe.

1 Les limites fiscales du recours au démembrement

1.1 L'abus de droit

Définition

Article L. 64 du LPF (ancien) :

> « Ne peuvent être opposés à l'administration des impôts les actes qui dissimulent la portée véritable d'un contrat ou d'une convention à l'aide de clauses :
>
> a) Qui donnent ouverture à des droits d'enregistrement ou à une taxe de publicité foncière moins élevés.
>
> b) Ou qui déguisent soit une réalisation, soit un transfert de bénéfices ou de revenus.
>
> c) Ou qui permettent d'éviter, en totalité ou en partie, le paiement des taxes sur le chiffre d'affaires correspondant aux opérations effectuées en exécution d'un contrat ou d'une convention.
>
> L'administration est en droit de restituer son véritable caractère à l'opération litigieuse. En cas de désaccord sur les rectifications notifiées sur le fondement du présent article, le litige est soumis, à la demande du contribuable, à l'avis du comité consultatif pour la répression des abus de droit. L'administration peut également soumettre le litige à l'avis du comité dont les avis rendus feront l'objet d'un rapport annuel. Si l'administration ne s'est pas conformée à l'avis du comité, elle doit apporter la preuve du bien-fondé de la rectification. »

L'administration fiscale invoque l'abus de droit lorsqu'elle entend contester la sincérité d'un acte juridique. Si c'est seulement l'interprétation d'un texte fiscal qui est en cause, alors l'article L. 64 du LPF ne trouve pas à s'appliquer.

Le contribuable, quant à lui, souhaite opter pour la solution économiquement et fiscalement la plus attractive, donc la moins onéreuse. Toute la difficulté revient alors à fixer la frontière entre l'habileté fiscale et l'abus de droit.

Les contours de la notion ont été fixés par la jurisprudence du Conseil d'État[1] et de la Cour de cassation[2], qui ont retenu des critères d'appréciation identiques. Trois critères ont été dégagés, qui sont d'ailleurs alternatifs et non cumulatifs.

- La fictivité : elle recouvre à la fois la simulation et la dissimulation. Dans le premier, l'acte contesté est juridiquement valable mais ne régit pas en réalité la situation des parties. À titre d'exemple, on retrouve régulièrement dans la jurisprudence des cas de sociétés civiles fictives car elles n'ont pas de fonctionnement réel. Dans le cas de la dissimulation, les parties entendent utiliser une voie juridique alors qu'elle correspond à une autre. L'exemple habituel est celui de la donation déguisée en vente.
- La fraude à la loi : ce critère est celui qui qualifie l'objectif du contribuable. A-t-il poursuivi ou non un but exclusivement fiscal ?
- La violation des objectifs d'un texte : récemment la jurisprudence[3] a élargi la notion d'abus de droit. Désormais, elle retient la qualification lorsque le contribuable a délibérément utilisé un texte en dehors des objectifs qui lui étaient assignés.

Article L. 64 du PLF (nouveau) : le législateur a repris à son compte cette définition jurisprudentielle et a modifié l'article L. 64 par la loi n° 2008-1443 du 30.12.08 (art. 35-V) :

> « Afin d'en restituer le véritable caractère, l'administration est en droit d'écarter, comme ne lui étant pas opposables, les actes constitutifs d'un abus de droit, soit que ces actes ont un caractère fictif, soit que, recherchant le bénéfice d'une application littérale des textes ou de décisions à l'encontre des objectifs poursuivis par leurs auteurs, ils n'ont pu être inspirés par aucun autre motif que celui d'éluder ou d'atténuer les charges fiscales que l'intéressé, si ces actes n'avaient pas été passés ou réalisés, aurait normalement supportées eu égard à sa situation ou à ses activités réelles. »

La procédure de répression des abus de droit

Deux situations peuvent se présenter :

- soit l'administration fiscale prend l'avis du comité consultatif pour la répression des abus de droit (CCRAD), c'est alors au contribuable d'apporter la preuve du caractère non abusif du schéma juridique en cause ;
- soit l'administration fiscale s'abstient de prendre l'avis du CCRAD et, dans ce cas, c'est elle qui doit apporter la preuve du caractère abusif de l'opération.

Les modalités de saisine du CCRAD sont prévues par les articles R.64-1 et R.64-2 du LPF. Pour s'assurer de la validité fiscale d'un montage, le contribuable peut

1. CE, 20 mars 1989, *RJF* 5/89, n° 548.

2. C. cass., 19 avr. 1932, *DP* 1932, 1, p. 125.

3. CE, sect., 27 sept. 2006, *Sté Janfin*, req. n° 260050, *Dr. fisc.* 2006, n° 47. Cet arrêt fait écho à la position de la CJCE : CJCE, 21 févr. 2006, *Halifax*, aff. C-255/02. – 12 sept. 2006, *Cadbury Schweppes*.

toujours recourir au rescrit fiscal[1]. L'administration fiscale dispose de six mois pour répondre. Au-delà, le schéma soumis à son appréciation ne pourra plus être critiqué sur ce fondement.

L'évolution de la position du CCRAD en matière de donation avant cession

On assiste aujourd'hui à de très nombreuses ventes d'entreprises, conséquence mécanique du *baby boom* des années soixante. Le moment est arrivé des départs en retraite. À l'occasion de ces cessions, les chefs d'entreprise transmettent une partie de leurs actifs vers la génération suivante. L'intérêt est double :

- au plan civil, c'est l'occasion de mettre en place une transmission progressive du patrimoine vers les enfants ;
- au plan fiscal, la donation des parts sociales préalablement à la cession évite une mutation, et donc des droits de mutation. Les effets de cette donation sont très intéressants fiscalement dans la mesure où, à la cession, on retiendra comme prix d'acquisition pour le calcul de la plus-value, la valeur du titre au jour de la donation. Ainsi toute la plus-value accumulée entre la date où le chef d'entreprise a créé ou repris son entreprise et la cession est gommée.

Cet attrait se trouve conjugué avec le désir toujour plus grand du donateur de vouloir conserver les prérogatives les plus importantes sur les actifs cédés. Autrement dit, il souhaite donner mais aussi garder le contrôle du bien transmis. Dès lors, les schémas envisagés par les conseils des chefs d'entreprise conduisaient ces derniers à encadrer les modalités de la donation de la nue-propriété des titres et de leur remploi.

Face à cette pratique, le CCRAD, sollicité par l'administration fiscale qui constatait un manque à encaisser (seuls les droits de donation dont le montant était inférieur à l'impôt sur les plus-values étaient dûs), a d'abord condamné une telle pratique sur le fondement de l'abus de droit au motif que les conditions, obligations et engagements énoncés dans l'acte de donation-partage doivent être regardés comme restrictifs des droits et prérogatives normalement dévolus au nu-propriétaire[2].

Et même si l'acte de donation ne prévoyait aucune restriction particulière, la nature même du remploi pouvait caractériser cette restriction, en l'occurrence le remploi au capital d'une société civile patrimoniale[3].

Mais, depuis 2005, on observe un changement radical de la position du CCRAD[4]. Pour des faits similaires, il n'a pas qualifié les situations d'abusives et a rejeté les prétentions de l'administration fiscale. Désormais, le CCRAD semble considérer

1. Article L. 64 B LPF.
2. Affaire n° 2004-44.
3. Affaire n° 2004-68.
4. Affaires n° 2005-9 et 2006-11.

différemment la nécessité pratique pour les usufruitiers cédants de pouvoir conserver des prérogatives plus étendues sur la gestion des biens acquis en remploi[1].

1.2 L'article 751 du CGI

Le principe de la présomption de fictivité

Définition

Article 751 du CGI[2] :

« Est réputé, au point de vue fiscal, faire partie, jusqu'à preuve contraire, de la succession de l'usufruitier, toute valeur mobilière, tout bien meuble ou immeuble appartenant, pour l'usufruit, au défunt et, pour la nue-propriété, à l'un de ses présomptifs héritiers ou descendants d'eux, même exclu par testament ou à ses donataires ou légataires institués, même par testament postérieur, ou à des personnes interposées, à moins qu'il y ait eu donation régulière et que cette donation, si elle n'est pas constatée dans un contrat de mariage, ait été consentie plus de trois mois avant le décès ou qu'il y ait eu démembrement de propriété effectué à titre gratuit, réalisé plus de trois mois avant le décès, constaté par acte authentique et pour lequel la valeur de la nue-propriété a été déterminée selon le barème prévu à l'article 669.

La preuve contraire peut notamment résulter d'une donation des deniers constatée par un acte ayant date certaine quel qu'en soit l'auteur, en vue de financer, plus de trois mois avant le décès, l'acquisition de tout ou partie de la nue-propriété d'un bien, sous réserve de justifier l'origine des deniers dans l'acte constatant l'emploi.

Sont réputées personnes interposées les personnes désignées dans les articles 911, deuxième alinéa, et 1100 du Code civil. Toutefois, si la nue-propriété provient à l'héritier, au donataire, au légataire ou à la personne interposée d'une vente ou d'une donation à lui consentie par le défunt, les droits de mutation acquittés par le nu-propriétaire et dont il est justifié sont imputés sur l'impôt de transmission par décès exigible à raison de l'incorporation des biens dans la succession. »

Ce texte est certainement le plus redoutable pour les stratégies familiales de transmission qui ont recours au démembrement[3]. En effet, il présume fiscalement fictif le démembrement opéré entre l'usufruitier et ses présomptifs héritiers. Autrement dit, l'usufruitier est considéré comme plein propriétaire du bien qui a été démembré. À son décès, le bien sera donc réintégré dans sa succession pour être taxé sur la pleine propriété.

1. CCRAD, avis n° 2008-06 : Dr. Fisc. 2009, instr. 13992. Dans cette affaire, le Comité a même considéré que la conversion du prix de cession des titres démembrés en quasi-usufruit n'était pas constitutif d'un abus de droit ! L'administration fiscale a immédiatement réagi en précisant qu'elle combattrait cette position…

2. Loi n° 2006-1771 du 30 décembre 2006 art. 46 I finances rectificative pour 2006 *Journal officiel* du 31 décembre 2006 en vigueur le 1er janvier 2007 ; L. n° 2007-1822, 24 déc. 2007, art. 19.

3. Il a été instauré en 1925 pour faire face à la multiplication des démembrements qui avaient été mis en place à la suite de la reconnaissance de l'absence de taxation à l'extinction de l'usufruit (art. 1133 du CGI, voir *supra*).

Les actes visés

L'article 751 du CGI vise tous les actes qui conduisent au démembrement à l'exception :

– des donations régulières dans un contrat de mariage (dot) ;
– des donations régulières consenties plus de trois mois avant le décès de l'usufruitier.

Les personnes visées

Il s'agit :

– des héritiers présomptifs du *de cujus* et leurs descendants, même renonçants ou exclus par testament ;
– des donataires ou légataires, même institués par testament postérieur au démembrement de propriété, même renonçants ;
– des personnes réputées interposées entre le défunt et les héritiers, donataires ou légataires et désignées dans les articles 911, alinéa 2 et 1100 du Code civil.

Les limites à la présomption

Le texte pose clairement les limites d'application de cette présomption. Ainsi, si les nus-propriétaires ne sont pas présomptifs héritiers et si la donation est régulière et effectuée depuis plus de trois mois avant le décès de l'usufruitier, alors la présomption ne joue pas. C'est la raison pour laquelle les conseils ont été amenés à proposer à leurs clients le recours à l'interposition d'une société civile pour l'acquisition par leurs enfants de la nue-propriété d'un bien.

Focus

Compte tenu de la survalorisation de la nue-propriété fiscale (*cf.* barème de l'article 762 du CGI), les contribuables, pour transmettre à moindre coût, préféraient se placer dans le champ des mutations à titre onéreux pour appliquer le calcul économique à la nue-propriété.

Préalablement, pour fournir à l'enfant nu-propriétaire les moyens de régler cet investissement, les parents donnaient en pleine propriété une somme d'argent correspondant à la valeur économique de la nue-propriété.

L'administration fiscale a combattu ces esquives sous deux angles :

– sous l'angle de la fictivité de la société civile[1]. L'abus de droit était alors clairement caractérisé ;

1. Par exemple, aff. n° 2003-23, rapp. 16 mars 2004, 13-2-04. CA Bourges, 2 oct. 2000, *JCP* N 2000, p. 978 – CA Paris, 7 mars 2002, *JCP* N 2002, p. 1467. – Cass. com., 10 déc. 1996, arrêt *RMC* ; *JCP* E 1997, II, 923.

– sur le caractère régulier de la donation manuelle. Un arrêt[1] est venu renforcer encore la position de l'administration fiscale. Les juges ont en effet considéré que « la donation régulière permettant d'écarter la présomption de fictivité du démembrement est celle de la nue-propriété ou de l'usufruit du bien, et non la donation d'une somme d'argent permettant d'acheter fictivement la nue-propriété ou l'usufruit de celui-ci, quand bien même cette donation serait elle-même réalisée régulièrement ».
Par cette rédaction, la Cour de cassation a modifié la nature de la présomption instituée par l'article 751 du CGI. D'une présomption simple, elle en faisait une présomption irréfragable[2]. C'est finalement le législateur[3] qui est intervenu pour infléchir une position contestable de l'administration fiscale. Désormais, la donation préalable d'une somme d'argent est parfaitement licite pourvu qu'elle puisse avoir date certaine.

En définitive, les juges veillent à ce que les stratégies familiales ayant recours au démembrement ne soient pas détournées de leurs objectifs dans le seul but de réduire la charge fiscale. C'est la raison pour laquelle tout schéma doit être justifié par un véritable objectif patrimonial, qui dépasse les seuls intérêts fiscaux.

Le traitement fiscal de la créance de restitution

Article 773-2e du CGI :

« Toutefois ne sont pas déductibles : [...]

2° Les dettes consenties par le défunt au profit de ses héritiers ou de personnes interposées. Sont réputées personnes interposées les personnes désignées dans les articles 911, dernier alinéa, et 1100 du Code civil. Néanmoins, lorsque la dette a été consentie par un acte authentique ou par un acte sous seing privé ayant date certaine avant l'ouverture de la succession autrement que par le décès d'une des parties contractantes, les héritiers, donataires et légataires, et les personnes réputées interposées ont le droit de prouver la sincérité de cette dette et son existence au jour de l'ouverture de la succession [...]. »

Afin de se préserver des collusions familiales, l'administration présume fictive toutes les dettes que peuvent se consentir les héritiers. La dette de restitution que doit l'usufruitier au nu-propriétaire dans le cadre du quasi-usufruit n'échappe pas à la règle. Pour s'assurer de ce remboursement, il faudra donc qu'usufruitier et nu-propriétaire prennent les diligences nécessaires afin de matérialiser la dette de restitution pour la rendre opposable. L'article 773-2e du CGI dispose que la dette pourra être acceptée si elle a été consentie par un acte authentique ou par acte sous seing privé ayant date certaine.

Il conviendra donc, dans le cas d'une cession d'un bien démembré où il aura été décidé de reporter le démembrement sur le prix, ou encore dans l'hypothèse où le

1. Cass. com., 23 janv. 2007, n° 05-14.403, *BO* 7 G-2-07.
2. G. Jaffay, « Peut-on débarrasser l'article 751 du CGI de sa mauvaise réputation ? », *JCP* N 1998, n° 22, p. 860.
3. L. n° 2007-1822, 24 déc. 2007, art. 19.

capital versé par une compagnie d'assurance se fait en démembrement, de rédiger une convention de quasi-usufruit qui retrace l'historique du démembrement de propriété et qui soit dûment enregistrée.

2 La fiscalité des revenus et des plus-values

2.1 La fiscalité des revenus

Les immeubles

Dans le cadre de la fiscalité de droit commun, l'usufruitier qui perçoit naturellement les loyers peut déduire toutes les charges qu'il supporte effectivement. S'agissant du traitement des éventuels déficits fonciers, c'est le même mécanisme qui s'applique[1]. Pour le nu-propriétaire, les dépenses de grosses réparations dont il est redevable sont déductibles des autres revenus fonciers. Ces charges sont déductibles du revenu global[2] en l'absence de revenus fonciers ou s'ils sont trop faibles pour les absorber, si :

- le démembrement porte sur un immeuble détenu en direct ;
- le démembrement trouve son origine dans un acte de mutation à titre gratuit (succession ou donation) ne comportant aucune charge ni condition.

Depuis le 1er janvier 2010, le contribuable a le choix entre deux options : ou il impute ces travaux sur le revenu global dans la limite de 25 000 €, ou sur ses autres revenus fonciers. Cette option est irrévocable. Il convient de rappeler que la seconde voie limite l'imputation du déficit sur le revenu global à hauteur de 10 700 €, l'excédent étant reportable dans les conditions de droit commun. Quant à l'option pour l'imputation sur le revenu global, l'excédent à 25 000 € est reportable les 10 années suivantes.

Il convient de noter que cette déductibilité n'est pas soumise à l'obligation de détention du bien pendant 3 ans comme pour le régime général.

Dans le cadre des régimes fiscaux particuliers « Besson », « Robien », « Borloo », « Scellier » et « Bouvard », le démembrement ne peut coexister avec l'avantage fiscal sur les logements neufs. Il est toléré en cas de décès. L'usufruitier peut demander de poursuivre le régime sans remise en cause des amortissements pratiqués.

Dans le cadre du régime « Périssol », il est possible de démembrer le bien, mais uniquement concomitamment à la mise en place du dispositif. Par exception, le démembrement est toléré par la suite dans le cas d'une donation d'usufruit, si l'usufruitier reprend l'engagement de conservation, ou dans le cas d'une donation de nue-propriété si l'usufruitier poursuit son engagement de conserver le bien. Dans le cadre du régime « Scellier outre-mer », le démembrement remet en cause les avantages fiscaux.

1. Voir chapitre 12.
2. Article 156-I-3 du CGI.

Les valeurs mobilières

Il convient de distinguer les valeurs mobilières de placement des valeurs de contrôle. Les revenus produits par les valeurs mobilières de placement servis à l'usufruitier sont fiscalisés de la même manière que s'il s'agissait d'un plein propriétaire. Pour les valeurs mobilières de contrôle, on opère une distinction selon la nature du résultat. S'il l'on est en présence d'un résultat courant, c'est-à-dire un résultat formé par la gestion de l'entreprise, alors il revient de droit à l'usufruitier. Il sera taxé comme un dividende.

Si l'on est, au contraire, en présence d'un résultat exceptionnel, alors celui-ci revient de droit au nu-propriétaire. Dans l'hypothèse d'une distribution, c'est lui qui devra déclarer le dividende. Mais l'administration fiscale admet qu'usufruitier et nu-propriétaire puissent s'entendre pour attribuer le résultat exceptionnel à l'usufruitier[1].

Dans ce cas de figure, une convention devra être signée et dûment enregistrée avant la clôture de l'exercice pour qu'elle lui soit opposable. L'usufruitier déclarera alors les dividendes versés. Il convient de noter que, dans cette situation, le démembrement se trouve reporté sur la somme versée à l'usufruitier qui devient quasi-usufruitier…

3 La fiscalité des plus-values immobilières et mobilières

De façon générale, la plus-value (PV) de cession d'un bien (en pleine propriété) s'estime par la différence entre son prix de cession et son prix d'acquisition :

PV = Prix de cession – Prix d'acquisition

Dans le cas de droits démembrés, toute la difficulté va être de déterminer le prix d'acquisition du droit cédé, qu'il s'agisse de l'usufruit ou de la nue-propriété.

3.1 Les plus-values immobilières

Les modalités d'impositions des plus-values immobilières sont prévues aux articles 150 U et suivants du CGI. Ce sont les mêmes règles qui s'appliquent que pour les immeubles détenus en pleine propriété s'agissant du taux, des abattements et du seuil de cession[2]. Par définition, le prix de vente est connu. Tout l'enjeu

1. Inst. 4 F-2-99, 8 nov. 1999, *BOI* 17 nov. 1999 : « En pratique, l'usufruitier des parts est imposable à hauteur des bénéfices courants de l'exploitation et le nu-propriétaire à hauteur des profits exceptionnels. Ce dernier peut également déduire la quote-part des déficits réalisés par la société correspondant à ses droits. Toutefois, l'usufruitier et le nu-propriétaire de droits sociaux démembrés peuvent décider d'une répartition conventionnelle des résultats sociaux. Cette répartition est opposable à l'administration fiscale dès lors qu'elle procède d'une convention licite et a été conclue ou insérée dans les statuts avant la clôture de l'exercice aux termes d'un acte régulièrement enregistré. »

2. Voir chapitre 14.

consiste donc à déterminer le prix d'acquisition du droit démembré, pour le calcul de la plus-value et de son imposition.

Trois cas de figure sont envisagés, selon que[1] :

- l'usufruit et la nue-propriété sont cédés séparément ;
- la cession porte sur la pleine propriété, après réunion de l'usufruit et de la nue-propriété ;
- la cession porte sur la pleine propriété, l'usufruitier et le nu-propriétaire cédant ensemble.

La vente séparée de l'usufruit ou de la nue-propriété

Dans ce premier cas, il faut distinguer l'origine des droits démembrés afin de pouvoir définir les modalités de détermination de leur valeur d'acquisition.

Tableau 10.3 – Valeur de l'usufruit et de la nue-propriété

Origine de droit	Valeur de l'usufruit	Valeur de la nue-propriété
Cas n° 1 : Achat initial séparé des 2 droits		
Prix d'acquisition	Prix fixé dans l'acte d'acquisition	Prix fixé dans l'acte d'acquisition
Cas n° 2 : Le cédant détient la pleine propriété du bien		
Prix d'acquisition	Application de l'article 669 du CGI pour la répartition du prix d'acquisition initial entre l'usufruit et la nue-propriété	
Cas n° 3-1 : Le cédant détient la pleine propriété, par réunion de l'usufruit et de la nue-propriété, les 2 droits ayant été acquis successivement (par acquisition, succession ou donation)		
Prix d'acquisition	Prix d'acquisition ou valeur retenue pour le paiement initial des droits de succession/donation	Prix d'acquisition ou valeur retenue pour le paiement initial des droits de succession/donation
Cas n° 3-2 : Le cédant détient la pleine propriété, par acquisition de la nue-propriété et décès de l'usufruitier		
Prix d'acquisition	0	Prix d'acquisition de la nue-propriété
Cas n° 3-3 : Le cédant détient la pleine propriété, la nue-propriété par succession ou donation, et l'usufruit par décès de l'usufruitier		
Prix d'acquisition	Valeur retenue dans l'acte initial de démembrement	Valeur retenue pour le paiement initial des droits de succession/donation

La vente de la pleine propriété, après réunion de l'usufruit et de la nue-propriété

Ici, le vendeur ne disposait pas initialement de la pleine propriété. Il l'a acquise par réunion de l'usufruit et de la nue-propriété.

1. Il convient de noter que plus le prix d'acquisition sera retenu pour un montant élevé, plus la plus-value sera faible et l'impôt limité.

Tableau 10.4 – Valeur de la pleine propriété

Origine de la pleine propriété	Valeur de l'usufruit	Valeur de la nue-propriété
Cas n° 1 : Acquisition à titre onéreux de la nue-propriété, puis de l'usufruit par décès de l'usufruitier		
Prix d'acquisition	0	Prix fixé dans l'acte d'acquisition
Cas n° 2 : Acquisition de la nue-propriété par succession ou donation, puis de l'usufruit par décès de l'usufruitier		
Prix d'acquisition	Valeur retenue pour le paiement initial des droits de succession/ donation	Valeur retenue pour le paiement initial des droits de succession/ donation
Cas n° 3 : Acquisition à titre onéreux de la nue-propriété et de l'usufruit		
Prix d'acquisition	Prix d'acquisition du droit	Prix d'acquisition du droit
Cas n° 4 : Acquisition de la nue-propriété par donation et de l'usufruit par donation ou acquisition à titre onéreux		
Prix d'acquisition	Valeur retenue pour le paiement initial des droits de donation	Prix d'acquisition ou valeur retenue pour le paiement initial des droits de donation

La vente de la pleine propriété par l'usufruitier et le nu-propriétaire ensemble

Dans cette situation, l'usufruitier et le nu-propriétaire sont deux personnes distinctes, qui s'accordent pour céder en même temps, à la même personne, leur droit respectif. L'acquéreur des deux droits devient alors plein propriétaire. Il faut alors répartir le prix de vente entre les deux cédants. Ceci peut se faire par application du barème de l'article 669 du CGI ou l'application d'un modèle actuariel (évaluation économique)[1].

Pour ce qui est du prix initial d'acquisition de chacun des deux droits, deux cas sont à distinguer :

– les droits ont été acquis à titre onéreux : il faut retenir leur prix d'acquisition initial ;
– les droits ont été acquis à titre gratuit : il faut retenir la valeur utilisée pour le calcul des droits de mutation à titre gratuit, tels qu'inscrits dans les actes.

3.2 Les plus-values mobilières

À l'instar des règles applicables pour les plus-values immobilières, il convient de déterminer le prix d'acquisition des titres selon la situation rencontrée. Les modalités d'impositions des plus-values mobilières démembrées sont prévues dans l'instruction du 13 juin 2001[2]. Ce sont les mêmes règles qui s'appliquent pour les valeurs mobilières détenues en pleine propriété s'agissant du taux, des abattements et du seuil de cession[3]. Trois cas sont à distinguer.

1. Pour le calcul des droits d'enregistrement, seul le barème est autorisé.
2. Inst. 13 juin 2001 : BOI 5 C-1-01, n° 199, 3 juill. 2001, fiche n° 1.
3. Voir chapitre 13.

La cession conjointe des deux droits (usufruit et nue-propriété) avec répartition du prix de vente ou cession isolée de l'usufruit ou de la nue-propriété

Deux cas sont ici à distinguer.

– Le cédant n'a pas la pleine propriété des titres : le prix de revient du droit (usufruit ou nue-propriété) cédé est égal à son prix d'acquisition (en cas d'acquisition à titre onéreux) ou à la valeur retenue pour le calcul des droits de mutation en cas d'acquisition à titre gratuit.
– Le cédant a la pleine propriété des titres : leur valeur d'acquisition est donc connue et se pose la question de sa répartition entre les deux droits. Cette répartition peut se faire par application du barème ou sur la base de leur valeur économique respective. Le calcul se fait sur la base de l'âge de l'usufruitier au jour de la cession.

La cession conjointe des deux droits (usufruit et nue-propriété) sans répartition du prix de vente

Le fait que les titres soient cédés démembrés sans répartition du prix entre les deux droits correspond à deux situations particulières :

– le produit de cession est remployé : c'est le nu-propriétaire qui est redevable de l'impôt ;
– le prix est attribué à l'usufruitier (quasi-usufruit) : c'est l'usufruitier qui est redevable de l'impôt.

Pour ce qui est du calcul de la plus-value, il faut distinguer deux cas :

– l'usufruitier et le nu-propriétaire n'ont pas disposé de la pleine propriété avant le démembrement : le prix d'acquisition est égal au prix d'acquisition de la pleine propriété[1] (en cas d'acquisition à titre onéreux) ou à la valeur retenue pour les deux droits dans le calcul des droits de mutation en cas d'acquisition à titre gratuit ;
– l'usufruitier ou le nu-propriétaire a disposé de la pleine propriété des titres avant leur démembrement : le prix d'acquisition est ici égal au prix d'acquisition initial de la pleine propriété, augmenté de la hausse de valeur du droit à la date du démembrement.

1. Donc à la valeur d'acquisition des deux droits.

La cession en pleine propriété de titres, après réunion de l'usufruit et de la nue-propriété

L'usufruit pouvant être obtenu par extinction (décès de l'usufruitier) ou acquisition, il faut distinguer deux situations.

– L'usufruit a été acquis par voie d'extinction naturelle : le principe est alors que la valeur de l'usufruit, pour le calcul du prix d'acquisition (et donc de la plus-value), est considérée comme nulle. Par exception, lorsque les deux droits ont initialement été transmis en même temps à deux personnes distinctes (l'usufruitier et le nu-propriétaire), il faut retenir la valeur utilisée pour le calcul des droits de mutation à titre gratuit.
– L'usufruit a été acquis à titre gratuit ou à titre onéreux : le prix d'acquisition de la pleine propriété est donc la somme des prix d'acquisition des deux droits (en cas d'acquisition à titre onéreux) ou des valeurs retenues dans le calcul des droits de mutation en cas d'acquisition à titre gratuit.

Chapitre

11 La société civile

Serge ANOUCHIAN

SOMMAIRE

« Ce n'est pas parce que les choses sont difficiles que nous n'osons pas les faire, c'est parce que nous n'osons pas les faire qu'elles sont difficiles ! »

Sénèque

La société civile constitue un outil incontournable pour toute gestion dynamique de son patrimoine. Il s'agit, bien sûr, de la gestion d'un patrimoine immobilier, à travers le véhicule le plus connu que constitue la société civile immobilière (SCI). Mais il convient également de ne pas oublier la gestion d'un portefeuille de valeurs mobilières, à travers la société civile de portefeuille. Lorsque ce portefeuille de valeurs mobilières est constitué d'une ou plusieurs sociétés dans laquelle l'activité professionnelle est exercée, on parle alors de sociétés civiles patrimoniales ou de sociétés civiles de famille. Ces appellations concernent en réalité une forme particulière de sociétés civiles dont l'objet est, pour un individu donné ou une famille, l'acquisition, puis la gestion et enfin la transmission de l'ensemble du patrimoine, que celui-ci soit constitué d'immeubles, de parts de sociétés opérationnelles ou d'autres valeurs mobilières.

Considéré sur le plan juridique comme le parent pauvre du droit des sociétés, avec un régime fiscal particulier que des fiscalistes émérites ont affublé du nom de « sacs d'embrouilles[1] », cette forme de société a néanmoins un succès qui, non seulement ne se dément pas avec le temps mais, au contraire, tend à s'accroître et à se multiplier[2]. La raison en est simple. Cette forme sociale a l'immense avantage de laisser aux rédacteurs de ses statuts une grande liberté qui, bien entendu, s'accommode particulièrement bien à la gestion de patrimoine.

Évacuons dès à présent quelques fantasmes qui ont la peau dure. La société civile est un instrument de gestion patrimoniale et d'optimisation. Elle n'est pas un véhicule facilitant la fraude fiscale par son caractère pseudo confidentiel et ne fabrique pas de richesse par génération spontanée ! C'est un espace de liberté avant tout, liberté statutaire, liberté comptable, qu'il convient cependant de bien maîtriser car tous ces choix, qui comportent bien évidemment des interdépendances, entraînent des conséquences fiscales radicalement différentes.

Il faut, avant tout, garder à l'esprit qu'une gestion patrimoniale dynamique ne peut s'entendre que dans le cadre d'objectifs clairement définis, tant il est vrai que ceux-ci peuvent être sujet à fluctuations en fonction de l'âge, de la situation matrimoniale, de la composition familiale, des revenus actuels et des revenus futurs, le tout en gardant à l'esprit que l'ensemble de ces paramètres sont bien entendus dynamiques et peuvent varier et fluctuer tout au long de l'existence.

1. Maurice Cozian, professeur émérite de fiscalité, trop tôt disparu, qu'il est inutile de présenter.
2. Plus de 1 700 000 sociétés civiles au 31 décembre 2022.

Pour un grand nombre d'individus, la gestion de patrimoine est l'art qui consiste à construire, lorsque l'on est en pleine activité, les conditions d'une retraite paisible et, pourquoi pas, des conditions de transmission optimales à ses héritiers. On a coutume de classer le patrimoine en quatre grandes catégories, que sont l'immobilier, les biens mobiliers, l'assurance-vie et les liquidités.

Existe-t-il une répartition idéale ? Tout dépend des aspirations profondes, actuelles et futures, du détenteur de ce patrimoine. Devant la diversité des solutions qui s'ouvrent au conseiller patrimonial, la société civile est sans doute le moyen le mieux approprié pour répondre à l'ensemble de ces problématiques. Sans oublier, évidemment, les objectifs traditionnels des sociétés civiles, que sont d'éviter une indivision ainsi que la protection de certaines personnes dans un cadre sécuritaire. L'on évoque ici la situation particulière d'épouse/époux ou de concubine/concubin, de l'enfant mineur et, plus encore bien entendu, de l'incapable. Ceci, dans un contexte où les progrès de la science ont considérablement allongé la durée de vie humaine, en même temps que la libéralisation des mœurs a favorisé l'éclatement de l'ancienne notion de famille, donnant ainsi naissance à une multitude de familles recomposées, avec des enfants de lits différents, compliquant ainsi un peu plus la gestion de la transmission du patrimoine familial.

Après avoir esquissé une définition de la société civile et de son mode de fonctionnement (section 1), nous étudierons tout d'abord la façon optimale d'utiliser la société civile pour gérer son patrimoine (section 2), avant d'aborder les conditions de la transmission de ce patrimoine (section 3).

Section 1 LA SOCIÉTÉ CIVILE : DÉFINITION ET MODE DE FONCTIONNEMENT

1 La forme sociétaire de la société civile

Comme son nom l'indique assez clairement, c'est avant tout une société, mais une société à laquelle les textes n'attachent pas une grande considération ! En effet, « la société est instituée par deux ou plusieurs personnes qui conviennent par un contrat d'affecter à une entreprise commune des biens ou leur industrie en vue de partager le bénéfice ou de profiter de l'économie qui pourra en résulter. Les associés s'engagent à contribuer aux pertes[1] ».

1. Article 1832 du Code civil.

Comme dans un mariage, on s'associe pour bénéficier du meilleur (partager les bénéfices) mais aussi pour supporter le pire (contribuer aux pertes). Inscrit au titre IX du Code civil traitant de la société, le législateur a semble-t-il expressément souhaité laisser une grande liberté de manœuvre aux rédacteurs des statuts de la société civile, puisque les dispositions de tous les chapitres concernant la société sont applicables « à toutes les sociétés civiles, à moins qu'il n'y soit dérogé par le statut légal particulier auquel certaines d'entre elles sont assujetties. Ont le caractère civil toutes les sociétés auxquelles la loi n'attribue pas un autre caractère à raison de leur forme, de leur nature, de leur objet[1] ».

De par cette définition, une société qui revêtira la forme commerciale (SNC, SARL, SA, SAS) sera réputée commerciale du fait de sa forme, même si elle exerce en réalité une activité civile.

Exemple 1

Une société anonyme, propriétaire d'un immeuble qu'elle donne en location à des particuliers, activité éminemment civile sur le plan juridique, restera commerciale avec toutes les conséquences fiscales, c'est-à-dire l'assujettissement à l'ensemble des impôts commerciaux.

Exemple 2

Une SARL, détentrice d'un portefeuille de valeurs mobilières qu'elle se contente de gérer, autre activité purement civile, est et restera aussi commerciale avec les mêmes conséquences sur le plan fiscal.

Le partage des bénéfices et la participation aux pertes sont en général proportionnels à la quote-part de capital détenu. Est-ce une obligation ? « La stipulation attribuant à un associé la totalité des profits procurés par la société ou l'exonérant de la totalité des pertes, celles excluant un associé totalement du profit, mettant à sa charge la totalité des pertes sont réputées non écrites[2]. »

On aura compris, à la lecture de ce qui précède, que seules les clauses exorbitantes, attribuant à l'un des associés, soit l'intégralité du bénéfice, soit en lui imputant l'intégralité des pertes, sont prohibées. Dès lors, en vertu du principe constant que tout ce qui n'est pas expressément interdit est autorisé, il est parfaitement possible de concevoir des statuts avec des clauses de partage inégal du résultat.

1. Article 1845 du Code civil.
2. Article 1844-1 alinéa 2 du Code civil.

Exemple 1

> A apporte 50 % du capital et a droit à 80 % du bénéfice, B apporte 50 % du capital et a droit à 20 % du bénéfice.

Exemple 2

> Même cas que ci-dessus, les bénéfices sont répartis par moitié, mais les pertes sont supportées par A pour 75 % et par B pour le reste.

Un autre point s'avère délicat, celui de la responsabilité de l'associé, qui demeure responsable indéfiniment des dettes sociales et ce, proportionnellement à la quote-part qu'il détient dans le capital de la société à la date d'exigibilité de la créance[1]. Par cette disposition de la loi, on aura compris pourquoi les praticiens en général, et les notaires en particulier, sont réticents à conseiller l'acquisition de parts sociales de sociétés civiles et accordent toujours, lorsque cela est possible, une large préférence à l'acquisition directe de l'immeuble, y compris en constituant pour ce faire une nouvelle société.

2 L'objet civil de la société

Est-ce qu'il suffit de ne pas adopter l'une des formes commerciales (SA, SARL…) pour devenir définitivement une société civile ?

Fort heureusement, non. Il faut évidemment que la société soit civile, non seulement par son objet, mais également par son activité réelle. Tout d'abord, il faut que la société civile n'ait, ni pour objet ni pour activité réelle, l'une des activités qui sont par nature commerciales tel que l'entend le Code de commerce. Pas question donc d'adopter la forme d'une société civile pour vendre des carottes sur le marché, ni même d'ailleurs de faire du commerce *via* Internet. Il conviendra de veiller à ce que la rédaction de l'objet social ne laisse aucun doute, aucune ambiguïté quant aux contours de l'activité de la société.

Exemple

> La société a pour objet :
> - la propriété, la mise en valeur, l'administration et l'exploitation par bail, location ou autrement :
>   - de tous immeubles et droits immobiliers détenus en pleine propriété, nue-propriété ou usufruit, dont elle pourrait devenir propriétaire par voie d'acquisition, d'apport, d'échange ou autrement ;

1. Article 1857 du Code civil.

– de tous biens et droits pouvant constituer l'accessoire, l'annexe ou le complément des immeubles et droits immobiliers en question ;

- la propriété et la gestion d'un portefeuille de valeurs mobilières, droits sociaux ou tous autres titres, détenus en pleine propriété, nue-propriété ou usufruit, par voie d'achat, d'échange, d'apport, de souscription de parts, d'actions, d'obligations et de tous titres ou droits sociaux en général ;
- la vente de ces mêmes biens, pour autant toutefois qu'elle n'expose pas la société à perdre son caractère civil, ne peut être considérée comme un acte de commerce et ne porte pas en conséquence atteinte au caractère civil de la société ;
- et, généralement, toutes opérations civiles pouvant se rattacher directement ou indirectement à cet objet et ne modifiant pas le caractère civil de la société.

Cette précaution rédactionnelle prise, il faudra veiller évidemment à ce que les actes réellement passés par la société soient conformes à son objet. L'exemple le plus connu, et par conséquent le plus grand risque pour la gestion d'une société civile immobilière, est celui de confondre une gestion traditionnelle d'un patrimoine immobilier propre avec une activité de marchand de biens. Il n'est pas rare, en effet, que l'administration fiscale puisse requalifier en opération de marchand de biens une multitude d'opérations réalisées par une société civile dans un court laps de temps et consistant en l'achat de différents lots immobiliers, suivi peu de temps après par leur revente.

Or, une société civile qui verrait son activité requalifiée en activité de marchand de biens devrait acquitter, en lieu et place de l'impôt classique sur les plus-values des particuliers, l'impôt sur les sociétés sur la marge réalisée et cela en ayant acquitté à l'acquisition les droits d'enregistrement classiques, sans avoir pu bénéficier de l'allégement spécifique aux marchands de bien !

Faut-il insister plus encore sur la nécessité de rédiger soigneusement l'objet de la société civile et de mesurer précisément la portée de chacun des actes accomplis par la société ?

3 De la nécessité de tenir une comptabilité

Le rédacteur de ces quelques lignes étant expert-comptable, ne soyez pas étonné si la réponse est indubitablement OUI[1] ! Mais pour quelles raisons ? Tout à la fois pour des raisons juridiques, économiques et fiscales.

1. Oscar Wilde aimait à dire : « La réponse est Oui, mais quelle est la question ? »

3.1 Les raisons juridiques

Il est bien rare que les statuts d'une société, fût-elle civile, ne prévoient, suivant différentes modalités, la restitution aux associés des opérations de l'année écoulée. « Les gérants doivent, au moins une fois dans l'année, rendre compte de leur gestion aux associés. Cette reddition de comptes doit comporter un rapport écrit d'ensemble sur l'activité de la société au cours de l'année ou de l'exercice écoulé, comportant l'indication des bénéfices réalisés ou prévisibles et des pertes encourues ou prévues[1]. »

Bien entendu, la loi n'impose aucune forme particulière et, à plus forte raison, les règles de la comptabilité commerciale et l'application du plan comptable général ne sont évidemment pas obligatoires. Les obligations légales peuvent être valablement remplies par la rédaction d'un rapport écrit qui se bornerait, par exemple, à indiquer le montant du loyer perçu s'il s'agit d'un immeuble, des revenus de placement s'il s'agit d'un portefeuille mobilier, en indiquant éventuellement les montants du compte en banque à l'ouverture et à la clôture de l'exercice, ainsi que la valeur acquise par le portefeuille ou par le bien immobilier. Le droit de savoir des associés serait vraisemblablement correctement rempli. Cependant, cela serait nécessairement insuffisant tant sur le plan économique que sur le plan fiscal.

3.2 Les raisons économiques

Tout au long de la vie d'une société, il est fréquent que les associés contribuent aux pertes, par exemple en ramenant dans les comptes de la société de l'argent, ou bien au contraire profitent des bénéfices réalisés pour s'approprier tout ou partie des bénéfices dans les conditions prévues par les statuts. Dès lors qu'il faut suivre l'affectation, à chaque associé, en proportion des droits qui lui sont reconnus statutairement, du montant des bénéfices ou la participation aux pertes, il convient de lui fournir un état précis des montants qui lui sont réclamés ou distribués ainsi que la justification de la formation du résultat, que ce soit un bénéfice ou une perte. De toute façon, il le réclamera[2].

3.3 Les raisons fiscales

Quel que soit l'impôt concerné, les motifs qui militent pour la tenue d'une comptabilité rigoureuse ne manquent pas.

1. Article 1856 du Code civil.

2. L'article 1855 du Code civil reconnaît à tous les associés le droit d'obtenir, au moins une fois par an, la communication des livres et documents sociaux, voire de poser par écrit des questions sur la gestion sociale auxquelles il devra être répondu par écrit dans un délai d'un mois.

En matière d'impôt sur le revenu

D'une manière générale, tout contribuable qui souhaite bénéficier d'une déduction fiscale doit pouvoir en justifier le bien-fondé et répondre à toute demande de l'administration fiscale. À titre d'illustration, en ce qui concerne les revenus fonciers, l'administration fiscale a, dans une instruction[1], publié un ensemble de précisions consécutives notamment à la loi de Finances ayant réformé les revenus fonciers. À ce titre, elle a reformulé les conditions de déduction des travaux qui doivent répondre à différents critères, notamment à ce que la dépense soit :

– engagée en vue de l'acquisition ou de la conservation du revenu ;
– effectivement payée par le propriétaire qui se prévaut de sa déduction ;
– dûment justifiée.

Il va sans dire que la production d'une comptabilité en bonne et due forme, appuyée des pièces justificatives, facilitera grandement cette justification. Par ailleurs, et toujours en matière de revenus fonciers, les sociétés civiles n'ayant pas opté à l'impôt sur les sociétés sont malgré tout tenues de présenter à toute réquisition du service des impôts tous documents comptables ou sociaux d'inventaires, copies de lettres, pièces de recettes et de dépenses de nature à justifier l'exactitude des renseignements portés sur la déclaration spécifique de sociétés civiles immobilières n° 2072[2].

En matière d'impôt sur les plus-values

Comme on le verra plus loin, le régime fiscal des sociétés civiles est marqué par ce qu'il convient d'appeler la translucidité des sociétés de personnes. Jusqu'à un passé récent, et pour les associés personnes physiques, subsistait un important risque de double imposition ou de double déduction des résultats sociaux. Un arrêt du conseil d'État du 16 février 2000 confirmé le 9 mars 2005 a mis définitivement fin à cette situation[3]. Depuis cet arrêt, les plus-values de cession de parts de sociétés de personnes doivent être calculées en diminuant du prix de cession, le prix de revient des parts cédées (PV de cession = Prix de cession – Prix de revient). Ce prix de revient est déterminé par le prix d'achat des parts augmenté par la somme algébrique des éléments suivants :

Prix de revient = Prix d'achat des parts
+ bénéfices imposés, y compris les plus-values
+ pertes comblées
– déficits, y compris les moins-values
– bénéfices répartis

1. BOI D-2-07 du 23 mars 2007.

2. Article 46 D de l'annexe III du Code général des impôts.

3. CE 9 mars 2005, n° 248825, arrêt Barade. Auparavant, arrêt Quemener du 16 février 2000, sur le même sujet, pour les associés personnes morales.

En d'autres termes, la plus-value se calcule par différence entre le prix de cession et le prix de revient, c'est-à-dire ce que les parts ont réellement coûté à l'acquéreur, en y ajoutant non seulement le prix d'acquisition, mais également les sommes d'argent qu'il a pu mettre ou retirer de la société civile, mais aussi le crédit dont il a pu bénéficier lorsque la société civile dégageait des pertes fiscales ou, à l'inverse, la base sur laquelle il a été imposé lorsque la société civile était fiscalement bénéficiaire. Il semble dès lors, pour respecter cette contrainte, qu'une comptabilité précise s'impose afin de suivre non seulement les résultats annuels de la société civile, mais également de suivre pour chacun des associés l'évolution de son compte courant.

En matière d'impôt de solidarité sur la fortune et maintenant d'impôt sur la fortune immobilière

Sauf cas exceptionnel, traité par ailleurs, les parts des sociétés civiles sont évidemment assujetties à l'impôt sur la fortune immobilière. Pour déterminer avec précision la valeur des parts d'une société civile, il devient nécessaire d'établir chaque année un bilan, plus exactement une situation active et passive du patrimoine de la société. Afin de respecter les obligations de justification, notamment des passifs déduits, et surtout du montant du compte courant[1], il convient là aussi d'établir une comptabilité en bonne et due forme[2].

En matière d'enregistrement (cession et mutation à titre gratuit)

Que ce soit à l'occasion de l'enregistrement d'un acte de cession de parts, pour une donation de parts sociales à ses héritiers ou pour asseoir les droits de succession en cas de décès, il convient de justifier avec précision de la valeur des parts sociales assujetties à ces droits de mutation, même si la loi est venue restreindre la possibilité de prendre en compte la déduction de certains comptes courants. Là encore, et comme en matière d'IFI, seule la production d'une comptabilité probante justifiera aux yeux de l'administration fiscale les montants retenus.

3.4 Les raisons légales

En cas d'option à la TVA. En cas d'acquisition immobilière, il n'est pas rare qu'une option à la TVA soit avantageuse[3]. Dans ce cas, et même si la société ne tient pas habituellement une comptabilité, elle doit « avoir un livre aux pages numérotées sur lequel est inscrit, jour par jour, sans blanc ni rature, le montant de chacune de

1. Compte courant assujetti lui-même à l'ISF, mais depuis le 1er janvier 2018 exonéré d'IFI.

2. La déduction des comptes courants ne s'applique pas aux non-résidents (loi de Finances 2011).

3. Notamment si le locataire est un assujetti et que les travaux de rénovation importants sont à la charge du propriétaire.

ces opérations, en distinguant au besoin ces opérations taxables et celles qui ne le sont pas[1] ».

En présence d'un associé (entreprises industrielles, commerciales ou agricoles) soumis à un régime réel de bénéfice ou une personne morale assujettie à l'impôt sur les sociétés (IS). Ainsi que nous le verrons au paragraphe consacré au régime fiscal des sociétés civiles, dans cette situation, et pour la quote-part détenue par les associés en question, la société civile est tenue de faire une comptabilité commerciale en respectant en tout point les prescriptions du plan comptable général et du Code général des impôts[2].

En cas de dépassement de certains seuils. Dans une situation évidemment beaucoup plus rare, si la société civile dépasse deux des trois critères déclenchant l'obligation de la tenue complète d'une comptabilité commerciale[3].

4 Faut-il amortir les immobilisations détenues par la société civile ?

Si la société civile se trouve dans l'un des cas où la tenue de la comptabilité est obligatoire (voir *supra*), il convient bien évidemment d'en respecter toutes les règles et par conséquent de pratiquer des amortissements. À l'inverse, si la tenue de comptabilité n'est pas obligatoire et que les associés ont choisi, pour toutes les raisons évoquées ci-dessus, de tenir une comptabilité en bonne et due forme, doivent-ils également pratiquer des amortissements ? Répétons tout d'abord qu'il n'y a aucune obligation en la matière et que l'adoption d'un plan d'amortissement dépendra des circonstances économiques, ainsi que des objectifs poursuivis par les associés de la société civile. On peut se demander, dès lors, quels sont les avantages et inconvénients à pratiquer ou non les amortissements dans une société civile[4].

Tableau 11.1 – Avantages et inconvénients de l'amortissement des immobilisations

Avantages	Inconvénients
Réalisme comptable, si toutefois l'immeuble perd réellement de la valeur.	Vérité économique, il est rare, voire curieux, qu'un immeuble perde de sa valeur.
Baisse mécanique du résultat et donc des comptes courants, ce qui peut être avantageux en terme de transmission.	Baisse mécanique du résultat qui peut-être désavantageux, par exemple, en cas de gros capital libéré progressivement.

☞

1. Article 286-3 du CGI et article 37 de l'annexe IV.
2. Article 238 bis K du CGI.
3. Total du bilan supérieur à 4 000 K€, CA supérieur à 8 000 K€ ou plus de 50 salariés.
4. Tableau inspiré de l'étude de J.P. Garcon, JCP, n° 49.

Avantages	Inconvénients
Donne, en principe, une plus grande latitude dans l'évaluation des parts sociales.	– Risque de faire apparaître des comptes courants débiteurs, au cas où la trésorerie serait prélevée en l'absence de bénéfice comptable. – Il paraît difficile de revenir en arrière.

En conclusion, il convient de pratiquer des amortissements uniquement si on y est obligé, soit par les textes, soit par une circonstance ou une situation précise.

(Voir en annexe 1 – Exemple d'application chiffré)

5 Faut-il instituer un capital faible ou élevé ?

Rappelons tout d'abord qu'il n'y a aucun capital minimum et qu'en toute logique le capital maximum devrait correspondre au montant total de l'investissement projeté. Il est possible de faire une société civile avec un capital variable, tout comme il est possible d'imaginer une société civile avec un capital élevé, mais dont la libération sera échelonnée sur une durée dont la loi ne fixe pas de limite. Jusqu'à un passé récent[1], la différence essentielle entre un petit et un gros capital se retrouvait notamment lors du calcul de la plus-value de cession des parts de la société civile immobilière. Nous pensons que ce débat n'a plus lieu d'être.

Tout d'abord, pour la raison pratique évoquée ci-dessus, dans la mesure où tous les praticiens restent réticents à conseiller à leurs clients de procéder à l'acquisition de parts de sociétés civiles plutôt que d'acquérir directement un bien, quitte à créer pour ce faire une nouvelle société civile. Ensuite, parce que grâce à (ou à cause de) l'arrêt Barade précité, le prix de revient des parts retenu pour calculer les plus-values de cession est augmenté des montants apportés ou retirés de la société civile[2]. Enfin, parce que, comme le montre l'exemple ci-après, depuis la réforme du régime des plus-values immobilières, notamment la suppression du coefficient de revalorisation, la différence d'imposition en matière de plus-values entre cession de part de société à gros capital ou à petit capital est faible.

(Voir en annexe 2 – Exemple d'application chiffré)

Reste que, selon certains praticiens, un capital faible laisse davantage de latitude dans la valorisation des parts sociales lorsqu'il s'agit d'asseoir des droits d'enregistrement, que ce soit à l'occasion des droits de mutation à titre gratuit ou onéreux.

1. Et qui perdure dans l'esprit de certains auteurs !
2. Voir ci-avant, paragraphe « Les raisons fiscales ».

Focus

Technique dite « à la lyonnaise »

Certains praticiens préconisent de constituer des sociétés civiles dans certaines occasions, notamment à la naissance des enfants, en faisant souscrire à cette société civile un bien quelconque, par exemple des parts de sociétés civiles de placement immobilier, afin de donner date à la création de la société. Après 30 ans de détention, et en cas de vente des parts de la société civile, aucun impôt sur la plus-value ne sera dû, même si entre-temps la société civile a fait l'acquisition d'un autre bien immobilier, générateur d'une très forte plus-value !

Attention, pour être totalement exonéré de CSG et CRDS, il faudra attendre 30 ans.

Cette pratique, née à une époque où l'exonération était acquise au bout de 22 ans, a connu un grand succès entre 2004 et 2011, lorsque l'exonération totale était acquise au bout de 15 ans seulement !

6 Faut-il distribuer le résultat ou le laisser en réserve ?

La question qui est posée ici consiste à réfléchir à l'affectation à donner aux résultats dégagés par la société civile, du fait de son activité, que celle-ci soit liée à la détention d'un bien immobilier ou mobilier ou tout autre élément du patrimoine.

De quoi s'agit-il ? Sans entrer dans les arcanes et les méandres de la comptabilité, l'activité de la société, fût-elle civile, dégage bien entendu chaque année un résultat de l'ensemble des opérations. Différence entre le montant total des recettes et le montant total des dépenses (éventuellement augmentée des amortissements et des provisions, si nécessaire), ce résultat appartient aux associés de la société qui peuvent décider soit de l'appréhender, soit de le laisser à la disposition de la société en réserve ou en report à nouveau. Ils peuvent, bien entendu, arbitrer entre ces deux décisions en choisissant de distribuer une partie de ce résultat et d'en conserver une autre, en réserve dans la société. Avant tout, ce choix est dicté par la trésorerie disponible de la société. On ne peut effectivement distribuer que ce que l'on possède. Ensuite, la distribution va dépendre du besoin personnel des associés de disposer ou non d'une trésorerie complémentaire.

Quelles sont, *in fine*, les incidences pratiques de l'une ou l'autre décision ?

Elles sont bien entendues radicalement opposées (*cf.* tableau 11.2).

Tableau 11.2 – Distribuer ou mettre en réserves

Avec distribution	Sans distribution
Diminue la valeur de la part	Augmente la valeur de la part
Augmente le montant du compte courant	N'influence pas le montant du compte courant

(Voir en annexe 1 – Exemple d'application chiffré)

Quelles conclusions en tirer ?

Encore une fois, et comme pour toute autre question patrimoniale, cela dépend. En matière d'ISF par exemple, il vaut mieux ne pas distribuer car si les parts de sociétés civiles peuvent être, sous certaines conditions, exonérées de cet impôt, les comptes courants étaient, quant à eux, systématiquement imposables. Il est vrai que les modifications instaurées par l'IFI ont supprimé ce cas, puisque les comptes courants ne sont plus assujettis à l'ISF. À l'opposé, en matière de transmission, notamment lorsqu'il s'agira de donner la nue-propriété des parts aux enfants, la valeur de donation sera calculée par référence au barème de l'article 669 du CGI, sur la valeur en pleine propriété et, dans ce contexte, il vaudra mieux distribuer le résultat, ce qui aura pour conséquence de diminuer la valeur des parts de la société civile.

Que faire au concret ? Dans l'incertitude, il vaut mieux évidemment ne pas distribuer le résultat puisque l'assemblée des associés peut à tout moment décider d'affecter aux associés, et donc de distribuer, l'ensemble des résultats antérieurs laissés en report à nouveau.

7 Le régime fiscal applicable aux sociétés civiles

Lorsqu'elles n'ont pas opté à l'impôt sur les sociétés, les sociétés civiles sont des sociétés de personnes dites translucides ou semi-transparentes, qui échappent à toute imposition, puisque l'impôt est réclamé non pas à la société mais à ses associés[1]. Pourquoi semi-transparentes ? Parce que si la société n'a pas la charge de payer l'impôt, elle a cependant le devoir de déposer les déclarations fiscales qui serviront de base à l'assiette des impôts dus par ses associés. Par ailleurs, les sociétés conservent le devoir de justifier à l'administration fiscale les montants indiqués dans les déclarations qu'elles déposent.

D'une simplicité qui n'est qu'apparente, le traitement des différentes situations est, en vérité, extrêmement complexe. En effet, le mode de détermination du résultat est fonction de la situation fiscale de chaque associé. « La part de bénéfice ainsi que les profits résultant de la cession des droits sociaux sont déterminés et imposés en tenant compte de la nature de l'activité et du montant des recettes de la société ou du groupement[2]. »

1. Article 8 du Code général des impôts, alinéa 1.
2. Article 238 bis K II du CGI.

Exemple 1

Si la société civile, dont les associés sont des personnes physiques, détient un immeuble, il faudra appliquer la règle de détermination des revenus fonciers et, en matière de plus-values, les règles afférentes au régime des plus-values des particuliers codifiées aux articles 150 U et suivants du CGI.

Exemple 2

Si la société civile détient et gère un portefeuille de valeurs mobilières, il faudra appliquer les règles relatives aux revenus de capitaux mobiliers (RCM) et, en matière de plus-values, celles concernant les plus-values de cession des particuliers codifiées aux articles 150-0A et suivants du Code général des impôts.

Si la société détient conjointement un bien immobilier et un portefeuille de valeurs mobilières, il faudra traiter chaque catégorie de revenus suivant son régime propre. En réalité, l'administration fiscale fait comme si elle ignorait l'existence de la société, en considérant que les biens en question sont détenus directement par les personnes physiques. Cela ne va pas sans poser de considérables problèmes, que nous n'abordons pas dans le cadre de cet ouvrage. Par conséquent, et dans l'immense majorité des cas, le régime fiscal d'une société civile est le même régime que celui qui s'appliquerait au particulier, compte tenu du bien qu'il détient et de l'activité qu'il déploie. Cela sous-entend que nous sommes face aux mêmes avantages et aux mêmes inconvénients :

– avantages en matière de simplicité liés aux obligations déclaratives et à l'absence de tenue obligatoire d'une comptabilité ;
– inconvénients liés à une imposition sur un résultat dégagé, même si la trésorerie ne permet pas d'appréhender le bénéfice.

Exemple

Achat d'un immeuble pour 300000 €, financé par un emprunt d'un montant de 300000 €, sur 10 ans, au taux de 5,44 % (ce taux peut paraître aujourd'hui extrêmement élevé mais, paradoxalement, les taux bas ne font que décupler ce phénomène).
Échéance annuelle de remboursement 39700 €.
Loyer annuel perçu 40000 €.
A priori tout va bien. Mais l'échéance annuelle de remboursement comporte une part d'intérêt qui vient en déduction des recettes perçues (ici 16320 €) et une part de remboursement de capital qui n'est évidemment pas déductible des recettes (ici 23380).
Par conséquent, notre investisseur va être imposé sur un montant de revenus fonciers de : loyer (40000) – intérêts (16320 €) = 23680 €.
En supposant qu'il soit à une tranche marginale d'imposition de 41 %[1], et compte tenu des contributions annexes (17,2 %), il devra acquitter en tout un impôt de 23680 × 58,2 % =

1. Le taux maximum est actuellement de 45 %, auquel peut s'ajouter les CEHR (Contributions exceptionnelles sur les hauts revenus).

13782 €, alors même que son investissement ne lui rapporte pour l'instant aucune trésorerie supplémentaire à cause des remboursements d'emprunt.
Et non seulement cette situation va durer tout le temps du remboursement, mais elle va aller en s'aggravant puisqu'au fur et à mesure du remboursement des échéances, l'annuité comprendra de moins en moins d'intérêts et de plus en plus de capital, augmentant la base imposable alors que la trésorerie reste nulle.

8 L'option pour l'impôt sur les sociétés

Jusqu'à la parution de la loi de Finances pour 2004, qui est venue modifier en profondeur le régime des plus-values des particuliers et a vu la suppression de l'avoir fiscal, il pouvait être intéressant d'étudier la possibilité d'opter à l'impôt sur les sociétés pour la société civile. En effet, à cette époque, le taux marginal d'imposition caracolait à 54 % ce qui, ajouté aux prélèvements sociaux de 11 %, portait le montant total d'imposition, notamment sur les revenus fonciers, à 65 %. Dans le même temps, le taux d'impôt sur les sociétés se limitait à 33,33 %, voire dans certains cas 15 % jusqu'à concurrence d'un bénéfice de 38120 €. Bien entendu, pour employer une expression à la mode, entre 65 % et 15 %, *y'a pas photo* !

Comme nous le verrons un peu plus loin, la tentation d'opter à l'impôt sur les sociétés a été quasi définitivement écartée par la loi de Finances précitée. Elle a mis fin à l'exonération des plus-values de cession de parts de sociétés civiles à prépondérance immobilière détenues depuis plus de 15 ans, délai porté aujourd'hui à 30 ans[1] et ayant opté à l'impôt sur les sociétés. Cependant, la loi de Finances pour 2018 a impacté de façon significative la fiscalité et plus particulièrement celle qui taxe le patrimoine et ses revenus.

Il s'agit notamment de :

- l'instauration d'un prélèvement forfaitaire unique (PFU)[2] qui vient uniformiser et forfaitiser l'impôt frappant essentiellement les dividendes et les plus-values de cession de valeurs mobilières à un taux forfaitaire de 30 %. Ce taux représente l'addition de deux taux :
  - celui de 12,8 % concernant l'impôt sur le revenu ;
  - celui de 17,2 % représentant la CSG et CRDS et prélèvements sociaux ;
- l'augmentation, à compter du 1er janvier 2018, des prélèvements sociaux (CSG, CRDS, PS) à 17,2 % au lieu de 15,5 % ;
- la suppression de l'ISF et son remplacement par l'IFI (impôt sur la fortune immobilière) dont on peut dire, en bref, qu'il ressemble à s'y méprendre à son ancêtre l'ISF mais qu'il ne concerne que les biens immobiliers ;

1. En réalité, 22 ans pour être exonéré d'impôt de plus-value, mais 30 ans pour être exonéré aussi en totalité de CSG.
2. Appelé aussi « *flat tax* ».

– la baisse programmée du taux de l'impôt sur les sociétés frappant les bénéfices des entreprises qui passent de 33,33 % en 2017 à 28 % en 2018 et 26,5 % en 2021 pour atteindre 25 % en 2022.

Attention, la contribution exceptionnelle sur les hauts revenus (CEHR) demeure et vient s'ajouter, le cas échéant, aux taux ci-dessus.

Comparons malgré tout les avantages respectifs de l'assujettissement d'une société civile à l'impôt sur le revenu (IR) ou à l'impôt sur les sociétés (IS).

Tableau 11.3 – Arbitrage entre impôt sur le revenu et impôt sur les sociétés

Pour l'impôt sur le revenu (IR)	Pour l'impôt sur les sociétés (IS)[1]
Un taux marginal élevé de 62,2 % (45+17,2).	Un taux attractif (15 %) jusque 38 120 €.
Pas d'amortissement, pas de déduction forfaitaire.	Amortissement (obligatoire !).
Une imposition sur un résultat dégagé, qu'il soit ou non disponible en trésorerie.	Seule la distribution de la trésorerie rend exigible un impôt complémentaire.
Les frais d'achats ne sont pas déductibles.	La prise en compte des frais d'achats.
Mais une exonération après 22 ans ou 30 ans de patience.	Mais une sortie très pénalisante en cas de cession.

Cela étant, il peut être particulièrement pénalisant d'avoir, tout au long d'un emprunt, à financer sur ses deniers personnels l'impôt dû sur des revenus fonciers que l'absence de trésorerie empêche de percevoir. Un exemple détaillé et concret nous permettra de mieux comprendre les contours de cette problématique.

Exemple

Il s'agit d'acheter un bien immobilier d'une valeur de 300 000 €, l'acquisition entraînant des frais d'environ 15 000 €, le bien immobilier ainsi acheté devant générer un loyer annuel de 30 000 €. Votre client souhaite emprunter 100 % de l'acquisition, soit 300 000 €. Il a obtenu un emprunt sur 15 ans au taux de 2 %, assurance comprise. En matière d'impôt sur les sociétés, l'amortissement[2] sera calculé au taux de 2 % (amortissement du bien sur 50 ans : 1/50) sur 80 % de l'acquisition, les 20 % restant représentant le terrain qui n'est pas amortissable.
Voyons maintenant, à travers différents tableaux, comment se passe le financement de cet investissement tout au long du remboursement de l'emprunt.

1. Porté à 42 500 € pour 2023.

2. Ne pas confondre la durée d'amortissement de l'emprunt (ici 50 ans) et la durée d'amortissement du bien (ici 25 ans).

La première année

FISCALITÉ	IS (taux 15 %)	IR (taux 62,2 %)
Loyer	30000	30000
Amortissement	3600	0
Intérêts	6000	6000
Frais d'achats	5000	0
Base fiscale	5400	24000
Impôt	810	14928
TRÉSORERIE		
Loyer	30000	30000
Échéance	23348	23348
Impôt acquitté	810	14928
Trésorerie annuelle	5842	– 8276
Trésorerie cumulée	**5842**	**– 8276**

Comme prévu, dès la première année, l'effort de trésorerie que doit consentir à titre personnel votre investisseur n'est pas mince : plus de 8000 €, alors que s'il avait opté pour l'impôt sur les sociétés, sa société civile aurait une trésorerie certes minime, mais de 5842 €.

Voyons maintenant neuf ans plus tard alors qu'il reste encore six annuités d'emprunt.

La neuvième année

FISCALITÉ	IS (taux 15 %)	IR (taux 62,2 %)
Loyer	32486	32486
Amortissement	3600	0
Intérêts	3022	3022
Base fiscale	25864	29464
Impôt	3880	9188
TRÉSORERIE		
Loyer	32486	32486
Échéance	23348	23348
Impôt acquitté	3880	9188
Trésorerie annuelle	5259	– 9188
Trésorerie cumulée	**42015**	**– 78444**

Évidemment, ça ne s'arrange pas. Alors que l'investisseur ayant opté à l'impôt sur les sociétés n'a eu à faire à titre personnel aucun apport complémentaire, celui n'ayant pas opté à l'impôt sur les sociétés a dû remettre de sa poche un montant global de près de 78 444 € ! Mais comme vous le devinez maintenant, cela ne va guère s'arranger jusqu'à la fin de l'emprunt. Voyons justement ce qui se passe la 16e année, soit exactement un an après le remboursement de l'emprunt.

À la fin de l'emprunt

FISCALITÉ	IS (taux 15 %)	IR (taux 62,25 %)
Loyer	34 829	34 829
Amortissement	3 600	0
Intérêts	0	0
Base fiscale	31 229	34 829
Impôt	4 684	13 165
TRÉSORERIE	0	0
Loyer	34 829	34 829
Échéance	0	0
Impôt acquitté	4 684	21 664
Trésorerie annuelle	30 145	13 165
Trésorerie cumulée	**108 283**	**– 123 277**

Bien évidemment, là encore, le résultat se passe de commentaires, votre investisseur n'ayant pas opté à l'impôt sur les sociétés a dû puiser dans ses poches à hauteur de 123 277 € ! À l'inverse, celui ayant opté à l'impôt sur les sociétés n'a pas eu à faire d'apport complémentaire. Au contraire, il dispose même au sein de la société civile d'une trésorerie de + 108 000 €.

Cela étant, pour pousser le raisonnement à son terme, que se passe-t-il au terme de la période d'amortissement, c'est-à-dire ici au bout de 50 ans[1] ?

À la fin de l'amortissement, le loyer est supposé être de 50 000 €

FISCALITÉ	IS (taux 15 puis 22 %)	IR (taux 62,2 %)
Loyer	50 000	50 000
Amortissement	0	0
Intérêts	0	0
Base fiscale	50 000	50 000
Impôt	8 688[1]	31 100

☞

1. Il s'agit ici d'un raisonnement à vertu strictement pédagogique, les prévisions à 50 ans relevant d'une autre planète, compte tenu de la mouvance de notre environnement fiscal !

☞

FISCALITÉ	IS (taux 15 puis 22 %)	IR (taux 62,2 %)
TRÉSORERIE		
Loyer	50000	50000
Échéance	0	0
Impôt acquitté	8688	31100
Trésorerie annuelle	41312	18900
Disponible après RCM	**28918**	**18900**

Effet du prélèvement forfaitaire unique (PFU de 30 %), on s'aperçoit que même à la fin de la période d'amortissement, et compte tenu du taux de 15 % de l'impôt sur les sociétés extrêmement favorable, le montant net disponible pour l'investisseur reste le plus avantageux en cas d'option à l'impôt sur les sociétés.

Pourquoi alors ne pas opter pour l'impôt sur les sociétés ?

Pour deux raisons interdépendantes. La première parce que l'option à l'impôt sur les sociétés est irrévocable (cependant, la loi de Finances pour 2019 a instauré une possibilité de renoncer à l'option sur l'IS dans les 5 ans de la création, renonciation qui emporte bien sûr des conséquences fiscales quant à la plus-value dégagée). La seconde parce que, comme nous l'avons esquissé plus haut, la loi de Finances pour l'année 2004 a mis fin à l'exonération des plus-values de cession des titres de sociétés à prépondérance immobilière ayant opté à l'IS.

Qu'est-ce que cela veut dire concrètement ? Imaginons qu'à l'aune de sa retraite, et/ou après 30 ans de détention, votre investisseur souhaite céder son immeuble, dont la valeur sur le marché a atteint 600000 €[2]. Envisageons successivement la situation de l'investisseur n'ayant pas opté, puis celui ayant choisi l'impôt sur les sociétés.

Pour le premier cas (IR), le calcul est des plus simples, puisque que par le jeu des abattements, après 30 ans de détention, aucun impôt sur la plus-value (ni impôt, ni CSG) ne lui sera réclamé et il sera donc à la tête d'une somme de 600000 €.

Pour le second (impôt sur les sociétés), les choses se compliquent considérablement.

Prix de vente (a)	600000
Prix d'achat (b)	315000
Amortissement (c)	108000
Valeur nette comptable (d = b – c)	207000
Plus-value (e = a – d)	393000
Impôt sur les sociétés (25 %) (g)	98250
Dividendes distribués (h = a – g)	501750
Impôt sur dividendes (i) PFU de 30 %	150525
Reste disponible (k = h – i – j)	**351225**

(i) PFU de 30 %

1. Soit 15 % jusqu'à 38120 € et 25 % au-delà.

2. Il est inutile ici d'évoquer la possibilité de céder les titres de la société civile ayant opté à l'IS (au lieu et place de la cession de l'immeuble) car, outre les réticences des praticiens déjà évoquées, il y a lieu d'y rajouter celles nées de la fin de l'exonération précitée.

C'est-à-dire un écart de plus de 248 000 € avec la situation de l'impôt sur le revenu.
Attention, depuis le 1er janvier 2018, tout n'est pas binaire. Certains investissements peuvent s'avérer très rentables en termes de loyer et ne receler que de faibles chances de plus-values. Il faudra alors privilégier l'impôt sur les sociétés.
Il reste alors à imaginer, pour les futures acquisitions, la meilleure solution, celle qui consisterait à pouvoir bénéficier du régime de l'impôt sur les sociétés pour toute la gestion de la société tout en n'ayant pas opté à l'impôt sur les sociétés pour pouvoir, malgré tout, bénéficier de l'exonération des plus-values après 30 ans de détention.

Conclusion de ce chapitre, au moins sur le plan des sociétés civiles détenant un patrimoine immobilier[1], dans la plupart des cas, **pas d'option à l'IS** sans avoir pesé les conséquences chiffrées d'une vente à terme[2] !

Pour être plus complet, notamment grâce à la baisse du taux d'impôt société, il est possible et même souhaitable d'avoir en tête les trois schémas suivant pour la gestion fiscale de la détention de l'immobilier.

1. Concernant l'immobilier de jouissance, l'impôt sur le revenu s'impose.
2. Concernant l'immobilier d'entreprise, et comme il sera développé ci-après, le démembrement des parts de la SCI à l'impôt sur le revenu reste « indétrônable ».
3. Concernant l'immobilier de placement, une analyse plus fine, notamment le désir de transmettre un patrimoine de rendement élevé, devra favoriser une structure de détention à l'impôt sur la société.

Maintenant que nous sommes familiarisés avec les grands principes de fonctionnement comptable et fiscal de la société civile, penchons-nous sur les mérites de cette structure dans la gestion de son patrimoine.

Section 2 UNE SOCIÉTÉ CIVILE POUR GÉRER SON PATRIMOINE

Comme nous venons de le voir, la société civile, adroitement utilisée, peut devenir un instrument de gestion irremplaçable. Elle est dotée de règles suffisantes à en définir les contours, tout en disposant néanmoins d'une très grande liberté, propre à satisfaire les envies les plus différentes dans le respect évident des règles fondamentales du Code civil et du Code général des impôts. Nous allons tenter rapidement de voir quels sont les points sur lesquels la société civile s'avère être un outil quasiment indispensable.

1. Cette remarque reste valable évidemment pour toute autre forme de sociétés civiles patrimoniales.
2. Ne cachons pas la difficulté de cet exercice avec une fiscalité plus que mouvante !

1 Un outil pour éviter l'indivision

L'indivision, qu'elle soit subie ou voulue, est une situation dans laquelle plusieurs personnes sont propriétaires d'un même bien, cela sans avoir déterminé, surtout dans le cas d'une indivision subie, les règles du jeu, c'est-à-dire en l'occurrence les pouvoirs de gestion et de disposition du bien dont les co-indivisaires sont propriétaires. De cette situation, le plus souvent subie, le législateur a prévu une porte de sortie : « Nul ne peut être contraint à demeurer dans l'indivision et le partage peut toujours être provoqué, à moins qu'il n'y ait été sursis par jugement ou convention[1] ». Globalement, et malgré de récentes améliorations apportées par la loi[2], pour sortir d'une telle situation, notamment dans le cadre de la disposition (cession) d'un bien, il est en pratique nécessaire d'obtenir l'unanimité de l'ensemble des propriétaires. La constitution d'une société civile permettra de substituer à cette règle de l'unanimité les règles d'une majorité simple ou qualifiée, en tout cas celles qui auront été définies dans les statuts. Selon certains auteurs[3], notamment en cas d'indivision « passive », il faudra préférer à la société civile une convention d'indivision à durée déterminée, rédigée évidemment par un praticien aguerri.

Cependant, bien d'autres situations peuvent conduire à une indivision voulue, si ce n'est choisie ! La vie en union libre, l'achat en commun d'un bien par deux époux séparés de bien, sont des situations devenues parfaitement banales. Prévenir les situations d'indivision consiste à créer, bien évidemment préalablement à toute acquisition, une société civile qui servira de réceptacle aux acquisitions communes, quelle qu'en soit la nature, immobilière, mobilière, assurance-vie, etc., et dont les règles de fonctionnement (gestion) et de cession (disposition) auront été débattues et prévues dans les statuts. Dans cette situation, en cas de décès de l'un des associés, ce ne sont évidemment pas les actifs qui tombent dans l'indivision mais les parts sociales de la société civile.

On aura bien entendu prévu, au préalable, que le gérant de la société prendra seul les décisions pour gérer le patrimoine et que les indivisaires des parts sociales, par exemple, seront représentés par le gérant.

1. Article 815 du Code civil.

2. La loi a substitué à la règle de l'unanimité celle des deux tiers.

3. Marceau Clermon, *Société civile et gestion de patrimoine, opportunités, contraintes et pièges*, Éditions de Verneuil. Ouvrage synthétique, résolument pratique où l'auteur, notaire, aborde avec humour, mais compétence, les vraies questions. C'est, de plus, à notre connaissance, le seul ouvrage qui se termine par un poème à la gloire des SCI.

2 Un outil pour protéger son conjoint, un incapable, un mineur

Il s'agit là en vérité d'une question clé, qui d'ailleurs n'est pas exclusive à la société civile, mais qui en est un attribut essentiel. Il s'agit de la séparation du pouvoir et des avoirs.

Dans les situations évoquées ci-dessus, il s'agit le plus souvent de générer des revenus réguliers à des personnes à qui, pour une raison ou une autre, on ne veut, ou on ne peut, accorder la propriété. Pour le conjoint, il pourra s'agir d'un bien immobilier, par exemple provenant de la famille d'un des époux, qui procure un revenu important. Pour le mineur, il s'agira de pourvoir à ses besoins d'éducation jusqu'à sa majorité ou à son entrée dans la vie active. Pour l'incapable, il s'agira de lui assurer une vie décente à l'abri de tout souci de gestion et d'administration.

Bien entendu, et par delà même la séparation des avoirs et du pouvoir, la société civile permettra dans les deux derniers cas d'éviter la présence d'un juge de tutelle, dont on sait que la rapidité de décision, notamment en matière financière, ne constitue pas le plus grand point fort. En pratique, les statuts pourront prévoir de donner au gérant toute latitude de gestion, avec éventuellement une limitation de son pouvoir pour des décisions de cession, par exemple en consultant un conseil de famille. D'autre précautions seront à prendre en présence d'enfants mineurs, lorsqu'il s'agira d'emprunter, ou en présence d'incapables majeurs parce qu'il faudra alors prévoir statutairement la limitation de la responsabilité de l'incapable, quand bien même cette limitation ne serait valable qu'entre associés[1]. Il est important d'insister sur le fait que dans ces conditions, plus que jamais, il n'est pas question évidemment d'utiliser des statuts-type recueillis sur Internet. Ces situations s'accommodant très mal du prêt-à-porter, elles méritent, à coup sûr, des statuts sur-mesure !

3 Un outil pour protéger un patrimoine

Protéger son patrimoine, mais contre qui ?

Nous voulons parler ici des aléas de la vie des affaires. Certes, la loi du 1er août 2003[2] a introduit l'insaisissabilité de la résidence principale de l'entrepreneur individuel. Notons au passage que selon le Garde des sceaux, une résidence principale qui serait détenue à travers une société civile immobilière ne pourrait bénéficier de cette déclaration d'insaisissabilité[3]. Voilà pourquoi, en tout cas dans l'état actuel des choses, il faut rester réticent à la détention au travers d'une société civile de la rési-

1. Marceau Clermon, *op. cit.*
2. Loi sur l'initiative économique.
3. JOAN du 5 avril 2005, p. 3540, n° 52819.

dence principale. Il n'en demeure pas moins que l'intégralité du patrimoine restant peut servir de gage aux créanciers en cas de revers de fortune dont personne n'est à l'abri.

Le recours à la société civile, tout au moins pour une partie du patrimoine, rendra beaucoup plus difficile, notamment en présence d'autres associés significatifs, l'appréhension par les créanciers du patrimoine détenu au travers de la société. Il convient toutefois de rester attentif, notamment lorsque la société civile détient un immeuble loué à une entreprise ayant le même dirigeant que la société civile et qui viendrait à déposer le bilan. Le risque n'est pas anodin de voir rechercher si les relations financières entre les deux sociétés peuvent être considérées comme normales, faute de quoi la confusion des patrimoines pourrait être démontrée et ruinerait ainsi la protection apportée par la présence de la société civile. Ainsi, un arrêt de la chambre commerciale de la Cour de cassation[1] :

> Après avoir constaté que la société civile gérait un bien immobilier loué à une SARL d'exploitation ayant déposé le bilan, que cette société civile n'avait pas recouvert certains loyers dus par la SARL, laissait accroître une dette alors même qu'elle ne disposait pas d'autres ressources, avait suffisamment démontré l'absence totale d'autonomie financière des deux sociétés et l'existence de relations financières anormales démontrant par là même la confusion des patrimoines.

On n'insistera évidemment jamais assez sur la nécessité de respecter l'autonomie de chacune des sociétés, de tenir une comptabilité régulière, de pratiquer des opérations dans des conditions normales, afin de montrer l'entière indépendance de chacune des sociétés. Sous ces réserves, la société civile constitue un outil efficace dans l'objectif de protection de son patrimoine aux aléas des affaires.

4 Un outil pour gérer son patrimoine immobilier : privé ou professionnel

Détenir son patrimoine immobilier à travers une société civile comporte bien évidemment tous les avantages dont on vient de parler. Concernant l'immobilier privé, à l'exception notable de la résidence principale dans certains cas, que ce soit pour des immeubles de jouissance ou des immeubles de rapport, l'intérêt essentiel de la société civile réside dans la possibilité de séparer le pouvoir et l'avoir et dans la grande facilité de préparer et d'anticiper la transmission du patrimoine dont il sera question plus loin[2]. En effet, la technique de démembrement de propriété appliquée à des parts sociales de société civile, combinée à une habile rédaction des droits et pouvoirs respectifs de l'usufruitier et du nu-propriétaire, alliée à des donations-

1. 14 janvier 2004 (pourvoi n° 00-19-418).

2. Attention toutefois, en cas d'investissement à fiscalité privilégiée, certains avantages sont accordés avec parcimonie aux associés de sociétés civiles.

partages périodiques, permet dans la plupart des cas de transmettre progressivement et en quasi-franchise d'impôt des patrimoines relativement importants, sans jamais se départir des revenus dont on a besoin, ni même du pouvoir de contrôle nécessaire pour en assurer la sécurité[1].

Concernant l'immobilier professionnel, aux avantages ci-dessus, et outre celui consistant à protéger, dans des limites dont on a parlé, son patrimoine immobilier professionnel d'éventuelles poursuites de créanciers liés aux aléas des affaires, il convient d'ajouter les avantages liés à la facilitation de la cession ultérieure de l'entreprise à des tiers, tout en favorisant une éventuelle transmission familiale, tant de l'entreprise que de l'immobilier d'entreprise. Il n'est pas rare en effet que dans le cadre de la cellule familiale, un enfant soit plus prédisposé à reprendre l'entreprise qu'un autre. Il suffira alors, en ayant pris soin de séparer l'immobilier et l'entreprise, de préparer la transmission de l'entreprise à celui des enfants qui en a le goût et les compétences, et d'égaliser le partage en transmettant à l'autre enfant le patrimoine immobilier, ce qui lui assurera un revenu.

5 Un outil pour gérer son patrimoine mobilier : privé (portefeuille) ou professionnel (*holding*)

5.1 La société civile de portefeuille

Les sociétés civiles, instruments de gestion de portefeuille, sont de plus en plus utilisées. C'est bien sûr parce que le portefeuille de valeurs mobilières a pris une part prépondérante dans le patrimoine des Français. Mais c'est surtout parce que les avantages de la société civile, avec ses particularités juridiques, sa souplesse et sa flexibilité, ne sont plus à démontrer, que ce soit pour isoler certains biens, pour se soustraire aux règles d'incapacité ou pour profiter judicieusement des avantages de la technique du démembrement. Pour être concis mais complet sur le sujet, il convient d'examiner la situation avant l'arrêt Baylet[2] et celle subsistant après.

Avant cet arrêt, l'usufruitier devait gérer le portefeuille dans le respect strict des droits du nu-propriétaire. Autrement dit, il ne pouvait arbitrer de lignes de son portefeuille sans l'accord du nu-propriétaire, dont les intérêts pouvaient être parfaitement divergents. En effet, puisque le nu-propriétaire a vocation à toucher les plus-values, il aura une tendance naturelle à privilégier les placements sécuritaires à faible revenu alors qu'à l'inverse l'usufruitier bénéficiant des revenus cherchera des placements à plus haut rendement possible, quitte à sacrifier l'aspect sécuritaire de ces placements.

1. Voir en ce sens la loi TEPA du 21 août 2007 portant à 150 000 € l'abattement applicable tous les six ans aux donations en ligne directe, montant indexé annuellement et porté à 159 325 € pour 2011. Hélas ramené à 100 000 € en 2012, la durée étant portée à 15 ans.

2. Cassation commerciale, 12 novembre 1998, N° 1673.

Cette situation entraînait généralement un blocage complet dans la gestion des portefeuilles démembrés.

L'arrêt Baylet a bouleversé la situation en consacrant l'universalité du portefeuille. En clair, l'usufruitier d'un portefeuille peut arbitrer à l'intérieur de ce portefeuille certaines lignes sans requérir l'autorisation du nu-propriétaire, à charge pour lui de réemployer le produit de cette vente dans un bien de même nature. C'est précisément cette difficulté qui était à l'origine de la création de la plupart des sociétés civiles de portefeuille. Pour autant, cet arrêt n'a pas sonné le glas des avantages conférés aux sociétés civiles. Celles-ci continuent de bénéficier de paiements différés des droits de mutation[1].

Par ailleurs, pour les parts de sociétés dont le capital n'est pas divisé en actions et dont l'actif est composé pour plus de la moitié de biens non liquides, ce qui est le cas des sociétés civiles de portefeuille, le délai de paiement des droits de mutation à titre gratuit passe de cinq ans à dix ans. La société civile de portefeuille permet également d'améliorer les droits de l'usufruitier puisque ce dernier n'a théoriquement pas le droit aux plus-values dégagées. Dans une société civile de portefeuille, les plus-values, élément du résultat de la société, restent la propriété de la société, dont les statuts peuvent librement fixer la répartition[2].

Enfin, on sait que pour feu l'ISF, les valeurs mobilières cotées en Bourse sont évaluées au cours moyen boursier. S'agissant de sociétés non cotées, il y a lieu de retenir une estimation objective. Pour un portefeuille détenu à travers une société civile, il sera possible de pratiquer un abattement de 20 % pour tenir compte de la non-liquidité des titres de la société civile, cette pratique devrait perdurer pour l'IFI.

Attention cependant en matière fiscale. Pour ce qui est des plus-values, le régime de droit commun prévu à l'article 150 0A du CGI devrait s'appliquer dans la totalité des cas. On ne peut toutefois complètement écarter le risque de se voir appliquer les dispositions de l'article 92-2° du CGI, qui assujetti l'ensemble des revenus d'un portefeuille géré de façon habituelle et professionnelle au taux marginal d'imposition, qui pourrait atteindre 45 % + 17,2 %, soit 62,2 %[3].

On peut cependant tempérer cette crainte grâce à la jurisprudence actuelle, qui n'utilise cet arsenal que pour les contribuables qui gèrent leur portefeuille avec les mêmes moyens et les mêmes risques que les professionnels de l'activité en utilisant, par exemple, les achats à découvert, les *put*, les *call* et autres outils peu compréhensibles aux communs des boursicoteurs occasionnels.

1. Article 404B de l'annexe III du CGI.

2. On peut obtenir un résultat similaire avec une convention de quasi-usufruit. L'aliénation des titres permet l'appropriation des plus-values par le quasi-usufruitier.

3. Taux maximum d'impôt sur le revenu en 2018 (hors contribution exceptionnelle sur les hauts revenus).

Il convient de plus d'apporter une attention particulière aux sociétés civiles de portefeuille en présence de parts sociales démembrées. En effet, à la suite de différentes pérégrinations fiscales qu'il est inutile de rapporter ici, une instruction de la DGI du 8 novembre 1999 a organisé de façon péremptoire l'attribution du résultat entre usufruitier et nu-propriétaire dans le cadre d'une société civile, en décidant d'attribuer au premier, l'usufruitier, le résultat courant et que serait attribué au second, le nu-propriétaire, le résultat exceptionnel, faisant fi ainsi de la structure sociale et du pouvoir des associés sur l'affectation du résultat. Heureusement, l'administration fiscale a laissé le soin aux associés de pouvoir déroger à cette attribution exorbitante du droit commun, si toutefois les associés prenaient le soin d'organiser cette répartition dans un acte ayant date certaine, c'est-à-dire par une assemblée soumise à la formalité de l'enregistrement ou, mieux encore, par la rédaction des clauses statutaires décidant de l'affectation des résultats en présence de parts démembrées. Inutile de préciser, une fois encore, l'attention qu'il convient d'apporter aux clauses de ce type prévues dans des statuts « presse-bouton ».

5.2 Gérer son patrimoine mobilier : professionnel (*holding*)

Puisque l'on peut gérer dans une société civile un patrimoine mobilier et personnel, pourquoi ne pas songer à y apporter les titres des sociétés non cotées où le dirigeant exerce son activité ? Autrement dit, pourquoi ne pas détenir les titres des sociétés dans lesquelles on exerce son activité professionnelle principale au travers d'une société civile ?

Afin d'éviter une méprise, il ne s'agit pas ici des titres apportés à une société civile en vue d'une cession ultérieure pour en « gommer » les plus-values. Cette stratégie, très efficace et très à la mode[1], nécessite pour en optimiser le schéma que la société bénéficiaire de l'apport des titres soit assujettie à l'impôt sur les sociétés et l'on a vu que cette option était rarement valable pour une gestion patrimoniale efficace. Commençons tout d'abord par souligner qu'en matière d'impôt de solidarité sur la fortune, et sous réserve de certaines précautions, la détention de son patrimoine professionnel à travers une société civile n'empêche pas de bénéficier de l'exonération liée à l'outil professionnel.

Remarquons toutefois que depuis la simplification et la multiplication des sociétés par actions simplifiées (SAS), les SAS semblent mieux adaptées dans une stratégie de *holding* de contrôle, que ce soit en vue d'une cession pure et simple ou pour une transmission dans le cadre familial. Cela étant, particulièrement dans le cadre d'une transmission au sein du groupe familial, l'intérêt de la société civile ne doit pas être négligé, notamment dans son effet de levier juridique pour optimiser les techniques traditionnelles de dissociation du pouvoir et de l'avoir.

1. Attention, la loi de Finances rectificative pour 2013 est venue considérablement restreindre les avantages de cette stratégie.

5.3 Gérer le patrimoine familial : la société civile de famille

Cette société a vocation à recevoir l'ensemble du patrimoine de la famille… pour y rester.

On aura compris que cette société civile aura forcément un objet qui, tout en restant éminemment civil, sera suffisamment large pour y autoriser les activités immobilières, qu'elles soient de jouissance ou de rapport, la gestion des portefeuilles immobiliers privés et professionnels, voire la gestion de contrats d'assurance-vie dont l'utilité dans une gestion patrimoniale dynamique n'est plus à démontrer.

Il faudra, bien sûr, s'entourer de toutes les précautions pour ne pas que la société devienne commerciale : il suffira alors d'interdire toute opération commerciale ou à but spéculatif, d'interdire certains types d'opérations, notamment en Bourse, particulièrement à risque. Il conviendra de porter un soin particulier à la désignation d'un ou plusieurs gérants, de prévoir les modalités de sa succession en cas de disparition prématurée et de définir précisément l'étendue de ses pouvoirs, c'est-à-dire l'ensemble des décisions qu'il sera autorisé à prendre seul et celles pour lesquelles il faudra recourir à l'autorisation des associés, dans des conditions de majorité qu'il conviendra aussi de codifier. Cette structure devrait être particulièrement utilisée dans le cas de patrimoines diversifiés et importants, aux mains de grandes familles intergénérationnelles, et qui souhaitent ardemment et avant tout garder en leur sein l'ensemble du patrimoine et des richesses bâties par les ancêtres[1]. Une rédaction particulièrement « pointues » des statuts, des clauses de gestion, des clauses d'affectation de résultats, des clauses de retrait d'associés et de cession de parts sera évidemment le préalable nécessaire et indispensable du succès de l'opération.

Parmi les multiples avantages de la société civile, nous avons insisté sur celles relatives à la transmission du patrimoine, voyons-les maintenant un peu plus en détail.

Section 3 LA SOCIÉTÉ CIVILE COMME OUTIL DE TRANSMISSION DE SON PATRIMOINE

Dans ce qui va suivre, la transmission s'entend de celle qui est opérée de son plein gré, c'est-à-dire de son vivant[2].

1. Ce sont les adeptes de l'adage : « Nous n'héritons pas de la terre de nos parents, nous l'empruntons à nos enfants ! »

2. Ce que nous avons coutume de résumer de façon poétique par l'adage : « Il vaut mieux prendre ses décisions à froid pendant que l'on est encore chaud, plutôt que d'avoir à les prendre à chaud, alors qu'on est déjà froid ! »

1 Le démembrement des parts de société civile

De façon très schématique, et sans doute un peu réductrice, optimiser la transmission d'un patrimoine consiste à transférer les biens acquis à ses héritiers en respectant les contraintes du droit de la famille et du Code civil, tout en maintenant sur le plan économique des conditions de vie décentes, le tout si possible en optimisant les droits de mutation.

Respecter le Code civil et le droit de la famille consiste bien entendu à ne pas considérer la société civile comme un outil qui permettrait de contourner les dispositions quasi séculaires du droit de la famille telles que la réserve ou la quotité disponible. Maintenir sur le plan économique des conditions de vie décentes nous replonge une fois de plus dans les techniques qui consistent à dissocier le pouvoir et l'avoir. Nous l'avons déjà évoqué et les outils à notre disposition sont assez connus. Il s'agit d'abord de rédiger adroitement les statuts de la société, en aménageant les pouvoirs de la gérance, la répartition des résultats ou en incluant dans les statuts des parts à droit de vote plural. Il s'agit ensuite du démembrement de propriété, plus exactement encore du démembrement des parts de la société civile. Certains schémas sont à cet égard particulièrement efficaces, nous en verrons quelques exemples, ce qui nous permettra d'ailleurs d'aborder quelques considérations actuelles sur les limites qu'il convient d'observer entre l'habileté fiscale et l'abus de droit. Dans l'ensemble de ces situations, la société civile offre, une fois de plus, sa grande souplesse et ses facultés d'adaptation.

D'abord, et même si cela tombe sous le sens commun, il est plus facile de transmettre 20 % du capital d'une société civile que 20 % d'un immeuble ! Ensuite, parce qu'il est plus discret de présenter à la formalité de l'enregistrement une cession de parts sociales concernant x % d'une société civile, dont on aura fixé le capital d'un montant faible (1 000 €), plutôt que tout ou partie d'un immeuble, ce qui requiert l'intervention d'un notaire[1] et l'inscription aux hypothèques. Enfin, parce que la transmission progressive des parts sociales va permettre de pouvoir combiner l'ensemble de ces avantages, en bénéficiant malgré tout d'un abattement global, généralement de 20 %, à cause de l'illiquidité des titres de la société civile représentée notamment par les clauses restrictives de négociation, généralement incluses dans les statuts.

2 Transmettre à ses enfants au moindre coût fiscal

Essayons maintenant de résumer et d'illustrer ces propos à travers un exemple concret.

1. Attention aux fausses économies : seuls certains notaires sont capables d'appréhender, dans certains cas, l'ensemble de la problématique familiale, sur les plans civil, économique et fiscal.

Monsieur et Madame Tairieur, âgés de 62 ans, ont deux enfants : Alain et Alex. Schématiquement, leur patrimoine se présente comme suit.

Tableau 11.4

	Prix d'achat	Valeur acquise	Emprunt restant dû	Rendement annuel
Immeuble de rapport	580000	900000	200000	50000
Portefeuille d'actions	300000	350000	0	15000
Liquidités	20000	20000	0	0
Total	**900000**	**1 270 000**	**200000**	**65000**

Bien entendu, et comme souvent dans pareil cas, ils souhaitent anticiper les transmissions de leur patrimoine pour en réduire le coût, tout en conservant l'intégralité des revenus dont ils ont besoin, tant pour assurer leur train de vie que pour compléter leur retraite future.

Stratégie 1

Donation partage de la nue-propriété de l'immeuble de rapport et du portefeuille d'actions.

Valeur de donation :

De l'immeuble 900000 – 200000[1] =	700000
Du portefeuille	350000
Soit au total	**1 050 000**

Compte tenu de l'âge des donateurs, la valeur respective de l'usufruit et de nu-propriété est de 50 %[2], soit une valeur de donation de 525000 €, chaque enfant percevant 262500 €, ce qui après les abattements actuellement en vigueur[3] de 100000 € chacun, aboutira à une base taxable de 162500 € par enfant. On remarquera dans cette stratégie que sur le plan de l'impôt de solidarité sur la fortune[4], dont les parents resteront redevables, la base ne pourra être inférieure au montant retenu dans l'acte de donation.

Stratégie 2

Supposons à présent que les époux Tairieur aient constitué dès l'origine une société civile, au capital de 10000 €, pour acquérir et constituer ce même patrimoine. À la date de la transmission projetée, le bilan de la société civile présentera les caractéristiques suivantes.

1. Il est dorénavant possible, sous certaines conditions, même en cas de donation, de déduire de la valeur transmise les emprunts contractés.

2. Voir barème de l'article 669 du Code général des impôts.

3. Abattement porté à 159325 € par la loi de Finances pour 2011 et ramené à 100000 € par la LFR 2012.

4. Les règles sont les mêmes en matière d'IFI.

Tableau 11.5

ACTIF	Valeur origine	Valeur acquise	PASSIF	Valeur
Immeuble	580000	900000	Capital	10000
Portefeuille	300000	350000	Report à nouveau	30000
			Emprunt	200000
Liquidités	20000	20000	Compte courant[1]	660000
TOTAUX	**900000**	**1 270 000**	**TOTAUX**	**900000**

1. Ce compte courant trouve son origine dans la contrepartie du portefeuille et des apports effectués pour faire face à l'emprunt, ainsi que l'affectation des résultats antérieurs.

La valeur des parts sociales s'établit ainsi à :

Actif patrimonial :	1 270 000
Passif à déduire :	
– Compte courant	– 660000
– Emprunt	– 200000
Valeur des parts	**410000**

S'agissant de la donation de la seule nue-propriété, et compte tenu du barème fiscal (valeur de la nue-propriété égale à 50 % de la pleine propriété), la valeur de donation est donc globalement de 205 000 €, soit pour chacun des enfants 102 500 €. Ce montant est donc quasiment absorbé par les abattements accordés en ligne directe (100 000 €) et, par conséquent, aucun droit de mutation ne sera acquitté. Il est facile de remarquer au passage que, même pour un patrimoine plus important et s'agissant de parts de sociétés civiles, il est facile de transmettre tous les 15 ans le nombre de parts correspondant, peu ou prou, aux abattements, pour pouvoir transmettre dans l'énorme majorité des cas, sur une période de 30 ans, une part significative du patrimoine en quasi-franchise d'impôt.

Stratégie 3

Cette stratégie, un peu plus « dynamique », consiste à transmettre la pleine propriété des parts d'une société civile, à laquelle on aurait préalablement apporté la nu-propriété des actifs à transmettre. Par rapport au schéma précédent, cette stratégie a l'avantage d'autoriser la valorisation économique[1] des actifs apportés puisque le barème fiscal n'est obligatoire qu'en matière de droit de mutation. Cependant, sans entrer dans un débat juridique extrêmement complexe, ce schéma appelle encore aujourd'hui de très sérieuses précautions.

Quels sont les enjeux ? Reprenons l'exemple ci-dessus.

1. Voir chapitre 10.

Tableau 11.6

	Prix d'achat	Valeur acquise	Valeur économique de l'usufruit	Rendement annuel
Immeuble de rapport	580 000	900 000	540 000	50 000
Portefeuille d'actions	300 000	350 000	211 000	15 000
Liquidités	20 000	20 000	0	0
Total	**900 000**	**1 270 000**		**65 000**

Le calcul de la valeur économique se fonde sur l'actualisation des flux de revenus futurs dégagés par le bien en question sur une durée équivalente à l'espérance de vie du donateur.

Chaque flux futur ($Flux_t$) va ainsi être converti en une valeur à la date d'aujourd'hui, par le biais du taux d'actualisation (R). La somme de ces flux actualisés donne la valeur du bien[1].

Dans notre exemple, le calcul a été effectué sur une durée de vie moyenne de 25 ans et avec un taux d'actualisation sensiblement équivalent au taux de rendement du bien en question. De ce fait, la valeur de la nue-propriété s'obtient en déduisant la valeur de l'usufruit de la valeur en pleine propriété. Au cas présent, la nue-propriété de l'immeuble ressort à 360 000 € et celle du portefeuille à 139 000 €, soit globalement une valorisation assez nettement inférieure à celle obtenue par l'application du barème fiscal. Et, par conséquent, les droits de mutation à titre gratuit s'appliquant sur une base notoirement inférieure, l'impôt à acquitter n'en sera que moindre.

Détail des calculs

Valeur économique de l'usufruit de l'immeuble :

Le taux d'intérêt annuel est de 8 %, soit un taux équivalent mensuel de :

$R_m = [1 + 0{,}08]^{1/12} - 1 = 0{,}6434\ \%$ par mois

La valeur de l'usufruit correspond à l'actualisation à ce taux des 300 (25 années de 12 mois) loyers mensuels, que l'on suppose stables à 4 167 € :

$$V_{usufruit} = 4\,167 \times \frac{1 - (1{,}00643)^{-300}}{0{,}00643} = 553\,084\ € \approx 550\,000\ €$$

Valeur économique de l'usufruit du portefeuille d'actions :

Le revenu annuel étant de 15 K€ pour un taux de rendement exigé de 5 %, nous obtenons, sur un horizon de 25 ans :

$$V_{usufruit} = 15\,000 \times \frac{1 - (1{,}05)^{-25}}{0{,}05} = 210\,410\ € \approx 211\,000\ €$$

1. Voir étude de cas pour un exemple de mise en œuvre.

Cette stratégie, après avoir été régulièrement mise en cause par l'administration fiscale, notamment par la procédure dite de l'abus de droit, semblait avoir connu une période d'accalmie[1]. En effet, à la suite de très longues pérégrinations dont il serait encore une fois fastidieux d'en rapporter le détail ici[2], les professionnels ont enfin cru arrivé le temps de la sécurisation de ce schéma. En tous cas en ce qui concerne le Conseil d'État, car malheureusement, en ce qui concerne la Cour de cassation, de récentes décisions sont venues un peu souffler le chaud et le froid sur la validation jurisprudentielle de cette stratégie[3]. Cependant, le respect de certaines précautions élémentaires, notamment quant à la substance et la finalité de la stratégie, devrait permettre une validation définitive de ces techniques, confirmé en cela par de récentes décisions du Conseil d'État et de la Cour de cassation.

3 S'assurer une retraite paisible

La société civile et le démembrement peuvent apporter bien d'autres solutions en fonction des situations rencontrées dans une gestion dynamique du patrimoine. Le métier du conseil en gestion de patrimoine est justement d'apporter la meilleure réponse à une situation donnée. Encore une fois, prenons un nouvel exemple, symptomatique de l'adaptabilité à toute situation que permet une société civile, lorsque l'on peut adroitement utiliser le démembrement de propriété.

Examinons le cas de M. G. Touprevu[4].

Il a 56 ans et est président d'une société florissante dont la reprise n'intéresse pas ses deux enfants majeurs. Il a un patrimoine confortable et il est marié. Outre la société dont il est le président, et dont la valeur est estimée aujourd'hui à 1 500 K€, son patrimoine est composé de :

Désignation	**Valeur actuelle**
Résidence principale	350000
Résidence Cannes	450000
SCI Bastille	1 000 000
Liquidités	100000
Total	**1900 000**

Son revenu actuel est de 120000 € par an. Bref, tout semble aller pour le mieux, mais G. Touprevu a néanmoins quelques soucis :

1. Voir à ce sujet l'excellent article de Marc Iwanesko dans la revue *Droit & Patrimoine*, n° 128.

2. Nous recommandons toutefois la lecture attentive des écrits de Pierre Fernoux, le plus ardent défenseur de cette stratégie, notamment par son article récapitulatif paru dans la *Revue de Droit Fiscal*, n° 12 du 22 mars 2007 et s'intitulant « SCI et démembrement de propriété : l'épilogue heureux d'un long combat ».

3. Notamment Saunier, Cassation Commerciale 15 mai 2007, n° 06-14.262.

4. Issu d'un article de Serge Anouchian paru en juin 2001, *Ouverture*, n° 45.

– il craint d'abord qu'à 60 ans (il en a 56), sa retraite soit largement insuffisante pour couvrir ses besoins. En effet, avant la constitution de la société anonyme dont il sera question, il était artisan plombier et dans toute la première partie de sa vie professionnelle, il ne s'est pas préoccupé de ses problèmes de retraite ;
– malgré une relative réussite professionnelle, il n'a absolument rien préparé quant à sa transmission et est parfaitement conscient qu'un décès accidentel serait catastrophique au moment de la liquidation de sa succession.

La société civile immobilière (SCI Bastille), constituée en 1976, encaisse de la société anonyme un loyer de 72000 € par an. Elle a bien sûr intégralement remboursé les emprunts d'acquisition et un agent immobilier récemment consulté a évalué le bien à environ 1000000 €. Parmi les solutions qu'il envisage, il songe à vendre l'immeuble de sa SCI, mais il constitue pour l'instant un complément de revenus appréciable et surtout, il n'entrevoit pas de solution de substitution dans un meilleur placement ayant, de par sa formation et sa culture, assez peu de goût pour les placements boursiers.

Le choix qu'il doit opérer est très délicat pour lui :

– d'un côté, la cession n'entraînerait aucune plus-value, compte tenu de la durée de détention, et le replacement de la somme pourrait être facilement optimisé d'après les conseils de banquiers et ce, malgré l'assujettissement à l'ISF. Cette crainte a cependant disparu avec l'IFI ;
– de l'autre côté, le placement a un revenu très satisfaisant, quoique lourdement taxé, et présente à ses yeux une sécurité dont il aimerait faire profiter ses enfants.

Quant à l'entreprise d'exploitation, c'est sa véritable fierté, même si les dernières années ont connu une légère décrue. Les résultats annuels sont de l'ordre de 60 K€ nets après impôts et la société dispose d'une trésorerie importante de 1200 K€ !

Dans ce contexte, les objectifs étant clairement posés, la solution est en réalité toute trouvée. La société civile va céder l'usufruit des locaux immobiliers à la société d'exploitation pour une durée de 12 ans, moyennant un prix de 600000 €, correspondant à la valeur actuelle de 12 ans de loyers actualisés à un taux de 7 %, soit le rendement actuel du bien.

Détail des calculs

Valeur économique de l'usufruit :

Le taux d'intérêt annuel est de 7 %, soit un taux équivalent mensuel de :

$R_m = [1+0,07]^{1/12} - 1 = 0,565\ \%$ par mois

La valeur de l'usufruit correspond à l'actualisation à ce taux des 144 (12 années de 12 mois) loyers mensuels, que l'on suppose stables à 6000 € :

$$V_{usufruit} = 6000 \times \frac{1 - (1,00565)^{-144}}{0,00565} = 590430\ € \approx 600000\ €$$

Sur cette transaction, la société d'exploitation devra acquitter les droits d'enregistrement sur une valeur définie par l'article 669-II du CGI qui fixe à 23 % de la pleine propriété, par période de 10 ans, la valeur à retenir pour un usufruit temporaire[1]. Ramenée au cas présent, la valeur de la pleine propriété est de 1 M€ et celle de l'usufruit temporaire, accordé pour une période de 12 ans, est de 460 K€ (1 000 K€ × 46 % car 12 ans couvrent 2 périodes de 10 ans, soit 2 × 23 %). Par conséquent, le montant des droits d'enregistrement sera de 5,10 % sur 460 000 €, soit 23 460 €.

Attention

Un arrêt un peu surprenant de la Cour de cassation a décidé que cet acte devait être soumis au seul droit fixe de 125 €. Avantage supplémentaire dont il faudra surveiller la pérennité.

Voyons à présent la situation de chacune des parties à l'acte.

Pour la société anonyme d'exploitation, les avantages sont nombreux :

- elle pérennise pour une longue durée un coût d'occupation favorable. Elle substitue, de plus, une situation d'usufruitier à une situation de locataire ce qui est, sur le plan juridique et sur le plan de la pérennité des droits conférés, plus sécurisant ;
- elle substitue un loyer de 72 000 € par an à un amortissement[2] de 50 000 € correspondant à l'amortissement sur 12 ans de l'acquisition de l'usufruit temporaire de 600 000 €, ce qui a le double avantage d'augmenter les résultats d'exploitation et de présenter un meilleur *cash-flow*, l'amortissement étant une charge non décaissée ;
- enfin, elle facilite une future cession de l'entreprise en ayant dégonflé la trésorerie non directement nécessaire à l'exploitation.

Pour la situation personnelle de M. G. Touprevu :

- il encaisse un capital non négligeable de 600 000 €, en franchise de tout impôt, le bien immobilier étant détenu depuis plus de 30 ans ;
- il peut utiliser adroitement cette trésorerie pour combler sa principale source d'inquiétude, le paiement éventuel de ses droits de succession, par exemple par la souscription d'un contrat d'assurance adéquat ;
- il lui sera bien sûr possible d'appréhender directement cette somme. De la sorte, la société civile se trouvera dans une situation idéale pour être transmise à ses enfants en quasi-franchise d'impôt compte tenu de sa situation juridique.

Attention

La loi de Finances rectificative pour 2013 a mis un terme à cette catégorie de stratégie, en imposant le prix perçu à l'occasion de la cession de l'usufruit temporaire comme un loyer.

1. La base des droits d'enregistrement est différente de celle retenue pour l'apport.
2. Comme chacun le sait aujourd'hui, un usufruit temporaire est parfaitement amortissable.

Autant dire qu'il faudra désormais renoncer à cette stratégie… en tous cas dans le schéma ci-dessus décrit sauf le cas, un peu plus rare, où le vendeur serait assujetti à l'impôt sur les sociétés.

Quant à la société civile :

- elle sera nue-propriétaire des locaux d'exploitation pendant une durée de 12 ans ;
- cette situation n'entraînera pas de modifications profondes au niveau de l'IFI, notamment en cas de donation ultérieure des parts aux enfants ;
- sur un plan strictement patrimonial, elle se trouvera en situation idéale pour que les parts soient transmises en quasi-franchise d'impôt par le jeu des abattements aux enfants de notre entrepreneur avisé ;
- au terme des 12 ans, la pleine propriété sera reconstituée dans la SCI, procurant ainsi de nouveau des revenus appréciables à ses associés.

Voici quelques pistes que le cadre forcément restreint d'un ouvrage de ce type ne nous autorise pas à dépasser. Le lecteur attentif aura pu cependant suffisamment déceler les innombrables atouts de cet outil adaptable et pratique, à condition de faire preuve d'un minimum de bon sens et de ne jamais sacrifier à la tentation de l'économie fiscale, la sagesse de la rigueur économique dans un cadre juridique ordonné.

Focus

La gestion dynamique d'un patrimoine à travers la société civile paraît pouvoir être valablement illustrée à travers une règle que j'appellerai : 2 I 2 R : **Imagination, Intelligence, Raison, Respect**.

Imagination, car l'espace de liberté que confère cet outil extraordinaire reste chaque jour à explorer. Tel schéma auquel personne n'avait songé voilà une dizaine d'années, voire auquel tous les praticiens prédisaient la mort subite, peut se retrouver au rang de stratégie incontournable.

Intelligence, parce que cette grande liberté ne doit pas conduire à inventer, ni une usine à gaz, ni à mettre en œuvre des stratégies complexes et coûteuses pour résoudre un problème mineur.

Raison, évidemment, car même si le souci fiscal demeure une préoccupation constante dans notre pays, ce qui peut être justifié tant par le taux de pression fiscale que par l'insécurité croissante de la législation largement étayée par les changements incessants, le but principal d'une gestion de patrimoine efficace n'est pas en premier lieu de payer moins d'impôts, mais d'assurer la jouissance paisible de son patrimoine après une période d'intense activité, tout en optimisant les conditions de la transmission d'un patrimoine si patiemment constitué.

Respect, enfin, car la matière même de la gestion de patrimoine embrasse un éventail quasiment illimité de législation au sein desquelles il importe de savoir respecter une hiérarchisation des priorités.

Sénéque, encore lui, disait : « Il n'y a pas de vent favorable pour celui qui ne sait pas où aller. » Puisse la société civile être le bateau qui, sagement conduit par un capitaine expérimenté et attentif, saura conduire votre patrimoine au port que vous aurez choisi.

Annexe 1

Faut-il amortir ? Faut-il distribuer le résultat ?

Les réponses par un exemple récapitulatif.

M. & Mme Otto Heckol souhaitent acquérir, *via* une SCI, un bien immobilier dont les caractéristiques sont les suivantes.

Prix total	330000	Dont frais 30000, terrain estimé à 20 %
Apport personnel	30000	Supposé être dans le capital de la SCI
Emprunt	300000	Au taux de 6 % sur 15 ans
Loyer annuel	29000	Non indexé par simplification
Échéance annuelle	30889	Échéance fixe

Sur le plan comptable, c'est-à-dire sans les conséquences fiscales qui n'interviennent qu'au niveau des associés, voici comment se passent les dix premières années.

Année	1	2	3	4	5	6	7	8	9	10
Loyer	29000	29000	29000	29000	29000	29000	29000	29000	29000	29000
Intérêts	18000	17227	16407	15538	14617	13641	12606	11509	10346	9113
Amortissement	17200	17200	17200	7200	7200	7200	7200	7200	7200	7200
Résultat	– 6200	– 5427	– 4607	6262	7183	8159	9194	10291	11454	12687
Cumul résultat	**– 6200**	**– 11627**	**– 16234**	**– 9972**	**– 2789**	**5371**	**14565**	**24856**	**36310**	**48997**
Capital remboursé	12889	13662	14482	15351	16272	17248	18283	19380	20543	21775
Trésorerie annuelle	– 1889	– 1889	– 1889	– 1889	– 1889	– 1889	– 1889	– 1889	– 1889	– 1889
Trésorerie cumulée	**– 1889**	**– 3778**	**– 5666**	**– 7555**	**– 9444**	**– 11333**	**– 13222**	**– 15111**	**– 16999**	**– 18888**

Et les dix années suivantes.

Année	11	12	13	14	15	16	17	18	19	20
Loyer	29000	29000	29000	29000	29000	29000	29000	29000	29000	29000
Intérêts	7807	6422	4954	3398	1748	0	0	0	0	0
Amortissement	7200	7200	7200	7200	7200	7200	7200	7200	7200	7200
Résultat	13993	15378	16846	18402	20052	21800	21800	21800	21800	21800
Cumul résultat	**62990**	**78368**	**95214**	**113616**	**133668**	**155468**	**177268**	**199068**	**220868**	**242668**
Capital remboursé	23082	24467	25935	27491	29140	0	0	0	0	0
Trésorerie annuelle	– 1889	– 1889	– 1889	– 1889	– 1889	29000	29000	29000	29000	29000
Trésorerie cumulée	**– 20777**	**– 22666**	**– 24555**	**– 26444**	**– 28332**	**668**	**29668**	**58668**	**87668**	**116668**

L'amortissement est calculé sur la base d'un taux de 3 % l'an, hors la valeur du terrain. Les frais d'acquisition sont répartis sur 3 ans. Les nouvelles règles comptables autorisent en fait de les passer en charges dès la première année, mais cela n'influence pas la présente démonstration.

Regardons, dans un premier temps, la présentation du bilan de la SCI, suivant que le résultat est affecté (distribué) aux associés ou laissé en report à nouveau.

Présentation du bilan d'ouverture.

Valeur vénale de l'immeuble de 300 000 €.

Actif	Brut	Amort.	Net	Passif	Net
Construction	300 000		300 000	Capital (2 000 parts)	30 000
Frais achat	30 000		30 000	Report à nouveau	
				Emprunt	300 000
				Compte courant	
TOTAUX	**330 000**		**330 000**	**TOTAUX**	**330 000**

Valeur de la part sociale : 15 € (30 000/2 000)

Commentaire : il s'agit simplement de la constatation de l'acquisition, la valeur vénale de l'immeuble est égale à son prix d'achat et la valeur de la part est égale à son nominal.

Cas n° 1 : Présentation du bilan à N + 10 ans, le résultat n'est pas distribué.

Valeur vénale de l'immeuble : 400 000 €.

Actif	Brut	Amort.	Net	Passif	Net
Construction	300 000	72 000	228 000	Capital (2 000 parts)	30 000
Frais achat	30 000	30 000	0	Report à nouveau	48 997
				Emprunt	130 115
				Compte courant	18 888
TOTAUX	**330 000**	**102 000**	**228 000**	**TOTAUX**	**228 000**

Valeur de la part sociale : 125 €

En effet :

Immeuble	400 000 €	
– Emprunt	130 115 €	
– Compte courant	18 000 €	
Total	250 997 €	Pour 2 000 parts, soit 125 € la part.

Commentaire : la société a pratiqué dix ans d'amortissement, les associés ont comblé, par apports en compte courant, les insuffisances de trésorerie. Le report à nouveau représente le résultat cumulé des exercices passés (voir tableau initial). La valeur vénale de l'immeuble a bien sûr augmenté et l'estimation ainsi donnée paraît raisonnable. La valeur de la part est calculée en déduisant de la valeur vénale de l'immeuble les dettes de la société qui sont représentées par l'emprunt restant dû et les comptes courants.

Cas n° 2 : Présentation du bilan à N + 10 ans, le résultat est distribué.

Valeur vénale de l'immeuble : 400 000 €.

Actif	Brut	Amort.	Net	Passif	Net
Construction	300 000	72 000	228 000	Capital (2 000 parts)	30 000
Frais achat	30 000	30 000	0	Report à nouveau	0
				Emprunt	130 115
				Compte courant	67 885
TOTAUX	**330 000**	**102 000**	**228 000**	**TOTAUX**	**228 000**

Valeur de la part sociale : 101 €

En effet :

Immeuble	400 000 €	
– Emprunt	130 115 €	
– Compte courant	67 885 €	
Total	202 000 €	Pour 2 000 parts, soit 101 € la part.

Commentaire : la différence saute aux yeux. Il n'y a plus de report à nouveau et le compte courant a augmenté du résultat accumulé. La valeur de la part est calculée en déduisant de la valeur vénale de l'immeuble les dettes de la société qui sont représentées par l'emprunt restant dû et les comptes courants. Conséquence, la valeur de la part a diminué.

Cas n° 3 : Présentation du bilan à N + 15 ans, le résultat n'est pas distribué.

Valeur vénale de l'immeuble : 500 000 €.

Actif	Brut	Amort.	Net	Passif	Net
Construction	300 000	108 000	192 000	Capital (2 000 parts)	30 000
Frais achat	30 000	30 000	0	Report à nouveau	133 668
				Emprunt	0
				Compte courant	28 232
TOTAUX	**330 000**	**138 000**	**192 000**	**TOTAUX**	**192 000**

Valeur de la part sociale : 235 €

En effet :

Immeuble	500 000 €	
– Emprunt	0 €	
– Compte courant	28 232 €	
Total	471 768 €	Pour 2 000 parts, soit 235 € la part.

Commentaire : la société a pratiqué quinze ans d'amortissement, les associés ont comblé, par apport en compte courant, les insuffisances de trésorerie. Le report à nouveau représente le résultat cumulé des exercices passés (voir tableau initial). L'emprunt est remboursé. La valeur vénale de l'immeuble a bien sûr augmenté et l'estimation ainsi donnée paraît raisonnable. La valeur de la part est calculée en déduisant de la valeur vénale de l'immeuble les dettes de la société qui sont représentées par les comptes courants.

Cas n° 4 : Présentation du bilan à N + 15 ans, le résultat est distribué.
Valeur vénale de l'immeuble : 500 000 €.

Actif	Brut	Amort.	Net	Passif	Net
Construction	300 000	108 000	192 000	Capital (2 000 parts)	30 000
Frais achat	30 000	30 000	0	Report à nouveau	0
				Emprunt	0
				Compte courant	162 000
TOTAUX	**330 000**	**138 000**	**192 000**	**TOTAUX**	**192 000**

Valeur de la part sociale : 169 €

En effet :

Immeuble	500 000 €	
– Emprunt	0 €	
– Compte courant	162 000 €	
Total	338 000 €	Pour 2 000 parts, soit 169 € la part.

Commentaire : la valeur de la part est toujours calculée en déduisant de la valeur vénale de l'immeuble les dettes de la société qui sont représentées par les comptes courants. Conséquence, la valeur de la part a diminué de façon significative.

Cas n° 5 : Présentation du bilan à N + 20 ans, le résultat n'est pas distribué.
Valeur vénale de l'immeuble : 600 000 €.

Actif	Brut	Amort.	Net	Passif	Net
Construction	300 000	144 000	156 000	Capital (2 000 parts)	30 000
Frais achat	30 000	30 000	0	Report à nouveau	242 668
				Emprunt	0
Trésorerie	116 668		116 668	Compte courant	0
TOTAUX	**446 668**	**138 000**	**272 668**	**TOTAUX**	**272 668**

Valeur de la part sociale : 300 €

En effet :

Immeuble	600 000 €	
– Emprunt	0 €	
– Compte courant	0 €	
Total	600 000 €	Pour 2 000 parts, soit 300 € la part.

Commentaire : la société a pratiqué vingt ans d'amortissement, l'emprunt étant remboursé depuis cinq ans, la trésorerie s'accumule. Dans la réalité, les associés prélèvent, évidemment, la trésorerie excédentaire. La valeur vénale de l'immeuble a bien sûr augmenté et l'estimation ainsi donnée paraît raisonnable. La valeur de la part est calculée à partir de la valeur vénale de l'immeuble, car dans cette situation, il n'y a plus de dettes.

Cas n° 6 : Présentation du bilan à N + 20 ans, le résultat est distribué.

Valeur vénale de l'immeuble : 600 000 €.

Actif	Brut	Amort.	Net	Passif	Net
Construction	300 000	144 000	156 000	Capital (2 000 parts)	30 000
Frais achat	30 000	30 000		Report à nouveau	0
				Emprunt	0
Trésorerie	0			Compte courant	126 000
TOTAUX	**330 000**	**138 000**	**156 000**	**TOTAUX**	**156 000**

Valeur de la part sociale : 237 €

En effet :

Immeuble	600 000 €	
– Emprunt	0 €	
– Compte courant	126 000 €	
Total	474 000 €	Pour 2 000 parts, soit 237 € la part.

Commentaire : les mêmes causes produisent les mêmes effets. La valeur de la part est calculée en déduisant de la valeur vénale de l'immeuble les dettes de la société qui sont représentées par les comptes courants. Conséquence, la valeur de la part continue de diminuer de façon significative.

Première constatation : la différence entre le résultat distribué et le résultat mis en report à nouveau se trouve dans la valorisation de la part et l'apparition du compte courant. Si on ne distribue pas le résultat, on minimise le compte courant mais on augmente la valeur de la part.

Quels seraient les résultats obtenus si la société civile n'avait pas comptabilisé d'amortissement ?

Très simplement, les résultats de chaque année seraient augmentés des amortissements comptabilisés sur l'immeuble (ici 7 200 €). Et, selon que ce résultat est distribué ou laissé en report à nouveau, la valeur de la part et les montants de compte courant évoluent.

Voyons les conséquences sur ce tableau récapitulatif.

Année	10		15		20	
Valeur immeuble	400 000		500 000		600 000	
Valeur	Part sociale	Compte courant	Part sociale	Compte courant	Part sociale	Compte courant
AVEC AMORTISSEMENT						
Avec distribution	101	67 885	169	162 000	237	126 000
Sans distribution	125	18 888	235	28 232	300	0
SANS AMORTISSEMENT						
Avec distribution	65	139 885	115	270 000	165	270 000
Sans distribution	125	18 888	235	28 232	300	0

Plusieurs constatations

– Quand on ne distribue pas le résultat, le fait d'amortir ou non n'a aucune incidence sur la valeur de la part ou le montant des comptes courants.

– Quand on amortit l'immeuble, on diminue évidemment le résultat, et suivant que ce résultat est distribué ou non, on augmente soit la valeur de la part (sans distribution), soit le compte courant (avec distribution).

– Quand on ne pratique pas l'amortissement, cela n'obère pas le résultat, et suivant que ce résultat est distribué ou non, on augmente soit la valeur de la part (sans distribution), soit le compte courant (avec distribution).

Conclusions

– Si on veut diminuer la base imposable d'une transmission de parts et obtenir la valeur de la part la plus faible possible, il vaut mieux ne pas amortir et distribuer le résultat. On se place alors dans un objectif de transmission programmée.

– Si on veut favoriser une cession et diminuer les droits d'enregistrement, il vaut mieux avoir un compte courant important et, par conséquent, garder la même stratégie que ci-avant.

– En ce qui concerne l'IFI venu remplacer l'ISF, voir le chapitre consacré à cet impôt.

– Si on n'a aucun objectif (c'est rare !) ou si on a tous les objectifs (c'est fréquent !), il vaut mieux se garder de décisions irréversibles et, par conséquent, s'abstenir d'amortir et comptabiliser les résultats en report à nouveau !

Annexe 2

Faut-il un capital faible ou fort ?

Les réponses par un exemple récapitulatif.

M. & Mme G. Touprevu, âgés de 51 ans, souhaitent acquérir, *via* une SCI, un bien immobilier d'une valeur de 200 000 € qu'ils vont financer de leurs deniers. Après une rapide discussion avec leur notaire, ils hésitent quant à la fixation du capital entre :

– un petit capital de 10 000 € ;

– un gros capital de 200 000 € ;

– un gros capital, mais libéré progressivement.

Ils sont convaincus qu'après une dizaine d'années, à l'âge de leur retraite, ils seront amenés à céder les titres de la SCI, l'immeuble ayant une valeur probable de 300 000 €. Ils souhaitent donc choisir le montant optimum du capital.

Présentation simplifiée du bilan d'ouverture : petit capital

Actif	Brut	Amort.	Net	Passif	Net
Construction	200 000		200 000	Capital	10 000
				Compte courant	190 000
TOTAUX	**200 000**		**200 000**	**TOTAUX**	**200 000**

Présentation simplifié du bilan d'ouverture : gros capital

Actif	Brut	Amort.	Net	Passif	Net
Construction	200000		200000	Capital	200000
				Emprunt	0
				Compte courant	0
TOTAUX	**200000**		**200000**	**TOTAUX**	**200000**

En supposant que les loyers générés soient systématiquement prélevés par les associés, les bilans de cessions, dix ans plus tard, se présenteraient exactement de la même façon. Par contre, sur la base d'une valeur de l'immeuble de 300000 €, le prix de cession des parts serait de 110000 € dans le premier cas et de 300000 € dans l'autre.

Calculons à présent la plus-value imposable dans les deux situations.

	Capital 10000 €	Capital 200000 €
Valeur de l'immeuble (a)	300000	300000
À déduire : compte courant (b)	190000	0
Prix de cession des parts (c = a – b)	110000	300000
Prix d'achat (d)	10000	200000
Frais d'acquisition (e)	750	15000
Total (f = d + e)	10750	215000
Plus-value (g = c – f)	99250	85000
Durée de détention (h)	10	10
Abattement en % (i)	50 %	50 %
Abattement détention (j = g × i)	49625	42500
Abattement général (k)	1000	1000
Plus-value imposable (l = g – j – k)	48625	41500
Montant impôt (19 % + 12,3 %) (m = l × 31,3 %) limité à 30 % par le PFU	15220	12990
Total encaissé (prix de cession + compte courant – impôt) (n = c + b – m)	284780	287010

Plusieurs constatations

– En ce qui concerne le capital libéré progressivement, le calcul est en tout point identique.

– Le prix de revient devrait être retraité, suivant les dispositions de l'arrêt Baradé, des bénéfices imposés et des prélèvements opérés par les associés. Mais nous avons convenu que les associés prélevaient régulièrement leurs bénéfices. Par conséquent, ce retraitement ne change pas, dans cette situation, le calcul du prix de revient entre les deux situations.

– La différence d'impôt sur la plus-value est tout à fait minime. Cela est dû à la suppression, depuis 2004, du coefficient de revalorisation dû à l'érosion monétaire et à la baisse du taux de l'impôt à 34,5 % (19+15,5 %) contre près de 64 % auparavant et plus encore depuis le PFU à 30 %.

Conclusions

– Le seul avantage tangible du capital fort est de limiter l'apparition de compte courant. Ce schéma serait donc à privilégier dans le cas où la société civile remplit les conditions pour être exonérée d'ISF, mais devient moins efficace avec l'IFI.

– On pourrait également songer à ce schéma en cas d'objectif de revente rapide avec forte plus-value.

– Dans les autres cas, il semble préférable de privilégier un capital faible, favorisant soit les solutions d'attente, soit les objectifs de transmission.

– Une solution idéale consisterait à combiner un capital fort, libéré progressivement, afin de prévenir les conséquences d'une fiscalité mouvante.

Partie 3

La dimension fiscale de la gestion de patrimoine

La fiscalité des personnes physiques est un sujet particulièrement sensible en France, bien que l'impôt sur le revenu ne représente que 25 % des recettes fiscales de l'État (contre 30 % pour la TVA). L'impôt sur le revenu se calcule sur la base de huit catégories différentes de revenus, chacune faisant l'objet de règles de taxation spécifiques. Le chapitre 12 traite des grands principes de cet impôt.

Au sein de ces huit catégories, trois intéressent plus particulièrement la gestion de patrimoine : les revenus de capitaux mobiliers et les plus-values (mobilières), qui sont traités spécifiquement au chapitre 13, et les revenus fonciers et les plus-values immobilières dans le chapitre 14, qui détaille également les produits de défiscalisation immobilière.

À côté de l'imposition des revenus, il existe un impôt taxant le patrimoine, l'impôt sur la fortune immobilière. Le chapitre 15 présente de façon approfondie l'IFI et les différentes exonérations dont il est possible de bénéficier.

Chapitre

12 L'impôt sur le revenu

Jean-François CARRIER

SOMMAIRE

L'impôt sur le revenu (IR par la suite) s'applique aux revenus perçus par les personnes physiques, directement ou indirectement[1]. Bien qu'il représente aux yeux des contribuables le principal impôt à payer, les recettes qu'il génère ne représentent qu'environ 25 % des recettes fiscales totales annuelles de l'État, derrière la TVA, qui en représente environ 30 %.

L'IR est uniquement payé par les personnes physiques et la détermination de son montant suit une procédure complexe.

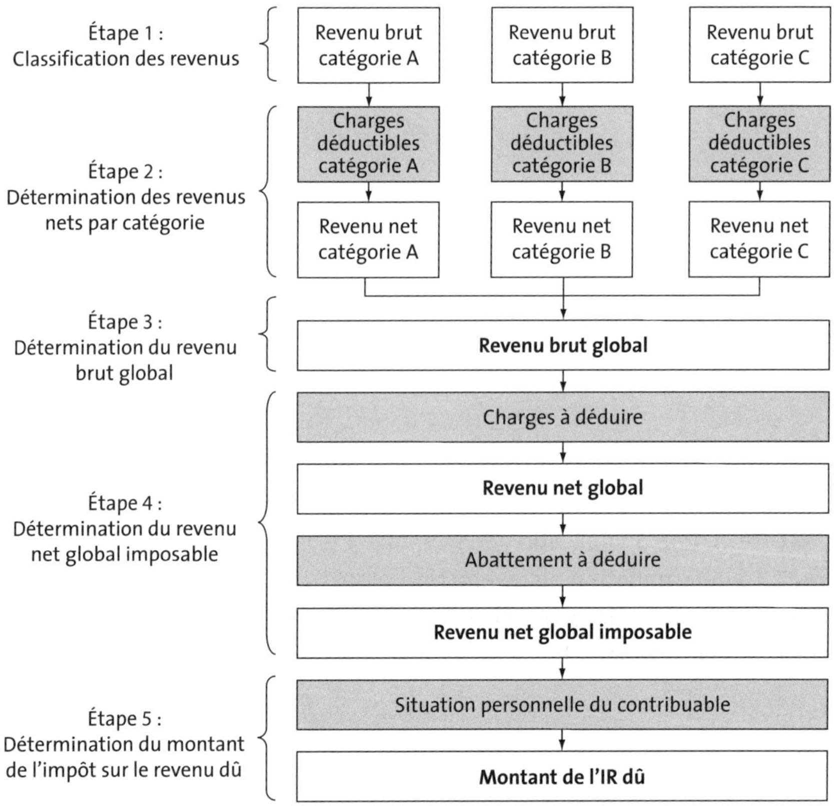

Figure 12.1 – Les différentes étapes de détermination de l'impôt sur le revenu

Tous les ans, chaque contribuable détermine d'abord le montant de ses revenus par catégorie (traitements et salaires, revenus fonciers…), puis déduit de ses revenus les

1. Les revenus générés par les sociétés non soumises à l'impôt sur les sociétés sont imposés directement au niveau des associés. Il s'agit de la manifestation la plus tangible du concept de semi-transparence fiscale des sociétés de l'article 8 du CGI non soumises à l'IS.

charges déductibles selon la réglementation applicable à chaque catégorie. La somme des revenus nets par catégorie donne le revenu brut global, auquel il convient de retrancher les éventuelles déductions (charges, puis abattements). Il revient alors au contribuable de déclarer ce revenu net en n'omettant pas de préciser toutes les informations personnelles utiles afin que le Trésor public détermine avec précision le montant de l'impôt dû.

Il convient de préciser que, bien que l'IR ait vocation à s'appliquer à l'ensemble des résidents fiscaux de France, tous ne le paient pas, soit parce que le montant de leur revenu net global imposable n'est pas assez important, soit parce qu'ils n'entrent pas dans le champ d'application de cet impôt.

Section 1 LE CHAMP D'APPLICATION DE L'IMPÔT SUR LE REVENU

1 Du contribuable au foyer fiscal

Selon le Code général des impôts (CGI) en son article 6, « chaque contribuable est imposable à l'impôt sur le revenu, tant en raison de ses bénéfices et revenus personnels que de ceux de ses enfants et des personnes considérés comme étant à sa charge [...] ».

Pour le droit fiscal, tout contribuable n'est pas destiné à être personnellement imposable sur ses revenus. L'administration fiscale retient la notion de **foyer fiscal** pour établir les redevables de l'impôt, c'est-à-dire les personnes physiques qui devront payer l'impôt. Ainsi, un couple marié ou pacsé est soumis à une imposition commune sur l'ensemble des revenus réalisés par les époux/pacsés, quel que soit son régime matrimonial. Suivant la même logique, les enfants du couple sont rattachés au foyer fiscal de leurs parents ainsi que les personnes à leur charge (voir *infra* pour davantage de précisions).

Précisons toutefois que la législation applicable prévoit un certain nombre d'exceptions à ces principes généraux, notamment dans le cadre d'une procédure de divorce ou d'enfants ayant des revenus personnels tels que l'intérêt fiscal de la famille passe par une imposition séparée.

2 Le foyer fiscal

Comme tout impôt, l'IR a un champ d'application territorial limité. À titre liminaire, rappelons que la nationalité du contribuable n'a, en principe, aucun impact sur sa situation au regard de l'IR. Sa seule situation géographique est appréciée pour sa qualité de contribuable passible de l'IR en France. En matière de fiscalité internationale, le poids des conventions internationales est tel qu'il est fortement recommandé de se plonger dans la lecture de celle applicable à son cas d'espèce, tant les dispositions qu'elles contiennent peuvent présenter des différences avec les principes généraux énoncés ci-après.

Revenons à notre chère personne physique. Celle-ci sera considérée comme contribuable si elle a **son domicile fiscal en France**. Cette condition se trouve satisfaite si le contribuable se trouve dans l'un des quatre cas suivants[1].

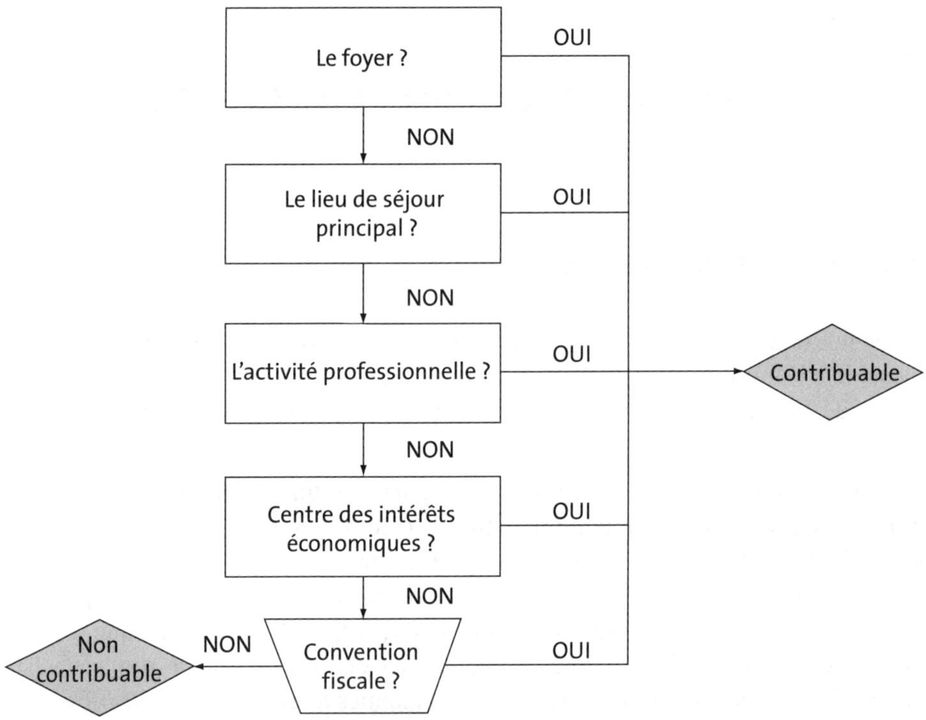

Figure 12.2 – Détermination du domicile fiscal

Pour ne pas être considérée comme résident fiscal de France, la personne doit répondre successivement « NON » à ces quatre questions (critères alternatifs de l'art. 4B du CGI), puis se plonger dans la lecture de la convention fiscale internationale dont elle relève :

1. Les cas ne sont pas cumulatifs. Une seule condition remplie suffit au contribuable pour être redevable de l'IR en France.

– elle dispose de son foyer en France : le **foyer** doit ici être compris dans son sens le plus commun – il s'agit du lieu où vit habituellement la personne **ou** sa famille. Ainsi, une personne physique détachée par sa société pour travailler une année dans un autre pays mais qui a laissé son conjoint et ses enfants en France restera soumise à l'IR pour ses revenus perçus au cours de l'année ;
– la France constitue le **lieu de son séjour principal**. Ce critère s'apprécie par rapport à la seule situation géographique du contribuable. Il ne doit pas avoir passé la majorité de son temps en France : une personne vivant en France, à l'hôtel, pendant 200 jours alors que sa famille réside dans un autre pays, sera considérée comme contribuable français, puisqu'ayant passé plus de la moitié d'une année en France[1] ;
– elle exerce en France son **activité professionnelle principale**, que celle-ci soit salariée ou non, à moins qu'elle ne justifie que cette activité y est exercée à titre accessoire. Le critère de l'activité professionnelle exercée en France à titre principal est étendu aux dirigeants des entreprises dont le siège est situé en France et qui y réalisent un chiffre d'affaires supérieur à 250 millions d'euros ;
– enfin, elle dispose en France de ses principaux investissements, ou elle y possède le siège de ses affaires, ou elle y administre ses biens : critère du **centre des intérêts économiques**.

Section 2 LA DÉTERMINATION DU REVENU BRUT GLOBAL

La fiscalité applicable est différente selon la nature de l'activité générant les revenus du contribuable. Pour cette raison, il convient de déterminer, en premier lieu, la nature des revenus imposables, puis d'en calculer le montant net en faisant application des règles spécifiques à chaque catégorie de revenus.

1 Les différentes catégories de revenus

Les différentes catégories de revenus sont limitativement énumérées dans l'article 1A du CGI qui en retient huit. Que le lecteur ne se laisse pas abuser, malgré cette liste, l'ensemble ou presque des revenus tombe sous le champ d'application de l'IR dans la mesure où le législateur a pris soin de déterminer avec soin sept des huit catégories et a laissé le soin à la dernière (les bénéfices non commerciaux) d'englober l'ensemble des autres revenus non précédemment pris en compte.

1. Ainsi, par un calcul fort simple, rester en France 183 jours ou davantage (365 jours /2) conduit à la résidence fiscale en France.

Les huit catégories de revenus sont les suivantes :
- revenus fonciers (RF) ;
- bénéfices industriels et commerciaux (BIC) ;
- bénéfices agricoles (BA) ;
- traitements, salaires (TS), indemnités, émoluments, pensions et rentes viagères ;
- revenus de capitaux mobiliers (RCM) ;
- bénéfices des professions non commerciales et revenus y assimilés (BNC) ;
- plus-values de cession à titre onéreux de biens ou de droits de toute nature ;
- rémunérations, d'une part, des gérants majoritaires des sociétés à responsabilité limitée n'ayant pas opté pour le régime fiscal des sociétés de personnes et des gérants des sociétés en commandite par actions et, d'autre part, des associés en nom des sociétés de personnes et des membres des sociétés en participation lorsque ces sociétés ont opté pour le régime fiscal des sociétés de capitaux.

Le présent chapitre se bornera à l'étude des traitements et salaires, des bénéfices industriels et commerciaux, des bénéfices agricoles et des bénéfices non commerciaux ; étant précisé que les règles régissant les autres catégories de revenus sont présentées spécifiquement[1].

1.1 Les traitements et salaires

L'article 79 du Code général des impôts (CGI) précise que les traitements, indemnités, émoluments, salaires, pensions et rentes viagères concourent à la formation du revenu global servant de base à l'IR. Il en est de même des prestations de retraite servies sous forme de capital.

D'une manière générale, les traitements et salaires s'entendent des sommes perçues, dans le cadre de leur activité professionnelle, par des personnes placées dans un état de subordination à l'égard de leur employeur. Entrent également dans les revenus imposables du bénéficiaire :

- les avantages en nature ;
- les indemnités de congés servies par les caisses de congés payés ;
- les indemnités complémentaires des indemnités journalières de Sécurité sociale (IJSS) servies par les organismes de prévoyance.

1.2 Les bénéfices industriels et commerciaux

La catégorie des bénéfices industriels et commerciaux (BIC) recouvre l'ensemble des revenus tirés par une personne physique ou une société de personne d'une activité commerciale.

1. Voir les autres chapitres de l'ouvrage.

La commercialité de l'activité s'apprécie sous trois formes :

- **les activités commerciales par nature** : une personne physique sera soumise aux BIC si elle réalise à titre habituel, pour son propre compte et dans un but lucratif, une activité commerciale, industrielle ou artisanale (art. 34 du CGI) ;
- **les activités commerciales par assimilation** : le législateur entend placer d'autorité dans la catégorie des BIC certaines activités (art. 35 du CGI), même si les contribuables n'ont pas la qualité de commerçant. Il s'agit notamment des activités de location-gérance de fonds de commerce et les activités de professionnels de l'immobilier comme les marchands de biens et agents immobiliers ;
- **les activités commerciales par attraction** : dans le cas d'une personne physique exerçant une activité soumise aux BIC à titre principal, et qui exerce une autre activité soumise à la réglementation applicable aux bénéfices non commerciaux ou agricoles, alors ces derniers sont soumis *par attraction* à la réglementation sur les BIC, le contribuable n'ayant plus qu'un seul revenu net à déterminer (art. 155 du CGI).

Afin de tenir compte de la diversité des situations, il convient de préciser que les BIC peuvent être professionnels ou non professionnels. Sont considérées comme non professionnelles par l'article 156 du CGI les activités qui ne comportent pas « la participation personnelle, continue et directe de l'un des membres du foyer fiscal à l'accomplissement des actes nécessaires à l'activité ». C'est notamment le cas lorsque la gestion de l'activité est confiée à une personne qui n'est pas un membre du foyer fiscal. Les conséquences d'une telle distinction sont les suivantes.

Tableau 12.1 – Différents BIC

	BIC professionnels	BIC non professionnels
Déficits	Imputation sur le revenu global du foyer fiscal (reportable sur les six années suivantes)	Imputation sur les revenus de même nature pendant six ans et pendant dix ans pour les déficits provenant de la location meublée exercée à titre non professionnel (LMNP)
Plus-values	Régime de l'exonération des plus-values des petites entreprises applicable	Régime de l'exonération des plus-values des petites entreprises non applicable
Impôt sur la fortune immobilière	Outil de travail exonéré	Outil de travail non exonéré

1.3 Les bénéfices agricoles

La catégorie des bénéfices agricoles (BA) recouvre l'ensemble des activités de culture et d'élevage. Ainsi, toute personne physique intervenant dans le cycle de production animale (élevage) ou végétale (culture) exerce une activité soumise aux BA sauf si :

– elle procède à la vente de produits ne provenant pas de son exploitation ;
– elle transforme un produit agricole autrement que pour le rendre utilisable et consommable pour l'homme ou les animaux.

Il convient de préciser que pour la pratique répandue des terres données en fermage, c'est le fermier qui détermine ses revenus selon les règles applicables aux bénéfices agricoles, le propriétaire étant soumis aux revenus fonciers pour le montant des fermages perçus.

1.4 Les bénéfices non commerciaux

Les bénéfices non commerciaux (BNC) regroupent l'ensemble des revenus tirés d'une activité intellectuelle ou libérale (art. 92-1 du CGI), c'est-à-dire une activité de nature civile et non commerciale. Sont ainsi passibles de l'IR dans la catégorie des BNC, les revenus des avocats, notaires, experts-comptables, artistes, médecins, architectes…

Comme précisé ci-avant, le législateur a prévu qu'aucun revenu n'échappait à l'impôt. L'article 92-1 du CGI est ainsi rédigé :

> « Sont considérés comme provenant de l'exercice d'une profession non commerciale [...] toutes occupations, exploitations lucratives et sources de profits ne se rattachant pas à une autre catégorie de bénéfices ou de revenus. »

La distinction entre revenu professionnel et non professionnel s'applique également aux BNC : les mêmes causes produisant les mêmes effets, nous retrouvons les mêmes conséquences qu'en matière de distinction BIC professionnels et BIC non professionnels.

Tableau 12.2 – Différents BNC

	BNC professionnels	BNC non professionnels
Déficits	Imputation sur le revenu global du foyer fiscal (reportable sur les six années suivantes)	Imputation sur les revenus de même nature pendant six ans
Plus-values	Régime de l'exonération des plus-values des petites entreprises applicable	Régime de l'exonération des plus-values des petites entreprises non applicable
Impôt sur la fortune immobilière	Outil de travail exonéré	Outil de travail non exonéré

2 Les différents régimes applicables

Conscient que le revenu net global devait être déterminé par les contribuables eux-mêmes et que, dans la majeure partie des cas, ceux-ci exercent une activité de petite taille comparée à celle développée par les sociétés de capitaux soumises à l'impôt sur les sociétés, le législateur a mis en place plusieurs régimes de détermination du bénéfice net par catégorie, qui se complexifient au fur et à mesure que la taille de l'activité croît.

Ainsi, pour les BIC, les différents régimes s'appliqueront (sous réserve d'option ou de forme d'exercice) selon le chiffre d'affaires (CA) HT généré par l'activité.

Tableau 12.3 – Seuils des régimes BIC (2023)

BIC	Activité de commerce ou de fourniture de logement	Autres activités
Micro-entreprises BIC	CA < 188 700 €	CA < 77 700 €
Réel simplifié	CA > 188 700 €	CA > 77 700 €

Les seuils de franchise en base de TVA sont dissociés des seuils d'éligibilité aux régimes micro-BIC et micro-BNC. De ce fait, les exploitants peuvent bénéficier du régime micro-BIC sans être obligés de relever du régime de la franchise en base de TVA. Le franchissement des seuils en matière de franchise en base de TVA n'entraîne donc pas la perte du bénéfice du régime micro-BIC.

Le régime micro-BIC s'applique (sauf option pour un régime réel) en année N aux exploitants dont le chiffre d'affaires HT ne dépasse pas en N-1 ou en N-2 les seuils indiqués selon l'activité. Lorsque le chiffre d'affaires dépasse ces seuils sur deux années consécutives (N-2 et N-1), l'exploitant perd le régime micro-BIC à compter de l'imposition des revenus de l'année N, quel que soit son chiffre d'affaires.

Nous préciserons que lorsque l'exploitant exerce une activité de vente et une autre activité (activités « mixtes »), le régime « micro-entreprise » ne trouvera à s'appliquer que si le chiffre d'affaires total n'excède pas 188 700 € et que le chiffre d'affaires provenant des prestations de services n'excède pas 77 700 €.

Les BNC connaissent également un régime « micro-entreprise ». Comme pour les activités soumises aux BIC hors activité de vente et de location, le chiffre d'affaires à ne pas excéder est le suivant.

Tableau 12.4 – Seuils des régimes BNC (2023)

BNC	Recettes
Micro BNC	CA < 77 700 €
Déclaration contrôlée	CA > 77 700 €

2.1 Le régime « micro-entreprises »

Il s'agit ici du premier régime qu'une entreprise connaît lors de sa constitution. Généralement, la première année d'exercice se solde par un niveau d'activité permettant de satisfaire à la condition de chiffre d'affaires. En matière de BIC, le CGI prévoit que le résultat imposable est déterminé après un abattement forfaitaire sur les revenus, abattement considéré comme prenant en considération l'ensemble des charges supportées par l'exploitant.

Tableau 12.5 – Taux d'abattement des micro-entreprises

Micro-BIC	Activité de commerce ou location*	Autres activités**
Taux d'abattement	71 %	50 %
Abattement minimum	305 €	305 €

* Les activités de location comprennent notamment les chambres d'hôtes et les meublés de tourisme classés.
** Le seuil d'éligibilité au micro-BIC des meublés de tourisme non classés est désormais aligné sur celui des revenus fonciers (30 %), avec un plafond de recettes fixé à 15 000 €.

En cas d'activité mixte, l'abattement est appliqué selon la nature de l'activité génératrice de revenus.

Exemple

Prenons la situation d'un exploitant qui réalise un chiffre d'affaires de 80 000 € :
– Activité de vente : 60 000 €
– Autres activités : 20 000 €
Son revenu net imposable sera de :
80 000 € – [60 000 € × 71 % + 20 000 € × 50 %] = 80 000 € – [42 600 € + 10 000 €] = 27 400 €

Pour le régime « micro-BNC », le montant de l'abattement est un peu plus faible, le législateur considérant que ces activités étant par nature intellectuelles, elles nécessitent moins de charges.

Tableau 12.6 – Taux d'abattement des micro-BNC

Micro-BNC	Abattement
Taux d'abattement	34 %
Abattement minimum	305 €

Le mécanisme de détermination du revenu net est identique à celui présenté pour le régime « micro-BIC ».

2.2 Le régime « réel simplifié »

Ce régime est applicable uniquement pour les contribuables réalisant des activités à caractère industriel ou commercial. Il se différencie du régime « réel » par un allégement des obligations déclaratives fiscales et comptables, notamment en matière de tableaux annexes à joindre à la déclaration de revenus et en matière de tenue de comptabilité. Nous préciserons donc que dans la mesure où les modalités de détermination du bénéfice net sont identiques à celles du régime « réel normal », celles-ci seront abordées dans l'étude de la détermination du revenu net par catégorie (voir *infra*).

2.3 Options et intérêts des différents régimes

Comme leur dénomination le suggère, ces différents régimes ont une vertu simplificatrice, permettant à l'entrepreneur de se familiariser avec les obligations comptables et fiscales. Cependant, l'option ne doit pas obligatoirement être souscrite car son apparente simplification cache certains effets indésirables que seul le régime du « réel normal » permet de corriger :

- l'imputation sur le revenu global des déficits éventuels, dans la mesure où les régimes « micro-BIC » et « micro-BNC », par le mécanisme de l'abattement forfaire, ne peuvent conduire à la détermination d'un déficit ;
- une réduction d'impôt accordée en cas d'adhésion à un centre de gestion agréé pour les contribuables au régime réel et réel contrôlé. Le montant de cette réduction d'impôt correspond au plus faible des deux montants suivants : soit le montant de l'impôt sur le revenu dû, soit au montant forfaitaire de 915 €.

3 La détermination du revenu net par catégorie

Le principe général pour la détermination du revenu net est posé par l'article 13 du CGI. Ce dernier dispose que les dépenses sont déductibles si elles concourent à la réalisation ou à la conservation d'un bénéfice imposable. Les charges déductibles à prendre en compte pour la détermination du revenu net par catégorie sont les suivantes :

- les achats de matières et de marchandises ;
- les frais généraux, regroupant les postes comptables traditionnels suivants : charges de personnel, impôts et taxes, autres achats et charges externes, services extérieurs (sous-traitance, honoraires…), charges financières et exceptionnelles ;
- les provisions et amortissements.

Pour être admis en déduction, les frais généraux doivent satisfaire trois conditions cumulatives :

- ils doivent se traduire par une **diminution de l'actif net** de l'entreprise, ce qui permet de les distinguer des dépenses d'investissement ;
- ils doivent être engagés dans **l'intérêt de l'entreprise** sans caractère excessif ;
- ils doivent être **documentés**, c'est-à-dire comptabilisés, et l'exploitant doit conserver les justificatifs.

Pour satisfaire à ces conditions, notamment celle de la comptabilisation des charges engagées, les exploitants indépendants (commerçants, professions libérales, agriculteurs) ont la faculté de s'inscrire à un centre de gestion agréé (CGA) ou à une association de gestion agréée (AGA) pour les contribuables imposables dans la catégorie des BNC. Outre cette précieuse aide, les adhérents bénéficient notamment des avantages fiscaux suivants :

- déduction intégrale en charges d'exploitation de l'éventuel salaire du conjoint participant à l'exploitation[1] ;
- réduction d'impôt, plafonnée à 915 €/an, pour le montant des frais de tenue de comptabilité.

Quant au contribuable salarié ou assimilé salarié, dans la mesure où les déclarations sont pré-remplies, celui-ci n'a plus qu'à contrôler le montant figurant sur sa déclaration de revenus. Il peut déduire le montant réel de ses frais professionnels, c'est-à-dire les frais inhérents à la fonction ou à l'emploi et qui n'auraient pas été engagés si le contribuable n'avait pas occupé le poste ou les fonctions. Comprenant que toute déduction réelle doit être documentée, le droit fiscal permet à l'ensemble des salariés de retenir un montant d'abattement forfaitaire pour frais correspondant à 10 % des salaires et traitements taxables (495 € minimum plafonné à 14 171 € pour les revenus 2023) et à 10 % des pensions et retraites taxables (442 € minimum plafonné à 4 321 € pour les revenus 2023).

4 La détermination du revenu brut global

Comme nous l'avons déjà présenté, le contribuable doit déterminer, à ce stade, le montant de son revenu brut global à partir de l'ensemble de ses revenus nets catégoriels. Le principe conduit à déterminer le montant du revenu brut global en faisant la somme algébrique des différents revenus nets catégoriels, que ceux-ci soient bénéficiaires ou déficitaires. Fort de cette disposition, il est apparu des montages défiscalisants permettant de compenser avec des déficits artificiels d'une catégorie les revenus d'activités professionnelles d'une autre catégorie.

1. Article 154 du CGI.

Pour lutter contre ces pratiques, la législation fiscale a évolué pour restreindre peu à peu les déficits imputables sur le revenu global. Ainsi, seuls certains déficits sont admis en déduction[1] :

– déficits provenant de BIC et de BNC professionnels ;
– déficits agricoles si l'exploitant ne retire pas plus de 125 419 € de revenus d'autres catégories de revenus ;
– déficits fonciers dans la limite de 10 700 € ou 21 400 € ;
– régimes spécifiques (déficits fonciers issus d'un investissement en monuments historiques).

Les autres déficits ne connaissent malheureusement pas le même sort. Ils sont reportables sur les six ou dix années suivantes et sont uniquement imputables sur les revenus de même nature.

Focus

Montant du revenu net imposable

Pour déterminer le montant du revenu net imposable, il convient de suivre la méthodologie suivante.

Étape 1 : Classification des revenus nets bénéficiaires entre ceux étant imposés selon des dispositions particulières (plus et moins-values mobilières et immobilières, sommes faisant l'objet de prélèvement libératoire comme certains produits de placements financiers…) et les revenus imposés selon le barème progressif de l'IR (voir *infra*).

Étape 2 : Détermination du revenu global en additionnant les revenus imposables selon le barème progressif.

Étape 3 : Classification des revenus nets déficitaires selon la même philosophie que pour les revenus bénéficiaires en séparant ceux déductibles sur le revenu global et ceux non déductibles sur le revenu global.

Étape 4 : Détermination du revenu brut global en prenant en compte les bénéfices et les déficits, et en gardant bien à l'esprit la spécificité des premiers et le champ d'imputation des seconds.

1. Article 156 du CGI.

Exemple

Un contribuable exploite une petite activité de négoce. Il tire de cette activité un revenu net de 30000 €. Toutefois, l'activité de négoce de son épouse a généré un déficit de 9000 €.
De plus, il loue plusieurs biens immobiliers qui lui apportent des fortunes diverses :
– l'un dégage un bénéfice de 4000 € ;
– l'autre une perte de 16000 €.
Enfin, ce dernier vient de vendre deux appartements, générant une plus-value de 46000 € et une moins-value de 5000 €.
Un peu envahi par toutes ces sources de revenus et de déficits, il conviendrait de l'aider à déterminer le revenu brut global.
En faisant abstraction de ce qui précède, nous obtiendrions le revenu brut global suivant.

	Revenu brut global
Revenus bénéficiaires	80000 €
Revenus déficitaires	– 30000 €
Revenu brut global	**50000 €**

L'application des règles précédemment exposées a-t-elle une incidence sur le montant du revenu global ?
Nous obtenons pour ce contribuable le revenu brut global suivant.

	Revenu brut global
Revenus bénéficiaires	30000 €
Revenus déficitaires	– 19700 €
Revenu brut global	**10300 €**

Il apparaît que ce revenu brut global est très différent de celui calculé grossièrement en raison de l'impossibilité d'imputer l'ensemble des déficits fonciers (– 10700 € *vs* – 12000 €).

Remarques

Les revenus de capitaux mobiliers (« produits financiers ») perçus depuis le 1er janvier 2018 sont soumis à la source au PFNL (prélèvement forfaitaire non libératoire, sauf cas de dispense) de 12,8 % et aux prélèvements sociaux aux taux de 17,2 %.

En N+1, le PFNL est imputable sur le PFU de 12,8 %, ce qui entraîne une imposition totale maximum (hors CEHR de 3 ou 4 %) de 30 %, sauf option pour le barème de l'IR (option annuelle, globale et irrévocable concernant l'ensemble des revenus concernés par le PFU).

5 La détermination du revenu net global imposable

5.1 Principe

Une fois le montant du revenu brut global déterminé, le contribuable doit se demander s'il n'a pas engagé des dépenses au cours de l'année susceptibles d'être déduites. Il convient de préciser que ces charges et abattements sont imputables sur le revenu global et ne connaissent pas les limitations des imputations par catégorie. Pour être imputés sur le revenu brut global, les charges et abattements doivent satisfaire quatre conditions :

- elles doivent être **expressément prévues** par un texte législatif (voir tableau ci-dessous) ;
- elles ne doivent **pas déjà avoir été prises en compte** pour la détermination du revenu net catégoriel concerné ;
- elles doivent être documentées, c'est-à-dire que le contribuable doit être en mesure de fournir à l'administration fiscale les justificatifs de ces charges ;
- elles doivent avoir fait l'objet d'un **paiement effectif** au cours de l'exercice.

Tableau 12.7 – Principales charges déductibles

Charges déductibles	Base législative
Fraction de la CSG	Art. 154 quinquies II
Pensions alimentaires	Art. 156 II.2° CGI
Frais d'accueil des personnes âgées de plus de 75 ans	Art. 156 II.2° ter CGI
Cotisations sociales	Art. 156 II.4°,10° & 13° Art. 163 quaterdecies CGI
Charges foncières des monuments historiques	Art. 156 II.1° ter CGI
Déduction de l'épargne retraite	Art. 163 quatervicies CGI

5.2 Principaux charges et abattements déductibles

La contribution sociale généralisée (CSG)

La CSG s'applique aux revenus du patrimoine et des produits de placement (revenus fonciers, rentes viagères, revenus de capitaux mobiliers…). Son taux de 9,2 % peut se décomposer en deux parties :

- un taux de 6,8 % dont le montant sera déductible ;
- un taux de 2,4 % dont le montant ne sera pas déductible.

Le taux global des prélèvements sociaux sur les revenus du patrimoine ou de placement reste fixé à 17,2 % et se décompose comme suit : CSG à 9,2 %, CRDS à 0,5 % et prélèvement de solidarité à 7,5 %. La CRDS de 0,5 % et le prélèvement social de 7,5 % ne sont pas déductibles du revenu net global.

Les pensions alimentaires

Les pensions alimentaires concernées sont celles versées à des individus liés au contribuable par les dispositions des articles 205 à 211 du Code civil posant le principe de l'obligation alimentaire réciproque. Le principe entend permettre la déduction de l'ensemble des pensions alimentaires versées par le contribuable à ses ascendants ou descendants, dans la mesure où le montant versé est conforme aux besoins du bénéficiaire et en adéquation avec les revenus de celui qui la verse. Cependant, ce principe a été aménagé notamment en instaurant des plafonds de déduction.

- **Enfants mineurs** : les sommes versées ne peuvent donner lieu à une quelconque déduction si les enfants sont intégrés pour la détermination du quotient familial du contribuable (voir *infra*).
- **Enfants majeurs** : les sommes versées à un enfant majeur dans le besoin sont déductibles dans la limite de 6 674 € pour l'imposition des revenus 2023, et cette déduction ne peut se cumuler avec la possibilité pour ce jeune majeur de demander son rattachement au foyer fiscal de ses parents.
- **Ascendants** : les sommes versées sont déductibles et, dans le cas d'une pension alimentaire versée en nature (ascendant et contribuable vivant sous le même toit), il est impératif que le contribuable puisse justifier l'ensemble des dépenses engagées et qu'il entend déduire. Précisons toutefois que dans la mesure où l'ascendant est sans ressource, qu'il est âgé de plus de 75 ans et bénéficiaire de revenus n'excédant pas le plafond de ressources pour l'octroi du « minimum vieillesse », le contribuable peut déduire sans justification 3 968 € par ascendant au titre des dépenses de nourriture et d'hébergement. Les autres dépenses restent déductibles si elles sont documentées.

Ces règles connaissent quelques aménagements, notamment lorsque les pensions alimentaires sont versées suite à une décision de justice (divorce…) :

- les pensions alimentaires versées suite à une décision de justice consécutive à un divorce ou une séparation de fait sont déductibles du revenu global ;
- les prestations compensatoires versées sur une période supérieure à 12 mois sont également déductibles du revenu global du contribuable.

Les cotisations sociales

La grande majorité des cotisations sociales a déjà été prise en compte pour la détermination du revenu net par catégorie. Cependant, il arrive que certaines cotisations ne l'aient pas été et il convient alors de les déduire du revenu net global une fois ce dernier déterminé. Il s'agit principalement des versements réalisés sur un PERP (plan d'épargne retraite populaire) ou dans un plan d'épargne retraite (PER) (versements volontaires). Ceux-ci ne sont toutefois pas déductibles intégralement. Ainsi, pour chaque membre du foyer fiscal, les versements effectués en 2024 sur un PERP/PER sont déductibles dans la limite d'un plafond de déduction correspondant au plus élevé des deux montants suivants :

- 10 % des revenus professionnels de l'année précédente (2023), plafonné à 8 fois le plafond de la Sécurité sociale, soit un plafond de déduction de 35 194 € en 2024 (43 992 × 8 × 10 %) ;
- ou 10 % du plafond annuel de la Sécurité sociale de l'année 2023, soit un plancher de déduction de 4 399 € pour un versement en 2024.

Déduction faite du montant des cotisations ou primes correspondant à l'épargne retraite éventuellement constituée dans le cadre de l'activité professionnelle (versement sur un contrat PERE, abondement PERECO ou transfert de CET vers PERCO/PERECO).

Section 3 LE CALCUL DE L'IMPÔT SUR LE REVENU

Comme nous l'avons déjà présenté, il n'est réalisé qu'une seule déclaration par foyer fiscal, le foyer fiscal pouvant comprendre plusieurs individus. Au niveau de la détermination du revenu net imposable, cette pluralité de contribuables est prise en compte pour la détermination du revenu net imposable par l'additivité des différents revenus des membres d'un même foyer fiscal.

Il convient de préciser quelque peu cette notion :

- seuls les **couples mariés ou pacsés** souscrivent une déclaration commune au titre de l'IR. L'année de leur union, le couple aura le choix : soit il fait le choix de souscrire à une seule déclaration commune, soit sur option chaque membre du couple souscrira une déclaration séparée pour l'année du mariage/Pacs ;
- les concubins doivent déclarer chacun de leur côté leurs revenus, s'interdisant alors de reporter sur les bénéfices de l'un les déficits de l'autre ;
- les **enfants** compris dans le foyer fiscal sont qualifiés d'« enfants à charge », c'est-à-dire les enfants mineurs non émancipés ainsi que les majeurs[1] sans condition jusqu'à 21 ans et sous condition de poursuite des études et d'âge (moins de 25 ans au 1er janvier de l'année d'imposition). Pour les enfants invalides, aucune condition d'âge n'est exigée.

1. Le rattachement du jeune majeur se fait par demande écrite de l'intéressé au centre du Trésor public du domicile de ses parents.

À titre d'information, et pour que la notion de « personnes à charge » garde tout son sens, les personnes titulaires d'une carte d'invalidité sont considérées comme faisant partie du foyer fiscal sans condition de lien de parenté, d'âge ou même de ressources[1].

1 Le barème progressif

L'IR n'est pas déterminable aisément par le contribuable, notamment en raison de l'existence d'un barème progressif des taux d'imposition. Ces taux s'appliquent à une fraction de revenus et croissent au fur et à mesure que les revenus augmentent.

Tableau 12.8 – Tranches de revenus et taux applicables aux revenus 2023

Fraction du revenu	Taux
jusqu'à 11 294 €	0 %
de 11 294 € à 28 797 €	11 %
de 28 797 € à 82 341 €	30 %
de 82 341 € à 177 106 €	41 %
Plus de 177 106 €	45 %

Attention, le taux présenté est un taux marginal. Il ne s'applique que sur la tranche de revenus la plus importante.

Exemple

Un contribuable célibataire déclarant un revenu net imposable de 50 000 € perçu en 2023 verra son imposition 2024 déterminée ainsi :
– de 0 € à 11 294 € : 0 €
– de 11 294 € à 28 797 € : (28 797 € – 11 294 €) × 11 % = 1 925,33 €
– de 28 797 € à 50 000 € (son revenu net imposable) : (50 000 € – 28 797 €) × 30 % = 6 360,90 €
Soit un montant d'impôt sur le revenu à payer de 8 286 €, représentant un taux global d'imposition de 16,57 %.

2 Le quotient familial

Afin de prendre en considération la présence de personnes rattachées au foyer fiscal, le droit fiscal retient un système de quotient familial. Ce mécanisme est également destiné à diminuer l'effet progressif de l'imposition. Le quotient

1. Article 196 A bis du CGI.

familial correspond au rapport entre le montant du revenu net imposable et le nombre de « parts » dont peut se prévaloir le foyer fiscal.

Tableau 12.9 – Nombre de parts du foyer fiscal

Situation du foyer fiscal	Nombre de parts
Personne seule	1 part
Personne seule ayant une ou plusieurs personnes à charge	1,5 part
Couple marié ou pacsé	2 parts
Personnes à charge	**Nombre de parts**
Première personne à charge	+ 0,5 part
Deuxième personne à charge	+ 0,5 part
À partir de la troisième personne à charge	+ 1 part

Il convient de préciser que ces majorations du nombre de parts sont adaptées en cas de divorce ou de séparation.

Tableau 12.10 – Majoration du nombre de parts

Personnes à charge (pour les 2 parents)	Nombre de parts
Première personne à charge	+ 0,25 part
Deuxième personne à charge	+ 0,25 part
À partir de la troisième personne à charge	+ 0,5 part

Exemple

Soit une famille de 4 enfants, tous considérés comme à charge et dont les parents sont mariés. Le nombre de parts est le suivant.

Couple marié :	2 parts
Premier enfant à charge :	+ 0,5 part
Deuxième enfant à charge :	+ 0,5 part
Troisième enfant à charge :	+ 1 part
Quatrième enfant à charge :	+ 1 part
Total :	**5 parts**

Poursuivons avec cette famille et supposons que les parents ont divorcé. Trois enfants sont à la charge des deux parents, le 4e étant à la charge d'un seul parent depuis plus de cinq ans. Le nombre de part évoluera ainsi.

Premier parent

Personne seule avec une ou plusieurs personnes à charge :	1,5 part
Premier enfant à charge partagée :	+ 0,25 part

Deuxième enfant à charge partagée :	+ 0,25 part
Troisième enfant à charge partagée :	+ 0,5 part
Total :	**2,5 parts**

Second parent

Personne seule avec une ou plusieurs personnes à charge :	1,5 part
Premier enfant à charge exclusive :	+ 0,5 part
Premier enfant à charge partagée :	+ 0,25 part
Deuxième enfant à charge partagée :	+ 0,5 part
Troisième enfant à charge partagée :	+ 0,5 part
Total :	**3,25 parts**

3 La détermination du montant de l'impôt à payer

Le montant de l'impôt à payer est déterminé à partir du quotient familial, mais son calcul incombe à l'administration fiscale. Le quotient familial s'obtient en divisant le revenu net imposable par le nombre de parts du foyer fiscal.

Exemple

Un couple marié avec un enfant mineur déclare un revenu net imposable de 40000 €. Leur nombre de parts est de 2,5. Le montant de leur quotient familial est de : 40000 € / 2,5 = 16000 €.

Une fois le quotient familial déterminé, le contribuable peut déterminer le montant de l'impôt à payer, soit en faisant l'exercice de détailler l'imposition, tranche par tranche, soit en appliquant la formule adéquate suivante (avec R, le revenu net imposable et N, le nombre de parts du foyer fiscal).

Tableau 12.11 – Tranches de revenus et taux applicables aux revenus 2023

Fraction du revenu	Taux	Montant de l'impôt dû
Jusqu'à 11 294 €	0 %	0
de 11 294 € à 28 797 €	11 %	(R × 0,11) – (1 242,34 × N)
de 28 797 € à 82 341 €	30 %	(R × 0,30) – (6 713,77 × N)
de 82 341 € à 177 106 €	41 %	(R × 0,41) – (15 771,28 × N)
plus de 177 106 €	45 %	(R × 0,45) – (22 855,52 × N)

R = revenu net imposable
N = nombre de parts du foyer fiscal

Nous préciserons que le droit fiscal a entendu limiter les effets du quotient familial[1]. Ainsi, au titre des revenus 2023, l'avantage en impôt sur les revenus est plafonné dans la plupart des cas pour les personnes à charge à 1 759 € par demi-part additionnelle[2], s'ajoutant à deux parts pour les contribuables mariés ou pacsés ou s'ajoutant à une part pour les contribuables veufs (sauf l'année du veuvage), ainsi que pour les célibataires, divorcés, séparés.

4 Les réductions ou crédits d'impôt

Le montant ressortant de la formule de calcul ci-dessus ne constitue pas pour autant la charge d'IR que le contribuable devra réellement acquitter. En effet, le CGI contient un certain nombre de dispositions permettant de diminuer le montant de l'imposition à régler. Ces réductions ou crédits d'impôts vont et viennent selon les aspirations des contribuables et les problèmes budgétaires.

Ils constituent une véritable forêt de textes législatifs dont il est difficile de dresser un panorama complet. Ainsi, dans le cadre limité de cette étude, nous nous attacherons simplement à présenter quelques objectifs poursuivis par le législateur et l'incitation fiscale mise en œuvre pour que ceux-ci aboutissent :

- allégement des frais de scolarité d'un montant variant de 61 €, 153 € ou 183 € selon le degré d'avancement des études ;
- encourager l'emploi à domicile *via* un crédit d'impôt de 50 % des sommes engagées dans la limite de 12 000 € (majorée de 1 500 € par personne à charge), 15 000 € pour l'année d'une première embauche.

Leur modalité d'application est fort simple dans la mesure où le montant de la réduction ou du crédit d'impôt vient en diminution du montant de l'IR à payer selon le barème progressif. Cependant, le total des réductions ou crédits d'impôts ne peut pas, sauf exception, procurer une réduction de l'impôt dû sur les revenus 2023 supérieure à un montant de 10 000 € (ou 18 000 €)[3].

1. Article 197 I-2 du CGI.
2. Ou 879 € pour chacun des quarts de part.
3. Article 200-0 A du CGI.

Section 4 LA DÉCLARATION ET LE PAIEMENT DE L'IMPÔT SUR LE REVENU

1 L'IR, un impôt déclaratif

L'IR étant un impôt déclaratif, la détermination du revenu global incombe au contribuable. Celui-ci peut, bien entendu, se faire aider par des professionnels de la comptabilité et de la fiscalité dans le cas d'activité non salariée. Pour les salariés, le système de la déclaration pré-remplie par l'administration fiscale conduit ces derniers à s'assurer du correct montant reporté. Cela signifie également que tout jeune actif qui débute doit, pour pouvoir télédéclarer, créer son espace particulier en ligne après avoir obtenu un numéro fiscal et un numéro d'accès.

Dans un souci de rapidité et d'efficacité, et depuis le 1er janvier 2019, le Trésor public impose désormais la déclaration des revenus en ligne lorsque la résidence principale du contribuable est équipée d'un accès à Internet[1].

2 Les modalités de paiement

En cas de retard dans la déclaration ou le paiement, l'IR est majoré de 10 % de l'impôt à payer et d'intérêts de retard calculés au taux de 0,20 % par mois (soit un taux de 2,40 % par an).

2.1 Les modalités de paiement à compter de l'entrée en vigueur du prélèvement à la source (1er janvier 2019)

La réforme du prélèvement à la source (PAS) est entrée en application le 1er janvier 2019. Le PAS vise à adapter le recouvrement de l'impôt au titre d'une année à la situation réelle des contribuables au titre de cette même année, sans en modifier les règles de calcul. Il a pour objectif de supprimer le décalage d'un an entre la perception des revenus et le paiement de l'impôt sur ces revenus.

Les revenus suivants seront soumis au PAS au moyen d'une retenue à la source :
– traitements et salaires : revenus salariaux, revenus des dirigeants, indemnités journalières, allocations chômage ou pré-retraite ;
– pensions de retraites et rentes viagères à titre gratuit.

1. La sanction du non-respect de la télédéclaration est une amende forfaitaire de 15 € par déclaration. L'amende n'est mise en œuvre qu'à partir de deux manquements constatés.

Les revenus suivants seront soumis au PAS au moyen d'un acompte prélevé mensuellement ou trimestriellement sur le compte bancaire du contribuable :

- BIC/BNC/BA ;
- revenus fonciers ;
- rentes viagères à titre onéreux, pensions alimentaires, etc.

Sur le plan pratique, les contribuables ont déclaré leurs revenus 2022 au printemps 2023, et l'administration fiscale a calculé le taux de prélèvement appliqué à leurs revenus (salaire, pensions, revenus fonciers, etc.).

À compter du 1er septembre 2025, le taux du PAS sera individualisé pour les couples en l'absence d'option contraire. Ceux qui souhaitent conserver l'anonymat vis-à-vis de leur employeur peuvent opter pour un taux « neutre ». L'administration fiscale communique ensuite aux collecteurs (employeurs, caisses de retraite, etc.) le taux de prélèvement retenu. Ce taux de prélèvement est appliqué au salaire : le prélèvement à la source sera automatique et apparaît clairement sur la fiche de paie.

Dès le mois de septembre 2024, le taux de prélèvement sera actualisé pour tenir compte des changements éventuels consécutifs à la déclaration des revenus de 2023.

2.2 Sort des crédits d'impôt et réductions d'impôt dans le cadre de la réforme du PAS

Le taux du PAS ne tient pas compte des éventuels crédits d'impôt et réductions d'impôt dont peuvent bénéficier les contribuables en contrepartie d'investissements ou de certaines dépenses.

Ainsi, afin de limiter leurs efforts en matière de trésorerie, les crédits d'impôt et réductions d'impôt suivants font l'objet d'un acompte, égal à 60 % de l'avantage obtenu au titre de la déclaration de N–2, versé le 15 janvier de chaque année (le solde sera versé en août de l'année N) :

- crédit d'impôt lié à l'emploi d'un salarié à domicile ;
- crédit d'impôt lié à la famille (garde d'enfants de moins de 6 ans) ;
- réduction d'impôt pour dépenses de dépendance (EHPAD) ;
- réductions d'impôt en faveur de l'investissement locatif (Pinel, Duflot, Scellier, investissement logement dans les DOM, Censi-Bouvard) ;
- réduction d'impôt en faveur des dons aux œuvres ;
- crédit d'impôt cotisations syndicales.

Chapitre 13

L'imposition des revenus du patrimoine financier

Mathieu Becker

SOMMAIRE

Section 1 LES REVENUS DE CAPITAUX MOBILIERS

Les produits des portefeuilles titres et des placements financiers des particuliers sont principalement, depuis 2018, soumis au prélèvement forfaitaire unique (PFU), avec toutefois la possibilité d'opter pour le barème progressif de l'IR.

1 Le régime de droit commun d'imposition depuis le 1er janvier 2018

Depuis le 1er janvier 2018, le prélèvement forfaitaire unique (PFU) s'applique à l'ensemble des revenus imposables dans la catégorie des revenus de capitaux mobiliers (dividendes et revenus distribués et produits de placements à revenu fixe). L'impôt sera ainsi calculé sur le montant brut des revenus et sera prélevé à la source lors de l'encaissement des revenus par l'établissement teneur du compte.

Il est possible d'être dispensé du prélèvement forfaitaire obligatoire non libératoire de 12,8 %, acquitté au titre de l'impôt sur le revenu au moment du versement des intérêts, si le revenu fiscal de référence pour l'année N-2 était inférieur à 25 000 € pour une personne seule ou 50 000 € pour un couple (mariage ou PACS), ou encore inférieur à 50 000 € (personne seule) ou 75 000 € pour un couple (mariage ou PACS) en ce qui concerne les dividendes.

1.1 Disparition de l'abattement de 40 % pour les RCM éligibles

La conséquence immédiate de l'application du PFU concerne la suppression d'un certain nombre d'abattements qui étaient jusqu'à présent applicables de plein droit, dont celui de 40 % sur les dividendes qui y étaient éligibles, comme les dividendes distribués suite à une décision juridique régulière par une société passible de l'impôt sur les sociétés.

En complément de la disparition de l'abattement de 40 %, et seulement dans le cadre de l'application du PFU, aucune fraction de CSG ne pourra être déduite de l'assiette imposable par le contribuable.

Les revenus de capitaux mobiliers comme les produits d'obligations d'emprunts d'État, les jetons de présence perçus par les membres du conseil d'administration ou du conseil de surveillance, les revenus des créances dépôts et cautionnements ou les revenus distribués non déductibles du résultat de la société dont ils proviennent (rémunérations et avantages occultes, rémunérations excessives) ne bénéficiaient pas de l'abattement de 40 % avant l'instauration du PFU. Ils étaient ainsi taxés à l'impôt sur le revenu pour leur montant brut encaissé diminué, le cas échéant, des frais supportés.

1.2 Cas des produits d'assurance-vie et des contrats de capitalisation

Avant le 1er janvier 2018, les produits acquis ou constatés à compter du 1er janvier 1998 sur des contrats d'assurance-vie et des bons de capitalisation de source française d'une durée au moins égale à 8 ans (6 ans pour ceux souscrits avant le 1er janvier 1990) étaient soumis à l'impôt sur le revenu (sauf exceptions ci-dessous), lors du dénouement du contrat, après application d'un abattement annuel de 4600 € (célibataires, veufs ou divorcés) ou de 9200 € (couples mariés ou pacsés soumis à imposition commune). Sur option, ces produits pouvaient être soumis à un prélèvement libératoire de 7,5 %.

Dans le cadre du prélèvement forfaitaire unique (PFU), lors d'un rachat sur un contrat, il n'y a pas de modification pour l'imposition au titre de l'impôt sur le revenu des gains sur les primes versées avant le 27 septembre 2017, date de présentation du projet de loi de Finances en Conseil des ministres. Le détenteur du contrat pourra encore opter pour le prélèvement libératoire au taux défini par l'antériorité du contrat (de 35 %, 15 % et 7,5 %).

À défaut, il sera imposé au barème de l'impôt sur le revenu.

Cependant, le prélèvement forfaitaire unique (PFU) est applicable uniquement pour la fraction des gains sur les primes versées depuis le 27 septembre 2017 dans tous les cas si le contrat a moins de 8 ans. En ce qui concerne le contrat ouvert depuis plus de 8 ans, l'impôt sur le revenu sera de 7,5 % sur la fraction de primes nettes versées inférieure à 150000 €. Au-delà, le taux de 12,8 % s'appliquera (+17,2 % de prélèvements sociaux).

Tableau synthétique de l'application du PFU sur l'assurance-vie				
Primes versées	… avant le 27 septembre 2017	… après le 27 septembre 2017		
		Contrat inférieur à 8 ans	Contrat supérieur à 8 ans	
			Jusqu'à 150 k€ de primes nettes	Au-delà de 150 k€ de primes nettes
Modalités d'imposition des produits	IR ou PFL de 35 % pour un contrat inférieur à 4 ans, de 15 % supérieur à 4 ans et inférieur à 8 ans, et de 7,5 % supérieur à 8 ans.	IR ou PFU de 12,8 % (+17,2 % de PS)	IR ou PFL de 7,5 %	IR ou PFU de 12,8 % (+17,2 % de PS)

Il est important de noter que, quelle que soit la durée du contrat ou du bon de capitalisation, ainsi que de celle du contrat d'assurance-vie, les produits étaient exonérés avant le 1er janvier 2018 si le dénouement donnait lieu au versement d'une rente viagère ou si le dénouement résultait du licenciement du titulaire (ou de sa mise en liquidation), de sa mise à la retraite anticipée, de son invalidité de 2e ou 3e catégorie ou de celle de son conjoint. Cette disposition est maintenue dans le cadre de la nouvelle fiscalité.

De la même manière, l'abattement annuel de 4 600 € ou 9 200 € reste maintenu et s'applique en priorité sur les produits générés avant le 27/09/2017.

1.3 L'épargne logement

Les intérêts des plans épargne logement (PEL) et comptes épargne logement (CEL) ouverts à compter du 1er janvier 2018 deviennent soumis au PFU et ce, dès la première année. Ils ne profitent donc plus d'un régime fiscal incitatif. Quant aux PEL ouverts avant cette date, le PFU ne s'appliquera qu'à partir de la 12e année.

2 L'option au barème progressif de l'impôt sur le revenu

Pour les foyers fiscaux qui y auraient intérêt, la possibilité d'opter pour une imposition au barème progressif de l'impôt sur le revenu demeure. Cette option annuelle sera à formuler lors de la déclaration de revenus.s

Cette option est globale et doit porter sur l'ensemble des revenus catégoriels relevant du PFU, ce qui impose que le contribuable soit particulièrement vigilant lors de sa déclaration et donc de son choix.

Dans le cas où le contribuable opterait pour l'imposition au barème progressif de l'impôt sur le revenu, restent en vigueur la déductibilité de la CSG à hauteur de 6,8 %, ainsi que l'abattement de 40 % sur les dividendes.

S'agissant des intérêts, cette modalité serait intéressante essentiellement pour les contribuables peu ou non imposables.

S'agissant des dividendes, l'option cesserait d'être intéressante à partir de la tranche relevant du taux de 30 % (même avec la prise en compte des avantages supplémentaires, dans ce cas de l'abattement de 40 % et de la déduction des frais de garde).

Taux net d'imposition sociale et fiscale selon la TMI – Dividendes		
Taux marginal d'imposition (TMI)	Imposition à l'IR	PFU
0 %	17,20 %	30 %
11 %	22,85 %	30 %
30 %	33,16 %	30 %
41 %	39,01 %	30 %
45 %	41,14 %	30 %

Toutefois, il convient d'avoir une démarche fiscale globale en prenant en compte l'ensemble des revenus issus du patrimoine financier pour se positionner sur l'intérêt pour le contribuable d'opter ou non pour une imposition au barème progressif de l'impôt sur le revenu. Il est nécessaire de considérer la taxation sociale dans le choix, puisque les prélèvements sociaux s'appliquent dans les deux cas.

Section 2 LES PRODUITS EXONÉRÉS D'IMPÔT ET LES RÉGIMES DÉROGATOIRES

1 Les produits exonérés

La taxation forfaitaire n'impacte pas les livrets A, les Livrets de Développement Durable et Solidaire (LDDS), les Livrets d'Épargne Populaire ou encore le Livret jeune. En effet, ce sont des livrets épargne défiscalisés par nature, exonérés de l'impôt sur le revenu et des prélèvements sociaux.

2 Les régimes dérogatoires

Le régime de faveur des PEA et PEA-PME est maintenu dans le cadre de la nouvelle loi fiscale.

De plus, la loi de Finances pour 2019 a adouci leur fiscalité : les retraits sur les contrats de moins de 5 ans sont imposés au prélèvement forfaitaire unique de 12,8 %, portant le taux global d'imposition à 30 % si on prend en compte les prélèvements sociaux.

Section 3 L'IMPOSITION DES GAINS DE CESSION DE VALEURS MOBILIÈRES ET DE DROITS SOCIAUX

1 Calcul des plus-values de cession

Les plus-values ou moins-values sont calculées par différence entre le prix de cession et le prix d'acquisition. Elles peuvent être minorées dans certains cas d'un abattement pour durée de détention.

1.1 Le prix de cession

Il est constitué, pour les titres non cotés, du prix demandé et, pour les titres cotés, du cours de Bourse au jour de la transaction. Il comprend toutes les charges et indemnités stipulées au profit du cédant ou d'un tiers. Il est diminué du montant des frais et taxes acquittés par le cédant : commissions d'intermédiaires et honoraires d'experts chargés de l'évaluation des titres, commissions de négociation, courtages et impôt sur les opérations de Bourse pour les titres cotés.

1.2 Le prix d'acquisition

Il est constitué du prix auquel les titres ont été achetés par le cédant ou, en cas d'acquisition à titre gratuit (succession ou donation), de la valeur retenue pour la détermination des droits de mutation. Il est augmenté des frais d'acquisition : les courtages, les commissions, les impôts sur les opérations de Bourse, les honoraires d'experts, les droits d'enregistrement et frais d'acte et/ou les droits de succession ou de donation proprement dits, les frais d'acte et de déclaration et les honoraires du notaire.

En cas de cession de titres de même nature achetés à des prix différents, le contribuable peut retenir une moyenne pondérée des prix d'acquisition. Sinon, c'est la méthode dite du FIFO (*First in, First out*) qui s'applique.

Exemple

> Un contribuable a réalisé une acquisition en N-6 de 100 actions X au prix de 60 €, une acquisition en N-5 de 150 actions X au prix de 100 €. Il vend en N, 200 actions X au prix unitaire de 120 €.
> La valeur moyenne pondérée d'acquisition des titres est de :
> [(100 × 60 €) + (150 × 100 €)] / 250 = 84 €
> Le montant de la plus-value est : (200 × 120 €) – (200 × 84 €) = 7 200 €

1.3 La prise en compte des éventuelles clauses

Les **clauses de variation de prix** (ou clause d'*earn out*) prévoient, lors de la cession, que l'acquéreur devra verser dans le futur au cédant un complément de prix déterminé en fonction d'une indexation en relation directe avec l'activité de la société dont les titres sont vendus.

Si la clause est mise en exécution, le complément de prix perçu par le cédant est imposable au taux global de 30 % applicable aux plus-values sur titres (impôt sur les plus-values à 12,8 % + 17,2 % de prélèvements sociaux), au titre de l'année au cours de laquelle il est reçu, quel que soit le montant des cessions réalisées au cours de cette année.

Les **clauses de garantie de passif ou d'actif net** prévoient, lors de la cession, que le cédant s'engage à reverser au cessionnaire en cas de révélation, dans les comptes de la société dont les titres sont vendus, d'une dette ayant son origine antérieurement à la cession ou d'une surestimation de valeurs d'actif figurant au bilan de la société à la date de la cession. Un dégrèvement de l'impôt initialement payé pourra être demandé par le cédant par voie contentieuse. L'acquéreur, lui, tiendra compte de cette variation de prix lors du calcul de sa plus-value de cession (diminution du prix d'acquisition des titres).

2 Le régime de droit commun d'imposition depuis le 1er janvier 2018

2.1 Le calcul de l'impôt sur la plus-value

Depuis le 1er janvier 2018, la plus-value est soumise au prélèvement forfaitaire unique (PFU) en constituant, comme pour le reste des revenus de capitaux mobiliers (RCM), le régime de droit commun.

2.2 La disparition de l'abattement pour durée de détention et de cession au sein du cercle familial

Depuis le 1er janvier 2013, un abattement pour durée de détention était en application et décompté à partir de la date réelle d'acquisition des titres. Cet abattement avait été modifié par la loi de Finances pour 2014 :

- 50 % du montant de la plus-value réalisée ou de la distribution perçue lorsque les actions, parts, droits ou titres sont détenus depuis au moins 2 ans et moins de 8 ans à la date de la cession ou de la distribution ;
- 65 % du montant de la plus-value réalisée ou de la distribution perçue lorsque les actions, parts, droits ou titres sont détenus depuis au moins 8 ans à la date de la cession ou de la distribution.

En application de la loi de Finances pour 2018, cet abattement n'a plus lieu d'être dans le cas où le contribuable laisserait s'appliquer le régime fiscal de droit commun, à savoir le prélèvement forfaitaire unique (PFU).

2.3 La création d'un nouvel abattement pour les « dirigeants partant en retraite »

Un abattement fixe de 500 000 € est applicable aux plus-values de cession réalisées par les dirigeants de PME faisant valoir leurs droits à la retraite.

Ce dispositif est organisé dans l'article 150-0 D ter du CGI.

Cependant, les cessions réalisées par des dirigeants partant en retraite répondant aux conditions de l'article 150-0 D ter du CGI ne pourront plus cumuler le nouvel abattement et l'abattement pour durée de détention (comme c'était le cas auparavant), et ce même s'ils ont opté pour une imposition au barème progressif. Afin de respecter la réforme récente des retraites, dans une réponse ministérielle du 28 septembre 2023, l'administration précise que, sous réserve que les autres conditions prévues à l'article 150-0 D ter du CGI soient par ailleurs satisfaites, le bénéfice de l'abattement ne sera pas remis en cause à l'égard des dirigeants ayant déjà cédé les titres de leur entreprise au 14 avril 2023 (date de promulgation de la loi 2023-270), sous réserve qu'ils remplissent les conditions suivantes :

- d'une part, ils auraient atteint, dans le délai de deux ans suivant la cession, l'âge légal de départ en retraite applicable antérieurement à cette réforme ;
- d'autre part, ils partent effectivement en retraite à l'âge légal relevé par cette même réforme.

2.4 L'imputation des moins-values

Un changement profond est intervenu dans le cadre de l'imputation des moins-values depuis le 1er janvier 2018.

En effet, contrairement aux dividendes, l'imposition n'intervient pas au moment de la perception du gain mais l'année suivante, soit en 2024 pour les plus-values réalisées en 2023. Le contribuable est donc imposé sur ses plus-values nettes de ses moins-values.

La loi de Finances prévoyant l'imputation des moins-values sur les plus-values de l'année, le contribuable ne peut donc plus décider de ne plus imputer ses moins-values pour les reporter sur les années suivantes.

Concernant les moins-values constatées, elles sont imputées aux plus-values de la même année et peuvent ensuite être reportées pendant 10 ans. Les imputations se font sur les montants bruts avant abattement.

3 L'option au barème progressif de l'impôt sur le revenu

La nouvelle approche fiscale, et surtout la possibilité d'opter pour l'impôt sur le revenu, nous oblige à réaliser une distinction en ce qui concerne la date d'acquisition des valeurs mobilières, entre les titres acquis avant le 1er janvier 2018 et ceux qui seraient acquis après cette date.

3.1 Les titres acquis avant le 1er janvier 2018

Pour les titres acquis avant le 1er janvier 2018, l'option à l'impôt sur le revenu permet de conserver l'abattement pour durée de détention prévu par l'article 150-0D du Code général des impôts. Rappelons que l'abattement est fixé à 50 % entre deux et huit ans et 65 % au-delà de huit ans.

Contrairement au PFU, dont le taux inclut les prélèvements sociaux, les gains supporteront, en plus du barème progressif, 17,2 % de prélèvements sociaux sur la totalité des plus-values (l'abattement ne s'applique pas aux prélèvements sociaux). La CSG dans ce cas précis est déductible à hauteur de 6,8 %.

Il faut noter que l'abattement pour durée de détention est applicable uniquement aux plus-values réalisées sur des actions françaises ou étrangères, et Sicav ou FCP dont l'actif est composé à plus de 75 % d'actions éligibles. Il ne s'applique donc pas aux plus-values sur obligations ou sur des Sicav et FCP ne respectant pas ce seuil de 75 %. L'option pour le barème progressif pourrait se révéler intéressante pour le contribuable qui se sépare de titres qu'il détiendrait depuis de longues années.

3.2 Les titres acquis après le 1er janvier 2018

En ce qui concerne les titres acquis après cette date, les abattements ne sont plus applicables et ce même si le contribuable fait le choix de prendre l'option globale au barème progressif de l'impôt sur le revenu. De la même manière, la CSG n'est plus déductible. En optant pour le barème progressif, une personne non imposable sera exonérée d'impôt sur la plus-value mais devra quand même acquitter 17,2 % de prélèvements sociaux.

Taux marginal d'imposition (TMI)	Plus-value sans abattement		Plus-value avec abattement de 50 %		Plus-value avec abattement de 65 %	
	PFU	IR	PFU	IR	PFU	IR
0 %	30 %	17,20 %	30 %	17,20 %	30 %	17,20 %
11 %	30 %	27,45 %[1]	30 %	21,95 %	30 %	20,3 %
30 %	30 %	45,16 %	30 %	30,16 %	30 %	25,66 %
41 %	30 %	55,41 %	30 %	34,91 %	30 %	28,76 %
45 %	30 %	59,14 %	30 %	36,64 %	30 %	29,89 %

Simulation effectuée sans tenir compte de la Contribution Exceptionnelle sur les Hauts revenus (CEHR)

PFU : Prélèvement Forfaitaire Unique

IR : Impôt progressif sur le revenu

1. Exemple : 27,45 = 11 % + 17,2 % – 0,75 % (issus de la possibilité de déduire 6,8 % de CSG dans ce cas puisque le revenu est soumis à l'IR).

3.3 L'abattement renforcé pour les PME âgées de moins de 10 ans

L'abattement renforcé pour les PME âgées de moins de 10 ans (au moment de l'acquisition) est lui aussi conservé si le contribuable opte pour l'impôt sur le revenu à condition que les titres aient été acquis avant le 1er janvier 2018.

3.4 L'abattement pour les « dirigeants partant en retraite » dans le cadre de l'option au barème progressif de l'impôt sur le revenu

Le nouvel abattement fixe prévu pour les « dirigeants partant en retraite » ne pourra être cumulé avec les abattements forfaitaires (de droit commun ou renforcés) comme par exemple l'abattement pour durée de détention.

Afin de tenir compte des mesures de restriction sanitaire, notamment les fermetures administratives de certaines entreprises liées à la pandémie de Covid-19, **le législateur institue une mesure d'assouplissement temporaire du délai de cession permettant de bénéficier de l'exonération précitée.**

En effet, les entrepreneurs qui ont atteint l'âge de la retraite au cours des années 2019, 2020 ou 2021 peuvent avoir rencontré, du fait du contexte économique et sanitaire, des difficultés pour trouver un repreneur dans le délai de deux ans prévu par la loi.

Le législateur allonge de manière temporaire de 24 à 36 mois le délai entre le départ à la retraite et la cession dans le cadre de ce dispositif. Cette mesure a vocation à s'appliquer aux entrepreneurs ayant fait valoir leurs droits à la retraite entre le 1er janvier 2019 et le 31 décembre 2021.

Autrement dit, lorsque le cédant fait valoir ses droits à la retraite entre le 1er janvier 2019 et le 31 décembre 2021, et que ce départ en retraite précède la cession, le délai prévu par l'article 151 septies A est porté à trois ans. **En cas de non-respect du délai de trois ans, l'exonération sera remise en cause au titre de l'année au cours de laquelle interviendra le terme de ce délai.**

Chapitre 14

L'imposition des revenus du patrimoine immobilier et les produits de défiscalisation immobilière

Olivier LEJEUNE

SOMMAIRE

L'investissement immobilier représente toujours aux yeux des particuliers une valeur sûre (la valeur refuge de la pierre) quand les autres investissements (mobiliers) deviennent risqués, notamment en période de baisse des valeurs. L'investissement locatif présente le double avantage d'être généralement peu risqué (sauf crise importante de l'immobilier) et de s'autofinancer. Il est le plus souvent réalisé au moyen d'emprunts bancaires, dont le capital et les intérêts sont couverts par les loyers.

Les particuliers peuvent investir :

- dans les immeubles anciens, dont le prix d'acquisition est moins élevé que le neuf, pour dégager un bon rapport « revenus/investissement » ;
- dans le neuf, en acceptant un rapport moins favorable « revenus/investissement », mais en misant sur une future plus-value immobilière.

Cet engouement pour l'investissement locatif s'est traduit ces dernières années par une adaptation de la fiscalité, avec notamment la création de régimes spécifiques d'imposition des revenus fonciers. Nous étudierons les différents régimes de taxation des revenus fonciers (régime micro et régime réel), ainsi que les régimes dérogatoires (monuments historiques...) et spécifiques (Robien, Borloo, Duflot...) qui ont été récemment créés.

Les personnes, résidant ou non en France, qui réalisent des investissements locatifs, doivent déclarer leurs recettes dans la catégorie des revenus fonciers si la location est nue. Il existe alors deux régimes déclaratifs :

- le régime réel, qui nécessite le dépôt d'une déclaration spécifique (modèle 2044) ;
- le régime du micro-foncier, applicable de plein droit aux contribuables qui ont encaissé dans l'année moins de 15 000 € de recettes.

Les revenus fonciers supportent les contributions sociales au taux de 17,2 %, appliquées sur le montant net du revenu immobilier.

Section 1 LE RÉGIME DU « MICRO-FONCIER »

Les personnes qui ont un revenu foncier annuel inférieur à 15 000 € sont soumises de plein droit à un régime d'imposition simplifié (dit du « micro-foncier ») qui aboutit à n'imposer que 70 % des recettes. Ce régime ne peut pas s'appliquer dans le cas de revenus fonciers dérogatoires ou spécifiques. S'il permet aux contribuables un allégement déclaratif important (recettes brutes directement reportées sur la déclaration de revenus), il ne permet pas la constatation de déficits. Les contribuables qui seraient de plein droit dans le régime du micro-foncier peuvent toutefois opter pour le régime réel d'imposition des revenus fonciers, option qui est conseillée lorsqu'ils constatent un déficit foncier (recettes inférieures aux charges). Cette option s'applique pour une durée de trois ans et est irrévocable sur cette période.

Section 2 LE RÉGIME RÉEL D'IMPOSITION

Une déclaration de revenus fonciers (n° 2044 ou 2044 S) doit être souscrite lorsque les contribuables ont perçu des loyers, des fermages ou d'autres revenus fonciers (droits d'affichage, droits d'exploitation de carrières, revenus de parts de sociétés immobilières) ou lorsqu'ils se réservent l'usage de certains biens ou droits (étangs, cours d'eau, droits de pêche, locaux commerciaux nus) pour un montant supérieur à 15 000 €.

Le contribuable n'a pas de revenus fonciers à déclarer pour :

– les logements dont il se réserve la jouissance. L'exonération vise les locaux d'habitation et leurs dépendances immédiates (garages, jardins…) qui sont utilisés à titre de résidence principale ou secondaire ou qui sont mis gratuitement à la disposition d'un tiers en l'absence de tout contrat de location ;
– les locations et sous-locations en meublé, qui relèvent des bénéfices industriels et commerciaux professionnels ou non ;
– les sous-locations d'immeubles nus, qui relèvent des revenus non commerciaux.

Focus

Montant du revenu net foncier

Le revenu net foncier à déclarer est obtenu par la différence entre les recettes (principales et/ou accessoires) encaissées dans l'année et les charges de propriété payées dans l'année par le foyer fiscal :

Revenu net foncier
= Recettes principales
+ Recettes accessoires
– Charges de propriété

1 Les recettes

Les recettes sont constituées des loyers encaissés (y compris les loyers arriérés et les loyers perçus d'avance), des revenus exceptionnels (pas-de-porte, droit d'entrée) et des avantages en nature. Il convient d'ajouter à ces recettes principales les subventions de l'Agence nationale de l'habitat, les sommes perçues en exécution d'un contrat de garantie de loyers, le droit d'affichage et les dépenses mises par convention à la charge du locataire (principalement des grosses réparations, des impôts afférents à la propriété...). Si le contribuable est assujetti à la TVA (immeubles à usage industriel, commercial ou de bureaux), les recettes doivent être déclarées pour leur montant hors TVA.

2 Les frais et charges

Les principaux frais et charges déductibles comprennent notamment :

- les frais d'administration et de gestion ;
- les primes d'assurance ;
- les dépenses d'amélioration ;
- les dépenses de réparation ou d'entretien ;
- les provisions pour charges de copropriété ;
- les indemnités d'éviction et frais de relogement ;
- certaines impositions ;
- les intérêts des dettes.

2.1 Les frais d'administration et de gestion et autres frais de gestion

Il s'agit notamment des rémunérations qui sont allouées aux gardiens ou concierges. Il s'agit également de l'ensemble des rémunérations, honoraires et commissions versés à des tiers pour la gestion de l'immeuble. Il s'agit enfin des honoraires (notaire, avocat, huissier ou expert) ainsi que des autres frais de procédure supportés dans l'année.

Les autres frais de gestion sont déductibles pour un montant forfaitaire de 20 € par local. Ils représentent les frais de correspondance, de déplacement et de téléphone, et les frais éventuels d'enregistrement des baux et des actes de location.

2.2 Les primes d'assurance

Les primes d'assurance payées sont déductibles pour leur montant réel (assurance du bien et/ou assurance pour les loyers impayés).

2.3 Les dépenses d'amélioration, de réparation et d'entretien

Les travaux d'amélioration sont ceux qui permettent d'apporter un élément de confort nouveau et/ou de s'adapter aux conditions modernes de vie, soit par une modification de son aménagement, soit par l'apport d'installations ou d'équipements nouveaux (frais d'installation du chauffage central, du tout-à-l'égout, d'une salle d'eau…). Pour être déduites, ces dépenses doivent concerner uniquement les locaux affectés à l'habitation. Les travaux d'amélioration ne sont pas déductibles des revenus fonciers dans le cas de baux commerciaux. Seules les dépenses d'amélioration afférentes aux locaux professionnels et commerciaux destinées à faciliter l'accueil des personnes handicapées ainsi que celles destinées à protéger les locaux des effets de l'amiante (désamiantage) sont déductibles.

Les travaux de réparation et d'entretien sont ceux qui ont pour objet de maintenir ou de remettre en état un immeuble sans en modifier la consistance ou l'agencement intérieur et sans en accroître la valeur (réfection des peintures extérieures, des planchers, réparation d'une toiture, d'un ascenseur...). Pour être déductibles en charges, ces travaux ne doivent pas affecter :

- la structure de l'immeuble : les travaux de construction, de reconstruction ou d'agrandissement ne sont pas déductibles ;
- ni sa destination : la transformation d'un bâtiment à usage industriel en locaux d'habitation n'est pas déductible ;
- ni augmenter sa surface habitable.

Les travaux d'amélioration ou d'entretien/réparation qui sont indissociables des travaux d'agrandissement (par exemple, réfection de la toiture en cas de construction d'un étage supplémentaire) ne sont ainsi pas déductibles.

2.4 Les provisions pour charges de copropriété

Les provisions pour charges appelées par le syndic de copropriété sont déduites du revenu foncier de l'année de leur versement, puis seront régularisées l'année suivante. Les contribuables déduisent le montant total des provisions pour charges versées au syndic au cours de l'année. Ils régularisent, la même année, les provisions déduites l'année précédente qui correspondent, d'après l'arrêté des comptes de la copropriété, à des charges non fiscalement déductibles (charges locatives, travaux de construction…).

2.5 Les taxes foncières et taxes annexes

La taxe foncière est déductible des revenus fonciers, sous déduction de la taxe d'enlèvement des ordures ménagères (sur l'avis de taxe foncière) qui elle n'est pas déductible car devant être supportée par l'occupant.

2.6 Les intérêts d'emprunts

Les intérêts et les frais d'emprunt (agios, commissions, frais de constitution de dossier, frais d'inscription hypothécaire...) sont déductibles sans limitation. Les emprunts concernés doivent être contractés pour l'acquisition, la conservation, la construction, la réparation ou l'amélioration des propriétés (y compris les intérêts des emprunts contractés pour le paiement des droits de succession). Les intérêts des emprunts substitutifs sont également déductibles si le nouvel emprunt est souscrit pour rembourser ou se substituer à l'emprunt initial, dans la mesure où les intérêts de l'emprunt initial n'ont pas déjà été intégralement déduits.

3 Les revenus fonciers taxables et la gestion des déficits

Pour chaque immeuble, le revenu taxable est égal au total des recettes diminué du total des charges et des intérêts d'emprunt. Si le résultat déterminé est un bénéfice, il est reporté sur la déclaration de revenus du foyer fiscal. Si le résultat est un déficit, il faut calculer la part qui est reportable sur les revenus fonciers des années suivantes et celle qui est imputable sur le revenu global :

- les déficits fonciers qui résultent des dépenses autres que les intérêts d'emprunts peuvent être **déduits du revenu global** dans la limite annuelle de 10 700 € ;
- la fraction du déficit qui est supérieure à 10 700 € ou qui provient des intérêts d'emprunts est uniquement **imputable sur les revenus fonciers** des dix années suivantes.

Exemple

Un propriétaire loue un appartement et établit sa déclaration comme suit.

Recettes	3 000 €
Charges	- 20 000 €
Intérêts d'emprunt	- 10 000 €
Déficit	- 27 000 €

Les intérêts d'emprunt sont imputés en priorité sur les recettes brutes, soit un déficit provenant à hauteur de 7 000 € des intérêts d'emprunt et de 20 000 € des charges.
Le déficit provenant des charges pourra être imputé sur le revenu global à hauteur de 10 700 €, il restera donc 9 300 € (part du déficit provenant des charges) et 7 000 € (part du déficit provenant des intérêts d'emprunt) à imputer sur les revenus fonciers des dix années qui suivent.

4 La vente ou l'abandon de la location d'un immeuble

L'imputation des déficits fonciers sur le revenu global n'est définitivement acquise que si le contribuable maintient l'immeuble à la location jusqu'au 31 décembre de la troisième année qui suit celle au titre de laquelle l'imputation a été pratiquée (pour l'imputation du déficit en 2020, le bien doit rester à la location jusqu'au 31 décembre 2023). Si cette condition n'est pas remplie, les revenus nets fonciers des trois années précédentes sont reconstitués.

En conclusion, un contribuable qui réalise un investissement locatif pourra déduire de ses revenus fonciers les principales charges de propriété et les intérêts d'emprunt. Cette situation est généralement très favorable aux contribuables les premières années, amenant à la constatation d'un déficit imputable en partie ou en totalité sur le revenu global. Toutefois, si le contribuable n'a que très peu de frais (pas de travaux, peu d'intérêts d'emprunt), il peut décider, sous certaines conditions, de se placer sous le régime du « micro-foncier », régime qui simplifie grandement ses obligations déclaratives.

Section 3 LES RÉGIMES DÉROGATOIRES

Les deux principaux régimes dérogatoires que sont les monuments historiques et les opérations de restaurations immobilières (loi Malraux) permettent aux contribuables de réduire leur charge fiscale, en déduisant de leur revenu global un déficit foncier sans limitation (monuments historiques) ou de bénéficier d'une réduction d'impôt (pour les immeubles « loi Malraux »). Ces régimes sont naturellement soumis à des conditions liées à la situation de l'immeuble mais également des conditions de location.

1 Les immeubles historiques

Le régime fiscal des immeubles historiques s'applique :

- aux immeubles classés monuments historiques ou inscrits à l'Inventaire supplémentaire ;
- aux immeubles faisant partie du patrimoine national en raison de leur caractère historique ou artistique particulier et qui ont fait l'objet d'un agrément préalable spécial ;
- aux immeubles faisant partie du patrimoine national en raison du label délivré par la Fondation du patrimoine sur avis favorable du service départemental de l'architecture et du patrimoine.

Le contribuable doit déclarer les revenus tirés de son immeuble monument historique (location ou ouverture au public payante) sur une déclaration de revenus fonciers n° 2044 spéciale, comme suit :

revenus – charges classiques – charges liées aux monuments historiques – intérêts d'emprunt = revenu foncier net des immeubles monuments historiques

Les principales dérogations concernent les charges déductibles liées à la nature de monument historique. Rappels sur les modalités de déduction des charges qui diffèrent selon l'usage de l'immeuble :

- si l'immeuble procure des recettes imposables et n'est pas occupé par son propriétaire (immeuble loué en totalité ou non loué mais donnant lieu à la perception de recettes accessoires), la totalité des charges foncières afférentes à l'immeuble peut être **imputée sur les revenus fonciers** ;
- si l'immeuble ne procure aucune recette imposable (immeuble ouvert gratuitement au public ou monument non ouvert à la visite), les charges foncières afférentes à l'immeuble sont **imputées directement sur le revenu global** du propriétaire ;
- si l'immeuble procure des recettes imposables et est occupé par son propriétaire (immeuble loué partiellement ou dont certaines pièces sont ouvertes à la visite payante), les charges foncières se rapportant à la partie de l'immeuble dont le propriétaire se réserve la disposition sont **imputables directement sur le revenu global**. Les autres charges sont prises en compte pour la détermination du revenu net foncier.

En cas de constatation d'un déficit foncier, ce dernier est imputable, sans limitation de montant, sur le revenu global de l'intéressé.

Exemple

Un propriétaire loue un appartement classé « monument historique ». Il ne l'occupe pas et établit sa déclaration comme suit.

Recettes	3 000 €
Charges	– 20 000 €
Intérêts d'emprunt	– 10 000 €
Déficit	– 27 000 €

Ici, le déficit constaté, soit 27 000 €, sera déductible en totalité et sans limitation du revenu global du contribuable.

Le propriétaire d'un immeuble monument historique doit remplir trois conditions pour bénéficier du régime dérogatoire :

- l'engagement de conserver la propriété de l'immeuble concerné pendant une période d'au moins quinze années à compter de son acquisition ;
- la détention directe de l'immeuble, sauf s'il est détenu par l'intermédiaire d'une société civile non soumise à l'impôt sur les sociétés ayant obtenu un agrément

délivré par le ministre chargé du Budget après avis du ministre chargé de la Culture, ou dont les associés sont membres d'une même famille ;
- l'absence de mise en copropriété de l'immeuble, sauf si la division fait l'objet d'un agrément délivré par le ministre chargé du Budget après avis du ministre chargé de la Culture.

Exemple

> Un propriétaire loue nu un immeuble classé au titre des monuments historiques acquis en juillet 2012 et décide de le céder en juillet 2022, soit dix années après son acquisition. Pendant ces dix années, le propriétaire a, au total, déduit 300 000 € de charges. Son revenu foncier net de chacune des années 2022, 2023 et 2024 sera majoré de 100 000 €.

2 Les opérations de restauration immobilière (« loi Malraux »)

Les propriétaires d'immeubles situés le plus souvent dans les centres-villes historiques et qui réalisent d'importants travaux de restauration, avec suivi de l'Architecte des bâtiments de France, peuvent bénéficier d'une réduction d'impôt.

La base de la réduction d'impôt est constituée de toutes les charges classiques déductibles en revenus fonciers et des charges spécifiques à la loi Malraux (frais d'adhésion à une association foncière urbaine de restauration, travaux imposés ou autorisés dans le cadre de l'opération de restauration).

La réduction d'impôt est calculée sur le montant des dépenses effectivement supportées par le contribuable sur l'année (hors travaux subventionnés), dans la limite de 400 000 €. Ce plafond de dépenses est un plafond pluriannel sur une période de quatre ans.

La réduction d'impôt est égale à :

– 22 % pour les immeubles situés dans un site patrimonial remarquable avec un PSVM (plan de sauvegarde et de mise en valeur) approuvé ou dont le programme de restauration a été déclaré d'utilité publique ;

– 30 % pour les immeubles situés dans un site patrimonial remarquable avec PSVM (plan de sauvegarde et de mise en valeur) approuvé, les QAD (quartiers anciens dégradés) et les quartiers conventionnés NPNRU (anciens secteurs sauvegardés).

Pour bénéficier de cette réduction d'impôt, le propriétaire doit prendre l'engagement de louer l'immeuble nu, à usage d'habitation principale du locataire, **pendant neuf ans**. Il ne peut pas louer à un ascendant, descendant et membre de son foyer fiscal.

Section 4 LES RÉGIMES SPÉCIFIQUES

Les régimes spécifiques en matière de revenus fonciers sont nombreux et permettent aux propriétaires une importante défiscalisation en raison, pour les régimes les plus anciens, de l'amortissement (pour un montant réel ou forfaitaire) du bien acheté. Mis en place à partir de 1996, ils concernaient principalement des logements neufs (à l'exception de quatre dispositifs qui concernent les logements anciens) et prévoyaient toujours un engagement de location, avec une durée définie (6 à 9 ans), des plafonds de loyers et parfois de ressources des locataires.

À partir de 2009, ces régimes spécifiques ont été remplacés par des régimes (Scellier, Duflot, Pinel) qui offrent aux investisseurs la possibilité de bénéficier d'une réduction d'impôt.

Pour les systèmes les plus anciens, l'intérêt pour le contribuable de se placer sous ce type de régime résidait dans l'amortissement du bien qui aboutissait à la création d'un déficit foncier. Ce déficit était ensuite imputable sur le revenu global du contribuable à hauteur de 10 700 € et sur les revenus fonciers des dix années qui suivaient. Le contribuable, pour bénéficier de ces régimes, devait respecter des conditions liées au logement, au montant des loyers pratiqués et/ou au montant des ressources du locataire. Il devait également souscrire une déclaration spéciale (n° 2044S) avec un engagement écrit la première année au titre de laquelle l'amortissement était pratiqué.

Pour les régimes postérieurs à 2009, le contribuable bénéficie d'une réduction d'impôt qui s'impute sur le montant de son impôt sur les revenus à payer et qui est calculée directement sur la déclaration de l'ensemble des revenus (déclaration n° 2042C).

Pour un investisseur, il est donc important de diversifier ses placements immobiliers (immeubles neufs ou anciens, achetés en région parisienne ou en province) pour trouver une formule fiscale avantageuse pour chacun d'entre eux (chaque régime ayant des conditions différentes liées à l'immeuble ou aux loyers pratiqués, l'investisseur a le choix de placer ou non son bien sous un régime spécifique).

Pour les investissements réalisés dans des immeubles anciens, les propriétaires peuvent bénéficier du régime spécifique COSSE qui est prolongé jusqu'en 2024. Ce dispositif leur permet, lorsque le logement est donné en location dans le cadre d'une convention conclue avec l'Agence nationale de l'habitat (Anah), de bénéficier d'une déduction spécifique dont le taux varie en fonction de la localisation géographique du bien et en fonction de la convention qui peut être conclue dans le secteur intermédiaire ou dans le secteur social.

Le logement doit être loué nu, à usage d'habitation pour le locataire et ne peut être loué à un membre du foyer fiscal, un ascendant/descendant. Le propriétaire du bien loué signe avec l'Anah une convention qui prévoit une durée minimale de location de six ans (neuf ans en cas de subvention par l'Anah de travaux), un montant maximum de loyer et des conditions de ressources du locataire à respecter.

Lorsque toutes les conditions sont respectées, le propriétaire du bien loué impute sur le revenu brut tiré du logement conventionné une déduction spécifique de 15 % à 85 %. S'ajoutent à cette déduction les frais et charges déductibles dans le cadre des revenus fonciers classiques.

Pour les investissements réalisés dans des immeubles neufs, à compter de l'année 2009, les régimes de défiscalisations immobilières ont évolué avec la création des réductions d'impôt Scellier, Duflot et Pinel. Les investisseurs qui louent un bien neuf doivent déclarer leurs revenus fonciers selon les règles classiques et déclarent sur leur déclaration d'ensemble des revenus la base de leur réduction d'impôt. Le montant de la réduction d'impôt calculé vient s'imputer sur le montant d'impôt sur le revenu dû.

Trois régimes successifs ont été mis en place :

- le dispositif **Scellier** concerne les opérations réalisées du 1er janvier 2009 au 31 décembre 2012 ;
- le dispositif **Duflot** concerne les opérations réalisées du 1er janvier 2013 au 31 août 2014 ;
- le dispositif **Pinel** concerne les acquisitions réalisées entre le 1er septembre 2014 et le 31 décembre 2022, et est applicable à compter du 1er janvier 2023.

Ces régimes de défiscalisation ont mis fin aux dispositifs Robien et Borloo pour les remplacer par un avantage sous forme de réduction d'impôt basée sur un investissement plafonné à 300 000 €.

Le dispositif Duflot

Le dispositif Duflot consiste, pour les acquisitions de logements neufs entre le 1er janvier 2013 et le 31 août 2014, en une réduction d'impôt répartie sur neuf ans et calculée sur le prix de revient du logement, retenu dans la limite de 5 500 € par m^2 de surface habitable, dans la limite globale de 300 000 €.

Le taux de la réduction d'impôt est de 18 %. Une fois calculée, elle est répartie par parts égales sur neuf années. Seuls les biens immobiliers, appartements ou maisons, situés dans les zones géographiques où il existe un déséquilibre entre l'offre et la demande sont éligibles au dispositif Duflot.

Exemple

> Achat en 2013 d'un logement neuf de 52 m^2 habitable pour un prix total de 213 000 €.
> Calcul du prix de revient maxi : 52 m^2 × 5 500 € = 286 000 €.
> Le prix de revient retenu sera le prix payé par l'acheteur, soit 213 000 €.
> Calcul de la réduction : 213 000 € × 18% = 51 480 €.
> Calcul de la quotité par année : 51 480 € / 9 = 5 720 € imputable sur l'impôt sur le revenu chaque année pendant neuf ans.

Pour bénéficier de ce régime, l'acheteur d'un logement neuf (neuf, en état futur d'achèvement, construit par le contribuable ou réhabilité), bénéficiant du label BBC, doit s'engager à le donner en location nue, à une personne autre qu'un membre de son foyer fiscal, autre qu'un ascendant/descendant, à titre d'habitation principale, pour une durée de neuf ans.

Le loyer mensuel ne doit pas dépasser, charges non comprises, des plafonds de loyers qui sont revus chaque année. Les plafonds de loyer varient en fonction de la surface du logement par application d'un coefficient multiplicateur. Il doit enfin respecter des conditions de ressources des locataires dont le revenu fiscal de référence (RFR) doit être inférieur à des plafonds qui sont revus chaque année.

Le dispositif Pinel

Le dispositif Pinel consiste, pour les acquisitions de logements neufs entre le 1er septembre 2014 et le 31 décembre 2022, en une réduction d'impôt répartie sur six ou neuf ans et calculée sur le prix de revient du logement, retenu dans la limite de 5 500 € par m² de surface habitable, dans la limite globale de 300 000 €.

Le taux de la réduction d'impôt est de 12 % pour un engagement de six ans, de 18 % pour un engagement de neuf ans et de 21 % pour un engagement de douze ans, et est répartie par parts égales sur la durée d'engagement. À compter du 1er janvier 2023, les taux de la réduction d'impôt passent pour un engagement de 6 ans à 10,5 % en 2023, puis à 9 % en 2024 ; pour un engagement de 9 ans à 15 % en 2023, puis à 12 % en 2024 ; pour un engagement de 12 ans à 17,5 % en 2023, puis à 14 % en 2024.

Le propriétaire bailleur s'engage à louer le logement pendant au moins six ou neuf ans, avec possibilité de renouveler une ou deux fois pour une durée de trois ans, portant ainsi à un maximum de douze ans la durée de son engagement de location et le bénéfice de la réduction d'impôt.

Le logement doit être loué nu à usage d'habitation principale du locataire. Pour les investissements réalisés depuis le 1er janvier 2015, et contrairement au dispositif d'investissement locatif dit « Duflot », la location peut être consentie à un ascendant ou à un descendant du contribuable, tout en bénéficiant de la réduction d'impôt.

La location est soumise au respect de plafonds de loyers qui sont identiques à ceux du régime Duflot (voir ci-avant). Le propriétaire doit enfin respecter des conditions de ressources des locataires dont le revenu fiscal de référence (RFR) doit être inférieur à des plafonds qui sont revus chaque année. Enfin, les logements doivent être construits dans des zones présentant un déséquilibre entre l'offre et la demande de logements ; à compter du 1er janvier 2018, seules trois zones du territoire sont éligibles au dispositif Pinel.

Les taux de réductions d'impôt du dispositif Pinel classique étant dégressifs jusqu'en 2024, le nouveau régime Pinel+ permet, à compter du 1er janvier 2023, de conserver les taux de réduction d'impôt de 12 % pour un engagement de location de 6 ans, 18 % pour un engagement de location de 9 ans et de 21 % pour un engagement de location de 12 ans. Pour bénéficier de ce nouveau régime, les conditions du Pinel classique doivent être remplies. De nouveaux critères de niveau de performance énergétique et environnementale doivent être atteints par le logement loué. Le logement doit également présenter un niveau de qualité d'usage et de confort précis. Ces nouveaux critères sont fixés par décret n° 2022-384 du 17 mars 2022.

Le régime Denormandie

Le régime Denormandie étend les avantages du dispositif Pinel aux investissements locatifs dans l'ancien avec travaux. Ce régime vise à encourager la rénovation dans l'ancien, il concerne les acquisitions de logement réalisées entre le 1er janvier 2019 et le 31 décembre 2023. Le logement doit être situé dans les communes listées sur le portail *cohesion-territoires.gouv.fr*

Le propriétaire s'engage à louer nu le logement pendant 6, 9 ou 12 ans en respectant des plafonds de loyers et de ressources. Pour bénéficier du dispositif fiscal, le logement doit faire ou avoir fait l'objet de travaux d'amélioration représentant au moins 25 % du coût total de l'opération de rénovation.

La réduction d'impôt, plafonnée à un investissement maximum de 300 000 €, est calculée en appliquant au prix net de revient du logement un pourcentage variant en fonction de la durée de location du logement :

- si le bien est loué pendant 6 ans, réduction d'impôt de 12 % du prix du bien ;
- si le bien est loué pendant 9 ans, réduction d'impôt de 18 % du prix du bien ;
- si le bien est loué pendant 12 ans, réduction d'impôt de 21 % du prix du bien.

Section 5 LES LOUEURS EN MEUBLÉ

On appelle location meublée la mise à disposition d'un local d'habitation garni de meubles lorsqu'il comporte tous les éléments mobiliers indispensables à une occupation normale par le locataire (décret n° 2015-981 du 31 juillet 2015).

Les propriétaires peuvent décider de louer en meublé certains de leurs biens immobiliers. Cette location est souvent réservée à des biens immobiliers de petite taille, situés dans des régions touristiques qui peuvent également servir de résidences secondaires à leurs propriétaires. La location peut également se faire sur des biens situés en centre-ville ou encore proches d'établissement de formation pour viser la population étudiante. La location peut enfin se faire à l'année ou sur certaines périodes, on parle alors de locations saisonnières.

Il est important, pour un propriétaire foncier, de réserver une partie de ses immeubles pour de la location meublée, celle-ci répondant à des règles différentes des règles civiles de la location nue et à des règles fiscales avantageuses par rapport au régime des revenus fonciers.

Le propriétaire relèvera le plus souvent du statut de loueur en meublé non professionnel et dans certains cas, il pourra relever des règles applicables aux loueurs en meublé professionnels. Pour relever du régime des loueurs en meublé non professionnels (LMNP), le propriétaire doit encaisser moins de 23 000 € sur l'année de recettes tirées de la location meublée et ces recettes ne doivent pas excéder les autres revenus du foyer fiscal soumis à l'impôt sur le revenu. Si ces conditions ne sont pas remplies et que les seuils sont dépassés, le propriétaire du bien loué meublé relèvera alors du régime des loueurs en meublé professionnels.

Dans les deux cas, avant de commencer sa location meublée, le propriétaire du bien doit s'immatriculer auprès d'un centre de formalités des entreprises. Pour les loueurs non professionnels, ce sera auprès du Greffe du tribunal de commerce dont dépend le bien mis en location. Pour les loueurs professionnels, ce sera auprès du centre de formalité des entreprises de l'URSSAF en cas de locations meublées sans prestation de service de restauration, auprès du Centre de formalités des entreprises des chambres de commerces et d'industrie si des prestations de services sont fournies. Ces démarches permettront d'obtenir un numéro SIRET et d'indiquer le régime d'imposition choisi.

Les revenus tirés de la location meublée sont à déclarer à l'administration fiscale dans la catégorie des bénéfices industriels et commerciaux à l'impôt sur le revenu, selon deux régimes d'imposition, le régime micro ou le régime réel d'imposition.

Précision

En cas de location meublée à travers une société civile immobilière, celle-ci relèvera obligatoirement de l'impôt sur les sociétés.

L'activité de location meublée pourra relever du régime micro BIC si les recettes ne dépassent pas 70 000 € pour une location meublée classique ou 170 000 € pour des meublés de tourisme classés ou des chambres d'hôtes. Dans ce cas, un abattement de 50 % pour les locaux meublés classiques ou de 71 % pour les meublés de tourisme classés et chambres d'hôtes est appliqué sur les revenus tirés de cette location. Cet abattement représente les charges engagées par le propriétaire pour la location meublée. Dans le cas d'un loueur en meublé non professionnel, les recettes seront portées directement (sans pratiquer l'abattement) sur la déclaration des revenus complémentaire (n° 2042 C PRO dans le cadre des locations meublées non professionnelles). Dans le cas d'un loueur en meublé professionnel, les recettes seront portées sur la déclaration des revenus complémentaire dans le cadre « revenus industriels et commerciaux professionnels » ligne « régime micro-BIC > revenus imposables ».

Dans le cas d'un choix pour le régime réel (option valable pour deux ans, renouvelable automatiquement), il sera conseillé au propriétaire du bien loué de faire appel à un comptable pour établir ses déclarations. Il pourra alors relever du régime réel, du régime simplifié ou du régime super simplifié. Il devra servir différentes déclarations et fournir à l'administration fiscale le détail de ses recettes, de ses charges, pratiquer un amortissement du bien loué…

Les charges liées à la location meublée comme les petits travaux, l'achat de petits matériels, les consommables, etc., sont déductibles si elles sont exposées dans l'intérêt direct de l'exploitation. Elles doivent se rattacher à la gestion normale de l'entreprise, correspondre à une charge effective, être appuyées de justifications suffisantes et être comprises dans les charges de l'exercice au cours duquel elles ont été engagées. L'amortissement du prix d'achat des biens (meubles et immeubles) et/ou des gros travaux est possible à la condition que ceux-ci soient inscrits à l'actif du bilan. L'amortissement constaté ne peut pas fiscalement créer de déficit. Ainsi, la quote-part d'amortissement déductible ne peut pas dépasser le montant égal à la différence entre le total des loyers et les autres charges payées dans l'intérêt de l'activité de location meublée. Les amortissements qui n'ont pas pu être utilisés une année seront reportés en déduction sur les années suivantes, sans limitation de temps.

Le loueur en meublé au régime réel peut donc être en déficit en raison de la prise en compte de ses charges liées à la location. Dans ce cas, le déficit BIC ne pourra être imputé que sur des bénéfices futurs tirés de la location meublée pour les LMNP. Le déficit BIC constaté par un loueur en meublé professionnel (LMP) sera lui imputable sur les autres revenus catégoriels (revenu brut global) du foyer, sans limitation.

Précision

Le loueur en meublé saisonnier devra aussi effectuer des démarches auprès de sa commune pour se faire connaître et également collecter et reverser la taxe de séjour.

Les loueurs en meublé sont également soumis aux prélèvements sociaux d'un montant forfaitaire de 17,2 % et, dans certains cas, à la cotisation foncière des entreprises.

Section 6 LES PLUS-VALUES IMMOBILIÈRES

Lors de la revente d'un bien immobilier, le propriétaire peut réaliser une plus-value qui sera imposable, dans certaines conditions, et qui entraînera le paiement de l'impôt (à la fois le prélèvement forfaitaire à l'impôt sur le revenu au taux de 19 %

et les prélèvements sociaux au taux de 17,2 %). Toutefois, de nombreux cas d'exonération existent, dont le plus connu est celui de la vente de la résidence principale.

1 Les biens concernés par l'imposition des plus-values immobilières

La vente de la résidence principale étant exonérée, les biens qui supportent une imposition sont : les résidences secondaires, les biens locatifs, les logements vacants, les locaux commerciaux, les terrains et les parts de SCPI (ou celles détenues dans une SCI) et les terrains à bâtir. Le déclenchement du mécanisme de calcul d'une plus-value et d'une éventuelle imposition concerne la vente, les échanges avec ou sans soulte, les partages et les apports en société.

2 Les principales exonérations

Il existe de nombreuses exonérations à l'imposition d'une plus-value immobilière.

1. La cession de la résidence principale et de ses dépendances. En cas de départ du propriétaire, il y a exonération sous réserve que le logement ait été occupé en tant que résidence principale jusqu'à sa mise en vente et que la cession intervienne dans un délai d'un an à partir du déménagement du propriétaire.
2. La vente d'un bien immobilier dont la valeur de cession n'excède pas 15 000 €.
3. La première vente d'un bien autre que la résidence principale (résidence secondaire) et dont le prix de vente est employé pour l'achat de la résidence principale, dans les deux années qui suivent cette vente.
4. La vente d'un bien immobilier par une personne pensionnée (retraite ou invalidité) dont les ressources sont inférieures à certains plafonds.
5. La vente d'une habitation (ancienne résidence principale notamment) située en France par un non-résident (contribuable non domicilié fiscalement en France), si la vente a été réalisée au plus tard le 31 décembre de l'année suivant celle du transfert du domicile fiscal hors de France et si le logement n'a pas été mis à la disposition d'un tiers entre le transfert de domicile et la vente.
6. La vente d'un bien directement ou indirectement à un organisme en charge du logement social ou à un opérateur privé qui s'engage à réaliser ou achever des logements sociaux (jusqu'au 31 décembre 2023).

3 Les abattements

Il existe des abattements pour « durée de détention » qui peuvent réduire, voire annuler, le paiement d'une imposition. Il ne s'agit pas d'une exonération, mais de la réduction de l'imposition ou de l'annulation de l'imposition en fonction de la durée de détention du bien.

Pour bénéficier du non-paiement du prélèvement forfaitaire d'impôt sur le revenu de 19 % sur les plus-values immobilières, il est nécessaire de détenir le bien pendant 22 ans. Dans ce cas, l'abattement pour durée de détention est de 6 % par année à compter de la 6e année jusqu'à la 21e année et de 4 % la 22e année.

Pour bénéficier du non-paiement des prélèvements sociaux de 17,2 %, il est nécessaire de détenir le bien plus de 30 ans. L'abattement pour durée de détention est de 1,65 % à compter de la 6e année de détention, de 1,60 % la 22e année et de 9 % à partir de la 23e année.

4 Le calcul de la plus-value immobilière et son imposition

La plus-value est calculée en effectuant la différence entre le prix de vente (corrigé de certains frais) et le prix d'achat (auquel on rajoute des frais d'acquisition et des frais de travaux).

Le prix de vente retenu est celui enregistré dans l'acte de vente. On peut le minorer des frais liés à la cession, comme les diagnostics obligatoires, la commission de l'agence immobilière, ainsi que du montant d'imposition payé lors de l'achat (ex. : la TVA acquittée).

Le prix d'acquisition retenu est celui stipulé dans l'acte d'origine augmenté de frais comme la commission d'agence, les frais de notaire… Ces frais sont retenus pour leurs montants réels (avec factures) ou sont évalués forfaitairement à 7,5 % du prix d'achat. Les travaux réalisés (autres que les travaux locatifs et non déjà utilisés en déduction à l'impôt sur le revenu) peuvent venir compléter le prix d'achat. C'est un montant réel (factures) qui est retenu si le bien a été détenu moins de 5 ans. Si le bien a été détenu plus de 5 ans, le vendeur peut retenir soit un montant réel, soit un montant forfaitaire de 15 % du prix d'achat.

C'est sur cette différence entre le prix de vente corrigé et le prix d'acquisition corrigé que s'applique l'abattement pour années de détention.

La plus-value immobilière nette imposable (après abattements) est taxée au prélèvement forfaitaire de l'impôt sur le revenu de 19 % et au taux de 17,2 % de prélèvements sociaux. À cette taxation peut s'ajouter une taxation spéciale de 2 à 6 % quand la plus-value nette imposable est supérieure à 50 000 €.

C'est le notaire qui calcule la plus-value nette imposable et qui liquide les impositions dues. Il établit la déclaration de plus-value (imprimé n°2048-IMM) et paye l'impôt pour le compte du vendeur. Le montant de la plus-value déclarée par le notaire doit néanmoins être porté sur la déclaration d'ensemble des revenus du vendeur pour déterminer son revenu fiscal de référence.

Exemples

Vente d'une résidence secondaire en mars 2021 au prix de 300000€, ce bien avait été acheté en septembre 2006 au prix de 200000€. Les propriétaires ont réalisé des travaux d'installation du chauffage central et de chaudière au gaz en 2009 pour un montant de 13000€. Ils ont payé 500€ de frais de diagnostics lors de la vente. Ils ne peuvent pas bénéficier d'une exonération.

Plus-value brute

Prix de vente 300000€ (corrigé des frais de diagnostics – 500€) – prix d'achat 200000€ (corrigé des frais d'acquisition à 7,5 % (+15000€) et des travaux à 15 % (+30000€)) = 54500€.

Pour les travaux, le forfait a été retenu car le bien est détenu depuis plus de 5 ans et ce forfait est plus avantageux que le montant réel des travaux.

Plus-value nette

Plus-value brute – abattement pour durée de détention

Dans ce cas, la durée de détention du bien est de 14 années, abattement pour une durée de détention de 54 % pour l'impôt de plus-value, soit une base imposable de 25070€ (au taux de 19 %) et d'un abattement de 14,85 % pour les prélèvements sociaux, soit une base imposable de 46406€ (au taux de 17,2 %).

L'impôt dû est donc de 25070€ × 19 % = 4763€ et les prélèvements sociaux dus de 46406€ × 17,2 % = 7981€, ce qui représente une imposition totale de 13744€.

Chapitre 15 L'impôt sur la fortune immobilière

Jean-Pierre Cossin

SOMMAIRE

La loi de Finances pour 2018 a supprimé l'impôt de solidarité sur la fortune (ISF) à compter du 1er janvier 2018. L'article 12 de la loi a en effet remplacé l'impôt sur la fortune par l'impôt sur la fortune immobilière (IFI). Ce nouvel impôt est codifié aux articles 964 à 983 du CGI et est entré en vigueur au 1er janvier 2018. De manière générale, l'impôt sur la fortune immobilière reprend les grands principes qui se sont appliqués à l'ISF mais son assiette est limitée au patrimoine immobilier, ce qui constitue l'essentiel de la réforme.

Section 1 LE CHAMP D'APPLICATION DE L'IMPÔT SUR LA FORTUNE IMMOBILIÈRE

1 Les personnes imposables

L'impôt sur la fortune immobilière est dû par les personnes physiques dont la valeur nette du patrimoine immobilier imposable, retenue globalement pour l'ensemble des différentes personnes soumises à une déclaration commune, excède le seuil légal d'imposition de 1 300 000 € au 1er janvier. Les personnes concernées peuvent être domiciliées ou non fiscalement en France.

Les personnes imposables sont les personnes physiques, en retenant la règle de l'imposition par foyer. Les couples mariés sont soumis à une imposition commune, sauf lorsqu'ils sont séparés de biens et ne vivent pas sous le même toit, ou lorsqu'ils sont en instance de divorce ou de séparation de corps et qu'ils ont été autorisés à vivre séparément. Les personnes liées par un Pacs font aussi l'objet d'une imposition commune. Il en va de même des personnes vivant en concubinage notoire. Les biens immobiliers appartenant aux enfants mineurs sont imposés avec ceux de leurs parents qui ont l'administration légale de ces biens.

L'imposition par foyer fiscal s'apprécie au 1er janvier de l'année d'imposition. Les personnes domiciliées hors de France ne sont imposables que sur les biens immobiliers situés en France.

En matière d'impôt sur la fortune immobilière, la question de la prise en compte des biens et droits immobiliers, dont la propriété est grevée d'un droit d'usufruit, d'habitation ou d'usage, est essentielle. S'ils sont grevés d'un usufruit, d'un droit d'habitation ou d'un droit d'usage accordé à titre personnel, ils sont compris dans le patrimoine de l'usufruitier ou du titulaire du droit pour leur valeur en pleine propriété, aucun abattement n'étant applicable au titre du démembrement. En contrepartie, le nu-propriétaire est exonéré. Toutefois, la loi prévoit plusieurs exceptions au principe de l'imposition de l'usufruitier sur la pleine propriété du bien.

2 Les biens imposables

2.1 Les immeubles appartenant au redevable

Selon l'article 965 du CGI, l'ensemble des biens et droits immobiliers appartenant au redevable entre dans le champ d'application de l'IFI. Entrent également dans ce champ les titres de sociétés ou d'organismes possédés par le redevable mais seulement à hauteur de la fraction de leur valeur représentative de biens immobiliers détenus directement ou indirectement par la société ou l'organisme. Pour l'appréciation de cette condition de détention indirecte, il n'existe pas de limitation de niveaux d'interposition, ce qui induira des mesures de simplification afin de pas exiger des redevables une recherche de la composition des actifs des sociétés d'un même groupe.

Au regard de cette condition, tous les titres de sociétés sont susceptibles d'être retenus dans l'assiette de l'IFI et pas seulement les titres de sociétés à prépondérance immobilière.

Exemple

> La SARL Il fait chaud vend des radiateurs sur Paris. Elle possède ses murs et un bâtiment dont elle n'a plus l'usage et qu'elle loue. Les murs sont valorisés 1 M€ et le bâtiment 4 M€. Monsieur Green en est associé à hauteur de 80 %. Entrera ainsi dans son IFI la quote-part du bâtiment dont il est propriétaire *via* la SARL, soit 80 % × 4 M€ = 3,6 M€. Par contre, les murs étant affectés à l'activité de la société commerciale, ils n'entrent pas dans l'assiette de l'IFI (en réalité, la valeur de l'immeuble sera retenue à travers l'évaluation des parts sociales).

2.2 Les titres ou immeubles placés hors champ d'application de l'IFI

Dans le but de ne pas imposer des contraintes trop lourdes aux petits actionnaires et de ne pas porter atteinte à l'immobilier utilisé dans le cadre d'une activité économique, de nombreux actifs sont placés hors champ de l'impôt sur la fortune immobilière.

Les participations de moins de 10 % dans des sociétés dites « opérationnelles »

Lorsque le redevable détient, directement ou indirectement, moins de 10 % du capital ou des droits de vote d'une société ayant une activité industrielle, commerciale, artisanale, agricole ou libérale, ces titres ne sont pas pris en compte. Pour l'appréciation de ce seuil, il est tenu compte des titres appartenant au redevable et aux membres du foyer fiscal retenu pour l'IFI.

Il en résulte les principales conséquences suivantes :

– les placements boursiers sont, en pratique, exclus de l'assiette de l'IFI dès lors que les redevables ne possèdent pas 10 % du capital de ces sociétés et que celles-ci ont une activité opérationnelle[1] ;

– en revanche, au regard de ce seul principe, les actions de certaines sociétés immobilières sont dans le champ de l'IFI. Ainsi, les titres des sociétés d'investissement immobilier cotées (SIIC), qui n'ont pas d'activité opérationnelle dans la mesure où elles ont pour objet de gérer leur propre patrimoine, sont dans le champ de l'impôt. Il en va de même des parts de sociétés civiles ou de fonds de placement immobilier (SCPI et FCPI) qui sont dans l'assiette de l'IFI à seule hauteur de la valeur de l'immobilier. Il existe toutefois des mesures de simplification ;

– les parts ou actions d'OPCVM, de fonds d'investissement ou de SICAF détenant des biens ou droits immobiliers sont exclues de l'assiette de l'impôt sur la fortune immobilière (IFI) si le redevable détient moins de 10 % des droits et si l'actif du fonds est composé, directement ou indirectement, à hauteur de moins de 20 % de biens ou droits immobiliers imposables.

Les biens immobiliers affectés à l'activité opérationnelle (ou l'exploitation) d'une société

Lorsque les conditions de l'exclusion générale de détention des titres de sociétés de moins de 10 % du capital dans une société opérationnelle ne sont pas remplies, une disposition très importante permet sous certaines conditions de ne pas tenir compte, dans la valeur des titres retenue dans l'assiette imposable à l'IFI, de la valeur de certains biens immobiliers détenus directement ou indirectement par la société (ou l'organisme) dans laquelle le redevable détient ses titres.

Les deux cas prévus ont été codifiés aux a. et b. de l'article 965, 2° du CGI.

A. Biens immobiliers affectés à l'exploitation de la société qui les détient

Le premier cas prévu au a. de l'article 965, 2° du CGI concerne les biens affectés à l'exploitation de la société qui les détient, quelle que soit l'activité de la société dans laquelle le redevable détient des titres.

Ainsi, ne sont pas retenus pour le calcul de la fraction de la valeur des titres imposable à l'IFI les biens ou droits immobiliers qui sont affectés par la société qui les détient à sa propre activité industrielle, commerciale, artisanale, agricole ou libérale. Sont visés les immeubles détenus directement par la société dans laquelle le redevable détient ses titres et ceux détenus par une filiale ou sous-filiale de cette société. On notera que les immeubles mis à la disposition d'autres organismes ou sociétés ou donnés en location ne sont pas couverts par cette exclusion du champ et, dès lors, peuvent être soumis à l'IFI (sauf si par ailleurs ils peuvent bénéficier d'une exonération).

1. Peu de personnes physiques détiennent plus de 10 % du capital d'une société non immobilière cotée en Bourse.

Une précision importante : aucune condition particulière liée à l'activité de la société dans laquelle le redevable détient ses titres n'est exigée. La société peut ainsi avoir une activité civile ou purement patrimoniale. Dans ce cas, il s'agit d'immeubles détenus par des sociétés filiales ou sous-filiales qui les affectent à leur propre exploitation. Ces immeubles ne sont pas retenus dans l'assiette de l'IFI de l'associé de la société patrimoniale.

B. Biens immobiliers affectés à l'exploitation « du groupe » lorsque l'activité de la société dans laquelle le redevable détient les titres est « opérationnelle »

Ce cas se rencontre lorsque le redevable détient les titres d'une société ayant une activité industrielle, commerciale, artisanale, agricole ou libérale. On notera à cet égard qu'une société *holding* animatrice est considérée comme exerçant une activité opérationnelle.

Dans cette situation, la fraction de la valeur des titres correspondant aux immeubles détenus directement ou indirectement par cette société (ou organisme) est exclue de la base imposable si ces biens sont affectés à l'activité industrielle, commerciale, artisanale, agricole ou libérale :

- de la société dont le redevable détient les titres, même si cette entité n'en est pas directement propriétaire ;
- de la société qui en est propriétaire ;
- d'une société dans laquelle la société dont le redevable possède les titres détient, directement ou par personne interposée, la majorité des droits de vote ou y exerce en fait le pouvoir de décision.

Cette exclusion du champ des immeubles en fonction de leur affectation à l'activité opérationnelle des sociétés rend son application délicate pour les associés de sociétés qui ne connaissent pas nécessairement les conditions d'utilisation des actifs immobiliers par ces dernières. Aussi il existe une clause dite « de sauvegarde » pour les redevables de bonne foi qui ne peuvent connaître cette affectation et notamment lorsque l'identification des biens immobiliers détenus à travers une chaîne de participations est complexe.

La clause de sauvegarde prévoit qu'aucun rehaussement ne soit effectué par l'administration à l'encontre du redevable de bonne foi pouvant démontrer qu'il n'était pas en mesure de disposer des informations nécessaires pour estimer la fraction de la valeur des parts ou actions représentatives de l'immobilier indirectement détenu. Cette clause n'est pas applicable au redevable qui contrôle, au sens de l'article 150-0-B ter, III-2° du CGI, les sociétés composant la chaîne de participations où se trouvent logés les biens ou droits immobiliers.

Certains cas particuliers sont traités dans la loi pour déterminer les conditions d'assujettissement à l'IFI. Il s'agit notamment des contrats d'assurance-vie et des contrats de crédits baux immobiliers dont l'incidence sera sans doute marginale :

– les contrats d'assurance vie : pendant la phase d'épargne, les contrats d'assurance rachetables exprimés en unités de compte restent pour partie imposables dans le patrimoine du souscripteur. En conséquence, est à déclarer la fraction de leur valeur de rachat au 1er janvier représentative des actifs immobiliers imposables compris dans les unités de compte. Les parts de SCPI ou d'OPCI composant les unités de compte des contrats d'assurance-vie sont donc imposables ;
– les contrats de crédit-bail et de location-accession : les actifs immobiliers faisant l'objet d'un contrat de crédit-bail ou d'un contrat de location-accession à la propriété immobilière sont compris dans le patrimoine imposable du preneur ou de l'accédant. L'assiette est réduite des loyers ou redevances restant à courir jusqu'à l'expiration du bail ou jusqu'au terme prévu pour la levée d'option ainsi que du montant de l'option d'achat.

Section 2 LES EXONÉRATIONS D'IMPÔT SUR LA FORTUNE IMMOBILIÈRE

Le champ des exonérations est large et pour l'essentiel recouvre l'exonération des « biens professionnels » mais sans avoir la même portée. En effet, il ne faut pas confondre les immeubles exonérés d'IFI parce qu'ils sont mis à disposition d'une activité professionnelle du redevable avec les immeubles situés hors champ de l'IFI parce qu'ils sont détenus par une société opérationnelle et utilisés dans le cadre de l'activité opérationnelle de la société ou du groupe.

1 Les actifs immobiliers affectés à l'activité professionnelle du redevable

L'article 975 du CGI définit les actifs immobiliers affectés à l'activité professionnelle du redevable. Il s'agit des actifs immobiliers affectés à l'activité principale industrielle, commerciale, artisanale, agricole ou libérale du redevable ou d'un membre de son foyer fiscal. Ces actifs sont exonérés d'IFI.

La définition des actifs en cause reprend très largement les règles qui étaient applicables en matière de biens professionnels exonérés d'ISF. Par définition, cette exonération ne peut concerner que les actifs professionnels qui sont dans le champ d'application de l'IFI, ce qui va la rendre relativement rare.

Sont mis à disposition les immeubles (ou titres de SCI) faisant partie du patrimoine privé du redevable lorsque ces immeubles sont mis à la disposition de la société d'exploitation dont les titres sont eux-mêmes des « biens professionnels » pour le redevable.

1.1 Les conditions d'exonération

Sont exonérés les biens ou droits immobiliers ainsi que les titres représentatifs des mêmes biens affectés à l'activité principale du redevable, que celle-ci soit exercée à titre individuel, dans une société de personnes soumise à l'impôt sur le revenu ou dans une société soumise à l'impôt sur les sociétés.

Biens immobiliers affectés à une activité exercée par le redevable dans une société soumise à l'impôt sur les sociétés

Lorsque l'activité est exercée dans une société soumise, de droit ou sur option, à l'impôt sur les sociétés, les biens ou droits immobiliers détenus par le redevable ainsi que, en cas de détention indirecte, la valeur de ses titres correspondant à la fraction représentative de ces mêmes biens sont exonérés, sous réserve des conditions suivantes (identiques à celles posées en matière d'ISF pour la qualification de biens professionnels).

L'activité de la société doit être de nature industrielle, commerciale, artisanale, agricole ou libérale.

Les **titres doivent être détenus par les dirigeants**. Les propriétaires des titres doivent, pour pouvoir bénéficier de l'exonération, exercer à titre principal dans la société une des fonctions de direction :
- dans les SARL : les gérants de droit nommés conformément aux statuts ;
- dans les sociétés anonymes : le président du conseil d'administration, le directeur général et les directeurs généraux délégués, les membres du directoire et le président du conseil de surveillance. Les dirigeants de SAS peuvent également bénéficier de l'exonération s'ils exercent des fonctions dont l'étendue est équivalente à celles exercées par les dirigeants de sociétés anonymes ;
- dans les sociétés en commandite par actions : les gérants commandités (et selon la Cour de cassation, le président du conseil de surveillance) ;
- dans les sociétés de personnes soumises sur option à l'impôt sur les sociétés (sociétés en nom collectif, en commandite simple, sociétés civiles, sociétés en participation…) : chacun des associés en nom (dans la mesure où il exerce des fonctions dans les conditions exposées ci-après).

Les fonctions doivent être effectivement exercées et donner lieu à une rémunération normale. Les fonctions exercées doivent donner lieu à une rémunération normale, c'est-à-dire en rapport avec les services rendus. L'exigence d'une rémunération normale par le dirigeant a principalement pour objet de vérifier que les fonctions sont réellement exercées.

La rémunération doit en outre représenter plus de la moitié des revenus professionnels du redevable. Pour déterminer la proportion de 50 %, les revenus à retenir s'entendent de l'ensemble des revenus, nets de charges fiscalement déductibles (mais abstraction faite des éventuels abattements), soumis à l'impôt sur le revenu dans les catégories des traitements et salaires, bénéfices industriels et commerciaux, bénéfices agricoles, bénéfices non commerciaux et revenus des gérants et associés mentionnés à l'article 62 du CGI.

Pour apprécier le seuil de 50 %, la période de référence à prendre en considération s'entend de l'année précédant le 1er janvier de l'année d'imposition. Lorsqu'un redevable exerce des fonctions dans deux ou plusieurs sociétés dont il est associé, la condition relative à la rémunération s'apprécie différemment selon que ces sociétés ont des activités, soit similaires soit connexes et complémentaires ou qu'elles n'ont pas de telles activités.

Lorsque les sociétés ont des activités, soit similaires soit connexes et complémentaires, la rémunération s'apprécie globalement. Lorsque les sociétés n'ont pas d'activités soit similaires soit connexes et complémentaires, la rémunération doit s'apprécier dans chaque société et ce, même si le seuil de 50 % des revenus s'apprécie globalement.

Le redevable doit respecter un seuil minimum de détention du capital de 25 %. Pour la détermination du seuil de 25 %, il peut être tenu compte :
- de la participation détenue directement par le redevable et les membres de son groupe familial (le redevable, son conjoint, partenaire pour les personnes liées par un Pacs ou concubin notoire, ses ascendants, descendants, frères et sœurs ainsi que ceux de son conjoint, partenaire ou concubin notoire) ;
- de la participation que ces mêmes personnes détiennent par l'intermédiaire d'une ou plusieurs sociétés possédant une participation dans la société où s'exercent les fonctions, dans la limite d'un seul niveau d'interposition (ce qui exclut les sous-filiales).

On note que le redevable peut exercer plusieurs activités similaires ou connexes et complémentaires, ou même différentes, lorsqu'il s'agit d'activités exercées par des sociétés soumises à l'IS.

Biens immobiliers affectés à une activité exercée dans une entreprise individuelle ou dans une société de personnes

Constitue une activité professionnelle permettant l'exonération des biens immobiliers qui y sont affectés l'exercice à titre principal, par leur propriétaire, d'une profession industrielle, commerciale, artisanale, agricole ou libérale.

Cette définition implique le respect des conditions suivantes :
- **l'exercice d'une activité professionnelle industrielle, commerciale, artisanale, agricole ou libérale** ;

– **la profession doit être exercée par le propriétaire des biens ou son conjoint ou l'un des membres du foyer fiscal de l'IFI** ;
– **la profession doit être exercée à titre principal**. En cas de pluralité d'activités, la profession principale est celle qui constitue l'essentiel des activités économiques du contribuable (compte tenu notamment du temps consacré à chaque activité, de l'importance des responsabilités, de la taille des exploitations…). Si ce critère n'est pas suffisant (par exemple lorsque les activités professionnelles sont d'égale importance), l'activité principale est celle qui procure la plus grande part des revenus. Dans le cadre du foyer fiscal, le caractère principal de la profession s'apprécie distinctement pour chaque époux, partenaire d'un Pacs ou concubin notoire. Pour apprécier le caractère principal de l'exercice d'une activité professionnelle, il faut tenir compte des autres activités exercées par une même personne dès lors qu'elles sont soit similaires, soit connexes et complémentaires.

Focus

Les biens doivent être nécessaires à l'exercice de la profession

En résumé, l'exonération des biens immobiliers mis à disposition d'une activité professionnelle du redevable est très proche de celle des biens professionnels en matière d'ISF, mais n'a pas la portée que cette dernière avait. L'exonération des biens professionnels au regard de l'ISF était une véritable exonération alors que cette exonération d'IFI est en réalité une exonération résiduelle. Celle-ci ne s'applique qu'aux actifs immobiliers qui ne sont pas exclus de l'assiette de l'IFI. Les actifs susceptibles de bénéficier de l'exonération sont ceux qui sont affectés à l'activité professionnelle du redevable mais dont le mode de détention ne permet pas de les exclure de l'assiette imposable. Il s'agit d'une part des immeubles détenus directement par le redevable affectés à son activité professionnelle exercée à titre individuel ou à l'activité opérationnelle d'une société dans laquelle il exerce son activité (les immeubles sont exonérés à hauteur de la participation du redevable dans la société qui est son bien professionnel), et d'autre part des actifs immobiliers détenus indirectement au travers d'une société et affectés à l'activité opérationnelle d'une autre société dans laquelle le redevable exerce son activité, lorsque cette dernière société n'est pas contrôlée par la société propriétaire.

2 Les autres exonérations d'impôt sur la fortune immobilière

2.1 Les bois, forêts et parts de groupements forestiers

Lorsqu'ils ne constituent pas des biens professionnels (qui seraient exonérés en totalité), les bois, forêts et les parts de groupements forestiers bénéficient d'une exonération partielle à concurrence de 75 % de leur valeur, à la condition qu'existe un engagement d'exploitation pendant trente ans, que soit produit un certificat du directeur départemental de l'agriculture et, pour les parts de groupements forestiers acquises à titre onéreux, qu'il soit justifié d'un délai de détention minimum de deux ans.

2.2 Les biens ruraux donnés à bail à long terme ou à bail cessible et parts de GFA

Les biens ruraux donnés à bail à long terme ou à bail cessible, et les parts de GFA (groupement foncier rural) sont susceptibles de bénéficier, soit d'une exonération totale au titre des biens professionnels s'ils remplissent certaines conditions, soit d'une exonération partielle comme en matière de droits de mutation à titre gratuit.

Les exonérations concernent :
- les biens ruraux loués, pour une durée minimum de dix-huit ans ;
- les parts de GFA non-exploitants ou de groupements agricoles fonciers, lorsque le groupement remplit certaines conditions[1] et lorsque les parts sont représentatives d'apports constitués par des immeubles ou des droits immobiliers à destination agricole.

Toutefois, les biens ruraux donnés à bail à long terme ou à bail cessible et les parts de GFA sont considérés comme exonérés lorsque :
- le bail est consenti par le bailleur à certains membres de son groupe familial (conjoint, leurs ascendants ou descendants ou conjoints respectifs, leurs frères et sœurs), ou, lorsqu'il s'agit des GFA, au détenteur de parts (ou à un membre de son groupe familial) ;
- le preneur utilise le bien dans l'exercice de sa profession principale.

1. Interdiction statutaire de l'exploitation en faire-valoir direct, obligation de donner les immeubles à bail à long terme ou à bail cessible, délai de détention des parts de deux ans au moins apprécié au 1er janvier de l'année d'imposition sauf lorsqu'elles ont été attribuées en rémunération d'immeubles agricoles lors de la constitution ou d'une augmentation de capital du groupement.

Focus

Certaines exonérations existantes en ISF sont supprimées parce que devenues sans objet. Il s'agit de :
- l'exonération partielle des titres faisant l'objet d'un pacte Dutreil ;
- les titres détenus par les salariés et les mandataires sociaux ;
- l'exonération accordée au dirigeant de société qui, au moment où il prend sa retraite, transmet ses titres qui forment un bien professionnel en s'en réservant l'usufruit.

En revanche, l'exonération des titres de PME et parts de FIP, FCPI et FCPR ou fonds professionnels de capital investissement n'existe plus dans l'IFI et, de ce fait, les titres en cause peuvent se retrouver imposables à hauteur de la fraction de valeur représentative des biens immobiliers non utilisés dans le cadre d'une activité économique.

Section 3 LA DÉTERMINATION DE L'IMPÔT SUR LA FORTUNE IMMOBILIÈRE

L'impôt sur la fortune immobilière est assis sur la valeur nette des biens imposables. Les redevables doivent évaluer leur patrimoine au 1er janvier de l'année d'imposition et déduire les dettes le grevant. L'impôt dû est calculé en appliquant à la valeur nette du patrimoine le barème progressif prévu par la loi. Le montant de l'impôt ainsi calculé peut faire l'objet d'une réduction au titre de dons aux organismes non lucratifs. Il peut aussi bénéficier du plafonnement en fonction des revenus du redevable.

1 Les règles d'évaluation des biens immobiliers et des titres représentatifs des biens immobiliers imposables

La valeur servant de base à l'impôt sur la fortune immobilière est déterminée par le redevable lui-même. La valeur à déclarer est la valeur vénale, déterminée à la date du fait générateur de l'impôt, c'est-à-dire au 1er janvier de chaque année. Elle est déterminée suivant les règles d'évaluation prévues en matière de mutation par décès.

L'abattement de 30 % pour l'évaluation de la résidence principale est applicable : par dérogation, un abattement de 30 % est effectué sur la valeur vénale lorsque l'immeuble est occupé, au 1er janvier de l'année d'imposition, à titre de résidence principale par son propriétaire.

En ce qui concerne l'évaluation des titres de sociétés pris en compte dans l'IFI, la règle est complexe car il faut tenir compte de la seule valeur des immeubles imposables par rapport à l'actif de la société retenu en valeur vénale et retenir le passif de la société afin de ne prendre en compte que la valeur relative aux seuls immeubles. Il s'agit de la méthode qui était déjà utilisée en matière d'ISF pour les titres de sociétés à prépondérance immobilière pour les non-résidents. On relève que **les créances détenues, directement ou indirectement, par le redevable sur la société dont il détient les titres (compte courant d'associés) ne sont pas déductibles pour la détermination de la fraction taxable desdits titres.**

EXEMPLE

Monsieur Pierre possède 80 % du capital de la société anonyme « il fait froid » qui a une activité opérationnelle. L'actif de cette société d'une valeur de 5 M€ est composé d'un immeuble affecté à son activité de 3 M€ et d'un immeuble de 1 M€ donné en location à une société non liée. En outre, les autres éléments de l'actif ont une valeur de 1 M€. Le passif de la société se décompose en 2 M€ de capitaux propres et 3 M€ d'endettement.
La valeur des titres à retenir par Monsieur Pierre dans son IFI sera la suivante :
– Le bien immobilier à retenir dans l'assiette est de 1 M€ et représente 20 % de l'actif.
– La valeur des titres de la société est de 2 M€.
– La valeur à retenir sera la suivante : 2 M€ × 20 % = 0,4 M€.
– Pour Monsieur Pierre les parts à retenir seront de seront de 80 % de 0,4 M€ soit 0,32 M€.

2 La prise en compte de l'endettement pour déterminer la base nette imposable

2.1 Les principes applicables

Les dettes grevant le patrimoine immobilier au 1er janvier de l'année d'imposition peuvent être déduites comme en matière de droits de succession. Pour être déductibles, les dettes doivent donc exister au 1er janvier de l'année d'imposition, être à la charge personnelle du redevable, et être justifiées par tous modes de preuve compatibles avec la procédure écrite.

Il existe des dispositions particulières visant à définir le seul endettement pris en compte et les dettes relatives à la seule propriété des actifs imposables et à éviter d'éventuels abus. Les dettes déductibles doivent être afférentes à des actifs imposables, exister au 1er janvier de l'année d'imposition et être contractées et effectivement supportées par le redevable. Il s'agit des seules dettes afférentes aux dépenses d'acquisition des biens ou droits immobiliers imposables, aux dépenses d'amélioration, de construction, de reconstruction ou d'agrandissement ainsi qu'aux dépenses de réparation et d'entretien de ces mêmes biens. Lorsqu'elles concernent des actifs partiellement imposables, les dettes ne sont déductibles qu'à concurrence de la fraction imposable du bien auquel elles se rapportent.

Parmi les dettes, il faut retenir les seuls impôts relatifs à la propriété des biens (taxes foncières, taxe sur les locaux vacants et l'IFI).

2.2 Les mesures particulières retenues pour éviter la prise en compte d'un « endettement excessif ou peu justifié »

Les prêts avec remboursement « in fine »

Ces dettes ne sont que partiellement prises en compte et font l'objet d'une diminution en fonction de remboursements « théoriques » déterminés en divisant le montant de l'emprunt par le nombre d'années total de l'emprunt. Seule la somme de ces annuités correspondant au nombre d'années restant à courir jusqu'au terme prévu est déductible.

EXEMPLE

Soit un immeuble acquis 10 M€, remboursable *in fine* dans 10 ans. Le montant du remboursement annuel théorique est donc de 10 M€/10 = 1M€. Ainsi, au bout de 3 ans, le passif théorique est de 7 M€ (10 M€ – 3 × 1 M€). Si sa valeur dans 3 ans est toujours de 10 M€, le montant imposable à l'IFI sera de 3 M€ :

Année	Valeur de l'actif (M€) (a)	Amort. Emprunt (M€)	Passif déductible à l'IFI (b)	Valeur taxable à l'IFI (M€) (a – b)
1	10,00	–	9,00	1,00
2	10,00	–	8,00	2,00
3	10,00	–	7,00	3,00
4	10,00	–	6,00	4,00
5	10,00	–	5,00	5,00
6	10,00	–	4,00	6,00
7	10,00	–	3,00	7,00
8	10,00	–	2,00	8,00
9	10,00	–	1,00	9,00
10	10,00	10,00	–	10,00

Le plafond de déduction pour les gros patrimoines taxables supérieurs à 5 M€

Lorsque la valeur du patrimoine taxable est supérieure à 5 millions d'euros et que le montant des dettes excède 60 % de cette valeur, la fraction des dettes excédant cette limite n'est déductible qu'à hauteur de 50 % de cet excédent.

Exemple

Soit un patrimoine immobilier de 8 M€, qui est grevé d'une dette de 5,6 M€ (70 %). Le montant de la dette à retenir pour calculer la base imposable sera de :
– dette déductible en totalité : 8 M€ × 60 % = 4,8 M€
– fraction déductible à 50 % : (5,6 – 4,8) × 50 % = 0,4 M€
– dette totale déductible : 4,8 + 0, 4 = 5,2 M€

L'exclusion des prêts familiaux et des prêts contractés auprès d'une société contrôlée

Il s'agit des :
- prêts contractés, directement ou indirectement, auprès d'un membre du foyer fiscal ;
- prêts contractés auprès d'un membre du groupe familial (ascendant, descendant, frère ou sœur d'un membre du foyer fiscal), sauf s'il est justifié du caractère normal des conditions du prêt (respect des échéances, caractère effectif des remboursements notamment) ;
- prêts contractés par un membre du foyer fiscal auprès d'une société contrôlée (au sens de l'article 150-0 B ter du CGI), directement ou indirectement, par l'un des membres du groupe familial.

Section 4 LE CALCUL DE L'IMPÔT SUR LA FORTUNE IMMOBILIÈRE

1 Le calcul de l'impôt et plafonnement de l'IFI

Le montant de l'impôt est calculé sur la base d'un barème progressif, pour les patrimoines dont la valeur nette est supérieure à 1 300 000 €.

Fraction de la valeur nette taxable du patrimoine		Taux applicable (en 2019)
N'excédant pas	800 000 €	0 %
Comprise entre	800 000 € et 1 300 000 €	0,50 %
	1 300 000 € et 2 570 000 €	0,70 %
	2 570 000 € et 5 000 000 €	1 %
	5 000 000 € et 10 000 000 €	1,25 %
Supérieure à	10 000 000 €	1,50 %

1.1 Le plafonnement à 75 %

Le mécanisme de plafonnement au taux de 75 % est applicable à l'IFI. Ce plafonnement conduit à limiter à 75 % des revenus du contribuable le montant formé par :
- l'IFI ;
- l'impôt sur le revenu (dû en France et à l'étranger au titre des revenus d'activité et produits de l'année précédente et contribution exceptionnelle sur les hauts revenus) ;
- les prélèvements sociaux (dus en France et à l'étranger).

Le montant des revenus à retenir s'entend des revenus mondiaux nets de frais professionnels de l'année précédente, après déduction des déficits catégoriels dont l'imputation est autorisée pour l'impôt sur le revenu, des revenus exonérés d'impôt sur le revenu et des produits soumis à un prélèvement libératoire réalisés au cours de la même année en France ou à l'étranger.

1.2 La réduction d'impôt au titre des dons à certains organismes

Les redevables qui effectuent des dons au profit de certains organismes peuvent imputer sur le montant de leur IFI 75 % du montant de leurs versements dans la limite de 45 000 € (limite commune avec la réduction d'impôt pour investissement dans les PME).

Ouvrent droit à la réduction d'impôt les dons effectués en numéraire, ainsi que les dons en pleine propriété de titres admis aux négociations sur un marché réglementé français ou étranger, au profit :
- des établissements de recherche ou d'enseignement supérieur ou d'enseignement artistique publics ou privés, d'intérêt général, à but non lucratif ;
- des fondations reconnues d'utilité publique (mais non des associations reconnues d'utilité publique) ;
- des entreprises d'insertion et des entreprises de travail temporaire d'insertion ;
- des associations intermédiaires ;
- des ateliers et chantiers d'insertion ;
- des entreprises adaptées ;
- de l'Agence nationale de la recherche.

Section 5 LA DÉCLARATION, LE PAIEMENT DE L'IMPÔT ET LE CONTENTIEUX

Tous les redevables imposables doivent déclarer leur IFI sur leur déclaration annuelle d'impôt sur le revenu en y joignant les annexes décrivant le patrimoine imposable. Les redevables doivent mentionner le montant de la valeur brute et de la valeur nette taxable de leur patrimoine sur leur déclaration de revenus n° 2042.

Ils doivent détailler la composition et la valorisation des biens taxables sur des annexes à joindre à cette déclaration.

La mise en recouvrement de l'IFI se fera en même temps que l'impôt sur le revenu du redevable. Aussi l'IFI est recouvré par voie de rôle, sous les mêmes sûretés, privilèges, garanties et sanctions que l'impôt sur le revenu. L'impôt reste contrôlé comme en matière de droits d'enregistrement. Les procédures de contrôle sont identiques à celles applicables en matière d'ISF, de même que les délais de reprise. La prescription de l'action de l'administration en matière d'IFI est, en principe, de six ans. Le contentieux de l'IFI relève (comme celui de l'ISF), des juridictions de l'ordre judiciaire.

En conclusion :

- l'assiette de l'IFI est restreinte au patrimoine immobilier non affecté par le propriétaire à son activité professionnelle ;
- les biens exclus peuvent avoir des « sous-jacents » immobiliers qui entrent dans l'assiette de l'IFI ;
- le passif pris en compte est adapté à la nouvelle assiette et comporte des mesures spécifiques ;
- les obligations déclaratives sont uniformisées pour tous les redevables : déclaration de l'impôt sur le revenu ;
- le patrimoine immobilier taxable du redevable est évalué à la valeur vénale des biens immobiliers imposables et titres de sociétés pour la partie représentative des immeubles taxables figurant à l'actif des sociétés. Pour la prise en compte de la valeur des biens immobiliers, l'abattement de 30 % sur l'habitation principale du redevable est toujours applicable ;
- les règles concernant la prise en compte du passif sont adaptées au fait que seuls les immeubles sont dans l'assiette de l'impôt sur la fortune immobilière afin que seules les dettes afférentes aux biens taxables soient prises en compte. De plus, cette règle de principe est accompagnée de mesures spécifiques pour limiter les possibilités de concentrer l'endettement du redevable sur ses biens immobiliers taxables et d'éviter la constatation d'un endettement auprès du redevable lui-même, de sa famille ou de sociétés contrôlées par le foyer fiscal du redevable ;
- le plafonnement des impositions du redevable à 75 % du revenu fiscal de référence de l'année précédente s'applique à l'IFI comme il s'appliquait à l'ISF et continue d'être un moyen de limiter le montant de l'impôt même s'il convient de rappeler l'existence d'une mesure anti-abus permettant à l'administration d'écarter l'existence de sociétés holdings si elles ont été constituées dans le but principal de bénéficier de ce plafonnement par « l'encapsulement » des revenus.

Partie 4

La dimension financière de la gestion de patrimoine

Les produits d'épargne et de placement sont très variés et présentent des profils de risque et de rentabilité très variables. Il est impératif, pour l'épargnant et son conseil, de bien avoir à l'esprit ces deux dimensions avant tout investissement en produits financiers. Ceci est l'objet du chapitre 16.

Au sein de ces différents produits, il en est un qui présente un intérêt tout particulier en matière de gestion de patrimoine, l'assurance-vie, du fait notamment de sa fiscalité et de son traitement lors d'une succession, produit faisant l'objet du chapitre 17. Si l'épargnant fait le choix d'investir dans un portefeuille de titres, va se poser la question de son mode de gestion et de la mesure de sa performance. Ces points sont examinés au chapitre 18. Afin de s'assurer des revenus une fois son activité professionnelle terminée, il est possible de se constituer une épargne retraite. Pour l'y inciter, le législateur a prévu un certain nombre d'avantages fiscaux. Ce thème fait l'objet du chapitre 19. Enfin, de plus en plus de Français se tournent vers l'investissement immobilier locatif afin, généralement, de se constituer un patrimoine à moindre frais. Ce thème sera traité et illustré dans le chapitre 20.

Chapitre 16

Les produits d'épargne et de placement

Arnaud THAUVRON

SOMMAIRE

Un particulier disposant de liquidités peut placer son argent sur une multitude[1] de produits bancaires ou financiers. Le choix d'un produit se fait en fonction de plusieurs critères, notamment le niveau de risque que le particulier accepte de prendre, son horizon de placement et la rentabilité qu'il en espère.

S'offrent alors à lui des produits qui ne présentent aucun risque, mais dont la rentabilité est limitée, et d'autres, les plus nombreux et variés, qui présentent un aléa quant à leur rentabilité future.

Ce chapitre présentera successivement les différents critères de choix des produits d'épargne et de placement (section 1), les produits d'épargne non risqués (section 2), les produits risqués (section 3), les produits boursiers (section 4), notamment les actions, pour terminer par les produits d'épargne collective (section 5).

Section 1 LES DIFFÉRENTS CRITÈRES DE CHOIX DES PRODUITS D'ÉPARGNE ET DE PLACEMENT

Selon que le placement est à court, moyen ou long terme, la classe d'actifs dans laquelle seront investies les liquidités sera plus ou moins risquée. Plus l'investissement est à court terme, plus les actifs devront être peu risqués car sinon, en cas de pertes, il sera plus difficile de se « refaire ».

L'horizon a également une incidence sur la liquidité des actifs retenus. Un investissement à court terme doit ainsi nécessairement se faire dans une classe d'actifs très liquides.

De même, le choix de la classe d'actifs va être fonction du niveau de risque qu'est prêt à prendre l'investisseur ou de l'espérance de rentabilité qu'il attend de son investissement, ce qui peut se traduire de deux façons :

– plus l'épargnant prend de risques, plus il en espère une rentabilité élevée ;
– plus l'épargnant souhaite obtenir une rentabilité élevée, plus il devra prendre de risques.

1. Pour une présentation détaillée de la fiscalité de ces produits, voir chapitre 13.

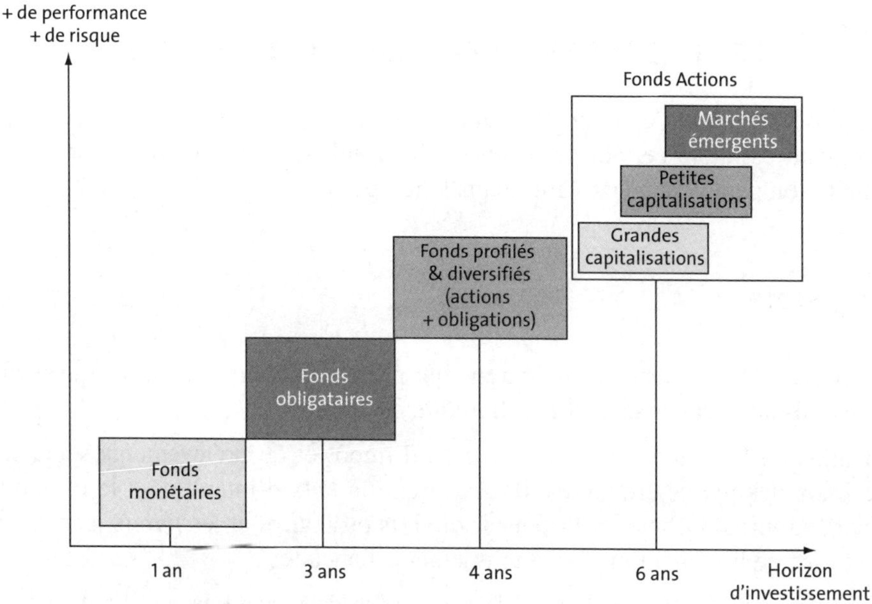

Source : SGAM.

Figure 16.1 – Classes d'actifs et horizon d'investissement

Produit	Risque	Rentabilité espérée
Produits d'épargne non risqués		
Bon de caisse	☹	☺
Compte à terme	☹	☺
Épargne logement	☹	☺
Produits d'épargne risqués		
Assurance-vie euros	☺	☺
Assurance-vie unités de compte	☹☹	☺☺
Contrats de capitalisation euros	☺	☺
Contrats de capitalisation unités de compte	☹☹	☺☺
Plans d'épargne en actions	☹☹	☺☺
Produits boursiers		
Obligations	☹	☺
Actions	☹☹	☺☺
Options	☹☹☹☹	☺☺☺☺
Certificats et warrants	☹☹☹☹	☺☺☺☺
Contrats à terme ferme	☹☹☹☹	☺☺☺☺
Produits d'épargne collective		
SICAV et FCP « classiques »	☹☹	☺☺
OPCI	☹☹☹	☺☺☺
FCPR	☹☹☹☹	☺☺☺☺
FCPI	☹☹☹☹	☺☺☺☺
Trackers et ETF Actifs	☹☹☹☹	☺☺☺☺

Figure 16.2 – Risque et rentabilité espérée des classes d'actifs

Section 2 LES PRODUITS D'ÉPARGNE NON RISQUÉS

Certains produits d'épargne présentent la caractéristique d'être sans risque. L'épargnant est alors certain de récupérer les fonds qu'il a investis. Leur taux de rémunération peut cependant varier dans le temps.

1 Les livrets

Les livrets sont des produits d'épargne qui présentent deux caractéristiques particulières : ils sont sans risque et leur liquidité est totale.

Par ailleurs, les intérêts perçus sont nets d'impôt et de prélèvements sociaux, à l'exception des livrets ordinaires. Ils procurent un taux d'intérêt dont le niveau est fixé par le Journal Officiel, sauf pour les livrets ordinaires et les livrets jeunes dont le taux est fixé librement par les établissements bancaires[1].

Dans tous les cas, le montant qu'il est possible de placer sur ces livrets est plafonné. Les intérêts se calculent par quinzaines entières.

Tableau 16.1 – Différents livrets

Livret	Plafond	Taux d'intérêt (01/02/2024)
Livret A	22 950 €	3 %
Livret bleu (Crédit mutuel)	22 950 €	3 %
Livret de développement durable et solidaire	12 000 €	3 %
Livret d'épargne populaire	10 000 €	5 %
Livret jeune[2]	1 600 €	libre, mais supérieur à 3 %

Le Livret d'Épargne Populaire est réservé aux personnes les plus modestes, fiscalement domiciliées en France. Pour en bénéficier, le revenu fiscal du foyer ne doit pas excéder certains seuils.

1. Le taux du Livret jeune ne peut cependant être inférieur à celui du Livret A.
2. Il faut avoir entre 12 et 25 ans pour en bénéficier.

Tableau 16.2 – Plafond de revenu fiscal de référence[1] pour détenir un LEP en 2024

Parts de quotient familial	France métropolitaine	Martinique, Guadeloupe, La Réunion	Guyane	Mayotte
Première part	22 419 €	26 531 €	27 737 €	41 570 €
Majoration pour la première demi-part supplémentaire	+ 5 987 €	+ 6 336 €	+ 7 634 €	+ 11 438 €
Majoration pour les demi-parts supplémentaires suivantes		+ 5 987 €	+ 5 987 €	+ 8 968 €

Par la suite, pour conserver le LEP, il faut produire chaque année son avis d'imposition et montrer ainsi que l'on remplit toujours les conditions d'octroi. Si le plafond est dépassé, la clôture du livret doit être demandée au plus tard le 31 décembre.

2 L'épargne logement (CEL et PEL)

Ce type d'épargne permet de bénéficier de prêts immobiliers à des taux préférentiels. Le CEL est plus souple d'utilisation que le PEL, mais les avantages qu'il procure sont plus faibles.

Tableau 16.3 – Comparaison CEL et PEL au 1er février 2024

	CEL	PEL
Retrait	Possible à tout moment	Impossible pendant la durée du plan
Périodicité des dépôts	Non	Oui
Durée minimale d'épargne	18 mois	4 ans (3 ans avec pénalités)
Montant maximal	15 300 €	61 200 €
Taux d'intérêt (hors prime)	2 %	2,25 %
Prime d'épargne maximale*	1 144 €	1 525 €
Prêt maximal	23 000 €	92 000 €

*Primes d'État supprimée pour le CEL et PEL ouverts à compter de 2018.

Il est possible de détenir à la fois un CEL et un PEL afin de cumuler, sous certaines conditions, les droits à prêt de ces deux types de placements. Par contre, le montant total emprunté ne peut excéder 92 000 €.

1. D'après le revenu fiscal de référence de l'impôt payé en 2022 ou 2023 selon la date d'ouverture.

2.1 Le compte d'épargne logement (CEL)

Dans le cadre d'un CEL, l'épargne doit être placée pendant au moins 18 mois pour pouvoir bénéficier d'un crédit à un taux privilégié. À l'ouverture, le versement minimum est de 300 €. Il est possible d'épargner 15 300 €, intérêts non compris, les fonds restant disponibles pour tout retrait tant que le minimum de 300 € n'est pas atteint.

Le montant du prêt étant fonction des intérêts acquis, il sera d'autant plus important qu'il a été ouvert il y a longtemps et que les fonds placés sont élevés. À cette rémunération est ajoutée, en cas d'obtention d'un prêt lié au CEL, une prime (plafonnée à 1 144 €) versée par l'État égale à la moitié des intérêts (prime supprimée pour les CEL ouverts à partir de 2018).

Les intérêts perçus sur un CEL ouvert à partir de 2018 sont soumis au Prélèvement Forfaitaire Unique de 30 % (12,8 % d'impôt sur le revenu et 17,2 % de prélèvements sociaux), sauf option pour le barème progressif de l'impôt sur le revenu, à la place des 12,8 %.

En cas de non-utilisation du droit au prêt à taux privilégié, il est possible de le céder aux membres de sa famille, à la condition que le bénéficiaire dispose également de droits dans le cadre d'un CEL ou d'un PEL. Il s'agit donc d'un support d'épargne qui peut être utilisé non pour soi, mais dans l'optique de céder des droits à prêt à ses enfants ou petits-enfants afin de les aider lors d'un futur prêt immobilier. À noter, la cession du droit n'implique pas la donation du capital épargné.

2.2 Le plan d'épargne logement (PEL)

Les PEL ouverts avant le 1er mars 2011

À son ouverture, un versement minimum de 225 € doit être effectué. L'épargne maximale est de 61 200 €, intérêts non compris. Les versements doivent se faire de manière périodique (mois, trimestre, semestre ou année), selon ce que l'épargnant décide au moment de son ouverture, mais avec un minimum de 540 € par an.

Il est possible d'augmenter ou de diminuer le montant des versements réguliers et d'effectuer des versements exceptionnels supplémentaires. Une prime d'État de 1 % (plafonnée à 1 525 €) peut venir s'ajouter et sera versée lors de la réalisation du prêt.

La durée du plan est de quatre ans, durée pendant laquelle l'épargne n'est pas disponible, sauf à clôturer le PEL. Si le PEL est clôturé avant 3 ans, les avantages liés sont perdus. Ceci étant, si le plan a fonctionné plus de 18 mois, les banques acceptent généralement de le reprendre rétroactivement depuis son ouverture et de le transformer en CEL, avec un recalcul des intérêts et de la prime. Si le PEL est clôturé après 3 ans, les avantages sont conservés mais la prime est réduite de moitié, et les droits sont ceux qui étaient acquis à la fin de la 3e année.

À l'issue des 4 ans, si l'épargnant n'a aucun projet immobilier, il est possible de le prolonger (sur 6 années supplémentaires) ou de céder aux membres de sa famille les droits à prêt acquis (à la condition que le bénéficiaire dispose également de droits à prêt).

Au bout de 10 ans, pour les PEL ouverts avant le 1er mars 2011, il n'est plus possible d'effectuer des versements, mais le plan continue de produire des intérêts au taux fixé dans le contrat.

La prolongation peut se faire avec ou sans versement supplémentaire. Tout comme le CEL, il peut donc s'agir d'un outil d'aide aux projets immobiliers des enfants et petits-enfants. La cession de droit n'induit pas la donation du capital épargné.

Les PEL ouverts après le 1er mars 2011

Une profonde réforme du PEL a eu lieu en 2011, qui ne s'applique pas aux PEL ouverts avant cette date. Les nouveaux PEL ont une durée de vie maximale de 15 ans. Au-delà, ils se transforment automatiquement en comptes d'épargne. Les cotisations sociales (17,2 % en 2024) sur les intérêts sont désormais prélevées chaque année et lors de la fermeture du plan.

Le prêt épargne logement et la prime qui l'accompagne sont réservés au financement d'une opération concernant une résidence principale (la sienne, celle d'un membre de sa famille ou celle d'un locataire). Il n'est plus possible de financer par ce moyen l'achat d'une résidence secondaire ou de tourisme. Le versement de la prime est désormais conditionné à l'octroi d'un prêt épargne logement supérieur ou égal à 5 000 €.

Cette prime est supprimée pour les PEL ouverts à compter de 2018. L'obtention de la prime maximale de 1 525 € est réservée au financement de certaines opérations d'acquisition ou de construction de « logements verts » (sinon la prime est plafonnée à 1 000 €) :

– logement neuf bénéficiant du label « BBC 2005 » (bâtiment basse consommation énergétique) ;
– logement ancien justifiant d'un classement A, B, C ou D sur l'échelle de référence du diagnostic de performance énergétique.

Comme pour les CEL, les PEL ouverts à partir de 2018 supportent le prélèvement forfaitaire unique de 30 % (12,8 % + 17,2 %), sauf option pour le barème progressif de l'impôt sur le revenu, pour la part de 12,8 % relative à l'IR.

3 Les comptes à terme

Un compte à terme est un compte sur lequel l'épargnant place la somme de son choix (sans limitation), pour une durée déterminée. Certains comptes à terme peuvent cependant comporter une clause de renouvellement. Le taux de rémunération de cette somme tient compte de son montant et de la durée du placement. Plus ils sont importants, plus le taux d'intérêt est élevé. Par contre, en cas de retrait anticipé, le taux de rémunération sera minoré.

Une fois le versement effectué, il n'est pas possible de le compléter par un second versement. Tout versement ultérieur conduit à la création d'un nouveau compte à terme. Les intérêts perçus sont soumis au prélèvement forfaitaire unique de 30 % (12,8 % d'impôt sur le revenu et 17,2 % de prélèvements sociaux), sauf option pour le barème progressif de l'impôt sur le revenu (+ 17,2 % de prélèvement sociaux).

4 Les bons de caisse

Les bons de caisse sont émis par les établissements de crédit, en contrepartie d'un dépôt de fonds, pour une durée de un mois à cinq ans. Les bons de caisse ordinaires sont remboursables à échéance fixe alors que les bons d'épargne le sont au gré de l'épargnant.

À son échéance, le bon est remboursé pour sa valeur d'origine, augmentée des intérêts. En cas de remboursement anticipé, l'épargnant perçoit également des intérêts, mais leur taux est généralement plus faible. Certaines banques proposent des bons de caisse à taux non progressif et pour une durée inférieure à 5 ans.

Les bons du Trésor sont émis par le Trésor Public. En cas de placement important, il est recommandé de fractionner le placement en plusieurs bons afin de pouvoir récupérer une partie des fonds sans pénalité de taux. En effet, si les taux sont progressifs en fonction du temps de placement, le fractionnement permet aux sommes non remboursées de bénéficier d'un taux plus élevé que celles qui auraient été remboursées.

Les intérêts sont calculés en fonction de la durée du placement et peuvent être, selon les cas :

– précomptés (calculés et payés d'avance). Dans ce cas, l'épargnant verse au départ le montant du bon moins les intérêts précomptés ;
– post-comptés (calculés et payés à l'échéance). Dans ce cas, l'épargnant verse au départ le montant du bon et les intérêts seront ajoutés au moment de son remboursement.

Le bon pouvait être « nominatif » ou anonyme. Le régime fiscal de l'anonymat a été supprimé à compter du 1er janvier 2018. Les intérêts générés par les bons anonymes sont désormais soumis aux règles de droit commun.

Les intérêts du bon sont obligatoirement soumis à un prélèvement forfaitaire non libératoire de 30 %. L'année suivante, au moment du dépôt de la déclaration des revenus, ces intérêts seront soumis au prélèvement forfaitaire unique de 12,8 % (le prélèvement obligatoire non libératoire intervenu en N–1 constituant un crédit d'impôt d'égal montant).

Le contribuable a la possibilité de renoncer à l'application du prélèvement forfaitaire unique et d'opter pour l'application du barème progressif (option globale, expresse et irrévocable matérialisée lors du dépôt de la déclaration des revenus) au moment du dépôt de sa déclaration des revenus.

Section 3 LES PRODUITS D'ÉPARGNE RISQUÉS

Contrairement aux produits précédents, l'épargnant peut parfois perdre une partie de ses fonds dans les placements qui suivent. De façon générale, ils sont dits risqués car leur rendement futur n'est pas connu avec certitude. Tout dépend du type d'actifs dans lesquels ils sont investis. Les produits en euros sont peu risqués alors que ceux en actions peuvent connaître de fortes variations de valeur.

1 L'assurance-vie

L'assurance-vie[1] faisant l'objet de longs développements au chapitre suivant, nous nous limiterons ici aux grands principes.

L'assurance-vie permet, contre le versement d'une ou plusieurs primes (versements libres ou programmés), de verser un capital ou une rente à une personne (le bénéficiaire) déterminée par l'assuré. Le versement peut se faire à l'occasion du décès de l'assuré (contrat en cas de décès) ou à une date déterminée par l'assuré (contrat en cas de vie), la majorité des contrats couvrant ces deux cas en même temps.

Les contrats en cas de vie permettent ainsi de se constituer une épargne, tout en profitant d'un régime fiscal avantageux. Le principal intérêt des contrats en cas de décès réside dans le fait que les capitaux versés le sont hors succession.

Les contrats mixtes (vie et décès) prévoient une valeur de rachat qui offre à l'assuré l'option de récupérer les capitaux et gains du contrat avant la date prévue en cas de vie. Les contrats d'assurance-vie peuvent être en euros ou en unités de compte. Les contrats en euros ne présentent pas de risque car l'assureur s'engage sur le montant qui sera versé : le total des primes versées (nettes des frais) plus les intérêts capitalisés.

Au contraire, les contrats en unités de compte (UC) ont un capital qui est variable car ils sont investis dans différents actifs (supports) financiers, qu'il s'agisse d'actions, d'obligations, d'immobilier… Généralement, ces contrats sont multisupports, ce qui permet d'en réduire le risque. Pour autant, si la valeur de ces contrats augmente lorsque les marchés sont haussiers, elle diminue lorsque les marchés sont baissiers.

La répartition de l'épargne entre les différents supports se fait au choix de l'assuré, et peut être modifiée au cours du temps. Les épargnants qui ne souhaitent pas choisir les différents supports dans lesquels investir peuvent opter pour un contrat profilé. Les compagnies d'assurance-vie proposent généralement des contrats avec trois principaux profils de risque (prudent, équilibré, dynamique), en fonction des souhaits de l'épargnant.

1. Pour une présentation détaillée, voir chapitre 17.

2 Les contrats de capitalisation

Ces contrats sont très proches de l'assurance-vie. Ils permettent d'épargner, mais les intérêts produits sont nécessairement réinvestis pour procurer eux-mêmes des intérêts par la suite. Ils se rapprochent de l'assurance-vie car ils peuvent être investis en euros ou en unités de compte, ils sont soumis au même régime fiscal et le souscripteur peut récupérer tout ou partie de son contrat avant l'échéance. Ils s'en distinguent par le fait qu'il ne s'agit pas de contrats d'assurance (ils ne couvrent aucun risque). Ils n'échappent donc pas aux droits de succession.

Les versements sur le contrat peuvent se faire en une seule fois ou en plusieurs. Le bénéficiaire des fonds peut être le souscripteur ou une tierce personne, désignée par voie testamentaire (le contrat ne peut prévoir de clause bénéficiaire). D'un point de vue fiscal, les produits des contrats sont imposés dans le même cadre que l'assurance-vie.

3 Le plan d'épargne en actions (PEA)

Le PEA permet d'épargner sous la forme d'un portefeuille d'actions (ou de SICAV en actions), tout en bénéficiant d'un régime fiscal de faveur. Il n'est pas possible de détenir plus d'un PEA par personne majeure. Il est possible, dans la plupart des banques, de souscrire une formule par laquelle le PEA est alimenté par un prélèvement régulier.

La souscription d'un PEA donne lieu à l'ouverture d'un compte de titres et d'un compte en espèces. L'alimentation de ce plan se fait uniquement en numéraire, et il est donc impossible de déposer des titres déjà détenus sur un PEA. Il est possible d'y verser jusqu'à 150000 €.

Le régime fiscal de faveur consiste en une exonération à l'impôt sur le revenu des produits perçus (dividendes et plus-values de cession) et réinvestis dans le PEA, si aucun retrait n'est effectué pendant 5 ans. Avant 5 ans, le gain net réalisé depuis l'ouverture est imposé à 12,8 % (plus prélèvement sociaux de 17,2 %), avec possibilité d'option pour l'imposition au barème progressif de l'IR. Au bout de 5 ans, il devient possible d'effectuer des retraits partiels, sans que ceux-ci n'entraînent la fermeture du PEA. Les produits dégagés par les titres restés sur le PEA continuent de bénéficier de l'exonération d'impôt, sans limitation de durée. En revanche, quelle que soit la date des retraits (+/- 5 ans), les revenus du PEA sont soumis aux prélèvements sociaux (17,2 %).

Il existe également un PEA PME-ETI[1]. Il permet de placer jusqu'à 225000 € et de bénéficier d'une exonération fiscale des revenus après 5 ans (les prélèvements sociaux restent applicables). Ce plafond de 225000 € s'entend PEA « classique » inclus. Il suit les mêmes règles de fonctionnement que le PEA ordinaire. Les 2 types de PEA sont cumulables et fonctionnent de la même manière, sauf sur les 2 points suivants :

– le plafond des versements : 225000 € pour le PEA PME-ETI (contre 150000 € pour le PEA classique) ;

1. Petites et moyennes entreprises - Entreprises de taille intermédiaire.

– les titres éligibles au PEA-PME : titres émis par les entreprises de moins de 5 000 salariés avec un chiffre d'affaires annuel inférieur à 1,5 milliard d'euros ou un total de bilan inférieur à 2 milliards d'euros.

Tableau 16.4 – Conséquences des retraits sur le fonctionnement du PEA

Date du retrait	Conséquences
Retrait avant 5 ans	Le gain net réalisé depuis l'ouverture du plan est imposé au taux de 12,8 % (exonération si décès du titulaire du plan ou affectation des sommes au financement de la création ou de la reprise d'une entreprise, sous conditions) et aux prélèvements sociaux de 17,2 %.
Retrait après 5 ans	Les plus-values réalisées ne sont pas imposables sur le revenu, mais les revenus du plan restent soumis aux prélèvements sociaux à 17,2 %.

Section 4 LES PRODUITS BOURSIERS

À côté des produits bancaires classiques, il est possible pour le particulier d'investir directement en Bourse.

1 Les obligations

Les obligations sont une forme particulière de dette, donnant le droit au versement périodique d'un intérêt (le coupon) et au remboursement du capital prêté. Ce sont, dans la majorité des cas, des titres à revenu fixe, le taux d'intérêt étant déterminé à l'émission et ne variant pas par la suite (sauf pour les obligations à taux variable ou révisable). Les obligations sont émises par l'État, les collectivités du secteur public ou semi public (régions, département, villes, entreprises publiques), ou par des entreprises privées.

Exception faite des emprunts d'État, les obligations sont des titres qui présentent un risque, tout comme les actions, mais dans une moindre mesure. En effet, l'émetteur de l'emprunt obligataire peut connaître des difficultés et ne pas être en mesure de faire face à ses échéances. L'obligataire (celui qui a souscrit des obligations) est également soumis à un risque de taux, lié à une évolution défavorable des taux d'intérêt. Il est donc possible de réaliser une moins-value sur une obligation.

Pour autant, les obligations constituent un placement généralement sûr, qui présente par ailleurs l'intérêt de procurer des revenus stables dans le temps dans la plupart des cas, car le taux d'intérêt offert est majoritairement fixe.

Une obligation se caractérise par différents paramètres :

– le prix d'émission : prix qui est payé lors de la souscription par les obligataires (et donc qui est perçu par l'émetteur) ;
– le prix de remboursement : prix qui sera payé aux obligataires ;
– la valeur nominale : valeur qui sert de base au calcul des coupons qui seront payés chaque année (parfois chaque semestre) ;
– le taux d'intérêt nominal : il peut être fixe ou variable ;
– la date d'échéance : date à laquelle l'emprunt est totalement remboursé. Les emprunts obligataires sont généralement émis pour des durées comprises entre 10 et 40 ans ;
– le mode d'amortissement : le capital emprunté peut être remboursé en totalité à la fin (*in fine*), par amortissement constant ou par annuité constante. Dans la pratique, les grandes émissions obligataires font l'objet d'un remboursement *in fine* afin de garantir un revenu fixe à chaque obligataire sur toute la durée de l'emprunt, ainsi qu'une durée de placement fixe. Lorsque l'emprunt n'est pas remboursé en totalité à l'échéance mais par fractions au cours du temps, on tire au sort chaque année des séries d'obligations qui sont alors remboursées.

Un emprunt est dit émis ou remboursé au pair lorsque le prix d'émission ou de remboursement est égal à sa valeur nominale. Dans certains cas, l'obligation ne verse aucun coupon mais est émise, en contrepartie, à un prix significativement inférieur au nominal et/ou remboursée très au-dessus du pair. On parle alors d'obligation zéro coupon.

En France, les obligations sont cotées en pourcentage du nominal, au pied du coupon. Une obligation de 1 000 € de nominal et qui cote 98 % vaut donc 980 €. La cotation au pied du coupon signifie que le cours de l'obligation n'inclut pas les intérêts qui ont couru depuis le détachement du dernier coupon, bien qu'ils soient à payer au vendeur de l'obligation.

Dans le cas contraire, le cours de l'obligation augmenterait de façon mécanique chaque jour du fait de l'intérêt couru. Ne pas tenir compte de cet intérêt couru dans la cotation (cotation au pied du coupon) et exprimer cette cotation en pourcentage permet à la fois de rendre comparables des obligations ayant des valeurs nominales et des dates de détachement des coupons différentes, mais également d'observer directement la plus ou moins-value en capital.

2 Les actions

Une action représente une fraction du capital d'une société, et confère principalement deux droits : un droit au dividende et un droit de vote lors des assemblées générales. Elles permettent à leur détenteur de dégager deux types de revenus :

– les dividendes, généralement une fois par an ;
– son prix de revente futur, qui peut conduire à dégager une plus-value.

Le montant du dividende dépend à la fois des bénéfices de l'entreprise et de leur affectation par l'assemblée générale annuelle (distribution sous forme de dividendes ou mise en réserve afin de financer des investissements ultérieurs). Certaines sociétés proposent à leurs actionnaires (qui peuvent refuser) la possibilité de percevoir leur dividende non pas en numéraire mais en actions.

La performance d'une action s'apprécie en tenant compte à la fois des dividendes perçus et de la variation de valeur du titre. Sur ce dernier point, il faut distinguer les actions des sociétés cotées de celles qui ne le sont pas.

Lorsque l'émetteur est coté, à la Bourse de Paris (Euronext Paris) par exemple, il est aisé de connaître la valeur de l'action et de s'en défaire. Par contre, lorsque la société n'est pas cotée, il n'est pas possible de connaître la valeur de ses actions de façon aisée (y compris lorsque l'on dispose de ses données comptables), et encore moins de les céder.

Les actions des sociétés cotées sont des placements relativement risqués car :

– leur valeur évolue au cours du temps ;
– les dividendes qui seront versés sont aléatoires et peuvent être nuls.

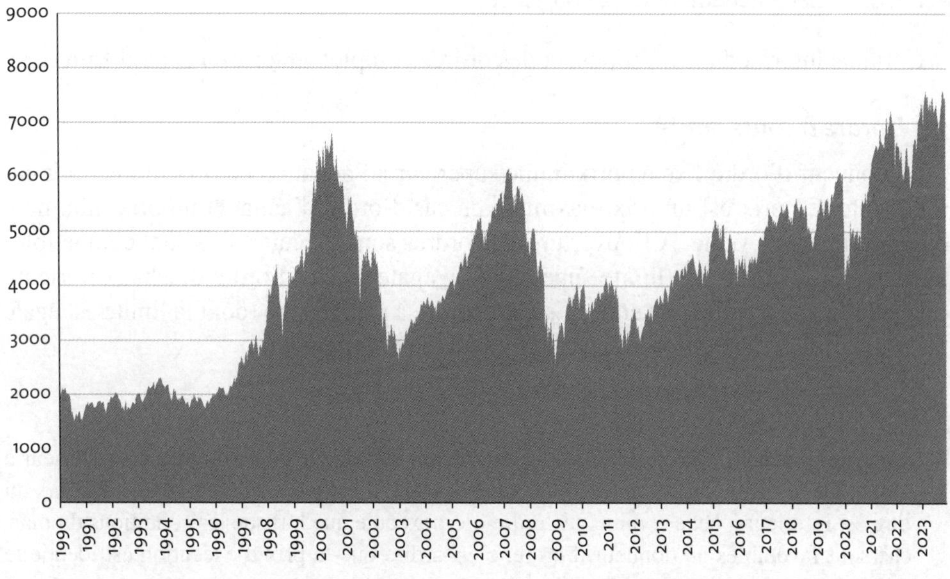

Figure 16.3 – Évolution du CAC 40 de 1990 au 19 janvier 2024

Pour ces raisons, il est impératif, lorsque l'on souhaite investir directement en Bourse, de diversifier son portefeuille d'actions et de se fixer un horizon d'investissement relativement long. Un épargnant qui dispose de liquidités et souhaite, dans les mois à venir, acheter un bien immobilier, ne doit surtout pas investir dans des actions car le risque de perte qu'il encourt peut être de nature à compromettre l'achat immobilier.

2.1 Les différents ordres de Bourse

À Paris, les transactions se font par informatique, depuis les terminaux des négociateurs qui sont reliés aux ordinateurs d'Euronext Paris SA. Les ordres arrivent au fur et à mesure de leur saisie dans l'ordinateur central d'Euronext et sont alors classés en premier lieu par limite de prix, puis, en second lieu, par ordre d'arrivée. Ceci constitue ce que l'on appelle « une feuille de marché » ou carnet d'ordres.

Les cours sont déterminés à partir des ordres qui sont entrés dans le carnet. Selon leur liquidité, les échanges de titres se font soit en continu, soit par fixage (*fixing*).

Afin de répondre aux différentes attentes des investisseurs, il existe plusieurs types d'ordres de Bourse. Ceux cherchant la rapidité de leur exécution se tourneront vers les ordres au marché. Ceux voulant maîtriser le prix d'exécution préféreront l'ordre à cours limité. Les principaux ordres de Bourse sont :

- l'ordre à cours limité ;
- l'ordre à la meilleure limite ;
- l'ordre au marché ;
- l'ordre à déclenchement (seuil ou plage).

Certains intermédiaires proposent des ordres complémentaires à ceux d'Euronext.

L'ordre à cours limité

Le donneur d'ordre fixe un prix limite supérieur à l'achat ou un prix limite inférieur à la vente. Ce prix est un prix maximum en cas d'ordre d'achat et un prix minimum en cas d'ordre de vente. À l'ouverture, ces ordres sont exécutés s'ils sont compatibles avec le prix d'ouverture (limite supérieure ou égale en cas d'ordre d'achat, inférieure ou égale en cas d'ordre de vente). En cas d'ordre à prix touché (dont la limite est égale au cours d'ouverture), l'ordre peut être exécuté partiellement.

Exemple

> Un ordre d'achat limité à 100 € n'est pas exécuté tant que le cours du titre est supérieur à 100 €. De la même façon, un ordre de vente à 100 € n'est pas exécuté tant que le cours du titre est inférieur à cette somme. Un ordre n'est exécuté que lorsque les conditions du marché sont favorables au donneur d'ordre, c'est-à-dire que le prix d'exécution est identique ou plus favorable à celui spécifié dans l'ordre de Bourse.

En séance, l'ordre à cours limité provoque soit une exécution totale ou partielle (si les ordres en sens inverse ne correspondent pas aux quantités souhaitées) si les conditions de marchés le permettent, soit le positionnement de celui-ci dans le carnet d'ordres.

C'est le type d'ordre le plus couramment utilisé car il permet de maîtriser le prix d'exécution. Le risque est cependant qu'il ne soit pas exécuté ou que partiellement.

Exemple

Soit un ordre d'achat « à cours limité » de 1 000 titres à 100 €, introduit en cours de séance. Juste avant l'introduction de l'ordre, le carnet d'ordre central se présente ainsi :

Ordres d'achat		Ordres de vente	
quantité	limite	quantité	limite
1 200	97	500	98
500	96	200	99
700	95	100	100
400	80	300	101
100	75	400	102

Avant l'introduction de notre ordre à 100 €, aucune transaction ne peut se réaliser car les vendeurs qui sont les moins exigeants demandent un prix de 98 € alors que les acheteurs qui sont prêts à offrir le prix le plus élevé proposent un prix limite de 97 €. Dans cette situation, l'offre ne peut pas rencontrer la demande.

Une fois l'ordre introduit, les ordres de vente avec un prix inférieur ou égal à 100 € vont pouvoir être servis, dans la limite des quantités demandées.

L'ordre de vente de 500 titres à 98 € va être exécuté, de même que les 200 titres à 99 € et les 100 titres à 100 €.

Le solde de notre ordre d'achat, soit 1 000 – 500 – 200 – 100 = 200 titres, va rentrer dans le carnet d'ordres.

Le carnet se présente alors de la sorte :

Ordres d'achat		Ordres de vente	
quantité	limite	quantité	limite
200	100		
1 200	97		
500	96		
700	95	300	101
400	80	400	102

L'ordre au cours d'ouverture ou à la meilleure limite

Il ne comporte pas de limite de prix. C'est le nouveau nom de l'ordre appelé autrefois l'ordre au prix du marché (à ne pas confondre avec l'actuel ordre au marché).

Il faut distinguer selon que l'ordre est introduit dans le carnet pendant les périodes d'accumulation des ordres ou en cours de séance.

Il se situe entre l'ordre à cours limité et l'ordre au marché.

Durant les périodes d'accumulation des ordres (pré-ouverture et pré-clôture), il lui sera automatiquement attribué une limite égale au cours théorique d'ouverture au moment où l'ordre est introduit. Jusqu'à l'ouverture des cotations, les limites de ces ordres s'ajustent en permanence au cours théorique.

En cas d'exécution partielle à l'occasion du *fixing* d'ouverture, il est inscrit en carnet comme un ordre à cours limité dont la limite est égale au cours d'ouverture.

En cours de séance, l'ordre est transformé en ordre limité au prix du meilleur ordre en carnet de sens contraire en attente d'exécution. La présence d'un ordre limité de sens opposé est donc impérative, sans quoi l'ordre est rejeté.

Il peut être partiellement exécuté. Il apparaît alors en carnet comme ordre à cours limité avec une limite égale au cours auquel il a été partiellement exécuté.

Exemple

Un ordre d'achat « à la meilleure limite » de 1 000 titres est introduit dans le carnet d'ordres en cours de séance. Avant la prise en compte de l'ordre, le carnet se présente ainsi :

Ordres d'achat		Ordres de vente	
quantité	limite	quantité	limite
1 200	97	500	98
500	96	200	99
700	95	100	100
400	80	300	101
100	75	400	102

L'ordre d'achat de 1 000 titres est confronté au meilleur ordre de vente, ici à 98 € et est exécuté à hauteur de 500 titres. Les 500 titres qui n'ont pas été achetés se transforment en ordre à cours limité à 98 €.
Le carnet d'ordre devient :

Ordres d'achat		Ordres de vente	
quantité	limite	quantité	limite
500	98		
1 200	97	200	99
500	96	100	100
700	95	300	101
400	80	400	102

Ce type d'ordre assure une certaine maîtrise du prix, mais l'exécution peut n'être que partielle.

L'ordre au marché

Il remplace l'ordre « à tout prix ». Il est prioritaire sur tous les autres types d'ordres. Il ne comporte pas de limite de prix. L'investisseur s'engage à acheter ou à vendre, quel que soit le prix d'exécution. Il peut être exécuté à des niveaux de prix différents, c'est-à-dire aux meilleures limites présentes en carnet.

Là encore, il faut distinguer selon que l'ordre apparaît à l'ouverture ou en cours de séance. À l'ouverture, il s'agit d'un ordre prioritaire sur tous les autres et il est exécuté au cours d'ouverture. En cours de séance, il bénéficie de la même règle de priorité et vient servir autant de limites que nécessaire jusqu'à exécution de la quantité souhaitée. De ce fait, un même ordre peut être exécuté à des prix différents.

Exemple

Un ordre d'achat « à tout prix » de 1 000 titres est introduit dans le carnet d'ordres en cours de séance. Avant la prise en compte de l'ordre, le carnet se présente ainsi :

Ordres d'achat		Ordres de vente	
quantité	limite	quantité	limite
1 200	97	500	98
500	96	200	99
700	95	100	100
400	80	300	101
100	75	400	102

Cet ordre va être exécuté pour 500 titres à 98 €, 200 titres à 99 €, 100 titres à 100 € et 200 titres à 101 €. Le carnet d'ordres se présente alors de la sorte :

Ordres d'achat		Ordres de vente	
quantité	limite	quantité	limite
1 200	97		
500	96		
700	95		
400	80	100	101
100	75	400	102

L'avantage de ce type d'ordre est que l'investisseur est assuré de son exécution (sauf en cas de dégarnissage du carnet), mais il court un risque quant au prix qu'il va payer car il ne le maîtrise pas.

L'ordre à déclenchement ou ordre stop

Ils permettent de se protéger en cas de renversement de tendance du marché. Il en existe deux catégories : l'ordre à seuil de déclenchement et l'ordre à plage de déclenchement. Le second correspond à un ordre à seuil de déclenchement et à cours limité. Ils ne deviennent valides que lorsqu'un certain seuil est validé. Ils sont appropriés pour des agents qui ne suivent pas leur portefeuille très régulièrement.

L'ordre à seuil de déclenchement (*stop loss*) fixe pour un ordre d'achat une limite à la baisse et pour les ordres de vente une limite à la hausse. Ce sont des ordres pour lesquels les donneurs d'ordres souhaitent intervenir sur le marché dès qu'un prix de déclenchement, préalablement fixé, est atteint. Un ordre stop à l'achat est déclenché lorsque le dernier cours coté est supérieur ou égal au seuil (respectivement inférieur pour un ordre stop de vente). Il se transforme en ordre au marché dès que le seuil fixé est atteint, on dit que l'ordre est activé.

Exemple

Pour un ordre d'achat : un ordre d'achat à seuil de déclenchement à 25 € ne sera entré dans le carnet que dès que le cours coté atteint 25 € ou plus de 25 €. Il sera exécuté contre les vendeurs les moins exigeants (autant de vendeurs que nécessaire). Il est utile aux acheteurs voulant se protéger d'une baisse.
Pour un ordre de vente : un investisseur détient 5 actions cotant aujourd'hui 200 €, dont il espère que le cours va continuer à augmenter. Il passe un ordre de vente à seuil de déclenchement 190 €. Tant que le cours est supérieur à 190 €, il garde son portefeuille, par contre si la baisse qu'il craint se vérifie, dès que les cours vont descendre au dessous de 190 €, son ordre va être activé et inscrit dans le carnet et vendu contre l'acheteur le plus généreux.

L'ordre à plage de déclenchement (*stop limit*) intègre en plus une limite qui fixe le maximum à ne pas dépasser à l'achat et le minimum en deçà duquel l'opérateur renonce à vendre. Par exemple, un ordre d'achat à plage de déclenchement entre 45,30 et 47,10 € n'est pas exécutable tant que le cours coté est inférieur à 45,30 € et cesse de l'être dès que le cours dépasse 47,10 €. De même, un ordre de vente à plage de déclenchement entre 52,40 et 50,60 € n'est pas exécutable tant que le cours reste supérieur à 52,40 € et cesse de l'être si le cours est inférieur à 50,60 €. C'est une combinaison d'un ordre à cours limité et à seuil de déclenchement.

Exemple

Ordre de vente « à plage de déclenchement » 100/95 € : l'ordre devient exécutable dès que le cours passe sous 100 € et cesse de l'être lorsque la chute le fait passer au-dessous de 95 €.
Ordre d'achat « à plage de déclenchement » 95/100 € : l'ordre devient exécutable dès que le cours passe au-dessus de 95 € et cesse de l'être lorsque la hausse le fait passer au-dessus de 100 €.

Ces deux types d'ordres ne sont pas pris en compte dans le calcul du *fixing* d'ouverture. Pour un ordre d'achat, le seuil doit être supérieur au dernier cours coté. Pour un ordre de vente, le seuil doit être inférieur au dernier cours coté.

Le service à règlement différé (SRD)

Toutes les valeurs de la Bourse de Paris sont négociées au comptant avec un délai de règlement-livraison de trois jours ouvrables. Il existe cependant une possibilité de vendre à découvert ou d'acheter certaines actions à crédit : le service à règlement différé (SRD). Ce système permet de reporter à la fin du mois le règlement-livraison des titres achetés ou vendus.

Un ordre d'achat SRD est ainsi exécuté par un intermédiaire (banque ou entreprise d'investissement) qui paie immédiatement les titres, les réceptionne et les conserve jusqu'à la fin du mois boursier. Le donneur d'ordre ne prend possession de ses titres et ne les règle qu'à la fin du mois (à la liquidation).

Le système à règlement différé est applicable aux actions remplissant des critères de taille et de liquidité : avoir une capitalisation boursière d'au moins 1 milliard d'euros et un volume d'échanges quotidiens d'au moins 1 million d'euros. Lorsque l'on souhaite bénéficier de ce système, il faut le préciser au moment du passage de l'ordre, mais l'avance de fonds ou de titres est facturée.

Comme pour les frais de courtage, la tarification est libre et doit être affichée par chaque intermédiaire. Le coût est généralement calculé au *prorata temporis*, sous la forme d'une commission évaluée sur le nombre de jours de portage. Mais la commission de règlement différé (CRD) peut aussi être forfaitaire ou dégressive selon le montant de la transaction.

Le SRD permet aux investisseurs de tirer profit de leurs anticipations sur l'évolution des cours des actions. Par exemple, un investisseur prévoyant une chute des cours vendra des actions à découvert. Le prix auquel il les vendra est celui coté le jour où il passe son ordre. Il soldera sa position en achetant les actions vendues le jour de la liquidation, au cours coté à ce moment-là (fin du mois). En cas de baisse effective des cours, il encaissera la plus-value. À l'inverse, un donneur d'ordres anticipant une hausse des cours réalisera des achats à crédit.

3 Les options négociables

Une option négociable est un titre qui procure à son détenteur le droit, et non l'obligation, d'acheter (option d'achat ou *call*) ou de vendre (option de vente ou *put*) une certaine quantité d'un actif (le sous-jacent) à un prix déterminé à l'avance (prix d'exercice ou *strike*). Cette option peut être exercée pendant une certaine durée (option américaine) ou uniquement à son échéance (option européenne)[1].

1. Cette qualification (américaine ou européenne) n'a aucun rapport avec la nationalité de l'émetteur ou du sous-jacent.

Les options les plus connues sont les options sur actions qui permettent d'acheter ou de vendre des actions à un prix connu à l'avance, en France sur Euronext. Elles peuvent également concerner des indices boursiers ou des matières premières.

Ainsi, le *call* européen Carrefour, échéance mars 2021 au prix d'exercice de 16 €, permet à son détenteur d'acheter, s'il le souhaite, une action Carrefour en mars 2021 au prix de 16 € et ce, quel que soit le cours de l'action à ce moment-là. S'il exerce son droit, le vendeur de l'option est obligé de livrer les actions au prix de 16 €. Mais quel est alors l'intérêt du vendeur de l'option ? En contrepartie de son obligation, il perçoit une prime lors de la vente de l'option, que cette dernière soit exercée ou non par la suite.

Il est possible d'acheter une option d'achat ou de vente et de vendre une option d'achat ou de vente :

Tableau 16.5 – Différentes options

	Acheteur d'une option	Vendeur d'une option
Option d'achat (*call*)	droit d'acheter	obligation de vendre au prix d'exercice en cas d'exercice par l'acheteur
Option de vente (*put*)	droit de vendre	obligation d'acheter au prix d'exercice en cas d'exercice par l'acheteur

Pour obtenir ce droit, l'acquéreur de l'option doit verser une prime (le prix du *call* ou du *put*) au vendeur de l'option :

L'acheteur d'une option dispose d'un **droit** qu'il acquiert en contrepartie du **versement** d'une prime	Le vendeur d'une option a une **obligation** en contrepartie d'une prime qu'il **perçoit**

Alors que l'acquéreur de l'option dispose de la possibilité d'exercer ou non son option d'achat ou de vente, le vendeur de l'option est, quant à lui, obligé de faire ce que décide le détenteur de l'option car elle est une forme de contrat, qui va lier les deux parties. Pour qu'une option existe, il faut nécessairement qu'il y ait deux parties : un acheteur et un vendeur.

Le montant de la prime payée par l'acheteur au vendeur est notamment fonction du prix d'exercice de l'option :

Une option d'achat a une prime d'autant plus faible que le prix d'exercice est élevé, et inversement	Une option de vente a une prime d'autant plus faible que le prix d'exercice est faible, et inversement

Contrairement aux actions et aux obligations, les options sur actions ne sont pas émises par les sociétés sur lesquelles elles portent. Afin de faciliter la négociabilité des options cotées sur Euronext, ces dernières font l'objet d'une standardisation en termes d'échéance, de quotité et de prix d'exercice :

– l'échéance correspond au jour où l'option cesse d'exister ;

– la quotité est la quantité de sous-jacents qui est concernée par l'option. À Paris, la quotité est de 10 actions pour les options européennes et de 100 actions pour les options américaines ;
– le prix d'exercice est le prix, déterminé dès la création de l'option, auquel le vendeur de l'option s'engage à acheter ou vendre le sous-jacent.

Les options sur actions peuvent être utilisées :

– en tant qu'instruments de placement : si on estime que le cours d'une action va augmenter mais que l'on ne dispose pas immédiatement des fonds nécessaires, le fait d'acheter des options d'achat permet de fixer dès à présent le prix d'acquisition futur des titres. Si le cours augmente vraiment, l'exercice de l'option permet de payer le prix fixé au départ. Par contre, si le cours n'augmente pas, l'investissement aura été évité. Seul le montant de la prime aura été perdu ;
– en tant qu'instruments de couverture : si on craint une chute du cours d'une action mais que l'on ne souhaite pas pour autant la vendre, le fait d'acheter des options de vente permet de fixer dès aujourd'hui le prix de vente éventuel futur. À l'échéance de l'option, si le cours a baissé, on vend les actions au prix fixé dès le départ. Si, au contraire, le cours n'a pas chuté, l'option n'est pas exercée, ce qui permet de conserver les titres ;
– en tant qu'instruments de spéculation : de la même manière que les options peuvent servir à se couvrir, elles peuvent également être des instruments de spéculation grâce à l'effet de levier qu'elles permettent, puisque seule la prime est investie. L'achat d'options est relativement risqué car la mise de fonds initiale (le prix d'achat de l'option) peut être totalement perdue. Mais, plus encore, il est extrêmement dangereux de vendre des options (d'achat ou de vente) car leur exercice éventuel par l'acheteur est toujours défavorable pour le vendeur, et le niveau de la perte est illimité.

4 Les certificats et les *warrants*

Les *warrants* sont des produits financiers qui donnent à leur détenteur le droit, et non l'obligation, d'acheter (*call warrant*) ou de vendre (*put warrant*) un actif sous-jacent à un prix fixé à l'avance (prix d'exercice) à ou jusqu'à une date donnée (échéance). Il fonctionne donc comme une option, la différence étant que les options sont émises par Euronext alors que les *warrants* et certificats le sont par des banques.

Les certificats sont des titres de créances « complexes » émis par une banque et dont les conditions de remboursement à l'échéance sont connues dès l'émission. Il existe plusieurs types de certificats, selon le type d'actifs dans lesquels ils sont investis et leurs spécificités.

Les certificats et *warrants* sont négociables en Bourse, comme des actions, sur un marché spécifique de la Bourse de Paris, ce qui leur offre une certaine liquidité. En janvier 2024, environ 100 000 *warrants* et certificats étaient cotés à Paris.

Ces produits permettent d'investir sur le marché avec relativement peu de fonds puisque seul le montant de la prime (le prix du produit) est à payer. Or, ce montant est beaucoup plus faible que celui du sous-jacent sur lequel il porte, ce qui permet de faire jouer d'importants effets de levier.

Par ailleurs, le risque maximal pris est connu dès le départ, et est « limité »[1] au prix initial payé. Les certificats et *warrants* permettent également aux particuliers d'investir dans des classes d'actifs auxquelles ils n'auraient pas accès directement. En effet, les sous-jacents regroupent six grandes classes d'actifs :

– actions françaises et étrangères ;
– paniers d'actions françaises, étrangères et thématiques ;
– indices nationaux, internationaux et sectoriels ;
– devises ;
– matières premières ;
– taux d'intérêts.

Le niveau de risque associé à chaque certificat ou *warrant* est très variable. Certains se contentent de reproduire la performance du sous-jacent sur lequel ils sont référencés. D'autres, au contraire, amplifient très fortement les variations du sous-jacent.

Pour aider les investisseurs à apprécier précisément leur niveau de risque, Euronext a mis en place une segmentation. Le premier niveau de segmentation distingue les « produits d'investissement » et les « produits à levier ». Puis, à l'intérieur de ces deux catégories, des sous-catégories permettent d'identifier le style de stratégie suivi.

5 Les contrats à terme ferme

Dans le cadre de ces contrats, l'investisseur s'engage à acheter ou à vendre, à une date future (le terme), et pour un prix déterminé dès l'origine, une certaine quantité d'un actif financier (le sous-jacent) qui peut être une action, une obligation, un indice, une matière première, une devise ou un taux d'intérêt.

Ils se distinguent donc des options et des *warrants* par le fait que l'acquéreur d'un contrat à terme à une obligation d'acheter ou de vendre, alors que le détenteur d'une option (ou d'un *warrant* simple) à la possibilité d'acheter ou de vendre.

1. Il est possible de tout perdre, mais pas plus !

Dans les faits, il n'y a jamais livraison ou réception du sous-jacent, mais versement ou perception de la différence entre le prix à terme prévu initialement et la valeur du sous-jacent au terme du contrat.

Ces contrats sont standardisés et négociés sur le marché des dérivés d'Euronext. Ils peuvent être utilisés comme des outils de couverture ou de spéculation. L'utilisation de ces contrats est très risquée car la perte possible peut être illimitée.

Section 5 LES PRODUITS D'ÉPARGNE COLLECTIVE

Sous cette catégorie sont regroupés les véhicules (FCP et SICAV) qui collectent des fonds pour les investir ensuite sur les marchés. À l'intérieur de cette catégorie existent des sous-catégories investies dans des classes d'actifs particulières.

1 Les OPCVM (SICAV et FCP)

L'objet des OPCVM (organismes de placement collectif en valeurs mobilières) est de collecter des fonds afin de les gérer en les plaçant en valeurs mobilières. Ces organismes regroupent les SICAV (sociétés d'investissement à capital variable) et les FCP (fonds communs de placement). Au-delà de la distinction juridique (les SICAV sont des sociétés anonymes et les FCP des copropriétés), il n'y a plus aujourd'hui de grandes différences entre les SICAV et les FCP.

Les OPCVM peuvent être de distribution ou de capitalisation. Ils sont de distribution lorsque les revenus qu'ils perçoivent des titres dans lesquels ils sont investis sont reversés aux détenteurs de l'OPCVM. Ils sont de capitalisation lorsque ces sommes sont réinvesties à l'intérieur de l'OPCVM et ne sont pas distribuées. Cette distinction présente un intérêt fiscal. Certains investisseurs préfèrent être imposés dans la catégorie des plus-values (ils vont opter pour des OPCVM de capitalisation) plutôt que dans celle des revenus de capitaux mobiliers (OPCVM de distribution), ou inversement.

Le développement des OPCVM est considérable en France, qui se place dans ce domaine au premier rang européen. Le premier intérêt de cette forme de placement est qu'elle conduit à déléguer la gestion d'un portefeuille à des professionnels (la société de gestion). Elle libère ainsi l'investisseur individuel de toutes les contraintes liées à la détention de titres. La seconde est qu'elle permet à l'investisseur de diversifier son portefeuille, ce qu'il n'aurait pu faire, sauf à disposer d'un montant important de capitaux.

Tableau 16.6 – Encours des OPCVM français en novembre 2023 (en millions d'euros)

	Encours	Répartition
OPCVM Actions	346,7	16 %
OPCVM Obligataires	283,8	13 %
OPCVM Monétaires	418	19 %
OPCVM Diversifiés	296,3	13 %
Autres	883,2	40 %
Total	**2228**	**100 %**

Source : Note AFG.

Certains OPCVM peuvent être assortis d'une protection. Cette protection peut consister dans la garantie d'un taux de rendement minimal. Ce rendement minimal peut être fixe (par exemple 4 %) ou indexé sur un indice (par exemple, rendement du CAC 40). Certaines garanties peuvent ne concerner que le montant du capital investi. Il faut, en effet, ne pas perdre de vue qu'un OPCVM peut voir sa valeur chuter en cas de baisse des cours des titres dans lesquels il est investi.

Enfin, les OPCVM n'étant pas des titres cotés comme les actions ou obligations, leur prix de souscription ou de rachat correspond à leur valeur liquidative, c'est-à-dire à la valeur de tous les actifs financiers dans lesquels ils sont investis (par exemple, 15 M € de Danone + 30 M € de France Telecom + 5 M € de liquidités).

2 Les organismes de placement collectif immobilier (OPCI)

Comme leur nom l'indique, ces OPCVM ont pour objet d'investir dans des immeubles qu'ils donnent en location ou qu'ils construisent dans le but de les louer ensuite. Ils permettent, pour les particuliers, d'investir indirectement dans l'immobilier, sans avoir à mobiliser des fonds importants.

Compte tenu des cycles propres à ce marché, il s'agit généralement d'un placement à long terme. S'il s'agit d'un FCP (fonds de placement immobilier, FPI), il doit obligatoirement distribuer 85 % des plus-values qu'il réalise et des loyers nets qu'il perçoit. S'il s'agit d'une SICAV (société de placement à prépondérance immobilière à capital variable, SPPICAV), l'obligation de distribution est de 50 % des plus-values et 85 % des loyers nets.

Compte tenu de la nature de leurs actifs, une valeur liquidative ne peut être publiée chaque jour (contrairement à la plupart des fonds actions, obligations, ou monétaires). Elle doit l'être au moins une fois par semestre.

La principale différence entre FPI et SPPICAV réside dans leur régime fiscal. Les revenus et plus-values de cessions de SPPICAV sont imposés comme dans le cadre des SICAV « classiques » : revenus de capitaux mobiliers et plus-values mobilières. Par contre, dans le cas des FPI, le régime d'imposition du particulier dépend de la nature des revenus perçus par le fonds : revenus fonciers, plus-values immobilières, revenus de capitaux mobiliers…

3 Les fonds communs de placement à risque (FCPR)

Les FCPR sont une catégorie particulière de FCP, dont les actifs sont principalement composés d'actions non cotées (à hauteur d'au moins 50 %). Ils bénéficient d'un régime fiscal de faveur puisque leurs produits et plus-values sont exonérés de l'impôt sur le revenu.

Pour pouvoir bénéficier de ce régime de faveur, l'investisseur doit s'engager à conserver pendant au moins 5 ans les parts du FCPR, et y réinvestir les gains procurés par le fonds sur cette période. Qu'ils relèvent ou non du régime de faveur, les gains retirés sont soumis aux prélèvements sociaux.

4 Les fonds communs de placement dans l'innovation (FCPI) et fonds d'investissement de proximité (FIP)

Les fonds communs de placement dans l'innovation (FCPI) et fonds d'investissement de proximité (FIP) sont une sous-catégorie de fonds communs de placements à risques (FCPR), qui sont eux-mêmes une sous-catégorie de FCP. Ce type de fonds est relativement risqué car les actifs dans lesquels ils sont investis sont très peu liquides. Alors que la plupart des OPCVM classiques publie une valeur liquidative chaque jour, les FCPI et FIP ne sont obligés de le faire que deux fois par an. Ceci s'explique par le fait que les actions qu'ils détiennent ne sont pas cotées. Par ailleurs, les établissements qui commercialisent ce type de produit prévoient généralement des clauses de blocage qui rendent le rachat des parts impossible pendant une certaine période (souvent 5 ans).

Un FCPR peut être qualifié de FCPI si la proportion de l'actif « à risque » (titres non cotés de PME européennes innovantes) est de 70 % au lieu de 50 % pour un FCPR classique. Les 30 % restants sont investis par le FCPI dans des actifs plus ou moins risqués (actions, obligations, OPCVM, emprunts d'État…) selon le niveau de risque recherché par la société de gestion.

Les PME innovantes dont les titres composent l'actif du FCPI doivent notamment avoir réalisé des dépenses de recherche d'un montant au moins égal à 15 % de ses charges ou être reconnues comme sociétés innovantes par BPI France.

Les FIP sont investis dans des PME régionales à hauteur de 60 % minimum.

La performance de ce type de placement dépend de deux éléments :

– les plus-values éventuelles réalisées sur les titres détenus par le fonds, mais qui ne peuvent s'apprécier qu'à long terme, une fois que le FCPI a liquidé tous ses actifs (rarement avant 10 ans) ;
– les économies d'impôts permises par ce type de placement.

La réduction d'impôt propre aux FCPI et FIP est égale à 25 % (en 2021) du montant de la souscription, celle-ci étant prise en compte dans une limite annuelle de 12000 € pour un célibataire (24000 € pour un couple). Mais il faut, pour cela, s'engager à conserver les parts pendant au moins 5 ans. Lors de la cession des parts, la plus-value éventuelle est exonérée d'impôt sur le revenu (mais pas des prélèvements sociaux).

5 Les *trackers* et ETF Actifs

Les *trackers* (ou *Exchange Traded Funds*) sont des fonds (SICAV ou FCP) indiciels, négociables en Bourse et qui sont destinés à reproduire la performance d'un indice. Leur composition est rendue publique de façon quotidienne. Leur valeur liquidative (assimilable au cours pour une action) est affichée en continu. Ils sont éligibles au SRD et sont cotés à la Bourse de Paris.

Les ETF Actifs sont des fonds cotés en Bourse, basés sur des indices mais qui offrent des profils de risque différenciés (levier, protection de capital, exposition inverse à l'indice…). De plus, l'exposition à l'indice peut être adaptée à l'environnement de marché par le gestionnaire du fonds. En janvier 2024, plus de 700 ETF étaient cotés à Paris.

Chapitre

17 L'assurance-vie et la gestion de patrimoine

Roseline CHARASSE

SOMMAIRE

Comment parler de gestion de patrimoine sans évoquer l'assurance-vie ? L'assurance-vie est un élément du patrimoine autant qu'un outil de gestion de celui-ci.

Outil efficace d'épargne et de diversification, c'est également un instrument patrimonial précieux, si ce n'est indispensable pour :

– épargner en vue de sa retraite ;
– diversifier son patrimoine ;
– protéger ses proches ;
– organiser sa transmission ;
– adapter les effets de son régime matrimonial ;
– gérer et optimiser sa fiscalité.

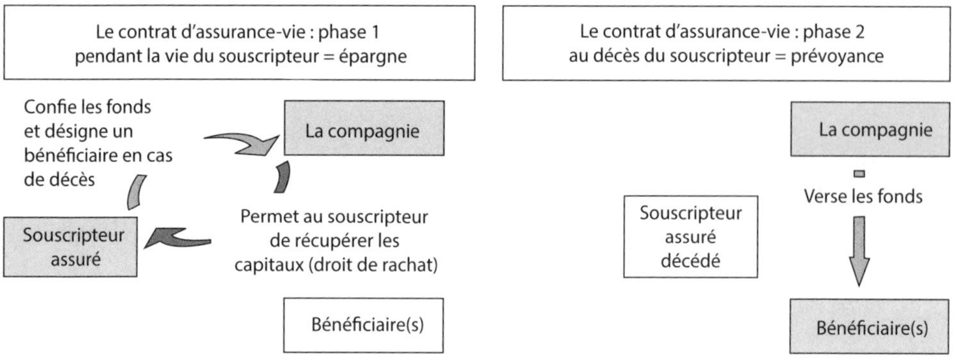

Figure 17.1 – Les différentes phases du contrat

L'assurance-vie n'est pas un simple placement mais un mode de détention et surtout un contrat original avec un aléa sur la durée de vie humaine et donc sur le bénéficiaire des capitaux !

Constamment chahutée (**baisse des rendements du fonds euros** couplée avec une remontée brutale des taux courts en 2022 puis des taux longs, la mise en place du **prélèvement forfaitaire unique** en 2018, les prélèvements sociaux au fil de l'eau sur les fonds euros, l'instauration de l'impôt sur la fortune immobilière sur les placements immobiliers souscrits dans les contrats...), l'assurance-vie reste encore le support financier préféré des Français.

En novembre 2023, les cotisations en assurance-vie affichent un niveau record à 12,8 milliards d'euros, soit 140,9 milliards d'euros depuis le début de l'année, en hausse de 6 % par rapport à la même période en 2022. L'encours sur ces contrats s'établit ainsi à 1 917 milliards à fin novembre 2023, contre 1 827 milliards d'euros à fin octobre 2022, 1 861 milliards d'euros fin novembre 2021 et 1 785 milliards fin novembre 2020.

Cet encours représente environ 33 % de l'épargne financière des ménages évaluée par la Banque de France à 5785 milliards d'euros au 2e trimestre 2022 (laquelle représente elle-même 39 % du patrimoine des Français évalué fin 2022 à 14791 milliards d'euros selon l'Insee).

La collecte sur les unités de compte progresse (40 % en 2023, 39 % en 2022 et 38 % en 2021 selon la Fédération française de l'assurance). Cette bonne tenue de la collecte en unités de compte est liée aux évolutions des marchés actions, à la baisse depuis plusieurs années des rendements des fonds en euros malgré une remontée récente, mais également à l'impact des différentes réformes cherchant à orienter l'investissement vers les unités de compte ou vers des secteurs à fort potentiel de croissance et d'emplois.

Parmi ces réformes, on peut noter les **PER** (fin novembre 2023, 5,4 millions d'assurés détenaient un PER pour un encours de 71 milliards d'euros contre 3,6 millions d'assurés à octobre 2022 pour un encours de 44,4 milliards d'euros), les contrats ou fonds « **euro-croissance** » (relancés par la loi Pacte, sans avantage fiscal particulier mais cherchant à offrir une perspective de rentabilité supérieure à celle des contrats en euros en limitant les risques pris grâce à une garantie du capital au terme fixé au contrat) ou les contrats « **vie génération** » (davantage orientés vers les plus gros contrats pour lesquels le respect d'un quota d'investissements risqués ou prioritaires donne droit à un allégement des droits à acquitter lors de la transmission mais pour l'instant sans grand succès pour ces derniers).

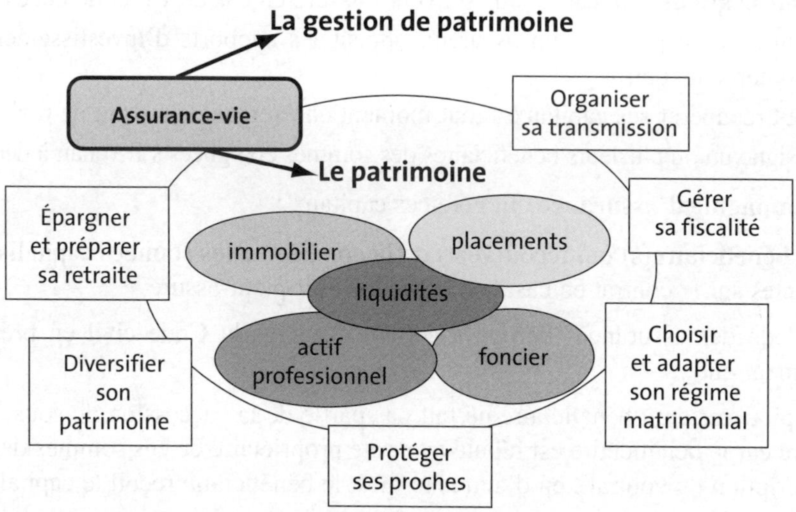

Figure 17.2 – Assurance-vie et gestion de patrimoine

Section 1 PRÉSENTATION GÉNÉRALE DE L'ASSURANCE-VIE

La majorité des contrats commercialisés à ce jour sont des contrats dits à capital différé contre assuré ou contrat mixte.

En effet, les « purs » contrats d'assurance en cas de vie garantissent seulement le paiement d'un capital ou d'une rente si l'assuré est encore en vie à l'échéance du contrat. Si l'assuré décède avant le terme, l'assureur n'est pas tenu au versement d'une prestation. Pour remédier à cette situation, les assureurs ont assorti leurs contrats d'une contre-assurance décès qui permet au(x) bénéficiaire(s) d'obtenir l'épargne valorisée (valeur de rachat) en cas de décès du souscripteur avant le terme du contrat.

1 Le régime juridique de l'assurance-vie

L'approche uniquement financière de ces contrats est réductrice. En effet, c'est un contrat original régi à la fois par le Code civil et le Code des assurances, présentant deux phases (celle de l'épargne et celle de la prévoyance).

C'est également un contrat tripartite[1] qui lie :

- **un souscripteur** (qui est le plus souvent l'assuré en cas de vie et de décès) qui :
  - confie des capitaux à un assureur, choisit les supports d'investissement, fait évoluer son contrat ;
  - peut récupérer ses capitaux à tout moment en exerçant son droit de rachat ;
  - désigne un ou plusieurs bénéficiaires des sommes épargnées s'il venait à décéder ;
- la **compagnie d'assurance** qui gère ces capitaux ;
- le(s) **bénéficiaire(s)** qui reçoit(vent) de la compagnie les sommes capitalisées ou restantes sur le contrat en cas de décès du souscripteur-assuré.

Le Code des assurances déroge à certaines règles du Code civil en prévoyant notamment que :

- le capital versé au bénéficiaire ne fait pas partie de la succession du souscripteur assuré car le bénéficiaire est réputé avoir été propriétaire de ces sommes depuis la souscription du contrat[2], en d'autres termes, le bénéficiaire reçoit le capital directement de l'assureur ;

1. En termes juridiques, le contrat d'assurance-vie s'analyse comme une « stipulation pour autrui » (art. 1121 du Code civil). La stipulation pour autrui est un contrat tripartite dans lequel on retrouve un stipulant (le souscripteur), un promettant (l'assureur, « la compagnie ») et un tiers bénéficiaire (le bénéficiaire en cas de décès).

2. Article L. 132-12 du Code des assurances.

– ces sommes ne sont pas soumises aux règles civiles successorales (rapport successoral, calcul de la réserve héréditaire), sauf si les primes versées ont été manifestement exagérées[1].

Les particularités (civiles et fiscales) du contrat d'assurance-vie tiennent à son caractère aléatoire : qui sera réellement bénéficiaire des sommes épargnées ? Le souscripteur qui épargne (par exemple en vue de sa retraite) et qui exercera son droit de rachat, ou bien le bénéficiaire en cas de décès du souscripteur assuré ?

À condition de respecter cet aléa et de ne pas exagérer les versements (au regard de son état de santé, de son âge, de son patrimoine et de sa situation personnelle), ces contrats sont à dissocier d'une simple opération d'épargne comme la jurisprudence l'a d'ailleurs confirmé à plusieurs reprises[2].

2 Des règles fiscales également spécifiques à l'assurance-vie

Le Code général des impôts encadre aussi ces contrats de façon spécifique :

– la fiscalité des gains peut être choisie et non pas subie ;
– les avantages de l'assurance-vie en cas de décès peuvent être cumulés avec les règles successorales. On peut même accepter le bénéfice d'un contrat d'assurance en ayant refusé la succession !

Au regard de l'**impôt sur le revenu**, seule la part des intérêts incluse dans le rachat est imposable (*cf.* section 2, parties 2.1 et 3.1). En l'absence de rachat partiel ou total, aucun impôt sur le revenu n'est perçu.

Au regard des **prélèvements sociaux**, la règle d'assujettissement aux prélèvements sociaux diffère selon le support d'investissement (*cf.* section 2, partie 3.1). Ils sont perçus au fil de l'eau pour la partie investie sur le support « fonds en euros » et au moment d'un rachat pour les investissements sous forme d'unités de compte. À défaut d'imposition pendant la durée du contrat, les prélèvements sociaux sont opérés au moment du décès et avant application de la fiscalité décès.

Au regard de la **fiscalité décès**, la fiscalité applicable diffère selon la date de souscription du contrat, la date des versements et l'âge de l'assuré au moment des versements, certains capitaux décès bénéficiant encore d'une exonération totale ou partielle (*cf.* section 3, partie 3).

---

1. Article L. 132-13 du Code des assurances.

2. C. Cass. Ch. Mixte 4 arrêts n° 01-13582, 02-11352, 02-17507, 03-13673 ; Cass. 2e Civ. 17 mars 2005, 24 février 2005, 5 juillet 2006 ; Cass. 1re Civ. 6 février 2007, 4 juillet 2007. La C. Cass. définit l'aléa par l'incertitude sur la date de dénouement du contrat. L'aléa repose ici sur la durée du contrat qui dépend de la durée de vie humaine de l'assuré. L'assureur ne sait pas à l'avance entre les mains de qui le contrat va se dénouer.

Au regard de l'**IFI** (impôt sur la fortune immobilière) qui remplace l'ISF depuis le 1er janvier 2018, la fraction de la valeur de rachat au 1er janvier représentative d'actifs immobiliers, compris dans les unités de compte (SCPI, OPCI… mais pas dans le fonds euros), sera soumise à l'IFI. Il s'agit d'une règle fiscale dérogatoire par rapport à la nature assurantielle des contrats d'assurance-vie qui aurait dû conduire à ne pas déclarer le contrat à l'IFI.

En effet, au sens du droit civil, les capitaux liés au contrat sont la propriété de l'assureur pendant toute la durée du contrat et non plus celle du souscripteur sauf au moment de son dénouement. Toutefois, à condition que le contrat soit rachetable, le souscripteur détient une créance vis-à-vis de l'assureur et c'est donc une quote-part de la valeur de rachat qui est déclarée à l'IFI.

Concernant **le plafonnement de l'IFI**, comme pour l'ancien ISF, seule la quote-part d'intérêts inclus dans le rachat fait partie des revenus pour le dit plafonnement. En effet, en l'absence de rachat, le contribuable ne les a pas encore réalisés et ne peut donc pas en disposer[1].

3 Les principales différences avec le contrat de capitalisation et l'assurance décès

Proposé également par les compagnies d'assurance, le **contrat de capitalisation** fonctionne avec les mêmes règles en termes de fiscalité des rachats et offre les mêmes supports d'investissement que le contrat d'assurance-vie mais il s'en distingue en termes de transmission en ce qu'il ne constitue qu'une simple opération d'épargne.

Ainsi, au décès du souscripteur, le contrat de capitalisation n'est pas dénoué et il intègre l'actif de succession pour sa valeur de rachat. Ces contrats n'étant pas dénoués par le décès, les prélèvements sociaux ne sont pas acquittés à cette occasion, ils restent dus au moment d'un rachat ou lors de l'inscription en compte des intérêts du fonds euros.

La transmission par décès (ou par donation) de ce type de contrat permet désormais de remettre à jour le prix d'acquisition pour le futur détenteur et « gomme » la plus-value antérieure accumulée sur le contrat[2]. Dès lors, on tiendra compte pour les rachats ultérieurs de la valeur vénale retenue pour le calcul des droits de donation ou de succession.

Ces contrats présentaient un avantage au plan de l'ISF, car seules étaient soumises à déclaration les sommes investies[3]. Ainsi, toute la valorisation du contrat (intérêts

1. Application de la décision du Conseil constitutionnel applicable en termes d'ISF concernant les dispositions de l'article 13 de la loi de Finances pour 2014.

2. BOFIP mis à jour le 20/12/2019 suite à la loi de Finances pour 2018 BOI-RPPM-RCM-20-10-20-50, § 225.

3. Inst. 31 août 1983, 7 R-11-83 n° 360 ; D. adm. 7 S-352 n° 6, 1er octobre 1999 /RM Frassa JO sénat, 8 juillet 2016, question N°17495.

et plus-values capitalisés) était exonérée d'ISF. Désormais avec l'IFI, les contrats de capitalisation suivent le même régime fiscal que les contrats d'assurance-vie, à savoir une imposition sur la fraction de leur valeur de rachat au 1er janvier représentative d'actifs immobiliers, compris dans les unités de compte.

Pour ce qui est du contrat d'assurance décès, c'est un contrat de pure prévoyance. Le but est de protéger ses proches, c'est-à-dire de les prémunir des conséquences financières liées à un décès prématuré (perte des revenus d'activité ou remboursement d'un prêt). En contrepartie de primes versées à fonds perdus, un capital important peut être transmis hors fiscalité[1].

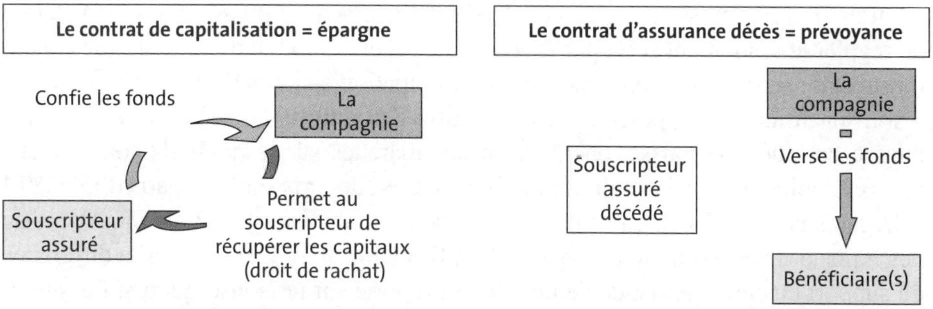

Figure 17.3 – Contrat de capitalisation et contrat d'assurance décès

Le contrat d'assurance-vie, quant à lui, permet d'associer à la fois l'aspect épargne et l'aspect prévoyance. Mais pour s'assurer du bon dénouement du contrat, encore faut-il s'assurer de la bonne rédaction de la clause bénéficiaire !

Section 2 L'ASSURANCE-VIE COMME OUTIL DE CONSTITUTION D'UNE ÉPARGNE

1 Le type de contrat

1.1 Les contrats « multisupports » (investis en euros et/ou en unités de compte)

La majorité des contrats proposés aujourd'hui sont des contrats « multisupports ». Ils permettent d'investir :

– soit sur un **fonds « en euros »** dont le rendement diminue d'année en année (fonds essentiellement investi par la compagnie en obligations qui apporte garantie en capi-

1. Seules les primes versées l'année du décès sont prises en compte pour les règles de l'article 990 I du Code général des impôts.

tal, taux minimum garanti annuel et participation aux bénéfices de la compagnie). Le souscripteur peut à tout moment récupérer son épargne sans subir les évolutions des marchés sur lesquels la compagnie a investi (principalement des obligations). Il convient de noter que, dans le cas d'une **remontée brutale des taux d'intérêts**, la valeur des obligations qui constituent majoritairement l'actif des fonds en euros pourrait fondre. La demande massive de retraits par des souscripteurs devenus inquiets rendrait intenable la situation de compagnies d'assurance soumises à l'obligation de restitution de l'intégralité des primes nettes versées et des intérêts capitalisés attachés à la gestion de ces fonds. Des mesures conservatoires appropriées ont donc été prises par la **loi Sapin II** pouvant réduire temporairement la liquidité des contrats (maximum six mois), mais donnant également la possibilité au législateur de réguler le rendement servi par les compagnies en « modulant les règles de constitution et de reprise de la provision pour participation aux bénéfices » ;
– soit sur différents supports, appelés **« unités de compte » (UC)**, qui évoluent à la hausse comme à la baisse, en fonction des marchés sur lesquels ils sont investis (actions, obligations, monétaire, immobilier). Ces supports sont des parts d'OPCVM – Organismes de placement collectif en valeurs mobilières (FCP ou SICAV) – ou des fonds d'investissement alternatifs (FCPR, FCPI, SCPI OPCI…). À la différence du support en euros, le risque de marché est reporté sur les souscripteurs, l'assureur ne garantissant que le nombre d'unités de comptes.

1.2 Les contrats « monosupports » et leur transformation en « multisupports »

Les contrats « monosupports » ne sont presque plus commercialisés. Comme leur nom l'indique, ils ne permettent d'investir que sur un seul support, le plus souvent un fonds « en euros » de la compagnie.

L'amendement dit « **Fourgous** » en 2005 a permis leur transformation en contrat « multisupport », **tout en conservant leur antériorité fiscale** (date d'effet fiscal) en contrepartie d'un investissement d'au moins 20 % en UC (investissement plus risqué). Certains détenteurs de contrat ont utilisé cette transformation pour repousser le paiement des prélèvements sociaux.

Mais depuis l'imposition au fil de l'eau des intérêts du fonds « en euros » sur les contrats multisupports, cette transformation n'a d'intérêt que pour les souscripteurs qui désirent réellement prendre un risque et investir sur les marchés financiers avec une espérance de rendement supérieure en gardant l'antériorité de leur contrat.

La loi de Finances pour 2020 a étendu cette « transformation » sans perte d'antériorité fiscale à tous les transferts de contrats au sein d'une même compagnie d'assurances, sous réserve que le contrat « d'arrivée » soit en tout ou partie investi en unités de comptes ou en fonds « euro-croissance ».

1.3 Les contrats ou les fonds « euro-croissance »

Ces contrats ou ces fonds, issus de la loi de Finances rectificative pour 2013, n'offrent pas d'avantage fiscal particulier.

En revanche, investis dans le financement de l'économie, ils sont censés devenir le troisième pilier de l'assurance-vie entre les fonds en euros et les unités de compte, permettant des investissements plus risqués (supposés être plus rémunérateurs que les fonds en euros), tout en garantissant totalement ou partiellement le capital investi à l'échéance fixée par le contrat (avec un minimum de huit ans).

Les contrats « euro-croissance » peuvent faire l'objet d'une première souscription ou peuvent résulter d'une transformation de contrat existant en conservant leur antériorité fiscale (transfert au sein d'une même compagnie offert par la loi Pacte de 2019, qui fait suite à un dispositif équivalent ayant pris fin au 1er janvier 2016).

Les encours des contrats « euro-croissance » peuvent être exclusivement affectés à ce fonds diversifié « euro-croissance » ou être composés de plusieurs supports, fonds « euro-croissance », fonds en euros et unités de compte, offrant la possibilité d'effectuer des arbitrages. Cette souplesse permettra d'adapter l'affectation des primes sur les différents supports en fonction du risque auquel l'épargnant souhaite s'exposer et de l'évolution des marchés.

2 Les règles à connaître avant la souscription

Avant la signature du contrat, l'assureur ou l'intermédiaire en assurance (courtiers, agents et mandataires) a des obligations d'information et un devoir de conseil[1] vis-à-vis de ses clients, renforcés depuis le 1er juillet 2010. Il est tout d'abord tenu d'informer le souscripteur des caractéristiques précises du contrat. L'information se traduit par la remise :

- d'une proposition d'assurance (exemplaire du contrat avec un modèle de lettre de renonciation) ;
- d'une notice d'information (garanties, durée, modalités des versements, calcul et attribution de la participation aux bénéfices, valeur de rachat, frais sur versements, frais de gestion, modalités de sortie, exercice du droit de renonciation au contrat, nature des supports proposés, modalités de désignation du bénéficiaire…).

Il doit également indiquer son numéro ORIAS, les coordonnées de son service réclamation et celles de l'ACPR (organe de supervision français de la banque et de l'assurance).

1. Art. L 132-27-1 et art. L 520-1 du Code des assurances. Devoir de conseil renforcé depuis le 1er juillet 2010 (vérification de l'adéquation des besoins et connaissances financières du souscripteur au contrat proposé).

2.1 Le délai de renonciation

Le souscripteur dispose de la faculté de renoncer au contrat par l'envoi d'une lettre recommandée avec avis de réception dans un délai de 30 jours à compter de la conclusion du contrat. Dans ce cas, il récupère l'ensemble des sommes versées. Le point de départ de ce délai est conditionné par la remise des différents documents d'information. Il est important de noter que **le souscripteur ne peut pas renoncer à ce droit**.

2.2 La date d'effet du contrat (ou date de souscription ou encore date d'effet fiscal)

Elle est fixée à la date d'encaissement du premier versement. Cette date a une grande importance pour les anciens contrats et les versements effectués avant le 27 septembre 2017 (date d'instauration du PFU pour l'assurance-vie), puisqu'elle détermine la fiscalité applicable aux futurs retraits et ce, quelle que soit la date des versements ultérieurs.

Concernant l'impact de l'instauration du PFU (prélèvement forfaitaire unique) et la fiscalité des intérêts des versements effectués avant et à compter du 27 septembre 2017, voir section 2 partie 3.1.

Exemple 1 – Contrat dont le premier versement de 10 000 F est intervenu le 1er avril 1999

> Le 15 mars 2015, un nouveau versement de 50 000 € est effectué.
> Le 1er décembre 2023, le contrat est valorisé à 60 000 € et un retrait total est effectué sur le contrat.
> La fiscalité applicable au retrait sera celle d'un contrat de plus de huit ans.

Exemple 2

> Il faut éviter de gérer de la trésorerie à court terme sur un contrat exonéré de droits de succession.
> Vous détenez un contrat sur lequel vous avez versé l'équivalent de 50 000 € à l'ouverture en 1993. Ce contrat a été souscrit à l'époque en vue de transmettre à vos enfants un capital totalement exonéré de droits de succession (jusqu'en 1998, une exonération totale existait pour les versements effectués avant ses 70 ans, quel que soit le montant).
> Valorisé aujourd'hui 110 000 €, ce contrat a plus de huit ans et bénéficie d'une fiscalité très intéressante en cas de retrait (exonération dans cet exemple, *cf.* section 2 partie 3.1).
> Vous venez de céder un bien immobilier pour 150 000 € et vous souhaitez placer les fonds un an en attendant l'achat d'un nouveau bien immobilier.
> Vous décidez de verser sur votre ancien contrat ces 150 000 €. Au bout d'un an, votre contrat s'est valorisé à 270 000 € (celui-ci est alors constitué de 42,2 % de capitaux exonérés de droits de succession et de fiscalité en cas de retrait, et de 57,8 % soumis à la nouvelle fiscalité en cas de décès et du PFU).
> En retirant 160 000 € pour acheter votre nouveau bien immobilier, vous allez retirer 67 520 € (soit 42,2 %) de capitaux qui auraient pu être transmis sans aucun droit à vos enfants et serez soumis à une quote-part des intérêts retirés à 30 % (polluant ainsi le

contrat par différentes fiscalités). **Compte tenu de la mise en place du PFU, il est préférable d'ouvrir un nouveau contrat ou de placer les capitaux différemment.**

2.3 Les frais

Les **frais sur versement** sont, en général, dégressifs et prélevés à l'occasion des versements. Ils peuvent varier de 5 à 0 % en fonction des contrats, la concurrence des contrats *via* Internet tirant ces frais vers le bas. Les frais n'impactent pas les calculs de fiscalité en cas de retrait ou en cas de transmission. On tient compte pour ces calculs des primes versées et non investies.

Les **frais de gestion** sont prélevés annuellement et représentent la rémunération de l'assureur. Pour les fonds « en euros », les compagnies annoncent en général un taux de rémunération nette après déduction de ces frais (entre 0,30 et 1 %). Pour les unités de compte, ils varient entre 0,50 et 1,5 % et sont déduits en réduisant le nombre d'unités de compte détenu dans le contrat. Ils viennent s'ajouter aux frais de gestion de chaque OPCVM (frais qui sont déduits quant à eux de la valeur liquidative des parts et qui représentent la rémunération du gestionnaire du fonds).

Des frais liés à une **garantie décès**, qui permet de ne pas faire subir aux bénéficiaires une baisse des marchés, existent dans certains contrats. Cette garantie peut être déjà incluse dans les frais de gestion ou bien être optionnelle avec des frais supplémentaires.

Les **frais d'arbitrage** sont prélevés à l'occasion du passage d'un support vers un autre et peuvent être fixes ou proportionnels (en général entre 0,2 et 1 %). Ils peuvent être plus ou moins élevés, de même que les conditions d'arbitrage entre UC et/ou fonds euros peuvent être plus ou moins contraignantes, en fonction des conditions de marché.

2.4 La souplesse des versements

Les versements peuvent prendre des formes diverses avec des périodicités variées et être effectués sous forme de **versement unique, périodiques ou bien libres.** Les modalités de versement sont donc purement contractuelles. Il convient de vérifier, le cas échéant, les montants minima et les frais.

2.5 Les arbitrages

Un arbitrage est la possibilité de passer d'un support à un autre très facilement, au prix de quelques frais mais sans impact fiscal immédiat (le contrat n'ayant pas subi de retrait, aucune imposition n'est due), contrairement à un compte titres.

Par exemple, un souscripteur qui a fait une forte plus-value sur un support actions souhaite sécuriser celle-ci. Il peut effectuer un arbitrage au profit d'un support sécuritaire du type fonds « en euros » ou unité de compte actions à capital garanti. La fiscalité ne s'appliquera qu'au moment d'un retrait (impôt sur le revenu et prélèvements sociaux) ou du dénouement par décès du contrat (prélèvements sociaux et fiscalité de la transmission par décès).

3 La disponibilité de l'épargne constituée

L'épargne constituée est toujours disponible. Même si la fiscalité pour les versements avant le 27 septembre 2017 semble plus favorable au-delà des huit ans, l'épargne n'est pas bloquée jusqu'à cette date comme certains peuvent le penser. Toutefois, certaines conditions de marché rendent inopportuns des retraits ; dans ce cas, il est parfois judicieux de recourir à un prêt ou à une avance (*cf.* section 2, partie 3.3).

Rappel de la fiscalité

Sur un contrat « monosupport », la fiscalité s'applique en deux temps :
– les prélèvements sociaux sont prélevés chaque année ;
– l'impôt sur le revenu s'applique au moment d'un retrait.
Pour les contrats « multisupports », c'est le retrait qui entraîne la fiscalité à la fois des prélèvements sociaux et de l'impôt sur le revenu (sauf pour les intérêts du fonds euros soumis aux prélèvements sociaux au fil de l'eau depuis juillet 2011).

Avant d'évoquer l'impact de l'impôt sur le revenu au moment d'un retrait, il est important de rappeler comment se calcule la part qui sera imposée.

3.1 Le retrait (ou rachat) total ou partiel des capitaux et le principe de capitalisation des intérêts

Calcul de la part de capital incluse dans le retrait

À la différence des placements dits « de distribution » pour lesquels les intérêts sont imposés annuellement (compte épargne, obligation, dépôt à terme), les placements dits « de capitalisation » ne subissent l'impôt qu'à l'occasion d'un retrait total ou partiel (assurance-vie, contrat de capitalisation, OPCVM capitalisant).

En effet, dans ces derniers, les intérêts se rajoutent au capital pour générer à leur tour des intérêts.

Dans le cas d'un retrait total, la plus-value sur le contrat est entièrement imposable. Lors d'un retrait partiel, il convient de dissocier la part de capital retiré de celle des gains, car seuls ces derniers seront imposés.

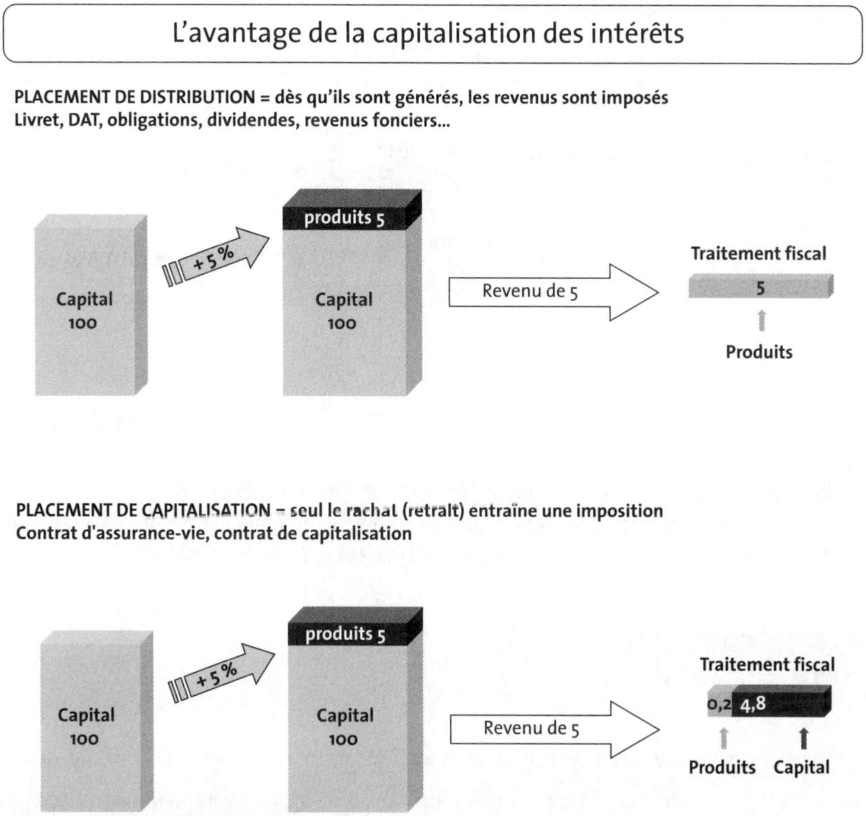

Figure 17.4 – Part de gain et de capital lors du retrait

Focus

À l'occasion du premier retrait, le calcul fiscal à effectuer pour connaître la part de capital retiré est le suivant :

$$\text{Part de capital dans le retrait} = \frac{(\text{montant du retrait}) \times (\text{capitaux versés sur le contrat avant déduction des frais})}{\text{Valorisation du contrat au jour du retrait}}$$

Exemple

Calcul du gain imposable

Versement de 100 000 €. Après des frais de 1 %, l'investissement réalisé est de 99 000 €. Ces 99 000 € se sont valorisés à 103 000 €. On ne tient pas compte des frais payés pour le calcul du gain imposable.

Exemple pour un retrait de 5 000 €
La part de capital dans le retrait est : 5 000 × 100 000/103 000 = 4 854 €
La part de gain imposable est donc de 5 000 – 4 854 = 146 €

Part de capital dans le retrait :

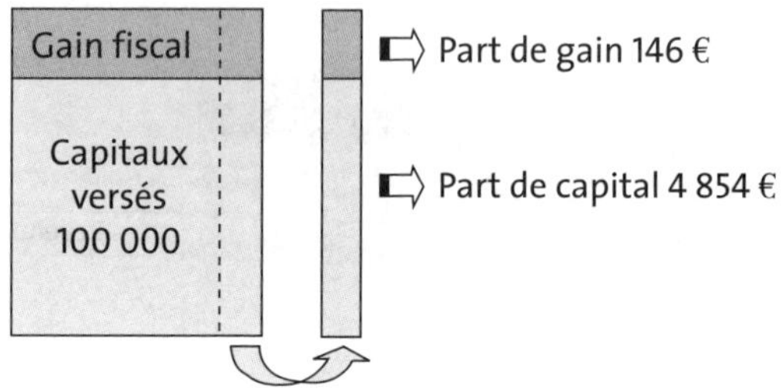

Seuls ces 146 € seront taxés à l'impôt sur le revenu et aux prélèvements sociaux. La nouvelle valorisation du contrat est donc 103 000 – 5 000 = 98 000 €.
Pour le prochain retrait, il faudra prendre en compte le montant des capitaux versés résiduels : capital initial versé – part de capital retiré : 100 000 – 4 854 = 95 146 €.

Focus

On tient compte pour chaque retrait de la part de capital retirée et la formule devient :

$$\text{Part de capital dans le retrait} = \frac{\text{(nouveau retrait)} \times \text{(capitaux versés résiduels avant déduction des frais)}}{\text{Valorisation du contrat au jour du nouveau retrait}}$$

Les prélèvements sociaux (CSG, CRDS et contribution additionnelle)

Les produits des contrats « **monosupports** » sont soumis aux prélèvements sociaux au moment de leur inscription en compte et donc imposés chaque année au fil de l'eau. La compagnie verse alors un taux de rémunération net de frais de gestion mais également de prélèvements sociaux.

Les produits des contrats « **multisupports** » sont quant à eux soumis au taux en vigueur à la date du retrait sur la quote-part d'intérêts inclus dans le rachat. À défaut de retrait, les prélèvements sociaux sont appliqués au moment du décès et ce, depuis le 1er janvier 2010. Pour les contrats « multisupports », depuis le 1er janvier 2018, ce taux est désormais de **17,2 %** sur la totalité des intérêts du rachat.

Quant aux produits du **fonds « euros »** des contrats « multisupports », ils n'étaient imposés qu'au moment d'un retrait (rachat) total ou partiel, même s'ils n'étaient investis que sur le support « en euros ». Désormais, les produits du fonds en euros versés à compter du 1er juillet 2011 sont imposés dès leur inscription en compte sur le contrat. Concernant les produits inscrits avant cette date ainsi que ceux des unités de compte, ils restent imposés au moment d'un rachat (avec une procédure de régularisation afin d'éviter un excédent de paiement) ou, à défaut, **au décès de l'assuré**.

La fiscalité IR applicable à la part de gain incluse dans le retrait

Depuis la loi de Finances pour 1983, les produits de l'assurance-vie ne bénéficient plus d'une exonération totale d'impôt sur le revenu.

La fiscalité applicable a été progressivement durcie, notamment par les lois de Finances pour 1990 et pour 1998, de manière à inciter les épargnants à une détention longue.

La loi de Finances pour 2018 a instauré une règle supplémentaire pour les intérêts des sommes versées à compter du 27 septembre 2017 : le PFU (prélèvement forfaitaire unique) de 12,8 %, bouleversant cette notion d'épargne longue… le taux étant identique quelle que soit la date de souscription du contrat.

Désormais, la part de gain incluse dans le retrait sera imposable :

- à l'impôt sur le revenu (IR) :
  - pour les versements jusqu'au 26 septembre 2017 : au barème progressif ou sur option au prélèvement forfaitaire libératoire (PFL de 35, 15 ou 7,5 %), dont le taux dépend de la date d'effet du contrat (*cf.* section 2, partie 2.1) ;
  - pour les versements à compter du 27 septembre 2017 : au prélèvement forfaitaire unique de 12,8 % (dans certains cas de 7,5 %) ou sur option au barème progressif (emportant option globale pour tous les revenus de capitaux et plus-values mobilières) ;
- aux prélèvements sociaux de 17,2 % comme vu précédemment.

Tableau 17.1 – Fiscalité des gains

<table>
<tr><th colspan="4">1/ Intérêts générés par les versements jusqu'au 26/09/2017</th></tr>
<tr><td colspan="2">Contrat de moins de 4 ans</td><td>IR ou PFL
de 35 % (4)</td><td rowspan="2">Plus
prélèvements
sociaux 17,2 %</td></tr>
<tr><td colspan="2">Contrat entre 4 et 8 ans</td><td>IR ou PFL
de 15 % (4)</td></tr>
<tr><td rowspan="2">Contrat de plus de 8 ans</td><td>Gains des versements
effectués avant
le 25/09/1997 (1)</td><td>Exonération</td><td rowspan="2">Plus
prélèvements
sociaux 17,2 %</td></tr>
<tr><td>Gains des versements
effectués entre
le 26/09/1997
et le 26/09/2017 (2)</td><td>IR ou PLF 7,5 %
(3) (4)</td></tr>
</table>

1. Pour ne pas pénaliser les épargnants, et seulement pour les contrats qui étaient déjà ouverts, il a été admis que des versements pouvaient encore être effectués entre le 26/09/1997 et le 31/12/1997 à hauteur de 200 000 F par souscripteur. Ainsi, tous les intérêts et plus-value générés ultérieurement par ces sommes (et par le capital déjà sur le contrat) bénéficient d'une totale exonération à l'impôt sur le revenu.

☞

2. Imposition après un abattement de 4 600 € (personne seule) ou de 9 200 € (couple). Cet abattement est annuel et s'applique au niveau du foyer fiscal (et non par contrat). Ce n'est pas la compagnie qui applique cet abattement mais l'administration. Si le contribuable opte pour le prélèvement forfaitaire, l'abattement, qui ne s'applique pas pour les prélèvements sociaux, lui sera restitué sous forme de crédit d'impôt.

3. Exonération pour les contrats DSK et NSK.

4. Il existe des cas d'exonérations en cas de licenciement, mise à la retraite, invalidité.

2/ Intérêts générés par les versements à compter du 27/09/2017			
Contrat de moins de 8 ans		PFU de 12,8 % ou option pour le barème progressif (4) (7)	Plus prélèvements sociaux 17,2 %
Contrat de plus de 8 ans	Valeur de rachat des contrats <150 000 € (5)	7,5 % ou option pour le barème progressif (4) (6) (7)	
	Valeur de rachat des contrats >150 000 € (5)	12,8 % ou option pour le barème progressif (4) (6) (7)	

5. Seuil de 150 000 € sur l'ensemble des contrats = montant total par assuré des primes versées nettes du capital racheté tous contrats de capitalisation et assurance-vie confondus apprécié au 31/12/N-1.
6. Application de l'abattement de 4 600 € ou de 9 200 € pour un couple, de façon prioritaire sur la part des produits antérieures à la réforme.
7. Attention : l'option pour le barème progressif de l'IR emportera option irrévocable et pour l'année en cours pour l'ensemble des autres revenus et plus-values sur valeurs mobilières qui ne pourra plus être soumis au PFU.

Il convient de noter qu'en cas de **moins-value**, la perte subie lors d'un rachat n'est pas déductible et ne peut pas être imputée sur un autre rachat sur un contrat en plus-value[1].

3.2 Un outil de revenus complémentaires qui reste très peu fiscalisé malgré la réforme

Intérêts de procéder à des retraits programmés

Les retraits programmés permettent de percevoir des revenus réguliers et de compléter, par exemple, une retraite, soit en obérant progressivement son capital, soit en ne prélevant que la valorisation annuelle, soit en fonction de ses besoins en conservant celui-ci en vue de le transmettre.

L'épargnant, avec son conseiller, estime le rendement annuel attendu sur le contrat et modifie à la hausse comme à la baisse le montant des retraits.

1. CAA Lyon 25 janvier 2011 n° 09LY01053, 2e ch., S ; CAA Bordeaux 6 novembre 2008 n° 07BX00953.

Exemple

Monsieur G. souscrit un contrat après le 1er janvier 2019 avec un versement de 100000 € (notons qu'il a par ailleurs d'autres contrats et que la valeur de rachat de l'ensemble de ses contrats est supérieure à 150000 €, impliquant le PFU de 12,8 % après huit ans).
Le rendement moyen estimé sur dix ans est de 1,5 % annuel.
Il souhaite :
– conserver sur le contrat les 100000 € qu'il a versé (en vue de les transmettre à ses enfants) ;
– effectuer des retraits équivalents au gain annuel.
Il aura une fiscalité de 22 %, prélèvements sociaux inclus, contre 30 % pour les dividendes et les intérêts.

La sortie en rente viagère

En contrepartie de l'aliénation du capital, la compagnie peut verser un revenu régulier dont le montant dépendra de l'espérance de vie du bénéficiaire de la rente. Si celui-ci décède, le capital est alors perdu pour les héritiers.

Toutefois, de plus en plus de compagnies proposent des solutions pour qu'un capital soit tout de même transmis en cas de décès prématuré. Dans le cas d'un contrat d'assurance-vie avec sortie en rente viagère, une partie seulement de la rente est imposée à l'impôt sur le revenu et aux prélèvements sociaux. Le pourcentage de la rente qui est imposé est déterminé en fonction de l'âge du crédirentier (bénéficiaire de la rente) lors de l'entrée en jouissance de la rente :

– âgé de moins de 50 ans :	70 %
– âgé de 50 à 59 ans inclus :	50 %
– âgé de 60 à 69 ans inclus :	40 %
– âgé de plus de 69 ans :	30 %

3.3 Les avances

Pour pallier un décalage de trésorerie ou pour éviter d'effectuer un rachat dans un marché défavorable, le souscripteur peut demander une avance sur son contrat, qui n'est ni plus ni moins qu'un prêt consenti par l'assureur lui-même sur les sommes qui lui ont été confiées. Cette avance étant un prêt, elle ne subit pas de fiscalité mais a, par contre, un coût ! Le contrat est toujours investi comme si aucune opération n'avait été effectuée et l'assureur facture le coût du prêt. Il faut donc comparer ce coût à la rémunération du contrat et étudier l'impact d'un rachat partiel.

Années	Valorisation début d'année	Intérêts nets de PS de l'année de 17,2 %	Valeur de rachat avant le rachat	Retraits bruts en début d'année suivante	Assiette du PFU	Taux PFU	PFU	Retraits nets	Imposition totale (PS + PFU)	Valeur de rachat en fin d'année
N	100000	1242	101242	1242	15	12,8 %	2	1240 €	260 €	100000 €
N+1	100000	1242	101242	1242	30	12,8 %	4	1238 €	262 €	100000 €
N+2	100000	1242	101242	1242	45	12,8 %	6	1236 €	264 €	100000 €
N+3	100000	1242	101242	1242	60	12,8 %	8	1234 €	266 €	100000 €
N+4	100000	1242	101242	1242	74	12,8 %	10	1232 €	268 €	100000 €
N+5	100000	1242	101242	1242	89	12,8 %	11	1231 €	269 €	100000 €
N+6	100000	1242	101242	1242	103	12,8 %	13	1229 €	271 €	100000 €
N+7	100000	1242	101242	1242	117	12,8 %	15	1227 €	273 €	100000 €
N+8	100000	1242	101242	1242	131	12,8 %	17	1225 €	275 €	100000 €
N+9	100000	1242	101242	1242	144	12,8 %	18	1224 €	276 €	100000 €
N+10	100000	1242	101242	1242	158	12,8 %	20	1222 €	278 €	100000 €
		13662							2962 €	
								Fiscalité	22 %	

Exemple

Madame B. a versé 30000 € sur son contrat, valorisé aujourd'hui 45000 €. Son contrat a une antériorité fiscale de six ans.
Elle va recevoir dans trois mois une prime de 10000 €, mais elle a besoin rapidement de cette somme pour des travaux dans sa maison :
– **si elle choisit le retrait** : les intérêts inclus dans le retrait sont de 3333 €, soit une fiscalité induite de 1000 € (hypothèse de fiscalité au PFU de 12,8 % et PS de 17,2 %). De plus, si elle décide de reverser ensuite sa prime sur son contrat, il faudra qu'elle tienne compte des éventuels frais ;
– **si elle choisit l'avance** : le coût de l'avance est variable entre les compagnies – on le suppose ici de 5 %, soit un coût sur trois mois de **125 €**, et le contrat continue à se valoriser sur une base de 45000 €. Dès qu'elle perçoit sa prime, elle peut rembourser son avance.

Section 3 L'ASSURANCE-VIE COMME OUTIL DE TRANSMISSION D'UN CAPITAL

L'assurance-vie est également un outil patrimonial de premier ordre dans une optique de transmission d'un capital financier. Le bénéficiaire-décès a vocation à percevoir ces sommes au décès du souscripteur assuré. À ce titre, il acquiert un droit immédiat sur les primes versées dès le jour de la souscription du contrat[1].

Ce droit immédiat dessaisit le souscripteur de la propriété des sommes versées sans pour autant les attribuer immédiatement au bénéficiaire-décès. Les sommes sont donc en attente d'affectation et l'assureur en est juridiquement le propriétaire.

Concrètement, les sommes versées n'appartiennent plus au souscripteur. Il peut néanmoins en redevenir propriétaire en exerçant son droit de rachat auprès de l'assureur.

1 La rédaction de la clause bénéficiaire

La possibilité de désigner un bénéficiaire et d'en changer est un droit personnel du souscripteur. Cette désignation doit faire l'objet d'une attention particulière. En effet, l'absence de clause ou une rédaction non adaptée à sa situation patrimoniale et à ses objectifs peut remettre en cause l'avantage de ce type de contrat en cas de décès.

1.1 Pourquoi et comment rédiger une clause bénéficiaire ?

En l'absence de bénéficiaire au décès du souscripteur[2], ou si la clause est inapplicable, les capitaux tombent dans l'actif successoral et sont taxés aux droits de succession. Au contraire, si le bénéficiaire de l'assurance-vie est nommément désigné ou identifiable de

1. Art. L. 132-12 du Code des assurances.
2. Art. L. 132-11 du Code des assurances.

façon précise (par sa qualité de conjoint, d'enfant ou encore d'héritier), le capital versé ne fait pas partie de la succession du souscripteur-assuré et, de ce fait, n'est pas soumis aux règles du rapport à succession, ni à celles de la réduction pour atteinte à la réserve des héritiers du souscripteur (sauf primes manifestement exagérées) et est soumis à la fiscalité spécifique de l'assurance-vie (art. 757 B ou 990 I du CGI).

La plupart des contrats proposent des clauses types pré-rédigées qui correspondent aux situations familiales les plus courantes. Il est donc possible :

– de sélectionner, sur le contrat, la clause la plus appropriée parmi celles proposées ;
– de rédiger soi-même la clause afin de la personnaliser, notamment en utilisant des clauses à option ou en prévoyant la représentation en cas de décès ou de renonciation ;
– de l'inscrire dans son testament ou dans une clause déposée au rang des minutes chez son notaire. Il conviendra alors d'indiquer sur le contrat « **clause bénéficiaire déposée chez Me…, notaire à…, à défaut mes héritiers** ». La précision « à défaut mes héritiers » est importante car elle évite toute déconvenue en cas de révocation de testament ou de perte de la clause bénéficiaire.
  Quelle que soit la clause choisie, **il est indispensable de définir des « bénéficiaires à défaut des précédents »** pour éviter que les capitaux ne tombent dans la succession[1] du souscripteur et ne soient fiscalisés aux droits de succession. Par exemple, il est possible de désigner un bénéficiaire de 2nd rang qui pourra récupérer les capitaux en cas de décès ou de renonciation au contrat du bénéficiaire de 1er rang et ainsi de suite.

Certains peuvent aussi souhaiter soumettre le bénéfice du contrat par exemple à des conditions d'âge du bénéficiaire ou d'emploi des sommes. Pour que la clause soit valide, il conviendra que ces conditions ne soient pas contraires à l'ordre public et aux bonnes mœurs, et qu'elles soient validées par la compagnie d'assurance et/ou que la clause soit déposée chez son notaire.

1.2 Vérifier régulièrement l'adéquation de la clause avec les volontés du souscripteur

Il faut noter que le mécanisme de la **représentation** n'est pas automatique en matière de bénéficiaire d'assurance-vie. Il faut l'avoir expressément prévu dans la clause, de même qu'il faut prévoir la possibilité de renoncer. Pour cela, il est recommandé de se faire épauler d'un professionnel et de vérifier régulièrement l'adéquation de la clause à ses volontés. Quelques exemples de clauses simples :

– « mes enfants vivants ou représentés, à défaut mes héritiers » : les enfants sont bénéficiaires à parts égales et, si l'un d'entre eux venait à décéder, sa part serait attribuée à ses propres enfants, puis en l'absence de descendants aux autres frères par parts égales et à défaut aux autres héritiers. Ici, la représentation ne fonctionnera

1. Art. L. 132-11 du Code des assurances.

qu'en cas de décès (pour la représentation en cas de renonciation il faut l'avoir prévue) ;

– « ma fille X pour 50 % ; ma fille Y pour 25 % ; mon fils Z pour 25 %, à défaut de l'un, le capital reviendra à parts égales aux survivants, à défaut mes héritiers » : à défaut de précision, le partage se fait à parts égales entre les enfants en vie au jour du dénouement du contrat ;
– « mon conjoint, ou, en cas de décès ou de renonciation de ce dernier au contrat, à mes enfants vivants ou représentés, à défaut mes héritiers » : cette clause permet en cas de décès du conjoint, ou bien si celui-ci renonce au contrat, de transmettre aux enfants ou, en cas de décès de l'un d'eux, aux petits-enfants ;
– « mes héritiers » : les bénéficiaires du contrat seront les mêmes que ceux de la dévolution successorale. Toutefois, l'assurance-vie étant gérée hors succession, les héritiers auront la possibilité d'accepter le bénéfice du contrat tout en renonçant s'ils le souhaitent au reste de la succession. **Attention toutefois à cette formulation en cas de testament.** En effet, pour identifier le bénéficiaire désigné sous le terme d'« héritier », qui peut s'entendre d'un légataire à titre universel, selon les juges du fonds il appartient d'**interpréter** souverainement la **volonté du souscripteur**, en prenant en considération, le cas échéant, son testament[1].

Le cas du conjoint, du pacsé et du concubin :

– le « conjoint » est celui qui a cette qualité au moment du décès sauf s'il est nommément désigné (ex. : mon conjoint Mme Cécile Dupond) ; attention aux désignations nominatives et au divorce sans changement ultérieur de clause ;
– le partenaire pacsé n'est pas considéré comme un conjoint, il convient donc de rédiger une clause adéquate « M. (ou Mme) X avec le(la)quel(le) j'ai souscrit un Pacs en date du…, à défaut mes héritiers » ;
– de même, le concubin n'est pas considéré comme un conjoint. Il doit donc être clairement désigné. Si la clause « conjoint » était cochée, l'attribution des capitaux ne se ferait pas au concubin !

1.3 Le démembrement de la clause bénéficiaire

Le démembrement de la clause bénéficiaire consiste à désigner deux bénéficiaires pour le même capital : un bénéficiaire en usufruit, un en nue-propriété (ce dernier aura réellement la disposition des fonds au décès de l'usufruitier).

Le cas le plus fréquent est la désignation du conjoint survivant comme bénéficiaire de l'usufruit du capital (correspondant aux revenus ou à la jouissance de ce capital) et les enfants comme bénéficiaires de la nue-propriété, comme dans le cas d'une dévolution successorale classique avec option de l'usufruit de l'actif de succession par le conjoint survivant.

1. Cass. 1e civ. 30-9-2020 n° 19-11.187 FS-PB / Cass. 2e civ. 14-12-2017 n° 16-27.206 F-D / Cass. 1e civ. 19-9-2018 n° 17-23.568 FS-PB

Si la clause prévoit le remploi des fonds dans un nouvel actif démembré (un bien immobilier par exemple), les revenus générés par le bien profiteront à l'usufruitier durant sa vie et c'est seulement au décès de celui-ci que les enfants deviendront pleins propriétaires, sans droit supplémentaire.

Si la clause ne prévoit rien, l'usufruit porte sur une somme d'argent, on parle alors de quasi-usufruit[1]. Le quasi-usufruitier agit comme un plein propriétaire, pouvant ainsi disposer librement des capitaux, les investir à sa convenance, voire les consommer[2]. Afin de conserver les droits des nus-propriétaires, qui auraient dus devenir pleins propriétaires au décès de l'usufruitier, celui-ci doit restituer une somme équivalente[3] aux enfants nus-propriétaires à son propre décès.

Les enfants ont donc une créance sur la succession du conjoint survivant dite créance de restitution. Cette créance est un passif successoral déductible fiscalement (à condition qu'elle ait date certaine – convention de quasi-usufruit à enregistrer), permettant ainsi de récupérer le capital sans aucun droit.

Même si depuis juillet 2011 les clauses bénéficiaires démembrées engendrent une fiscalité au moment du dénouement du contrat, cet outil juridique de transmission reste pertinent.

Que les capitaux versés relèvent de la fiscalité avant ou après 70 ans, le nu-propriétaire et l'usufruitier sont imposables (sauf ceux bénéficiant d'une exonération comme le conjoint).

Désormais, le nu-propriétaire et l'usufruitier sont considérés comme des bénéficiaires au *prorata* de leurs droits, qu'il soit prévu un remploi des capitaux dans un nouvel actif démembré ou bien un quasi-usufruit. Ces droits respectifs sont déterminés selon un barème donné par l'article 669 du CGI dépendant de l'âge de l'usufruitier.

Les abattements éventuels (donnés par les articles 990 I et 757 B du CGI – *cf. ultra*) sont répartis dans les mêmes proportions (art. 669 du CGI).

Lorsque le conjoint est l'usufruitier, ce dernier étant exonéré de taxe ou de droits de succession, seuls les enfants sont soumis à une fiscalité au moment du dénouement.

La part d'abattement du conjoint :

- profite aux enfants pour la fiscalité des versements après 70 ans (l'abattement de 30 500 € est unique pour l'ensemble des bénéficiaires) ;
- est perdue pour la fiscalité des versements avant 70 ans (l'abattement de 152 500 € applicable par « couple » usufruitier – nu-propriétaire).

Afin de protéger les intérêts des enfants (et donc d'éviter l'aliénation du capital par le conjoint sans autre actif successoral sur lequel ils pourraient faire valoir leur créance), de rendre opposable cette créance aux yeux de l'administration (rédaction

1. Art. 587 du Code civil.

2. Par dérogation aux articles 601 et 602 du Code civil, il peut être prévu que l'usufruitier ne sera tenu ni de donner caution, ni de placer les sommes.

3. Principe du nominalisme monétaire sauf convention.

d'une clause de quasi-usufruit de préférence notariée) et d'apprécier les conséquences fiscales, il convient d'être assisté par un professionnel pour ce type de clause.

1.4 Les effets de l'acceptation du contrat par le bénéficiaire

Il n'est pas nécessaire au moment de la souscription du contrat, ni pendant la durée du contrat, que le bénéficiaire intervienne. Toutefois, **au moment du décès** de l'assuré, il faudra qu'il manifeste sa volonté de récupérer les sommes. On dit alors qu'il accepte le bénéfice du contrat. Cette acceptation peut intervenir à tout moment et pas seulement au moment du décès.

Les effets de cette acceptation pendant la vie du contrat ont donné lieu à beaucoup de jurisprudence car non seulement le bénéficiaire ne pouvait pas être changé sans son accord, mais il pouvait également bloquer toute opération sur le contrat (retrait, arbitrage, avance)[1]. La loi du 17 décembre 2007 a considérablement clarifié les règles d'acceptation du bénéficiaire et donc les conséquences sur le contrat. Il convient dès lors de dissocier les contrats dont la clause bénéficiaire aurait été acceptée (expressément ou tacitement) avant le 18 décembre 2007 et les contrats dont la clause serait acceptée à compter du 18 décembre 2007.

Tableau 17.2 – Modalités et conséquences de l'acceptation du contrat

	Acceptation réalisée avant le 18/12/2007	Acceptation réalisée à compter du 18/12/2007
	Quelle que soit la date de souscription du contrat	
Formalisme à respecter	Aucun formalisme particulier	L'acceptation doit obligatoirement être réalisée : – soit par un acte signé par le souscripteur, le bénéficiaire et l'assureur; – soit par un acte signé par le souscripteur et le bénéficiaire, signifié à l'assureur.
Conséquences de l'acceptation sur le contrat d'assurance-vie	– Le bénéficiaire acceptant ne peut plus être révoqué (sauf cas exceptionnels). – Rachat du contrat : du fait de l'arrêt de la Cour de cassation du 22 février 2008, l'accord du bénéficiaire acceptant est nécessaire si le souscripteur a **renoncé expressément** à son droit de rachat (cas de la mise en garantie de son contrat).	– Le bénéficiaire acceptant ne peut plus être révoqué (sauf cas exceptionnels). – Rachat du contrat : **impossibilité légale** pour le souscripteur de procéder à un rachat sans l'accord du bénéficiaire acceptant.

1. Cass. 2e Civ. 2 juin 2005 ; CA Bordeaux, 5e ch. 4 octobre 2005 arrêt définitif. Voir aussi CA Paris, 27 mai 2003 et CA Rennes 1re ch. B, 4 mars 2004 ; Cass. Ch. mixte 22 février 2008.

2 Le dénouement du contrat par le décès du souscripteur

2.1 Quand intervient le dénouement ?

La co-souscription

Le contrat se dénoue au décès de l'assuré (qui est en général le souscripteur). En cas de souscription conjointe par des époux (et donc de co-assurés), le contrat peut se dénouer soit au 1er décès, soit au 2e décès (dupliquant ainsi les effets d'un régime de communauté universelle avec attribution intégrale au conjoint survivant).

Le critère à prendre en compte pour la fiscalité en cas de décès est l'âge de l'assuré dont le décès entraîne le versement du capital au moment du versement des primes.

Attention

L'utilisation uniquement de contrat en co-souscription par les époux communs en biens fait perdre le bénéfice d'une partie des abattements fiscaux en cas de décès (car il n'y a de dénouement qu'au décès d'un seul des parents) et peut entraîner des contraintes dans la gestion en cas d'incapacité d'un époux ou même l'obligation de racheter le contrat en cas de divorce.

L'identification du bénéficiaire

La compagnie n'a pas toujours connaissance du décès de l'assuré, mais elle est tenue de rechercher les bénéficiaires[1]. Pour que la compagnie verse les fonds, les bénéficiaires doivent accepter le bénéfice du contrat et fournir tous les documents nécessaires (acte de décès, acte de notoriété, pièce d'identité, instruction pour le paiement de la fiscalité…). Une fois ces formalités remplies, la compagnie a un mois pour verser les capitaux sous peine de devoir payer des intérêts.

Si le bénéficiaire a connaissance d'un contrat fait à son profit, mais qu'il ne connaît pas la compagnie, il a la possibilité d'écrire à un organisme professionnel unique (Agira[2], 1 rue Jules-Lefebvre, 75431 Paris Cedex 09) qui se chargera de consulter l'ensemble des assureurs. Pour éviter qu'un contrat ne soit pas réclamé, il est désormais recommandé que le souscripteur informe le bénéficiaire (il n'y a plus de contraintes liées à l'acceptation – *cf. supra* 1.4) ou bien dépose la clause bénéficiaire chez son notaire.

Les droits des bénéficiaires et conséquences juridiques

Le bénéficiaire doit accepter le bénéfice du contrat pour percevoir les capitaux décès. Cette acceptation doit intervenir au moins au moment du dénouement du contrat mais peut intervenir avant (*cf. supra* 1.4).

On parle souvent de contrat « hors succession » (conséquences des art. L. 132-12 et L. 132-13 du Code des assurances). Lorsque le contrat se dénoue, les bénéficiaires

1. Loi du 17 décembre 2017. Les organismes d'assurance consultent, par le biais de l'Agira, les données relatives au décès des personnes inscrites au RNIPP (Répertoire national d'identification des personnes physiques) de l'Insee.

2. Association pour la gestion des informations sur les risques en assurances (*agira.asso.fr*).

reçoivent les sommes sans qu'elles fassent partie de la succession du souscripteur-assuré (sauf primes exagérées, *cf. infra* 2.2).

De plus, lorsque le bénéficiaire est le conjoint, le capital décès, même s'il a été constitué avec des fonds communs, constitue pour lui un bien propre et aucune récompense n'est due à la communauté (art. L. 132-16 du Code civil).

(Sur le sort des contrats souscrits à l'aide de fonds communs dénoués ou non dénoués, *cf.* section 3, partie 2.2)

2.2 Les contestations par les héritiers ou par l'administration fiscale[1]

Il n'existe aujourd'hui aucun pourcentage maximal d'investissement en assurance-vie et encore moins de plafond de versements. De la même façon, il n'existe aucune limite d'âge, tout au plus une recommandation de la part de la FFA pour les nouvelles souscriptions après 85 ans.

Il convient avant tout d'apprécier l'**utilité de la souscription** et des versements compte tenu de **l'âge, de l'état de santé, des revenus et du patrimoine du souscripteur**[2].

Pour éviter les contestations d'héritiers (qui auraient été écartés du bénéfice du contrat et qui se sentiraient lésés), ou bien le risque de requalification fiscale en opération de pure capitalisation par l'administration, l'utilité de la souscription doit être recherchée, le montant des versements ne doit pas être manifestement exagéré par rapport au patrimoine du souscripteur et à ses revenus (cette « exagération » devant être appréciée au moment du versement des primes).

2.3 Les contrats souscrits avec des deniers communs et les effets sur ces contrats de la dissolution de la communauté par le divorce ou par le décès d'un des époux

Préambule : concernant les contrats souscrits par des époux mariés sous un régime de communauté avec des **fonds propres** ou provenant de l'aliénation de biens propres, il n'y a pas de vigilance particulière à avoir. Il est toutefois recommandé de prévoir une clause de remploi des fonds au moment de la souscription pour tracer les capitaux. Pour les contrats souscrits avec des **fonds communs**, les conséquences sont différentes pour les **contrats non dénoués** ou les **contrats dénoués** (tableau 17.3).

Si le traitement des seconds est assez clair, les premiers ont fait l'objet de plusieurs changements de position législative dans leur traitement civil et surtout fiscal.

---

1. C. Cass. Ch. Mixte 4 arrêts du 23 novembre 2004 ; Cass. 2e Civ. 17 mars 2005, 24 février 2005, 5 juillet 2006 ; Cass. 1re Civ. 6 février 2007, 4 juillet 2007.

2. Cass. 1re Civ. 15 mai 2018 n° 17-17303. Dans cette affaire, l'assuré âgé de 73 ans avait procédé à la vente de la quasi-totalité de son patrimoine immobilier et réemployé les capitaux reçus en assurance-vie. Les juges ont jugé qu'au moment des faits, l'état de santé de l'assuré étant non défaillant, les primes ne présentaient pas un caractère manifestement exagéré et ne devaient pas être réintégrées à l'actif de la succession, faisant ressortir l'utilité pour l'assuré d'effectuer un placement à long terme.

Contrat dénoué souscrit avec des fonds communs

Dans l'hypothèse du **dénouement au profit du conjoint**, les capitaux décès transmis à ce dernier[1] constituent un bien propre pour celui-ci sans récompense à la communauté. Le conjoint est par ailleurs exonéré fiscalement.

A contrario, si le contrat **se dénoue au profit d'un enfant ou d'un tiers**, il y a lieu civilement d'indemniser la communauté qui s'est appauvrie et d'en tirer les conséquences au niveau fiscal (*cf.* tableaux suivants).

Contrat non dénoué souscrit avec des fonds communs : aspect civil

La jurisprudence Praslicka du 31 mars 1992 avait posé les bases de la réintégration civile à la masse commune de la valeur de rachat des contrats non dénoués souscrits par des fonds communs au moment d'un **divorce**. Ainsi à la dissolution de la communauté par le décès d'un des époux, il paraissait logique de faire de même.

Contrat non dénoué souscrit avec des fonds communs : aspect fiscal

Afin de ne pas réserver un sort « fiscal » différent au contrat en fonction de l'ordre de décès des époux[2], l'administration se rangeait à la décision des héritiers, leur laissant le choix de la qualification commune ou propre du contrat non dénoué. Suite aux réponses ministérielles Proriol et Bacquet, l'administration était ensuite revenue sur sa position. Elle considérait que l'époux survivant étant exonéré de droits de succession, « **le contrat non dénoué** par le décès du conjoint bénéficiaire » devait faire partie pour moitié de sa succession.

Si dans la majeure partie des cas cette pratique entraînait un coût de transmission moins élevé à la suite du décès des deux parents, cela obligeait les enfants à acquitter des droits plus importants au premier décès sans pour autant avoir les liquidités. Par un communiqué de presse en date du 12 janvier 2016, Bercy est à nouveau revenu sur cette réponse ministérielle Bacquet.

Désormais, afin de garantir la neutralité fiscale pour l'ensemble des héritiers lors du décès du premier des époux, le décès du conjoint **est neutre fiscalement**[3] sur le traitement du contrat non dénoué souscrit avec des fonds communs (même si civilement la valeur du contrat reste commune). Ainsi le contrat n'est plus intégré à l'actif de la communauté et ne constitue plus un élément de l'actif successoral pour le calcul des droits de succession dus par les héritiers.

---

1. Art. L 132-16 du Code des assurances : « Le bénéfice de l'assurance contractée par un époux commun en biens en faveur de son conjoint, constitue un propre pour celui-ci. Aucune récompense n'est due à la communauté sauf primes manifestement exagérées. »

2. L'art. L 132-16 du Code des assurances précise le sort des capitaux décès en cas de dénouement du contrat au profit du conjoint ; en revanche le Code des assurances est muet en l'absence de dénouement…

3. RM CIOT 23/02/2016 n° 78192.

Des solutions existent pour aligner le traitement civil et fiscal des contrats non dénoués ou pour éviter des déconvenues pour les contrats dénoués (la co-souscription avec dénouement au 1er décès, la clause de préciput sur la valeur de rachat permettant au conjoint souscripteur de conserver son contrat, la clause de dispense de récompense, la souscription de contrats identiques par chacun des époux avec désignation des enfants et une clause dans le régime matrimonial d'annulation des récompenses... *cf.* tableau 17.3).

Tableau 17.3 – Assurance-vie et régime de communauté : le point suite à la réponse Ciot

Contrat dénoué souscrit avec des fonds communs	L'analyse porte sur le capital décès : les règles applicables sont celles du Code des assurances	
	Au niveau civil	Au niveau fiscal
Bénéficiaire : ***le conjoint***	**Art L. 132.16** Code des assurances : **pas de récompense à la communauté**, sauf primes manifestement exagérées. *Confirmé par Cass. 1re Civ. 8 Mars 2005*	Pas de taxation (le conjoint étant exonéré de droits de succession et de taxe spécifique liée à l'assurance-vie).
Bénéficiaire : ***autre que le conjoint***	Art L. 132.16 Code des assurances *a contrario* Récompense à la communauté **dès lors que le conjoint n'est pas le bénéficiaire exclusif.** La récompense est égale aux primes versées et non à la valeur de rachat du contrat ; **en cas de démembrement** la récompense est égale à la NP économique des primes.	Actif de succession : la récompense vient en diminution de l'actif successoral taxable. En pratique, l'actif taxable est égal à : (bien commun + récompense)/2 - Récompense *(ce qui conduit à une **minoration de l'actif successoral égale à 50% de la récompense**)* Le contrat étant par ailleurs dénoué, la **fiscalité propre de l'assurance-vie** sur les capitaux décès s'appliquera également (*cf.* 3 – art 990I ou 757 B).
Aménagements possibles	Prévoir une clause de dispense de récompense lorsque les descendants sont bénéficiaires des contrats dans le contrat de mariage ou dans l'acte de modification.	

Contrat non dénoué souscrit avec des fonds communs	L'analyse porte sur le sort du contrat lui-même : les règles applicables sont celles du Code civil	
	Au niveau civil	Au niveau fiscal
Quel que soit le bénéficiaire	Rien n'est prévu dans le Code des assurances. La **valeur de rachat** du contrat fait partie de la **communauté**.(Cour de cass. 31 mars 1992 Praslicka en cas de divorce) (RM Proriol 10/11/2009 en cas de décès ; RM Malhuret 26/05/2016 « conformément à l'article 1401 du code civil [...], la valeur de rachat des contrats d'assurance-vie souscrits avec des fonds communs et non dénoués lors de la liquidation d'une communauté conjugale à la suite du décès de l'époux bénéficiaire du contrat, constitue au plan civil, un actif de communauté »).	RM Ciot (23/02/2016) : la valeur de rachat d'un contrat d'assurance-vie n'a plus à être intégrée « fiscalement » à l'actif de la communauté lors de sa liquidation et ce, quelle que soit la qualité des bénéficiaires désignés. Elle ne constitue donc plus un élément de l'actif successoral pour le calcul des droits de succession dus par les héritiers.

☞

Contrat non dénoué souscrit avec des fonds communs	L'analyse porte sur le sort du contrat lui-même : les règles applicables sont celles du Code civil	
	Au niveau civil	Au niveau fiscal
	La **valeur de rachat** du contrat fait partie de la **communauté**.	**Plus de taxation** aux droits de succession de la moitié de la valeur de rachat du contrat non dénoué. Par contre, les capitaux décès resteront soumis à la fiscalité spécifique de l'assurance-vie **lors de leur dénouement** (*cf.* 3 – art. 9901 ou 757 B).
Aménagements possibles	*1/ Possibilité de prévoir dans le contrat de mariage une clause de préciput (avantage matrimonial) visant spécifiquement les contrats d'assurance-vie.* *But : permettre civilement au conjoint de « prélever » son contrat avant le partage de la communauté pour être pleinement propriétaire (dans la limite de l'action en retranchement en présence d'enfants non communs). En effet, il n'en a la propriété financière que de 50 % (sa part de communauté), les 50 % restants faisant partie à défaut de préciput de l'actif de succession du conjoint. Le préciput laisse ainsi le choix au conjoint de prélever ou non le contrat dans le cadre de la liquidation de la communauté par décès.* *<u>Si rien n'a été prévu :</u>* *2/ il est possible au conjoint de se faire attribuer le contrat dans le cadre du partage de succession (coût des droits de partage) ;* *3/ l'assurance-vie étant une créance en attente d'affectation, il serait possible de prévoir une convention de quasi-usufruit sur la moitié du contrat pour permettre au conjoint de disposer de la totalité des fonds (en effet, le conjoint a droit à la moitié de la valeur du contrat du fait de sa part de communauté et l'autre moitié intègre l'actif successoral ; en cas d'option par le conjoint survivant pour l'usufruit de l'actif successoral, la moitié des capitaux seraient alors démembrés). Mais au niveau fiscal, les enfants nus-propriétaires pourraient-ils déduire au décès du 2e parent leur créance de restitution ?*	

3 La fiscalité en cas de décès

Les capitaux versés au bénéficiaire relèvent d'un régime fiscal différent **selon la date de souscription du contrat, du versement des primes** et **de l'âge de l'assuré lors de ces versements**.

Mais avant l'application de la fiscalité décès, et depuis le 1er janvier 2010, si les intérêts et plus-values des contrats n'ont pas été soumis aux **prélèvements sociaux** du vivant de l'assuré, ils le sont au moment du décès (*cf.* section 2, partie 3.1).

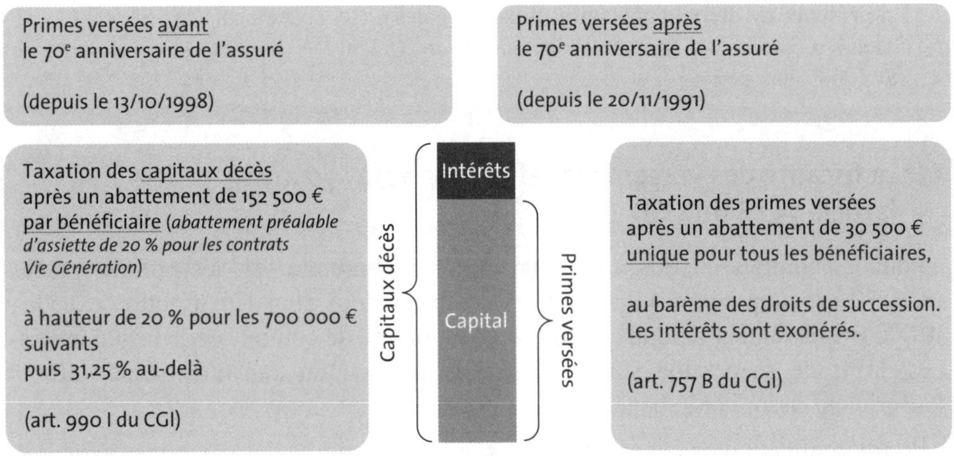

Exonérations :
- conjoint ;
- partenaire pacsé ;
- frère ou sœur, célibataire, veuf, divorcé ou séparé de corps, âgé de plus de 50 ans ou atteint d'une infirmité, domicilié constamment avec le défunt pendant les années ayant précédé le décès.

NB : les contrats de capitalisation sont inclus à l'actif successoral et assujettis aux droits de successions. Toutefois, ces contrats n'étant pas dénoués par le décès, les prélèvements sociaux ne sont pas acquittés à cette occasion.

Figure 17.5

3.1 La fiscalité des versements effectués avant 70 ans (article 990 I du CGI)

Il existe une fiscalité spécifique pour les versements effectués avant 70 ans. Les capitaux décès[1] sont taxés de façon forfaitaire après un abattement de 152 500 € par bénéficiaire, à hauteur de 20 % sur les 700 000 € suivants et au-delà à 31,25 % et ce, quel que soit le lien de parenté entre l'assuré et le bénéficiaire.

Pour la fiscalité des clauses bénéficiaires démembrées, voir section 3, partie 1.4.

Exemple

Souscription d'un contrat à l'âge de 65 ans pour un montant de 200 000 €.
Le décès intervient dix ans après, le capital s'est valorisé à 300 000 €.
Le capital décès, net de prélèvements sociaux, s'élève à 287 700 € (le contrat était en UC et les prélèvements sociaux sont prélevés au décès).
En présence d'un seul bénéficiaire (un seul abattement de 152 500 €) :
Imposition à 20 % sur 135 200 € : (287 700 – 152 500) × 20 % = 27 040 €
Le capital transmis est donc de 260 660 €.

1. Art. 990 I du CGI : Capitaux décès = valorisation du contrat déduction faite des prélèvements sociaux dus au décès.

En présence de deux bénéficiaires à parts égales (deux abattements de 152 500 €) : chacun recevant 143 850 €, l'abattement de 152 500 € permet de transmettre les 287 700 € sans droits.

3.2 La fiscalité des versements effectués après 70 ans (article 757 B du CGI)

Pour les contrats ouverts à compter du 20 novembre 1991, les primes versées[1] après 70 ans sont soumises aux droits de succession[2] pour leur fraction excédant 30 500 € (abattement unique quel que soit le nombre de contrats et de bénéficiaires). Les droits de succession sont calculés en fonction du lien de parenté entre le souscripteur-assuré et le bénéficiaire.

Pour l'application de cet article, il n'est pas tenu compte des personnes exonérées pour la répartition de l'abattement de 30 500 € entre les différents bénéficiaires[3].

Pour la fiscalité des clauses bénéficiaires démembrées, voir section 3, partie 1.4.

Exemple

Souscription d'un contrat à l'âge de 71 ans pour un montant de 50 000 €.
Le décès intervient dix ans après, le capital s'est valorisé à 80 000 €.
Le capital décès net est de 76 310 € (le contrat était en UC et les prélèvements sociaux sont prélevés au décès).
Montant imposé aux droits de succession : 50 000 – 30 500 = 19 500 €
Montant exonéré : totalité des intérêts accumulés nets de prélèvements sociaux (26 310 €) + primes versées à hauteur de 30 500 € = 56 810 €.
En présence de deux bénéficiaires à parts égales, chacun recevra 38 155 € dont seulement 9 750 € (19 500/2) seront soumis aux droits de succession.

La fiscalité des versements après 70 ans étant celle des droits de succession, les abattements successoraux classiques[4] pourront être cumulés à celui de 30 500 € s'ils n'ont pas été utilisés par ailleurs[5].

Attention au regard de l'art. 757 B du CGI

Le montant des rachats partiels, des avances non remboursées ou encore la baisse des marchés sont sans incidence sur le calcul du montant imposable, sauf si les capitaux

1. Primes versées = versements sur le contrat avant déduction des frais. Les intérêts sont exonérés (ils restent toutefois soumis aux prélèvements sociaux) (art. 757 B du CGI).
2. Tarif des droits de succession : articles 777 et s. du CGI.
3. BOI n° 7 G 7 07 du 3 décembre 2007.
4. Abattements successoraux : articles 779 et s. du CGI.
5. BOI - ENR - DMTG - 10 - 10 - 20 - 20 n° 250.

versés par l'assureur viennent à être inférieurs aux primes versées sur le contrat après 70 ans. Alors la taxation aux droits de succession ne porte que sur le montant des capitaux versés aux bénéficiaires.

Il peut être opportun d'effectuer un versement complémentaire sur des **contrats ouverts avant le 20 novembre 1991**. En effet, quel que soit l'âge au moment du versement (moins de 70 ans ou plus de 70 ans), c'est la fiscalité du prélèvement de 20 %, puis de 31,25 % après abattement de 152 500 €, qui s'appliquera sur ces capitaux, ceux déjà capitalisés sur le contrat continuant à bénéficier d'une exonération (*cf.* tableau 17.4).

3.3 Les contrats vie-génération

L'article 990 I a été modifié de manière à introduire un nouveau type de contrat qui peut sembler plus risqué et donnant droit à un régime d'imposition spécifique.

Les épargnants peuvent soit souscrire directement ce nouveau type de contrat, soit modifier l'allocation des encours sur leur contrat existant afin de répondre à certaines contraintes d'investissement.

Le respect d'un quota d'investissements risqués ou prioritaires (actions de PME et d'ETI, dans le logement intermédiaire et social et dans les entreprises de l'économie sociale et solidaire à hauteur de 33 % minimum) donne droit à un allégement des droits à acquitter lors de la transmission (abattement d'assiette taxable de 20 % en plus de l'abattement de 152 500 € par bénéficiaire).

Un contribuable pourra par exemple, dans le cadre de ce contrat, investir à hauteur de 33 % des primes versées dans des SCPI qui font du logement intermédiaire, soit sur un secteur économique peu risqué, mais créateur d'emplois, tout en permettant à ses bénéficiaires d'avoir un abattement d'assiette de 20 % avant l'abattement de 152 500 €. Au-delà, la fiscalité des 20 % et des 31,25 % s'appliquera.

3.4 Les exonérations

Il existe, depuis la loi TEPA du 21 août 2007, un régime d'exonération pour :

- le conjoint survivant (il peut d'ailleurs être opportun de désigner directement les enfants bénéficiaires d'un contrat totalement exonéré de droits ou taxes en lieu et place du conjoint survivant, car ce dernier bénéficie d'une exonération à la fois sur les capitaux issus de l'assurance-vie mais également sur le reste du patrimoine successoral) ;
- le partenaire lié par un Pacs ;
- certains frères et sœurs (célibataire, veuf, divorcé ou séparé de corps, âgé de plus de 50 ans ou atteint d'une infirmité, domicilié constamment avec le défunt pendant les cinq années ayant précédé le décès).

De ce fait, quelle que soit la date de souscription du contrat et quelle que soit la date de versement sur le contrat (avant ou après 70 ans), le conjoint survivant, le partenaire pacsé, certains frères et sœurs perçoivent les capitaux décès des contrats d'assurance-vie sans subir de fiscalité décès.

Tableau 17.4 – Tableau de synthèse (après application de la fiscalité des prélèvements sociaux au décès)

Bénéficiaire	Date de souscription du contrat	Primes versées avant le 13/10/1998		Primes versées après le 13/10/1998	
		Avant l'âge de 70 ans	Après l'âge de 70 ans	Avant l'âge de 70 ans	Après l'âge de 70 ans
Le conjoint, le partenaire pacsé, sous condition les frères et sœurs[1]	Quelle que soit la date de souscription du contrat	**Exonération totale des capitaux transmis**			
Autres bénéficiaires (dont les enfants)	Contrat souscrit avant le 20/11/1991	Exonération totale des capitaux transmis		Abattement sur les capitaux décès de 152 500 € par bénéficiaire, taxation à 20 % sur les 700 000 € suivants et 31,25 % au-delà (abattement préalable d'assiette de 20% applicable pour les nouveaux contrats vie-génération)	
Autres bénéficiaires (dont les enfants)	Contrat souscrit après le 20/11/1991	Exonération totale	Imposition[2] au-delà de 30 500 € de primes versées (intérêts exonérés)	Abattement sur les capitaux décès de 152 500 € par bénéficiaire, taxation à 20 % sur les 700 000€ suivants et 31,25 % au-delà (abattement préalable d'assiette de 20% applicable pour les nouveaux contrats vie-génération)	Imposition[2] au-delà de 30 500 € de primes versées (intérêts exonérés)

3.5 À partir de quand a-t-on intérêt à transmettre *via* l'assurance-vie ?

Combinaison de l'assurance-vie avec l'abattement successoral entre parents et enfants de 100 000 € depuis le 17 août 2012 (versement sur le contrat avant 70 ans).

1. Frère et sœur, célibataire, veuf, divorcé ou séparé de corps, âgé de plus de 50 ans ou atteint d'une infirmité, domicilié constamment avec le défunt pendant les cinq années ayant précédé le décès.
2. Imposition au barème progressif des droits de succession applicable selon le lien de parenté.

Tableau 17.5 – Optimisation de la transmission par assurance-vie (1/2)

Préconisation en fonction du montant du patrimoine transmis à chaque enfant au jour du décès d'un des parents		
Patrimoine inférieur à 100 000 €	Patrimoine compris entre 100 000 € et 252 500 € (*).	Patrimoine supérieur à 252 500 € (*).
Solution à préconiser : le recours à l'assurance-vie est neutre et ne présente pas d'inconvénient.	**Solution à préconiser :** le recours à l'assurance-vie s'avère judicieux pour la partie du patrimoine comprise entre 100 000 € et 252 500 € (*).	**Solutions à préconiser :** pour les 252 500 premiers € (*), il faut saturer l'abattement successoral de 100 000 € et celui spécifique à l'assurance-vie de 152 500 €.
Pourquoi ? L'enfant bénéficie soit de l'abattement personnel de 100 000 € sur l'actif successoral, soit de celui spécifique à l'assurance-vie de 152 500 €.	**Pourquoi ?** On sature l'abattement de 100 000 € sur l'actif successoral et on utilise l'abattement supplémentaire de 152 500 € sur l'assurance-vie. **Conclusion :** le cumul des deux abattements permet de transmettre 252 500 € sans aucune taxation. **Solutions à éviter :** – capital trop élevé en assurance-vie : un capital décès supérieur à 152 500 € par bénéficiaire entraîne une taxation à 20 % au lieu de bénéficier de l'abattement de 100 000 € ; – capital trop faible en assurance-vie : laisse un actif successoral supérieur à 100 000 € et donc taxable.	**Au-delà des 252 500 € par enfant (*) :** – il faut laisser 15 932 € dans l'actif successoral pour bénéficier d'une taxation à 5, 10 et 15 % ; – de 15 932 € jusqu'à 552 324 €, le taux de taxation de 20 % est égal pour les actifs successoraux et pour le capital décès. Le recours à l'assurance-vie est neutre. L'assurance-vie ne présente pas d'inconvénient; – au-delà de 552 324 €, les taux de taxation à 20 % et à 31,25 % de l'assurance-vie sont à comparer avec les taux de droits de succession qui vont de 30 à 45 %. En effet, à partir de 1 805 677 € par bénéficiaire, le taux des droits de succession s'élève à 45 %.

(*) Cumul de l'abattement en ligne directe de 100 000 € tous les quinze ans depuis le 17 août 2012 (qui était de 159 325 € tous les dix ans) et de celui de 152 500 € spécifique à l'assurance-vie.

Tableau 17.6 – Optimisation de la transmission par assurance-vie (2/2)

	Optimisation fiscale		Optimisation juridique
	Transmission	Revenus	
Conjoint et partenaire pacsé	Neutralité : pas d'inconvénient spécifique de l'assurance-vie.	Arbitrages : pas de fiscalité au moment des arbitrages. Rachats : faiblement taxés. Prélèvements sociaux : sur les multisupports, ils sont prélevés au moment des rachats (ou au moment du décès) sauf pour les intérêts du fonds en euros qui sont, depuis novembre 2011, prélevés au fil de l'eau. IFI : avantage lié au plafonnement.	Quel que soit le bénéficiaire, le contrat d'assurance-vie constitue un excellent outil pour augmenter la part successorale d'une personne ou la créer si le bénéficiaire n'est pas un héritier.
Enfants	Avantages en plus de l'abattement successoral de 100 000 € : – primes versées avant 70 ans : abattement supplémentaire de 152 500 € par enfant, puis taxation plafonnée à 31,25 % contre 45 % aux droits de succession ; – primes versées après 70 ans : répartition de l'abattement supplémentaire de 30 500 € et exonération des produits.		

☞

☞

	Optimisation fiscale		Optimisation juridique
	Transmission	Revenus	
Tiers : petits-enfants, concubins…	Dans certains cas, aucun abattement successoral particulier ; ainsi l'assurance-vie permet : – pour les primes versées avant 70 ans de bénéficier de l'abattement de 152 500 € par bénéficiaire, puis taxation plafonnée à 31,25 % (contre 60 % de droits de succession pour des tiers) ; – pour les primes versées après 70 ans de bénéficier d'un abattement de 30 500 €, d'une exonération des produits, spécifiquement pour les petits-enfants des tranches basses du barème progressif des droits de succession.	Arbitrages : pas de fiscalité au moment des arbitrages. Rachats : faiblement taxés. Prélèvements sociaux : sur les multisupports, ils sont prélevés au moment des rachats (ou au moment du décès) sauf pour les intérêts du fonds en euros qui sont, depuis novembre 2011, prélevés au fil de l'eau. IFI : avantage lié au plafonnement.	Quel que soit le bénéficiaire, le contrat d'assurance-vie constitue un excellent outil pour augmenter la part successorale d'une personne ou la créer si le bénéficiaire n'est pas un héritier.

En conclusion, l'assurance-vie est un placement incontournable et un outil de gestion de patrimoine souple et pertinent juridiquement et fiscalement. Les nombreuses modifications fiscales n'ont fait qu'écorner son intérêt. Il reste encore aujourd'hui le placement favori des Français, à la fois par sa souplesse, la diversité des supports proposés, ses multiples avantages juridiques mais aussi fiscaux.

Toutefois, reste à voir les répercussions à long terme sur les encours engendrés par la remontée des taux qui ne se fera pas ressentir immédiatement sur la rémunération du fonds euros, mais également l'impact du prélèvement forfaitaire unique (PFU) qui aligne les taux d'imposition avec les autres placements.

Chapitre 18

La gestion d'un portefeuille titres

Pierre CHOLLET

SOMMAIRE

Un portefeuille titres regroupe un ensemble de produits d'épargne et de placement ou, en d'autres termes, de titres financiers (actions, obligations, parts ou actions d'OPCVM), de titres de créances négociables à court et moyen termes, et éventuellement de contrats financiers (produits dérivés notamment optionnels).

La gestion de portefeuille consiste à constituer un ensemble d'actifs et à en faire évoluer la composition en vue d'atteindre les objectifs fixés par l'investisseur. Au cours des dernières décennies, le marché de la gestion d'actifs a connu une croissance rapide à l'instar de celui des marchés financiers. La gestion d'actifs pour compte de tiers s'est fortement développée au plan mondial. Les sociétés de gestion françaises gèrent plus de 4000 milliards d'euros[1].

Section 1 LES ÉLÉMENTS FONDAMENTAUX DE LA GESTION DE PORTEFEUILLE

La gestion de portefeuille, d'abord centrée sur les actions, s'appuie sur des concepts et méthodes issus de la théorie moderne de portefeuille initiée par Markowitz (1952)[2].

1 Rentabilité et risque[3]

Les concepts clefs sont définis par souci de simplification, sur la base d'un placement en actions. La gestion de portefeuille s'appuie sur deux notions essentielles : la rentabilité et le risque.

1.1 Le taux de rentabilité d'un actif

Deux méthodes de calcul du taux de rentabilité, sur la base des **données historiques**, existent.

1. 4 570 milliards d'euros fin 2022. Source : *www.amf-france.org*

2. H. Markowitz, « Portofolio selection », *Journal of Finance*, vol. 7, 1952, p. 77-91.

3. À la place du terme « rentabilité », certains auteurs utilisent de manière équivalente ceux de rendement ou de *return*.

La rentabilité classique

La rentabilité du titre *i* à l'instant *t* est égale à :

$$R_{it} = \frac{S_t - S_{t-1} + D_t}{S_{t-1}}$$

avec S_t le cours de l'action en *t* et D_t le dividende versé en *t*.

Les cours doivent être tous observés au même moment (les cours de clôture sont le plus souvent retenus) et ajustés des opérations sur titres[1]. Les dividendes sont ici supposés réinvestis et sont donc intégrés au calcul. Dans le cas contraire, leur apport est évalué à part. On détermine alors le rendement en dividende qui est égal à :

$$\frac{D_t}{S_{t-1}}$$

La rentabilité cumulée sur la période *n* est :

$$R_n = \prod_{t=1}^{n}(1 + R_t) - 1$$

La rentabilité logarithmique (ln)

La rentabilité du titre *i* à l'instant *t* est ici égale à :

$$R_{it} = \ln\left(\frac{S_t + D_t}{S_{t-1}}\right)$$

La rentabilité cumulée est égale à :

$$R_n = \sum_{t=1}^{n} R_t$$

1. Les opérations sur titres (OST) correspondent à toutes les opérations qui ont une incidence sur le capital de l'entreprise (augmentation ou réduction du capital, division du nominal, rachat d'actions, exercice de stock options, conversions d'obligations convertibles…).

Exemple – Calcul des taux de rentabilité d'une action

Calculez les rentabilités classiques et logarithmiques de l'action suivante sur un an, à partir de ses cours mensuels et du dividende.

Date	Cours en €	Dividende en €	Rentabilité classique en %	Rentabilité classique cumulée en %	Rentabilité logarithmique en %	Rentabilité logarithmique cumulée en %
0	20,95	0				
1	21,90	0	4,53	4,53	4,43	4,43
2	21,77	0	– 0,59	3,91	– 0,60	3,83
3	21,59	0	– 0,83	3,05	– 0,83	3,00
4	20,00	0,50	– 5,05	– 2,15	– 5,18	– 2,18
5	21,00	0	5,00	2,74	4,88	2,70
6	21,88	0	4,19	7,05	4,11	6,81
7	21,40	0	– 2,19	4,70	– 2,22	4,59
8	21,40	0	0,00	4,70	0,00	4,59
9	21,88	0	2,24	7,05	2,22	6,81
10	21,72	0	– 0,73	6,27	– 0,73	6,08
11	21,90	0	0,83	7,15	0,83	6,91
12	22,60	0	3,20	10,57	3,15	10,06

Résultats et commentaires :

Les colonnes 4 à 7 fournissent pour les deux méthodes les taux de rentabilité pour chaque date et la rentabilité cumulée. Les résultats sont sensiblement différents, ce qui illustre le fait que le choix de la méthode n'est pas neutre.

Quelle méthode de calcul de rentabilité choisir ?

Dans la pratique, la méthode classique est le plus souvent retenue. La formule logarithmique, avec laquelle la rentabilité cumulée est plus simple à calculer, est surtout utilisée pour des raisons statistiques (elle est adaptée aux modèles qui supposent que les rentabilités sont distribuées selon une loi normale). Cette méthode se traduit par une sous-évaluation de la rentabilité, notamment lors de fortes évolutions du cours de l'actif.

Le taux de rentabilité moyen est obtenu[1] à partir des rentabilités observées (historiques) à chaque période :

$$\overline{R}_i = \frac{1}{n}\sum_{t=1}^{n} R_{it}$$

1. Le calcul est identique que l'on utilise des rentabilités logarithmiques ou « classiques ».

1.2 La mesure du risque d'un actif

Le risque d'un actif peut être assimilé à la dispersion (ou variabilité) de sa rentabilité autour de sa moyenne. La mesure la plus utilisée est la variance (ou sa racine carrée : l'écart-type). La variabilité d'une action sur une période déterminée est donnée par l'écart-type de la série des taux de rentabilité de cette action sur un certain nombre *n* de sous-périodes (de jours par exemple). La variance de la rentabilité d'une action sur un an est calculée sur la base des 250 taux de rentabilité quotidiens (nombre approximatif de jours d'ouverture du marché)[1]. Le calcul pourra être effectué sur une période plus courte (par exemple 90 jours), de manière à « coller » davantage à l'évolution du marché.

La variance d'une série de taux de rentabilité passés est égale à la somme des carrés des écarts entre ces taux de rentabilité et le taux de rentabilité moyen, divisée par le nombre d'observations moins une[2] :

$$\sigma_i^2 = \frac{1}{n-1}\sum_{t=1}^{n}\left(R_{it} - \bar{R}_i\right)^2$$

L'écart-type de la rentabilité du titre permet une comparaison directe avec la moyenne. Il est égal à la racine carrée de la variance :

$$\sigma_i = \sqrt{\sigma_i^2}$$

2 Espérance de rentabilité, risque et prime de risque

Dans le cadre de la gestion de portefeuille, tout investisseur a pour objectif d'obtenir une **rentabilité future** sur les fonds placés, rentabilité qui est incertaine.

2.1 Espérance de rentabilité et risque d'un actif

Les cours futurs des actifs (et les taux de rentabilité) sont des **variables aléatoires**, dont on suppose connues les distributions de probabilité. La rentabilité anticipée ou « espérance de rentabilité » est mesurée par le concept statistique d'espérance mathématique.

Le risque peut être appréhendé par la variance des taux de rentabilité. Celle-ci correspond à la dispersion des taux de rentabilités futurs autour de l'espérance de

1. Seuls les cours des jours d'ouverture du marché sont retenus. Si la base de données utilisée contient des cours pour des jours de clôture, il convient de les enlever.

2. Le calcul étant effectué sur un échantillon et non sur l'ensemble des données historiques, nous utilisons l'estimateur de la variance (division de la somme des carrés des écarts par le nombre d'observations moins une et non par le nombre d'observations).

rentabilité. Cependant, cette mesure du risque est uniquement justifiée dans le cas où les rentabilités sont distribuées selon une loi symétrique, ce qui est le cas de la loi normale supposée suivie par les rentabilités logarithmiques des titres (hypothèse généralement faite en gestion de portefeuille). Dans le cas contraire, la variance constitue une mesure très critiquable du risque[1]. Dans la pratique, les calculs de rentabilité et de risque sont le plus souvent effectués sur la base des données historiques. Ceci revient à considérer que l'évolution passée de la rentabilité permet de prévoir la rentabilité future[2].

2.2 La décomposition du risque d'un actif

Le risque d'un actif est composé de deux éléments : le risque spécifique et le risque systématique. Le **risque spécifique** (ou risque diversifiable) est lié aux caractéristiques du titre (notamment à son évolution boursière) et à celles de son émetteur. L'autre composante du risque est le **risque systématique** (ou risque de marché ou risque non-diversifiable)[3]. Ce risque est couramment mesuré par le coefficient bêta (ß), appelé coefficient de volatilité (voir Focus).

Focus

Le coefficient β

Le coefficient ß de l'actif i est égal au rapport entre la covariance des rentabilités (entre le titre et le marché) et la variance du marché :

$$\beta_i = \frac{\sigma_{iM}}{\sigma_M^2}$$

Si $ß_i > 1$: l'actif est qualifié de volatil ou d'offensif. À une variation du taux de rentabilité de marché de 1 % correspond une variation de celle du titre supérieure à 1 % (si $ß_i = 1,2$ la variation de la rentabilité du titre sera de + 12 % (– 12 %), si celle du marché augmente (baisse) de 10 %.

Si $ß_i < 1$: l'actif est peu volatil ou défensif. À une variation du taux de rentabilité de marché de 1 % correspond une variation de celle du titre inférieure à 1 % (si $ß_i = 0,5$ la variation de la rentabilité du titre sera de + 5 (– 5 %), si celle du marché augmente (baisse) de 10 %.

Si $ß_i = 1$: l'actif a une rentabilité qui évolue de manière identique à celle du marché.

1. Ce point, qui correspond à une question majeure, fait l'objet de développements dans les ouvrages de théorie financière consacrés à la gestion de portefeuille.

2. Ceci constitue une limite fondamentale de l'approche, dans la mesure où les cours futurs des titres ne répliquent pas forcément leurs évolutions passées.

3. Le risque systématique ne doit pas être confondu avec le risque systémique, qui correspond au risque d'effondrement du système financier.

EXEMPLE

Connaissant le taux d'intérêt sans risque (0,04) et les taux de rentabilité de l'action BIL et du marché :

Dates	Rentabilité de l'action BIL	Rentabilité du marché
1	0,18	0,12
2	0,1	0,09
3	– 0,05	– 0,02
4	0,15	0,14
5	– 0,02	0,04
6	0,12	0,07

1) Calculez l'espérance de rentabilité et le risque pour le marché et l'action BIL.
2) Calculez et interprétez le coefficient de volatilité.

Résultats

	Action BIL	Marché
E(R)	**0,0800**	**0,0733**
Variance	0,008760	0,003347
Écart-type	**0,0936**	**0,0579**

1) Le titre BIL rapporte plus que le marché, mais il correspond de manière logique à un niveau de risque plus élevé.
2) La covariance entre le titre et le marché est égale à : 0,0050.
Le coefficient de volatilité (β_{BIL}) défini comme le rapport entre la covariance (entre le titre et le marché) et la variance du marché est égal à **1,494**.
L'actif est volatil. Sa rentabilité évolue beaucoup plus vite que celle du marché. Pour une hausse (baisse) du marché de 10 %, la rentabilité du titre BIL augmente de 14,94 % (baisse de 14,94 %).

2.3 Espérance de rentabilité et risque d'un portefeuille

Un portefeuille est caractérisé par les actifs qui le composent et par leurs poids relatifs dans celui-ci. Comme pour un actif, deux caractéristiques majeures sont analysées : la rentabilité et le risque.

La rentabilité du portefeuille est égale à la moyenne pondérée de celle des actifs qui le composent. L'espérance de rentabilité d'un portefeuille composé de N titres est égale à :

$$E(R_p) = \sum_{i=1}^{N} \omega_i \times E(R_i)$$

avec ω_i : poids de l'actif *i* dans le portefeuille.

Le risque du portefeuille est mesuré par la variance de la rentabilité du portefeuille (ou son écart-type). La variance du portefeuille est calculée sur la base des actifs pris 2 à 2 (actifs *i* et *j*) :

$$Var_p = \sigma_p^2 = \sum_{i=1}^{N} \sum_{j=1}^{N} \omega_i \times \omega_j \times \sigma_{ij}$$

avec σ_{ij} la variance si $i=j$, ou la covariance si $i \neq j$.

L'écart-type de la rentabilité du portefeuille est égal à :

$$\sigma_p = \sqrt{\sigma_p^2}$$

La variance du portefeuille fait intervenir la covariance entre les titres. Cela signifie que l'évolution des titres les uns par rapport aux autres a un impact sur le risque du portefeuille. En d'autres termes, la corrélation entre les actifs joue un rôle important.

Le coefficient de corrélation entre deux actifs est égal au rapport entre la covariance et le produit des écarts type des deux titres[1] :

$$\rho_{ij} = \frac{\sigma_{ij}}{\sigma_i \times \sigma_j}$$

Ce coefficient varie entre – 1 et +1. Si le coefficient est positif (négatif), cela signifie que les rentabilités des deux actifs sont corrélées positivement (négativement) et que leurs risques sont de même sens (sens opposé). Un coefficient de +1 (–1) signifie que les actifs sont parfaitement corrélés positivement (négativement)[2]. Si le coefficient est nul, cela signifie que les actifs sont indépendants.

2.4 La prime de risque

La théorie du portefeuille repose sur l'hypothèse de rationalité des investisseurs et de leur aversion au risque. Ainsi, l'augmentation de la dispersion de gains risqués de même espérance de rentabilité entraîne une diminution de leur utilité. L'investisseur demande alors un excédent de rémunération du fait du risque, appelé « prime de risque ». Plus la dispersion est forte, plus la prime de risque est élevée.

La prime de risque est mesurée par rapport au taux d'intérêt sans risque, c'est-à-dire au taux des emprunts d'État. Le taux retenu en France est le taux des obligations assimilables du Trésor (OAT) ou des bons du Trésor négociables. La rémunération en excès exigée par rapport au taux sans risque dépend de l'attitude de l'investisseur

1. Attention à ne pas confondre ρ et σ.

2. Un coefficient de corrélation de +1 entre deux actifs (actifs parfaitement corrélés positivement) correspond au seul cas où la diversification n'a pas d'intérêt.

vis-à-vis du risque. Certains modèles théoriques, notamment le Modèle d'évaluation des actifs financiers (voir Focus), permettent de déterminer cette prime, sous réserve de la validité des hypothèses inhérentes au modèle.

Focus

Modèle d'évaluation des actifs financiers (MEDAF)

Développé par William Sharpe en 1964 (prix Nobel d'Économie, 1990)

Objet

Déterminer la rentabilité et le prix d'équilibre des actifs.

L'actif évalué *i* fait partie d'un portefeuille qui est également investi dans l'actif sans risque (emprunt d'État) et le portefeuille de marché (indice représentatif du marché de tous les actifs).

Modèle

$E(R_i)^* = R_f + [E(R_M) - R_f] \times \beta_i$

Avec :

$E(R_i)^*$: rentabilité théorique espérée (rentabilité requise) de l'actif i

R_f : taux d'intérêt sans risque

$E(R_M)$: espérance de rentabilité du marché

β_i : coefficient de volatilité de l'actif i

Interprétation et limites d'utilisation :

– la rentabilité requise d'un actif est égale à la somme du taux sans risque et d'une prime de risque ;

– la prime de risque est égale au prix du risque (excès de rentabilité du marché par rapport au taux sans risque) multiplié par le risque systématique de l'actif ;

– le risque spécifique n'étant pas rémunéré ici, il convient d'utiliser le modèle avec prudence lorsque l'on se réfère à un portefeuille non parfaitement diversifié, ou lorsque l'on utilise un indice peu représentatif du marché (ce qui est fréquemment le cas).

Exemple

À partir des données et des résultats de l'exercice 2, calculez la rentabilité théorique espérée du titre BIL à l'aide du MEDAF. Quelle décision préconisez-vous de prendre ?

Résultats et commentaires

$E(R_{BIL})^* = R_f + \lfloor E(R_M) - R_f \times \rfloor \beta_{BIL}$

$E(R_{BIL})^* = 0{,}04 + [0{,}0733 - 0{,}04] \times 1{,}494 = 0{,}0898$

La rentabilité théorique espérée du titre BIL d'après le MEDAF est de 8,98 %.

Or, l'espérance de rentabilité du titre est de 8 %.

L'action BIL est donc surévaluée. Elle rapporte moins que ce qu'elle devrait rapporter d'après le MEDAF, compte tenu de son risque.

Il est donc conseillé (uniquement sur la base du modèle et en considérant que ses hypothèses sont valides) de vendre le titre.

3 La diversification et l'optimisation du portefeuille

La théorie du portefeuille s'appuie sur le critère de décision « espérance mathématique – variance ». Une somme risquée est supposée entièrement décrite par deux caractères de sa distribution de probabilité : son espérance mathématique et sa variance (ou son écart-type). Ce critère constitue une traduction probabiliste d'une attitude fréquente en finance : la recherche du meilleur compromis entre la rentabilité et le risque. Ainsi, pour des placements risqués ayant la même espérance, on choisira celui qui a la variance la plus faible.

Le **principe de diversification** est à la base de la gestion de portefeuille. La diversification repose sur le fait que le risque d'un placement est atténué par la combinaison de différents actifs financiers. La constitution du portefeuille, et son évolution, visent à réduire le risque global du placement, mesuré par la variance de sa rentabilité, en y combinant des actifs de risque différent.

Pour un placement en actions, la diversification peut être sectorielle (secteurs d'activité dans un pays donné), internationale, ou les deux à la fois. Plus généralement, la diversification d'un portefeuille s'appuie sur la combinaison de différents types de titres (actions, titres de créances, parts d'OPCVM…).

La diversification ne permet cependant de réduire (ou dans le meilleur des cas d'annuler) qu'une partie du risque, le risque spécifique. La **limite de diversification** correspond ainsi au risque systématique. Un portefeuille parfaitement diversifié sur un marché national conserve un risque positif qui est égal à celui du marché.

La diversification internationale des portefeuilles va permettre d'abaisser sensiblement le niveau de risque.

La diversification d'un portefeuille s'appuie ainsi sur divers types de facteurs : classes d'actifs, zones géographiques, pays, secteurs d'activité, entreprises… Elle est de plus en plus souvent obtenue grâce à l'utilisation de fonds de fonds (multigestion). Ces derniers gèrent des portefeuilles constitués de fonds partiellement diversifiés (par exemple de fonds sectoriels).

Sur la base du principe de diversification, la théorie propose des méthodes **d'optimisation de portefeuilles.** Celles-ci permettent de déterminer la meilleure composition possible du portefeuille, à un instant *t*, tel que le risque soit minimum pour un niveau de rentabilité donné (ou réciproquement, tel que la rentabilité soit maximale pour un niveau de risque fixé). Ces méthodes sont utilisées comme aide à la décision pour sélectionner les portefeuilles « efficients » parmi lesquels l'investisseur pourra choisir en fonction de son attitude vis-à-vis du risque. Certains fonds de gestion quantitative s'appuient de manière systématique sur une telle approche.

4 De la théorie du portefeuille à la gestion de portefeuille

La théorie du portefeuille constitue le cadre conceptuel de la gestion de portefeuille. Sa connaissance est essentielle pour la bonne compréhension des outils et des méthodes utilisés. Cependant, il convient de bien garder à l'esprit qu'elle repose sur deux hypothèses importantes. D'une part, les investisseurs sont supposés totalement rationnels et averses au risque. D'autre part, les marchés sont supposés efficients. D'un point de vue informationnel, cela signifie que les cours des actifs intègrent instantanément toute l'information disponible. En d'autres termes, cela signifie qu'il n'y a pas d'opportunité d'arbitrage sur le marché.

Focus

Les 3 principes majeurs de la gestion de portefeuille

Compte tenu d'une situation quelque peu différente dans la réalité, la gestion d'un portefeuille d'un client, par un professionnel ou le conseil en gestion de portefeuille, nous semble reposer sur trois principes majeurs :

Connaissance du client et définition de ses objectifs d'investissement

– analyse de sa situation patrimoniale, financière, fiscale, familiale, professionnelle ;
– « étude » de sa personnalité et détection d'éventuels éléments de comportements psychologiques (peur de perdre, effet de mémoire, mimétisme, versatilité...) ;
– étude de son profil de risque ;
– évaluation de ses connaissances et expériences des produits financiers ;
– définition précise des ses objectifs d'investissement (durée, risque accepté...).

Depuis le premier novembre 2007, la réglementation (AMF) oblige l'intermédiaire à faire remplir à son client un questionnaire précis reprenant en partie les éléments ci-dessus[1].

Analyse permanente de l'évolution des marchés et bonne connaissance des produits financiers

– suivi permanent de la situation économique, de l'évolution et des perspectives des différents marchés (financiers, des changes, des matières premières, des biens et services, de l'immobilier...), tant au plan national qu'international ;
– bonne connaissance des produits financiers proposés et de leurs mécanismes. Ne jamais proposer au client un produit dont on ne maîtrise pas les principes fondamentaux, notamment en matière de risque, nous semble constituer un principe éthique essentiel ;
– prise en compte de l'existence d'inefficiences de marché et de la psychologie comportementale des investisseurs.

1. Voir le dossier : « Bien choisir un fonds ou une SICAV », Autorité des Marchés Financiers, 2021 (*www.amf-france.org*).

☞

☞

Diversification du portefeuille fondée sur l'arbitrage entre le risque et la rentabilité
– définition de la stratégie d'investissement compte tenu de l'ensemble des points précédents (client, marchés et produits) ;
– diversification : le maître mot. Envisager les différents facteurs de diversification : classe d'actifs, pays, secteurs, types d'OPCVM, types de gestion… ;
– choix des différents supports d'investissement et de leurs pondérations. Ce choix est fondé sur un arbitrage entre la rentabilité et le risque du portefeuille, compte tenu des objectifs de l'investisseur et de sa situation (patrimoniale, financière, fiscale…). La rentabilité attendue par l'investisseur, en d'autres termes sa prime de risque, est directement liée à ses propres caractéristiques et notamment à son attitude vis-à-vis du risque.

Section 2 LES ACTEURS, LES PROCESSUS ET LES TYPES DE GESTION DE PORTEFEUILLE

La gestion d'actifs fait intervenir plusieurs catégories d'acteurs. Les méthodes de gestion, les types de fonds et de gestion proposés aux investisseurs sont multiples.

1 Les acteurs de la gestion d'actifs

La gestion d'actifs implique différents catégories d'acteurs : l'Autorité des marchés financiers, les conseillers en gestion de patrimoine notamment en tant que Conseillers en Investissements Financiers, les acteurs au niveau des fonds eux-mêmes.

L'Autorité des marchés financiers (AMF), organisme public indépendant de réglementation et de contrôle des marchés financiers, détermine largement le cadre dans lequel la gestion d'actifs s'organise. L'AMF réglemente, autorise les acteurs et produits (agréments) et les opérations financières des émetteurs (visas), surveille et contrôle les acteurs et les marchés. Elle dispose également d'un pouvoir de sanction.

Les conseillers en gestion de patrimoine orientent leurs clients dans le choix des placements, notamment en titres financiers. Les **conseillers en investissements financiers (CIF)**[1] exercent une activité de conseil en gestion de patrimoine destinée aux particuliers. La loi de sécurité financière n° 2003-706 du 1er août 2003 a créé ce statut spécial afin de régir cette activité jusqu'alors exercée par différentes

1. Pour plus de détails sur les conseillers en investissements financiers, consulter : www.amf-france.org et le chapitre 1 de cet ouvrage.

catégories professionnelles et de mieux protéger les investisseurs. Indépendants de tout réseau, banque ou producteur de produits financiers, les CIF conseillent leurs clients sur la stratégie patrimoniale adaptée à leur situation. Ils leurs recommandent les produits et notamment les fonds qui leur semble les plus pertinents. Les CIF disposent d'une compétence professionnelle (formation et expérience). Ils sont obligatoirement membre d'une association professionnelle agréée par l'AMF (liste consultable sur le site de l'AMF). Ils doivent être assurés en responsabilité civile professionnelle et respecter des règles de bonne conduite. Les CIF sont rémunérés par leurs clients, soit sous forme d'honoraires déterminés à l'avance, soit sous forme d'un pourcentage des sommes gérées ou des gains réalisés par les clients.

Différents acteurs interviennent directement dans le cadre des OPCVM. Leurs rôles sont précis, mais fortement liés :

- le **promoteur** est l'établissement qui prend l'initiative de la commercialisation de l'OPCVM ;
- les parts de FCP ou les actions de SICAV sont disponibles auprès de **distributeurs**, appartenant le plus souvent aux réseaux bancaires ou financiers, aux entreprises d'assurances et mutuelles, mais aussi des CIF qui ont la carte de démarcheur[1] ;
- le **dépositaire** assume le contrôle de la régularité des décisions de gestion du fonds et la responsabilité de la bonne conservation des actifs (titres et numéraires). Le dépositaire est le plus souvent une filiale d'un groupe bancaire ou financier. Il assure la sécurité des actifs ;
- la **société de gestion** de portefeuille est chargée de la gestion administrative, comptable et financière de l'OPCVM[2]. Elle doit être habilitée par l'AMF. La séparation des fonctions de gestion et de conservation permet une meilleure sécurité du système. Au sein de la société de gestion, **le gérant** est responsable de l'achat et de la vente des titres qui composent le portefeuille. Son action doit respecter le mandat du fonds et notamment sa stratégie d'investissement exposées dans le Document d'informations clefs pour l'investisseur (DIC) de l'OPCVM[3]. Les sociétés de gestion peuvent aussi vendre les parts de FCP et actions de SICAV.

---

1. Pour plus de détails sur le démarchage bancaire et financier, consulter : www.amf-france.org et le chapitre 1 de cet ouvrage.

2. Il s'agit de la société de gestion de portefeuille à l'origine de la création du FCP ou, dans le cas de SICAV, de la société à laquelle le conseil d'administration a délégué la gestion de ses actifs.

3. Le DIC est obligatoirement remis préalablement à la souscription d'OPCVM par un investisseur. Pour une présentation détaillée du document, voir : « Comprendre le document d'informations clefs », AMF, 2023 (*www.amf-france.org*). Le DIC et d'autres documents (note détaillée le cas échéant, règlement ou statuts de l'OPCVM) sont disponibles auprès des sociétés de gestion concernées et téléchargeables à partir de la base Geco accessible depuis le site Internet de l'AMF.

2 Modes de gestion, profils et styles de gestion

L'investisseur doit choisir entre plusieurs modes de gestion. Différents profils, styles, types de fonds et de gestion lui sont proposés. Leurs appellations varient en fonction des stratégies commerciales et marketing des promoteurs et des distributeurs d'OPCVM.

2.1 Les modes de gestion

Le choix du mode de gestion dépend du degré d'implication de l'investisseur dans la gestion de son portefeuille et de sa préférence pour une gestion individuelle ou collective.

- **La gestion libre** : l'investisseur gère lui-même son portefeuille, et ceci de manière individuelle. Cela nécessite de sa part une bonne connaissance des marchés et des produits et de disposer de suffisamment de temps.
- **La gestion conseillée** : l'investisseur souhaite prendre lui-même les décisions de gestion de son portefeuille au quotidien. Il s'entoure cependant des conseils et recommandations d'un professionnel indépendant (conseiller en investissements financiers) ou non.
- **La gestion collective** : l'investissement est effectué dans un ou plusieurs OPCVM. Le recours aux fonds de fonds est de plus en plus fréquent.
- **La gestion sous mandat (GSM) ou gestion déléguée** : l'investisseur qui ne souhaite pas gérer lui-même ses actifs financiers en délègue la gestion à un gérant. Celui-ci décide de l'allocation d'actifs et du choix des titres en fonction du « mandat de gestion » signé par l'investisseur. Ce contrat essentiel doit être le plus précis possible. Il détermine notamment, en fonction des objectifs du mandant et de son profil de risque, le type de titres et/ou d'OPCVM acceptés et la structure du portefeuille.

2.2 Les profils de gestion

La gestion d'un portefeuille (ou d'un fonds) peut être profilée en fonction de l'aversion au risque de l'investisseur, c'est-à-dire de son « profil de risque ». Sont ainsi proposés des profils types plus ou moins différents selon les réseaux de distribution. Trois profils principaux existent :

- prudent : les fonds sont investis principalement en obligations ou en produits de taux à court terme (titres de créances négociables à court terme). Le potentiel de rentabilité et de risque est modéré[1] ;

1. Cependant, le placement en titres de créances est soumis au risque d'évolution des taux d'intérêt et au risque de crédit (défaut de l'émetteur). Attention également aux risques, qui peuvent être relativement importants, liés à l'utilisation de certains fonds monétaires qualifiés de « dynamiques ».

– équilibré : les investissements se répartissent de manière équilibrée entre les actions et les produits de taux (obligations et titres de créances négociables à court terme). La rentabilité et le risque sont considérés comme moyen ;
– dynamique : l'essentiel du portefeuille est investi en actions. Le potentiel de rentabilité et de risque est élevé.

La gamme des profils peut être élargie aux deux extrémités (profils « sérénité »... « offensif »).

Afin d'obtenir des performances adéquates à ces profils, le recours au fonds de fonds (multigestion) s'est largement développé au cours des dernières années. Les contrats d'assurance-vie multisupports proposent des services similaires à travers différentes « options de gestion ». En fonction du profil de l'assuré, et donc de l'option choisie, le poids relatif des investissements en euros et dans les différents fonds présélectionnés (essentiellement composés d'actions) est modulé.

2.3 Les styles de gestion

Pour les fonds actions, le type d'entreprise dans lequel se fait l'investissement permet de définir le style de gestion. Deux critères sont utilisés : la valorisation des entreprises et leurs perspectives d'évolution.

Trois types principaux de styles sont proposés :

– valeurs d'actifs (*value*) : de manière à obtenir une rentabilité élevée, le portefeuille est investi dans des titres sous-cotés. La valorisation de la société à sa juste valeur devrait se traduire par une hausse des cours dans le futur ;
– valeurs de croissance (*growth*) : le portefeuille est investi en valeurs de croissance, c'est-à-dire dans des sociétés correctement évaluées, mais dont les perspectives de croissance devraient permettre de bénéficier d'une hausse des cours ;
– mixte (*blend*) : le portefeuille est géré de manière à réaliser un compromis entre les styles *value* et *growth*.

3 Les différents types de fonds

Il existe deux grandes catégories de fonds : les fonds d'investissement (*mutual funds*) et les fonds de pension (*pension funds*). Ces derniers sont constitués et gérés dans une optique de financement de la retraite par capitalisation (sur cet aspect voir la section 3).

Les fonds d'investissement peuvent être à capital fermé ou ouvert. Les fonds à capital ouvert (*open-end mutual funds*) sont les plus nombreux en France. Ils correspondent à la plupart des SICAV et FCP agréés par l'AMF. De nouveaux investisseurs peuvent entrer dans ce type de fonds, en permanence, en achetant des actions de SICAV ou des parts de FCP (la vente des titres permet parallèlement de sortir du fonds).

Les fonds d'investissement à capital fermé (*closed-end mutual funds*) sont davantage développés aux États-Unis. De tels fonds existent cependant en France, notamment en matière de capital investissement (*private equity*). Ils sont constitués pour lever un certain montant de capitaux qui servira à financer des opérations de haut de bilan. Une fois le montant collecté, le fonds est « fermé ». Certains fonds structurés utilisés en matière de gestion garantie (souvent domiciliés au Luxembourg) ont aussi le caractère de fonds fermés.

4 Les processus de gestion d'un portefeuille

Le processus de gestion « classique » consiste généralement à procéder à l'allocation stratégique et tactique d'actifs, puis à la sélection des valeurs.

4.1 L'allocation stratégique d'actifs

Il s'agit de l'allocation à moyen ou long terme, sur un horizon de plusieurs années (par exemple 5 ans). Elle consiste à choisir, en fonction des objectifs de l'investisseur, les différentes classes d'actifs retenues (actions, obligations, titres du marché monétaire, dérivés, produits structurés) et leur répartition.

L'allocation stratégique inclue le choix du (des) marché(s) aux plans géographique et sectoriel, mais aussi du (des) compartiment(s) de marché (pour les actions par exemple : Eurolist, Alternext…).

Cela revient à choisir un (des) portefeuille(s) de référence appelé(s) *benchmark(s)*. Les indices de marché sont utilisés seuls ou de manière combinée. L'allocation stratégique correspond à une approche *top down*.

4.2 L'allocation tactique d'actifs

Allocation à court terme, elle consiste à ajuster le portefeuille régulièrement en fonction des opportunités et des menaces du marché. Elle se traduit par une modification des pondérations des classes d'actifs par rapport au portefeuille de référence, et ceci dans la limite des écarts fixés.

La sensibilité du portefeuille aux fluctuations du marché est augmentée (réduite) lors que l'on anticipe une hausse (baisse) du marché. Le gérant fait ainsi preuve d'une plus ou moins bonne aptitude en matière de *market timing*.

4.3 La sélection des valeurs

Il s'agit enfin, par classe d'actifs, de sélectionner les valeurs à inclure dans le portefeuille (ou à exclure). Cette sélection est plus ou moins basée, selon les fonds, sur l'utilisation de méthodes issues des modèles d'évaluation d'actifs et de l'optimisation de portefeuilles. Certains fonds moins enclins à utiliser la gestion quantitative préfèrent recourir davantage à l'analyse fondamentale et au jugement des gestionnaires. La capacité du gérant en matière de *stock picking* est déterminante. Dans les grandes institutions de gestion d'actifs, cette fonction est assurée par des gérants spécialisés par classe d'actifs. La sélection des valeurs correspond à une approche du type *bottom up*.

Le processus de gestion suivi par un fonds varie dans la pratique en fonction du type de fonds et de gestion. Il est aussi susceptible d'évoluer au cours du temps. Ainsi, afin de permettre une meilleure adaptation de la composition du portefeuille en fonction de l'évolution des marchés financiers, les fonds flexibles se sont développés au cours des années récentes.

5 Les principaux types de gestion

Les gestions actives et passives sont traditionnellement opposées. D'autres types de gestion sont apparus au gré de l'évolution des marchés et des attentes des investisseurs.

5.1 La gestion active

L'objectif est de dégager une rentabilité supérieure à celle du marché. Les informations disponibles sont utilisées pour acheter les titres sous-évalués et vendre les titres surévalués. Les gérants de fonds sont supposés être mieux informés que les investisseurs individuels et plus à même, de par leur expérience, de détecter les bonnes opportunités. Le *stock picking* joue ici un rôle essentiel.

5.2 La gestion passive ou gestion indicielle

L'objectif est d'obtenir une rémunération conforme à celle du marché. Ce type de gestion s'est développé en période de hausse forte et durable du marché. Le portefeuille a la même structure que le marché de référence, représenté par un indice boursier (CAC 40, DJ STOXX 50, FTSE 100, Dow Jones…). Deux types de fonds sont utilisés : des fonds indiciels (*index mutual funds*) et des trackers (*exchange traded funds*). Ces derniers sont des fonds indiciels cotés, en Europe sur Euronext (segment Next Track) ou sur le NYMEX aux USA. Les trackers sont échangés tout au long de la séance de Bourse comme des actions. La gestion passive consiste à répliquer les variations du marché. Elle repose sur l'idée que l'investisseur (le gestionnaire) n'a pas d'information susceptible de l'inciter à avoir un portefeuille différent de celui du marché.

5.3 La gestion garantie

Elle vise à permettre à un investisseur, à un horizon fixé, d'obtenir un capital garanti ou une rémunération minimale, et de profiter d'une éventuelle évolution favorable d'un (ou de plusieurs) marché(s). Cette gestion est proposée par les OPCVM à formule, qui correspondent à une offre très diversifiée. Une étude détaillée et scrupuleuse des spécificités du fonds à l'aide du DIC est impérative. Deux catégories de fonds peuvent être distinguées :

- les fonds garantis, qui permettent de récupérer à l'échéance tout ou partie du capital initial ;
- les fonds à promesse, pour lesquels le niveau de performance est connu, mais dont le gain réel dépend de l'évolution du support de référence (indice, panier d'indices ou d'actions…) sur une période précise prédéterminée.

La gestion de ce type de fonds utilise principalement deux techniques : l'utilisation directe d'options (par exemple : achat d'obligations coupon zéro et de *calls* sur l'indice de référence) et l'assurance de portefeuille. Cette dernière technique repose sur la gestion dynamique d'un portefeuille d'actions (ou contrats à terme sur indice) et d'obligations (ou contrats à terme sur taux à long terme).

5.4 La gestion alternative

L'objectif est d'atteindre une performance absolue (*absolute return*) et décorrélée des principaux indices de marché. Les fonds alternatifs (*hedge funds*) s'appuient sur des stratégies complexes qui font largement appel aux produits dérivés. Ils constituent une catégorie très hétérogène du fait de la diversité des stratégies suivies, des objectifs de performance et des niveaux de risque.

Tableau 18.1 – Stratégies des fonds alternatifs

Stratégie	Définition
« *Global macro* »	Le gérant anticipe et cherche à exploiter les grands mouvements macro-économiques (devises, taux d'intérêts, matières premières…).
« *Long short* »	Le gérant effectue dans le même temps des achats et des ventes à découvert qui lui permettent de profiter tant de la hausse que de la baisse des marchés. Lorsque les positions acheteuses et vendeuses sont équilibrées, le gérant n'est plus du tout exposé à la variation des marchés. On parle alors de stratégie *market neutral*.

☞

Stratégie	Définition
« *Distressed securities* »	Le gérant se positionne sur des sociétés en grande difficulté et dont le risque de faillite est proche. Elles génèrent donc une meilleure rentabilité proportionnelle à leur niveau de risque.
Arbitrage	Le gérant cherche à bénéficier de manière systématique des légers écarts de cotation entre les marchés. Cette stratégie, qui génère de faibles gains, s'accompagne souvent d'un fort levier d'endettement afin d'augmenter les montants investis. Les obligations convertibles sont un des instruments privilégiés de cette stratégie (*convertible arbitrage*), ainsi que les produits de taux (*fixed income arbitrage*).
« *Event driven* »	Le gérant profite des mouvements sur les cours provoqués par les rapprochements d'entreprises (OPA, OPE, fusions...).

Source : *www.sicavonline.fr*

5.5 La gestion éthique et l'investissement socialement responsable (ISR)

L'objectif est ici d'atteindre une performance financière tout en respectant des principes éthiques ou des principes d'investissement responsable. L'investissement responsable s'est très fortement développé ces dernières années. Il prend différentes formes, dont l'investissement socialement responsable (ISR).

Les fonds ISR investissent selon les critères ESG (Environnement, Social et sociétal, Gouvernance), critères liés à la responsabilité sociale de l'entreprise et au développement durable. Trois approches existent :

– la sélection des titres (*screening*) de manière positive, appelée Sélection ESG. Le fonds investit dans les sociétés qui respectent le mieux les critères retenus (*best in class*) ou qui font le plus d'efforts pour y parvenir (*best effort*) ;
– la sélection des titres de manière négative. Certains secteurs ou certaines sociétés qui ne respectent pas les critères retenus sont exclus (pour non respect des droits de l'homme, par exemple) ;
– l'approche thématique. Les investissements sont effectués dans des entreprises appartenant à un ou plusieurs domaines du développement durable (par exemple l'énergie renouvelable).

L'investissement responsable prend d'autres formes que l'ISR à proprement parler. Il s'agit des fonds d'exclusion pour des raisons morales ou religieuses (fonds éthiques), des fonds d'intégration des critères ESG (application partielle des critères ESG), des fonds d'engagement (activisme actionnarial), des fonds solidaires (fonds de partage) et des fonds d'*impact investing* (visant un impact réel en termes de développement durable). Une notation des fonds ISR est effectuée par les agences de notation extra-financière (Morningstar Sustainalytics par exemple).

Un label ISR a été créé par l'État en 2016[1]. Ce label, dont le référentiel a été modifié en décembre 2023, constitue un signe distinctif matérialisant la certification de la conformité d'un fonds à un référentiel et à des critères précis. Il devrait permettre un développement des fonds ISR et de leur commercialisation notamment auprès des investisseurs individuels.

Section 3 LA PERFORMANCE DE PORTEFEUILLE

La performance d'un portefeuille s'apprécie en termes de rentabilité et de risque (et non pas seulement de rentabilité, comme cela est encore trop souvent fait). Elle est déterminée par la performance de ses différentes composantes, qu'il s'agisse d'actifs financiers détenus directement, de contrats d'assurance-vie ou d'OPCVM.

La mesure des performances joue un rôle essentiel dans l'activité de gestion d'actifs. Elle permet à l'investisseur de connaître les performances de ses placements, mais aussi de les comparer à celles des différents fonds grâce aux classements publiés dans les médias. Ces derniers influencent le choix des placements futurs.

Quelles sont les principales méthodes utilisées et leurs limites ?

1 Les mesures traditionnelles de la performance

Issues de la théorie du portefeuille (voir la section 1), ces mesures développées dans les années 1960 ont rapidement été utilisées par les professionnels. Elles sont simples à mettre en œuvre, mais leur interprétation suppose la prise en compte de leurs limites théoriques et pratiques.

1.1 Le ratio de Sharpe

Le ratio de Sharpe mesure l'excès de rentabilité du portefeuille par rapport au taux sans risque pour une unité de risque global (mesuré par l'écart-type de la rentabilité du portefeuille σ) :

$$S = \frac{R_P - R_f}{\sigma_P}$$

1. Décret n° 2016-10 du 8 janvier 2016 relatif au label « investissement socialement responsable » : *www.legifrance.gouv.fr*

Il permet de classer les portefeuilles, même lorsqu'ils correspondent à des niveaux de risque différents. Sur une période donnée, le portefeuille qui a le ratio le plus élevé est celui qui dégage la meilleure rentabilité compte tenu du risque pris.

Simple à calculer, ce ratio est largement utilisé dans la pratique. Cependant, son interprétation est délicate lorsque la rentabilité du portefeuille est inférieure au taux sans risque (ratio négatif).

1.2 Le ratio de Treynor

Le ratio de Treynor mesure l'excès de rentabilité du portefeuille par rapport au taux sans risque pour une unité de risque systématique. Il s'agit d'une mesure de performance issue du MEDAF et reposant sur son cadre d'analyse :

$$T = \frac{R_p - R_f}{\beta_p}$$

Ce ratio permet, comme le précédent, de classer des portefeuilles de risque différents. Son interprétation reste délicate lorsque que le ratio est négatif. Sur une période donnée, le portefeuille qui a le ratio le plus élevé est celui qui dégage la meilleure rentabilité compte tenu du risque systématique du portefeuille. L'utilisation de ce ratio suppose donc que l'investisseur ait un patrimoine, sinon un portefeuille de titres, diversifié.

Une autre limite de cette mesure est liée au calcul des ß des fonds. Leur estimation implique la référence à un indice de référence. L'indice choisi est-il pertinent par rapport aux fonds analysés ?

De plus, en cours de période d'analyse, si le gérant d'un fonds a modifié son exposition au marché, le ß du fonds a varié. Ainsi, le ß estimé à un moment donné (par exemple en fin d'année) ne correspond pas forcément au niveau de risque réel du fonds en cours d'année.

1.3 L'alpha de Jensen

L'α de Jensen fait directement référence au MEDAF. Il mesure la rentabilité qui n'est pas expliquée par le MEDAF :

$$\alpha_p = R_p - [R_f + \beta_p (R_M - R_f)]$$

Si le coefficient est positif, cela signifie que le fonds a une rentabilité supérieure à celle qui est requise d'après le modèle, et ceci compte tenu du taux d'intérêt sans risque et de la rentabilité du marché. Dans le cas contraire (α négatif), le fonds a une performance inférieure à la rentabilité théorique offerte par le marché pour ce niveau de risque. Facile à utiliser, l'α de Jensen admet des limites qui recoupent en partie celles du ratio de Treynor. De plus, il ne permet pas de comparer des portefeuilles de risque différent et donc de les classer.

Exemple – Comparaison de la performance de portefeuilles

À partir des rentabilités observées au cours de la dernière année pour les fonds suivants et de leur niveau de risque, calculez les ratios de Sharpe et de Treynor et l'α de Jensen. Interprétez vos résultats.

Fonds	R_p	σ_p	β_p
U	0,16	0,30	1
V	0,07	0,04	0,1
W	0,35	0,40	1,5
X	0,25	0,35	1,2
Y	0,16	0,18	0,7
Z	0,28	0,28	1,9

Le taux sans risque est égal à 4,5 %. La rentabilité du marché est de 25 % sur la période.
Résultats :
En utilisant la définition des mesures de performance vues ci-dessus, nous obtenons :

Fonds	Ratio de Sharpe	Ratio de Treynor	E*	R_p – E*	α de Jensen
U	0,3833	0,1150	0,2500	0,16 – 0,2500	– 0,0900
V	0,6250	0,2500	0,0655	0,07 – 0,0655	0,0045
W	0,7625	0,2033	0,3525	0,35 – 0,3525	– 0,0025
X	0,5857	0,1708	0,2910	0,25 – 0,2910	– 0,0410
Y	0,6389	0,1643	0,1885	0,16 – 0,1885	– 0,0285
Z	0,8393	0,1237	0,4345	0,28 – 0,4345	– 0,1545

Avec : E* la rentabilité théorique espérée d'après le MEDAF.

Commentaire :
Les ratios de Sharpe et Treynor permettent de classer les fonds entre eux. Le fonds le plus performant d'après le ratio de Sharpe est le Z. Le fonds le plus performant d'après le ratio de Treynor est le V. Par contre, ces mesures n'indiquent pas si la rentabilité des fonds est supérieure à celle du marché pour un même niveau de risque.
L'α de Jensen permet de comparer la performance des fonds avec la rentabilité théorique offerte par le marché pour ce niveau de risque. Seul le fonds V a un α positif, ce qui signifie que seul le gérant de ce fonds a fait preuve d'une habilité suffisante pour dépasser (très légèrement) le niveau de rentabilité requis d'après le MEDAF. Par contre, ce critère ne permet pas de classer les fonds entre eux, car il n'est pas pondéré par le risque du portefeuille. Une telle comparaison peut cependant être facilement effectuée en calculant le rapport entre l'α de chaque fonds et son ß. (Ce calcul n'est pas utile ici puisqu'un seul fonds a un α positif).

Le fonds V est le « meilleur » selon les critères de Treynor et de Jensen. Ceci s'explique par un faible ß (0,10). Cependant, il s'agit du fonds qui a la rentabilité la plus faible (7 %). Ces deux critères prennent en considération le ß comme mesure du risque (le risque systématique) et non le risque global du portefeuille (σ). Ils s'appliquent donc logiquement à des portefeuilles diversifiés. Dans le cas contraire, il convient d'interpréter ces mesures avec prudence et de prendre prioritairement en compte le risque global et donc l'indice de Sharpe.

De manière générale, il convient de comparer la performance de fonds de même type. Une attention particulière devra être portée à la constitution de l'échantillon d'analyse. Pour les fonds actions, une première distinction sera faite entre les fonds diversifiés et les fonds non diversifiés. Au sein de l'échantillon des fonds non diversifiés, plusieurs sous-catégories seront distinguées en fonction du type d'investissement ciblé (secteur d'activité, zone géographique, marchés émergents/développés…).

Enfin, l'analyse de la performance des fonds doit être complétée par la prise en compte des montants de frais inhérents à la détention de portefeuilles, notamment des frais de gestion et des droits d'entrée et de sortie payés par l'investisseur en OPCVM. La prise en compte de ces frais peut modifier sensiblement la performance relative des fonds.

2 Les nouvelles mesures de performance

Les méthodes traditionnelles sont peu adaptées à certaines évolutions récentes de la gestion d'actifs. D'autres mesures ont notamment été développées pour analyser *a posteriori* les performances de gestions fondées sur l'anticipation des marchés et la référence à un *benchmark*.

2.1 Le *market timing* et le *stock picking*

Différentes mesures ont été proposées afin d'évaluer les capacités du gestionnaire de fonds à anticiper les évolutions du marché (*market timing*) et à sélectionner les titres (*stock picking*). Il s'agit en fait de séparer l'effet de ces deux types de capacités sur la performance réalisée par le gestionnaire.

Cela permet de déterminer dans quelle mesure la performance du fonds (favorable ou défavorable) est due à une bonne anticipation du marché et/ou à une bonne sélection de titres.

2.2 Le ratio d'information et le *tracking error*

Le développement de la gestion indicielle et de gestions faisant référence à un indice (benchmark) a conduit à l'élaboration de ces nouveaux indicateurs.

Ceux-ci sont fondés sur l'écart de rentabilité *a posteriori* entre le portefeuille et son *benchmark* (écart noté *ER*). L'indice utilisé peut être un indice de marché, un indice commercialisé par une institution spécialisée dans la diffusion d'informations financières (à titre d'exemple, *MSCI Barra* propose plusieurs dizaines de milliers d'indices calculés sur une base quotidienne) ou un indice composite élaboré par le gestionnaire du fonds lui-même.

Le ratio d'information (*appraisal ratio*) est égal au rapport entre l'excès de rentabilité du portefeuille par rapport au benchmark et l'écart-type des écarts observés :

$$RI = \frac{\overline{ER}}{\sigma(ER)}$$

avec $\overline{ER}$ l'écart moyen de rentabilité entre le portefeuille et son benchmark.

La *tracking error* correspond à l'écart-type des écarts de rentabilité observés. Elle mesure le degré de régularité du dépassement du *benchmark* par le gestionnaire :

$$\sigma(ER) = \sqrt{\frac{1}{n-1}\sum_{t=1}^{n}\left(ER_t - \overline{ER}\right)^2}$$

Cette approche, qui prend en compte l'écart de rentabilité et le risque, est intéressante. Elle est de plus en plus utilisée, y compris dans les documents communiqués par les fonds. Cependant, certaines réserves doivent être formulées. Si le *benchmark* ne correspond pas à la composition réelle du fonds, ces mesures n'ont pas vraiment de sens. De même, la comparaison de fonds qui ont des *benchmarks* différents est en théorie impossible. Or, de nombreux *benchmarks* différents sont utilisés par les fonds…

Beaucoup d'autres mesures ont été proposées, notamment pour analyser les performances de la gestion alternative[1].

3 Attribution et persistance des performances

La décomposition de la performance (en fonction des capacités à anticiper l'évolution du marché et à sélectionner les titres) est à la base des pratiques **d'attribution de performance** développées dans les sociétés de gestion de portefeuille. L'attribution de performance consiste à expliquer la rentabilité d'un portefeuille par les décisions prises par le gérant en matière d'allocation d'actifs et de sélection des titres.

1. Voir l'ouvrage : Bodson L., Grandin P., Hübner G. et M. Lambert, *Performance de portefeuille*, 2e éd., Pearson Education, 2010.

Le critère de performance devient alors un outil de gestion managériale, voire d'incitation en termes de rémunération du gérant. Il permet d'améliorer de manière continue la gestion du fonds, d'en faire évoluer le processus de gestion, et si nécessaire la stratégie.

La question de la **performance des gérants de fonds et de sa persistance** dans le temps est récurrente. Deux types d'approches sont effectués. La performance absolue consiste à étudier chaque fonds séparément. La performance relative revient à comparer la performance du fonds, et son évolution au cours du temps, avec celles d'autres fonds.

L'agence SIX Financial Information France (ex-EuroPerformance) fournit depuis plus de 20 ans des données permettant d'analyser la performance des OPCVM européens. Au plan professionnel, de nombreux classements sont effectués de manière à faire apparaître les meilleurs gérants de chaque catégorie. Morningstar établit, par exemple, des classements de fonds en s'appuyant sur une « boîte de style » *ad hoc* (tableau à double entrée : style de gestion, importance de la capitalisation des sociétés dans lesquelles le fonds est investi). Standard and Poor's propose un classement des gestionnaires de type *scorecard* par catégorie de fonds. Les médias (journaux, magazines financiers, Internet…) diffusent périodiquement des classements des OPCVM.

Ces classements n'ont de sens que s'ils comparent des fonds vraiment comparables, sur une période strictement identique, et s'ils tiennent compte de leurs niveaux de risque respectifs. Les fonds doivent correspondre à la même catégorie (classe d'actifs, type de gestion, style de gestion…), être si possible de dates de création proches (deux fonds ouverts dans des phases de cycles différentes peuvent être plus difficilement comparables) et gérer des montants de capitaux similaires.

Les classements des fonds publiés n'ont malheureusement, le plus souvent, qu'un intérêt très relatif. Ils constituent cependant un argument commercial important pour les réseaux de distribution d'OPCVM. Les effets pervers de tels classements ont été soulignés. Ils pourraient conduire certains gérants à privilégier une gestion à court terme du fonds et à prendre plus de risques que ce que le DIC de l'OPCVM prévoit.

L'approche académique de la performance et de sa persistance a fait l'objet de nombreux travaux au cours des années récentes, travaux menés à la fois sur les fonds d'investissement et les fonds de retraite. Les méthodologies utilisées sont variées et les résultats contrastés. Ces études ne permettent pas pour l'heure de mettre en évidence une persistance de la performance des gérants sur plusieurs années consécutives. Ce constat renforce l'intérêt des fonds de fonds.

Chapitre 19

L'épargne retraite

Arnaud SULTAN

SOMMAIRE

La retraite est aujourd'hui considérée comme l'une des préoccupations principales des actifs français. Plusieurs questions se posent et peuvent concerner tant des problématiques sociales, fiscales et budgétaires qu'économiques.

Ainsi, certains s'interrogent sur l'opportunité d'un changement de régime social et les incidences que ces modifications pourraient avoir en termes de retraite. D'autres, au contraire, s'inquiètent des conséquences d'une interruption d'activité sur le montant futur des pensions. Enfin, une grande partie de la population regarde la problématique « retraite » comme un lointain et obscur futur, s'imaginant même souvent la mort du système français…

Mais peu importe le degré de connaissance des règles en matière de retraite, tous mettent en lumière la complexité du système instauré en France.

Il en résulte des débats souvent vifs lorsqu'il est question de modifier les règles en place : système par répartition ou par capitalisation, durées de cotisation, niveaux des pensions, régimes spéciaux, épargne retraite…

Les dernières réformes ont profondément modifié les équilibres des régimes de retraite, se heurtant souvent à la levée de multiples grèves ou autres manifestations hostiles des fonctionnaires, des salariés du secteur privé ou des travailleurs indépendants.

Pour autant, si de plus en plus de Français s'inquiètent pour leur retraite, très peu savent ce qui les attend réellement et ce qu'il faut faire pour la préparer au mieux.

Les termes et modalités de calcul sont pour la majorité au mieux complexes ; au pire incompréhensibles…

Et quel que soit le nombre d'heures passées sur ce sujet, une certitude demeure : les calculs effectués aujourd'hui ne permettront que d'approcher approximativement la réalité de la retraite de demain. À cela, plusieurs raisons :
- les modalités de calcul sont tellement complexes qu'il est difficile d'appréhender l'ensemble des éléments constitutifs d'une retraite ;
- les évolutions législatives se succèdent et font qu'il est impossible de connaître les règles plus de six ans à l'avance ;
- les modes de réévaluation de la retraite sont annuels et fluctuent au gré de la conjoncture économique et des politiques mises en œuvre par nos gouvernements.

On peut toutefois tenter de s'en rapprocher.

Nous verrons dans ce chapitre les grands principes du système de retraite français ((section 1) avant de nous intéresser aux modalités de calculs de pensions des régimes de retraite obligatoire (section 2). Enfin, nous ferons un tour d'horizon des divers produits d'épargne retraite répondant aux principes de la capitalisation, produits devenus indispensables face à l'avenir incertain du système des retraites (section 3).

Section 1 LES GRANDS PRINCIPES DU SYSTÈME DE RETRAITE FRANÇAIS

Le financement des retraites peut se concevoir de deux manières :
– l'une fondée sur l'épargne individuelle ;
– l'autre fondée sur la solidarité entre les générations.

Depuis 1945, la France a fait le choix de la solidarité entre les générations et a opté pour un système de répartition plutôt que celui de la capitalisation.

Le système de retraite français repose sur un financement issu essentiellement des cotisations assises sur les revenus de l'activité professionnelle, et sur une redistribution solidaire.

1 Le système de base de la répartition

La retraite par répartition fonctionne sur la redistribution : les cotisations versées par les actifs actuels sont immédiatement reversées et réparties entre les retraités d'aujourd'hui.

Les générations futures se substitueront alors aux actifs actuels lorsque ces derniers seront en âge de prendre leur retraite. Ce système est donc fondé sur un principe fort de solidarité entre les assurés, mais aussi et surtout entre les générations. Il protège contre les aléas de l'économie, puisque les cotisations sont redistribuées immédiatement aux retraités, et permet de donner une dimension sociale aux retraites en tenant compte de certaines situations telles que la maladie, la maternité ou le chômage ; périodes non travaillées mais comptabilisées dans le calcul du montant de la retraite.

Toutefois, son efficacité repose sur le renouvellement des générations actives. Un déséquilibre démographique ou économique (chômage) entraîne inévitablement un déséquilibre financier.

La situation actuelle en est le parfait exemple, puisque nous sommes confrontés à un double phénomène : une hausse du chômage et une baisse du nombre d'actifs alors que le nombre de retraités ne cesse d'augmenter du fait de l'allongement de la durée de vie.

La France a donc opté pour un système de retraite obligatoire (section 2) mais admet et encourage même de plus en plus une épargne volontaire des Français par le biais de mécanismes facultatifs de retraite par capitalisation (section 3).

2 Un financement essentiellement assuré par des cotisations assises sur les revenus du travail

Les retraites sont essentiellement financées par des cotisations sociales versées par l'assuré et, le cas échéant, par son employeur. Elles sont assises essentiellement sur les revenus du travail (salaires, traitements, revenus professionnels).

Toutefois, plusieurs régimes sont financés pour partie par le budget de l'État (et donc par l'impôt), tels que le régime agricole ou celui des agents de l'État.

Ces cotisations représentent souvent un pourcentage très élevé prélevé sur les revenus d'activité. Il doit donc faire l'objet d'une acceptation du plus grand nombre afin de ne pas susciter des contestations qui pourraient mettre à mal ce système de répartition.

C'est pourquoi d'autres leviers de financement ont depuis été activés. Aux cotisations sociales salariales et patronales s'ajoutent désormais un certain nombre de ressources d'ordre fiscal, telles que l'affectation d'une fraction de la CSG ou les prélèvements sur les produits du patrimoine et des placements.

3 Une redistribution solidaire

3.1 Entre les individus

Le système de retraite français tient compte de la situation familiale du retraité, avec des majorations accordées aux parents, ou en permettant de reverser une partie de la retraite d'un titulaire décédé à son conjoint survivant.

Certaines périodes non travaillées (maladie, maternité, chômage) sont également assimilées à des périodes actives.

Dans ce même esprit solidaire, on notera que le système français accorde une allocation de solidarité aux personnes âgées[1] (ASPA), anciennement appelée « Minimum vieillesse », qui correspond à un montant minimum de ressources garanti à tout résident, même s'il n'a pas du tout ou pas suffisamment cotisé à un régime obligatoire (en 2024, le plafond de revenu fixé pour y prétendre est de 1 012,02 € mensuels pour une personne seule et de 1 571,16 € pour les concubins et les couples mariés ou liés par un Pacs). Il s'agit d'une allocation dite « différentielle », c'est-à-dire qu'elle vient compléter les ressources pour atteindre le minimum garanti ci-dessus. L'ASPA est bien considérée comme une prestation retraite et à ce titre est versée par la caisse de retraite mensuellement en même temps que la retraite principale. Par ailleurs, un cumul avec des revenus d'activité reste possible

1. Les sommes payées au titre de l'allocation sont susceptibles d'être récupérées partiellement sur la partie de la succession de l'allocataire qui dépasse 39 000 €.

sous condition que les revenus professionnels ne dépassent un plafond fixé à 1 590,22 € pour une personne seule ou 2 650,37 € pour un couple. En tant que mécanisme de solidarité, l'ASPA peut toutefois faire l'objet d'une récupération au titre de la succession de son bénéficiaire au-délà de 100 000 € d'actif successoral. Un minimum contributif peut également être attribué pour toute personne ayant cotisé longtemps mais sur de faibles revenus (pour 2024, il est de 733,03 € par mois). Ce montant sera majoré pour les assurés ayant cotisé au moins 120 trimestres (876,13 €).

La loi du 21 août 2003 accorde également un abattement sur le nombre de trimestres nécessaires aux personnes handicapées, leur permettant ainsi d'obtenir une retraite à taux plein en travaillant moins longtemps.

Enfin, la loi « garantissant l'avenir et la justice du système de retraites » parue au Journal Officiel du 21 janvier 2014 institue un système de comptes personnels de prévention de la pénibilité (C2P). Son financement est assuré par la branche « accident du travail/maladies professionnelles » de la Sécurité sociale. Ces comptes permettent aux salariés exposés à un ou plusieurs facteurs de pénibilité de capitaliser des points en fonction de la durée d'exposition. Ces points leur permettront de suivre une formation de reconversion professionnelle à un métier moins pénible, d'avoir accès à une retraite progressive (un temps partiel payé comme un temps plein) ou une retraite anticipée (dans la limite de deux ans). Les 20 premiers points sont obligatoirement utilisés pour financer une formation ou un projet de reconversion professionnelle.

3.2 Entre les régimes de retraite

Le mécanisme de la compensation démographique permet des transferts de cotisations entre les régimes présentant le meilleur ratio cotisants/retraités et ceux en présentant un moins bon. Ce système a, par exemple, permis d'assurer le versement des retraites des mineurs ; les entreprises minières ayant réduit fortement leurs effectifs, et donc le nombre de cotisants, pour un nombre toujours important de retraités.

Toutefois, ces mécanismes de solidarité sont aujourd'hui mis à mal du fait d'un déséquilibre croissant des comptes des caisses de retraite. Pour endiguer ce phénomène, plusieurs réformes ont été mises en œuvre avec pour objectif de maintenir un certain équilibre des retraites par répartition et assurer leur financement.

Une des plus emblématiques est probablement la réforme Fillon (2003), puisque ses principales dispositions portaient sur un allongement de la durée de cotisation, sur des incitations à l'activité des seniors, mais aussi et surtout sur la mise en place d'un système de retraite par capitalisation individuelle. L'idée était alors de généraliser, à toutes les classes d'actifs, le concept de constitution d'une épargne par capitalisation soit personnelle, soit dans le cadre de l'entreprise, afin de maintenir son niveau de vie au moment du passage de la vie active à la retraite.

Cette réforme établit également un principe fort correspondant à deux tiers de durée de cotisation d'assurance pour un tiers de durée de retraite. Toute augmentation de l'espérance de vie implique donc désormais une augmentation de la durée de cotisation nécessaire dans ces mêmes proportions.

Le système de retraite français comporte donc trois strates distinctes, avec :
– les régimes de base obligatoires ;
– les régimes complémentaires obligatoires ;
– des formes d'épargne retraite collective ou individuelle.

Section 2 LES RÉGIMES OBLIGATOIRES

Il coexiste en France un mécanisme assis sur des retraites de base et des retraites complémentaires, toutes deux obligatoires. Les régimes de retraite de base (1) couvrent les mêmes assurés que les régimes de retraite complémentaire (2) et suivent des principes qui leur sont communs (*cf.* (section 1).

Ces deux strates de retraite s'imbriquent et constituent l'essentiel des revenus de remplacement des retraités.

Toutefois, les régimes ne sont pas les mêmes pour tous. Des distinctions sont opérées entre salariés et non-salariés. Il en découle une multiplicité de caisses de retraite, au sein des deux régimes, en fonction des professions et secteurs d'activité. Les affiliés des deux régimes et, le cas échéant, leurs employeurs, sont représentés dans les conseils d'administration des caisses de retraite.

On notera qu'il existe également des régimes dits « spéciaux », plus favorables aux salariés qui ne participent pas, ou peu, à cette construction générale, mais suivent le même principe.

Le régime des fonctionnaires d'État est également en dehors de cette construction car les pensions sont payées sur les ressources publiques. Par contre, les autres agents publics (agents non-titulaires de l'État, agents d'établissements publics, fonctionnaires territoriaux et hospitaliers) ont des régimes très semblables à ceux du secteur privé dans leurs principes.

1 Les régimes de retraite de base obligatoires

Ces régimes, communément appelés « la retraite de la Sécurité sociale », concernent tous les salariés (du privé, agricoles, de l'État, des collectivités territoriales et des hôpitaux, des régimes spéciaux) et les non-salariés[1].

1. Exploitants agricoles, commerçants et industriels, artisans, professions libérales, religieux…

Il existe différents régimes mais tous fonctionnent par répartition, décomptent des droits généralement en trimestres, et les cotisations, comme les retraites, sont assises non pas sur la totalité du salaire ou du revenu professionnel mais sur une base réglementaire (notamment le plafond de la Sécurité sociale pour les salariés ou le traitement hors primes pour les fonctionnaires).

La pension constitue alors le socle de la retraite que perçoit toute personne ayant exercé une activité professionnelle.

Pour en bénéficier, l'assuré doit justifier d'un âge minimal appelé « âge légal ». Cela signifie qu'en deçà de cet âge, il est normalement impossible de prétendre à la liquidation de sa retraite de base[1].

De nombreuses réformes des retraites se sont succédé afin d'augmenter peu à peu les droits des assurés tout au long du XXe siècle jusqu'à l'abaissement de l'âge légal de retraite à 60 ans avec l'ordonnance du 26 mars 1962 et la création du minimum vieillesse en mai 1983. Depuis 1993, la tendance s'est toutefois inversée dans le but de garantir un équilibre des régimes de retraite. De nombreuses lois se sont donc succédé ayant pour conséquence une augmentation progressive des durées de cotisation, de l'âge de départ légal, des modalités de calcul des prestations retraite et l'instauration de mécanismes d'épargne individuels ou d'entreprise. La loi du 9 novembre 2010 a eu pour objet la mise en place d'un nouvel âge légal de départ à la retraite (62 ans pour les personnes nées à partir de 1956), ainsi qu'un nouvel âge pour une retraite à taux plein quelle que soit la durée d'assurance (67 ans pour cette même génération).

Par ailleurs, dans le cadre du plan de retour à l'équilibre présenté en novembre 2011, le planning initial a été accéléré pour atteindre la cible de 62 ans dès 2017 au lieu de 2018, afin de réduire plus rapidement le déficit des régimes d'assurance vieillesse et de sécuriser ainsi les pensions de retraite (Loi de financement de la Sécurité sociale 2012).

Le 20 janvier 2014, la loi garantissant l'avenir et la justice du système de retraite consacre officiellement dans les textes le principe de l'allongement progressif de la durée d'assurance nécessaire pour obtenir une retraite à taux plein. Cette durée est relevée d'un trimestre tous les 3 ans pour atteindre 43 annuités (172 trimestres de cotisation) à horizon 2035.

Les règles de liquidation des retraites de base prévoient toutefois qu'à compter d'un certain âge, un assuré qui ne remplirait pas toutes les conditions d'une retraite dite « à taux plein » pourrait néanmoins en bénéficier. Ainsi, à partir de 67 ans, un assuré qui n'a pas cotisé le nombre de trimestres nécessaire pourra partir à la retraite sans pénalité. Après une procédure particulièrement controversée, deux motions de censure et le recours à l'article 49.3, une nouvelle loi portant réforme des retraites est votée le 20 mars 2023. L'âge de la retraite est repoussé à 64 ans dès 2030 (l'âge d'annulation de la décote restant fixé à 67 ans). De même, la durée de cotisation pour bénéficier d'une retraite à taux plein est portée à 43 annuités dès 2027.

1. Des mécanismes sont venus assouplir cette règle, notamment pour les personnes justifiant d'un handicap, d'une carrière longue ou de missions entrant dans le cadre de critères dits de pénibilité.

La loi instaure également une pension minimale de 1 200 € mensuelle brute pour une carrière complète et supprime les régimes spéciaux à compter du 1er septembre 2023.

La pension de retraite est calculée à partir de plusieurs facteurs qui s'articulent selon la formule de calcul suivante :

Salaire annuel moyen × Taux × Durée d'assurance / Durée de référence

1.1 Le salaire annuel moyen

Le salaire annuel moyen est déterminé en fonction des 25 meilleures années de salaire brut (à partir des générations nées en 1948), dans la limite du plafond annuel de la Sécurité sociale (PASS de 46 368 € par an pour 2024).

Si le salaire ou le revenu professionnel est supérieur au plafond retenu, il n'est tenu compte que de la seule fraction inférieure pour le calcul des cotisations et du montant de la retraite de base. Sur ce point, toutefois, des cotisations déplafonnées ont peu à peu vu le jour.

1.2 La durée d'assurance

Le nombre de trimestres permettant l'obtention d'une retraite à taux plein dépend également de l'année de naissance de l'assuré. Depuis 2008, la durée d'assurance nécessaire pour percevoir le taux plein est alignée entre secteurs privé et public.

La réforme des retraites de 2010 a instauré qu'un décret du gouvernement pourra fixer le nombre de trimestres exigés pour une pension à taux plein jusqu'au 31 décembre de l'année du 56e anniversaire de chaque assuré.

Tableau 19.1 – Durée de cotisation pour le départ à la retraite

Année de naissance	Durée de cotisation / Âge de départ légal
1960	167 trimestres (41 ans et 3 T) / 62 ans
01/01/1961 ... 31/08/1961	168 trimestres (42 ans) / 62 ans
01/09/1961 ... 31/12/1961	169 trimestres (42 ans et 1T) / 62 ans et 3 mois
1962	169 trimestres (42 ans et 1 T) / 62 ans et 6 mois
1963	170 trimestres (42 ans et 2 T) / 62 ans et 9 mois
1964	171 trimestres (42 ans et 3 T) / 63 ans
1965	172 trimestres (43 ans) / 63 ans et 3 mois
1966	172 trimestres (43 ans) / 63 ans et 6 mois
1967	172 trimestres (43 ans) / 63 ans et 9 mois
Entre 1968 et 1972	172 trimestres (43 ans) / 64 ans
En 1973 et après	172 trimestres (43 ans) / 64 ans

Une carrière qui serait incomplète peut s'optimiser en procédant à des acquisitions ou rachats de trimestres.

Cette opération vise notamment les années d'études dans un établissement d'enseignement supérieur validées par un diplôme (le temps passé dans une grande école ou des classes préparatoires est lui aussi pris en compte, même s'il n'est pas sanctionné par un diplôme) ou les années incomplètes d'activité ; c'est-à-dire celles au cours desquelles moins de quatre trimestres ont été validés.

Deux options de rachat sont alors possibles :
- acquérir des trimestres pour minorer les pénalités ou décotes du fait d'une carrière incomplète ;
- acquérir des trimestres non seulement pour minorer la décote du fait d'une carrière incomplète, mais aussi pour allonger la durée d'assurance.

Le coût sera alors déterminé en fonction de plusieurs paramètres, dont le nombre de trimestres rachetés (dans la limite de 12 trimestres), l'option retenue, l'âge de l'assuré au moment de sa demande ainsi que ses revenus au titre des trois années précédentes.

Enfin, les sommes versées pour les rachats de trimestres sont intégralement déductibles du revenu imposable de l'assuré.

1.3 Le taux

La retraite représente un pourcentage du salaire ou du revenu plafonné. Le taux maximal ou « taux plein » est fixé à 50 % du salaire annuel moyen.

Ce taux plein est automatiquement attribué à :
- ceux qui ont atteint l'âge légal de la retraite dès lors qu'ils ont acquis le nombre requis de trimestres déterminé en fonction de leur année de naissance (durée de référence) ;
- ceux qui ont atteint l'âge de la retraite à taux plein sans condition de durée de cotisation (67 ans à partir de la génération 1955).

Toutefois, depuis la loi Fillon de 2003, un système de décote et de surcote a été instauré, permettant de partir en retraite plus tôt ou plus tard, moyennant un coût ou un gain en termes de pension versée.

Le taux de 50 % peut faire l'objet d'une décote lorsque la durée de cotisation laisse apparaître une durée d'assurance insuffisante (tous régimes confondus). Chaque trimestre manquant (dans la limite de 20 trimestres) viendra alors minorer le taux de pension d'un pourcentage en fonction de l'année de naissance de l'assuré (entre 0,625 et 1,25 point). La solution retenue pour la détermination du nombre de trimestres manquants sera systématiquement la plus avantageuse pour l'assuré et correspondra soit aux trimestres manquants pour atteindre la durée d'assurance, soit à ceux le séparant de l'âge du taux plein.

À l'inverse, la surcote est une majoration de la retraite de base attribuée aux personnes qui continuent à travailler après l'âge légal et qui possèdent tous leurs trimestres de cotisations.

Depuis le 1er janvier 2009, chaque trimestre effectué au-delà de l'âge légal et au-delà de cette durée de référence permet d'obtenir une majoration de 1,25 % de la pension. De même, il est possible de majorer sa pension de 10 % lorsque l'assuré a élevé trois enfants ou plus pendant au moins neuf ans (avant leur 16e anniversaire).

Le montant maximal des pensions de vieillesse (hors surcote et hors majoration) est donc égal à 50 % du salaire annuel moyen plafonné des 25 meilleures années. Il convient de noter que le versement de la pension de retraite s'effectue désormais tous les mois et non par trimestre.

Enfin, en cas de décès de l'assuré, une pension de réversion pourra être versée au profit du conjoint ou ex-conjoint(s) (à l'exclusion des concubins ou partenaires de Pacs). Celle-ci représente 54 % de la retraite de base et sera attribuée sous conditions de ressources.

2 Les régimes de retraite complémentaire obligatoires

Les régimes complémentaires originellement créés pour les seuls cadres, puis élargis à l'ensemble des assurés, ont pour but de compléter les pensions servies par les caisses de retraite de base. Ces régimes sont multiples et concernent les mêmes assurés que ceux des régimes de base.

À titre d'exemple, pour les salariés, le régime de base et le régime complémentaire sont gérés par deux organismes distincts (par exemple, la CNAV et une caisse ARRCO), voire trois pour les cadres (avec la caisse AGIRC). Pour les non-salariés, la même caisse gère souvent le régime de base et le régime complémentaire (RSI pour les artisans et commerçants).

Contrairement au régime de base, qui se traduit par l'acquisition de trimestres, les régimes complémentaires mettent en place un système dit « par points ». Pour autant, il ne faut pas s'y tromper car ces régimes reposent également sur un mécanisme de répartition.

L'assuré acquiert des points durant sa période d'activité dont le total, au titre de chacun des régimes et sur l'ensemble de sa carrière, lui permettra de recevoir une ou plusieurs pensions complémentaires.

Tableau 19.2 – Régimes de retraite de base et complémentaire obligatoires

Salariés	Retraite de base		Retraite complémentaire
Ouvriers et employés de l'agriculture	**MSA** Mutualité sociale agricole	+	**AGIRC ARRCO**
Cadres de l'agriculture			
Cadres de l'industrie, du commerce et des services	**CNAV** Régime général de la Sécurité sociale	+	
Ouvriers et employés de l'industrie, du commerce et des services			
Agents non titulaires de l'État et des collectivités publiques		+	**IRCANTEC**
Salariés relevant d'entreprises ou de professions à statut particulier	**Banque de France, Retraite des mines, CNIEG** (gaz-élec.), **CRPCF** (Comédie-française), **CRPCEN** (clercs et employés de notaires), **CRPN** (personnel navigant, retraite de base gérée par la CNAV), **ENIM** (marins, gère aussi les non-salariés du secteur maritime), **Opéra de Paris, Port autonome de Strasbourg, RATP, SNCF**		

Fonctionnaires	Retraite de base		Retraite complémentaire
Fonctionnaires de l'État, magistrats et militaires	Service des pensions de l'État	+	**RAFP** Retraite additionnelle
Agents de la fonction publique, territoriale et hospitalière	**CNRACL** Caisse nationale de retraites des agents des collectivités locales		
Ouvriers de l'État	**FSPOEIE** Fonds spécial des ouvriers des établissements de l'État		

Non-salariés	Retraite de base		Retraite complémentaire
Exploitants agricoles	**MSA** Mutualité sociale agricole		
Artisans, commerçants et industriels	Sécurité sociale pour les indépendants		
Professions libérales	**CNAVPL** (professions libérales) Retraite de base + complémentaire + supplémentaire selon les sections professionnelles **CAVOM** (officiers ministériels), **CARMF** (médecins), **CARCD** (dentistes), **CAVP** (pharmaciens), **CARSAF** (sages-femmes), **CARPIMKO** (infirmiers, kinésithérapeutes…), **CARPV** (vétérinaires), **CAVAMAC** (agents d'assurances), **CAVEC** (experts-comptables), **CIPAV** (architectes et autres professions libérales), **CRN** (notaires), **CNBF** (avocats)		
Artistes, auteurs d'œuvres originales	**CNAV**	+	**IRCEC**
Religieux	**CAVIMAC**		

Dans chacun des régimes, les cotisations permettent d'acheter des points de retraite. Le taux de cotisation retenu et l'assiette des cotisations varient selon le régime complémentaire d'affiliation.

Une remarque importante concerne certains régimes (AGIRC-ARRCO) et pour lesquels le taux contractuel (permettant l'acquisition de points de retraite) et le taux effectivement prélevé (taux d'appel) sont distincts. Le taux d'appel représente, en l'espèce, 127 % du taux contractuel, ce qui signifie que certaines cotisations prélevées ne permettent pas l'acquisition de points de retraite supplémentaires.

La valeur d'achat du point ou « salaire de référence » dépend également du régime complémentaire d'affiliation. Cette valeur déterminera le nombre de points acquis chaque année au titre de chacun des régimes. Les modalités permettant de calculer le nombre de points peuvent être résumées selon la formule suivante :

Nombre de points retraite annuel =
Assiette de cotisation × Taux / Salaire de référence

Les points de retraite acquis sont alors capitalisés sur un compte ouvert au moment de la première inscription dans une caisse de retraite par l'employeur, et seront sauvegardés quels que soient les changements effectués au cours d'une carrière.

Au terme de l'activité et lors de la liquidation de la retraite de base, les assurés peuvent alors demander à bénéficier de la liquidation des régimes complémentaires. Toutefois, comme lors de la liquidation des droits dans les régimes de base, le montant de la pension complémentaire peut faire l'objet d'une minoration.

Un assuré bénéficiant d'une retraite de base à taux plein (soit au titre d'une durée d'activité suffisante, soit après avoir atteint l'âge d'annulation de la décote) pourra bénéficier d'une retraite complémentaire à taux plein.

À défaut, le montant de sa pension subira une minoration définitive (coefficient d'anticipation) qui ne pourra excéder 20 trimestres manquants. Tout comme pour la retraite de base, la solution retenue pour la détermination du nombre de trimestres manquants sera systématiquement la plus avantageuse pour l'assuré et correspondra soit aux trimestres manquants pour atteindre la durée d'assurance, soit à ceux le séparant de l'âge du taux plein.

Tableau 19.3 – Trimestres manquants et coefficient d'anticipation

Trimestres manquants	Coefficient d'anticipation	Trimestres manquants	Coefficient d'anticipation
20	0,78	15	0,8425
19	0,7925	14	0,855
18	0,805	13	0,88675
17	0,8175	12	0,88
16	0,83	11	0,89

☞

Trimestres manquants	Coefficient d'anticipation	Trimestres manquants	Coefficient d'anticipation
10	0,90	5	0,95
9	0,91	4	0,96
8	0,92	3	0,97
7	0,93	2	0,98
6	0,94	1	0,99

Pour les salariés du privé, les régimes ARRCO et AGIRC ont fusionné au 1er janvier 2019 pour créer un régime simplifié et instaurer un compte de points unique. Dans ce nouveau régime, il a été décidé de convertir les anciens points AGIRC sans perte de droits et d'établir une nouvelle valeur sur la base des points ARRCO.

La pension complémentaire est établie pour chacun des régimes complémentaires selon la formule de calcul suivante :

Nombre de points acquis au cours de la carrière × valeur du point × coefficient d'anticipation

Pour les salariés, le montant résultant de ce calcul pourra faire l'objet d'une majoration de 10 % (plafonnée à 2 000 €) lorsque l'assuré a élevé trois enfants ou plus pendant au moins neuf ans (avant leur 16e anniversaire).

Enfin, la réversion des retraites complémentaires est en principe possible et dépendra du régime d'affiliation. Le plus souvent, elle ne concerne que les conjoints ou ex-conjoints (à l'exclusion des concubins ou partenaires de Pacs) et son taux représente 60 % du montant de la retraite complémentaire du défunt. Cette réversion peut s'effectuer sans condition de ressources, par exemple pour les caisses complémentaires AGIRC-ARRCO, ou au contraire dépendre des revenus du bénéficiaire de la réversion (commerçants-artisans).

Par ailleurs, le principe de la fusion des régimes ARCCO et AGIRC a été acté avec la mise en place de certaines mesures correctives :

- un report des revalorisations de pensions complémentaires au 1er novembre ;
- une revalorisation annuelle calculée en fonction de l'évolution du salaire moyen des salariés du privé ;
- l'instauration d'une contribution assise sur le montant des transactions accordées suite à une rupture du contrat de travail ;
- un calcul de la pension des polypensionnés des régimes alignés identique à celui des monopensionnés : le revenu annuel moyen, à partir duquel on détermine la pension, s'obtiendra à partir des 25 meilleures années, quelle qu'en soit la répartition entre les différentes périodes d'affiliation ;
- les cotisations de l'Association pour la gestion du fonds de financement (AGFF), la garantie minimale de points (GMP) et la contribution exceptionnelle et temporaire (CET) ne sont pas reconduites dans le nouveau régime AGIRC-ARRCO et ont pris fin

au 31 décembre 2018 ; de nouvelles cotisations voient le jour en contrepartie : la contribution d'équilibre général (CEG) et la contribution d'équilibre technique (CET).
– les points acquis au titre de la GMP (garantie minimale de points) sont conservés et seront intégrés dans le calcul des droits pour le paiement de la retraite.

Par ailleurs, les règles d'alignement des retraites de base et complémentaires sont partiellement remises en cause par la mise en place d'un mécanisme de bonus-malus, afin d'inciter les salariés à travailler au-delà de l'obtention du taux plein avant 67 ans : ainsi, une personne partant à l'âge légal, à 62 ans, verra sa pension complémentaire amoindrie de 10 % pendant les 3 premières années et ce, même si elle possède une durée d'assurance suffisante pour bénéficier du taux plein au titre de la retraite de base.

Ce malus disparaîtra si le salarié part un an après avoir atteint les conditions pour bénéficier du taux plein (âge et durée d'assurance). Il se transformera en bonus de 10 % pendant un an si le salarié prolonge son activité pendant 8 trimestres après avoir atteint ces conditions, de 20 % après 12 trimestres et de 30 % après 16 trimestres. Ce dispositif spécifique disparaît avec le nouvel accord national interprofessionnel pour les assurés dont la retraite prend effet au 1er janvier 2024 et pour tous les assurés déjà à la retraite en date du 1er avril 2024.

En dépit de toutes ces réformes, les incertitudes pesant sur les régimes de base et complémentaires ont poussé les gouvernements successifs à ouvrir de nouvelles voies basées sur le principe de capitalisation.

Divers produits d'épargne dédiés à la retraite ont vu le jour ces dernières années et, s'ils n'ont pour le moment pas l'objectif de se substituer aux régimes existants, ils devraient devenir dans les années à venir des compléments indispensables afin de maintenir un pouvoir d'achat suffisant à la retraite.

Section 3 LES RÉGIMES SUPPLÉMENTAIRES : L'ÉPARGNE RETRAITE COLLECTIVE OU INDIVIDUELLE

Comme nous l'avons vu ci-dessus, un assuré est affilié à la fois aux régimes de base et aux régimes complémentaires. À côté de cette couverture, il existe des régimes facultatifs vers lesquels les Français se tournent de plus en plus, encouragés par les mesures fiscales et sociales de la réforme Fillon, mais aussi par la prise de conscience de l'avenir incertain du système de retraite par répartition. Certains de ces produits d'épargne peuvent aussi permettre à un employeur de proposer une rémunération indirecte à ses salariés.

La loi de novembre 2010 est venue consacrer cette nécessité d'intervenir pour assurer ce besoin de retraite complémentaire et apporte désormais une définition de l'épargne retraite : « L'épargne retraite, qui vise à compléter les pensions dues au titre des régimes de retraite par répartition légalement obligatoires, permet de disposer, à partir du départ à la retraite, de ressources provenant d'une épargne constituée individuellement ou collectivement à partir de versements sur une base volontaire ou obligatoire, réalisés à titre privé ou lors de l'activité professionnelle ».

Nous verrons donc successivement l'épargne collective ouverte à certains assurés par le biais de leur entreprise (PEE, PERCO ; article 83 ou article 39) ainsi que l'épargne individuelle dont les assurés peuvent bénéficier (contrat Madelin ; PERP). L'ensemble de ces produits a fait l'objet d'une refonte globale au titre de la loi PACTE en 2019. Il sera donc nécessaire d'analyser dans quelle mesure cette loi contribuera à simplifier le fonctionnement des produits retraite en offrant une fiscalité harmonisée, une généralisation des cas de sortie en capital et une portabilité facilitée. Enfin, nous analyserons dans quelle mesure ces contrats s'inscrivent dans une enveloppe spécifique de déductibilité.

1 Les produits de retraite collectifs

1.1 Les plans d'épargne salariale : PEE et PERCO

Les anciens plans d'épargne salariale (PEE : plan d'épargne entreprise ; PERCO : plan d'épargne pour la retraite collectif) ont été constitués au sein des entreprises, d'un groupe d'entreprises ou entre entreprises n'appartenant pas au même groupe.

Ils offrent aux assurés travaillant au sein de ces sociétés la possibilité de se constituer et de gérer une épargne dans un cadre fiscal et social avantageux, et les règles de mise en place et de fonctionnement initiales présentées ci-après ont été largement reprises par leurs remplaçants issus de la loi Pacte.

La gestion dite « pilotée » est désormais le mode de gestion par défaut des sommes versées volontairement par le salarié, sauf opposition expresse du salarié.

Lorsqu'ils sont mis en place dans une société, ces dispositifs sont alors ouverts à tous les salariés pouvant justifier de trois mois d'ancienneté. Par ailleurs, dans les entreprises comprenant entre 1 et 250 salariés, les chefs d'entreprise et mandataires sociaux peuvent également y prétendre et ce, quel que soit leur statut ou régime d'affiliation.

Le PERCO pourra être mis en place après un vote à la majorité des deux tiers du personnel sur un projet de l'employeur (et non plus uniquement par accord d'entreprise).

Si le PERCO ne peut être mis en place que dans des entreprises disposant déjà d'un PEE, ses modalités de fonctionnement répondent aux mêmes principes.

Une fois ouverts, ces plans peuvent être alimentés :

– soit par les versements volontaires des salariés, avec un maximum du quart de la rémunération annuelle, plafonné au quart du plafond annuel de la Sécurité sociale ;

– soit par l'affectation des sommes provenant de son intéressement ou de sa participation aux résultats de l'entreprise ;
– soit par affectation de certains jours de congé placés ou non dans un compte épargne temps.

Enfin, l'employeur peut, en parallèle, verser des sommes (abonder) qui augmenteront le capital investi et la rentabilité de l'épargne. Il s'agit en tout état de cause d'un abondement facultatif sur les sommes versées par le salarié.

Les entreprises peuvent désormais également effectuer des versements, même en l'absence de versement par le salarié, si le règlement du PERCO le prévoit et si les versements bénéficient à tous les salariés et ne dépassent pas un plafond qui reste à fixer par décret.

Cet abondement de l'entreprise ne peut alors pas dépasser 300 % des versements du bénéficiaire et est plafonné pour les PEE à 8 % du montant du PASS[1] (3 709,44 € en 2024) et à 16 % de ce PASS pour le PERCO (7 418,88 € en 2024). Si les sommes versées par le salarié ne bénéficient pas de déductibilité fiscale, celles provenant d'une affectation de l'intéressement ou de la participation ne sont pas imposables. Enfin, l'abondement de l'entreprise n'entre pas dans le revenu imposable du salarié dans certaines limites (enveloppe Fillon).

L'intéressement, la participation et l'abondement de l'employeur peuvent être assujettis en totalité à la CSG et CRDS, soit 8 % (à la charge du salarié), et au forfait social. Depuis le 1er janvier 2019, ce forfait social est supprimé pour les entreprises dont l'effectif est inférieur à 50 salariés, pour toutes les sommes versées au titre de l'intéressement, de la participation, ainsi que pour les versements sur un plan d'épargne salariale (PEE, PERCO, PEI).

Pour les entreprises dont l'effectif est compris entre 50 et moins de 250 salariés, l'exonération ne porte que sur les sommes versées au titre de l'intéressement.

Les sommes ainsi versées sont bloquées pour une durée minimale de 5 ans (PEE) ou jusqu'au départ à la retraite (PERCO), sauf cas de déblocage anticipé.

Pour le PEE, la demande de déblocage anticipé doit être présentée dans les 6 mois suivant la survenance d'un des faits générateurs suivants.

- Mariage.
- Naissance ou arrivée au foyer en vue d'adoption d'un troisième enfant, puis de chaque enfant suivant.
- Divorce ou jugement de séparation ou dissolution d'un Pacs si le salarié a la garde d'au moins un enfant mineur.
- Invalidité correspondant à une incapacité d'au moins 80 % (du salarié, de son conjoint ou d'un enfant).
- Décès (du salarié ou de son conjoint).

1. Plafond annuel de la Sécurité sociale.

- Cessation du contrat de travail (fin de contrat à durée déterminée, démission, licenciement, départ ou mise à la retraite).
- Création ou reprise d'entreprise par le salarié ou son conjoint.
- Acquisition ou agrandissement de la résidence principale.
- Surendettement.
- Jugement de liquidation judiciaire ou de cession totale de l'entreprise.

Pour le PERCO, le déblocage anticipé des sommes investies avant le départ à la retraite pourra s'effectuer dans les cas suivants :
- Décès du bénéficiaire, de son conjoint ou de la personne qui lui est liée par un Pacs.
- Acquisition ou remise en état de la résidence principale suite à une catastrophe naturelle.
- Surendettement du participant au plan, sur demande adressée à l'organisme gestionnaire des fonds ou à l'employeur, soit par le président de la commission de surendettement des particuliers soit par le juge, en vue d'apurer la dette du détenteur du plan.
- Invalidité reconnue du bénéficiaire, de ses enfants, de son conjoint ou de la personne qui lui est liée par un Pacs.
- Expiration des droits à l'assurance chômage du titulaire du plan.

La sortie du PERCO peut se faire en rente viagère ou en capital (si l'accord le prévoit), ce qui le rapproche plus d'un placement classique que d'une épargne retraite. D'ailleurs, même en cas de départ de l'entreprise et quelle qu'en soit la raison, le plan peut être maintenu. Le titulaire pourra alors continuer à l'alimenter, sans toutefois bénéficier de l'abondement de son ancien employeur. Il pourra cependant bénéficier de la franchise d'impôt sur le revenu sur les produits et plus-values.

Au terme du placement, si le choix effectué se porte sur un versement en capital, celui-ci sera exonéré d'impôt sur le revenu (seuls les prélèvements sociaux étant alors dus sur les plus-values générées). La rente viagère sera, en revanche, soumise à l'impôt sur le revenu. Mais, s'agissant d'une rente viagère à titre onéreux, seule une partie, déterminée en fonction de l'âge du bénéficiaire au moment du versement de la première rente, sera fiscalisée et soumise aux prélèvements sociaux.

En conclusion, PEE et PERCO constituent une épargne salariale fortement incitative pour le salarié, car ce dernier va pouvoir cumuler trois avantages : fiscal (exonération à l'entrée et à la sortie), social (exonération de charges) et économique (abondement par l'entreprise avec une possibilité de sortie en capital).

1.2 Le contrat « Article 39 » du Code général des impôts

Il s'agit d'un régime de retraite supplémentaire par lequel l'entreprise s'engage à verser à ses salariés ou à une catégorie spécifiquement déterminée (collège de salariés) une rente viagère dont le montant est défini à l'avance. La spécificité de ce régime réside dans le fait que cette retraite supplémentaire est financée exclusivement par l'entreprise. En contrepartie, ce contrat, désigné d'après l'article du Code général des impôts spécifiant son régime fiscal, permet à l'entreprise de déduire intégralement ces versements de son résultat imposable.

Les cotisations sont donc déductibles du résultat fiscal de l'entreprise et ne sont pas intégrées dans l'assiette du salaire. Elles ne sont pas soumises à l'impôt sur le revenu, ni aux charges sociales, ni à la CSG/CRDS.

Toutefois, une contribution est due par l'employeur au fonds de solidarité vieillesse :
– 32 % sur les rentes servies ;
– ou 24 % des primes versées.

L'option entre l'assujettissement des rentes ou des primes est exercée de manière irrévocable au moment de la mise en place du régime. L'employeur doit informer l'URSSAF et l'organisme payeur des rentes de l'option choisie dans les deux mois de la création du régime.

Ce contrat, dit à « prestations définies », est souscrit et financé par l'entreprise et n'est donc pas individualisé. Il en résulte que pour pouvoir prétendre aux rentes issues de ce contrat, le salarié éligible doit nécessairement être présent dans l'entreprise au moment du départ en retraite. Tout salarié qui quitte l'entreprise pour un motif autre que la liquidation de ses droits à retraite (démission, licenciement) perd donc l'intégralité des droits acquis dans le régime.

A contrario, lorsque le salarié répond à cette obligation, l'employeur s'engage sur des prestations. Il s'agit alors d'une obligation de résultat de l'employeur.

L'ordonnance du 4 juillet 2019 remet toutefois en cause cette spécificité. Désormais, un régime de retraite supplémentaire à prestations définies, institué à compter du 4 juillet 2019 (date de publication de l'ordonnance), ne peut pas conditionner le versement des droits à rente à la présence du bénéficiaire dans l'entreprise au moment de son départ à la retraite. En cas de départ de l'entreprise du bénéficiaire avant la liquidation de sa retraite, les droits à retraite supplémentaire lui restent acquis.

En conséquence, les rentes d'un régime de retraite supplémentaire à prestations définies « nouvelle formule » peuvent être servies, au plus tôt, à compter de la liquidation de la pension de retraite de base ou à compter de l'âge légal de départ à la retraite. Les droits étant désormais certains, le bénéficiaire du régime qui quitte l'entreprise avant d'avoir acquis des droits à la retraite :
– se voit rembourser la somme des cotisations versées par l'employeur (et, le cas échéant, par lui) ;
– et voit ses droits définitivement acquis être revalorisés chaque année comme ceux des bénéficiaires qui sont encore dans l'entreprise, ou selon un taux de revalorisation des prestations de pension servies.

La constitution de droits aléatoires étant interdite à compter du 1er janvier 2020 pour les adhérents des régimes de retraite à prestations définies existants avant le 4 juillet

2019 et encore ouverts après le 20 mai 2014, les entreprises dotées de ce type de régime devront fermer le régime à tout nouvel adhérent à compter du 4 juillet 2019 ou transférer les droits des bénéficiaires dans un régime de retraite à droits certains.

La détermination du niveau de rente servi au titre de ce contrat relève de deux dispositifs distincts :

– le régime additionnel est conçu pour offrir un revenu de remplacement égal à un pourcentage du salaire de fin de carrière ou un forfait déterminé ;
– le régime différentiel (ou « retraite chapeau ») garantit un complément de revenu calculé de telle sorte que l'ensemble des pensions de retraite (retraite obligatoire ou autres régimes par capitalisation existant dans l'entreprise) perçues par le salarié atteigne un pourcentage du salaire de fin de carrière.

Quelle que soit la solution retenue, elle a vocation à venir en complément de dispositifs déjà en place et s'adresse principalement à un collège que le dirigeant souhaite valoriser et pour lequel il existe une forte probabilité de présence dans l'entreprise au moment du départ à la retraite.

Il est important de noter que depuis le 9 novembre 2010, lorsqu'un régime de retraite à prestations définies est mis en place pour une catégorie de salariés, l'entreprise est également tenue d'ouvrir un dispositif d'épargne retraite pour l'ensemble de ses employés (PERCO ou contrat « article 83 »).

Lorsque le salarié peut prétendre au bénéfice des rentes au titre de cet article 39, il doit alors s'acquitter d'une contribution progressive en fonction de la rente servie.

Tableau 19.4 – Taux de la contribution progressive*

Retraites liquidées avant le 01/01/2011		Retraites liquidées à compter du 01/01/2011	
Part de la rente < 500 €/mois	Exonération	Part de la rente < 400 €/mois	Exonération
Part comprise entre 500 € et 1 000€/mois	7 %	Part comprise entre 400 € et 600 €/mois	7 %
Part de la rente > 1 000 €	14 %	Part de la rente > 600 €	14 %

* Les seuils sont indexés sur le plafond de la Sécurité sociale.

Cette contribution est déductible de l'impôt sur le revenu, dans la limite de la somme acquittée pour les premiers 1 000 € de rente mensuelle.

Enfin, la rente viagère du salarié est soumise à l'impôt sur le revenu après un abattement de 10 %, et aux prélèvements sociaux à hauteur de 10,1 % (CSG, CRDS, Contribution de solidarité pour l'autonomie et cotisation maladie). Indépendamment de cette imposition, une contribution additionnelle de 45 % à la charge de l'employeur est due sur les rentes excédant huit fois le PASS (en 2024 : 370 944 €). Elle est applicable aux rentes issues des retraites, liquidées à compter du 1er janvier 2010 uniquement, ce qui signifie que les rentes en cours de service à cette date ne sont pas visées.

Par ailleurs, la loi Macron du 9 juillet 2015 a durci l'attribution de ces retraites « surcomplémentaires ».

L'octroi des retraites chapeau est désormais subordonné au respect de conditions de performance du bénéficiaire, appréciées au regard de celles de l'entreprise. Le conseil d'administration ou le conseil de surveillance devra vérifier chaque année le respect desdites conditions et pourra déterminer l'augmentation des droits conditionnels, dans la limite d'un plafond de 3 % de la rémunération annuelle.

1.3 Le contrat « Article 83 » ou Plan d'épargne retraite (PER)

Tout comme pour les contrats « article 39 », les contrats « article 83 » peuvent ne concerner qu'une catégorie restreinte de salariés.

Toutefois, ils se distinguent des contrats précédents par le fait que seul le montant des cotisations est défini en fonction d'un pourcentage du salaire ou sur la base d'un taux ou montant de cotisation uniforme pour l'ensemble des salariés de la catégorie assurée.

Lorsque l'ensemble du personnel n'est pas couvert, le régime doit couvrir au moins une ou plusieurs catégories de salariés, définies parmi une liste de cinq critères objectifs (circulaire du 25 septembre 2013). À titre d'exemple, s'ils ne sont pas titulaires d'un contrat de travail, les mandataires sociaux ne peuvent être affiliés à la catégorie dont ils relèvent que sur décision expresse du conseil d'administration. Ils ne peuvent en aucun cas constituer une catégorie à eux seuls.

Lorsque les critères collectifs et objectifs sont respectés, les versements sont alors exonérés de charges sociales dans les limites qui suivent.

Chaque année, les cotisations de l'entreprise sont intégralement déductibles de son résultat et sont exonérées de charges patronales dans la limite d'un plafond individuel de 5 % de la rémunération annuelle brute du salarié, limitée à 5 PASS.

Attention néanmoins car un « forfait social » de 20 % reste à la charge de l'employeur pour la partie des cotisations exonérées de charges sociales.

Les salariés bénéficient d'un avantage fiscal puisque les cotisations versées sont exonérées d'impôt sur le revenu dans la limite de 8 % de la rémunération annuelle brute et ce, dans la limite maximale de 8 fois le plafond annuel de la Sécurité sociale (370 944 € pour 2024).

Depuis la réforme de 2010, les salariés peuvent également effectuer des versements complémentaires libres ou programmés si leur contrat article 83 leur permet, ou affecter des droits issus des comptes épargne temps (CET) dans la limite de 10 jours par an hors abondement de l'employeur. En l'absence de CET dans l'entreprise, ils peuvent néanmoins affecter les sommes correspondant à des jours de repos non pris dans la limite de 5 par an.

Contrairement aux rentes de l'article 39, il n'est nul besoin d'être présent dans l'entreprise au jour de la liquidation de ses droits à retraite pour prétendre au bénéfice des rentes versées au titre de l'article 83.

La restitution s'effectue alors exclusivement sous forme de rente viagère, soumise à l'impôt sur le revenu après un abattement de 10 % et aux prélèvements sociaux à hauteur de 10,1 % (CSG, CRDS, Contribution de solidarité pour l'autonomie et cotisations maladie).

Les sept cas de rachats exceptionnels permettant à l'assuré de disposer de son épargne avant son départ à la retraite sont :
- l'invalidité (deuxième et troisième catégories de la Sécurité sociale) ;
- la cessation d'activité non salariée liée à une liquidation judiciaire ;
- la fin de droits à l'assurance chômage suite à licenciement ;
- l'absence de contrat de travail ou de mandat social depuis au moins deux ans, suite au non-renouvellement du ou des mandats sociaux ou de leur révocation ;
- toute situation justifiant le rachat selon le président du tribunal de commerce auprès duquel est instituée une procédure de conciliation et qui en effectue la demande avec l'accord de l'assuré ;
- le décès du conjoint ou du partenaire lié par un Pacs ;
- le décès de l'assuré.

Dans certains cas, la prestation à la retraite peut prendre la forme d'un capital (ou arrérage unique) au lieu d'une rente. C'était notamment le cas lorsque le montant de la rente était inférieur à 480 € par an. Ce seuil a été relevé à 100 € par mois depuis le 1er juillet 2021 pour toutes les enveloppes d'épargne retraite (arrêté du 7 juin 2021).

Sur les anciens articles 83, et dans ces cas de sortie totale ou partielle en capital à la retraite, il est fait application du prélèvement forfaitaire libératoire au taux de 7,5 % ou d'une intégration au barème de l'IR, après un abattement de 10 % non plafonné. Cet « arrérage unique » sera également soumis aux prélèvements sociaux à taux réduit.

2 L'épargne retraite individuelle

2.1 Les contrats « loi Madelin »

La loi du 11 février 1994, dite loi Madelin, a pour objectif de permettre aux travailleurs non-salariés non agricoles (TNSNA) de se constituer une retraite facultative en organisant la déductibilité fiscale des cotisations versées.

Il s'agit principalement des assurés suivants :
- les non-salariés relevant de la catégorie des BIC (artisans, commerçants, industriels) et des BNC (profession libérale) ;
- les dirigeants de sociétés soumises à l'impôt sur les sociétés (gérant majoritaire…) ;

– le conjoint collaborateur du travailleur non salarié.

Pour bénéficier de ce dispositif, il est impératif d'être à jour des cotisations d'assurance maladie et vieillesse. L'adhérent doit donc fournir à l'adhésion, puis chaque année, une attestation délivrée par ses Caisses d'assurance maladie et vieillesse.

Seules sont déductibles les primes des contrats offrant des prestations sous forme de rente viagère. Les sorties en capital sont donc interdites sauf cas expressément prévus par la loi. Dans la pratique, les contrats contiennent une clause de contre-assurance décès qui permet de garantir aux bénéficiaires désignés au contrat le versement soit d'une rente (viagère, temporaire…), soit d'un capital correspondant aux primes versées pour le cas où le souscripteur serait amené à décéder avant l'entrée en jouissance de la rente. La fraction de la prime correspondant à la cotisation d'assurance au titre de la contre-assurance en capital n'est alors pas déductible. L'assureur doit faire apparaître clairement le montant de la fraction non déductible (le non-respect de cette condition entraîne la réintégration de la totalité de la prime au bénéfice imposable).

D'un point de vue fiscal, les cotisations versées sur le contrat Madelin sont déductibles dans la limite du plus élevé des deux montants suivants :
– 10 % du revenu d'activité majoré de 15 % pour la part du revenu qui excède le plafond annuel de la Sécurité sociale, dans la limite de 8 PASS (370 944 € pour 2024) ;
– 10 % du PASS (4 637 € pour 2024).

L'avantage fiscal est donc fonction de la tranche marginale d'imposition de l'assuré et peut varier chaque année.

La déduction au titre du contrat Madelin est plus importante qu'au titre du PERP dans l'immédiat, mais les sommes versées sur un contrat Madelin au titre d'une année viennent en déduction de l'enveloppe fiscale PERP de l'année suivante, exception faite de la fraction supplémentaire de 15 %.

En contrepartie de cet avantage fiscal, le contrat Madelin impose à l'adhérent une obligation de versement annuel. Une réponse ministérielle est venue préciser les conséquences d'un manquement à cette obligation (QE n° 31147, 23 octobre 1995, LOANQ 22 janvier 1996, p. 402) : « En cas d'interruption du versement régulier des cotisations, l'adhérent risque de voir remises en cause les déductions antérieurement pratiquées. Il s'expose à une réintégration dans son revenu imposable, l'administration ayant toutefois précisé qu'il lui appartenait d'apprécier au cas par cas la solution en fonction de la situation de chaque assuré ».

À l'ouverture, une cotisation annuelle minimale indexée sur le PASS (cotisation plancher) est choisie par l'adhérent. Ce minimum défini à l'adhésion conditionne un maximum annuel de versement autorisé sur le contrat Madelin correspondant à 15 fois ce montant. Il convient de noter que ce maximum est totalement indépendant des enveloppes fiscales déterminées en fonction du bénéfice imposable.

Afin de contourner ce plafond contractuel, le TNS peut effectuer des versements supplémentaires au titre des années comprises entre la date d'affiliation à son régime de base et la date d'adhésion à son contrat Madelin. Cette faculté est temporaire et doit répondre à certaines contraintes, notamment l'obligation de correspondre à l'exacte réplication des versements effectués au titre de l'année mais aussi au respect de l'enveloppe de déduction fiscale calculée sur l'année en cours.

Après cessation de l'activité professionnelle, la sortie se fait obligatoirement sous forme de rente selon un taux de conversion qui peut être fixé lors de la souscription, ce qui est intéressant eu égard à l'allongement de la durée de la vie. La rente viagère sera alors imposable au même titre que les autres prestations de retraite (intégration au barème de l'IR après abattement de 10 % et soumission aux prélèvements sociaux de 9,1 %).

En conséquence, ce type de placement s'adressera au contribuable lourdement imposé lors de son activité professionnelle afin de maximiser l'avantage fiscal résultant de la déduction des sommes versées du revenu imposable. Enfin, il existe plusieurs possibilités de déblocage anticipé avec sortie en capital des contrats Madelin prévus par la loi :
- l'invalidité de deuxième ou troisième catégorie de l'assuré ;
- la cessation d'activité non salariée pour cause de liquidation judiciaire ;
- le décès du conjoint ou du partenaire de Pacs ;
- le surendettement ;
- la situation qui le justifie selon le président du tribunal de commerce auprès duquel est instituée une procédure de conciliation ;
- l'expiration des droits de l'assuré aux allocations chômage prévues par le Code du travail en cas de licenciement ;
- l'absence de contrat de travail ou de mandat social depuis deux ans au moins à compter du non-renouvellement du mandat social ou de la révocation pour les assurés qui ont exercé des fonctions d'administrateur, de membre du directoire ou de membre de conseil de surveillance, et n'ont pas liquidé leur pension dans un régime obligatoire d'assurance vieillesse.

Dans certains cas, la prestation à la retraite peut prendre la forme d'un capital (ou arrérage unique) au lieu d'une rente ; notamment lorsque le montant de la rente est inférieur à 1 200 € par an.

Dans ces cas de sortie totale ou partielle en capital à la retraite, il est fait application du prélèvement forfaitaire libératoire au taux de 7,5 % ou d'une intégration au barème de l'IR, après un abattement de 10 % non plafonné. Cet « arrérage unique » sera également soumis aux prélèvements sociaux à taux réduit.

2.2 Le PERP

Le Plan d'épargne retraite populaire (PERP) est un produit d'épargne individuelle ouvert à tous, y compris aux personnes n'ayant pas d'activité professionnelle.

En principe, le PERP a pour objet exclusif la constitution d'un complément de retraite pour l'adhérent. Il s'agit donc d'un mécanisme de retraite par capitalisation qui ne prévoit aucune obligation de versement dans la durée. Par ailleurs, la souscription d'un PERP présente un intérêt fort d'un point de vue fiscal puisque chaque membre du foyer fiscal peut déduire du revenu net global, et dans certaines limites, les versements effectués sur un PERP, entraînant de ce fait un avantage fiscal proportionnel à la tranche marginale d'imposition de l'assuré.

Pour chaque membre du foyer fiscal, la limite globale de déduction est égale au plus élevé des deux montants suivants :

– 10 % des revenus professionnels de l'année précédente retenus dans la limite de huit fois le plafond annuel de Sécurité sociale de l'année précédente ;
– ou 10 % du plafond annuel de Sécurité sociale de l'année précédente.

Le solde inemployé du plafond des années antérieures peut être reporté sur l'une des trois années suivantes.

Si, de manière générale, le plafond de déduction est propre à chaque membre du foyer fiscal pour les couples soumis à une imposition commune, ce plafond peut, sur option, être mutualisé.

Il convient de noter que les sommes versées sur un PERP, tout comme celles versées au titre du contrat Madelin, sont considérées comme des charges déductibles du revenu imposable et ne sont donc pas considérées comme des niches fiscales.

Les sommes versées sont alors investies sur divers supports dont la répartition peut se faire librement ou selon une grille fixée par l'État, et qui permet alors de réduire progressivement l'aléa boursier à l'approche de la retraite de l'épargnant. Les sommes ainsi placées sont alors bloquées jusqu'à l'âge légal de la retraite ou de la liquidation des droits aux régimes vieillesses obligatoires. Sur toute la période de constitution, les sommes placées et les plus-values générées sont totalement exonérées d'impôt et de prélèvements sociaux.

Au terme de cette phase, le dénouement du PERP doit se faire sous forme de rente viagère. L'intérêt fiscal de la phase d'épargne ne doit alors pas occulter le fait que la rente versée lors de la retraite est imposable comme une pension de retraite et supportera également la CSG, la CRDS et la CASA à hauteur de 9,1 %. Les rentes sont versées jusqu'au décès du bénéficiaire (l'assuré ou l'éventuel bénéficiaire de la réversion).

Dans certains cas, la prestation à la retraite peut prendre la forme d'un capital (ou arrérage unique) au lieu d'une rente ; notamment lorsque le montant de la rente est inférieur à 1 200 € par an ou afin d'acquérir ou faire construire sa résidence principale, sous réserve de ne pas avoir été propriétaire de sa résidence principale dans les deux années précédentes.

Enfin, il est possible, sans condition ou justification, de demander que 20 % de la valeur du contrat soit versé sous forme de capital.

Dans ces cas de sortie totale ou partielle en capital à la retraite, il est fait application du prélèvement forfaitaire libératoire au taux de 7,5 % ou d'une intégration au barème de l'IR, après un abattement de 10 % non plafonné. Cet « arrérage unique » sera également soumis aux prélèvements sociaux de 9,1 %.

A contrario, dans certaines situations correspondant à des accidents de la vie, il est possible de récupérer l'épargne du PERP en cours de contrat sans subir aucune fiscalité ni les prélèvements sociaux :
- fin de droits aux allocations chômage versées suite à un licenciement ;
- cessation d'activité non salariée suite à liquidation judiciaire ;
- invalidité de deuxième ou troisième catégorie ;
- décès du conjoint ou du partenaire pacsé ;
- situation de surendettement sous certaines conditions.

Enfin, la loi Sapin 2 est venue apporter une mesure de tempérament pour les plans d'épargne retraite populaire dont les encours sont inférieurs à 2000 €. Ces derniers pourront être débloqués en dehors des cas déjà prévus énoncés ci-dessus. Il faut toutefois, pour les PERP à versement libre, qu'aucune cotisation n'ait été enregistrée au cours des quatre dernières années ou, pour les PERP à versement programmé, qu'ils aient été ouverts au moins quatre ans avant la demande de rachat. Enfin, les revenus du foyer fiscal du titulaire ne devront pas excéder le plafond correspondant au seuil de dégrèvement de la taxe d'habitation.

3 Le nouveau contrat retraite PER

Pendant près de 20 ans, le marché de l'épargne retraite a proposé plusieurs solutions : les Plan d'Épargne Retraite Populaire (PERP) accessibles à tous, les contrats Retraite Madelin réservés aux travailleurs non-salariés, les contrats pour les fonctionnaires type PREFON, et les contrats Retraite Agricole dédiés aux exploitants agricoles ainsi que des produits collectifs universels (PERCO) et catégoriels (PER ou article 83). La loi PACTE adoptée en 2019 réforme en intégralité les caractéristiques de l'épargne retraite. Elle doit permettre d'uniformiser les règles concernant les produits distribués jusqu'à présent et simplifier la compréhension de la retraite par capitalisation avec :
- un produit individuel succédant au PERP/Madelin (avec le maintien d'un régime fiscal adapté pour les travailleurs non-salariés) ;
- deux produits collectifs (un produit universel comme le PERCO, et un produit qui peut être ciblé sur certaines catégories de salariés comme l'article 83).

À titre individuel, toutes ces solutions sont regroupées en une seule offre : le Plan d'Épargne Retraite Individuel (PERIN). Ce nouveau contrat conserve les grands principes des précédents :
- constitution d'une épargne durant l'activité professionnelle afin d'obtenir des revenus complémentaires à la liquidation des droits à la retraite ;
- épargne bloquée durant la phase d'épargne, sauf cas exceptionnels ;

– possibilité de déduire de ses revenus le montant épargné, dans des limites qui restent propres à chaque statut professionnel. Il convient de noter que depuis le 1er janvier 2024, les mineurs ne peuvent plus souscrire de PERIN et ne peuvent plus reverser sur les contrats préalablement ouverts.

Cette réforme porte aussi sur l'épargne réalisée à l'initiative de l'entreprise. Le Plan d'Épargne Retraite Collectif (PERCO) est remplacé par le Plan d'Épargne Retraite d'Entreprise Collectif ; il sera alimenté par l'épargne salariale, les abondements de l'employeur, le compte épargne temps et les versements volontaires dans les mêmes limites que précédemment. De même, l'ancien Plan d'Épargne Retraite d'Entreprise (ex-article 83) devient le Plan d'Épargne Retraite Obligatoire qui pourra être proposé à certaines catégories de salariés, avec des cotisations obligatoires et des versements facultatifs. Par ailleurs, toutes les règles relatives à l'âge et aux modalités de déblocage de l'épargne retraite, à l'information des épargnants sur leurs droits, ainsi qu'à la gestion financière de ces encours seront partagées par tous les produits.

Au-delà de ces règles conservées, certaines dispositions sont nouvelles et s'articulent autour de 4 grands principes :
– développer la portabilité de tous ces produits (anciens et nouveaux) en autorisant les transferts de l'épargne sur un seul plan ;
– simplifier les règles de déductibilité fiscale ;
– offrir aux assurés la possibilité d'un dénouement en capital total sur les sommes issues de versements volontaires, de l'intéressement ou de la participation au moment du départ à la retraite, mais aussi à tout moment pour l'acquisition de sa résidence principale ;
– généraliser la gestion pilotée à l'ensemble des produits. Cette gestion adapte l'épargne au profil de risque : investissement significatif en actions au début de carrière, puis sécurisation progressive sur des produits obligataires à l'approche de la retraite.

Cette solution d'épargne retraite s'adapte encore plus aux évolutions de carrière puisqu'il est désormais possible de conserver un seul produit au gré des changements de statut ou d'employeur en conservant la traçabilité et l'origine de tous les versements retraite. Il est également désormais possible d'accéder à l'épargne issue de versements volontaires avant la retraite en cas d'acquisition de la résidence principale. Les cas de déblocage de l'épargne sont les suivants :
– épuisement des droits aux allocations chômage ;
– cessation de l'activité non salariée à la suite d'une liquidation judiciaire ;
– invalidité (de l'assuré, du conjoint et/ou d'un enfant à charge) ;
– surendettement ;
– décès du conjoint ou du partenaire de Pacs.

PER : FISCALITÉ EN SORTIE								
Sortie / Versements (compartiments)		Sortie en capital		Sortie en rente	Sortie anticipée pour accident de la vie		Sortie anticipée pour résidence principale	
		Sur versements	Sur la plus-value		Sur versements	Sur la plus-value	Sur versements	Sur la plus-value
1 A : Versements volontaires déduits	IR	Barème progressif sans abattement	PFU (12,8 %) ou barème	RVTG après abattement	Exonération		Barème progressif sans abattement	PFU (12,8 %) ou barème
	PS	Exonération	17,2 %	Taux de 17,2 % sur la fraction RVTO	Exonération	17,2 %	Exonération	17,2 %
1 B : Versements volontaires non déduits sur option	IR	Exonération	PFU (12,8 %) ou barème	Régime RVTO	Exonération		Exonération	PFU (12,8 %) ou barème
	PS	Exonération	17,2 %	Taux de 17,2 % sur la fraction RVTO	Exonération	17,2 %	Exonération	17,2 %
2 A : Épargne salariale exonérée	IR	Exonération		Régime RVTO	Exonération		Exonération	Exonération (art. 81.4°bis.b)
	PS	Exonération	17,2 %	Taux de 17,2 % sur la fraction RVTO	Exonération	17,2 %	Exonération	17,2 %
2 B : Épargne salariale hors plafonds d'exonération	IR	Exonération	PFU (12,8 %) ou barème	Régime RVTO	Exonération		Exonération	PFU (12,8 %) ou barème
	PS	Exonération	17,2 %	Taux de 17,2 % sur la fraction RVTO	Exonération	17,2 %	Exonération	17,2 %
3 : Versements obligatoires		Cas d'arrérage unique					Sans objet	
	IR	Barème progressif sans abattement	PFU (12,8 %) ou barème	RVTG après abattement	Exonération			
	PS	10,1 %	17,2 %	10,1 %	Exonération	17,2 %		

Figure 19.1

À la liquidation des droits à la retraite, l'épargne issue des versements volontaires pourra dorénavant être débloquée totalement ou partiellement sous forme d'un capital ou d'une rente viagère. Autre grande nouveauté : désormais, la fiscalité à la sortie (capital ou rente) varie selon les modalités de sortie mais également en fonction de la déductibilité ou non des primes au moment du versement.

Enfin, la loi PACTE supprime le forfait social applicable à l'épargne salariale pour les entreprises de moins de 50 salariés, celui applicable aux accords d'intéressement pour les entreprises de moins de 250 salariés, et ouvre la possibilité d'un abondement unilatéral de l'employeur sur les supports d'actionnariat salarié, avec abaissement à 10 % du forfait social pour toutes les entreprises de plus de 50 salariés.

4 Les enveloppes de déductibilité fiscale

L'avantage essentiel instauré en vue de promouvoir les solutions d'épargne retraite consiste certainement en la mise en place d'un avantage fiscal qui se traduit, en pratique, par une enveloppe de déduction fiscale au titre de l'impôt sur les revenus. Cette enveloppe tient compte de l'abondement reçu sur un PERCO ou sur son équivalent au titre de la loi PACTE (PERECO) et des cotisations versées sur un régime supplémentaire de retraite d'entreprise (ou PERO dans la nouvelle version PACTE) ou sur un contrat Madelin (ou PERIN option TNS) (et qui ont donc déjà été déduites des revenus professionnels).

L'enveloppe se calcule en retenant le montant le plus élevé entre :
- 10 % des revenus professionnels nets de l'année précédente de cotisations sociales et de frais professionnels, dans la limite de 8 fois le PASS de l'année N–1 (370 944 € pour 2024) ;
- 10 % du PASS de l'année précédente (4 637 € pour 2024).

Il y a lieu de déduire de ce montant :
- l'abondement (net de CSG-CRDS) versé au cours de l'année précédente par l'employeur sur un PERCO ou PERECO ;
- pour les salariés, les cotisations versées au cours de l'année précédente à un régime obligatoire de retraite supplémentaire d'entreprise (art. 83 ou PERO), y compris la part patronale ;
- pour les indépendants, les cotisations versées au cours de l'année précédente sur un contrat Madelin ou PERIN option TNS, à l'exception de la fraction supplémentaire de 15 %.

L'enveloppe de déduction fiscale est propre à chaque membre du foyer fiscal (elle est mentionnée sur l'avis d'imposition des revenus de l'année précédant celle des versements). Dans les couples mariés ou pacsés, il est toutefois possible de bénéficier du plafond de déduction non utilisé ou utilisé partiellement par le conjoint ou le partenaire. De même, si le plafond de déduction n'a pas été totalement utilisé au cours de l'une des trois années précédentes, les montants non employés viennent s'ajouter à l'enveloppe de l'année en cours.

Cette enveloppe commune est complétée de « sur-enveloppes » spécifiques :
- une concernant la loi Madelin et le PERIN option TNS et représentant 15 % des bénéfices imposables compris entre 1 et 8 fois le PASS ;
- une exclusive et concernant le seul article 39 sans aucune limite de déductibilité.

Les dernières années ont été le théâtre de réflexions importantes sur la thématique de la retraite.

En effet, le gouvernement a entamé un marathon avec les partenaires sociaux afin de mettre sur pied une des promesses de la présidence Macron. L'ambition affichée était d'unifier les modes de calcul de la retraite afin de les rendre plus justes, compréhensibles et efficaces avec un système universel où la retraite serait calculée de la même manière quel que soit le régime ; un euro cotisé donnera à tous les travailleurs le droit au même niveau de pension de retraite.

Cette réforme, qui devait voir le jour courant 2020 avec une application progressive et le maintien de certaines dispositions dont celui du principe d'un régime par répartition et celui d'un maintien de l'âge de départ légal à 62 ans, a toutefois connu un arrêt brutal du fait de la situation sanitaire.

La nouvelle réforme des retraites de 2023 a mis un terme à l'engagement d'une retraite universelle au profit d'une solution plus classique. Toutefois, le sujet des retraites reste au cœur de l'actualité car malgré une revalorisation des pensions de base de 5,3 % au 1er janvier 2024 et de 4,6 % des pensions complémentaires, la situation de nombreux retraités reste précaire et l'équilibre des régimes n'est pas encore assuré.

Chapitre

20 L'investissement immobilier locatif

Camil MIKOLAJCZACK

SOMMAIRE

« L'immobilier ne peut pas être perdu ou volé, et il ne peut pas être emporté. Acheté avec bon sens, payé en totalité, et géré avec raison, il est le placement le plus sûr du monde. »

Franklin D. Roosevelt

Impossible de faire l'impasse sur l'immobilier quand il s'agit de gestion de patrimoine. Tout d'abord, parce que l'immobilier est le placement préféré des Français : il représente 73 % du patrimoine net total[1], l'une des proportions les plus élevées au monde. De nature averses au risque, les épargnants considèrent l'immobilier comme une valeur refuge à l'abri de l'agitation des marchés financiers. C'est un actif tangible qui rassure de par sa stabilité et sa simplicité. Mais surtout, l'immobilier se distingue des autres placements en répondant à un besoin primaire et universel : le besoin de se loger. Une fois ce besoin satisfait, notamment par l'achat d'une résidence principale, l'immobilier peut s'envisager sous la forme d'un investissement locatif. Ce dernier consiste alors à acquérir un bien immobilier en vue de le louer. Il peut recouvrir tout type d'actif tels qu'un appartement, une maison, un immeuble, un parking, un local commercial ou encore des bureaux.

L'atout majeur de l'investissement locatif n'est offert par aucun autre placement : il s'agit de l'effet de levier bancaire. Contrairement aux placements financiers qui nécessitent un capital à investir, il est possible de réaliser un investissement locatif sans fonds propres, en utilisant l'argent emprunté auprès d'une banque et de le rembourser avec celui du locataire. Ainsi, sans aucune mise initiale ou presque, il est possible de se constituer un patrimoine, de percevoir un complément de revenus et de profiter de l'éventuelle progression des prix de l'immobilier sur le long terme, moyennant un niveau de risque relativement maîtrisé. L'immobilier locatif permet également d'optimiser sa pression fiscale, de diversifier ses investissements, de protéger son conjoint ou encore de préparer sa transmission.

Cet attrait des épargnants pour l'immobilier locatif s'est accentué en raison d'un environnement favorable. D'une part, le contexte socio-économique est propice avec des taux d'intérêt historiquement bas, des dispositifs de défiscalisation incitatifs et l'apparition d'applications en ligne qui accompagnent les investisseurs dans chaque étape d'un investissement immobilier locatif. D'autre part, les épargnants sont poussés à passer à l'action face à la baisse des retraites, l'allongement de la durée de cotisations pour obtenir une retraite pleine, ainsi que la faiblesse des taux d'intérêt proposés par les placements sans risque. En cela, l'investissement locatif s'impose comme l'outil principal des épargnants pour préparer leurs vieux jours.

L'immobilier locatif a beau être l'investissement le plus simple en façade, il est en réalité le plus complexe en faisant appel à de multiples expertises : financières, bancaires, juridiques et fiscales. Par ailleurs, l'immobilier locatif fait face à un

1. Insee, « France, portrait social 2023 », *insee.fr*.

contexte particulièrement changeant : encadrement des loyers, nouvelles normes énergétiques, impôt sur la fortune immobilière… autant d'éléments qui complexifient l'appréhension d'un investissement performant.

L'objectif de ce chapitre est de présenter les grands principes et les bonnes pratiques pour réaliser un investissement locatif réussi (section 1), de la définition détaillée de la stratégie en passant par l'achat du bien (section 2) et les pistes d'optimisation fiscales (section 3), sa mise en location jusqu'à la revente, en gardant à l'esprit qu'il n'existe pas de recettes toutes faites. Ce chapitre présente enfin un cas de synthèse (section 4).

Section 1 LES GRANDS PRINCIPES DE L'IMMOBILIER LOCATIF

La mécanique de l'investissement locatif est simple en apparence. Un bien immobilier est acquis, mis en location et les loyers perçus servent à rembourser l'emprunt qui l'a financé. Seulement, le succès d'un tel investissement est sous-tendu par de nombreuses subtilités qui peuvent être d'ordre juridique, fiscal ou bancaire.

1 Le recours à l'emprunt

S'endetter pour investir dans l'immobilier locatif s'avère être le meilleur moyen de se constituer un patrimoine, même si pour certain cela peut sembler contre-intuitif.

1.1 L'effet de levier

Qui paie ses dettes s'enrichit. Et si quelqu'un les payait pour vous ? Voici la promesse de l'investissement locatif. Elle repose sur un concept clé qui fait que l'immobilier locatif est si singulier : l'effet de levier.

L'effet de levier consiste à financer une acquisition en s'endettant. Dans l'investissement locatif, il décuple la capacité d'investissement et la rentabilité en investissant l'argent dont l'investisseur ne dispose pas, celui prêté par la banque. Pour mesurer l'effet de levier, il est primordial de comprendre les concepts de rendement locatif et de rentabilité financière.

Le rendement locatif correspond à la différence entre les loyers perçus et l'ensemble des charges locatives (charges de copropriété, taxe foncière, assurances, etc.) rapporté au montant total de l'opération. Il s'agit de la performance intrinsèque d'un investissement locatif, c'est-à-dire sans prise en compte de la situation fiscale personnelle de l'investisseur et du mode de financement. Par conséquent, pour un projet immobilier donné, cet indicateur restera inchangé quel que soit l'investisseur.

$$\textit{Rendement locatif net} = \frac{\textit{Loyers} - \textit{Charges locatives}}{\textit{Apport personnel} + \textit{Emprunt}}$$

D'autre part, **la rentabilité financière** intègre la fiscalité de l'investisseur et les charges financières dans le cas du recours à l'emprunt. Cet indicateur est donc spécifique à chaque investisseur puisque la pression fiscale et le taux de l'éventuel emprunt bancaire lui sont propres. La rentabilité financière mesure le taux de rentabilité généré par l'apport personnel de l'investisseur.

$$\textit{Rentabilité financière} = \frac{\textit{Loyers} - \textit{Charges Locatives} - \textit{Charges Financières} - \textit{Impôts}}{\textit{Apport personnel}}$$

L'**effet de levier**, quant à lui, est la mesure du surplus de rentabilité obtenu par un investisseur ayant recours à la dette par rapport à une opération autofinancée.

$$\textit{Effet de levier} = \textit{Rentabilité financière} - \textit{Rendement locatif net}$$

Exemple – Comparaison des rentabilités financières et des effets de levier d'un investissement locatif

Un épargnant souhaite réaliser un investissement locatif qui génère 14000 € € de loyers par an pour un budget total de 200000 €. Les différentes charges locatives se chiffrent à 3500 € à l'année. L'investisseur dispose de l'apport nécessaire pour réaliser le projet et s'interroge sur l'intérêt de recourir à un emprunt à un taux de 4 %. À ce stade, la fiscalité n'est pas prise en compte, elle sera vue à la prochaine section.

Le rendement locatif net de l'opération est de : $\frac{14\,000 - 3\,500}{200\,000} = 5{,}25\ \%$

Achat avec 100 % d'apport personnel

$$\textit{Rentabilité financière} = \frac{14\,000 - 3\,500}{200\,000} = 5{,}25\ \%$$

La rentabilité financière et le rendement locatif net sont égaux, ce qui est logique pour une opération réalisée sans emprunt et dépourvue de toute charge financière.

Achat avec 10 % d'apport personnel

Ici, l'épargnant apporte 20000 € et emprunte 180000 € à un taux de 4 %.

$$\textit{Rentabilité financière} = \frac{14\,000 - 3\,500 - 4\ \% \times 180\,000}{20\,000} = 16{,}5\ \%$$

Effet de levier 16,5 – 5,25 = 11,25 %

Avoir recours à l'endettement a permis à l'investisseur de générer un surplus de performance de 11,25 %, soit une rentabilité financière plus de 3 fois supérieure à l'opération autofinancée. Par ailleurs, en optant pour le financement bancaire, notre investisseur dispose toujours de 180000 € qu'il pourra investir sur un produit d'épargne afin d'obtenir un rendement supplémentaire. Aussi, si son profil bancaire le lui permet, l'épargnant pourra réaliser une ou plusieurs autres opérations immobilières grâce à l'apport conservé contrairement à notre premier cas où il ne réalise qu'un seul investissement.

En immobilier locatif, l'effet de levier amplifie fortement la rentabilité. Ainsi, penser faire des économies en achetant comptant plutôt qu'à crédit s'avère être une fausse bonne idée. Outre l'aspect financier, ce dispositif présente un certain nombre d'avantages.

Tout d'abord, grâce à l'effet de levier, l'investisseur se **constitue un patrimoine à moindre effort**. Faire un crédit permet d'acquérir un bien immobilier, d'étaler ses échéances et de les rembourser pour tout ou partie avec les loyers. C'est donc le locataire qui rembourse l'emprunt, mais c'est l'investisseur qui profite d'une rente et d'un capital au terme de l'opération.

Ensuite, l'effet de levier permet **d'augmenter la capacité d'investissement.** En somme, tout un chacun peut investir dans l'immobilier et se créer un patrimoine indépendamment de sa fortune personnelle, y compris pour les épargnants ne disposant pas des fonds nécessaires.

Le recours à l'endettement pour financer une acquisition immobilière permet également **la protection de ses proches**. Dans la majorité des cas, il est demandé de contracter une assurance décès afin de couvrir la banque en cas de disparition prématurée de l'emprunteur. Avec une telle assurance, le décès emporte le remboursement de l'emprunt (en fonction des quotes-parts d'assurance) ce qui enrichira instantanément les héritiers qui pourront profiter d'un capital immobilier ainsi que de revenus sans avoir à rembourser le solde de l'emprunt.

Enfin, investir dans l'immobilier locatif à crédit plutôt qu'au comptant permet **d'optimiser sa pression fiscale**. En effet, l'ensemble des charges financières (intérêts d'emprunt, primes d'assurance, frais de dossier, frais de garantie) sont déductibles des revenus locatifs.

Attention

Le recours à l'endettement est à manier avec précaution. En effet, si l'effet de levier peut amplifier les profits, il peut aussi engendrer des pertes. Il est primordial que le **taux d'intérêt de l'emprunt soit inférieur au rendement de l'investissement**. S'il est supérieur, on parle d'effet de massue. En d'autres termes, l'endettement doit strictement coûter moins cher que ce qu'il rapporte.

1.2 La maîtrise du taux d'endettement

L'effet de levier est donc l'un des ingrédients d'un investissement locatif réussi. Alors, faut-il emprunter à tout va ? La réponse est non.

S'endetter est un moyen, pas une fin. Même si l'effet de levier bonifie l'investissement locatif, il ne faut pas en oublier les fondamentaux pour autant (emplacement, rendement, rénovation, régime fiscal, etc.), au risque de voir le projet immobilier tourner au cauchemar.

En sus d'un projet d'investissement sain, le recours à l'endettement implique d'avoir des capacités de remboursement personnelles solides, mesurées par le taux d'endettement de l'investisseur qui prend en compte à la fois le niveau de ses remboursements de crédit s'il est propriétaire et ses loyers s'il est locataire.

$$\textit{Taux d'endettement} = \frac{\textit{Loyers et/ou mensualité d'emprunt}}{\textit{Revenu net avant impôt + Loyers perçus pondérés}}$$

En France, le Haut Conseil de stabilité financière (HCSF) est désormais en capacité d'imposer des limites aux banques. Les principales règles en vigueur sont de :
- ne pas dépasser un taux d'endettement de 35 % du revenu net avant impôt de l'emprunteur ;
- limiter la durée de l'emprunt à 25 ans assortie d'un différé de 24 mois.

2 Le calcul de la performance d'un investissement locatif

2.1 Le rendement locatif

Le rendement locatif est la notion clé à maîtriser pour tout investisseur car il permet d'apprécier la performance d'un investissement immobilier et d'arbitrer entre plusieurs opportunités. Comme vu précédemment, il s'estime en rapportant le revenu issu de la location au coût total de son acquisition.

Exemple

Soit un appartement acheté 110000 € avec 8250 € de frais d'acquisition en sus, 10000 € de travaux et loué 650 € hors charges par mois :

$$\textit{Rendement locatif brut} = \frac{650 \times 12}{110\,000 + 8\,250 + 10\,000} = 6{,}1\ \%$$

Si on veut connaître son réel retour sur investissement, on peut aussi inclure les différentes charges courantes et calculer un rendement locatif net :

$$\textit{Rendement locatif net} = \frac{(\textit{Loyers hors charges} \times 12) - \textit{Charges locatives non récupérables}}{\textit{Prix d'achat frais d'agence inclus + Frais d'acquisition + Travaux}}$$

Ainsi, si on intègre des frais de copropriété non récupérables de 480 € par an et une taxe foncière de 600 €, on obtient :

$$\textit{Rendement locatif net} = \frac{(650 \times 12) - 480 - 600}{110\,000 + 8\,250 + 10\,000} = 5{,}2\ \%$$

Attention à toujours éviter de privilégier une opportunité immobilière en fonction de son seul rendement. En effet, la règle du couple rendement/risque[1] s'ap-

1. Voir chapitre 16.

plique aussi en immobilier. Qui dit rendement élevé, dit risqué élevé. Il est donc possible de faire une mauvaise affaire, même dans une ville dont le rendement locatif est conséquent. Ce n'est pas un hasard si les grandes métropoles et les quartiers à forte demande offrent les rendements locatifs les plus faibles. Les loyers ne montant pas jusqu'au ciel, plus les prix au mètre carré sont élevés, plus bas est le rendement locatif.

Ainsi, une ville où le rendement théorique est *a priori* plus faible pourra finalement proposer un rendement réel plus élevé qu'une ville aux rendements importants mais où la vacance locative et les risques d'impayés sont plus marqués. Par exemple, un bien qui offre un rendement locatif théorique de 9 % verra son rendement réel chuter à 6,75 % en prenant en compte une vacance locative annuelle de trois mois.

2.2 Le *cash-flow*

Le *cash-flow*, ou flux de trésorerie, mesure les flux nets que l'investisseur perçoit tous les mois de son opération locative. Il est un indicateur complémentaire du rendement locatif car il indique de façon tangible le retour sur investissement et la soutenabilité budgétaire du projet.

Son calcul est très simple : il s'agit d'additionner les revenus qui se résument aux seuls loyers et d'en soustraire toutes les dépenses (mensualités d'emprunt, assurances, charges de copropriété, taxe foncière, etc.).

Cash-flow = *Loyers* + *Provisions sur charges* – *Mensualité d'emprunt*
– *Charges locatives*

Contrairement au rendement, le *cash-flow* ne dépend pas exclusivement des caractéristiques intrinsèques d'une opportunité immobilière. Le financement du projet influe de façon importante les *cash-flows*, en intégrant les sorties de trésorerie liées au remboursement de l'éventuel emprunt : plus la durée d'emprunt sera longue et l'apport personnel important, plus la mensualité d'emprunt sera réduite et donc le *cash-flow* conséquent.

Exemple

Reprenons notre exemple de l'appartement acheté 110000 € avec 8250 € de frais d'acquisition en sus, 10000 € de travaux et loué 900 € hors charges par mois. L'investisseur a le choix de financer son investissement *via* un prêt sur 10 ans au taux de 3 % ou sur 20 ans à 4 %, avec un apport personnel de 10000 €.
Dans les deux cas, le rendement locatif ne change pas car il dépend uniquement des paramètres intrinsèques de l'opération :
– rendement locatif brut = 6,1 % ;
– rendement locatif net = 5,2 %.

Emprunt sur 10 ans

Ici, l'épargnant apporte 10000 € et emprunte 118250 € sur 10 ans à un taux de 3 %, soit une mensualité de 1389,20 €.

$$\textit{Rentabilité financière} = \frac{(650 \times 12) - 480 - 600 - 3\ \% \times 118\ 250}{10\ 000} = 31{,}7\ \%$$

Effet de levier = 31,7 – 5,2 = 26,5 %

La rentabilité financière et l'effet de levier sont importants car l'investisseur n'apporte que très peu de fonds dans l'opération et s'endette à un coût inférieur au rendement locatif net.

Cash-flow = (650 × 12) – 480 – 600 – (1 142 × 12) = – 6 984 €

Néanmoins, en empruntant sur une courte durée, l'investisseur accuse un *cash-flow* négatif important moyennant un effort d'épargne mensuel de 582 €.

Emprunt sur 20 ans

Ici, l'épargnant apporte 10000 € et emprunte 118250 € sur 20 ans à un taux de 4 %, soit une mensualité de 717 €.

$$\textit{Rentabilité financière} = \frac{(650 \times 12) - 480 - 600 - 4\ \% \times 118\ 250}{10\ 000} = 19{,}9\ \%$$

Effet de levier = 19,9 – 5,2 = 14,2 %

En toute logique, le coût du crédit étant supérieur, la rentabilité financière et l'effet de levier s'en trouvent impactés.

Cash-flow = (650 × 12) – 480 – 600 – (717 × 12) = – 1 884 €

À l'inverse, l'allongement de la durée du crédit à 20 ans permet à l'investisseur d'améliorer son *cash-flow* et de diminuer son effort d'épargne à 157 € par mois.

Quand le *cash-flow* est positif, l'investisseur perçoit les fruits de ses loyers avant même d'avoir remboursé totalement son emprunt. C'est le Graal de l'investisseur immobilier car cela lui permet de préserver son taux d'endettement pour de futures opérations et de se constituer une réserve d'argent pour d'éventuels travaux ou imprévus. Un *cash-flow* neutre est synonyme d'un investissement qui ne nécessite aucun effort de trésorerie, on parle d'autofinancement. Enfin, un *cash-flow* négatif se produit lorsque les loyers ne suffisent pas à couvrir les sorties de trésorerie, ce qui signifie que l'investisseur doit réaliser un effort d'épargne pour honorer le remboursement de son emprunt.

Le *cash-flow* est intéressant puisqu'il permet d'apprécier le retour sur investissement immédiat en termes de trésorerie mais ne peut être le seul indicateur à étudier. Notamment car il peut être gonflé artificiellement par le recours à une durée d'emprunt très longue, un apport conséquent ou un taux d'occupation surévalué. En somme, le *cash-flow* ne mesure pas la création de richesse car il n'intègre pas le rendement du projet ni le gain ou la perte en cas de revente du bien. De ce fait, il est possible d'avoir un investissement à *cash-flow* positif qui se solde par une moins-value à la revente ou bien un projet qui demande un effort de trésorerie mais dont la revente engendre une importante plus-value.

2.3 Le taux de rentabilité interne (TRI)

Le taux de rentabilité interne (TRI) est l'indicateur le plus complet pour mesurer la performance d'un investissement locatif. Il vient combler les lacunes du rendement locatif et du *cash-flow* en prenant en compte l'origine des fonds, l'effet de levier, les flux de trésorerie ainsi que la potentielle plus ou moins-value en cas de revente.

Le TRI intègre tous les flux d'une opportunité d'investissement (achat, revente, revenus, frais, fiscalité…) en ramenant l'ensemble à un rendement annuel. De manière triviale, le TRI répond à la question : « si j'investis tel montant, combien ça rapporte ? ».

Ainsi, le TRI peut être utilisé pour arbitrer plusieurs opportunités d'investissement quand bien même elles n'ont rien en commun. Par exemple, il permet de comparer la performance d'un investissement immobilier locatif financé à crédit avec celle d'un placement financier alimenté sur fonds propres.

Le taux de rentabilité interne est le taux d'actualisation qui égalise l'ensemble des *cash-flows* d'une opportunité d'investissement (I). En pratique, il peut être calculé à l'aide d'Excel ou d'une application en ligne[1] :

$$\sum_{i=0}^{n} = \frac{Cash\ flow_i}{(1 + TRI)^i} - I = 0$$

Le taux de rentabilité interne peut ainsi être calculé après coup afin de mesurer la performance réelle d'un investissement réalisé ou bien par anticipation afin d'arbitrer entre plusieurs opportunités. Dans ce cas, il est nécessaire de prévoir des scénarios de sortie, d'ordres pessimiste, neutre ou optimiste.

Exemple

Un épargnant souhaite se constituer un patrimoine en vue de sa retraite. Pour ce faire, il ne dispose pas de l'apport nécessaire mais d'une capacité d'épargne mensuelle de 250 € maximum. Il se demande s'il serait plus performant d'affecter cette somme à un investissement locatif ou à un plan d'investissement programmé sur un support investi en actions au sein d'un contrat d'assurance-vie.

Après avoir effectué ses recherches, il trouve une opportunité d'investissement qui correspond à ses critères et qui présente les caractéristiques suivantes :

- prix d'achat : 120 000 € ;
- frais de notaire et de garantie : 10 000 € ;
- travaux : 0 € ;
- loyers : 700 € par mois ;
- taxe foncière : 50 € par mois ;
- charges locatives : 60 € par mois.

Le financement est intégralement réalisé par emprunt dont la mensualité s'élève à 825 € sur 20 ans.

1. *yuno.immo* ; *horiz.io*

$$\textit{Rendement locatif net} = \frac{(700 - 50 - 50) \times 12}{120\,000 + 10\,000} = 5{,}5\ \%$$

Cash-flow = 700 – 825 – 50 – 50 = – 225 € par mois

Le rendement locatif net de cet investissement est de 5,5 %, ce qui *a priori* est bien inférieur aux performances de la Bourse sur les dernières décennies (7,55 % par an pour le CAC40 entre 2013 et 2023), permettant de doubler son capital sur la période. Mais ce calcul n'est pas suffisant car le rendement n'intègre pas l'effet de levier procuré par l'investissement locatif.

De nature prudente, notre épargnant choisit d'anticiper un scénario neutre avec une progression des prix de l'immobilier de 1 % par an. L'appartement acheté 120000 € serait donc revendu 146423 € dans 20 ans[1]. Nous obtenons alors les flux de trésorerie suivants :

– année 1 à 19 : – 225 × 12 = – 2700 € par an

– année 20 : (– 225 × 12) + 146423 = 142723 €

Le taux de rentabilité interne de cette opération est de 9,5 % par an. Comment est-ce possible étant donné que sur le plan financier, cet investissement « coûte » 225 € tous les mois à notre épargnant ? Tout simplement car il n'a fait aucun apport initial et s'est contenté de « payer » 225 € par mois. Mais n'oublions pas que payer ses dettes, c'est s'enrichir. Chaque mensualité remboursée, c'est du capital qui entre dans son patrimoine et qui se matérialise de façon pécuniaire à la revente.

En conclusion, pour être plus performant que l'investissement locatif pris en exemple, le portefeuille boursier de notre épargnant doit générer un taux de rentabilité annualisé de 9,5 % sur 20 ans, ce qui est peu plausible. Étant relativement dépourvu de volatilité, l'investissement locatif à crédit offre un couple rendement/risque séduisant.

Au passage, nous remarquons que même un investissement immobilier patrimonial au rendement locatif modéré et non autofinancé affiche un TRI significatif quand il est financé à crédit. Il est également possible d'intégrer toutes les variables susceptibles d'avoir une incidence sur l'investissement comme la fiscalité, les travaux, la revalorisation des loyers, etc. Si on imagine que des travaux de rafraîchissement de 15000 € sont financés au comptant par notre épargnant en année 10, le TRI ressort à 8 % par an.

Section 2 LES DIFFÉRENTES ÉTAPES D'UN INVESTISSEMENT LOCATIF

1 Trouver un bien immobilier

1.1 Fixer ses objectifs et déterminer sa stratégie

Cette première étape est sans doute la plus importante. S'il est déconseillé d'investir en Bourse sur des critères émotionnels, l'immobilier locatif ne déroge pas à cette règle.

1. Valeur dans 20 ans = 120000 × $(1{,}01)^{20}$ = 146423 €.

Le premier réflexe est souvent d'investir dans sa ville parce que cela rassure, mais le raisonnement ne doit pas s'arrêter là. Il ne faut pas considérer la ville d'un investissement locatif seulement pour des raisons affectives ou de proximité géographique. Par exemple, investir à Paris qui présente un rendement brut moyen de 3 % est incompatible avec l'objectif d'enchaîner les opérations à *cash-flow* positif. Il est donc plus efficient de partir de ses objectifs afin de définir une stratégie pour ensuite identifier les villes dans lesquelles il sera pertinent d'investir.

Premièrement, il faut prendre en compte la situation personnelle de l'investisseur. En fonction de ses revenus et de son taux d'endettement, il aura plus ou moins de latitude dans sa stratégie d'investissement. Un épargnant aux revenus modestes devra viser des rendements élevés pour atteindre *a minima* l'autofinancement et convaincre la banque, tandis qu'un profil plus aisé pourra se permettre des investissements moins rentables occasionnant un effort d'épargne.

Il faut également tenir compte de la tolérance au risque de l'investisseur. Tout comme en finance, il existe une relation proportionnelle entre le risque et le rendement espéré d'un investissement locatif. Plus l'emplacement d'un bien est prisé, moindre sera son rendement locatif. En contrepartie, l'investisseur aura plus de facilité pour trouver des locataires et davantage de probabilité de constater une plus-value à long terme.

Enfin, quel est le but recherché ? Acheter un studio pour compenser une baisse de revenus à la retraite et diversifier ses actifs ? Ou enchaîner les investissements pour se constituer un patrimoine conséquent, remplacer son salaire et prendre une retraite anticipée ?

En fonction de ces éléments, l'investisseur sera en mesure de déterminer un rendement cible. À titre d'exemple, pour atteindre l'autofinancement d'un projet avec un apport de 10 % du montant global de l'opération et un prêt sur 25 ans à un taux de 4,5 % assurance comprise, l'investisseur devra viser un rendement locatif net de 4,2 %, correspondant à un rendement brut de 6 % si l'on considère que les charges locatives représentent 30 % des loyers.

En fonction des objectifs poursuivis, plusieurs stratégies s'offrent alors à l'investisseur locatif.

- **La stratégie à haut rendement** (et donc à haut risque) consiste à acheter des biens qui procurent des rendements suffisants pour dégager du *cash-flow* même en l'absence d'apport. Ici, l'investisseur cherche un retour sur investissement immédiat avec des excédents de trésorerie lui permettant de se constituer des revenus complémentaires ou de préserver son taux d'endettement pour de futures opérations. Pour mettre en place cette stratégie, il faudra se tourner vers des villes peu dynamiques où le risque locatif est élevé tant sur la demande que sur les impayés. Parmi ces villes, on peut citer St-Étienne et Mulhouse qui proposent des rendements bruts pouvant dépasser les 10 % en raison du prix au mètre carré dépassant tout juste le millier d'euros. Le choix de l'emplacement sera d'autant plus important dans la mesure où la demande locative et la solidité financière des habitants varient énormément d'un quartier à l'autre. Les biens à haut rendement sont généralement peu liquides et présentent peu de chances d'offrir des plus-values. D'où vient alors le rendement ? Des prix bas et s'ils sont bas, c'est que l'attractivité et la demande y sont limitées.

– **La stratégie patrimoniale** privilégie quant à elle la qualité et l'emplacement des biens au détriment du rendement immédiat. En contrepartie, l'investisseur pourra profiter d'une demande abondante en toute période de l'année, réduisant les risques de *turn-over* et de vacance locative. S'il réalise un effort financier tous les mois, l'investisseur qui adopte une stratégie patrimoniale vise une appréciation de la valeur de son investissement sur le long terme. Ces biens patrimoniaux se situent dans des villes à forte pression acheteuse, ce qui leur confère une importante liquidité en cas de revente. Des villes comme Paris et sa première couronne, Lyon et Bordeaux offrent ainsi des rendements dans une fourchette de 3 à 5 % bruts et sont donc parfaites pour une stratégie patrimoniale.
– **La stratégie équilibrée** place le curseur au centre. Il s'agit d'investir dans des villes offrant une demande locative satisfaisante mais où les prix au mètre carré demeurent raisonnables. On peut y atteindre l'autofinancement même avec un mode de location classique. C'est notamment le cas des métropoles régionales comme Poitiers, Clermont-Ferrand ou Grenoble qui proposent des rendements compris entre 5 et 7 % bruts avec en fonction des quartiers, avec des prix moyens au mètre carré proches des 2 500 €. La stratégie équilibrée présente un bon compromis entre rendement et potentiel plus-value.

Focus

L'autofinancement est-il obligatoire pour faire un bon investissement locatif ?

Rien n'est obligatoire, l'investissement doit avant tout correspondre aux objectifs et à la situation personnelle de l'investisseur. Les plus téméraires investissent à cœur joie dans les villes à haut rendement tandis que les investisseurs prudents privilégient les villes patrimoniales, tout est question de risque. D'autre part, l'investisseur a tendance à être attiré par le *cash-flow* et l'autofinancement mais ne doit pas oublier quel est le principal vecteur de son enrichissement : le remboursement du crédit par l'effet de levier.

Il faut ainsi voir la performance de l'investissement locatif comme un iceberg. À la surface, le *cash-flow* est visible tandis que l'amortissement du capital est immergé. Cette partie se révèle et se monétise une fois le bien revendu. L'investissement locatif n'est pas un sprint mais un marathon où le temps joue pour l'investisseur. Chaque mensualité remboursée est une épargne forcée qui diminue son passif bancaire ce qui, mécaniquement, augmente son patrimoine, d'autant plus si ledit bien immobilier a pris de la valeur.

1.2 Faire une étude de marché

Une fois la stratégie d'investissement définie, reste à choisir le secteur où la déployer. À l'image d'un entrepreneur, il est primordial de réaliser une étude de marché d'une ville avant d'y investir.

Pour ce faire, prenons le cas d'un habitant d'Annecy qui souhaite investir dans un studio à moins d'une heure de route avec un rendement satisfaisant, en tout cas supérieur aux 3 % bruts proposés par sa commune. Il a jeté son dévolu sur la commune de Chambéry.

Le calcul du rendement

En premier lieu, il faut identifier les villes qui proposent un rendement locatif moyen satisfaisant par rapport à la cible visée. Un moyen très simple est de s'appuyer sur la carte des prix du site Meilleurs Agents[1] ou Immobilier Notaires[2] dont les données sont régulièrement mises à jour. Il suffit d'y rechercher sa ville puis de faire le rapport entre le loyer mensuel moyen annualisé et le prix au mètre carré moyen. Typiquement, les villes dont le prix au mètre carré est faible proposent des rendements plus élevés.

Le 1er janvier 2024, pour la commune de Chambéry, la base de données des Notaires de France indique un prix au mètre carré moyen de 2 860 € pour les appartements et le site Meilleurs Agents un loyer mensuel moyen au mètre carré de 12,8 €, soit 153,6 € en annualisé, donc un rendement locatif brut de 5,37 % (153,6/2 860). Même si cela ne présage rien du futur, il est également pertinent d'observer la progression des prix de l'immobilier afin de se faire une idée sur la tendance du marché.

La mesure de la tension locative

Puis, il est essentiel de prendre en compte la tension locative de la ville. En effet, plus elle est élevée, plus faible est le risque de vacances, ce qui permet de préserver le rendement locatif. Pour cela, le tensiomètre locatif de Locservice[3] est très utile car il évalue la quantité de la demande mais également sa qualité au travers de la solvabilité des candidats à la location. Il est également possible d'affiner les résultats par type de logement.

Ainsi, pour Chambéry, il est plutôt aisé de trouver rapidement un locataire pour un studio ou un logement T2. C'est donc un marché qui semble, à première vue, adapté aux étudiants et aux jeunes actifs. Attention, il s'agit à ce stade d'un premier filtrage qui nécessite d'être confirmé par une analyse plus fine du secteur en question.

---

1. *meilleursagents.com*
2. *immobilier.notaires.fr*
3. *locservice.fr*

L'analyse macro

Après avoir réalisé un premier balayage, il est utile d'affiner ses recherches avec des données macroéconomiques. Le site de l'Insee[1] est une excellente source qui répertorie de nombreux indicateurs socio-économiques par communes de France.

Pour évaluer le potentiel locatif d'une ville, il est notamment intéressant de regarder :

- *la variation annuelle de la population :* cet indicateur permet de savoir si la ville gagne ou perd des habitants et donc à quel point elle est attractive. À Chambéry, la population est en augmentation depuis des dizaines d'années, un bon signe ;
- *la population par tranches d'âges :* il faut être vigilant quant à cet indicateur car une population âgée présente une moindre propension à être locataire. Plus de 40 % des Chambériens ont entre 15 et 44 ans, ce qui est satisfaisant ;
- *le taux de logements vacants :* il est évident que l'on souhaite ce taux le plus bas possible. Avec un taux de 10 % pour Chambéry, rien d'alarmant car il est proche du niveau naturel observé dans les grandes villes françaises ;
- *la population étudiante :* cet indicateur permet de savoir vers quel type de logement se tourner. Avec 14,1 % d'étudiants et plusieurs établissements d'enseignement supérieur, Chambéry est une ville attractive pour les petites surfaces ;
- *le taux de chômage :* ce dernier indicateur nous renseigne sur la pauvreté de la population et le dynamisme économique de la ville. À Chambéry, le taux de chômage au sens du recensement est de 14,2 % contre 13,4 % en moyenne sur le territoire français, soit un taux moins bon mais peu significatif étant donné que notre investisseur s'adresse davantage aux étudiants.

Il est également intéressant de comparer ces données avec celles d'une autre ville ou de l'ensemble du territoire français. Par exemple, on pourra voir que Chambéry a un taux de population étudiante et de logements vacants proche de celui de Lyon, ville réputée pour son attractivité et son marché immobilier tendu.

L'analyse micro

Une fois retenue la ville et la stratégie d'investissement, il faut déterminer dans quel secteur investir. Pour cela, il faut se mettre dans la peau du locataire idéal. L'emplacement ! Que recherche un étudiant ? Un maximum de commodités à proximité (commerces, bars, restaurants), les transports en commun ainsi qu'un temps de trajet raisonnable pour se rendre à son école. Par ailleurs, il est important de se renseigner sur le niveau de sécurité des différents quartiers. En l'absence de connaissances personnelles, il faut, dans la mesure du possible, se renseigner auprès de personnes y habitant : amis, membres de la famille, agents immobiliers, groupes Facebook, etc. Ils sauront notamment quels sont les quartiers à éviter, les projets d'aménagement, l'arrivée d'une nouvelle ligne de tramway…

1. *insee.fr*

1.3 Les recherches

Les recherches immobilières représentent une des étapes les plus importantes de l'investissement locatif. En effet, le contexte de taux bas et de faiblesse de rendements sur les produits non risqués a incité de nombreux épargnants à se lancer dans l'immobilier locatif. Cette pression acheteuse a eu pour effet de tirer les rendements vers le bas et d'engendrer une pénurie d'opportunités d'investissement. De ce fait, pour dénicher la bonne affaire, il ne suffit plus de parcourir la première page des sites de petites annonces ou bien de s'arrêter devant la vitrine des agences immobilières. Il faut avoir une méthode de recherche claire et structurée.

Aujourd'hui, un bien peut être vu par des milliers d'internautes quelques minutes seulement après sa mise en ligne. Il faut garder en tête que la concurrence est intense pour dénicher la bonne affaire. Il convient donc de dresser la liste des critères à retenir : type de bien (studio, T2, T3, etc.), surface, prix au m^2 maximum, emplacement, etc.

Aussi pour maximiser ses chances, il est recommandé de multiplier ses sources, dont voici les principales.

Les sites d'annonces

En règle générale, on ne trouve pas les meilleures opportunités sur les sites de petites annonces. Pourquoi ? Car plus de 80 % des annonces sont mises en ligne par des professionnels de l'immobilier après que les biens en question ont eu été proposés à leurs clients fidèles ou signataires d'un mandat de recherche. Résultat, on y trouve globalement des biens peu intéressants. Néanmoins, la bonne surprise peut toujours arriver et il ne faut pas sous-estimer le facteur chance.

Les agences immobilières

C'est le canal sur lequel l'investisseur doit concentrer l'essentiel de ses efforts de recherche. En étant implantées sur place, les agences immobilières ont une parfaite connaissance de leur marché local et bénéficient d'un flux régulier de nouveaux biens. Cependant, il ne faudra pas se contenter des biens proposés en vitrine. L'objectif est de se positionner sur les opportunités avant même qu'elles soient mises en ligne sur le site de l'agence ou des petites annonces, on parle de biens « *off market* ».

Contrairement aux idées reçues, passer par une agence ne coûte pas forcément plus cher. D'une part, parce que les frais d'agences rémunèrent le travail de *sourcing* qui donne potentiellement accès à des opportunités rentables en dessous du prix du marché et parce qu'ils sont souvent inclus dans le prix et à la charge du vendeur. D'autre part, en fonction du montage fiscal, les frais d'agence peuvent être déductibles des revenus locatifs ou de la plus-value.

Les chasseurs immobiliers

Si le temps manque à l'investisseur, que la distance avec le secteur d'investissement est éloignée ou bien qu'il souhaite être accompagné, il est possible de confier sa recherche à un chasseur immobilier. Contrairement à l'agent immobilier dont l'offre se limite aux biens en stock dans son agence, le chasseur immobilier va œuvrer pour les intérêts de l'investisseur en prospectant des biens correspondant à ses critères. Au même titre que les frais d'agence, les honoraires de chasse sont finançables par la banque et déductibles des revenus locatifs selon son statut.

Cette liste n'est pas exhaustive, les notaires, les ventes aux enchères ou encore le bouche-à-oreille peuvent être des leviers intéressants pour dénicher des affaires immobilières.

2 Le processus d'achat

2.1 Les visites

La visite d'un bien immobilier est un moment privilégié qui permet d'apprendre les informations capitales qui ne sont pas dans l'annonce. Elle ne doit pas se limiter à la visite de l'immeuble et également intégrer son environnement. Pour ce qui est du bien en lui-même, les principaux points d'attention sont : l'état général, l'état des parties communes, le niveau des charges de copropriété, les travaux prévus ou à prévoir…

Enfin, dans la perspective des négociations, il peut être très utile de se renseigner sur le vendeur et d'essayer de savoir depuis quand il détient le bien, depuis quand le bien est en vente, pourquoi vend-il, si des offres ont déjà été faites et à quel prix, etc. En complément de la visite, il est impératif de demander les documents suivants (liste non exhaustive) :

- les trois derniers PV d'assemblées générales afin de connaître les travaux réalisés les dernières années et dans le cas où des travaux ont été votés, s'ils seront à la charge du vendeur ou de l'acheteur ;
- la dernière taxe foncière ;
- la copie du bail si le bien est vendu loué ;
- les diagnostics techniques pour identifier les éventuelles anomalies et l'attestation loi Carrez pour vérifier la surface exacte.

2.2 L'offre d'achat

Comment fixer le prix ? Ce dernier doit être en ligne avec le rendement locatif qui est attendu du bien, en intégrant l'ensemble des coûts à venir et si des travaux sont à prévoir.

Le prix d'achat

Rappelons qu'il est primordial d'acheter au prix du marché, voire mieux, mais qu'il faut éviter de surpayer un bien immobilier locatif quelle qu'en soit la raison car cela revient à démarrer avec une moins-value latente. En effet, en immobilier, la performance se fait à l'achat et le prix est à la base d'un bon rendement locatif. Ainsi, à loyer équivalent, le prix d'achat influe de manière significative le rendement locatif.

Acheter à bon prix offre un double bénéfice, avec dans l'immédiat un meilleur rendement locatif et à plus long terme, une perspective de plus-value ou une marge de sécurité en fonction de l'évolution des prix. Au passage, une négociation sur le prix permet de réduire les frais de notaire ainsi que le coût de l'emprunt puisque le montant emprunté sera moins élevé.

En complément de la visite et du chiffrage des éventuels travaux, il est conseillé de consulter la base DVF[1], en accès libre, qui répertorie les prix des dernières transactions réalisées par les notaires. Si une vente a eu lieu dans l'immeuble ou dans le quartier, cela permet d'en savoir davantage sur la réalité du marché et de mieux fixer le prix de l'offre.

L'offre d'achat

Une offre d'achat est peu engageante pour l'acheteur, le droit lui donne la faculté de se rétracter contrairement au vendeur qui est engagé une fois l'offre acceptée. Il est donc possible pour l'investisseur de se rétracter dans le cas de réalisation de conditions suspensives ou bien sans justification dans un délai de 10 jours à compter de la signature du compromis de vente. Ce dernier n'a généralement lieu que plusieurs semaines après l'acceptation de l'offre, ce qui laisse le temps de faire un audit plus poussé, une contre-visite avec des artisans, de récupérer l'ensemble des documents et éventuellement de sortir de la vente.

L'offre d'achat est souvent une étape négligée, mais au combien importante car elle matérialise l'intention d'achat ainsi que ses conditions. Un écrit s'impose avec un certain formalisme :
- la date : noter la date sur l'offre permet d'éviter de se faire doubler par un acheteur soi-disant meilleur qui passerait après. Pour une meilleure traçabilité et ainsi éviter toute déconvenue, il est préférable d'envoyer son offre par mail ;

1. *app.dvf.etalab.gouv.fr*

– le descriptif du bien : les dépendances (cave, parking) doivent aussi être notées pour éviter tout litige lors de la rédaction de l'avant-contrat ;
– le prix : le net vendeur est précisé mais aussi qui prend en charge les éventuels frais d'agence et s'il s'agit d'une offre acte en mains ;
– les conditions suspensives ;
– la durée de validité de l'offre : sans cette mention, une offre est valable à vie ;
– les conditions de réponse : une contre-signature de l'offre ou une réponse écrite par mail.

Une fois l'offre contresignée par le vendeur, il convient de la faire suivre au notaire pour la rédaction de l'avant-contrat.

2.3 Le passage chez le notaire

L'importance d'avoir son propre notaire

Avant d'aborder l'avant-contrat, il faut savoir qu'il est fortement conseillé de se faire représenter par un notaire. Deux notaires peuvent ainsi participer à la réalisation d'une vente. Prendre un notaire en tant qu'acheteur permet d'avoir un interlocuteur privilégié qui reliera minutieusement l'avant-contrat rédigé par son confrère et qui saura défendre ses intérêts et répondre à toutes ses questions. Cela n'engendre aucun surcoût puisque les honoraires seront partagés entre les deux notaires.

L'avant-contrat

L'avant-contrat est l'acte qui permet d'arrêter les conditions d'accord de l'acheteur et du vendeur tout en gardant la possibilité d'en vérifier la faisabilité (obtention du financement, fourniture de documents, etc.). Il précède l'acte authentique qui scelle définitivement la vente après que les conditions suspensives ont été réalisées. Les conditions de la transaction sont fixées dès l'avant-contrat, ce qui implique que tout changement nécessitera un nouvel accord des parties. C'est seulement à la signature de l'avant-contrat qu'il convient de déposer sa demande de financement auprès de la banque.

On distingue principalement deux formes d'avant-contrats : la promesse unilatérale de vente et le compromis de vente. Le délai entre la signature de l'avant-contrat et l'acte authentique est généralement de deux à quatre mois mais il peut être librement prolongé entre les parties afin de permettre la réalisation des clauses suspensives.

Attention

En cas d'achat *via* une agence, il y a de fortes chances pour que cette dernière propose de signer sur place un compromis « tout fait ». Il est préférable de contacter son notaire qui rédigera un avant-contrat sur mesure et dans les règles de l'art.

Les clauses suspensives

Les clauses ou conditions suspensives protègent l'acquéreur en permettant la nullité de la vente si seulement l'une d'elles ne se réalise pas. Il est possible de redoubler d'imagination et d'inscrire presque tout ce que l'on souhaite en condition suspensive (obtention d'un permis de construire, réalisation d'un audit de la toiture...) mais attention aux abus qui risquent de froisser le vendeur. Les principales clauses sont :

– *la clause suspensive d'obtention de prêt :* cette clause est la plus répandue et la plus importante, elle permet à l'acquéreur de se désengager de la transaction en cas d'échec à l'obtention d'un prêt dans des conditions prévues de montant, de taux d'intérêt et de durée. Pour l'activer, l'acheteur doit présenter deux refus émanant d'établissements bancaires différents, dans un délai imparti. Il est fortement conseillé de fixer ce délai à 60 jours minimum afin d'avoir le temps de comparer plusieurs offres et d'anticiper un retard de traitement bancaire ;
– *la clause suspensive de vente d'un bien immobilier :* si l'acquéreur a besoin de vendre un bien pour financer son acquisition, il peut le porter en condition suspensive. Ainsi, si sa propre vente ne se réalise pas, il pourra annuler son nouvel achat ;
– *la clause suspensive de réalisation de travaux :* cette clause engage le vendeur à réaliser certains travaux négociés avec l'acheteur. S'ils ne sont pas faits avant la réalisation de la vente, elle sera annulée.

Les points à négocier côté acheteur

Par ailleurs, il est possible de négocier un certain nombre de points à l'occasion de l'avant-contrat :

– *la faculté de substitution :* cette clause offre à une personne morale ou physique, la faculté d'acheter le bien dans les mêmes conditions que le bénéficiaire de l'avant-contrat. Si l'acquéreur a l'intention de procéder à l'achat *via* une personne morale (société civile immobilière ou autre forme de société) ou de s'associer avec des investisseurs, cette clause lui en offre la possibilité même après avoir signé l'avant-contrat. Cette clause est notamment utile lorsque la société d'acquisition n'est pas encore constituée ou que l'acquéreur a besoin d'inclure un investisseur tiers en cas de difficulté de financement au dernier moment. Même s'il n'est pas sûr d'acheter *via* une société, l'astuce est de faire l'offre d'achat en tant que personne physique tout en inscrivant cette clause de substitution. Pourquoi ? Car les personnes morales ne bénéficient pas du délai légal de rétractation de 10 jours et que ce procédé permet d'en bénéficier tout en achetant en société ;
– *le dépôt de garantie ou l'indemnité d'immobilisation :* contrairement aux idées reçues, il n'est pas obligatoire de verser un acompte. Le dépôt de garantie est généralement fixé à 10 % du prix du bien mais il est tout à fait possible d'en réduire le montant, voire de le réduire à 0. L'acompte peut représenter des sommes conséquentes à mobiliser pour l'acheteur surtout s'il finance son acquisition à crédit. Toutefois, si l'acheteur se

rétracte en dehors de son délai légal ou des conditions suspensives, il sera tout de même tenu au paiement de l'indemnité. Ramener l'acompte à 0 permet uniquement de ne pas bloquer de l'argent inutilement chez le notaire ;

– *la répartition des charges :* il est d'usage de proratiser la taxe foncière et les charges de copropriété et d'en demander le paiement à l'acquéreur au profit du vendeur le jour de la signature. Cette pratique est contraire à la loi car la taxe foncière est à payer par le propriétaire du bien au 1er janvier qui en demeure le seul redevable auprès de l'administration fiscale. Idem pour les charges de copropriété, c'est le propriétaire au moment de l'appel de fonds qui en est débiteur. Par exemple, si la taxe foncière du bien est de 1 200 € pour l'année et que la transaction a lieu le 1er février, alors le nouveau propriétaire devra régler au vendeur la somme de 1 100 €. Il en va de même pour le fonds travaux, certains vendeurs souhaitent parfois être remboursés. Or, cela est contraire à la loi Alur qui stipule que les sommes versées restent attachées au lot et qu'elles ne sont pas remboursables en cas de vente.

Les frais d'acquisition (dits frais de notaire)

Les frais de notaire sont une appellation impropre des frais d'acquisition. Et pour cause, les honoraires du notaire ne représentent qu'une infime part de ces frais, le reste étant essentiellement composé de taxes et débours. En revanche, pour l'acquéreur, les frais d'acquisition pèsent lourd : entre 7 et 8 % du montant du prix du bien dans l'ancien et entre 2 et 3 % dans le neuf. Pour les réduire, il est possible de jouer sur l'assiette de calcul des frais, qui ne s'appliquent que sur la partie immobilière du prix de vente.

La première astuce s'applique uniquement dans le cadre d'un achat *via* une agence. Le plus souvent, l'acquéreur paie un prix global au vendeur qui intègre les honoraires qui sont ensuite reversés à l'agence par le vendeur. En tant qu'acheteur, il est plus intéressant de les prendre directement à sa charge pour les déduire de l'assiette des frais d'acquisition. De plus, en fonction du régime fiscal, les frais d'agence supportés par l'acheteur sont déductibles des revenus locatifs – ce qui n'est pas le cas quand ils sont à la charge du vendeur. Pour ce faire, il faut au préalable demander à l'agent immobilier s'il est possible de faire un mandat de recherche ou un mandat de vente avec commission chargée acquéreur.

De même, il est possible de valoriser le mobilier et de le distinguer du prix du bien. Sauf si le bien est complètement vendu nu, il est toujours possible d'intégrer le prix des meubles de cuisine, de la salle de bains et de l'électroménager. Attention, l'évaluation doit être cohérente ou l'administration fiscale sanctionnera tout abus en cas de contrôle. Si les montants en jeu sont significatifs, mieux vaut justifier son évaluation avec des factures. Bémol de cette technique : certaines banques pourraient refuser d'intégrer le mobilier dans le financement. Enfin, en cas de revente future du bien, il faudra penser à intégrer de nouveau le mobilier dans le prix de vente au risque de gonfler la plus-value, le prix ayant été minoré à la base.

Exemple

Soit un bien acheté 250000 € à Paris, tout compris, par l'intermédiaire d'une agence qui applique des honoraires de 15000 €.
Achat avec frais d'agence à la charge du vendeur et sans valorisation du mobilier
Frais d'acquisition : 250000 × 8 % = 20000 €
Achat avec frais d'agence à la charge de l'acheteur et valorisation du mobilier à hauteur de 5000 €
Frais d'acquisition : (250000 – 15000 – 5000) × 8 % = 18400 €
Une simple modification dans l'avant-contrat permet à l'acheteur d'économiser 1600 €.

Ces différents points soulignent l'importance d'être accompagné par son propre notaire en tant qu'acquéreur. De plus, un notaire peut exercer sur toute la France à l'exception de l'Alsace-Moselle.

L'acte authentique

La signature de l'acte authentique a généralement lieu deux à quatre mois après la signature de l'avant-contrat en fonction des difficultés de l'acheteur à obtenir son prêt ou de la réactivité des services d'urbanisme.

En échange du paiement du prix de vente, le notaire procède au transfert de propriété au profit de l'acquéreur, lui remet les clés, le titre de propriété ainsi que le prorata de loyer et le dépôt de garantie si l'immeuble en question est vendu loué.

Section 3 OPTIMISER LA FISCALITÉ DE SON INVESTISSEMENT LOCATIF

L'immobilier est sans doute la classe d'actif qui présente la fiscalité la plus subtile et la plus complexe. Il est possible d'investir en direct, au travers de sociétés civiles ou commerciales, en pleine propriété ou en démembrement et dans le cadre d'innombrables régimes fiscaux[1] (Pinel, Denormandie, Censi-Bouvard, Cosse, Malraux, monuments historiques, Scellier…).

C'est également la classe d'actif pouvant faire l'objet de plus de de taxes tant sur le capital (droits d'enregistrement, taxe foncière, taxe sur les logements vacants) que sur les revenus (tranche marginale d'imposition et prélèvements sociaux). Si les autres revenus du patrimoine (revenus de capitaux mobiliers et plus-values mobilières) bénéficient d'une fiscalité maximale de 30 % avec le prélèvement forfaitaire unique (PFU), les revenus issus de l'immobilier ne sont pas concernés.

1. Voir chapitre 14.

De ce fait, pour les contribuables les plus imposés, la taxation des loyers peut aller jusqu'à 62,2 % hors contribution exceptionnelle sur les hauts revenus (CEHR). Il est donc d'autant plus important de soigner le montage fiscal de son investissement locatif au risque de gâcher les efforts engagés sur la partie opérationnelle de l'opération.

Exemple

Un contribuable, dont le taux marginal d'imposition est de 41 %, réalise un investissement locatif qui génère un rendement net de charges locatives de 6 %. Le bien est loué nu sans option pour une loi de défiscalisation. Son rendement net sera, compte tenu du taux de prélèvements sociaux de 17,2 %, de : $6 \times (1 - 0{,}41 - 0{,}172) = 2{,}51$ %.
Sans optimisation fiscale, le rendement d'une bonne affaire immobilière fondra comme neige au soleil. Fort heureusement, l'ingénierie patrimoniale offre une large palette de stratégies pour optimiser la fiscalité immobilière en fonction de la situation et des objectifs de l'investisseur.

Un chapitre ne serait pas suffisant pour développer les tenants et aboutissants de chaque régime fiscal. Aussi, nous nous focaliserons ici sur les solutions les plus attractives pour la majorité des primo-investisseurs.

1 Le piège de la défiscalisation

Commençons par tordre le cou à une idée reçue, **la majorité des dispositifs de défiscalisation ne réduisent pas les impôts sans contrepartie**. Au mieux, ils servent à payer la fiscalité qu'ils vont générer, les prix d'achat surcotés et les rendements moyens entre 2 et 3 % bruts en raison des loyers plafonnés. Investir avec pour seul objectif de réduire ses impôts est antinomique et contre-intuitif.

Il convient donc de mettre en garde les primo-investisseurs qui se tournent vers des projets clés en mains, alléchés par de jolies promesses : frais de notaire et cuisine offerts, immeuble de standing aux dernières normes énergétiques, réduction d'impôts jusqu'à 6 000 € par an… Ces avantages sont là pour détourner un investisseur des fondamentaux d'un bon investissement locatif : l'emplacement, la demande locative, le prix au mètre carré, le rendement et les perspectives de plus-value. Rien n'est gratuit, seulement payé autrement ou par quelqu'un d'autre.

En conclusion, pour faire un bon investissement locatif, il faut rester rationnel et s'en tenir aux chiffres qui sont les seuls juges pour arbitrer d'une opportunité d'investissement.

2 La location nue

La location nue est la forme d'investissement locatif la plus répandue chez les investisseurs, notamment par sa simplicité. En effet, en location nue, on laisse le soin au locataire de meubler et d'équiper à ses frais et à son goût l'immeuble/l'appartement qu'il va occuper. Le locataire signe un bail de trois ans avec un préavis de trois mois (un mois en zone tendue) et se projette généralement sur du long terme. Cela signifie moins de frais d'entretien et un *turn-over* locatif limité. C'est aussi une stratégie qui a l'avantage de fonctionner quasiment partout en France et sur toute typologie de surface. Cette location nue peut se faire en nom propre ou au travers d'une SCI.

2.1 La location nue en nom propre

Exercés en nom propre, les loyers perçus entrent dans la catégorie des revenus fonciers. Le bailleur est soumis de plein droit au régime du micro-foncier qui offre un abattement de 30 % si la somme annuelle des loyers ne dépasse pas 15 000 € perçus ou, sur option, pour le régime réel afin de déduire un certain nombre de charges et travaux inhérents à l'investissement[1].

Le régime réel est souvent plus intéressant les premières années notamment en raison des intérêts élevés et des frais de garantie déductibles. Si, sur le plan opérationnel, la location nue offre certains avantages, c'est au niveau de la fiscalité sur les loyers que le bât blesse. En effet, en l'absence de gros travaux, l'investisseur subit un frottement fiscal et social non négligeable, voire prohibitif (jusqu'à 66,2 % CEHR[2] incluse). De ce fait, à moins d'avoir acheté un immeuble en ruine, la fiscalité finit par rattraper l'investisseur et met en péril son rendement locatif et la viabilité de son opération, particulièrement si elle est financée *via* un emprunt. Pour les plus téméraires, réaliser de lourds travaux permet alors d'être en déficit foncier et d'éviter toute fiscalité mais cette stratégie présente plusieurs inconvénients : la durée des travaux représente un manque à gagner en termes de loyers, le coût de la rénovation peut accroître le prix au mètre carré, tous les postes de travaux ne sont pas déductibles des loyers, cela n'est pas soutenable sur du long terme car une fois les déficits épuisés, il faudra revendre le bien ou réaliser de nouveaux travaux. Cependant, en cas de revente d'un bien loué en nu, l'épargnant est fiscalisé sous le très favorable régime des plus-values des particuliers (19 % pour l'impôt sur le revenu, + 17,2 % pour les prélèvements sociaux), ce qui lui permet de profiter d'abattements pour une durée de détention avec une exonération fiscale au bout de 22 ans et sociale au bout de 30 ans. Seuls les travaux de réparation ou d'amélioration sont déductibles des revenus fonciers. Les travaux d'agrandissement, de construction et de reconstruction ne sont pas déductibles des

1. Voir chapitre 14 pour plus de détails.
2. Contribution exceptionnelle sur les hauts revenus.

revenus fonciers. Ils sont imputables sur la valeur d'acquisition, ce qui permettra de minorer le montant de la plus-value imposable à la revente.

Tableau 20.1 – Fiscalité des plus-values des particuliers

	Taux de décote applicable chaque année de détention	
Durée de détention	**Pour l'impôt sur le revenu**	**Pour les prélèvements sociaux**
Moins de 6 ans	0 %	0 %
De la 6e à la 21e année	6 %	1,65 %
22e année révolue	4 %	1,6 %
Au-delà de la 22e année	Exonération	9 %
Au-delà de la 30e année	Exonération	Exonération

EXEMPLE

Un appartement est acheté en nom propre pour 150000 € puis revendu 10 ans plus tard pour 200000 € après avoir été loué en nu. Le régime des plus-values des particuliers prévoit une majoration du prix d'acquisition à hauteur de 7,5 % au titre des frais d'acquisition et de 15 % au titre des travaux si le bien est détenu depuis au moins 5 ans.
– Prix d'achat corrigé = 150000 × (1 + 15 % + 7,5 %) = 183750 €
– Plus-value brute = 200000 – 183750 = 16250 €
On calcule l'imposition après l'application des abattements pour une durée de détention :
– Impôt sur le revenu = 19 % × (16250 – 5 × 6 %) = 2161,25 €
– Prélèvements sociaux = 17,2 % × (16250 – 5 × 1,65 %) = 2795 €

2.2 La location nue au travers d'une SCI à l'impôt sur les sociétés

Face à la fiscalité confiscatoire sur les loyers, de nombreux investisseurs avertis réalisent leur location nue au travers d'une société civile en optant pour l'impôt sur les sociétés (IS) en lieu et place de l'impôt sur le revenu[1]. Avec la SCI à l'IS, l'investisseur érige une frontière entre lui-même et son immeuble qui se retrouve encapsulé dans une société régie par des règles fiscales distinctes de celles du particulier. À l'impôt sur les sociétés, le bénéfice n'est taxé qu'à 15 % jusqu'à 42500 € de bénéfices et à 25 % au-delà. En revanche, si l'investisseur souhaite profiter de ses loyers, il devra demander le versement d'un dividende à sa SCI et sera à ce titre redevable d'un nouvel impôt au titre des revenus de capitaux mobiliers, éventuellement au taux du prélèvement forfaitaire unique de 30 %. Ce point est intéressant pour le contribuable fortement imposé, car il lui permet de décorréler sa fiscalité des revenus immobiliers de celle de ses revenus professionnels.

1. Voir chapitre 11 pour une présentation détaillée du statut fiscal des sociétés civiles.

Tableau 20.2 – Comparaison de la pression fiscale et sociale globale entre IR et IS après distribution (en %)

Tranche marginale d'imposition IR[1] / Taux d'IS	0	11	30	41	45
IS 15 %	29,6	34,6[2]	40,5	40,5	40,5
IS 25 %	37,9	42,3	47,5[3]	47,5	47,5
Impôt sur le revenu	17,2	27,4	45,2	55,4[4]	59,1

1. Application du taux le plus favorable entre le PFU et le barème progressif avec abattement de 40 % et CSG déductible.
2. 15 % + (1 – 15 %) × [11 % × (1 – 40 % – 6,8 %) + 17,2 %]
3. 25 % + (1 – 25 %) × (12,8 % + 17,2 %)
4. 41 % + 17,2 % – (6,8 % × 41 %)

On constate qu'à partir d'un taux marginal d'imposition à l'impôt sur le revenu de 30 %, la SCI à l'IS est plus favorable malgré la double taxation. Aussi, il peut être envisageable de répartir les investissements sur plusieurs SCI afin de bénéficier à nouveau du taux d'imposition réduit de 15 %.

En plus d'offrir un taux d'imposition réduit, la SCI à l'IS permet une déduction de charges beaucoup plus importante qu'à l'impôt sur le revenu : frais d'acquisition, frais d'agence, travaux d'agrandissement et de transformation et amortissements ; tant et si bien que le résultat ne deviendra positif qu'après de nombreuses années même en l'absence de travaux de rénovation. Toutefois, cet avantage fiscal sur les revenus locatifs n'est pas sans conséquences car contrebalancé par une fiscalité très élevée en cas de revente, avec la reprise des amortissements pratiqués et l'absence d'abattements pour une durée de détention. Ainsi, il est possible pour l'investisseur de s'acquitter d'une imposition sur le produit de vente quand bien même il n'aurait pas réalisé de plus-value. Ce qui est donné d'un côté est repris de l'autre.

Focus

L'amortissement

À l'exclusion de la valeur du terrain (comprise entre 10 et 30 % selon la localisation de l'immeuble), la construction et le mobilier sont amortissables. Les taux usuels d'amortissement résultent de la méthode des composants qui consiste à ventiler les différents postes (gros œuvre, façades et étanchéité, agencement, etc.) sur des durées distinctes. Par ailleurs, les frais d'acquisition et les frais d'agence peuvent faire l'objet d'une déduction immédiate ou échelonnée par le biais d'amortissements.

Exemple

> Un appartement est acheté *via* une SCI à l'IS pour 150000 € puis revendu 10 ans plus tard pour 200000 €. Sur la période, l'investisseur a amorti le bien à hauteur de 50000 € ce qui engendre une dépréciation fiscale de la valeur nette comptable du bien.
> – Valeur nette comptable = 150000 – 50000 = 100000 €
> – Plus-value = 200000 – 100000 = 100000 €
> Cette « plus-value » comptable est à intégrer dans le résultat de la SCI, soit une fiscalité de 20750 € [42500 × 15 % + (100000 – 42500) × 25 %] ou de 25000 € (100 000 × 25 %) en fonction de l'utilisation des tranches du barème de l'IS.

En synthèse, la location nue en nom propre fait peser une lourde pression fiscale sur les revenus fonciers de l'investisseur qui devra réaliser un effort d'épargne afin de rembourser son emprunt, mais à la revente il profitera d'une imposition favorable. C'est donc une stratégie qui n'a d'intérêt qu'en présence de gros travaux de rénovation, à savoir qu'une fois le déficit épongé il sera préférable de revendre le bien.

La SCI à l'IS permet donc de limiter les frottements fiscaux sur les loyers grâce au taux d'impôt sur les sociétés réduit, voire de les supprimer grâce aux amortissements. En revanche, c'est à la revente que le couperet fiscal tombe avec la reprise des amortissements pratiqués. Pour tirer un maximum de profit de la SCI à l'IS, il est recommandé de repousser la vente de l'immeuble le plus tard possible afin de laisser capitaliser les excédents de trésorerie. Avec une fiscalité douce sur les loyers mais dure à la revente, cette stratégie est à privilégier sur les biens à hauts rendements et à faibles perspectives de plus-value. C'est donc dans le cadre d'une stratégie de constitution et de transmission de patrimoine que la SCI à l'IS exprime tout son potentiel.

Enfin, investir *via* une SCI à l'IS induit un certain coût ainsi que tout un lot de complexités comptables et administratives qui n'auront d'intérêt que si l'investisseur se projette sur des montants substantiels ou qu'il souhaite capitaliser sur son outil professionnel en faisant transiter sa trésorerie par une holding. À éviter donc pour le particulier qui souhaite faire son premier investissement tout en conservant un maximum de souplesse dans la gestion de son patrimoine.

3 La location meublée

La location meublée est une stratégie d'investissement en vogue qui connaît un succès grandissant. Et pour cause, elle offre de sérieux atouts pour les investisseurs. Comme son nom l'indique, la location meublée consiste à mettre en location un logement doté d'un mobilier et d'équipements pour permettre au locataire d'y vivre confortablement au regard des exigences de la vie courante. En d'autres termes, le locataire ne doit avoir qu'une seule chose à faire en entrant dans les lieux, poser ses valises.

La liste des équipements minimum pour obtenir la qualification de logement meublé est fixée par décret (lit, plaques de cuisson, réfrigérateur, table et chaises, etc.) mais rien n'empêche le propriétaire d'aller plus loin pour améliorer le confort de son locataire. À l'inverse de la location nue, qui peut se déployer un peu partout, la location meublée répond à une clientèle de court et moyen séjour (étudiants, jeunes actifs, cadres et expatriés) et que l'on retrouve majoritairement dans les grandes métropoles et villes estudiantines. Cette stratégie présente ainsi de nombreux avantages pour le loueur en meublé :

– **des loyers et un rendement plus élevé :** à qualité et emplacement équivalents, un logement meublé se loue entre 20 et 30 % plus cher qu'en location nue. Même si l'ameublement implique un investissement, celui-ci ne se chiffre qu'à quelques milliers d'euros et se trouve largement amorti par le supplément de loyer payé par le locataire, ce qui permet de bonifier le rendement locatif de l'investisseur. En revanche, il faudra anticiper des frais d'entretien supérieurs à la location nue sur le long terme ;
– **un risque d'impayé plus faible :** même si le risque zéro n'existe pas, force est de constater que la clientèle de la location meublée présente une solvabilité très satisfaisante. Un loyer plus cher attire des profils aux moyens financiers plus aisés. De plus, il n'est pas rare pour les cadres ou expatriés que leur loyer soit pris en charge par leur entreprise. De même, pour les étudiants qui bénéficient le plus souvent du soutien de leurs parents en tant que caution solidaire. En contrepartie, l'investisseur devra accepter un *turn-over* locatif plus important qu'en location nue, d'autant plus que le bail est légalement d'un an et le préavis de seulement un mois ;
– **une fiscalité très avantageuse :** la location nue en direct a le défaut d'être fortement taxée sur les revenus tandis que l'encapsulage dans une SCI à l'IS apporte une solution à ce problème mais en contrepartie d'une fiscalité élevée à la revente. Et s'il était possible de profiter du meilleur des deux mondes sans les inconvénients de chacun ? C'est ce que propose la location meublée. Exercée en nom propre, elle sera qualifiée de non professionnelle ou de professionnelle sous conditions de recettes.

3.1 Le loueur en meublé non professionnel (LMNP)

La location meublée est considérée comme une activité civile sur le plan juridique mais commerciale sur le plan fiscal. De ce fait, les revenus tirés de la location meublée sont considérés comme des bénéfices industriels et commerciaux (BIC), et non comme des revenus fonciers, ce qui permet à l'investisseur de profiter d'une fiscalité extrêmement attractive et ce, quels que soient ses objectifs. En outre, cette commercialité fait qu'une SCI qui donne en location des biens meublés sera automatiquement assujettie à l'impôt sur les sociétés, ce qui ne permet pas de bénéficier du dispositif avantageux du LMNP que nous allons développer ci-après.

Il existe toutefois une tolérance qui permet à la SCI de rester à l'impôt sur le revenu et de profiter du statut LMNP si les recettes issues de la location meublée sont inférieures à 10 % des recettes totales.

L'imposition des revenus au régime micro

Si le chiffre d'affaires annuel (ajusté au prorata du temps d'exploitation) est inférieur à 77 700 €, le loueur en meublé non professionnel bénéficie de plein droit du régime micro BIC. Ce dernier confère au propriétaire un abattement forfaitaire de 50 % sur ses loyers pour couvrir l'ensemble de ses charges locatives. De plus, dans le cas d'une location saisonnière, il pourra prétendre à un abattement renforcé de 71 % jusqu'à 188 700 € de recettes si son logement obtient le classement en meublé de tourisme ou en chambre d'hôte. Le régime micro BIC est ainsi bien plus intéressant que le micro-foncier avec des abattements de 50 % et 71 % contre seulement 30 %. Mais les bonnes surprises ne s'arrêtent pas là... En réalité, se contenter du régime micro est une erreur que font beaucoup d'investisseurs. C'est bien avec le régime réel que la location meublée non professionnelle se distingue tout particulièrement.

L'imposition des revenus au régime réel

Le régime réel s'applique de plein droit pour tout loueur en meublé dont les recettes dépassent 77 700 € ou sur option pour ceux dont les recettes sont inférieures au seuil. En optant pour le régime réel, le propriétaire sera en mesure de déduire de ses loyers les charges habituellement déductibles sous le régime réel des revenus fonciers. La fiscalité des bénéfices industriels et commerciaux permet aussi la déductibilité des frais d'acquisition, des frais d'agence et surtout la pratique des amortissements. Le même arsenal de déductions qui permet de défiscaliser les loyers en SCI à l'IS pendant de nombreuses années, même en l'absence de travaux, à la différence près que le LMNP n'est pas sujet à la double taxation des bénéfices. En l'absence d'interposition de personne morale entre l'investisseur et ses biens immobiliers, ses bénéfices tombent directement sur son compte bancaire personnel et nul besoin de déclencher le paiement de dividendes pour profiter des loyers.

L'imposition des plus-values en cas de cession du bien

Le statut LMNP est encore plus séduisant dans la mesure où il bénéficie du régime des plus-values des particuliers sans reprise des amortissements pour le calcul de la plus-value. Ceci permet de bénéficier du meilleur des deux mondes : des loyers défiscalisés (grâce aux amortissements et à la déductibilité des frais d'acquisition) et une imposition sur la plus-value adoucie (par l'application du régime des plus-values des particuliers). En d'autres termes, le LMNP bénéficie des mêmes déductions fiscales avantageuses qu'en SCI à l'IS mais sans en subir le contrecoup en cas de revente, le tout en conservant un maximum de souplesse sans avoir besoin de créer une société opaque fiscalement.

À NOTER

> À la différence du déficit foncier, les déficits constatés sous le régime du LMNP ne sont pas imputables sur le revenu brut global du foyer fiscal, mais sont reportables pendant dix ans sur les revenus de location meublée non professionnelle ultérieurs, assurant une confortable période de non-imposition. Les amortissements, quant à eux, ne peuvent générer de déficit mais sont reportables indéfiniment pour être utilisés lorsque le résultat deviendra positif et ne peuvent donc pas être perdus.

Pour profiter de tous ces avantages, le loueur en meublé non professionnel doit s'immatriculer auprès du greffe du Tribunal du commerce afin d'obtenir un numéro SIRET et, chaque année, déposer une liasse fiscale. Pour ce faire, il est fortement conseillé de se faire accompagner par un expert-comptable et de souscrire à un centre de gestion agréé. En contrepartie du recours à un expert-comptable qui facture son accompagnement et l'adhésion à un centre de gestion agréé pour 850 € par an, l'investisseur perçoit une réduction d'impôts de 66 %, ce qui ramène le coût réel à seulement 289 € (850 × 34 %). Avec les économies fiscales substantielles offertes par le statut LMNP, le retour sur investissement de ce léger surcoût lié à l'accompagnement comptable est immédiat.

3.2 Le loueur en meublé professionnel (LMP)

Lorsque le chiffre d'affaires d'un loueur en meublé atteint un seuil critique, l'administration fiscale peut qualifier l'activité de professionnelle lorsque les deux conditions suivantes sont réunies[1] :

– les recettes annuelles retirées de cette activité par l'ensemble des membres du foyer fiscal excèdent 23 000 € ;
– les recettes excèdent les revenus d'activité du foyer fiscal.

Par revenus d'activité, on entend les traitements et salaires, les bénéfices industriels et commerciaux autres que ceux tirés de l'activité de location meublée, les bénéfices agricoles, les bénéfices non commerciaux et les revenus des gérants et associés mentionnés à l'article 62 du CGI, à savoir tout ce qui ne relève pas des revenus du patrimoine. Ces revenus d'activité sont des montants nets, après déduction des charges et abattement.

Au-delà de l'appellation, le loueur en meublé professionnel se distingue du LMNP sur le plan fiscal et social.

La gestion des déficits

Pour les investisseurs en quête de défiscalisation de leurs revenus du travail, le statut de loueur en meublé professionnel (LMP) peut-être une solution intéressante.

1. Article 155 du Code général des impôts.

Contrairement au LMNP qui ne peut déduire ses déficits que sur ses revenus de même nature, le loueur en meublé professionnel peut imputer ses déficits sur son revenu global, avantage qui est aussi plus intéressant que le déficit foncier, limité à 10700 € et dont les charges déductibles sont relativement limitées. Avec le statut LMP, l'imputation des déficits permet d'obtenir des économies d'impôts substantielles, même en l'absence de travaux. En effet, rien qu'à l'achat, les frais d'acquisition et les frais d'agence pèsent, en cumulé, près de 15 % du prix d'achat du bien. Si toutefois le revenu global est insuffisant pour absorber le déficit, l'excédent est reportable pendant dix ans.

Les charges sociales

Passer au stade du loueur en meublé professionnel conduit l'investisseur à devenir un travailleur non salarié (TNS) qui doit obligatoirement s'immatriculer auprès de la Sécurité sociale des indépendants. En cela, il est redevable de cotisations sociales en lieu et place des prélèvements sociaux. Ces cotisations sont complexes à calculer avec l'application de forfaits, de tranches et de seuils minimums. On peut grossièrement les évaluer à 40 % du bénéfice, ce qui est sensiblement supérieur aux prélèvements sociaux de 17,2 %. Néanmoins, étant donné que le résultat est bien souvent négatif ou nul grâce aux charges locatives et aux amortissements, le loueur s'acquittera le plus souvent d'un forfait de 1 150 € environ, ce qui est loin d'être prohibitif eu égard aux loyers encaissés.

L'imposition des plus-values en cas de cession du bien

En toute logique, les plus-values réalisées par le loueur en meublé professionnel entrent dans le champ d'application des plus-values professionnelles. Tout comme la SCI à l'IS, ce régime présente le désavantage de réintégrer tous les amortissements qui ont permis d'écraser la fiscalité des revenus locatifs.

Pour calculer l'imposition d'une plus-value professionnelle, il convient de distinguer :

- une plus-value de court terme (plus-value des actifs acquis il y a moins de deux ans et amortissements pratiqués) qui est ajoutée aux bénéfices de l'activité pour être ensuite soumise au barème progressif de l'impôt sur le revenu ainsi qu'aux cotisations sociales ;
- une plus-value de long terme (plus-value des actifs acquis il y a plus de deux ans) fiscalisée au taux forfaitaire de 12,8 % pour l'impôt sur le revenu et 17,2 % pour les prélèvements sociaux.

Tableau 20.3 – Fiscalité des plus-values professionnelles

Durée de détention du bien	Éléments amortissables	Éléments non amortissables	Imposition
Moins de 2 ans	Plus-value à court terme		Plus-value intégrée au résultat de l'exercice et cotisations sociales
Plus de 2 ans	Plus-value à court terme dans la limite de l'amortissement déduit (plus-value à long terme au-delà)	Plus-value à long terme	Taux forfaitaires de 12,8 % pour l'IR et 17,2 % pour les PS[1]

Exemple

Un loueur en meublé professionnel revend son appartement acheté 150000 € à 200000 € après 5 années de détention. Le bien a été amorti à hauteur de 25000 €.
– Valeur nette comptable = 150000 – 25000 = 125000 €
– Plus-value = 200000 – 125000 = 75000 €
La plus-value de court terme correspond aux amortissements pratiqués soit 25000 €. Cette dernière sera incorporée au résultat de l'année pour être soumise au barème progressif de l'impôt sur le revenu et aux cotisations sociales. D'autre part, la plus-value de long terme de 50000 € correspond à la véritable plus-value réalisée et sera taxée aux taux forfaitaires de 12,8 % pour l'impôt sur le revenu et de 17,2 % pour les prélèvements sociaux.

À première vue, la fiscalité en cas de revente semble très élevée en raison des cotisations sociales des indépendants, mais c'est sans compter les cas d'exonérations des plus-values professionnelles prévus à l'article 151 septies du CGI.

En effet, les loueurs en meublé exerçant en tant que professionnel depuis au moins cinq ans bénéficient d'une exonération totale de plus-value (court terme et long terme) si la moyenne des recettes sur les deux derniers exercices n'excède pas 90000 € par an. Cette exonération est partielle si les recettes sont comprises entre 90000 et 126000 €. Il s'agit d'un atout considérable pour le LMP qui est exonéré après cinq ans d'activité et quelle que soit la durée de détention du bien, alors qu'il faut détenir son bien pendant trente ans pour être exonéré pour le loueur en meublé non professionnel.

À noter

Les cotisations sociales restent dues sur la plus-value de court terme. Pour les investisseurs qui dépassent ce seuil, un second régime de faveur permet de bénéficier d'un abattement de 10 % par an sur la plus-value de long terme à compter de la 6e année d'activité, soit une exonération totale après quinze ans.

1. Prélèvements sociaux.

L'impôt sur la fortune immobilière[1]

Une légende urbaine laisse entendre que le statut du LMP implique une exonération systématique d'impôt sur la fortune immobilière des biens immobiliers, fort du caractère professionnel de l'activité. Ceci est faux, car cette exonération ne s'applique en réalité que dans de rares cas. La confusion vient du fait que le statut du loueur en meublé professionnel relève de l'article 155 du CGI pour sa définition au regard de l'impôt sur le revenu quand il relève de l'article 885 R du CGI au regard de l'IFI. Le premier tient ainsi compte du chiffre d'affaires tandis que le second considère le résultat, qui est le plus souvent négatif ou nul grâce aux amortissements. *De facto*, un loueur en meublé professionnel en déficit fiscal ne peut être exonéré d'IFI sur ses actifs. Conclusion, entre défiscalisation des loyers ou exonération d'impôt sur la fortune immobilière, il faut choisir.

Nous concluons cette présentation de la location meublée avec une mise en garde concernant le passage du statut LMNP au statut LMP, notamment lorsqu'il est subi et non anticipé. Depuis l'abrogation de la condition d'inscription au Registre du commerce et des sociétés, il est en effet possible pour un loueur en meublé de changer de statut en cours d'exploitation si ses loyers venaient à dépasser les 23 000 € ou bien en cas de baisse de ses revenus professionnels. Deux points sont alors à retenir :
- les déficits d'un régime ne sont pas reportables sur l'autre mais restent en mémoire en cas de retour au statut d'origine. *A contrario*, les amortissements ne sont pas concernés par ce cloisonnement et sont automatiquement reportés ;
- le régime des plus-values qui s'applique est celui dans lequel se trouve l'investisseur au moment de la cession même s'il a eu alternativement la qualité de loueur en meublé professionnel et de non professionnel, et *vice versa*.

Tableau 20.4 – Fiscalité des revenus locatifs

	Revenus fonciers	SCI IS	LMNP	LMP
Imposition des revenus	Barème progressif de l'IR + prélèvements sociaux (17,2 %)	SCI taxée au taux d'IS selon la tranche du bénéfice imposable + Taxation des associés en cas de distribution de dividende au PFU ou au barème de l'IR	Barème progressif de l'IR + prélèvements sociaux (17,2 %)	Barème progressif de l'IR + cotisations sociales (environ 40 %) ou forfait minimum de 1 100 €
Frais d'acquisition et frais d'agence	Non déductibles mais permettent de majorer le prix d'acquisition en cas de revente	Déductibles la 1re année ou amortissables		

☞

1. Voir chapitre 15 pour plus de détails.

☞

	Revenus fonciers	SCI IS	LMNP	LMP
Amortissements du bien	–	Oui, avec reprise sur la plus-value	Oui, sans reprise sur la plus-value	Oui, avec reprise sur la plus-value
Travaux de construction et d'agrandissement	Non déductibles mais permettent de majorer le prix d'acquisition en cas de revente	Amortissables		
Gestion des déficits	Imputables sur le revenu brut global dans la limite de 10 700 € HC financières puis reportables pendant 10 ans sur les revenus fonciers	Non imputables sur le revenu global des associés mais reportables indéfiniment sur les résultats à venir	Non imputables sur le revenu global mais reportables pendant 10 ans sur les revenus LMNP	Imputables sans plafond sur le revenu global puis reportables pendant 6 ans sur le revenu global

Tableau 20.5 – Fiscalité en cas de cession

	Revenus fonciers	SCI IS	LMNP	LMP
Calcul de la plus-value	Majoration du prix d'acquisition d'un forfait de 7,5 % (frais d'acquisition) ou des frais réels, d'un forfait de 15 % (travaux) si détention de plus de 5 ans ou travaux au réel	Calcul de la valeur nette comptable en déduisant du prix d'achat la totalité des amortissements pratiqués	Majoration du prix d'acquisition d'un forfait de 7,5 % (frais d'acquisition) ou des frais réels, d'un forfait de 15 % (travaux) si détention de plus de 5 ans ou travaux au réel	Calcul de la valeur nette comptable en déduisant du prix d'achat la totalité des amortissements pratiqués
Abattements	Abattements à partir de la 6e année menant à une exonération d'IR au bout de 22 ans et de PS au bout de 30 ans	–	Abattements à partir de la 6e année menant à une exonération d'IR au bout de 22 ans et de PS au bout de 30 ans	Exonérations : – totale d'impôt sur le revenu si CA < 90 K€ ou partielle si compris entre 90 K€ et 126 K€ – totale de la PV de long terme si détention depuis 15 ans
Taux d'imposition	19 % IR + 17,2 % PS	SCI taxée au taux d'IS selon la tranche du bénéfice imposable + Taxation des associés en cas de distribution de dividende au PFU ou au barème de l'IR	19 % IR + 17,2 % PS	– PV de court terme : barème progressif et cotisations sociales – PV de long terme : taux forfaitaire de 12,8 % pour l'IR et 17,2 % de prélèvements sociaux

Tableau 20.6 – Comparatif des différents régimes

	Revenus fonciers	SCI IS	LMNP	LMP
Fiscalité des loyers	+	+++	+++	++
Fiscalité de la plus-value	+++	+	+++	++
Gestion des déficits	++	+	+	+++
Simplicité de gestion	+++	++	++	++

En complément des implications fiscales de chaque régime, il est important de se demander si l'investisseur souhaite un complément immédiat de revenus ou bien se constituer un patrimoine par capitalisation et profiter de revenus à plus long terme. Aussi, est-ce qu'il souhaite louer nu ou meublé ? Le meublé offre de nombreux avantages sur le plan fiscal même en l'absence de travaux, mais implique une gestion locative plus importante et ne fonctionne que dans les grandes métropoles et villes étudiantes. La location nue, quant à elle, fonctionne partout et sur tout type de biens mais sa fiscalité est si confiscatoire que le recours à des travaux est fortement conseillé, pour ne pas dire obligatoire. Enfin, la dernière chose à savoir est si l'investisseur souhaite acheter seul ou avec des associés et s'il cherche à optimiser sa transmission. Dans ce cas, la SCI sera intéressante.

Section 4 CAS DE SYNTHÈSE

Nous allons à présent illustrer en chiffres la performance d'un investissement locatif en fonction du régime fiscal choisi par l'investisseur : location meublée en LMNP ou location nue en nom propre ou en SCI à l'IS.

Un appartement est acquis au prix de 120000 €, loué 725 € par mois en meublé ou 625 € par mois en nu. Le bien serait revendu au bout de 30 années au prix de 250000 €.

Investissement total : 134000 € pour la location meublée (d) ou 129000 € pour la location nue (d')

– Prix d'achat : 120000 €
– Frais d'acquisition (notaire) : 9000 €
– Mobilier : 5000 € (uniquement pour la location meublée)

L'investisseur, dont la tranche marginale d'imposition est de 30 %, opte pour un financement bancaire de 124000 € sur 25 ans au taux d'intérêt de 4 %, soit une mensualité de 655 € en location meublée, et pour un financement de 119000 € aux mêmes conditions, soit une mensualité de 628 € en location nue. Dans les deux cas, il complète le financement par un apport personnel de 10000 €.

Dans le cadre de cette simulation, nous allons simplifier et supposer que les charges locatives (copropriété, taxe foncière, assurance propriétaire non occupant, etc.) ont déjà été déduites, ce qui ne dénature en rien le raisonnement et les calculs car ces charges sont déductibles de tous les régimes fiscaux. Ont ainsi été pris en compte :

– les frais de comptabilité de 500 €/an et une cotisation foncière des entreprises de 250 €/an pour le LMNP et la SCI à l'IS ;
– une adhésion à un centre de gestion agrée au tarif de 150 €/an pour le LMNP[1] ;
– les frais de notaire déduits la première année pour le LMNP et la SCI à l'IS ;
– les meubles (5000 €) amortis sur 6 ans ;
– le prix du bien, moins 10 % (108000 €) pour le prix du terrain qui n'est pas amortissable, amorti sur 50 ans pour le gros œuvre (50 % du prix), sur 50 ans pour les façades et l'étanchéité (10 % du prix), sur 30 ans pour les équipements (20 % du prix) et enfin sur 6 ans pour les agencements (10 % du prix) ;
– un forfait annuel de charges administratives de 20 € pour la location nue.

1 Situation à l'année 1

	LMNP au réel	SCI à l'IS	Revenus fonciers au réel
FISCALITÉ			
Loyers annuels	8700	7500	7500
Amortissements	4649	3816	0
Intérêts d'emprunt	4906	4709	4709
Autres charges	9468	9770	20
Résultat	– 10323[1]	– 10795[2]	2771
Imposition	0	0	1308
TRÉSORERIE			
Loyers (a)	8700	7500	7500
Échéances de prêt	7854	7536	7536
Charges décaissées (b)	900	770	0
Imposition (c)	0	0	1308
Trésorerie annuelle	379	806	– 1344
Trésorerie cumulée	**– 9621**	**– 10806**	**– 11344**

☞

1. L'investisseur bénéficie d'une réduction d'impôts de 66,67 % des frais de CGA et de comptable (soit 433 €). Cet avantage fiscal est réincorporé dans la trésorerie et la dépense n'est pas comptabilisé dans les charges déductibles.

☞	LMNP au réel	SCI à l'IS	Revenus fonciers au réel
Rendement locatif net e = (a-b-c)/d ou d'	5,8 %	5,22 %	4,8 %

1. 4649 € d'amortissements sont reportables sur les résultats futurs sans limite de temps et le déficit de 5674 € est reportable sur les revenus de location meublée pendant les 10 années à venir.
2. 3816 € d'amortissements sont reportables sur les résultats futurs sans limite de temps et le déficit de 6979 € est reportable sur les exercices à venir sans limitation dans le temps.

Le régime du LMNP et la SCI à l'IS permettent à l'investisseur de constater un déficit, notamment grâce à la déductibilité des frais d'acquisition et de l'amortissement du bien. À la différence près qu'en LMNP, l'investisseur a acheté 5000 € de mobilier qu'il peut également amortir et qui lui permet de louer plus cher. Ce supplément de rendement lui permet de limiter son effort d'épargne, contrairement aux deux autres statuts où l'effort est plus significatif.

2 Situation à l'année 10

	LMNP au réel	SCI à l'IS	Revenus fonciers au réel
FISCALITÉ			
Loyers annuels	8700	7500	7500
Amortissements	2016	2016	0
Intérêts d'emprunt	3631	3485	3485
Autres charges	467	770	20
Résultat	0[1]	0[2]	4015
Imposition	0	0	1895
TRÉSORERIE			
Loyers (a)	8700	7500	7500
Échéances de prêt	7854	7536	7536
Charges décaissées (b)	900	770	0
Imposition (c)	0	0	1895
Trésorerie annuelle	379	- 806	- 1931
Trésorerie cumulée	- 6210	- 18060	- 26469
Rendement locatif net e = (a-b-c)/d ou d'	5,8 %	5,22 %	4,34 %

1. Le résultat de l'année était positif de 2586 € mais des amortissements reportés des années précédentes ont été déduits des bénéfices cette année.
2. Le résultat de l'année était positif de 1229 € mais le déficit des années précédentes à été déduits des bénéfices cette année.

Au bout de 10 ans, les amortissements de court terme sont épuisés (mobilier et agencement) et le résultat bascule en territoire positif pour le LMNP, ce qui déclenche l'imposition des loyers. La SCI à l'IS demeure en résultat nul car les recettes étant inférieures au LMNP, les amortissements résiduels suffisent toujours à les écraser. Du côté des revenus fonciers, les choses ne s'arrangent pas et le déficit de trésorerie se creuse à cause de l'imposition qui augmente au gré de la diminution des intérêts d'emprunt.

3 Situation à la fin de l'emprunt (25e année)

	LMNP au réel	SCI à l'IS	Revenus fonciers au réel
FISCALITÉ			
Loyers annuels	8700	7500	7500
Amortissements	2016	2016	0
Intérêts d'emprunt	167	161	161
Autres charges	467	770	20
Résultat	6050	4553	7319
Imposition	2856	683	3455
TRÉSORERIE			
Loyers (a)	8700	7500	7500
Échéances de prêt	7854	7536	7536
Charges décaissées (b)	900	770	0
Imposition (c)	2856	683	3455
Trésorerie annuelle	– 2477	– 1489	– 3491
Trésorerie cumulée	– 28032	– 34696	– 66988
Rendement locatif net e = (a-b-c)/d ou d'	3,69 %	4,69 %	3,13 %

Bien que l'opération semble presque autofinancée à première vue (625 € de loyers en nu et 628 € de mensualité), *in fine*, l'investisseur aura dû réaliser 66988 € d'efforts d'épargne cumulés, soit plus de la moitié de la valeur d'achat de l'appartement, à cause des frottements fiscaux et sociaux sur les revenus fonciers. Nous voyons ici la puissance de l'amortissement dont bénéficient le LMNP et la SCI à l'IS, une charge fiscalement déductible mais non effectivement décaissée.

4 Situation après le remboursement de l'emprunt, en année 29

	LMNP au réel	SCI à l'IS	Revenus fonciers au réel
FISCALITÉ			
Loyers annuels	8700	7500	7500
Amortissements	2016	2016	0
Intérêts d'emprunt	0	0	0
Autres charges	467	770	20
Résultat	6217	4714	7480
Imposition	2941	707	3530,6
TRÉSORERIE			
Loyers (a)	8700	7500	7500
Échéances de prêt	0	0	0
Charges décaissées (b)	900	770	0
Imposition (c)	2941	707	3530,6
Trésorerie annuelle	5292	6023	3969,4
Net disponible après distribution	5292	4216	3969,4
Rendement locatif net e = (a-b-c)/d ou d'	3,63 %	4,67 % et 3,27 % après RCM	3,08 %

Nous observons ici un fait intéressant avec le LMNP : même avec un rendement moindre, le *cash-flow* revient directement à l'investisseur, sans double taxation. À l'IS, le taux réduit de 15 % est plus intéressant à court terme mais est imposé une seconde fois si l'investisseur souhaite profiter des loyers à titre personnel. Il est ainsi important de chiffrer ce taux net car le but de l'investissement locatif est bien d'obtenir un complément de revenus.

Afin d'avoir une vision globale du projet, regardons ce qu'il se passerait à la revente du bien au prix de 250000 € au bout de 30 ans. Pour le LMNP et la location nue en nom propre, l'imposition de la plus-value se passe de calculs. En effet, après 30 années de détention, le régime des plus-values des particuliers octroie une exonération totale d'impôt et de prélèvements sociaux. Du côté de la SCI à l'IS, les choses se gâtent puisqu'il faut réintégrer les amortissements pratiqués et qu'aucun abattement pour une durée de détention n'est octroyé.

5 Situation à la revente (30e année)

	LMNP au réel	SCI à l'IS	Revenus fonciers au réel
FISCALITÉ			
Prix de vente (a)	250 000	250 000	250 000
Prix d'achat (b)	120 000	120 000	150 000
Amortissements (c)	–	71 280	–
Valeur nette comptable (d = b-c)	–	48 720	–
Plus-value imposable (e = a-d)	0	201 280	0
Imposition	0	46 070[1]	0
TRÉSORERIE			
Prix de vente	250 000	250 000	250 000
Imposition	0	46 070	0
Net disponible	250 000	203 930	250 000
Disponible après RCM	250 000	142 751	250 000

1. Imposition = 42 500 × 15 % + (201 280 – 42 500) × 25 %

Tableau 20.7 – Tableau comparatif des principaux régimes

Régime	Prix d'acquisition total	Loyer mensuel	Cash-flow après l'emprunt	TRI sur 30 ans
LMNP réel	165 000	700	5 292	11,7 %
SCI IS	160 000	625	6 023	8,8 %
SCI IS après RCM	160 000	625	4 216	7,48 %
Foncier réel	160 000	625	3 969	7,16 %

Les chiffres ont parlé : le loueur en meublé non professionnel au régime réel est, dans notre cas, le régime le plus performant. Cela s'explique par un cocktail qui lui donne des airs de paradis fiscal, une imposition favorable simultanée sur les revenus et sur la plus-value, ce qui n'est pas le cas de la SCI à l'IS ou du régime foncier au réel. Le LMNP offre ainsi une fiscalité sans compromis grâce aux amortissements qui écrasent les loyers, sans être repris à la revente, tout en bénéficiant du régime favorable des plus-values des particuliers. De surcroît, on constate que l'efficacité du LMNP est inversement proportionnelle à la complexité du régime. Ici, pas de montage complexe, seulement des meubles et le recours à un expert-comptable.

Contrairement au foncier où les travaux sont indispensables pour maintenir un résultat nul ou déficitaire, le régime LMNP offre des revenus défiscalisés pendant quelques années grâce aux frais d'acquisition et aux amortissements de court terme. Il aurait également été possible d'améliorer le TRI de l'opération en passant au régime micro BIC au bout de quelques années, ou encore en réalisant un nouvel investissement par ailleurs en LMNP au régime réel pour réalimenter le déficit.

Nonobstant la lourde imposition à la revente, la SCI à l'IS s'en sort bien grâce au taux d'imposition réduit de 15 %. Toutefois, il faut accepter une double taxation pour sortir de cette prison dorée et appréhender la trésorerie générée. C'est un véhicule qui favorise la capitalisation plutôt que la distribution.

Partie 5

Le dirigeant d'entreprise

Par leur activité, les dirigeants d'entreprises constituent une catégorie spécifique de particuliers. Ces spécificités se retrouvent au niveau fiscal, au niveau de leurs modes de rémunération comme des risques qu'ils prennent.

Le régime fiscal de leur rémunération varie selon la forme sociétaire de leur entreprise et/ou la nature et le montant même de leurs rémunérations. Ces aspects sont présentés au chapitre 21. Parmi les différentes modalités de rémunération qui s'offrent à eux, les stock-options dont les règles juridiques et fiscales ainsi que diverses pistes d'optimisation sont présentées au chapitre 22. Par ailleurs, du fait de son activité professionnelle, le dirigeant prend un certain nombre de risques. Il y a ainsi lieu de mettre en place des protections pour éviter que d'éventuels problèmes professionnels viennent affecter son patrimoine personnel. Ces risques et parades sont décrits au chapitre 23. Enfin, il arrive un moment où le dirigeant doit se séparer de son entreprise. S'il en est propriétaire, cette transmission, qu'elle soit à titre gratuit ou onéreux, fait l'objet d'une fiscalité particulière, abordée au chapitre 24.

Chapitre 21

Le régime fiscal des rémunérations des dirigeants

Jérôme Dubreuil

SOMMAIRE

Il n'existe pas de régime unique d'imposition des rémunérations des dirigeants. Ce régime varie, en effet, suivant la forme et le régime fiscal de la société versante, et parfois même en fonction de la nature et du montant des rémunérations.

Il importe donc, en premier lieu, de déterminer la catégorie et les modalités d'imposition des rémunérations directes des dirigeants pour chaque type de société, avant de présenter les rémunérations indirectes et différées.

Section 1 LE RÉGIME FISCAL DES RÉMUNÉRATIONS DIRECTES

1 Dans les sociétés anonymes (SA)

1.1 La rémunération des dirigeants

Dans les SA de type classique, la direction est assumée par le président du Conseil d'administration, le directeur général (DG) et les directeurs généraux délégués (DGD). Dans les SA avec directoire, la direction est assumée par les membres du directoire.

Tous ces dirigeants sont, au point de vue fiscal, assimilés à des salariés. Leurs rémunérations, quelle qu'en soit la forme (traitement de base, avantages en nature, intéressement aux résultats, jetons de présence spéciaux), sont donc imposables dans la catégorie et selon les règles des traitements et salaires (TS), avec quelques particularités. Les dirigeants de SA bénéficient notamment, comme les salariés et avec les mêmes seuils de plafonnement, de la déduction de 10 % pour frais professionnels (au maximum 14 171 € pour les revenus de l'année 2023).

Pour la société, les rémunérations versées aux dirigeants salariés font partie des charges déductibles des bénéfices imposables, dans la mesure où elles correspondent à un travail effectif et où leur montant global n'excède pas la rétribution normale des fonctions exercées.

1.2 La rémunération des administrateurs

En rémunération de leur activité de conseil, les administrateurs du conseil d'administration (CA) pour les SA de type classique, et les membres du conseil de surveillance pour les SA avec directoire, perçoivent des jetons de présence.

Les jetons de présence, dont le montant déductible du bénéfice fiscal de la société débitrice est plafonné, sont normalement imposables entre les mains de leurs bénéficiaires dans la catégorie des revenus mobiliers (jetons de présence « ordinaires »). Ces jetons de présence « ordinaires » sont taxés en deux temps :

- lors de leur paiement, ils sont soumis sur leur montant brut à un prélèvement forfaitaire non libératoire (PFNL) de 12,8 % perçu à titre d'acompte d'impôt sur le revenu, majoré des prélèvements sociaux et du forfait ;
- l'année suivante, ils sont soumis à l'impôt sur le revenu (prélèvement forfaitaire unique (PFU) de 12,8 % ou, sur option globale, barème progressif sans abattement de 40 %), le PFNL perçu à la source étant imputable sur cet impôt et, le cas échéant, restituable.

Toutefois, les jetons de présence supplémentaires attribués aux administrateurs exerçant des fonctions salariées de direction sont imposables dans la catégorie des traitements et salaires (jetons de présence « spéciaux »).

La déduction fiscale des jetons de présence, ordinaires ou spéciaux, alloués au titre d'un exercice, est limitée à 5 % de la somme obtenue en multipliant le nombre d'administrateurs (ou de membres du conseil de surveillance) par la rémunération moyenne déductible attribuée au cours de l'exercice aux 10 ou 5 salariés les mieux rétribués, selon que l'effectif de l'entreprise excède ou non 200 salariés.

Pour l'application de cette règle, les membres du conseil dont les fonctions n'ont été exercées que pendant une partie de l'exercice sont décomptés au *prorata* de leur présence. L'exercice de déduction des jetons de présence est celui au cours duquel la décision d'attribution est prise. La fraction non déductible doit être rapportée aux résultats de l'exercice en cause.

Exemple

Soit une SA employant 250 salariés. La rémunération globale versée aux 10 personnes les mieux rémunérées au cours de l'exercice N (exercice coïncidant avec l'année civile) s'élève à 1 M€. Le montant des jetons de présence alloués en N+1 au titre de l'exercice N, portés en charge et payés en N+1, est de 125000 €. Le nombre d'administrateurs était de 12 en N ; toutefois un administrateur est décédé le 1er mars N et remplacé le 1er septembre N.
Le nombre à retenir est : 11 + [(2/12) + (4/12)] = 11,5.
Rémunération moyenne servant de base de calcul de la fraction déductible :
1M€ / 10 = 100000 €.
Montant maximum des jetons de présence déductibles des bénéfices de l'exercice N :
5 % × 100000 × 11,5 = 57500 €.
Fraction non déductible : 125000 – 57500 = 67500 €, somme à réintégrer dans les bénéfices imposables du même exercice.

Si les administrateurs ou membres du conseil de surveillance exercent d'autres fonctions dans la SA, les rémunérations perçues à ce titre suivent leur régime propre.

À titre d'exemple, en cas de cumul avec un contrat de travail, la rémunération des fonctions salariées est imposée dans la catégorie des traitements et salaires.

Les rémunérations exceptionnelles allouées aux administrateurs pour des missions particulières ou certains mandats (étude de marché, voyage d'études à l'étranger...) sont déductibles des bénéfices sociaux, sauf exagération, et imposables au nom des bénéficiaires comme bénéfices non commerciaux (BNC), dès lors que les prestations rémunérées s'exercent en dehors d'un contrat de travail et de tout lien de subordination.

Les allocations spéciales versées aux administrateurs qui participent à des comités d'études relèvent en principe des BNC, à moins qu'elles ne se rattachent à l'exercice de fonctions salariées. Lorsque des jetons supplémentaires sont alloués au titre de cette participation, ils sont taxables dans la catégorie des revenus mobiliers.

La rémunération spécifique versée au président et au vice-président du conseil de surveillance est imposée dans la catégorie des revenus mobiliers.

2 Dans les sociétés par actions simplifiées (SAS)

La société par actions simplifiée (SAS) est assimilée au plan fiscal à la société anonyme (art. 1655 quinquies du CGI). Le président et les autres dirigeants d'une SAS sont donc, comme ceux d'une SA, assimilés à des salariés sur le plan fiscal et les rémunérations qui leur sont versées pour leurs fonctions de direction entrent dans la catégorie des salaires.

3 Dans les sociétés à responsabilité limitée (SARL)

Qu'ils soient minoritaires ou majoritaires, les gérants associés de SARL assujetties à l'impôt sur les sociétés sont soumis pour l'essentiel au même régime fiscal, même s'ils continuent de relever de deux catégories d'imposition différentes :

- les gérants minoritaires, assimilés à des salariés, sont imposés au titre des traitements et salaires ;
- les gérants majoritaires relèvent de l'article 62 du CGI qui, lui-même, prévoit l'application des règles prévues en matière de traitements et salaires (déduction forfaitaire de 10 % notamment). Ils peuvent également déduire les cotisations et primes mentionnées à l'article 154 bis du CGI : cotisations aux régimes obligatoires et facultatifs de Sécurité sociale, versements volontaires à un plan d'épargne retraite (PER) individuel ou à un plan d'épargne retraite d'entreprise collectif (PERECO) et primes versées au titre des contrats « Madelin » d'assurance de groupe.

Au niveau de la société, les rémunérations des gérants sont déductibles des bénéfices imposables, dans la mesure où elles correspondent à un travail effectif et où leur montant global n'excède pas la rétribution normale des fonctions exercées. Les rémunérations des gérants non associés (c'est-à-dire ne possédant aucune part sociale ni directement ni indirectement) sont normalement imposables dans la catégorie des traitements et salaires. Toutefois, leurs rémunérations relèvent, selon l'administration, de l'article 62 du CGI lorsque ceux-ci appartiennent à un collège de gérance majoritaire.

4 Dans les sociétés en commandite par actions (SCA)

Le régime fiscal des rémunérations des gérants commandités de sociétés en commandite par actions est identique à celui des gérants majoritaires de SARL : déductibilité des bénéfices sociaux et imposition au nom des bénéficiaires dans la catégorie de l'article 62 du CGI, avec application des règles prévues en matière de traitements et salaires.

Les rémunérations versées aux membres du conseil de surveillance sont déductibles des bénéfices sociaux et taxées à l'impôt sur le revenu au titre des BNC à condition qu'elles correspondent à un travail effectif.

Lorsque les sommes versées aux gérants ou aux membres du conseil de surveillance sont excessives, la fraction excédant la rétribution normale du service rendu n'est pas déductible du bénéfice social et constitue un revenu mobilier pour le bénéficiaire.

5 Dans les sociétés de personnes et assimilées

5.1 Pour les sociétés de personnes qui relèvent de l'impôt sur le revenu

Les appointements que s'allouent, en rémunération de leur travail personnel, les associés des sociétés de personnes et assimilées n'ayant pas opté pour l'IS ne sont pas déductibles des bénéfices sociaux et doivent être regardés comme une modalité particulière de répartition de bénéfices sociaux. Rapportés aux bénéfices de l'exercice au cours duquel ils ont été payés, les appointements non déductibles sont soumis à l'IR au nom de chaque bénéficiaire dans la catégorie correspondant à la nature de l'activité de la société (BIC, BA, BNC ou revenus fonciers), c'est-à-dire dans les mêmes conditions que la quote-part de bénéfices sociaux revenant à chacun.

5.2 Pour les sociétés de personnes qui relèvent de l'impôt sur les sociétés

Les rémunérations allouées aux associés en nom des sociétés de personnes et assimilées obéissent aux mêmes règles que celles applicables aux rémunérations de gérants majoritaires de SARL, tant pour leur déduction des bénéfices sociaux que pour leur imposition à l'IR : imposition au titre de l'article 62 du CGI selon les règles des traitements et salaires.

Pour les sociétés relevant tant de l'IR que de l'IS, si le gérant est un tiers non associé, sa rémunération obéit alors au régime des traitements et salaires (TS).

6 Dans les sociétés civiles

Lorsque la société civile est soumise à l'impôt sur le revenu, les rémunérations versées à l'associé gérant sont imposables à l'impôt sur le revenu dans la catégorie qui correspond à la nature de l'activité de la société (BA, BNC, revenus fonciers ou, plus rarement, BIC).

Exemple

Pour une SCI qui a pour activité la location nue d'un bien, la rémunération du gérant associé est imposée au titre des revenus fonciers.
Dans une SCI de construction-vente, la rémunération du gérant associé relève du régime des BIC.

Lorsque la société civile est soumise à l'impôt sur les sociétés sur option, les rémunérations de l'associé (gérant ou non) relèvent de l'article 62 du CGI avec une imposition selon les règles des traitements et salaires. Lorsque la société civile est soumise à l'impôt sur les sociétés de plein droit (activité commerciale), les rémunérations versées à l'associé relèvent de la catégorie des BNC.

Tableau 21.1 – Récapitulatif des rémunérations des dirigeants

SOCIÉTÉS VERSANTES ET QUALITÉ DU BÉNÉFICIAIRE	CATÉGORIE D'IMPOSITION
Société anonyme de type classique (SA)	
Président du conseil d'administration, directeur général, directeurs généraux délégués	
Traitement fixe ou proportionnel	TS
Jetons de présence spéciaux	TS
Administrateurs	
Jetons de présence ordinaires	RM
Rémunération de fonctions salariées	TS
Rémunération de missions et mandats spéciaux, allocations spéciales allouées aux membres de comités d'étude	BNC
Société anonyme avec directoire (SA)	
Membres du directoire	
Traitement fixe ou proportionnel	TS
Membres du conseil de surveillance	
Jetons de présence ordinaires	RM
Rémunération de fonctions salariées	TS
Rémunération de missions et mandats spéciaux	BNC

☞

SOCIÉTÉS VERSANTES ET QUALITÉ DU BÉNÉFICIAIRE	CATÉGORIE D'IMPOSITION
Président et vice-président du conseil de surveillance	
Rémunération spécifique	RM
Société par actions simplifiée (SAS)	
Président et autres dirigeants	
Traitement fixe ou proportionnel	TS
Société à responsabilité limitée (SARL)	
SARL soumise à l'impôt sur les sociétés	
Gérant minoritaire	TS
Gérant majoritaire	Art. 62 du CGI
Gérant non associé	TS
Membres du conseil de surveillance	BNC
SARL ayant opté pour le régime des sociétés de personnes	
Gérant non associé	TS
Gérant associé	Catégorie correspondant à l'activité de la société
Société en commandite par actions (SCA)	
Gérant associé commandité	Art. 62 du CGI
Gérant non associé	TS
Membre du conseil de surveillance	BNC
Société de personnes ou assimilée	
Société relevant de l'impôt sur le revenu	
Gérant non associé	TS
Associé (gérant ou non)	Catégorie correspondant à l'activité de la société
Société ayant opté pour l'impôt sur les sociétés	
Gérant non associé	TS
Gérant associé	Art. 62 du CGI
Société civile	
Société soumise à l'impôt sur le revenu	
Associé gérant ou non (rémunération)	Catégorie de revenus correspondant à l'activité de la société (BA, BNC, Revenus fonciers)
Gérant salarié non associé	TS
Société soumise à l'impôt sur les sociétés	
Associé gérant (de plein droit)	BNC
Associé gérant ou non (sur option)	Art. 62 du CGI

Section 2 LE RÉGIME FISCAL DES RÉMUNÉRATIONS INDIRECTES

Pour être défrayés des dépenses supportées dans l'exercice de leur fonction, les dirigeants reçoivent fréquemment de leur société des indemnités pour frais qui peuvent prendre la forme soit de remboursements de frais réels, soit d'allocations forfaitaires.

Mais alors que les remboursements de frais réels peuvent être exonérés d'impôt sur le revenu, les allocations forfaitaires sont toujours imposables, contrairement à ce qui se passe pour les salariés ordinaires. De surcroît, les entreprises peuvent accorder des avantages en nature à leurs dirigeants.

1 Les remboursements de frais réels

Les remboursements de frais réels alloués aux dirigeants, destinés à couvrir les frais inhérents à la fonction ou à l'emploi, peuvent être exonérés d'impôt sur le revenu lorsqu'ils sont utilisés conformément à leur objet et que les dépenses correspondantes ne sont pas elles-mêmes déduites du revenu imposable des bénéficiaires au titre des frais professionnels.

Pour la société versante, ces remboursements de frais sont déductibles des bénéfices imposables dès lors qu'ils correspondent à des dépenses effectives et justifiées.

Pour faciliter le contrôle de l'administration fiscale, les remboursements de frais doivent figurer sur le relevé détaillé des frais généraux, en tant que rémunérations indirectes, lorsqu'ils sont accordés aux personnes les mieux rémunérées de l'entreprise.

Les indemnités pour frais de voiture calculées sur la base du barème kilométrique de l'administration n'ont pas un caractère forfaitaire, mais constituent des remboursements réels à condition que le nombre de kilomètres parcourus à titre professionnel puisse être justifié par l'indication des dates, lieux et identité des clients rencontrés.

2 Les allocations forfaitaires

Les indemnités ou allocations forfaitaires pour frais versées aux dirigeants salariés de sociétés sont, quel que soit leur objet, assimilées à une rémunération imposable pour l'assiette de l'IR dû par le bénéficiaire.

Corrélativement, elles sont déductibles des résultats de la société versante.

Toutefois, si le total du salaire proprement dit et des allocations forfaitaires est excessif, la fraction excédant le montant de rémunération considéré comme normal est rapportée aux bénéfices imposables de l'entreprise et soumise à l'IR entre les mains du bénéficiaire dans la catégorie des revenus mobiliers, lorsque la société versante relève de l'IS.

Les dirigeants visés par cette mesure s'entendent d'abord des dirigeants de droit, soit :

- dans les SA : le président du conseil d'administration, le DG, les DGD, l'administrateur provisoirement délégué, tout administrateur ou membre du conseil de surveillance chargé de fonctions spéciales (ex. : directeur commercial), les membres du directoire ;
- dans les SAS : les dirigeants tels qu'ils sont définis dans les statuts ;
- dans les SARL : les gérants majoritaires ;
- dans les autres entreprises ou établissements passibles de l'IS, les dirigeants soumis au régime fiscal des salariés.

3 Les avantages en nature

Les avantages en nature consistent dans la mise à disposition du dirigeant de biens dont l'entreprise est propriétaire ou locataire, ou dans la prise en charge par celle-ci de services incombant normalement au dirigeant, gratuitement ou pour une valeur réduite (ex. : mise à disposition personnelle d'un véhicule, fourniture d'un logement, de nourriture, d'outils informatiques ou de communication).

Les avantages en nature sont considérés, en règle générale, comme un supplément de rémunération déductible des bénéfices sociaux et imposable au nom du bénéficiaire dans la catégorie dont il relève (TS ou art. 62 du CGI).

Les avantages en nature consentis aux dirigeants salariés, qui résultent de l'utilisation privée d'un véhicule de fonction, de la fourniture de repas, d'une borne de recharge pour les véhicules électriques ou d'outils issus des NTIC (micro-ordinateur, téléphone portable...), peuvent faire l'objet, comme pour les salariés, d'une évaluation forfaitaire.

En revanche, leurs avantages de nourriture ou de logement doivent être évalués d'après leur valeur réelle. Notons que l'évaluation forfaitaire ne concerne pas les gérants majoritaires de SARL.

L'utilisation du véhicule pour des déplacements privés constitue pour le salarié un avantage en nature qui doit être ajouté à sa rémunération brute. Cet avantage est évalué sur la base des dépenses réellement engagées ou, sur option de l'employeur, sur la base d'un forfait, comme l'indique le tableau ci-après.

Tableau 21.2 – Synthèse des évaluations de la voiture de fonction

	Évaluation de l'avantage sur la base d'un forfait…			
	… pour un véhicule acheté		… pour un véhicule loué ou en location avec option d'achat (LOA)	
	Frais de carburant payés par le bénéficiaire	Frais de carburant payés par l'employeur	Frais de carburant payés par le bénéficiaire	Frais de carburant payés par l'employeur
Véhicule de moins de 5 ans	9 % du prix d'achat TTC	Soit 9 % du prix d'achat TTC + carburant à usage privé et payé par l'entreprise ; ou alors 12 % du prix d'achat TTC.	30 % du coût annuel comprenant la location, l'entretien et l'assurance.	Soit 40 % du coût total annuel comprenant la location, l'entretien, l'assurance et le carburant ; ou alors 30 % du coût annuel comprenant la location, l'entretien et l'assurance + carburant à usage privé payé par l'entreprise.
Véhicule de plus de 5 ans	6 % du prix d'achat TTC	Soit 6 % du prix d'achat TTC + carburant à usage privé et payé par l'entreprise ; ou alors 9 % du prix d'achat TTC.	30 % du coût annuel comprenant la location, l'entretien et l'assurance.	Soit 40 % du coût total annuel comprenant la location, l'entretien, l'assurance et le carburant ; ou alors 30 % du coût annuel comprenant la location, l'entretien et l'assurance + carburant à usage privé payé par l'entreprise.

	Évaluation de l'avantage sur la base des dépenses engagées		
	Véhicule acheté de moins de 5 ans	Véhicule acheté de plus de 5 ans	Véhicule loué ou en location avec option d'achat (LOA)
Frais de carburant payés par le bénéficiaire	20 % du prix d'achat TTC + assurance + frais d'entretien	10 % du prix d'achat TTC + assurance + frais d'entretien	Coût global TTC de la location + assurance + frais d'entretien
	Avantage en nature = (valeurs listées ci-dessus × nombre de kilomètres parcourus à titre privé) / total de kilomètres parcourus par le véhicule pour la même période.		
Frais de carburant payés par l'employeur	Il convient d'ajouter, le cas échéant, les frais réels de carburant utilisé pour un usage personnel.		

Exemple – Valorisation selon les différentes méthodes possibles de l'avantage en nature dans le cas d'un véhicule de fonction acheté par l'entreprise

Prix d'achat du véhicule neuf par l'entreprise : 22 500 € TTC
Coût annuel de l'entretien : 350 €
Coût annuel des pneumatiques : 250 €
Coût annuel de l'assurance : 1 000 €
Kilométrage annuel total : 20 000 km dont 5 000 km à titre personnel
Frais de carburant payés par l'entreprise : 1 500 € = (20 000 km × 6 litres / 100 km × 1,25 €)

1. Évaluation sur la base des dépenses réelles engagées

Amortissement : (20 % × 22 500) + 350 + 250 + 1 000 + 1 500 = 7 600 €.
Montant proratisé en fonction du rapport (kilométrage à titre personnel/kilométrage total) : 7 600 × 5 000 / 20 000 = **1 900 €**.

2. Évaluation sur la base d'un forfait global (12 %)

(Prix TTC du véhicule) × (taux du forfait global de 12 %) = 22 500 € × 12 % = **2 700 €.**

3. Évaluation sur la base d'un forfait (9 %) augmenté des frais de carburant

(Prix TTC du véhicule) × (taux du forfait) + frais de carburant correspondant à l'usage personnel du véhicule = (22 500 × 9 %) + (1 500 € × 5 000 / 20 000 km) = **2 400 €.**
L'évaluation la moins coûteuse pour le bénéficiaire est donc la première solution basée sur les dépenses réelles engagées.

Exemple – Valorisation selon les différentes méthodes possibles de l'avantage en nature dans le cas d'un véhicule de fonction loué par l'entreprise

Prix d'achat du véhicule neuf par le loueur : 22 500 € TTC
Loyer du véhicule payé par l'entreprise pour une location sur 48 mois et 80 000 km, entretien, pneumatiques, assurance comprise : 490 € par mois
Kilométrage annuel total : 20 000 km dont 5 000 km à titre personnel
Frais de carburant payés par l'entreprise : 1 500 € = (20 000 km × 6 litres / 100 km × 1,25 €).

1. Évaluation sur la base des dépenses réelles engagées

Loyer annuel + carburant annuel : (490 € × 12 mois) + 1 500 = 7 380 €
Montant proratisé en fonction du rapport (kilométrage à titre personnel/kilométrage total) : 7 380 × 5 000 / 20 000 = **1 845 €**.

2. Évaluation sur la base d'un forfait global carburant compris

40 % du coût global annuel de la location, des frais d'entretien, des pneumatiques, de l'assurance et du carburant : 40 % × [(490 × 12) + 1 500] = 2 952 €.
Ce montant est plafonné au montant du forfait calculé dans le cas d'un véhicule de moins de 5 ans acheté par l'entreprise (avec frais de carburant payés par l'entreprise), soit 12 % du prix d'achat TTC. L'avantage en nature est donc réduit ici à **2 700 €** = (22 500 € × 12 %).

3. Évaluation sur la base d'un forfait augmenté des frais de carburant

30 % du coût global annuel de la location (hors carburant) : 30 % × (490 × 12) = 1 764 €.
Ce montant est inférieur au montant du plafond du forfait calculé dans le cas d'un véhicule de moins de 5 ans acheté par l'entreprise (avec frais de carburant payés par l'entreprise), soit 9 % du prix d'achat TTC, soit 2 025 €. L'avantage en nature reste donc à 1 764 €.
Montant auquel s'ajoutent les frais réels de carburant correspondant à l'usage personnel du véhicule soit : 1 764 + (1 500 × 5 000 / 20 000) = **2 139 €.**
L'évaluation la moins coûteuse pour le bénéficiaire est également la première solution basée sur les dépenses réelles engagées.

L'utilisation à titre privé d'outils issus des NTIC (téléphone mobile, micro-ordinateur portable ou non, logiciels, modem d'accès à un télécopieur, à l'ordinateur de l'entreprise, à l'Internet...) mis à disposition par l'entreprise constitue un avantage en nature. Toutefois, cet avantage est négligé lorsqu'il correspond à l'utilisation raisonnable des outils pour la vie quotidienne des salariés ou dirigeants dont l'emploi est justifié par des besoins ordinaires de la vie professionnelle et familiale.

Lorsque cet avantage est imposable, il est évalué, quel que soit le niveau de rémunération du bénéficiaire, sur la base des dépenses réellement engagées ou, sur option de l'entreprise, sur la base d'un forfait égal à 10 % du coût d'achat TTC de ces outils ou, le cas échéant, égal à 10 % de l'abonnement TTC. Lorsque l'acquisition par l'entreprise desdits outils s'inscrit dans le cadre d'une offre globale comprenant aussi un abonnement, le forfait de 10 % est calculé sur le montant total du prix d'achat et de l'abonnement.

Section 3 LE RÉGIME FISCAL DES RÉMUNÉRATIONS DIFFÉRÉES

La loi PACTE (Plan d'Action pour la Croissance et la Transformation des Entreprises), votée le 22 mai 2019, a pour ambition de moderniser les règles de l'épargne retraite, de la rendre plus attractive et de renforcer les futurs droits à la retraite.

Avec cette loi PACTE, de nouveaux dispositifs sont créés et sont entrés en vigueur le 1er octobre 2019 : trois **plans d'épargne retraite (PER)** qui préservent la faculté de souscrire une épargne retraite aussi bien dans le cadre professionnel que personnel et s'attache à créer plus de souplesse en autorisant les transferts entre les différents produits.

Pour les entreprises, deux **PER Entreprise collectifs** ont été créés : **l'un facultatif** et ouvert à tous les salariés (PERECO qui succède au PERCO) ; **l'autre obligatoire** (PERO) et réservé à une ou plusieurs catégories de salariés (qui prend la suite de l'article 83).

De son côté, le **PER individuel** devient le pivot de l'investissement retraite à titre individuel. Il se substitue aux contrats PERP et Madelin. Ce plan, ouvert à toute personne avec ou sans activité professionnelle, peut prendre la forme d'un compte-titres ou d'un contrat d'assurance.

Ces trois Plans d'Epargne Retraite sont destinés à remplacer les contrats préexistants à la loi qui ne peuvent plus être commercialisés depuis le 1er octobre 2020.

Ainsi les contrats Madelin et PERP ne pourront plus accueillir de nouvelles souscriptions ou adhésions. Les PERCO et contrats Article 83 ne pourront plus être mis en place. Ceux en cours pourront toutefois être maintenus et accueillir de nouveaux adhérents.

Les contrats de retraite supplémentaire PER d'entreprise, Article 39, Article 82 ou Article 83, ainsi que le PERCO, contribuent à la mise en place d'une politique salariale avantageuse. L'avantage retiré de ces mécanismes profite aux salariés, dirigeants, mais également aux entreprises.

Ces dispositifs étant présentés dans le chapitre précédent sur l'épargne retraite, nous synthétiserons dans cette section le régime fiscal et social de ces dispositifs, tant pour le salarié ou dirigeant que pour l'entreprise.

	Contrat « Article 82 »	Contrat « Article 83 »	Contrat « Article 39 »	PERCO	PER d'entreprise
Personnes bénéficiaires	Un ou plusieurs salariés à la discrétion de l'entreprise	Tous les salariés ou une catégorie d'entre eux définie selon des critères objectifs		Tous les salariés	PER d'entreprise collectif : tous les salariés PER obligatoire : un ou plusieurs catégories objectives de salariés
Souscription	Individuelle à adhésion facultative	Collective à adhésion obligatoire		Collective à adhésion facultative	PER collectif : collective à adhésion facultative PER obligatoire : collective à adhésion obligatoire
Cotisant	L'entreprise et parfois le dirigeant ou salarié	L'entreprise et le dirigeant ou salarié	L'entreprise et, le cas échéant, le dirigeant ou salarié	Le dirigeant ou salarié, avec abondement possible de l'entreprise	L'entreprise et le dirigeant ou salarié

☞

☞

	Contrat « Article 82 »	Contrat « Article 83 »	Contrat « Article 39 »	PERCO	PER d'entreprise
Sortie	Choix du dirigeant ou salarié entre rente ou capital	Rente viagère		En rente ou en capital	En rente ou en capital
Entreprise : régime fiscal et social des versements de l'entreprise	**Régime fiscal :** déductibles du bénéfice imposable	**Régime fiscal :** déductibles de l'assiette de l'IS et exonérées de taxes et participations sur les salaires	**Régime fiscal :** déductibles de l'assiette de l'IS et exonérées de taxes et participations sur les salaires	**Régime fiscal :** déductibles de l'assiette de l'IS	**Régime fiscal :** versements obligatoires de l'entreprise déductibles de l'assiette de l'IS et exonérés de taxes et participations sur les salaires
	Régime social : soumis aux cotisations et contributions sociales patronales	**Régime social :** – exonérés de cotisations sociales dans la limite du montant le plus élevé : 5 % du PASS ou 5 % de la rémunération brute limitée à 5 PASS ; – assujettis au forfait social de 20 %	**Régime social :** – exonérés de cotisations sociales patronales ; – contribution sociale au taux de 29,7 % sur les sommes versées par l'employeur	**Régime social :** exonérés de cotisations sociales et de taxes et participations sur les salaires. Forfait social de 20 % ou 16 %	**Régime social :** versements obligatoires de l'entreprise exonérés (plafond d'exonération commun au contrat « Article 83 »). Forfait social de 20 % ou 16 %
Dirigeant ou salarié : régime fiscal et social des primes et des produits	**Régime fiscal :** – cotisations employeur imposables selon les règles de droit commun des traitements et salaires ; – produits non soumis à l'IR pendant la phase d'épargne	**Régime fiscal :** – cotisations obligatoires : déductibles des salaires imposables dans la limite de 8 % de la rémunération annuelle brute plafonnée à 8 PASS ; – versements individuels facultatifs : déductibles du revenu global dans la limite de la différence entre : – 10 % des revenus nets	**Régime fiscal :** – cotisations patronales non imposables ; – produits non soumis à l'IR pendant la phase d'épargne	**Régime fiscal :** – abondement entreprise exonéré d'impôt dans la limite de 16 % du PASS sans pouvoir excéder 300 % de la contribution du bénéficiaire ; – produits non soumis à l'IR pendant la phase d'épargne	**Régime fiscal :** – versements volontaires déductibles (plafond de déduction commun aux contrats type PERP ou Madelin) ; – sommes issues de l'épargne salariale exonérées dans certaines limites.

☞

☞

	Contrat « Article 82 »	Contrat « Article 83 »	Contrat « Article 39 »	PERCO	PER d'entreprise
Dirigeant ou salarié : régime fiscal et social des primes et des produits		d'activité de N-1 (limités à 8 PASS de N-1) ou 10 % du PASS de N-1 ; – et le total des cotisations et primes d'épargne retraite déductibles des revenus professionnels de N-1 ; – produits non soumis à l'IR pendant la phase d'épargne			– versements obligatoires déductibles du revenu imposable (plafond de déduction commun aux contrats « Article 83 »)
	Régime social : – versements de l'entreprise soumis aux cotisations sociales salariales et aux contributions sociales (9,2 % de CSG et 0,5 % de CRDS) ; – produits du compartiment euro soumis annuellement aux contributions et prélèvements sociaux au taux de 17,2 %	**Régime social :** – versements de l'entreprise exonérés de cotisations sociales. Assujettissement à la CSG (9,2 %) et CRDS (0,5 %) ; – produits non soumis aux contributions et prélèvements sociaux pendant la phase de constitution des droits	**Régime social :** – versements de l'entreprise exonérés de cotisations et de contributions sociales ; – produits non soumis aux contributions et prélèvements sociaux pendant la phase de constitution des droits	**Régime social :** – versements de l'employeur exonérés de cotisations sociales dans les mêmes limites que l'employeur, mais assujettissement à la CSG (9,2 %) et à la CRDS (0,5 %) dès le 1er euro ; – produits non soumis aux contributions et prélèvements sociaux pendant la phase de constitution des droits	**Régime social :** – versements obligatoires de l'employeur dans un PER obligatoire exonérés de cotisations sociales. Assujettissement à la CSG (9,2 %) et CRDS (0,5 %).

☞

☞

	Contrat « Article 82 »	Contrat « Article 83 »	Contrat « Article 39 »	PERCO	PER d'entreprise
Dirigeant ou salarié : régime fiscal et social des prestations	**Régime fiscal :** – Rente imposable selon les règles des rentes viagères à titre onéreux. – Capital imposable selon les règles applicables aux contrats d'assurance-vie.	**Régime fiscal :** – Rente imposable dans la catégorie des pensions, retraites et rentes viagères à titre gratuit.	**Régime fiscal :** – Rente imposable dans la catégorie des pensions, retraites et rentes viagères à titre gratuit après déduction de la fraction de contribution sociale spécifique acquittée au titre des premiers 1 000 € de rente mensuelle	**Régime fiscal :** – Rente imposable selon les règles des rentes viagères à titre onéreux. – Capital exonéré	**Régime fiscal :** – Rente : imposition à l'IR selon le régime des rentes viagères à titre gratuit (part correspondant aux versements volontaires obligatoires) ou à titre onéreux (part correspondant aux versements volontaires non déduits ou aux sommes issues de l'épargne salariale). Capital : Part d'épargne imposée à l'IR selon les rentes viagères à titre gratuit sans abattement (part correspondant aux versements volontaires déductibles et aux versements obligatoires) ou exonération d'IR (part correspondant aux versements volontaires non déduits ou aux sommes issues de l'épargne salariale). Part produits : PFU ou option pour le barème progressif de l'IR.

☞

☞

	Contrat « Article 82 »	Contrat « Article 83 »	Contrat « Article 39 »	PERCO	PER d'entreprise
Dirigeant ou salarié : régime fiscal et social des prestations	**Régime social :** – Sortie en rente : rente imposée au taux de 17,2 % sur la même assiette que l'IR (en fonction de l'âge du crédirentier) – Sortie en capital : part des produits non encore assujettis aux contributions et prélèvements sociaux imposés au taux de 17,2 %	**Régime social :** Rente assujettie à la CSG (8,3 %), à la CRDS (0,5 %), à la CASA (0,3 %) et à la cotisation maladie (1 %) ;	**Régime social :** Rente assujettie à la CSG (8,3 %), à la CRDS (0,5 %), à la CASA (0,3 %) et à la cotisation maladie (1 %) ; – À la contribution sociale spécifique	**Régime social :** – Sortie en rente : rente imposée au taux de 17,2 % sur la même assiette que l'IR (en fonction de l'âge du crédirentier) – Sortie en capital : produits assujettis aux contributions et prélèvements sociaux imposés au taux de 17,2 %	**Régime social :** – Rente : prélèvements sociaux aux taux de 17,2 % sauf pour la part correspondant aux versements obligatoires (10,1 %) ; – Capital : produits soumis aux prélèvements sociaux (17,2 %)

Chapitre

22 Les stock-options

Gwénaëlle LAIZÉ et Mario DA SILVA

SOMMAIRE

Les stock-options sont un outil de rémunération et d'intéressement aux résultats de l'entreprise dédié principalement aux cadres et à certains dirigeants mandataires sociaux dans des conditions financières et fiscales avantageuses. C'est le droit accordé à un salarié d'acquérir dans le futur un nombre déterminé à l'avance d'actions de son entreprise, à un prix fixé à l'avance.

Le recours aux options d'achat ou de souscription d'actions comme outil de rémunération à long terme est un mécanisme importé des États-Unis et introduit en France par la loi du 31 décembre 1970, largement modifié depuis par la loi NRE du 15 mai 2001, par la loi en faveur du travail, de l'emploi et du pouvoir d'achat (TEPA) du 21 août 2007, complétées par les instructions du 5 janvier 2009 et du 25 mai 2011, et dernièrement par la loi de Finances pour 2018 qui a instauré une *flat tax* sur les revenus du capital. Cette réforme ne concerne que les gains de cession. La fiscalité des gains d'acquisition reste inchangée.

Du fait de plusieurs réformes, le régime a évolué au fil des années, ce qui a conduit à plusieurs dispositifs d'imposition selon la date d'attribution.

Section 1 LES STOCK-OPTIONS : ENVIRONNEMENT JURIDIQUE ET FISCAL

1 Définitions et terminologie

Le mécanisme des stock-options accorde la possibilité pour les bénéficiaires d'options d'acquérir, dans le futur, un nombre donné d'actions de leur société ou de la société mère du groupe à un prix et à des modalités fixés lors de l'attribution des options. Les actions acquises pourront ensuite être cédées.

Les stock-options peuvent être émises par des sociétés par actions (SA, SAS, SCA), qu'elles soient cotées ou non. Les bénéficiaires des options sont, en principe, les salariés de la société, ainsi que certains dirigeants[1]. Par ailleurs, une société peut octroyer des options à des dirigeants ou à des salariés d'une société faisant partie du même groupe qu'elle.

1. S'agissant des options consenties aux dirigeants, à partir du 31 décembre 2006, le conseil d'administration (ou le conseil de surveillance) doit décider :

– soit de leur interdire de lever leurs options avant la cessation de leurs fonctions ;

– soit de leur imposer de conserver, au nominatif, jusqu'à la cessation de leurs fonctions, tout ou partie des actions issues d'options déjà exercées.

De même, peuvent bénéficier d'options de souscription et d'achat d'actions :

– les présidents de conseil d'administration, les directeurs généraux, les directeurs généraux délégués et les membres du directoire des SA ;
– les gérants des sociétés en commandite par actions ;
– les dirigeants des SAS.

Les sociétés non cotées ne peuvent consentir d'options ni aux salariés et mandataires sociaux de leurs sociétés mères ou sœurs, ni aux mandataires sociaux de leurs filiales.

Les autres dirigeants sociaux, notamment les administrateurs ou les membres du conseil de surveillance des SA, sont en principe exclus du bénéfice des options. Enfin, les options ne peuvent pas être consenties aux salariés ou aux dirigeants sociaux détenant plus de 10 % du capital social.

DATE D'ATTRIBUTION DES OPTIONS	DATE D'ACQUISITION DES OPTIONS	DATE D'EXERCICE DES OPTIONS	DATE DE CESSION DES ACTIONS
La date d'attribution des options est la date à laquelle la société désigne les bénéficiaires des options, le nombre d'options accordées et le prix d'acquisition des actions.	La date d'acquisition des options est la date à laquelle le bénéficiaire acquiert le droit d'exercer ses options et donc le droit d'acquérir les actions correspondantes.	La date d'exercice des options est la date à laquelle le bénéficiaire exerce effectivement son droit d'acquérir les actions à un prix déterminé à la date d'attribution des options. On dit qu'il « exerce » ou « lève » ses options et acquiert ainsi les actions.	La date de cession des actions est la date à laquelle les actions obtenues par l'exercice des options peuvent être cédées.

Figure 22.1 – Quatre étapes dans le mécanisme des options

Le gain financier réalisé par le bénéficiaire de l'option se décompose en trois éléments.

1) **Le rabais**, autorisé uniquement pour les sociétés cotées, est accordé par la société sur le prix de souscription ou d'achat des actions. Ce rabais correspond à la différence entre la valeur réelle du titre au moment où l'option est attribuée et le prix fixé pour l'exercice de l'option. Le rabais maximal autorisé est de 20 % de la moyenne des cours de Bourse des vingt séances précédant la date d'attribution de l'option ou du cours moyen d'achat.

Exemple

Si la moyenne des cours de Bourse des vingt séances précédant la date d'attribution de l'option s'élève à 45 €, le montant maximum du rabais que peut consentir la société s'élève à : 45 € × 20 % = 9 €. Dès lors, le prix de souscription minimal est de 36 €.

2) **Le gain d'exercice ou plus-value d'acquisition**, qui est la différence entre la valeur réelle de l'action le jour de la levée de l'option et le prix de souscription acquitté par le bénéficiaire.

3) **La plus-value de cession**, qui est la différence entre le prix de cession et la valeur de l'action au moment de la levée de l'option.

Ainsi, si le bénéficiaire fait une levée/vente, il ne réalise qu'une plus-value d'acquisition. S'il lève et qu'il conserve les actions en portefeuille, la plus-value d'acquisition est simplement constatée, elle ne sera imposée que lors de la cession effective des actions, à laquelle s'ajoutera une plus-value de cession si le prix de vente est supérieur au prix d'acquisition. Dans ce second cas, le bénéficiaire doit cependant avoir des fonds suffisants pour lever les options alors que dans le premier cas, les fonds de la cession peuvent servir à l'acquisition.

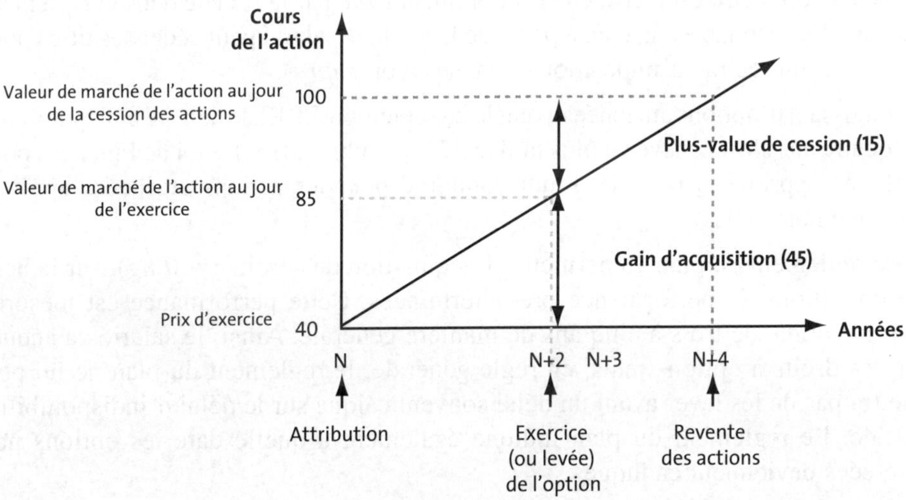

Figure 22.2

2 Un cadre légal et contractuel strict pour bénéficier d'un régime fiscal et social de faveur

Le régime fiscal français applicable au gain d'exercice diffère selon :

- que le plan est conforme au droit français (ou « qualifié »), c'est-à-dire qu'il satisfait les conditions essentielles posées par la loi sur les sociétés commerciales ;
- si le plan est conforme au droit français, que la société et les salariés bénéficiaires respectent les conditions posées par le Code général des impôts (CGI) pour bénéficier du régime de faveur.

2.1 Le cadre légal et contractuel

Le plan doit être qualifié au regard des dispositions énoncées aux articles L. 225-177 à L. 225-186-1 du Code de commerce et 174-8 à 174-21 du décret du 23 mars 1967. Cette question va également se poser pour les plans étrangers. Selon l'article 163 bis C du CGI, si le plan est qualifié, les conditions suivantes doivent être respectées pour bénéficier du régime de faveur (voir *supra*) :

– la forme nominative des actions ;
– le respect d'une période de blocage de quatre ans ;
– le respect des obligations déclaratives spécifiques.

Concernant le respect de la période de blocage, il faut distinguer la date de disponibilité juridique et la date de disponibilité fiscale. La première est la date à laquelle les options pourront être levées par le salarié. C'est la date avant laquelle les options ne peuvent pas être exercées, elle est librement fixée par la société dans le règlement du plan. La seconde est la date à partir de laquelle le salarié peut céder ses titres pour bénéficier du régime d'imposition de faveur (voir *supra*).

S'agissant d'options attribuées avant le 28 septembre 2012, le délai d'indisponibilité de quatre ans s'est achevé au plus tard le 27 septembre 2016. La loi de Finances pour 2013 a supprimé la période d'indisponibilité pour les actions attribuées après le 28 septembre 2012.

Le règlement du plan va permettre l'acquisition des droits (*vesting*), sur la base de conditions de performance pré-déterminées. Cette performance est mesurée sur une durée de trois à cinq ans de manière générale. Ainsi, le salarié va acquérir des droits à options mais, en règle générale, le règlement du plan ne lui permettra pas de les lever avant un délai souvent calqué sur le délai d'indisponibilité fiscale. Le règlement du plan indique également à quelle date les options non exercées deviennent caduques.

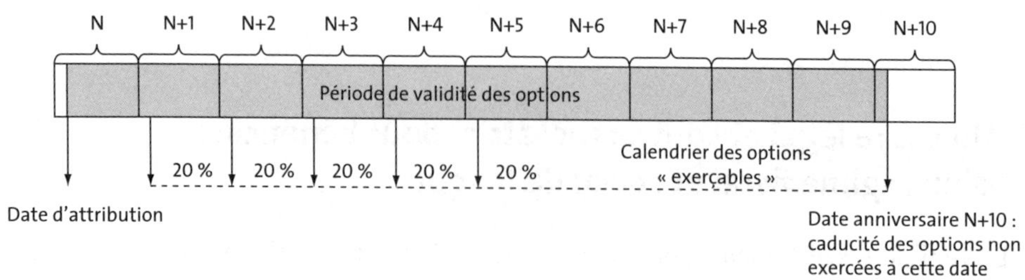

Figure 22.3 – Exemple de calendrier

2.2 Les obligations déclaratives

Pour ce qui est du respect des obligations déclaratives, plusieurs situations sont à distinguer.

Les obligations déclaratives de l'employeur

À la date de levée des options

L'employeur a l'obligation d'établir un état de levée pour tout salarié qui a exercé des options pendant l'année d'imposition. Cet état de levée doit être adressé aux salariés concernés avant le 15 février de l'année suivant celle de la levée. L'employeur doit également adresser, dans les mêmes délais, une copie de l'état de levée à la direction des services fiscaux du lieu de dépôt de la déclaration de résultats de la société. Cet état de levée comporte des mentions obligatoires. Ces obligations sont souvent déléguées à l'établissement financier teneur des comptes de stock-options.

À la date de cession des actions

Lorsque le délai d'indisponibilité de quatre ans n'a pas été respecté, l'employeur a l'obligation de produire un état de cession pour tout salarié qui a vendu ou converti au porteur les actions acquises dans le cadre d'un plan de stock-options. Cet état de cession doit être adressé aux salariés concernés avant le 15 février de l'année suivant celle de la cession ou de la conversion.

L'employeur doit également adresser, dans les mêmes délais, une copie de l'état de cession à la direction des services fiscaux dont dépend le centre des impôts de chaque salarié concerné.

Le non-respect des obligations déclaratives spécifiques par la société ou par le contribuable entraîne la déchéance du régime de faveur et l'application des éventuelles sanctions, pénalités et intérêts de retard en fonction de l'infraction.

Lorsque la plus-value d'acquisition est traitée en droit fiscal et en droit social comme un salaire (période d'indisponibilité ou obligations déclaratives non respectées), de même qu'en cas de rabais excédentaire, la société française est tenue de reporter le gain dans un bulletin de salaire au nom du salarié et de prélever les charges sociales y afférentes. Toute moins-value de cession est imputable sur la plus-value d'acquisition soumise à charges sociales.

Les obligations déclaratives du salarié

Le salarié[1] doit reporter dans sa déclaration annuelle des revenus (imprimés N° 2042C pour l'année 2022) les gains d'acquisition et de cession réalisés, respectivement l'année de levée des options (rabais excédentaire) et l'année de cession des actions (plus-values d'acquisition et de cession).

1. Résident fiscal français.

Les reports sont les suivants :

- **options attribuées à compter du 27 avril 2000 :** en cas de cession réalisée après l'expiration du délai d'indisponibilité de quatre ans, la plus-value d'acquisition est à reporter en case 3VD/3VI/3VF de l'imprimé 2042C selon que la fraction du gain de levée de l'option est imposée à 18, 30 ou 41 % ;
- **options attribuées à compter du 28 septembre 2012 :** la plus-value est reportée en case 1TT et 1UT.

Si la cession est intervenue avant l'expiration du délai d'indisponibilité dans un des cas énoncés par l'article 91ter de l'annexe II du Code général des impôts (décès, invalidité, licenciement ou mise à la retraite sous certaines conditions, *cf. infra*), ce sont les obligations déclaratives après l'expiration du délai d'indisponibilité qui s'appliquent.

Si le salarié choisit de soumettre la plus-value d'acquisition au taux progressif d'imposition (au lieu du taux forfaitaire applicable aux plus-values), le gain est à reporter en case VJ/VK de l'imprimé 2042C, cadre 3.

Par ailleurs, la plus-value de cession éventuelle est à déclarer dans les conditions de droit commun.

Depuis le 1er janvier 2018, les plus-values de cession sont imposées à une *flat tax* de 30 % (décomposée en un PFU[1] de 12,8 % et en des prélèvements sociaux de 17,2 %). Il sera toutefois possible pour les titres acquis avant le 1er janvier 2018, et en cas d'option globale et irrévocable, de soumettre les revenus du capital au barème progressif de l'impôt sur le revenu et de bénéficier d'un abattement pour durée de détention.

Durée de détention	% d'abattement
< 2 ans	0 %
> 2 ans et < 8 ans	50 %
> 8 ans	65 %

La plus-value de cession sera reportée dans les cases 3VG et 3SG (imprimé 2042) pour indiquer l'abattement net pour durée de détention applicable. Il convient par ailleurs de cocher la case 2 OP (imprimé 2042). Pour la plus-value et la *flat tax*, seule la case 3VG doit être renseignée.

Pour les options attribuées à compter du 16 octobre 2007, le gain de levée d'options est porté en case 3VN pour être assujetti à la contribution sociale de 10 %.

1. Prélèvement forfaitaire unique.

2.3 Le régime fiscal et social

Traitement du gain d'exercice

Plans non qualifiés

Les gains d'exercice issus de plans considérés comme non qualifiés sont soumis lors de la levée de l'option :

- aux prélèvements de Sécurité sociale (en moyenne 20 % pour le salarié et 45 % pour l'employeur) ;
- au barème progressif de l'impôt sur le revenu (soit les taux progressifs par tranche allant de 0 à 45 % pour les revenus 2022), dans la catégorie des traitements et salaires.

Plans qualifiés

Le rabais excédant 5 % de la valeur moyenne du titre[1] lors de l'octroi est considéré comme un complément de salaire et est soumis à cotisations sociales et impôt sur le revenu lors de la levée de l'option.

Exemple

> Reprenons notre exemple précédent proposant une option au prix de 36 € (avec rabais de 9 €). Le bénéficiaire, lors de la levée de l'option, est imposable sur la fraction du rabais supérieure à 5 % × 45 € = 2,25 €, c'est-à-dire sur 6,75 € par action.

L'imposition du gain d'exercice, et de tout rabais n'excédant pas la limite de 5 % définie précédemment, est reportée à la date de cession des titres acquis lors de la levée des options. Par ailleurs, à condition, d'une part, que la période d'indisponibilité (quatre ans pour les options attribuées depuis le 27 avril 2000) puisse être décomptée entre la date d'octroi des options et la date de cession des titres et, d'autre part, que les obligations déclaratives soient satisfaites, les gains d'exercice peuvent être exonérés de cotisations de Sécurité sociale et imposés à l'impôt sur le revenu aux taux proportionnels indiqués dans le « Focus » suivant.

Exemple

> Une option est attribuée le 1er janvier 2009 et est levée le 1er janvier 2019. Si le bénéficiaire de l'option fait une levée/vente, la partie de l'avantage inférieure à 152 500 € supporte un taux global de 47,2 % et celle supérieure un taux de 58,2 %. S'il décide de ne vendre ses titres issus de la levée que le 2 janvier 2021, on considère qu'il les a portés deux ans après l'achèvement de la période d'indisponibilité et il va donc bénéficier du taux réduit de 35,2 % pour la fraction inférieure à 152 500 € et 47,2 % au-delà. La cotisation sociale salariale de 10 % sera également due.

1. La valeur de marché du titre servant de référence pour la détermination du « rabais excédentaire » est la moyenne des cours durant les vingt séances précédant l'octroi des options ou le prix moyen des rachats des titres par la société.

Traitement de la plus-value de cession

Depuis le 1er janvier 2018, les plus-values de cession sont taxées selon un taux forfaitaire de 30 % (PFU de 12,8 % et prélèvements sociaux de 17,2 %) sans abattement pour durée de détention. À ce taux de 30 % (sur les revenus 2022) s'ajoute la contribution exceptionnelle sur les hauts revenus de 3 ou 4 %. Il est toutefois possible pour les titres acquis avant le 1er janvier 2018 d'opter au barème progressif de l'impôt sur le revenu et de bénéficier d'un abattement pour durée de détention auxquels s'ajoutent les prélèvements sociaux et la contribution exceptionnelle sur les hauts revenus (entre 3 et 4 %). La durée de détention est décomptée à partir de la date d'exercice des options et non d'octroi (*cf.* tableau 21.1).

Focus

L'article 11 de la loi de Finances pour 2013 a profondément remanié le régime fiscal et social applicable aux gains de nature salariale constatés à l'occasion de la levée d'options sur actions ou de l'acquisition définitive d'actions gratuites. Ces gains de levée d'options et d'acquisition d'actions gratuites seront désormais imposés au barème progressif de l'impôt sur le revenu et les anciens taux forfaitaires (18, 30 ou 41 % selon les cas) sont supprimés.

L'entrée en vigueur de cette réforme n'est pas rétroactive puisque seules sont concernées les options et les actions gratuites attribuées à compter du 28 septembre 2012.

Ainsi, l'ancien régime fiscal et social continue de s'appliquer depuis le 28 septembre 2012 aux titres attribués avant cette date.

Règles d'imputation des plus ou moins-values

Options attribuées jusqu'au 19 juin 2007

Les moins-values de cession de valeurs mobilières sont imputables sur le montant des gains de levée d'options et ce, quel que soit le taux d'imposition applicable à ces gains, sauf en cas d'options pour l'imposition des gains de levée d'options selon les règles des traitements et salaires.

Options attribuées à compter du 20 juin 2007

Le fait que le gain de levée d'option ne soit plus imposé dans les conditions de l'article 150-O A du CGI (plus-values mobilières des particuliers) conduit à ce que les moins-values de cession d'autres valeurs mobilières ou de droits sociaux subies, le cas échéant, au cours d'une année par les membres du foyer fiscal, ne soient plus imputables sur le gain de levée d'option.

Régime social

Les gains de levée d'options sur titres et d'acquisition d'actions gratuites de plans qualifiés sont exonérés de cotisations sociales dues sur les salaires.

Pour bénéficier de cette exonération, les plans attribués avant le 28 septembre 2012 doivent respecter un délai d'indisponibilité ou la forme nominative.

À défaut, la différence entre le prix effectif de cession (net de frais et taxes) et le prix de souscription ou d'achat majoré du rabais excédentaire et de l'avantage tiré de la levée de l'option, soit la plus-value d'acquisition, sera soumise aux cotisations sociales. En effet, lorsque les conditions de l'article 163 bis C du CGI ne sont pas respectées, la totalité de la plus-value réalisée lors de la levée de l'option est considérée comme une rémunération soumise à cotisations sociales.

La législation ne modifie pas le régime social des stock-options, mais le délai d'indisponibilité est supprimé pour les attributions d'options sur titres effectuées à compter du 28 septembre 2012.

Ainsi, les gains de levée d'options sur titres de plans qualifiés restent exonérés de cotisations sociales dues sur les salaires si les entreprises notifient à l'Urssaf :
- l'identité de leurs salariés ou mandataires sociaux bénéficiaires d'attributions au cours de l'année civile précédente ;
- ainsi que le nombre et la valeur des actions attribuées à chacun d'eux.

À défaut, l'employeur est tenu au paiement de la totalité des cotisations sociales, y compris pour leur part salariale. Il en est de même lorsque l'attribution est effectuée par une société dont le siège est situé à l'étranger et qui est mère ou filiale de l'entreprise dans laquelle l'attributaire exerce son activité (art. L. 242-1 du Code de la Sécurité sociale).

2.4 Les exceptions au délai d'indisponibilité de quatre ans

Exceptions visées (pour les actions distribuées avant le 28 septembre 2012)

Le délai de quatre ans n'est pas opposable dans les cas prévus par l'article 91 ter de l'annexe II du Code général des impôts, à savoir :
- le licenciement du titulaire ;
- la mise à la retraite ;
- l'invalidité ;
- le décès du titulaire.

L'invalidité correspond au classement dans la deuxième ou la troisième des catégories prévues à l'article L. 341-4 du Code de la Sécurité sociale. La mise à la retraite s'entend de la situation juridique prévue par les articles L. 122-14-12 et 13 du Code du travail qui prévoient la possibilité pour l'employeur de rompre le contrat de travail d'un salarié :

– qui a atteint l'âge légal ou conventionnel (*i.e.* prévu par la convention collective ou le contrat de travail) de la retraite ;
– et peut bénéficier d'une pension de vieillesse au taux plein.

Les salariés qui partent volontairement à la retraite ne sont pas concernés par cette mesure d'exception et doivent respecter le délai d'indisponibilité.

En pratique, s'agissant d'options attribuées avant le 28 septembre 2012, le délai d'indisponibilité de quatre ans s'est achevé au plus tard le 27 septembre 2016.

Conditions et étendue du maintien du régime de faveur

Dans les deux premières situations (licenciement et mise à la retraite), le gain d'acquisition est imposé comme une plus-value et non comme un salaire, malgré le non-respect de la période de quatre ans, à condition que les options aient été levées au moins trois mois avant la date de réalisation de l'événement, c'est-à-dire du licenciement ou de la mise à la retraite, et que la cession des actions sous-jacentes intervient après le licenciement ou la mise à la retraite.

La date de licenciement est la date d'envoi de la lettre recommandée de licenciement et non plus celle de sa réception par le salarié (arrêt de la Chambre sociale de la Cour de cassation du 26 septembre 2006). La date de la mise à la retraite est celle de la cessation du contrat de travail, c'est-à-dire la date à laquelle doit s'apprécier la situation du salarié au regard de son droit à pension (instruction du 29 décembre 1992).

Au regard de l'IFI

Depuis le 1er janvier 2018, le régime de l'ISF est supprimé et remplacé par un impôt sur la fortune immobilière (IFI). Désormais, les actifs financiers (sauf pour leurs sous-jacents immobiliers, le cas échéant) sortent de l'assiette d'imposition de ce nouvel impôt.

Toutefois, nous attirons l'attention si des engagements de conservation de titres de l'ancien article 885 I quarter du CGI permettant une exonération de 75 % de la valeur des titres détenus par les dirigeants et salariés avaient été pris, sous la condition de conserver les titres pendant six ans. Si les conditions de l'article 885 I quater du CGI sont supprimées au 1er janvier 2018, les engagements passés doivent être poursuivies pour la durée de l'engagement restant à courir pour ne pas perdre les exonérations passées.

Tableau 22.1 – Tableau récapitulatif des options attribuées après le 27 avril 2000 et avant le 28 septembre 2012

		Options attribuées depuis le 27/04/2000	**Options attribuées depuis le 16/10/2007**
Délai d'indisponibilité [(1)]		4 ans	4 ans
Rabais excédentaire (> 5 %)		Imposable comme salaire l'année de levée de l'option (cotisations sociales + impôt sur le revenu au barème progressif + 3 ou 4 % CEHR)	Imposable comme salaire l'année de levée de l'option (cotisations sociales + impôt sur le revenu au barème progressif + 3 ou 4 % CEHR)
Avantage issu de la levée	**Non respect du délai** d'indisponibilité	Imposable comme salaire l'année de la cession (cotisations sociales + impôt sur le revenu au barème progressif + 3 ou 4 % CEHR)	Imposable comme salaire l'année de la cession (cotisations sociales + impôt sur le revenu au barème progressif + 3 ou 4 % CEHR)
	Respect du délai d'indisponibilité	Si délai de portage < à 2 ans (détention globale comprise entre 4 et 6 ans) : **30 % + 17,2 %** [(2)] sur la fraction de PV < 152 500 € **41 % + 17,2 %** [(2)] sur la fraction de PV > 152 500 € (ou sur option comme salaire) + 3 ou 4 % CEHR	Si délai de portage < à 2 ans (détention globale comprise entre 4 et 6 ans) : **30 % + 17,2 % + 10 %** [(2)] sur la fraction de PV < 152 500 € **41 % + 17,2 % + 10 %** [(2)] sur la fraction de PV > 152 500 € (ou sur option comme salaire) + 3 ou 4 % CEHR
		Si délai de portage > à 2 ans (détention globale de plus de 6 ans) : **18 % + 17,2 %** [(2)] sur la fraction de PV < 152 500 € **30 % + 17,2 %** [(2)] sur la fraction de PV > 152 500 € (ou sur option comme salaire) + 3 ou 4 % CEHR	Si délai de portage > à 2 ans (détention globale de plus de 6 ans) : **18 % + 17,2 % + 10 %** [(2) et (3)] sur la fraction de PV < 152 500 € **30 % + 17,2 % + 10 %** [(2) et (3)] sur la fraction de PV > 152 500 € (ou sur option comme salaire) + 3 ou 4 % CEHR
Plus-value de cession		***Flat tax* (PFU 12,8 % + PS 17,2 %) + 3 ou 4 %** **CEHR ou sur option (pour les titres acquis avant le 01/01/2018) et si option globale sur tous les revenus** **IR au barème progressif + abattement pour durée de détention + 17,2 % + 3 ou 4 % CEHR**	***Flat tax* (PFU 12,8 % + PS 17,2 %) + 3 ou 4 %** **CEHR ou sur option (pour les titres acquis avant le 01/01/2018) et si option globale sur tous les revenus** **IR au barème progressif + abattement pour durée de détention + 17,2 % + 3 ou 4 % CEHR**

(1) S'apprécie du jour de l'attribution des options jusqu'à la cession des titres. Un délai d'indisponibilité juridique est en outre souvent prévu dans le règlement du plan d'une durée généralement égale à la période d'indisponibilité fiscale.

(2) Taux actuellement en vigueur (impôt sur le revenu, prélèvements sociaux, contribution salariale spécifique, contribution exceptionnelle sur les hauts revenus).

(3) Pour les options attribuées à compter du 16/10/2007, application d'une contribution sociale salariale de 10 %.

Tableau 22.2 – Tableau récapitulatif des options attribuées à compter du 28 septembre 2012

Traitement du salarié	À l'attribution	À la date de cession des actions	
		Gain de levée d'option	Plus-values de cession
Cotisations salariales de Sécurité sociale	N/A	N/A si respect des obligations déclaratives	N/A
Contribution salariale	N/A	10 %	N/A
Impôt sur le revenu	N/A	Impôt sur le revenu au barème progressif + 3 ou 4 % CEHR	*Flat tax* 30 % + CEHR 3 ou 4 % ou sur option impôt sur le revenu au barème progressif + abattement pour durée de détention + 3 ou 4 % CEHR
Prélèvements sociaux	N/A	9,7 % dont 6,8 % de CSG déductible	17,2 % dont 6,8 % de CSG déductible

3 Conclusion

Les instruments d'épargne salariale ont pour objectif premier de permettre la fidélisation des salariés, surtout des dirigeants, à un moindre coût. Cependant, la loi NRE a durci la fiscalité des stock-options, rendant moins attractif ce type d'instrument.

La loi de Finances pour 2013 est venue porter un coup de grâce au régime de faveur des stock-options puisqu'au gré des réformes, il a considérablement perdu de son attractivité. Désormais, les gains d'acquisition des stock-options et même des attributions gratuites d'actions (AGA) sont imposés au barème progressif de l'IR et les anciens taux forfaitaires (18, 30 ou 41 %) ont été supprimés. L'entrée en vigueur de cette réforme n'est pas rétroactive et ne s'applique que pour les nouvelles attributions à compter du 28 septembre 2012. On peut alors s'interroger sur la pérennité de ce mode de rémunération !

La loi Macron du 6 août 2015 était venue simplifier et alléger le régime juridique, fiscal et social des attributions gratuites d'actions, afin de rendre le dispositif plus attractif. Le régime des stock-options restait, lui, inchangé.

La loi de Finances pour 2017 était venue à nouveau modifier le régime de taxation des actions gratuites en fixant une limite annuelle au-delà de laquelle le gain d'acquisition ne sera pas taxé selon le régime des plus-values sur valeurs mobilières mais comme un salaire. Aucune mesure en revanche ne concernait le régime des stock-options.

La loi de Finances pour 2018 a modifié le régime des actions gratuites mais pas celui des stock-options.

Section 2 LES PISTES D'OPTIMISATION

Les stock-options constituant souvent des éléments significatifs du patrimoine, il convient de les intégrer dans une réflexion globale. Mais comment limiter l'impact fiscal ? Des pistes d'optimisation existent en fonction des objectifs patrimoniaux du titulaire du plan.

1 Levée des options en imposant la plus-value d'acquisition au barème de l'impôt sur le revenu (IR)

Selon l'article 200A-6 du CGI, il est possible pour le bénéficiaire de stock-options de réintégrer la plus-value d'acquisition dans la rubrique « traitements et salaires », de manière à profiter de l'abattement de 10 % restant disponible, le cas échéant, plafonné à 13 522 € (barème IR 2022) sur les sommes déclarées.

S'il reste un montant disponible de cet abattement, un calcul doit être fait afin de comparer une imposition au taux forfaitaire (de 30 % jusqu'à 152 500 € et 41 % au-delà) de la plus-value d'acquisition et une imposition au taux marginal d'imposition de l'IR après l'abattement de 10 %.

Exemple

Monsieur Conseil, 42 ans, marié et 2 enfants (3 parts fiscales), déclare l'année de la cession de ses actions issues de la levée de son plan de stock-options un revenu imposable de 100 000 € ainsi qu'une plus-value d'acquisition de 40 000 €.

Son plan lui a été attribué le 31 mai 2006[1] et l'opération de « levée – vente » a eu lieu le 7 juillet 2020. Il a le choix entre :

– être imposé au taux forfaitaire de 30 % pour la partie de la plus-value d'acquisition inférieure à 152 500 € ;

– être imposé sur option à l'impôt sur le revenu dans la catégorie des traitements et salaires.

	Solution n° 1 : Régime de plein droit « plus-values »*	Solution n° 2 : Option imposition « traitements et salaires »*
Salaires	100 000 €	100 000 €
Plus-value acquisition	40 000 €	40 000 €
Abattement de 10 %	– 10 000 €	– 13 522 €
Imposition globale	22 831 € **	21 775 €
Prélèvements sociaux	6 880 €	6 880 €

* Barème IR 2022.

** Dont impôt sur plus-value d'acquisition : 12 000 €.

La différence d'impôt à payer de 1 056 € entre la solution n° 1 et la solution n° 2 est due à l'impact de l'abattement disponible de 10 %. Celui-ci joue son plein effet sur la solution n° 2 puisqu'il permet une réduction de la base imposable.

2 Levée des options en imposant la plus-value d'acquisition au barème de l'IR et en créant un déficit imputable par ailleurs

L'imposition de la plus-value d'acquisition dans la catégorie des « traitements et salaires » permet d'envisager une stratégie de défiscalisation. En effet, cela permet de créer un déficit imputable sur une autre catégorie de revenus et de réduire la base imposable au barème progressif.

1. On suppose que le règlement du plan le permette.

Exemple

Monsieur Conseil s'est vu proposer un projet de défiscalisation de 100000 € qui lui permettra, lors de l'établissement de sa déclaration n° 2042, de créer un déficit imputable sur son revenu global de 40000 € l'année de son investissement.

	Option imposition « traitements et salaires » + défiscalisation*
Salaires	100000 €
Plus-value acquisition	40000 €
Abattement de 10 %	– 13522 €
Déficit imputable du revenu global	– 40000 €
Imposition globale	9775 €
Prélèvements sociaux	6880 €

* Barème IR 2022 – 3 parts fiscales.

Intégrer une stratégie de défiscalisation pour gommer l'impôt ne doit pas être l'unique but de cette stratégie. Courir après une diminution d'impôt ne doit pas être le seul leitmotiv du bénéficiaire du plan, car le coût de l'investissement est généralement plus cher que l'impôt lui-même. L'objectif doit toujours rester patrimonial.

3 Substituer la plus-value de cession à la plus-value d'acquisition

Cette piste permet, lorsque le règlement du plan de stock-options l'autorise, d'exercer son droit pour acquérir les titres et anticiper une envolée du cours de l'action après la fin du délai d'indisponibilité fiscale. On « échange » ainsi de la plus-value d'acquisition contre une plus-value de cession pour laquelle on bénéficiera d'une fiscalité plus faible, soit au taux forfaitaire de 30 % (*flat tax*) ou au barème progressif de l'impôt sur le revenu et après un abattement pour durée de détention si l'option d'imposition au barème est plus avantageuse.

Si l'évolution du cours de l'action est positive entre le jour de la levée et celui de la cession, cette anticipation aura permis de réduire la plus-value imposée au taux majoré.

Par ailleurs, dans l'hypothèse d'un licenciement ou d'une démission, les titres sont définitivement acquis dans le patrimoine du bénéficiaire. L'inconvénient est de prendre le risque de subir une fluctuation négative du cours de l'action et de supporter le coût de portage lié au financement du prix d'exercice.

4 Bénéficier de la levée et du portage

Pour les plans attribués depuis le 27 avril 2000, et selon que les titres aient ou n'aient pas été conservés pendant deux ans après la période d'indisponibilité fiscale, la plus-value d'acquisition subira l'impôt à des taux différents. En effet, lever des options après la période d'indisponibilité fiscale donne la possibilité à son bénéficiaire de bénéficier d'un régime de faveur dont les taux d'imposition sont différents selon le respect d'un délai de portage.

5 Différer l'enrichissement par la levée des options au sein du plan épargne entreprise (PEE)

Depuis la loi NRE du 15 mai 2001 (art. L. 443-6 du Code de travail), il est possible d'utiliser les avoirs indisponibles au sein du PEE ou PEI (plan épargne interentreprises) pour lever ses options. Les actions souscrites à l'aide de ces fonds sont alors inscrites sur le plan d'épargne entreprise. Le régime fiscal des PEE s'applique et les actions issues de la levée sont inscrites dans un compartiment spécial. Elles sont indisponibles pendant une période de cinq ans à compter de la levée, les cas de déblocage anticipé n'étant pas admissibles pour les titres issus de plans de stock-options, à l'exception du décès du bénéficiaire. Lors de la délivrance des fonds du PEE, les gains (plus-values et dividendes) éventuels seront taxés au titre des prélèvements sociaux uniquement. L'impôt sur les plus-values d'acquisition et de cession est alors gommé (au terme du délai de cinq ans). La contribution salariale au taux de 10 % calculée sur la plus-value d'acquisition reste due dans les conditions de droit commun (BOI-RSA-ES-20-30 § 120).

6 Purger des plus-values d'acquisition et de cession par la donation

Vendre un actif pour donner le fruit de la cession revient à être doublement taxé, au titre de la plus-value de cession et au titre des droits de mutation le cas échéant. Ceci est d'autant plus vrai dans le cas des stock-options, puisque l'imposition de la plus-value d'acquisition vient s'ajouter aux deux impôts déjà cités. Inverser la chronologie des événements peut avoir tout son sens lorsque l'on peut, par ce biais, gommer l'intégralité de l'imposition sur la plus-value d'acquisition et la plus-value de cession, dans l'hypothèse où la donation a lieu postérieurement au délai d'indisponibilité fiscale.

En effet, donner des titres préalablement à la cession donne l'avantage de pouvoir effacer la plus-value d'acquisition et la plus-value de cession, et de profiter des abattements liés aux transmissions à titre gratuit.

Le bénéficiaire de stock-options n'a pas la possibilité de céder les droits résultant des options, il a uniquement la possibilité de transmettre les titres une fois l'option levée.

Cependant, seules les options attribuées avant le 20 juin 2007 permettaient de gommer la plus-value d'acquisition. Pour toutes les options attribuées à compter du 20 juin 2007, la donation donnera lieu à la taxation de la plus-value d'acquisition des titres entre les mains du donateur. Seule la plus-value de cession restera « gommée ».

Cette technique permet donc de lever ses options et d'acquérir des titres qui pourront être donnés aux enfants. Ce sont ces derniers qui vendront leurs nouveaux actifs. La valeur d'entrée dans le patrimoine des enfants correspond au cours du titre au jour de la donation.

Remarque

> En cas de donation pendant le délai d'indisponibilité de titres issus de la levée d'options, le gain de levée d'option est imposé au titre de l'année de la donation selon les règles des traitements des salaires.

7 La donation avec charges

La prise en charge du passif par les enfants est une opération à effet de levier conséquent qui reste complexe à réaliser dans la pratique. Ce schéma nécessite l'intervention d'un notaire patrimonial maîtrisant parfaitement l'environnement fiscal du schéma pour rédiger l'acte et également l'accord de l'organisme de crédit quant au transfert de la dette.

L'optimisation consiste en la levée des options par le bénéficiaire du plan à l'aide d'un financement par crédit dans un premier temps, puis en la donation des titres et de la charge du crédit aux enfants dans un second temps. Ces derniers céderont ultérieurement leurs actions pour rembourser le crédit et disposer de la différence des fonds.

Ce schéma présente l'avantage, pour le donateur, de ne pas avoir à avancer le prix d'acquisition des actions en bloquant, par exemple, des capitaux rémunérés par ailleurs. L'enrichissement des enfants est moindre que l'exemple précédent, toutefois. Il permet l'enrichissement du groupe familial par l'économie des droits de mutation du fait de la réduction de la base imposable. Du fait des schémas de donation, il est important de consolider effectivement « l'intention libérale » par le remploi des capitaux de la part des enfants.

Chapitre 23

La protection du patrimoine du dirigeant

Sabine VACRATE

SOMMAIRE

Les risques de mise en cause de la responsabilité du chef d'entreprise sont multiples et sont souvent source d'atteinte à ses ressources et à son patrimoine.

L'écran de la personnalité morale qu'offre l'exercice en société est seulement théorique, d'autant que les garanties exigées par les créanciers bancaires pour soutenir l'activité de la société viennent rompre cet écran pour permettre, en cas de défaillance du débiteur principal, d'élargir le gage du créancier pour y inclure les biens du chef d'entreprise.

Il est rare que le dirigeant refuse d'offrir son cautionnement personnel et solidaire ou d'avaliser les billets à ordre en contrepartie du financement sollicité. Mais à l'occasion de la gestion de l'exploitation, les décisions prises par le dirigeant peuvent être considérées comme fautives et peuvent donner lieu à de lourdes sanctions patrimoniales.

C'est donc surtout en cas de survenance d'une procédure collective que la responsabilité du chef d'entreprise risque d'être mise en cause par les organes de la procédure. Son patrimoine est alors menacé principalement par la sanction résultant de l'action en comblement de passif en cas de faute de gestion et par la solidarité à l'impôt résultant de l'article L. 267 LPF.

Cette source confuse de périls suppose une veille constante durant le déroulement de l'exploitation qui sollicite du dirigeant une prise de décision, et donc de risque, constante. S'il y a peu de techniques spécifiques pour instaurer une protection efficace, la construction s'opère au fil du temps et au gré des circonstances, et repose exclusivement sur la connaissance et l'anticipation.

Section 1 LE FINANCEMENT DE L'EXPLOITATION ET LA GARANTIE PERSONNELLE : LE CAUTIONNEMENT

Sûreté personnelle engageant l'entier patrimoine du dirigeant, le cautionnement entame l'étanchéité de l'écran de la personnalité morale qu'offre théoriquement l'exploitation sous la forme sociale.

Il permet au créancier bancaire de bénéficier d'un gage maximum qui demeure encadré par les règles relatives au régime matrimonial et notamment le consentement du conjoint commun en biens à ce que les acquêts soient intégrés dans l'assiette de la garantie.

La plénitude du cautionnement souffre également des limites imposées par le respect d'un formalisme rigoureux requis à peine de nullité et surveillé étroitement par la Haute Cour.

C'est enfin l'incursion consumériste consacrée par la loi Dutreil en 2003 qui fait plier l'engagement pris par la caution en le soumettant au nécessaire examen de sa proportionnalité.

1 Le cautionnement du dirigeant marié sous le régime de la communauté de biens

L'article 1415 dispose que « chacun des époux ne peut engager que ses biens propres et ses revenus, par un cautionnement ou un emprunt, à moins que ceux-ci n'aient été contractés avec le consentement exprès de l'autre conjoint qui, dans ce cas, n'engage pas ses biens propres ».

L'article 1422 prévoit que « les époux ne peuvent, l'un sans l'autre, disposer entre vifs, à titre gratuit, des biens de la communauté. Ils ne peuvent non plus, l'un sans l'autre, affecter l'un de ces biens à la garantie de la dette d'un tiers ».

Il résulte de la combinaison de ces deux textes, un système de cogestion des biens communs, propre au régime de communauté de biens dont il s'infère qu'à défaut d'avoir obtenu le consentement de son conjoint, l'époux commun en biens doit acquitter seul sur ses biens propres, les dettes dont il est tenu en vertu d'un engagement de caution[1].

En conséquence, les créanciers ne peuvent pas poursuivre le paiement des dettes sur les biens communs[2], ni prendre sur eux une inscription hypothécaire[3] ou un nantissement[4]. Ce principe et cette règle sont de jurisprudence constante, la Cour de cassation vient de rappeler, au visa de l'article 1415 du Code civil, que chacun des époux ne peut engager que ses biens propres et ses revenus, par un cautionnement ou un emprunt, à moins que ceux-ci n'aient été contractés avec le consentement exprès de l'autre conjoint.

Dans cet arrêt rendu à l'encontre de la banque HSBC, la banque avait engagé une procédure de saisie immobilière portant sur un immeuble dépendant de la communauté, le couple a invoqué l'absence de consentement donné par le conjoint de la caution. La Chambre civile casse l'arrêt rendu par Cour d'appel de Pau le 5 février 2018, estimant que les cautionnements souscrits unilatéralement par le garant n'établissaient pas à eux seuls le consentement exprès de chacun d'eux à l'engagement de caution de l'autre[5]. Dès lors que cette protection perdure après la dissolution de

1. Cass. civ. 3 mai 2000 : D. 2000.546 ; Cass. 1er civ. 28 janvier 2003 n° 133.
2. Cass. civ. 2 juillet 1991 : RJDA 11/91 n° 947.
3. Cass. 1er civ. 15 mai 2002 n° 746 ; Cass. 1er civ. 11 mars 2003 n° 344 : RJDA 8-9/03 n° 881.
4. Cass. civ. 11 avril 1995 : Bull. civ. I p. 118.
5. Chambre civile 1, 13 juin 2019, 18-13.524.

la communauté, la saisie d'un bien qui était commun aux époux lors de l'engagement de l'un d'eux est impossible[1].

Récemment encore, la Chambre commerciale estimait par ailleurs que « lorsque les cautionnements d'époux communs en biens ont été recueillis au sein du même acte pour garantir la même dette et que l'un des cautionnements est annulé, la seule signature au pied de cet engagement ne vaut pas consentement exprès au cautionnement de l'autre conjoint, emportant engagement des biens communs en application de l'article 1415 du Code civil[2] ».

2 Le cautionnement du dirigeant et le formalisme de l'engagement

Avec l'exigence d'une mention manuscrite stricte et fidèle aux prescriptions du Code de la consommation, la jurisprudence veillait avec rigueur au respect du formalisme de l'acte de cautionnement. La réforme des sûretés engage un remaniement équilibré du contentieux du cautionnement, très abondamment nourri.

L'ordonnance n° 2021-1192 du 15 septembre 2021 est l'aboutissement d'un long processus qui concerne les cautionnements conclus à compter du 1er janvier 2022. Sans révolutionner le droit du cautionnement, l'ordonnance procède à des aménagements profonds, notamment en unifiant le régime de la mention manuscrite. Elle tend d'abord à rétablir un seul droit commun du cautionnement, logé dans le Code civil. Elle y insère certaines dispositions éparses du Code de la consommation et du Code monétaire et financier.

La simplification des exigences de forme du cautionnement laisse désormais présager une réduction très significative de ce contentieux qui engorgeait nos prétoires. L'exigence de la mention apposée par la caution est étendue mais simplifiée.

La loi subordonne actuellement la validité de certains cautionnements à la présence dans l'acte de cautionnement de mentions particulières écrites de la main de la caution et conformes à des modèles légaux impératifs :
- cautionnements consentis par une personne physique envers un créancier professionnel (C. consom. art. L. 331-1, L. 331-2, L. 343-1 et L. 343-2) ;
- ou en garantie d'une opération relevant de la réglementation du crédit à la consommation ou du crédit immobilier (C. consom. art. L. 314-15, L. 314-16 et L. 341-51-1).

L'application de ces exigences donne lieu à un abondant contentieux en cas de discordance entre la mention portée par la caution et le modèle légal.

1. Cass. 1er civ. 28 mars 2008 n° 07-13.388 F-D.
2. Cass. com., 29 sept. 2021, n° 20-14.213.

L'ordonnance abroge également les dispositions précitées (Ord. 2021-1192 art. 32) et leur substitue un régime unique, élargi mais simplifié, qui relèvera du seul Code civil (art. 2 297 nouveau).

L'exigence d'une mention est d'abord étendue puisqu'elle sera requise de la part de la caution personne physique, peu importe que le créancier soit un professionnel ou non, le nouvel article 2297 étant silencieux sur ce point. Mais elle ne sera plus nécessairement manuscrite, le nouvel article 2297 du Code civil ne faisant plus référence à une mention manuscrite mais à une mention apposée par la caution elle-même, afin de tenir compte de la possible conclusion du cautionnement par voie électronique.

La caution devra alors indiquer dans l'acte, à peine de nullité de celui-ci, qu'elle s'engage en qualité de caution à payer au créancier ce que lui doit le débiteur en cas de défaillance de celui-ci, dans la limite d'un montant en principal et accessoires, exprimé en toutes lettres et en chiffres ; en cas de différence, le cautionnement vaudra pour la somme écrite en toutes lettres (C. civ. art. 2 297, al. 1 nouveau).

Contrairement à celles prévues par le Code de la consommation, la mention de l'article 2297 n'est plus sacramentelle : si ce texte la prescrit à peine de nullité de l'engagement ou de la clause de solidarité, il ne fait qu'en fixer le contenu sans imposer une formulation donnée. L'office du juge s'en trouve renforcé puisqu'en cas de contestation, il lui incombera d'apprécier si la mention est suffisante pour assurer l'information de la caution.

Par ailleurs, le montant de l'engagement de la caution devra être indiqué à la fois en chiffres et en lettres et le cautionnement donné par une personne physique devra être d'un montant déterminé. La caution ne sera cependant pas tenue de mentionner la durée de son engagement alors que cette indication, pour l'instant requise par le Code de la consommation, fait l'objet d'une jurisprudence contradictoire exigeant que cette indication figure clairement dans la mention manuscrite et non ailleurs dans l'acte de cautionnement[1] tout en admettant la validité du cautionnement à durée indéterminée, jusqu'au paiement effectif de toutes les sommes dues[2].

3 Le cautionnement du dirigeant et le contrôle de proportionnalité

C'est par plusieurs dispositions du Code de la consommation qui interdisent à un créancier professionnel de se prévaloir du cautionnement donné par une personne physique dont l'engagement était, lors de sa conclusion, manifestement disproportionné à ses biens et revenus, à moins que le patrimoine de cette caution ne lui permette de faire face à son engagement lorsqu'elle est appelée à l'exécuter (C. consom.

1. Cass 1er civ. 9 juillet 2015 n° 14-24.287 F-PB.
2. Cass. com. 15 novembre 2017 n° 16-10.504 F-PBI.

art. L. 314-18, L. 332-1 et L. 343-4), que le cautionnement disproportionné est actuellement sanctionné.

Ce dispositif impose aux établissements prêteurs des investigations pour s'assurer de l'absence de disproportion manifeste, le créancier devant vérifier le rapport entre l'étendue de l'engagement demandé à la caution et ses revenus, ainsi que son patrimoine car il ne saurait laisser une personne physique souscrire un engagement qu'elle ne pourrait jamais tenir sauf au prix d'une véritable faillite personnelle.

Il en résulte, aux termes d'une jurisprudence à la fois abondante et constante, que le caractère manifestement disproportionné du cautionnement s'apprécie à la date de sa conclusion et suppose que la caution soit, au moment où elle souscrit le cautionnement, dans l'impossibilité manifeste de faire face à son engagement avec ses biens et ses revenus[1].

Le recours du créancier contre la caution ne peut donc être admis même partiellement[2] de sorte que, peu importe l'importance de la disproportion entre la dette cautionnée et les biens et revenus du dirigeant caution au moment où il s'engage au profit de la banque, seul compte l'existence d'une disproportion, même faible.

Ainsi, en cas de disproportion manifeste de son engagement, la caution est intégralement libérée, à moins qu'elle n'ait dissimulé sa situation patrimoniale lors de la souscription du cautionnement ou qu'elle ne soit revenue à meilleure fortune.

L'ordonnance abroge ces textes pour leur substituer une disposition unique intégrée dans le Code civil qui maintient l'exigence de proportionnalité du cautionnement lors de sa conclusion entre une personne physique et un créancier professionnel (C. civ. art. 2300 nouveau). L'office du juge portera donc désormais uniquement sur le moment de la souscription, à raison puisqu'on se doute bien que dans la majorité des cas, la situation du débiteur est forcément altérée par la défaillance du débiteur principal qui constituait souvent sa source de revenus.

Toutefois, le créancier ne perdra pas toute possibilité de se prévaloir d'un cautionnement manifestement disproportionné, qui se trouvera réduit au montant à hauteur duquel la caution pouvait s'engager à la date où elle s'est engagée. À la faveur de la réforme, le contrôle de proportionnalité pourrait se déplacer vers le contentieux du devoir de mise en garde qui se trouve étendu par la réforme à tout créancier professionnel.

La jurisprudence fait aujourd'hui peser sur les établissements de crédit qui réclament un cautionnement l'obligation de mettre en garde la caution si l'engagement de celle-ci est, lors de sa conclusion, inadapté à ses capacités financières et s'il existe

1. CA Paris, 25 janv. 2008 ; Cass. com. 22 juin 2010 n° 09-67.814.
2. Cass. com. 28 mars 2018 n° 16-25.651 F-D.

un risque d'endettement né de l'opération garantie, risque qui résulte de l'inadaptation du contrat aux capacités financières de l'emprunteur ou du crédit-preneur[1].

Aux termes du nouvel article 2299, al. 1 du Code civil, le créancier professionnel sera tenu de mettre en garde la caution personne physique lorsque l'engagement du débiteur principal est inadapté aux capacités financières de ce dernier.

Section 2 LA SANCTION PATRIMONIALE DE LA PROCÉDURE COLLECTIVE : L'ACTION EN COMBLEMENT DE PASSIF

L'article L. 651-2 du Code de commerce dispose que « lorsque la liquidation judiciaire d'une personne morale fait apparaître une insuffisance d'actif, le tribunal peut, en cas de faute de gestion ayant contribué à cette insuffisance d'actif, décider que le montant de cette insuffisance d'actif sera supporté, en tout ou en partie, par tous les dirigeants de droit ou de fait, ou par certains d'entre eux ayant contribué à la faute de gestion ».

L'application de ces dispositions ne fait pas obstacle à l'application d'autres sanctions éventuellement prononcées à l'encontre du dirigeant d'une entreprise ayant fait l'objet d'une procédure collective (faillite personnelle dans les conditions prévues par les articles L. 653 -3 et suivants du Code de commerce ou banqueroute dans les conditions définies par les articles L. 651-1 et suivants du même Code).

Le dirigeant est condamné à payer la part du passif de la société causée par sa faute. Les sommes versées entrent dans les actifs de la liquidation judiciaire pour être distribuées aux créanciers de la société liquidée. Il ressort de ce dispositif que l'action en responsabilité pour insuffisance d'actif suppose la réunion de trois conditions cumulatives :
– la liquidation judiciaire doit présenter une insuffisance d'actif ;
– le dirigeant doit avoir commis une faute de gestion ;
– la faute de gestion commise doit avoir contribué à l'insuffisance d'actif.

L'insuffisance d'actif finale résulte de la différence entre le montant du passif admis et celui de l'actif réalisé[2]. Il suffit que l'insuffisance d'actif soit certaine dans son principe[3].

1. Cass. com. 9 octobre 2019 n° 18-12.813 F-D ; Cass. com. 5 mai 2021 n° 19-21.468 F-P.
2. Cass. com. 24 mai 2018 n° 16-29.116 F-D.
3. Cass. Com 7 juin 2005 n° 04-13262 ; Cass. Com 30 juin 2015 n° 13-28 537.

On retrouve en jurisprudence, la caractérisation d'une faute récurrente résultant du défaut de déclaration de la cessation des paiements dans le délai de 45 jours. En effet, en application de l'article L. 631-4, le dirigeant dispose de 45 jours à compter de son constat pour déclarer son état de cessation des paiements.

Lorsque le dirigeant est poursuivi sur ce fondement, l'augmentation de l'insuffisance d'actif qui en résulte est calculée à partir de la date de cessation des paiements fixée par le jugement d'ouverture[1]. Il est également de jurisprudence constante que la poursuite d'une activité déficitaire constitue une faute de gestion, engageant la responsabilité d'un dirigeant au visa de l'article L. 651-2[2]. Les fautes de gestion doivent avoir contribué à l'insuffisance d'actif reprochée et le dirigeant peut être sanctionné même si la faute de gestion qu'il a commise n'est que l'une des causes de l'insuffisance d'actif et peut être condamné à payer en totalité les dettes sociales, sans qu'il y ait lieu de déterminer la part de cette insuffisance imputable à sa faute[3].

La loi Sapin II apporte une modification à l'article 651-2 du Code de commerce qui détermine les conditions de l'action en responsabilité pour insuffisance d'actif : « *en cas de simple négligence du dirigeant de droit ou de fait dans la gestion de la société, sa responsabilité au titre de l'insuffisance d'actif ne peut être engagée* ». La faute de gestion par négligence ne peut donc plus fonder la responsabilité pour insuffisance d'actif mais cette distinction obscure risque d'alourdir le contentieux tant elle est source d'appréciation souveraine des juges du fond.

Section 3 LA RESPONSABILITÉ FISCALE DU DIRIGEANT : LA SOLIDARITÉ À L'IMPÔT

Le dirigeant est soumis à des obligations déclaratives fiscales et sociales pour le compte de la société dont il est le représentant légal. Les inobservations graves et répétées de ces obligations fiscales exposent à des pénalités, le taux de majoration étant porté à 40 % pour les manquements délibérés et à 80 % pour les manœuvres frauduleuses (art. 1 729 du CGI).

Mais la sanction du défaut de déclaration et de paiement, notamment de la TVA, engage le patrimoine du chef d'entreprise au visa de l'article L. 267 du LPF qui

1. Cass. com. 4 novembre 2014 n° 13-23.070 FS-PBRI ; Cass. com 4 juillet 2018 n° 14-20117 ; Cass. com 18 janvier 2017 n° 14-24314 ; Cass. com 18 mai 2016 n° 14-21133 ; Cass. com 10 mars 2015 n° 12-16956 ; Cass. com 19 mai 2015 n° 14-10348.

2. Cass. Com. 12 juillet 2011 n° 09-72406 ; Cass. com. 29 avril 2014 n° 13- 11798 ; Cass. com. 3 décembre 2013 n° 12-19881 ; Cass. com. 13 novembre 2012 n° 11-13340 ; Cass. com. 5 juin 2012 n° 11-16404 ; Cass. com. 10 mars 2004 n° 00-22439.

3. Cass. com. 20 septembre 2017 n° 16-13.566 F-D ; Cass. com. 25 mars 2020 n° 18-21.841 F-D.

dispose que « lorsqu'un dirigeant d'une société, d'une personne morale ou de tout autre groupement, est responsable des manœuvres frauduleuses ou de l'inobservation grave et répétée des obligations fiscales qui ont rendu impossible le recouvrement des impositions et des pénalités dues par la société, la personne morale ou le groupement, ce dirigeant peut, s'il n'est pas déjà tenu au paiement des dettes sociales en application d'une autre disposition, être déclaré solidairement responsable du paiement de ces impositions et pénalités par le Président du tribunal de grande instance. Cette disposition est applicable à toute personne exerçant en droit ou en fait, directement ou indirectement, la direction effective de la société ».

Il appartient alors au comptable public de rapporter la preuve de la responsabilité personnelle du dirigeant pendant l'exercice effectif de son mandat social en ce qui concerne l'inobservation grave et répétée des obligations fiscales de la société[1]. Évidemment, la survenance de la procédure collective affectant l'exploitation est l'occasion de révéler ces manquements déclaratifs. Constituent une inobservation grave des obligations fiscales au sens de l'article L. 267 du LPF, la minoration systématique du chiffre d'affaires taxable pendant plusieurs années, le défaut de versement complet de la TVA pendant deux ans, ces agissements étant manifestement volontaires[2].

Lorsque la société connaît des difficultés financières, il est tentant pour les dirigeants de différer le paiement des dettes d'impôt. Or, l'article L. 267 du LPF est un dispositif qui ne cède devant aucune présomption, notamment en matière de TVA, puisque le dirigeant est à cet égard un agent collecteur pour l'État, de sorte que les tribunaux judiciaires en charge du contrôle de cette procédure n'envisagent pas de circonstances de nature à l'exonérer de déclarer, collecter et reverser.

Peu importe que le dirigeant soit de fait ou de droit, s'il s'est rendu coupable de manœuvres frauduleuses ou d'inobservations graves et répétées, la simple négligence est inopérante et sa responsabilité sera mise en cause si le recouvrement de l'impôt devient impossible du fait de l'insolvabilité de la société, à la condition que le comptable public, lui-même, ait fait diligence. Le contrôle du juge portera sur le passif fiscal antérieur au jugement d'ouverture, les impositions non exigibles à cette date ne pouvant pas être recouvrées sur le fondement des articles L. 267 du LPF[3].

1. Cass. com. 17 janvier 1989 n° 112 P, Benhamou : Bull. civ. IV n° 26 ; Cass. com. 7 février 1989 n° 220 P, Lescureux : RJF 4/89 n° 520 ; Cass. com. 12 juillet 1993 n° 1375 D, Chabiraud : RJF 10/93 n° 1392.

2. Cass. com. 10 mars 1992 n° 438 D, Quélis : RJF 5/92 n° 746.

3. Inst. codificatrice CP 1er juin 1994, 95-74-A titre 3 chap. 2 n° 3 et chap. 3 n° 2 ; D. adm. 12 C-2251 n° 28, 30 juin 1994 ; D. adm. 12 C-2252 n° 12, 30 juin 1994 ; BOI-REC-SOLID-10-10-10 n° 370 et 390.

Il appartient donc aux juges du fond de vérifier que l'échec des tentatives de recouvrement qui concrétise cette impossibilité soit la conséquence des manœuvres reprochées au dirigeant concerné[1]. Sur ce point, la Cour de cassation a énoncé à de nombreuses reprises que le juge ne peut appliquer l'article L. 267 du LPF sans rechercher les circonstances, autres que le défaut de déclaration et de paiement, en raison desquelles l'inobservation grave et répétée des obligations fiscales de la société a rendu impossible le recouvrement[2].

En principe, les tribunaux ne peuvent donc se contenter du seul défaut de paiement de la TVA pour caractériser le lien de causalité. Ils doivent rechercher le comportement particulier du dirigeant qui aurait retardé, voire empêché, les diligences de l'administration.

1. Cass. com. 10 mars 1998 n° 673 D, Mestrallet : RJF 6/98 n° 720 ; Cass. com. 3 novembre 2004 n° 1547 F-D ; Cass. com. 21 octobre 2014 n° 13-23.316.

2. Cass. com. 15 décembre 1987 : Bull. civ. IV n° 279 ; Cass. com. 31 mai 1988 : Bull. civ. IV n° 184 ; Cass. com. 22 janvier 1991 n° 220 D : RJF 4/91 n° 521 ; Cass. com. 18 juin 1991 n° 968 P : RJF 8-9/91 n° 1169 ; Cass. com. 22 octobre 1991 n° 1245 P : RJF 12/91 n° 1606 ; Cass. com. 17 décembre 1991 n° 1635 D : RJF 3/92 n° 410 ; Cass. com. 9 mars 1993 n° 437 P, Degaie : RJF 6/93 n° 937, Inst. codificatrice CP 1er juin 1994, 95-74-A titre 3 chap. 3 n° 3 ; D. adm. 12 C-2252 n° 25, 30 juin 1994 ; BOI-REC-SOLID-10-10-20 n° 250.

Chapitre 24

La fiscalité de la transmission d'entreprise

Jean-Pierre Cossin

SOMMAIRE

La fiscalité de la transmission de l'entreprise recouvre les reprises d'entreprises quel que soit leur régime juridique ou fiscal (entreprise individuelle, société à l'IR ou à l'IS...) duquel elles relèvent. La transmission peut s'effectuer sous forme d'une cession des titres, réalisée soit par une personne physique, soit par une personne morale soumise ou non à l'impôt sur les sociétés. Elle peut aussi se limiter à la cession du fonds de commerce au repreneur par la société qui l'exploitait antérieurement.

Les dispositions fiscales applicables à chacune de ces situations sont différentes et peuvent conduire à l'application, soit des règles concernant la fiscalité des professionnels, soit des règles concernant la fiscalité des particuliers. La fiscalité de la transmission d'entreprise s'applique à des situations de reprises variées. Il peut s'agir d'une vente ou d'un apport, c'est-à-dire d'une transmission « à titre onéreux » ou, au contraire, il peut s'agir d'une transmission à la suite du décès de l'ancien exploitant ou d'une donation, c'est-à-dire d'une transmission « à titre gratuit ». Ces deux formes de transmission répondent à des logiques économiques et fiscales différentes. En cas de transmission à titre onéreux, il faut distinguer la situation du cédant de celle du cessionnaire. Le repreneur (ou cessionnaire) est confronté à l'obligation de payer le prix de l'entreprise, ce qui constitue une contrainte financière. Le paiement du prix peut nécessiter le recours à l'emprunt, conduisant au paiement d'intérêts. Le repreneur doit pouvoir déduire fiscalement les intérêts de l'emprunt qu'il a souscrit. Il doit aussi acquitter les droits d'enregistrement sur la mutation.

Le cédant réalise généralement des plus-values lors de la transmission de son entreprise. Les plus-values professionnelles à long terme sont imposables à l'impôt sur le revenu au taux proportionnel de 12,80 %, auquel s'ajoute les prélèvements sociaux de 17,2 %, soit un taux global de 30 % (depuis 2018). Les plus-values des particuliers sont imposables au prélèvement forfaitaire unique de 12,80 % auquel il faut y ajouter 17,2 % de prélèvements sociaux. Mais un régime optionnel pour l'impôt progressif sur le revenu avec abattements pour durée de détention peut aussi s'appliquer. En cas de transmission à titre gratuit, il convient aussi de distinguer la situation du repreneur (donataire ou héritier) et celle de l'ex-exploitant (donateur ou défunt) au regard des dispositions fiscales applicables.

Le donataire (ou l'héritier) supporte les droits d'enregistrement (de donation ou de succession) sur la valeur réelle (ou encore appelée « valeur vénale ») de l'entreprise qu'il a reçue. Les droits de succession et les droits de donation sont calculés à partir des mêmes tarifs, dont les taux sont fonction du degré de parenté existant entre le défunt et l'héritier, ou entre le donateur et le donataire. L'ex-exploitant (défunt ou donateur) est pour sa part soumis éventuellement à l'imposition des plus-values « constatées », dans le cas où il s'agit d'une transmission entrant dans le champ d'application des plus-values professionnelles. En effet, la transmission gratuite de biens relevant du régime des plus-values des particuliers exonère ces dernières.

Section 1 LA TRANSMISSION À TITRE ONÉREUX DE L'ENTREPRISE

La transmission à titre onéreux de l'entreprise concerne les ventes et les apports. Les cédants et cessionnaires doivent déterminer le prix de cession et éventuellement prévoir qu'il pourra être révisé. Ils peuvent convenir d'une clause de garantie de passif ou d'une clause de complément de prix, susceptibles lors de leur mise en œuvre d'influer sur le montant des plus-values imposables.

Au plan fiscal, le repreneur cherche à déduire les frais d'acquisition et notamment les frais financiers et cherche également à payer les droits d'enregistrement les moins élevés possibles, alors que le vendeur souhaite bénéficier de l'exonération, si possible totale, de la plus-value qu'il est susceptible de réaliser lors de la vente.

Par ailleurs, le cédant peut souhaiter réinvestir dans une autre entreprise une partie significative de la plus-value réalisée. Dans ce cas, il pourra solliciter un report d'imposition de la plus-value.

1 La fiscalité applicable au repreneur (cessionnaire)

1.1 La déduction des frais financiers d'acquisition

Le paiement du prix constitue la première contrainte du repreneur qui, pour le payer, a généralement recours à l'emprunt et, à ce titre, supporte des intérêts. Les règles de déductibilité fiscale des intérêts d'emprunt sont les suivantes :

- la déductibilité est de droit en cas d'acquisition d'une entreprise individuelle ou de parts de sociétés exerçant une activité professionnelle et relevant du régime fiscal des sociétés de personnes ;
- la déductibilité n'est pas, en principe, autorisée en cas d'acquisition de titres de sociétés soumises à l'impôt sur les sociétés par une personne physique.

La déduction des intérêts d'emprunt souscrit pour l'acquisition d'une entreprise individuelle ou de parts d'une société de personnes exerçant une activité professionnelle

Lorsque l'emprunt concerne l'acquisition d'une entreprise individuelle qui exerce une activité professionnelle (activité relevant de la catégorie des bénéfices industriels ou commerciaux, de la catégorie des bénéfices agricoles ou encore de celle des bénéfices non commerciaux), l'exploitant peut déduire directement des résultats fiscaux de l'entreprise les intérêts sans limitation de montant et pendant toute la période de remboursement de l'emprunt ayant financé l'acquisition de l'entreprise.

Lorsque l'emprunt a été contracté pour acquérir des parts de sociétés relevant de l'impôt sur le revenu (articles 8 et 8 ter du CGI), et qui exercent une activité professionnelle au sens fiscal (BIC, BNC, BA) par une personne physique qui elle-même exerce une activité dans cette société, les intérêts sont déductibles de la quote-part des bénéfices de la société revenant à l'associé qui a souscrit l'emprunt.

Les intérêts constituent une charge personnelle pour l'associé et sont déductibles de son revenu catégoriel imposable. Cette déductibilité découle des termes de l'article 151 nonies I du CGI, qui qualifient les parts des sociétés de personnes exerçant une activité professionnelle « d'actifs professionnels de l'associé », lorsque ce dernier exerce une activité dans la société.

La déduction des intérêts d'emprunt concerne principalement les personnes qui ont acquis des parts de sociétés en nom collectif, de sociétés en commandite simple pour les seuls commandités, de sociétés civiles professionnelles, d'entreprises unipersonnelles à responsabilité limitée, d'une exploitation agricole à responsabilité limitée, d'une exploitation agricole à responsabilité limitée uniquement entre personnes parentes en ligne directe ou entre frères et sœurs et, le cas échéant, les conjoints de ces personnes.

La déduction est également possible pour les associés des sociétés à responsabilité limitée de famille qui ont opté pour le régime des sociétés de personnes.

Le principe de non-déductibilité des intérêts d'emprunt souscrit par une personne physique pour acquérir les titres d'une société soumise à l'impôt sur les sociétés

Les intérêts de l'emprunt souscrit pour acquérir des titres d'une société soumise à l'impôt sur les sociétés par une personne physique ne sont pas déductibles pour la détermination de l'impôt sur le revenu, puisque les titres en cause sont fiscalement considérés comme un élément du patrimoine privé de l'acquéreur.

Les exceptions au principe de non-déduction des intérêts d'emprunt souscrit pour acquérir les titres d'une société soumise à l'impôt sur les sociétés

Le cas des salariés qui souscrivent au capital d'une société nouvelle

En application de l'article 83, 2e quater et 2e quinquies du CGI, les salariés qui souscrivent au capital d'une société nouvelle exerçant une activité industrielle, commerciale, artisanale, agricole ou libérale, l'année de la création ou au cours des deux années suivantes, peuvent déduire les intérêts de l'emprunt contracté pour cette souscription de la rémunération brute (avant déduction des frais professionnels) versée par cette société (la même mesure existe en cas de transformation d'une société en SCOP).

Le cas des salariés pour lesquels l'acquisition des titres de la société qui les emploie leur est « utile » pour la perception de leurs revenus salariaux.

La déductibilité des intérêts[1] de la catégorie des traitements et salaires s'applique aux salariés qui ont opté pour la déduction des frais réels et qui ont acquis sur fonds d'emprunt des titres de la société soumise à l'impôt sur les sociétés dans laquelle ils exercent leur activité.

Les intérêts de l'emprunt payés par les salariés concernés sont déductibles au titre des frais réels professionnels à la double condition que la détention des titres soit utile à la perception ou au maintien du revenu salarial, et que le montant des intérêts ne soit pas disproportionné par rapport à la rémunération perçue.

La déduction des frais financiers à travers la création d'une société holding de rachat avec exercice d'une option pour le régime de l'intégration fiscale

Afin de déduire les intérêts de l'emprunt souscrit pour acquérir des titres de sociétés soumises à l'impôt sur les sociétés, les repreneurs, personnes physiques, constituent généralement une société soumise à l'impôt sur les sociétés. Le mécanisme est alors le suivant : la société nouvellement constituée fait l'acquisition des titres qu'elle inscrit à son actif dans la catégorie des titres de participation et contracte l'emprunt nécessaire au paiement du prix d'acquisition ; les intérêts de l'emprunt constituent une charge déductible de la société créée (holding de rachat).

Toutefois, la déductibilité ne peut produire d'effet que si la société holding de rachat dégage des résultats fiscaux imposables d'un montant suffisant. Pour faciliter la déduction « réelle » des intérêts de l'emprunt, la société holding peut opter pour l'application du régime fiscal de groupe (régime de l'intégration fiscale).

Cette option permet la déduction des intérêts des emprunts du résultat d'ensemble du groupe, c'est-à-dire, en réalité, des résultats de la société rachetée elle-même et ce, parce que le régime de l'intégration fiscale permet de compenser les résultats bénéficiaires et déficitaires de chacune des sociétés membres du groupe. Il faut que les conditions exigées pour exercer l'option soient remplies et en particulier que la société holding possède au moins 95 % du capital et des droits de vote de la société rachetée.

Cette option ne produit ses effets que dans la mesure où la limitation de la déduction des frais financiers dans les groupes intégrés (amendement Charasse), qui concerne les cas d'acquisition des titres par la holding aux personnes qui contrôlent cette même holding, n'est pas applicable.

---

1. La déduction des intérêts d'emprunt des revenus salariaux est issue de la jurisprudence du Conseil d'État (Boutor-linsky du 25 octobre 2004) précisée par la doctrine administrative qui a appliqué aux intérêts des emprunts les règles générales de déductibilité des frais réels professionnels. Ces dispositions jurisprudentielles et doctrinales ont été légalisées par la loi de Finances rectificative pour 2008.

1.2 L'amortissement temporaire du fonds commercial

Les cessionnaires de fonds de commerce peuvent, pour les fonds commerciaux acquis entre le 1er janvier 2022 et le 31 décembre 2025, déduire l'amortissement comptable pratiqué.

1.3 Les droits d'enregistrement dus par le repreneur

Les droits d'enregistrement exigibles lors de la mutation à titre onéreux d'une entreprise ou de titres de sociétés sont dus par le cessionnaire. Ils ont des taux différents selon que la mutation concerne une entreprise individuelle, des parts de sociétés ou encore des actions.

Les droits d'enregistrement exigibles lors de l'acquisition à titre onéreux d'une entreprise individuelle

En application de l'article 719 du CGI, les droits d'enregistrement (et les taxes additionnelles) sont dus sur toutes les mutations à titre onéreux de fonds de commerce (clientèles commerciales et clientèles civiles). Ils sont perçus sur le prix augmenté des charges ou, si elle est supérieure, sur la valeur vénale.

Les mutations à titre onéreux de fonds de commerce et de clientèle sont soumises à un droit d'enregistrement perçu au profit de l'État et aux taxes additionnelles communales et départementales.

Les droits globaux dus sont en principe calculés comme suit :

– fraction de la valeur taxable n'excédant pas 23 000 € : 0 %
– fraction de la valeur taxable comprise entre 23 000 € et 200 000 € : 3 %
– fraction de la valeur taxable supérieure à 200 000 € : 5 %

On notera que les droits d'enregistrement sont déductibles des résultats de l'entreprise individuelle acquise.

Les droits d'enregistrement exigibles à l'occasion de l'acquisition à titre onéreux de titres de sociétés

Il faut distinguer les cessions de parts des cessions d'actions. Les cessions d'actions, de parts de fondateurs ou de parts bénéficiaires de société par actions non cotées en Bourse, et qui ne sont pas à prépondérance immobilière, supportent des droits d'enregistrement au taux de 0,1 %.

Les cessions de parts sociales dans les sociétés dont le capital n'est pas divisé en actions (à l'exception des cessions de participations dans des personnes morales à prépondérance immobilière imposables au taux de 5 %) supportent des droits d'enregistrement au taux de 3 %. Pour la liquidation du droit de 3 % sur les parts sociales, il est fait application de l'abattement de 23 000 € (qui est global pour toutes les parts représentatives du capital).

Les droits d'enregistrement sont assis sur le prix exprimé, augmenté éventuellement des charges, ou sur la valeur réelle (ou vénale) si elle est supérieure.

2 La fiscalité des plus-values applicable au cédant

Les plus-values réalisées par le cédant sont en principe imposables, quelle que soit la qualification fiscale du cédant. Toutefois, ce principe souffre de très nombreuses dérogations.

Le régime d'imposition des plus-values de cession dépend de la qualification fiscale du cédant. Lorsque le cédant est une personne physique (ou une société de personnes à caractère patrimonial), le régime d'imposition des plus-values dépend de la forme juridique et du régime fiscal de l'entreprise cédée.

En cas de vente de titres d'une société soumise à l'impôt sur les sociétés, on applique les règles d'imposition des plus-values des particuliers.

En cas de vente d'une entreprise individuelle ou de parts de sociétés relevant du régime fiscal des sociétés de personnes exerçant une activité professionnelle, par une personne exerçant dans cette société une activité, on applique les règles d'imposition des plus-values professionnelles.

2.1 Le régime d'imposition des plus-values réalisées par une entreprise soumise à l'impôt sur les sociétés qui cède une participation

La société soumise à l'impôt sur les sociétés cède des titres de participation représentatifs de l'entreprise transmise

À l'occasion de la cession des titres représentatifs d'une entreprise et inscrits à l'actif au poste comptable de « titres de participation », la société cédante réalise une plus-value professionnelle qualifiée de plus-value à long terme lorsque les titres cédés étaient détenus depuis plus de deux ans. En application de l'article 219 I a quinquies du CGI, les plus-values à long terme dégagées à l'occasion de la cession de titres de participation, à l'exception des titres de sociétés à prépondérance immobilière, sont soumises à l'impôt sur les sociétés au taux de 0 % au titre des exercices clos à compter de 2007.

Le taux de 0 % ne concerne que les cessions qui portent sur des titres de participation, ce qui implique selon les termes de l'article 219 I ter a du CGI qu'ils revêtent ce caractère sur le plan comptable, ou qu'ils aient été acquis en exécution d'une offre publique d'achat ou d'échange, ou encore qu'ils ouvrent droit au régime des sociétés mères (détention de 5 % au moins du capital de la société et détention depuis au moins deux ans des titres de la société émettrice).

En contrepartie de l'instauration du taux d'imposition de 0 %, la société cédante doit réintégrer dans ses résultats imposables de l'année de cession une quote-part de frais et charges évaluée à 12 % du résultat brut des plus-values de cession réalisées au titre de l'exercice.

La société soumise à l'impôt sur les sociétés cède une branche complète d'activité

La transmission d'entreprise peut prendre la forme d'une cession de branche complète d'activité. Dans ce cas, la société cédante réalise des plus-values de cession du fonds de commerce qui sont en principe imposables au taux de droit commun de l'impôt sur les sociétés.

Dans certains cas et sous certaines conditions, les plus-values de cession d'une branche autonome d'activité peuvent être totalement ou partiellement exonérées (article 238 quindecies du CGI).

Selon les termes de cet article, les plus-values réalisées à l'occasion de la cession d'une branche complète d'activité par une société soumise à l'impôt sur les sociétés sont totalement exonérées si les éléments cédés ont une valeur inférieure à 500 000 € depuis le 1er janvier 2022 (avant 300 000 €). Elles sont partiellement exonérées (et de manière dégressive) lorsque les éléments cédés ont une valeur comprise entre 500 000 € et 1 000 000 €. Toutefois l'exonération, totale ou partielle, ne concerne pas les plus-values réalisées à cette occasion sur les biens immobiliers bâtis ou non bâtis.

L'exonération s'applique aux seules sociétés PME. Il s'agit d'entreprises qui ont moins de 250 salariés et réalisent un chiffre d'affaires inférieur à 50 M€ ou ont un total du bilan inférieur à 43 M€, dont le capital est entièrement libéré et détenu de manière continue pour 75 % au moins par des personnes physiques ou par une société dont le capital est lui-même détenu à 75 % au moins par des personnes physiques.

2.2 Le cédant de l'entreprise est une personne physique

Lorsque le cédant de l'entreprise est une personne physique, les plus-values réalisées lors de cessions de « petites entreprises » sont susceptibles de bénéficier d'exonérations conditionnelles, qui peuvent être incompatibles entre elles.

La plus-value en cas de cession d'une entreprise individuelle ou de parts de société de personnes exerçant une activité professionnelle

Les plus-values réalisées à l'occasion de la transmission de l'entreprise individuelle ou de la société de personnes relevant de l'article 8 et 8 ter du CGI sont en principe imposables en tant que plus-values professionnelles. Les dispositions de l'article 39 duodecies du CGI, qui distinguent les plus-values à court terme et les plus-values à long terme, sont alors applicables.

Le régime des plus-values professionnelles ne concerne, en cas de cession de parts de sociétés de personnes, que les seuls associés qui exercent leur activité professionnelle dans la société dont ils détiennent les parts sociales.

L'exonération des petites entreprises (art. 151 septies du CGI)

L'article 151 septies du CGI vise à exonérer de l'impôt sur les plus-values les petites entreprises relevant de l'impôt sur le revenu et exerçant une activité professionnelle artisanale, commerciale, libérale et agricole. Peuvent bénéficier de l'exonération totale ou partielle les entreprises individuelles, les sociétés visées à l'article 8 et 8 ter du CGI qui exercent une activité professionnelle et les personnes physiques qui détiennent des parts de sociétés relevant du régime fiscal des sociétés de personnes et qui exercent dans cette société leur activité professionnelle.

L'exonération totale ou partielle s'applique aux plus-values réalisées à l'occasion de la cession des éléments de l'actif immobilisé, que celles-ci soient qualifiées de court terme ou de long terme. Toutefois, l'exonération ne concerne pas les terrains à bâtir, mais s'applique par contre aux plus-values réalisées sur les immeubles bâtis et aux prélèvements sociaux.

Pour bénéficier de l'exonération, totale ou partielle, l'activité doit avoir été exercée depuis au moins cinq ans et le chiffre d'affaires de l'entreprise ne doit pas excéder les seuils suivants, qui sont différents selon la nature de l'activité exercée :

- si l'entreprise exerce une activité de vente de marchandises, objets, fournitures et denrées à emporter ou à consommer sur place, ou de fourniture de logement (à l'exclusion des loueurs en meublé professionnels), l'exonération est totale lorsque le montant du chiffre d'affaires n'excède pas 250 000 € HT. L'exonération n'est que partielle lorsque le montant du chiffre d'affaires est compris entre 250 000 € HT et 350 000 € HT ;
- si l'entreprise exerce une activité de prestation de services, de location en meublé professionnelle ou une activité libérale, l'exonération est totale lorsque le montant du chiffre d'affaires est inférieur à 90 000 €. L'exonération n'est que partielle lorsque le chiffre d'affaires se situe entre 90 000 € HT et 126 000 € HT.

Le mécanisme d'exonération partielle (dégressive en fonction de l'augmentation du montant du chiffre d'affaires) a été institué pour éviter l'« effet de seuil » en cas de faible dépassement du seuil d'exonération totale. Il permet le « lissage » de l'imposition.

Sa mise en œuvre conduit à la taxation partielle de la plus-value égale au rapport existant entre d'une part, la différence entre le chiffre d'affaires de 250 000 € HT et d'autre part, le montant de 100 000 € HT lorsque le montant du chiffre d'affaires est compris entre 250 000 € HT et 350 000 € HT pour les entreprises de ventes, ou au rapport existant entre d'une part, au numérateur la différence entre le chiffre d'affaires et 90000 € HT et d'autre part, au dénominateur, le montant de 36000 € HT, lorsque le montant du chiffre d'affaires est compris entre 90000 € HT et 126000 € HT, pour les prestataires de services.

Les seuils de chiffre d'affaires à retenir correspondent à la moyenne des chiffres d'affaires réalisés par l'entreprise au cours des deux exercices clos, ramenés le cas échéant à douze mois, au cours des deux années civiles qui précèdent la réalisation de la plus-value de cession.

En cas d'activités mixtes, c'est-à-dire lorsque l'activité de l'entreprise se rattache aux deux catégories, celles des ventes de marchandises et celles des prestations de services, les règles suivantes s'appliquent :

- l'exonération est totale si le montant global du chiffre d'affaires n'excède pas 250000 € et si le montant afférent aux activités de prestataire n'excède pas 90000 € ;
- l'exonération est partielle lorsque le montant global du chiffre d'affaires n'excède pas 350000 € et que le montant afférent aux activités de prestataire n'excède pas 126000 €. Dans ce cas, le montant exonéré de la plus-value est déterminé en appliquant le moins élevé des deux taux qui aurait été déterminé si l'entreprise avait réalisé le montant global de son chiffre d'affaires dans la catégorie des ventes de marchandises ou si l'entreprise n'avait réalisé que des activités de prestataire.

L'exonération des plus-values réalisées lors de la cession de « petits fonds »

L'article 238 quindecies du CGI exonère totalement ou partiellement, y compris des prélèvement sociaux, les plus-values réalisées à l'occasion de la cession d'une entreprise individuelle (ou d'une branche complète d'activité) sous réserve que les conditions suivantes soient remplies :

- l'activité de l'entreprise doit être commerciale, artisanale, industrielle, libérale ou agricole ;
- l'activité doit avoir été exercée pendant au moins cinq ans ;
- le montant global des éléments cédés (fonds de commerce, clientèle, office ministériel) (articles 719, 720, et 724 du CGI) ne doit pas excéder le seuil de 500000 € (avant le 1er janvier 2022, le seuil était de 300000 €) ;
- le cédant ne peut détenir directement ou indirectement plus de 50 % des droits de vote ou des bénéfices, ou ne peut exercer la direction effective de la société cessionnaire (si la cession a été faite à une société). Cette condition doit être respectée pendant une durée d'au moins trois ans sous peine de déchéance du régime d'exonération.

Lorsque la valeur de cession excède 500000 €, sans toutefois dépasser 1000000 €, l'exonération de la plus-value est dégressive[1].

1. Le pourcentage d'exonération dégressive est déterminé selon la formule suivante : 500000 € moins la valeur des éléments du fonds cédés, le résultat étant divisé par 200000 €.

L'exonération concerne aussi, et sous les mêmes conditions, les plus-values réalisées à l'occasion de la cession de parts de sociétés de personnes, sous réserve que l'associé cédant ait exercé son activité depuis plus de cinq ans dans la société et qu'il cède la totalité des parts qu'il détenait.

L'exonération de la plus-value réalisée au moment du départ à la retraite de l'exploitant ou de l'associé de la société de personnes

Les exploitants individuels et les associés de sociétés de personnes exerçant leur activité professionnelle au sein de la société peuvent bénéficier de l'exonération d'impôt sur le revenu (et pas des contributions sociales) sur la plus-value réalisée lors de la cession de l'entreprise ou des parts sociales à l'occasion de leur départ en retraite (art. 151 septies A du CGI), lorsque les conditions suivantes sont remplies :

- l'entreprise doit exercer une activité commerciale, industrielle, artisanale, libérale ou agricole ;
- la cession à titre onéreux doit porter sur une entreprise individuelle ou, s'il s'agit de parts sociales de sociétés de personnes, sur l'intégralité des parts détenues par le cédant ;
- l'entreprise cédée ou l'entreprise dont les parts sont cédées doit répondre à la définition communautaire de la PME (avoir moins de 250 salariés, réaliser un chiffre d'affaires inférieur à 50 M€ ou avoir un total de bilan inférieur à 43 M€, et avoir un capital détenu à hauteur de 25 % au plus par une entreprise ne répondant pas à la définition de la PME) ;
- le cédant doit avoir exercé son activité pendant au moins cinq ans ;
- le cédant doit faire valoir ses droits à la retraite dans les deux ans qui précèdent ou qui suivent la cession (les contribuables ayant fait valoir leurs droits à la retraite en 2019, 2020 et 2021 ont 36 mois pour céder l'entreprise ou les titres de la société de personnes dans laquelle ils exerçaient leurs fonctions) ;
- le cédant ne doit pas détenir directement ou indirectement plus de 50 % des droits de vote ou des droits dans les bénéfices sociaux de l'entreprise cessionnaire (pour l'appréciation de cette condition il n'est pas tenu compte des parts détenues par le groupe familial).

L'exonération porte sur les plus-values réalisées sur les éléments de l'actif immobilisé de l'entreprise, à l'exclusion des éventuelles plus-values sur les immeubles ou sur les parts de société à prépondérance immobilière inscrits à l'actif.

Le cas particulier des plus-values portant sur des biens immobiliers

Les régimes d'exonération des plus-values réalisées à l'occasion de la transmission d'entreprise prévus à l'article 151 septies A (cas du départ à la retraite) et à l'article 238 quindecies (cessions inférieures à 500 000 €) du CGI ne bénéficient pas aux plus-values réalisées sur les biens immobiliers.

Mais l'article 151 septies B du CGI permet d'appliquer un abattement de 10 % par année de détention au-delà de la cinquième sur la plus-value à long terme réalisée à l'occasion de la cession d'un immeuble professionnel, ce qui peut conduire à une exonération de la seule plus-value à long terme à l'expiration d'un délai de détention de 15 ans.

L'abattement de 10 % pour durée de détention s'applique aux plus-values à long terme portant sur des biens immobiliers affectés à l'exploitation de nature commerciale, industrielle, artisanale, libérale et agricole, et réalisées par des entreprises relevant de l'impôt sur le revenu (entreprises individuelles et sociétés de personnes).

Le régime des plus-values en cas de cession de titres de sociétés soumises à l'impôt sur les sociétés

Les conditions d'imposition des plus-values sur cessions de valeurs mobilières

À compter du 1er janvier 2018, les plus-values de cession de titres soumises à l'impôt sur les sociétés sont soumises à un prélèvement forfaitaire unique (PFU) au taux d'impôt proportionnel de 12,80 % pour l'impôt sur le revenu auquel s'ajoute les prélèvements sociaux au taux de 17,2 % soit un taux global de 30 %. Ce taux s'applique au montant brut de la plus-value sur valeur mobilière réalisée.

Toutefois les contribuables peuvent se placer par option dans le cadre du régime qui existait avant cette date et qui est maintenu en ce qui concerne les abattements dits de droit commun et aménagé en ce qui concerne les abattements dits dérogatoires ou renforcés en tant que régime optionnel.

Les plus-values sur cessions de valeurs mobilières étaient imposables en tant que plus-values des particuliers (ou plus-values privées) dans les conditions prévues à l'article 150-0-A du CGI au taux progressif de l'impôt sur le revenu.

Les abattements pour durée de détention étaient (et demeurent en cas d'option depuis le 1er janvier 2018) dans le régime de droit commun les suivants :
- abattement de 50 % en cas de détention de plus de 2 ans et de moins de 8 ans ;
- abattement de 65 % en cas de détention de plus de 8 ans.

Par ailleurs, il existe des abattements dérogatoires pour durée de détention qui présentent un caractère plus incitatif dont les montants sont les suivants :
- abattement de 50 % pour une durée de détention comprise entre 1 et 4 ans ;
- abattement de 65 % pour une durée de détention comprise entre 4 et 8 ans ;
- abattement de 85 % pour une durée de détention supérieure à 8 ans.

Depuis le 1er janvier 2018, les abattements dérogatoires ne s'appliquent plus qu'en cas de cession de titres de PME de moins de 10 ans.

En cas de départ à la retraite des dirigeants de PME, sous réserve que les conditions soient remplies, un abattement de 500 000 € s'applique dans tous les cas, que la plus-value soit soumise au prélèvement forfaitaire unique de 30 % ou au taux progressif avec abattement de droit commun. En revanche, il ne s'applique pas si le cédant opte pour l'abattement dérogatoire propre aux titres de PME de moins de 10 ans.

Les plus-values réalisées sont déterminées par différence entre le prix de cession et le prix d'acquisition en tenant compte de l'incidence des éventuelles clauses de révision de prix (clause de garantie de passif ou clause de complément de prix). Les plus-values sur cession de titres de sociétés soumises à l'impôt sur les sociétés sont imposables en cas de cession à titre onéreux. Il s'agit des ventes, des apports et des échanges.

En cas d'échange de titres, les plus-values bénéficient d'un sursis d'imposition dans les conditions prévues à l'article 150.0.B du CGI. Le sursis prend fin au moment de la cession à titre onéreux des titres reçus en contrepartie de l'apport.

Toutefois, en cas d'apport de titres à une société contrôlée par l'apporteur au moment de l'apport, l'opération d'échange est exclue du sursis et bénéficie d'un report d'imposition prévu à l'article 150.0.B.ter du CGI. Le report prend fin, soit au moment de la cession des titres reçus, soit au moment de la cession des titres apportés par la société bénéficiaire de l'apport, si la cession intervient dans les trois ans de l'apport.

Dans ce cas, le report peut être maintenu si la société réinvestit au moins 60 % du prix de cession des titres dans une activité économique (50 % avant le 1er janvier 2019). Le réinvestissement doit alors être effectué dans les deux ans de la cession des titres.

L'application de l'abattement spécial de 500 000 € en cas de départ à la retraite du dirigeant cédant[1]

Lorsque la cession des titres est effectuée par un dirigeant de PME qui fait valoir ses droits à la retraite, un abattement de 500 000 € est applicable lorsque les conditions suivantes sont remplies :

- le cédant doit céder l'intégralité des titres qu'il possède s'il ne détient pas plus de 50 % du capital de la société, ou il doit céder plus de 50 % des droits de vote de la société s'il en dispose de plus de 50 %. En cas de détention du seul usufruit des titres, la cession doit représenter plus de 50 % des droits dans les bénéfices ;
- le cédant doit avoir exercé de manière continue pendant cinq ans des fonctions de direction de la société dont il cède les titres. Les fonctions de direction visées sont celles prévues à l'article 885 O bis du CGI (gérant, président, directeur général, membre du directoire, président du conseil de surveillance) ;
- le cédant doit avoir détenu directement ou indirectement (notamment en tenant compte des titres détenus par le groupe familial), et de manière continue, au moins 25 % des droits de vote ou des droits dans les bénéfices de la société cédée pendant les cinq années précédant la cession ;
- le cédant doit faire valoir ses droits à la retraite dans les deux années qui précèdent ou dans les deux années qui suivent la cession (on notera que les dirigeants qui ont

1. Régime maintenu à compter du 1er janvier 2018. Cet abattement ne s'applique pas aux prélèvements sociaux.

fait valoir leurs droits à la retraite au cours des années 2019, 2020 et 2021 pourront céder leurs titres dans le délai de 36 mois) ;
- le cédant ne doit pas être associé de la société cessionnaire à la date de la cession ni au cours des trois années suivantes ;
- la société doit répondre à la définition communautaire de la PME (moins de 250 salariés, chiffre d'affaires annuel inférieur à 50 M€ ou total du bilan inférieur à 43 M€, capital ne pouvant être détenu à 25 % au plus par une ou plusieurs entreprises ne répondant pas à la définition de la PME).

L'application de l'abattement dérogatoire pour une durée de détention aux plus-values réalisées en cas de cession de titres de PME de moins de 10 ans[1]

L'abattement s'applique lorsque la société émettrice des titres cédés remplit les conditions suivantes :

- être une PME communautaire ;
- être créée depuis moins de 10 ans et ne pas être issue d'une concentration, d'une restructuration ou d'une extension d'une activité préexistante ;
- être passible de l'impôt sur les sociétés ;
- avoir une activité commerciale, industrielle, artisanale, libérale ou agricole.

NB : la société doit avoir moins de 10 ans à la date de l'acquisition des titres.

Section 2 LA TRANSMISSION À TITRE GRATUIT DE L'ENTREPRISE

Lors de la transmission à titre gratuit d'une entreprise, le bénéficiaire de la transmission (donataire ou héritier) supporte les droits de donation ou de succession, compte tenu du degré de parenté existant entre le défunt et l'héritier ou entre le donateur et le donataire.

Pour l'ex-exploitant (défunt ou donateur), l'imposition des plus-values constatées lors de la transmission gratuite n'existe que dans le seul cas où celles-ci sont qualifiées fiscalement de professionnelles et encore, sous réserve qu'elles ne puissent bénéficier d'un report, suivi d'une exonération.

1 La fiscalité applicable au bénéficiaire (héritier ou donataire)

L'héritier ou le donataire d'une entreprise supporte des droits d'enregistrement appelés droits de mutation à titre gratuit. Ces droits s'appliquent à toutes les

1. Régime maintenu à compter du 1er janvier 2018.

transmissions par décès (droits de succession) et à toutes les transmissions entre vifs (droits de donation).

1.1 La transmission gratuite d'entreprise par décès

L'application du barème des droits de succession

En cas de transmission d'une entreprise à la suite du décès de l'exploitant, les droits de mutation sont tels que prévus aux tarifs applicables en ligne directe ou aux tarifs applicables en ligne collatérale et entre personnes non parentes non liées par un Pacs. Les droits se calculent sur la valeur réelle (valeur vénale) de l'entreprise à la date du décès.

Toutefois, en application de l'article 764 A du CGI, il peut être tenu compte, pour la liquidation des droits de mutation par décès, de la dépréciation éventuelle résultant dudit décès et affectant la valeur des titres non cotés ou des actifs incorporels transmis.

Tableau 24.1 – Tarif des droits applicables en ligne directe[1]

Fraction de part nette taxable	Taux
N'excédant pas 8 072 €	5 %
De 8 072 à 12 109 €	10 %
De 12 109 à 15 932 €	15 %
De 15 932 à 552 324 €	20 %
De 552 324 à 902 838 €	30 %
De 902 838 à 1 805 677 €	40 %
Supérieure à 1 805 677 €	45 %

Tableau 24.2 – Tarif des droits applicables en ligne collatérale et entre non-parents non liés par un Pacs[2]

Fraction de part nette taxable	Taux
entre frères et sœurs (fraction n'excédant pas 24 430 €)	35 %
entre frères et sœurs (fraction supérieure à 24 430 €)	45 %
entre parents jusqu'au 4e degré inclusivement	55 %
entre parents au-delà du 4e degré et entre personnes parentes	60 %

NB : il est rappelé que les droits de donation sont liquidés sur une valeur qui est susceptible de bénéficier aussi des abattements existants en cas de succession.

1. Ce barème s'applique aussi aux donations.
2. Ce barème s'applique aussi aux donations.

Le paiement des droits d'enregistrement dus à raison de l'ensemble des mutations à titre gratuit portant sur des entreprises (y compris les donations entre vifs portant sur des biens dont la propriété est démembrée) peut être différé pendant cinq ans, puis fractionné sur une période de dix ans.

Pour bénéficier du paiement différé et fractionné, la transmission gratuite doit concerner les entreprises exerçant une activité industrielle, commerciale, artisanale, agricole ou libérale et répondre aux conditions suivantes :

- en cas de transmission d'une entreprise individuelle : l'entreprise doit avoir été exploitée par le défunt ou le donateur, et la mutation doit porter sur l'ensemble des biens affectés à l'exploitation ;
- en cas de transmission de parts sociales ou d'actions de sociétés non cotées en Bourse : le bénéficiaire doit avoir reçu au moins 5 % du capital social de la société.

L'exonération partielle de 75 % sur la valeur de l'entreprise en cas de conclusion d'engagements de conservation de l'entreprise

La loi prévoit la possibilité de bénéficier de l'exonération partielle de la valeur de l'entreprise transmise en cas de décès (de même en cas de donation). Le dispositif est codifié aux articles 787 B et 787 C du CGI. L'exonération partielle et conditionnelle peut s'appliquer à toute transmission à titre gratuit d'entreprises, que celles-ci soient exploitées sous forme de sociétés ou sous forme d'entreprises individuelles (l'exonération partielle était à l'origine réservée aux seules mutations par décès, mais a été étendue aux donations entre vifs).

Les transmissions par décès de parts ou actions de sociétés exerçant une activité industrielle, commerciale, artisanale, agricole ou libérale peuvent être exonérées de droits de mutation à hauteur de 75 % de leur valeur, ainsi que l'ensemble des biens meubles et immeubles, corporels ou incorporels, affectés à l'exploitation d'une entreprise individuelle ayant une activité professionnelle.

L'exonération partielle de 75 % en cas de transmission à titre gratuit d'entreprises exploitées sous forme de sociétés

L'article 787 B du CGI fixe les conditions à remplir pour bénéficier de l'exonération partielle en cas de transmission à titre gratuit de parts ou d'actions de sociétés. Le mécanisme mis en place repose sur l'obligation de souscrire des engagements de nature à assurer la reprise de la société : le « futur défunt » ou donateur doit souscrire un engagement de conservation des titres pour lui et ses ayants droit (dit « engagement collectif ») dont, en principe, l'existence au moment du décès permettra aux héritiers de souscrire un autre engagement (dit « engagement individuel ») qui leur fera bénéficier de l'exonération partielle à hauteur de 75 % de la valeur des parts ou actions transmises[1].

1. Le même mécanisme s'applique aussi en cas de donation d'entreprise : le donateur doit souscrire l'engagement d'origine et le (ou les) donataire(s) doivent s'engager à conserver les titres de l'entreprise transmise.

L'exonération partielle de 75 % de la valeur des titres reçus nécessite que les conditions suivantes soient réunies au moment de la transmission gratuite :

– les titres transmis doivent faire l'objet d'un engagement collectif de conservation en cours depuis au moins deux ans à la date de la transmission. L'engagement collectif de conservation est réputé acquis lorsque les parts ou actions détenues depuis plus de deux ans au moins par une personne physique seule ou avec son conjoint ou le partenaire lié par un Pacs atteignent les seuils de détention de 10 % des droits financiers et 20 % des droits de vote pour les sociétés cotées ou de 17 % et 34 % sous réserve que cette personne ou son conjoint ou le partenaire du Pacs exerce depuis deux ans au moins son activité professionnelle ou une des fonctions de direction prévues à l'article 885 O bis du CGI dans la société concernée ;
– l'engagement collectif doit avoir été souscrit par le défunt (ou le donateur) pour lui et ses ayants droit à titre gratuit avec d'autres associés ;
– l'engagement doit porter au moins sur 10 % des droits financiers et 20 % des droits de vote attachés aux titres, s'ils sont négociables sur les marchés réglementés, et au moins sur 17 % et 34 % dans les autres hypothèses ;
– les héritiers (ou donataires ou légataires) qui désirent bénéficier de l'exonération partielle de 75 % doivent prendre l'engagement, pour eux et pour leurs ayants droit à titre gratuit, de conserver les titres pendant une durée de quatre ans à compter de la date d'expiration de l'engagement collectif d'origine ;
– l'un des associés ayant souscrit l'engagement collectif de conservation ou l'un des héritiers (ou donataires ou légataires) doit exercer dans la société, pendant la durée minimale de l'engagement collectif de deux ans et pendant les trois années qui suivent, son activité principale ou l'une des fonctions visées au 1er alinéa de l'article 885 O bis du CGI ;
– des attestations de la société concernée doivent être produites lors de la transmission et tout au long de la période visée par l'engagement collectif de conservation.

L'exonération partielle peut aussi s'appliquer lorsque les titres faisant l'objet de l'engagement collectif de conservation sont détenus directement ou indirectement par l'intermédiaire d'une société interposée dont les titres font l'objet de la transmission (cas des sociétés holdings). Par ailleurs, l'engagement collectif de conservation est présumé exister lorsque le défunt (ou le donateur) a exercé les fonctions de direction de la société au moins pendant deux ans à la date de la transmission et qu'il possédait avec son conjoint au moins 34 % des titres d'une société non cotée ou 20 % des titres d'une société cotée.

Lorsque toutes les conditions sont remplies, l'exonération partielle porte sur 75 % de la valeur des titres transmis à titre gratuit aux héritiers (ou donataires) ayant souscrit l'engagement à la date de la transmission. Elle est susceptible d'être remise en cause en cas de non-respect des engagements souscrits par les héritiers (ou donataires), ou si l'une des conditions posées par l'article 787 B du CGI venait à faire défaut.

L'exonération partielle de 75 % en cas de transmission à titre gratuit d'une entreprise individuelle

L'article 787 C du CGI définit les modalités d'application de l'exonération partielle de 75 % en cas de transmission à titre gratuit d'une entreprise individuelle :

- l'exonération de 75 % porte sur l'ensemble des biens meubles et immeubles, corporels ou incorporels, affectés à l'exploitation d'une entreprise individuelle ayant une activité industrielle, commerciale, artisanale, agricole ou libérale ;
- l'exonération ne s'applique qu'en cas de transmission de l'ensemble des biens utilisés pour l'exercice de l'activité professionnelle ;
- l'exonération de 75 % implique que les conditions suivantes soient respectées :
  - lorsqu'elle a été acquise à titre onéreux, l'entreprise doit avoir été exploitée et détenue pendant plus de deux ans par le défunt (ou le donateur) ;
  - chacun des héritiers (ou donataires ou légataires) doit prendre l'engagement de conserver l'ensemble des biens faisant l'objet de la transmission de l'entreprise pendant au moins quatre ans ;
  - l'un des héritiers (ou donataires ou légataires) doit poursuivre effectivement l'exploitation de l'entreprise individuelle pendant au moins trois ans.

1.2 La transmission d'entreprise par donation

La donation d'entreprise bénéficie de nombreuses incitations fiscales : elle bénéficie de mesures favorables propres à toutes les donations, démembrement de propriété, application de la règle du non-rappel des droits pour les donations de plus de quinze ans. Elle bénéficie aussi de dispositions favorables réservées aux seules transmissions d'entreprise.

Les règles favorables aux donations

Lorsque la transmission de l'entreprise à titre gratuit est préparée, des dispositions favorables spécifiques aux entreprises peuvent s'appliquer, telles que l'engagement de conservation des titres ou des actifs (voir plus haut) ou l'abattement de 500000 € en cas de donations d'entreprises aux salariés.

La réduction de droits en cas de donation de la pleine propriété d'une entreprise

Les donations en pleine propriété d'entreprises individuelles ou de parts ou actions de sociétés qui réunissent les conditions d'exonération partielle de 75 % en faveur des entreprises bénéficient d'une réduction de droits de 50 % si le donateur a moins de 70 ans.

La donation de la nue-propriété permet de bénéficier d'une diminution des droits dus lors du décès

Le démembrement de la propriété[1] permet la transmission de l'entreprise sous forme de la donation de la nue-propriété aux ayants droit, qui en deviendront pleinement propriétaire lors du décès de l'usufruitier, ou lorsque ce dernier fera donation de l'usufruit.

En cas de donation de la nue-propriété de l'entreprise, les droits dus sont calculés sur la valeur de la seule nue-propriété, qui dépend de l'âge de l'usufruitier. La répartition entre la valeur de l'usufruit et la valeur de la nue-propriété est prévue par l'article 669-I du CGI. Elle s'applique en cas de cession à titre onéreux comme en cas de donation.

Pour la liquidation des droits d'enregistrement, la valeur de la nue-propriété et de l'usufruit est déterminée par une quotité de la valeur de la propriété entière, qui est déterminée selon le barème suivant :

Tableau 24.3 – Démembrement et âge de l'usufruitier

Âge de l'usufruitier	Valeur de l'usufruit	Valeur de la nue-propriété
21 ans révolus	90 %	10 %
31 ans révolus	80 %	20 %
41 ans révolus	70 %	30 %
51 ans révolus	60 %	40 %
61 ans révolus	50 %	50 %
71 ans révolus	40 %	60 %
81 ans révolus	30 %	70 %
91 ans révolus	20 %	80 %
plus de 91 ans révolus	10 %	90 %

Lorsque l'usufruit est constitué pour une durée fixe, il est estimé à 23 % de la valeur de la propriété entière pour chaque période de dix ans de la durée de l'usufruit, sans fraction et sans égard à l'âge de l'usufruitier.

L'application de la règle de non-rappel des donations de plus de quinze ans

Les donations bénéficient en principe, au même titre que les successions, des abattements visés aux articles 779-I du CGI.

Ces abattements s'appliquent, en principe, une seule fois au moment de la succession, puisque les donations antérieures doivent être réintégrées à la succession par application de la règle du rappel des donations antérieures, la donation étant considérée comme une déclaration partielle de succession.

1. Voir également le chapitre 10 consacré au démembrement.

Par dérogation à ce principe, l'article 784 du CGI prévoit que la règle du rappel fiscal des donations antérieures ne s'applique pas aux donations passées depuis plus de quinze ans. Cette règle permet au donataire, en neutralisant les donations tous les quinze ans, de bénéficier des abattements auxquels il peut prétendre en raison de son degré de parenté ce qui, dans ce cas, conduit à une forte atténuation de la progressivité du tarif des droits applicables.

Pour bénéficier du non-rappel fiscal, les donations antérieures de plus de quinze ans doivent constituer de véritables donations présentées à la formalité de l'enregistrement et avoir été soumises aux droits de donation et avoir été passées depuis plus de quinze ans avant la nouvelle transmission gratuite.

Les possibilités d'exonération et de réduction de droits en cas de donation d'une entreprise

L'exonération partielle à hauteur de 75 % de la valeur de l'entreprise (engagement de conservation)

L'exonération à hauteur de 75 % de leur valeur des parts et actions d'une société ayant une activité industrielle, commerciale, artisanale, agricole ou libérale (art. 787 B du CGI) en cas de transmission gratuite s'applique sous les mêmes conditions aux successions et donations d'entreprises. Il en va de même pour l'exonération à hauteur de 75 % de la valeur des biens meubles et immeubles affectés à l'exploitation d'une entreprise individuelle qui fait l'objet d'une transmission gratuite dans les conditions visées à l'article 787 C du code précité.

On relève que l'exonération ne concerne que le fonds de commerce et la clientèle, et qu'elle ne s'applique pas aux autres éléments de l'entreprise individuelle ou de la société.

L'abattement de 300 000 € en cas de donation de l'entreprise à ses salariés

En application de l'article 790 A du CGI, un abattement de 500 000 € à compter du 1er janvier 2024 (300 000 € auparavant) est applicable pour le calcul des droits de mutation à titre gratuit, et sur option des donataires, sur les donations en pleine propriété de fonds artisanaux, de fonds de commerce, ou de clientèles d'une entreprise individuelle ou de parts ou actions d'une société, à concurrence de la fraction de la valeur des titres représentatifs de la clientèle sous réserve que certaines conditions soient remplies :

- l'entreprise ou la société doit exercer une activité industrielle, commerciale, artisanale, agricole ou libérale ;
- la donation doit être consentie aux personnes titulaires d'un contrat de travail à durée indéterminée depuis au moins deux ans et qui exercent leurs fonctions à temps plein, ou d'un contrat d'apprentissage en cours au jour de la transmission, conclus avec l'entreprise dont le fonds de commerce ou la clientèle est transmis ou avec la société dont les parts ou les actions sont transmises. On souligne que

l'existence d'un lien de parenté entre le donateur et le ou les donataires n'a pas pour effet d'exclure la donation du bénéfice de l'abattement ;
– la valeur du fonds de commerce ou de la clientèle objet de la donation, ou appartenant à la société dont les parts ou actions sont transmises, est inférieure à 500 000 € ;
– lorsqu'ils ont été acquis à titre onéreux, le fonds ou la clientèle doivent avoir été détenus pendant plus de deux ans par le donateur ou la société ;
– les donataires doivent poursuivre à titre d'activité professionnelle unique et de manière effective et continue, pendant les cinq années qui suivent la date de la transmission, l'exploitation du fonds ou de la clientèle transmis ou l'activité de la société dont les parts ou les actions ont été transmises et dont l'un d'eux assure pendant la même période la direction effective de l'entreprise. Si cette condition n'est pas respectée, le ou les donataires doivent procéder au paiement des droits de mutation non acquittés, assortis des intérêts de retard. Toutefois, en cas de procédure de liquidation judiciaire dans les cinq ans, il n'est pas procédé à la déchéance du régime de faveur.

L'abattement de 500 000 € est exclusif de l'abattement de 75 % résultant de l'application des articles 787 B et 787 C du CGI.

La réduction de droits de donation propre aux donations d'entreprises

En cas de donation d'entreprise, une réduction de droits de 50 % peut s'appliquer sous certaines conditions :

– le donateur doit être âgé de moins de 70 ans ;
– la donation doit être effectuée en pleine propriété ;
– la donation doit porter sur des parts ou des actions de sociétés ou sur une entreprise individuelle qui remplit les conditions pour être partiellement exonérée de droits de mutation à titre gratuit à hauteur de 75 % en application des articles 787 B et 787 C du CGI.

2 La fiscalité des plus-values applicable au donateur (ou défunt)

Pour le donateur (ou le défunt), la question de l'imposition des plus-values se présente de manière bien différente selon qu'il s'agisse de plus-values des particuliers ou de plus-values professionnelles.

2.1 L'exonération de plein droit des plus-values constatées à l'occasion de la transmission gratuite de parts ou actions de sociétés soumises à l'impôt sur les sociétés

En cas de transmission par décès ou en cas de donation entre vifs de biens relevant du régime des particuliers, les plus-values constatées ne sont pas imposables. Il résulte de cette règle générale que les plus-values concernant les transmissions par décès ou les donations de parts sociales ou d'actions de sociétés soumises à l'impôt sur les sociétés sont exonérées du fait de la transmission.

On notera que l'exonération peut aussi concerner les plus-values constatées en cas de transmission à titre gratuit de titres de sociétés de personnes exerçant une activité professionnelle relevant de l'article 8 du CGI et dans lesquelles le défunt ou le donateur n'exerçait pas d'activité professionnelle.

2.2 Le régime des plus-values en cas de transmission à titre gratuit d'entreprise individuelle ou de parts de sociétés de personnes

En cas de transmission à titre gratuit d'entreprise individuelle, les règles applicables en matière de plus-values (plus-values professionnelles) sont en principe les mêmes que celles qui s'appliquent aux cessions. Les plus-values sont imposables, mais il existe des cas d'exonération sous réserve que les conditions posées soient réunies.

L'exonération des plus-values professionnelles applicables aux transmissions gratuites d'entreprises

Les principales exonérations de plus-values prévues en matière de cession d'entreprise s'appliquent aussi aux transmissions gratuites sous les mêmes conditions. Les exonérations applicables sont celles :

- qui concernent les petites entreprises lorsque les conditions prévues à l'article 151 septies du CGI sont réunies ;
- qui concernent les petites cessions lorsque les conditions prévues à l'article 238 quindecies du CGI sont réunies.

On note cependant que l'exonération conditionnelle prévue en cas de départ à la retraite de l'exploitant individuel ou de l'associé de la société de personnes ne s'applique pas aux transmissions gratuites.

L'exonération spécifique des plus-values constatées en cas de transmission par donation ou succession d'une entreprise individuelle ou de parts de sociétés de personnes

Un dispositif fiscal permettant l'exonération des plus-values professionnelles constatées en cas de transmission gratuite (par décès ou par donation) a été mis en place. Il est codifié à l'article 41 du CGI lorsqu'il s'agit de la transmission d'une entreprise individuelle, et à l'article 151 nonies II du CGI lorsque la transmission porte sur des parts de sociétés de personnes.

L'exonération conditionnelle prévue à l'article 41 du CGI

L'article 41 du CGI prévoit que les plus-values professionnelles réalisées par une personne physique à l'occasion de transmission à titre gratuit d'une entreprise individuelle peuvent bénéficier en premier lieu d'un report d'imposition, puis sous condition, d'une exonération. Le report d'imposition, qui résulte d'une option que doit exercer le bénéficiaire de la transmission à titre gratuit, est octroyé dans les conditions suivantes :

– le report de l'imposition des plus-values afférentes aux éléments de l'actif immobilisé constatées à l'occasion de cette transmission peut être appliqué jusqu'à la date de cession de l'entreprise, ou jusqu'à la date de cession d'un de ces éléments si elle est antérieure. En cas de report, l'imposition des plus-values est effectuée au nom du ou des bénéficiaires de la transmission de l'entreprise individuelle ;
– il est mis fin au report d'imposition en cas de cession à titre onéreux de ses droits par un bénéficiaire, pour le montant de la plus-value afférente à ses droits, et l'imposition de la plus-value est effectuée au nom de ce bénéficiaire ;
– le report est maintenu en cas de nouvelle transmission à titre gratuit par l'un des bénéficiaires, si le bénéficiaire de cette nouvelle transmission prend l'engagement d'acquitter l'impôt sur la plus-value à la date de la cession de l'entreprise ou de l'un des éléments de l'actif immobilisé transmis. À défaut d'engagement, l'imposition des éléments ayant fait l'objet de la nouvelle transmission à titre gratuit est alors effectuée au nom du donateur ou du défunt ;
– le report est également maintenu en cas d'apport de l'entreprise en société (dans les conditions posées par l'article 151 octies du CGI), si le ou les bénéficiaires qui ont réalisé l'apport prennent l'engagement d'acquitter l'impôt sur la plus-value en report à la date de la cession de l'entreprise ou des éléments de l'actif immobilisé ;
– il est également mis fin au report en cas de cession des parts de la société reçues en rémunération de l'apport de l'entreprise individuelle.

On notera par ailleurs que la mise en location-gérance de l'entreprise est assimilée à une cession totale ou partielle de l'entreprise.

Le report d'imposition des plus-values constatées lors de la transmission gratuite peut conduire à une véritable exonération du repreneur à titre gratuit, si ce dernier poursuit l'activité pendant au moins cinq ans à compter de la date de la transmission.

Le report d'imposition s'applique sur option exercée par le ou les exploitants, et si tel est le cas, par les autres bénéficiaires lors de l'acceptation de la transmission par ces derniers. Le ou les bénéficiaires ayant opté doivent communiquer à l'administration un état faisant apparaître le montant des plus-values réalisées lors de la transmission et dont l'imposition est reportée.

L'exonération de la transmission à titre gratuit de parts de sociétés de personnes

En application de l'article 151 nonies II du CGI, lorsqu'une personne physique transmet à titre gratuit à une personne physique des droits sociaux considérés comme des actifs affectés à l'exercice d'une profession, l'imposition de la plus-value peut faire l'objet d'un report jusqu'à la date de cession, de rachat, d'annulation ou de transmission ultérieure de ces droits.

L'imposition de la plus-value est effectuée à la date à laquelle il est mis fin au report, au nom du ou des bénéficiaires de la transmission gratuite des droits sociaux.

Le report est maintenu en cas de nouvelle transmission gratuite si le nouveau bénéficiaire de la transmission prend l'engagement de payer la plus-value, lorsque l'un des événements mettant fin au report se réalisera. Lorsque l'activité est poursuivie pendant au moins cinq ans à compter de la date de transmission à titre gratuit, la plus-value en report est définitivement exonérée. Le régime du report d'imposition est optionnel. L'option doit être exercée par le bénéficiaire lors de l'acceptation de la transmission. L'option doit être communiquée à l'administration, et doit faire apparaître le montant de la plus-value réalisée dont l'imposition est reportée.

Les reports d'imposition des plus-values professionnelles des articles 151 octies à 151 nonies du CGI sont maintenus en cas de réalisation d'une seconde opération ouvrant droit à un sursis ou un report d'imposition.

Partie 6

Études de cas de stratégie patrimoniale

Chapitre

25 Stratégie patrimoniale

Vincent Cornilleau

SOMMAIRE

La « stratégie patrimoniale » est un générique souvent employé en gestion de patrimoine. C'est en réalité une méthode d'approche du patrimoine consistant à prendre du recul sur les éléments qui le composent et sur les « outils », c'est-à-dire les solutions d'investissement et les conventions particulières déjà mises en place par celui qui le détient.

Cette approche emprunte donc le respect d'une méthode qui accorde autant d'importance à la forme de l'intervention du conseiller (comportement humain et commercial[1], document remis au client, et organisation du travail[2]) qu'au fond. Il s'agit alors de mettre des compétences au service de l'individu dans la résolution de sa problématique patrimoniale.

La stratégie patrimoniale repose finalement sur l'enchaînement de deux actions :

– l'ingéniosité d'un conseil adapté à un environnement familial, juridique et fiscal déterminé ;
– la capacité à accompagner le client dans la mise en œuvre de cette stratégie.

L'objet de ce chapitre est de construire **des pistes de réflexion** sur l'élaboration d'une stratégie patrimoniale, à partir d'une hypothèse de base relativement courante.

Section 1 LE RECENSEMENT PATRIMONIAL

Monsieur José Gonzalez a 62 ans. Il s'est marié le 6 juillet 1980 sous le régime de la communauté légale avec Katie qui a 58 ans. Ils n'ont pas fait de donation au dernier des vivants. De cette union sont nés deux enfants, Olivier, 30 ans et Grégoire, 23 ans.

1 La situation sociale

Madame Gonzalez est guide de tourisme dans un parc d'attractions proche de Paris. Monsieur Gonzalez a fondé la société « Médicis Capital », spécialisée dans le conseil en fusions et acquisitions. Il y exerce la fonction de président-directeur général.

1. *Infra* « L'approche globale du patrimoine ».
2. *Infra* « Le diagnostic patrimonial ».

2 Les libéralités antérieures

Monsieur et Madame Gonzalez n'ont jamais effectué de donations vers leurs enfants. Ils n'ont reçu aucune libéralité de leurs parents à ce jour.

3 La composition du patrimoine privé

Tableau 25.1 – Composition du patrimoine de M. et Mme Gonzalez

	M.	Communauté	Mme
Immobilier : – Résidence principale – Résidence secondaire		 700 000 € 250 000 €	
Valeurs mobilières : – FCP – SICAV	 30 000 €	 2 000 000 €	 10 000 €
Liquidités :		500 000 €	
TOTAL	**30 000 €**	**3 450 000 €**	**10 000 €**

4 La composition du patrimoine professionnel

Monsieur Gonzalez a participé à la création de Médicis Capital en 2010. Il en détient 100 000 titres. Aujourd'hui, cette société s'est fortement valorisée grâce au développement d'un réseau commercial chargé d'apporter des affaires et de remployer les capitaux dégagés par les opérations de conseil. À tel point que Médicis Capital est la cible de nombreux repreneurs.

Les titres de Monsieur Gonzalez valaient à la constitution de la société 1 €. Aujourd'hui, ces titres sont évalués à 60 €. Monsieur Gonzalez se retrouve donc à la tête d'un patrimoine professionnel de 6 000 000 €.

5 Les objectifs patrimoniaux

Monsieur Gonzalez souhaite stopper son activité professionnelle et vendre Médicis Capital pour se livrer à sa passion : la voile. Madame Gonzalez arrêtera probablement de travailler aussi.

Ils ont pour objectifs :

- de se constituer des revenus complémentaires pour leur retraite ;
- d'anticiper la transmission du patrimoine de manière égalitaire vers les enfants.

L'entente du couple est parfaite.

6 Les contraintes

D'un point de vue civil, les conditions dans lesquelles seront détenus les biens sont déterminantes pour organiser les pouvoirs des époux.

D'un point de vue fiscal, si la perception de revenus complémentaires suffisant à maintenir leur train de vie actuel ne pose *a priori* pas de problème, les conditions dans lesquelles vont être perçus ces revenus sont primordiales.

Il faudrait en effet tenir compte :

- de l'IFI ;
- de l'impôt plus-value ;
- de la fiscalité sur les revenus ;
- des droits de succession et de l'anticipation de la transmission vers les enfants, au premier décès comme au second.

Focus

Plan

Afin de répondre aux objectifs des époux Gonzalez, nous proposons le plan suivant :

Section 1 : Que se passerait-il en cas de vente de l'intégralité des titres, puis du décès de Monsieur Gonzalez ? C'est la phase d'audit de notre réflexion.

Section 2 : Que faudrait-il faire pour aider Monsieur Gonzalez à mieux atteindre ses objectifs ? C'est la phase de préconisations patrimoniales.

Section 3 : Synthèse, afin de mesurer la pertinence du conseil/notre valeur ajoutée.

Section 4 : Proposition de solutions pour le remploi des capitaux.

Section 2 L'AUDIT PATRIMONIAL

Le diagnostic patrimonial nous permet, notamment, de qualifier juridiquement les biens qui composent le patrimoine du couple, et de cerner les règles de pouvoir qui entourent la gestion de ces biens. Notre audit permet de tirer les conséquences juridiques et fiscales d'une situation présente au regard des objectifs patrimoniaux.

1 En cas de vente des titres

1.1 Les aspects juridiques

Monsieur Gonzalez détient des titres qui sont pour lui des biens propres. Il peut en disposer sans l'accord de son épouse (art. 1428 du Code civil). Leur vente entraîne la perception d'un prix. Attention, à défaut de déclaration de remploi[1] lors du réinvestissement, ce prix de vente serait présumé commun (art. 1402 du Code civil).

1.2 Les aspects économiques et fiscaux

La vente et l'impôt sur la plus-value

Monsieur Gonzalez sera imposé à l'impôt sur le revenu, auquel s'ajoutent les prélèvements sociaux au taux global de 17,2 %, plus 4 % de Contribution Exceptionnelle sur les Hauts Revenus. Soit un taux global de 34 %, en taux marginal d'imposition (TMI). Il va donc subir le taux de 34 % pour l'imposition de la plus-value réalisée. Sans prendre en compte une éventuelle revalorisation du prix d'acquisition des titres, la vente de 100 % des titres entraîne un impôt plus-value de :

Valeur d'un titre (prix de vente)	60,00 €
Prix d'acquisition	1,00 €
Plus-value	59,00 €
Impôt plus-value	20,06 €
Prix de vente net par titre	39,94 €
Prix perçu net d'impôt	3 994 000 €

Il faudra aussi prendre en compte l'impact de la contribution exceptionnelle sur les hauts revenus et l'éventuelle CSG déductible en N+1. Suite à la vente, Monsieur va

1. Respectant les conditions de l'article 1434 du Code civil.

placer 3 994 000 €, ce qui va lui permettre d'obtenir des revenus complémentaires pour sa retraite. Nous pouvons penser que ce placement procurerait un rendement net moyen de 3 % par an, soit environ 119 820 € de revenus complémentaires par an, et sans entamer le capital placé.

2 La transmission des capitaux en cas de décès

Pour la réalisation de ce cas, focalisons-nous sur la transmission des capitaux issus de la vente des titres.

2.1 Monsieur décède en premier

Les capitaux issus de la vente des titres sont des biens propres de Monsieur Gonzalez[1]. Ils composent sa masse successorale après liquidation du régime matrimonial.

Aspects civils

Monsieur Gonzalez n'a pas d'enfant d'un précédent mariage connu à ce jour. Il n'y a pas de testament. À défaut de donation au dernier des vivants, Madame a le choix entre prélever ¼ en pleine propriété ou 100 % en usufruit (art. 757 du Code civil). Considérons que Madame opte pour 100 % en usufruit. Elle pourra ainsi vivre de la gestion des capitaux issus de la vente des titres[2].

Aspects fiscaux

L'objectif est ici de se focaliser sur la transmission par décès des capitaux issus de la vente, en les isolant du reste du patrimoine taxable, afin de mieux comparer cette situation à nos solutions.

Détermination du taux de succession applicable

La masse successorale de Monsieur se compose de :

La moitié des biens communs	1 725 000 €
100 % de la vente des titres	3 994 000 €
Ses autres biens propres	30 000 €
Total	5 749 000 €

1. Hypothèse d'une convention de remploi respectant les conditions de l'article 1434 du Code civil.

2. Pour des illustrations pratiques de remploi de capitaux démembrés et de stratégies d'optimisation, voir V. Cornilleau et B. Dalmas, *Pratique du démembrement de propriété*, éd. LexisNexis. Nouvelle édition 2016 *Gestion du patrimoine et démembrement de propriété*.

Par hypothèse, au décès de Monsieur, Madame a 58 ans. La nue-propriété transmise est évaluée fiscalement à 50 % (art. 669 du CGI). La masse taxable en nue-propriété pour les enfants est de 2 874 500 €, soit 1 437 250 € chacun avant abattement. Le taux de taxation marginal aux droits de succession est donc de 40 %.

Calculs des droits de succession dus sur les seuls capitaux issus de la vente des titres Médicis

Concernant Madame : exonération des droits de succession sur l'usufruit reçu.

Concernant les enfants : les droits s'élèvent à 387 578 € par enfant, soit 775 156 € au total.

Pour le paiement de ces droits, les enfants peuvent choisir de le reporter au décès de l'usufruitier, moyennant le paiement d'un taux d'intérêt légal (art. 1717 et 397 du CGI).

2.2 La transmission des capitaux issus de la vente au deuxième décès

Lors du décès de Madame Gonzalez, Grégoire et Olivier recevront les biens objets du démembrement de propriété (capitaux issus de la vente et biens propres de Monsieur) en exonération de droits de succession (art. 1133 du CGI).

Des droits de succession seront dus sur les biens en pleine propriété que Madame a recueillis du partage de la communauté au premier décès, de la même manière que sur ses biens propres, s'ils n'ont pas été consommés.

Attention, la fiscalité serait beaucoup plus dure si Monsieur décédait en second, car les capitaux lui appartenant en propre seraient transmis en pleine propriété vers les enfants.

2.3 Synthèse

Durant la vie des époux : la vente des titres a entraîné la perception d'un prix de vente net d'impôt plus-value de 3 994 000 €. Ce capital placé leur permet de percevoir des revenus annuels, sans entamer le capital. Ces revenus supporteront l'impôt sur le revenu, mais plus l'ISF depuis le 1er janvier 2018, s'il reste investis en valeurs mobilières.

Transmission aux enfants : au décès des époux Gonzalez, les enfants perçoivent le capital sous la forme des placements effectués (hors assurance-vie pour les besoins de l'hypothèse). Pour cela, ils auront payé 538 523 € de droits de succession[1], soit un capital net transmis de : 3 455 476 €.

Une alternative, parmi d'autres, consiste à donner les titres avant de les céder[2] c'est-à-dire d'opérer la transmission à titre gratuit des titres vers les enfants, puis de vendre ces titres.

1. *Prorata* des droits de succession qui représentent le capital placé suite à la vente : (3 994 000 × 775 156)/5 749 000

2. V. Cornilleau et B. Dalmas, *Gestion de patrimoine et démembrement de propriété*, LexisNexis, coll. Professionnel n° 344 et suivants.

Son intérêt est d'anticiper sur la transmission tout en effaçant l'impôt sur la plus-value. Cette opération nécessite d'être préparée.

Section 3 PRÉCONISATIONS PATRIMONIALES

1 Les stratégies qui précèdent la vente

Monsieur Gonzalez a tout intérêt à ameublir ses droits sociaux, c'est-à-dire à les apporter à la masse des biens communs.

1.1 Le changement de régime matrimonial

Idée

Une fois devenus des biens communs, les titres peuvent être transmis à la fois par Monsieur et par Madame. Quels avantages ? Cela permet de doubler les abattements lors des donations, mais surtout de mieux profiter de la progressivité des droits de mutation à titre gratuit.

Exemple

Monsieur Philippe détient un bien d'une valeur de 1 000 000 €. Il a une fille unique, Ariane, qu'il souhaiterait aider par une donation en pleine propriété.

Si ce bien est un bien propre

Valeur en pleine propriété	1 000 000 €
Abattement	– 100 000 €
Base taxable	900 000 €
Droits à payer au taux progressif de **30 %** :	212 962 €
Total :	**212 962** €

Si ce bien est un bien commun

Valeur en pleine propriété par donateur :	500 000 €
Abattement :	– 100 000 €
Base taxable :	400 000 €
Droits à payer au taux progressif de **20 %** :	78 194 €
Total :	**156 388** €

Soit une économie fiscale de 56 574 €. C'est en partie pourquoi les changements de régimes matrimoniaux sont souvent préconisés pour préparer la transmission du patrimoine d'un couple dont tout ou partie des biens sont propres. Attention, cette économie ne doit pas faire oublier les conséquences civiles d'un tel ameublissement.

Les époux Gonzalez vont ainsi apporter les titres à la communauté. Pour cela, ils doivent changer de régime matrimonial.

Procédure

L'article 1397 du Code civil dispose que, après deux années de mariage, les époux peuvent modifier les règles qui régissent leur union par un acte notarié. Ce changement est peu coûteux pour les époux. De plus, la loi du 23 juin 2006[1] en a simplifié la procédure. Les enfants étant tous majeurs, le passage au tribunal d'instance n'est plus nécessaire. Les époux Gonzalez pourraient adopter le régime de la communauté universelle.

Grâce à ce régime, l'ensemble des biens meubles et immeubles, présents (sous réserve d'apport à la communauté) et à venir, deviennent communs. C'est le régime idéal pour les époux qui souhaitent avant tout se protéger l'un et l'autre. Une clause d'attribution intégrale en pleine propriété permettrait au conjoint survivant de jouir et de disposer des mêmes biens jusqu'à son propre décès.

Il ne reste donc plus qu'à prendre rendez-vous avec le notaire et à organiser les donations des titres de Médicis Capital.

1.2 La donation des titres

Les époux Gonzalez donnent 100 % des titres en nue-propriété.

Incitations fiscales

Non seulement la donation gomme la plus-value latente taxable sur le bien transmis, mais elle bénéficie d'avantages fiscaux :

- abattements de 100 000 € par donateur et par donataire, entre parents et enfants ;
- rappel fiscal tous les quinze ans permettant de « purger le compteur » des donations, tant sur les abattements que pour les tranches du barème des droits de mutation à titre gratuit qui ont été consommées.

Les contribuables seront prudents dans le remploi des capitaux démembrés afin de ne pas risquer un redressement sur le fondement de l'abus de droit[2].

Forme et contenu de l'acte

La donation partage est à privilégier. Elle fige la valeur des biens donnés au jour de la donation pour le rapport des donations et garantit ainsi une stricte égalité entre les enfants au jour de la succession. L'acte stipulera la **réversion de l'usufruit** vers

1. Loi n° 2006-728 du 23 juin 2006 portant réforme des libéralités et des successions.
2. Article 64 LPF. De jurisprudence constante de la Cour de cassation, il n'y a pas d'abus de droit à donner avant de céder. Mais sous réserve que le donateur ne se réserve pas la libre disponibilité du prix de cession.

le conjoint survivant, afin que ce dernier conserve un train de vie identique à celui mené durant leur vie commune. Depuis l'exonération des droits de succession du conjoint survivant, cette réversion n'est plus taxée. Une **clause d'interdiction d'aliéner** les titres reçus par les nus-propriétaires, sauf accord des donateurs, viendra renforcer la sécurité juridique de notre stratégie. Enfin, une **clause de retour** en cas de décès du donataire est souvent stipulée.

Donation en nue-propriété

Grâce aux donations en nue-propriété, les époux Gonzalez anticipent sur la transmission de leur patrimoine et conservent les revenus qui leurs sont nécessaires pour leurs vieux jours. Les époux Gonzalez sont tous les deux âgés de moins de 61 ans le jour de la donation, la valeur de la nue-propriété donnée est donc de 50 % (art. 669 du CGI).

Valeur en pleine propriété	6 000 000 €
Valeur en nue-propriété	3 000 000 €
Valeur donnée par époux	1 500 000 €
Base taxable brute par enfant	750 000 €
Abattement individuel	– 100 000 €
Assiette taxable	650 000 €
Droits à payer au taux progressif de 30 %	137 962 €
Total global	551 848 €

2 La vente des titres

Une fois les titres donnés, il ne reste plus qu'à les vendre au prix de cession de 6 000 000 € (valeur de marché estimée). Les titres ont été donnés en nue-propriété, et parents et enfants s'entendent pour vendre les titres. Cette vente entraîne le paiement d'un impôt plus-value sur l'usufruit réservé, à la charge des nus-propriétaires[1].

Attention, la vente d'un actif démembré entraîne obligatoirement le partage du prix de vente (art. 621 du Code civil), sauf convention contraire conclue avant la vente prévoyant le remploi ou un quasi-usufruit. Au regard des objectifs des époux Gonzalez, le remploi est envisagé. Le prix de cession sera donc reporté sur d'autres actifs démembrés au moyen d'une convention de subrogation réelle[2] afin d'en percevoir les revenus.

1. Instruction fiscale du 13 juin 2001.

2. Pour un modèle de convention de subrogation, voir Cornilleau V. et Dalmas B., *Gestion du patrimoine et démembrement de propriété*, LexisNexis, n° 663 et s.

Pour ce qui est de la prise en charge des droits par le donateur, en principe c'est aux donataires que revient la charge du paiement des droits de donation. Par exception, lorsque les frais et droits d'une donation sont mis à la charge du donateur, l'administration fiscale ne les considère pas comme une donation supplémentaire (art. 1712 du CGI). Si la prise en charge des droits par le donateur est courante, elle n'est pas toujours opportune. C'est le cas en l'espèce lorsque usufruitiers et nus-propriétaires vendent les titres donnés.

2.1 Les époux Gonzalez ont pris à leur charge les droits de donation

Dans ce cas, les enfants donataires, à qui revient la charge de l'impôt plus-value, ne pourront pas revaloriser le prix de revient de leurs titres du montant des droits de mutation acquittés.

Calcul de l'impôt plus-value sur l'usufruit réservé[1] :

Prix de cession	6 000 000 €
Prix d'acquisition : Prix initial + (valeur NP à la donation – valeur NP initiale), soit : 100 000 +(3 000 000 – 50 000)[2]	3 050 000 €
+ Majoration pour frais de mutation	0 €
Montant de la plus-value liée à l'usufruit	2 950 000 €
Impôt au taux marginal de 34 %	1 003 000 €

2.2 Les enfants ont pris à leur charge le paiement des droits de donation

Prix de cession	6 000 000 €
Prix d'acquisition :	
– valeur initiale de la pleine propriété des titres	100 000 €
– accroissement de la nue-propriété	2 950 000 €
+ Majoration pour frais de mutation	541 848 €
Montant de la plus-value liée à l'usufruit	2 398 152 €
Impôt au taux marginal de 34 %	815 371 €

1. Instruction fiscale du 13 juin 2001, paragraphes n° 148 à 154.

2. Valeur de la nue-propriété à la donation 3 000 000 € – Valeur d'acquisition de cette nue-propriété en retenant l'âge de l'usufruitier à la date de la cession 50 000 € = 2 950 000 €.

Remarque

La plupart du temps, les enfants paient cet impôt grâce à des donations de titres en pleine propriété ou un partage partiel de titres au moment de la vente[1]. Mais les parents peuvent aussi donner des liquidités en pleine propriété. Cet appauvrissement immédiat est un inconvénient qui pourrait être pris en compte dans une comparaison de stratégie globale.

3 La perception de revenus complémentaires

100 % des titres ont été donnés en nue-propriété. Les parents usufruitiers et les enfants nus-propriétaires remploient les capitaux issus de la vente.

Quels sont les revenus à consommer par les usufruitiers ? 6000 000 € placés à 3 % par an rapporteraient environ 180000 € par an. En réalité, pour comparer cette alternative à la vente pure et simple des titres Médicis Capital, nous devons prendre en compte l'appauvrissement global des patrimoines suite à cette opération[2] :

Prix de cession	6 000 000 €
Droits de donation	541 848 €
Impôt plus-value	815 371 €
Solde net à placer	4 642 781 €

Placés à 3 %, ils procurent un revenu d'environ 139283 €.

4 Le décès des époux Gonzalez

Les époux Gonzalez ont adopté le régime de la communauté universelle. Si une attribution intégrale a été stipulée au contrat de mariage, l'ensemble des biens est transmis au conjoint survivant et hors droit de succession. Au décès du survivant des deux époux, les enfants reçoivent l'intégralité des biens composant le patrimoine.

Concernant les seuls capitaux issus de la vente des titres Médicis, la clause de réversion d'usufruit stipulée à l'acte de donation permet au survivant d'en jouir jusqu'à son propre décès, et sans payer de droits de succession, qu'il y ait eu stipulation d'un avantage matrimonial, ou non[3]. Les enfants en percevront la pleine propriété hors droit de succession au décès du dernier usufruitier (art. 1133 du CGI).

1. Pour un cas réel chiffré, voir Vincent Cornilleau et Bruno Dalmas, *Gestion de patrimoine et démembrement de propriété*, éd. LexisNexis, coll. Professionnel n° 649 et suivants.

2. Une comparaison de stratégie complète pourrait alors prendre en compte l'économie de droits de succession liée à cet appauvrissement immédiat, ce qui en tempérerait la contrainte.

3. Grâce à l'exonération des droits de succession et de la réversion de l'usufruit vers le conjoint survivant.

Section 4 SYNTHÈSE DE LA PRÉCONISATION

La vente « pure et simple » des titres Médicis a le mérite de la simplicité. De plus, elle permet à Monsieur Gonzalez de conserver tout pouvoir de disposition sur ses capitaux. Il pourra les consommer s'il le souhaite. Cette liberté a un prix : elle se révèle la solution la plus coûteuse fiscalement. La donation des titres en pleine propriété serait aussi possible, mais les solutions permettant aux époux de conserver les revenus sur les biens donnés aux enfants risquent la qualification d'abus de droit par l'administration fiscale. La donation en nue-propriété est la voie médiane : les époux Gonzalez conservent les revenus et transmettent le capital.

Tableau 25.2 – Comparatif fiscal

	Vente	Donation en nue-propriété (les enfants paient les droits), puis vente
Prix de cession	6 000 000 €	6 000 000 €
Impôts plus-value	2 006 000 €	815 371 €
Droits de donation	–	551 848 €
Net perçu	3 994 000 €	4 642 781 €
Revenus bruts*	119 820 €	139 283 €
Droits de succession	538 523 €	–
Net transmis aux enfants	3 455 476 €	4 642 781 €

* Hors IFI.

D'autres réflexions sont possibles[1]. Nous n'avons envisagé que la vente de 100 % des titres comparée à une donation de 100 % des titres en nue-propriété. Les donations peuvent aussi s'alterner et se cumuler. Il existe de multiples combinaisons de stratégies. Parmi les plus connues :

- la donation de titres en pleine propriété permet une exonération totale de l'impôt sur la plus-value et un déplacement de la charge d'IR sur les enfants, souvent situés dans une tranche inférieure à celle des parents ;
- le quasi-usufruit ;
- l'apport à une holding, et la cession des titres Médicis par la holding, sous le bénéfice du régime des titres de participation. La jouissance ou le remploi des liquidités à l'actif du bilan entraîne d'autres stratégies et d'autres contraintes depuis la loi de Finances rectificative pour 2012.

Mus par la principale volonté de changer d'environnement géographique, et afin de satisfaire au mieux la vie de loisirs qui les attend, Monsieur et Madame Gonzalez

1. R. Mortier, « La donation avant cession *in extenso* » ; revue *Droit fiscal* n° 39, 25 septembre 2014, 540.

pourraient aussi se délocaliser. Ici encore, cette voie est rendue plus complexe depuis la réintroduction d'une *exit tax* (art. 167 ter du CGI), mais force est de constater que les délocalisations vers des États offrant un cadre juridique pérenne[1] n'ont pas été freinées, bien au contraire.

Section 5 LE REMPLOI DES CAPITAUX

1 Ligne directrice

D'un point de vue fiscal, le choix des produits d'investissement devra prendre en compte la volonté de percevoir des revenus complémentaires, en optimisation d'impôts IR et IFI. En effet, en fonction de la nature des produits financiers (les enveloppes d'accueil des capitaux issus de la vente) et de leur contenu (actions, obligations, produits de taux, immobiliers), une fiscalité particulière va s'appliquer. Il faut donc concilier exigence de performance du placement, aversion au risque, disponibilité des capitaux, liberté de gestion, et fiscalité.

1.1 Préférer la capitalisation à la distribution

Nous le savons, la fiscalité sur les revenus est bien souvent plus pénalisante que la fiscalité sur les plus-values. Notre stratégie sera donc d'éviter les produits qui distribuent des revenus, pour privilégier les produits dits de capitalisation. Sur ces derniers, les époux Gonzalez pourront exercer un contrôle des revenus en fonction de leurs besoins. Ces produits de capitalisation dégageront des produits dont l'assiette de taxation est très faible.

Exemple

> Monsieur Gonzalez souscrit un contrat d'assurance-vie et rachète tous les ans sur ce contrat une somme de 150 000 €. Ce rachat comporte les premières années une partie très faible d'intérêts et de plus-values. Disons 3 % la première année. Ainsi, Monsieur Gonzalez déclare en revenu imposable 4 500 € pour le calcul du plafonnement, alors qu'il jouit d'une somme de 145 500 € (son revenu économique) pour satisfaire son train de vie.

L'idée est donc de répartir les capitaux, autant que faire se peut, sur des placements tels que l'assurance-vie, les contrats de capitalisation et, dans une certaine mesure, des portefeuilles titres. La société civile à l'impôt sur les sociétés pourrait aussi s'avérer judicieuse.

1. V. Cornilleau, F. Dereme, J.-L. Dascotte, *Le droit patrimonial luxembourgeois, aspects civils et fiscaux*, 3e éd., Kluwer, 2016.

2 L'importance de l'allocation des actifs

Le choix de l'allocation des actifs est une étape primordiale dans la stratégie patrimoniale. C'est cette allocation qui va délivrer une performance au patrimoine géré. Il serait en effet dommage de bénéficier des meilleurs conseils juridiques et fiscaux si, au final, les capitaux ne délivrent pas tout leur potentiel de valorisation. Cette allocation des actifs concerne plus spécialement le travail du *family officer* ou conseiller en gestion de patrimoine.

Déterminer le profil de l'investisseur. Très basiquement, il existe trois grands types de profil d'investisseurs :

- **le profil défensif** correspond à un investisseur prudent qui préfère une performance faible mais un risque faible ;
- **le profil équilibré** correspond à l'investisseur qui recherche une performance raisonnable compte tenu d'une prise de risque modérée ;
- **le profil dynamique** est attribué à l'investisseur recherchant une performance supérieure à la moyenne et qui accepte de prendre un risque, lui aussi, supérieur à la moyenne.

Ces profils sont très subtils à déterminer. Ils varient en fonction du contexte économique et de l'horizon d'investissement, c'est-à-dire de la durée du placement.

C'est la raison pour laquelle une allocation d'actifs pertinente est une allocation d'actifs suivie dans le temps. Elle doit constamment s'adapter, afin d'indexer le profil de l'investisseur sur l'évolution des risques liés aux marchés boursiers. Une fois l'allocation d'actifs déterminée, elle est répartie sur l'ensemble des produits d'accueils des capitaux, en fonction de leur utilisation, et notamment de leur vocation à fournir des revenus complémentaires dans le temps.

Chapitre 26

Approche dynamique du règlement patrimonial d'une succession

Frédéric PETIT

SOMMAIRE

Section 1 PRÉSENTATION DE LA SUCCESSION CLERMONTOIS

1 Les personnes en présence

1.1 Le défunt, Dominique Clermontois

Monsieur Dominique Clermontois, né le 6 octobre 1945, est décédé à l'Île de Ré, dans sa résidence secondaire, à l'âge de 61 ans, le 11 septembre 2007.

Époux en uniques noces de Madame Chantal Le Puy, née le 6 janvier 1958, âgée de 49 ans, avec laquelle il s'est marié à Ambert, le 14 février 1975, sous le régime de la communauté réduite aux acquêts avec stipulation de parts inégales ½ pleine propriété et ½ usufruit suivant leur contrat de mariage.

De cette union sont issus deux enfants, Marc et Aurélie.

1.2 Les ascendants et collatéraux du défunt

Monsieur Dominique Clermontois est issu de l'union de Monsieur Clermontois, décédé le 2 juillet 2002 et d'Aliénor de Haute-Loire, âgée de 80 ans, mariés sous le régime de la communauté. Monsieur et Madame Clermontois avaient établi une donation entre époux.

Lors du règlement de la succession de son père, sa mère a opté pour l'usufruit.

Monsieur Dominique Clermontois a un frère, César, qui a un enfant, Cléo.

2 Les différents patrimoines

2.1 Situation patrimoniale d'Aliénor Clermontois (la grand-mère)

Tableau 26.1 – Patrimoine d'Aliénor Clermontois

	Valeur décès	Valeur actuelle
Monétaire (liquidités en quasi-usufruit)	60000	30000
Actions (détenues en quasi-usufruit)	90000	100000
Résidence principale (pavillon)	(après application – 20 %) 228000	300000
Résidence secondaire	460000	460000

2.2 Situation patrimoniale de Dominique et Chantal Clermontois

Actifs propres Madame

Obligations arrivant à maturité en 2010 (acquisition en remploi) : 250000

Actifs propres Monsieur

Actifs monétaires et financiers détenus en nue-propriété :

– Créance en quasi-usufruit sur monétaires :	10500
– Créance en quasi-usufruit sur titres :	17500
Actions (Arcelor, Suez, Total, Eurotunnel) :	160000
Immobilier détenu en nue-propriété :	
– Résidence secondaire (300000 × 1/4 × 70 %)	52500
– Résidence secondaire (460000 × 1/4 × 70 %)	80500

Actifs de communauté

Monétaire (liquidités) :	200000
Actions :	586266
– 1063 actions TOTAL GABON acquises il y a 2 ans, pour 353 €	
– Le cours au jour du décès est de 654,87 €	
– Le dividende est de 39,29 €/action	
– Taux de rendement 6 %	
Meubles meublant :	10000
Immobilier :	
– Résidence principale (taux de rendement 4 %) :	300000
– Résidence secondaire acquise il y a 31 ans :	400000
– Immeuble locatif, détenu en usufruit suite à donation-partage de la nue-propriété :	450000
Assurance-vie : 2 contrats souscrits par Monsieur en 2004	
– AXA « Mes héritiers » :	150000

– AFER « Mon conjoint, à défaut mes enfants, à défaut mes héritiers » : 300000

Les actes antérieurs

Monsieur et Madame Clermontois ont donné en 1992 la nue-propriété de l'immeuble locatif. La valeur en pleine propriété était à l'époque de 2300 000 F (350633 €).

3 Les objectifs poursuivis

3.1 Objectifs de Chantal Clermontois

– Avoir toute liberté de jouir et disposer de la résidence principale.
– Disposer au maximum du patrimoine (Madame déclare qu'elle n'y entend rien en matière de patrimoine boursier, elle souhaiterait donc ne pas conserver la gestion de ses portefeuilles…).
– Acquérir des revenus complémentaires.
– Envisager la vente de la résidence secondaire pour des raisons affectives suite au décès de son époux dans cette maison.
– Envisager la transmission à ses enfants et en particulier dès à présent d'un capital leur permettant d'acquérir tout ou partie d'un logement.
– Envisager si possible la transmission en cas de son décès avec le moins de droits de succession possible à payer.
– Ne souhaite pas conserver à tout prix l'usufruit successif sur les biens propres de son époux.

3.2 Objectifs des enfants

– Acquérir un logement : ils estiment leur besoin financier pour la réalisation de ce projet à 250 000 € chacun environ.
– Anticiper au mieux le règlement successoral vis-à-vis de leur mère et de leur grand-mère.
– Ils précisent que l'entente est parfaite avec leur mère.

4 L'approche classique : le non-règlement de succession

Le doyen Jean Aulagnier a rappelé que trop souvent le notaire est un liquidateur « passif » de la succession : le notaire ne prépare aucunement la relation qui doit s'instaurer avec les héritiers pour le présent et surtout pour l'avenir. Cette approche classique présente des risques pour le conjoint survivant usufruitier tant sur les liquidités (obligation d'emploi, qui ne le rend pas quasi-usufruitier) que sur les titres (risques de double taxation au second décès) ou encore sur l'immobilier (répartition des droits économiques et politiques entre usufruitier et nu-propriétaire).

4.1 Les droits de succession au 1er décès

Avantage matrimonial au profit de Madame : Madame prélève la moitié en pleine propriété et la moitié en usufruit de la communauté.

Calcul des droits de succession de Madame : Madame opte pour l'usufruit de la succession, elle est depuis le 22 août 2007 exonérée de droits de succession. Il en est de même sur l'assurance-vie (757-B et 990-I du CGI).

Calcul des droits de succession des enfants : la nue-propriété est calculée en fonction de l'usufruit ouvert (qui est de 30 % pour la grand-mère et de 60 % pour la mère).

Tableau 26.2 – Biens propres

Créance de restitution (issue de la succession du grand-père) : – Monétaires (1/4 × 60 000) × 70 % – Actions (1/4 × 100 000) × 70 %	 10 500 17 500
Immobilier : – Résidence principale détenue en nue-propriété (1/4 × 300 000) × 70 % – Résidence secondaire détenue en nue-propriété (1/4 × 460 000) × 70 %	 52 500 80 500
Portefeuille titres (acquis avant mariage) : 160 000 × 40 %	64 000
Total	225 000

Tableau 26.3 – Actifs d'origine communautaire

Immobilier : – Résidence principale : 1/2 × 300 000 x 40 % – Résidence secondaire : 1/2 × 400 000 x 40 %	 60 000 80 000
Portefeuille titres : 1/2 × 40 %	117 253
Monétaire : 1/2 × 40 %	40 000
Meubles : 1/2 × 40 %	2 000
Total	229 253

Total Actifs Succession : 524 253 €

Revenant à chacun pour : 262 126,50 €

À déduire : – 150 000 (abattement personnel en 2007)

Soit une base taxable de : (112 126,50 € × 20 %) – 1 700 = 20 725,30 €

Total 1er décès (droits) : 41 500 €

+ Frais d'actes notariés (attestations immobilières et déclaration de succession) : environ 20 000 €

4.2 Les droits de succession au 2nd décès

Tableau 26.4 – Actifs au 2nd décès

Portefeuille titres : – Portefeuille titres (propre Mme) – 1/2 portefeuille titres commun (mais risque d'une taxation sur la totalité)	 250 000 293 133
Immobilier – 1/2 résidence principale – 1/2 résidence secondaire	 150 000 200 000
Capital touché suite à l'assurance-vie	450 000
Liquidités (après le paiement des frais et droits du 1er décès)	138 500
Meubles (à défaut de partage, il y a confusion du mobilier, on ne prend donc pas la moitié)	10 000

Total Actifs Succession : 1 491 633 €

Revenant à chacun pour : 745 816,50 €

À déduire : – 100 000 (abattement personnel depuis août 2012)

Soit taxable : (645 817 € × 30 %) – 57 036 = 136 709 €

Total droits 2e décès : 273 418 €

Section 2 L'ANALYSE DES BIENS COMPOSANT LA SUCCESSION ET PRÉCONISATIONS IMMÉDIATES

1 Liquidités, titres, meubles : utilité de la convention de quasi-usufruit

La convention de quasi-usufruit répond à l'objectif de protection du conjoint en ce qu'elle lui permet de disposer librement tant des liquidités que des titres ; à défaut les enfants pourraient demander qu'il soit fait emploi. L'ensemble des comptes sera ouvert au nom du conjoint. On prévoira, dans l'intérêt des enfants, une clause d'indexation de la dette de restitution, tant sur l'argent (à défaut, valeur nominale) que sur les titres (à défaut, valeur des titres initiaux évalués au jour de la restitution) ; la clause prévoira un indice de remplacement, une valeur plancher (ex. : la valeur initiale) et une valeur plafond (ex. : la plus élevée entre la valeur des biens réemployés et la valeur des titres indexés) ; des garanties (ex. : information du nu-propriétaire) ; une date de paiement…

Une telle convention déplace la charge des plus-values sur le quasi-usufruitier et évite un risque de double taxation fiscale. Elle est plus économique qu'un partage et est plus souple qu'une société civile.

2 Prédécès du nu-propriétaire : comment évaluer la créance de restitution au titre du quasi-usufruit ?

2.1 Quasi-usufruit sur une somme d'argent

Le quasi-usufruitier est redevable d'une **dette de restitution** envers le nu-propriétaire, d'une valeur nominale. Au décès du nu-propriétaire figure à l'actif de sa succession une créance de restitution. Elle est pourtant souvent oubliée… Pour quelle valeur doit-on la porter à l'actif de la déclaration de succession ?

Solution 1 : approche « pleine propriété »

Sur un plan économique, on devrait actualiser cette créance. Il s'agit de la valeur actuelle (décès du nu-propriétaire) d'une somme future (valeur connue égale au montant porté dans la convention de quasi-usufruit) à recevoir au décès du quasi-usufruitier (détermination de la date d'exigibilité en fonction de son espérance de vie). Cette analyse est suivie par certains (J. Aulagnier) et réfutée par d'autres (ex. : mémento F. Lefebvre, *Patrimoine*, n° 3920). En effet, pour ces derniers, la créance serait à porter pour sa valeur nominale sans actualisation. C'est effectivement ce que semble indiquer l'article 760 du CGI : « Pour les créances à terme, le droit est perçu sur le capital exprimé dans l'acte et qui en fait l'objet ». Il ne semble donc même pas possible d'appliquer l'article 669 du CGI. Cependant cette analyse revient à nier que le quasi-usufruit est un simple usufruit. Or l'Administration elle-même sous-entend le contraire lorsqu'elle s'oppose à la déduction de la dette de restitution de l'ISF du quasi-usufruitier. Tout repose donc sur la nature juridique du quasi-usufruit : « pleine propriété » ou « usufruit assorti d'une extension de pouvoirs ».

Solution 2 : approche « démembrement »

Nous privilégions cette dernière conception, ainsi justifiée par F. Zenati[1] : « L'obligation de restituer induit une obligation de remplacer… Une chose qui se consomme peut perdurer en étant renouvelée » ; « L'obligation de substitution évite l'extinction du droit de nue-propriété par disparition de son objet » ; « Son droit de disposer est finalisé, fonctionnel et non libre, il ne conserve pas le droit de disposer de la valeur puisqu'il s'oblige à restituer ». Et par M. Grimaldi[2] : « Le quasi-

1. *La nature juridique du quasi-usufruit ou la métempsychose de la valeur*, Mélanges Catala, Litec.
2. *Démembrement de propriété : stratégies actuelles et perspectives*, colloque 27.09.99.

usufruitier est par définition, par essence, tenu envers le nu-propriétaire d'une dette qui, par son objet et son caractère, démontre qu'il reste fondamentalement un usufruitier ».

2.2 Quasi-usufruit consenti sur des valeurs mobilières

Solution 1 : approche « pleine propriété »

Art. 587 C. Civ : «... à charge de rendre, à la fin de l'usufruit, soit des choses de même quantité et qualité soit leur valeur estimée à la date de restitution ». Au décès du nu-propriétaire, la créance est donc indéterminée dans son montant ; sur le plan fiscal, il convient donc de faire une déclaration estimative (valeur en pleine propriété des titres au jour du décès du nu-propriétaire) et une révision de la perception lorsque le montant exact sera connu.

Solution 2 : approche « démembrement »

Il nous semble que la créance de restitution devrait porter sur la valeur en nue-propriété des titres initialement objet du quasi-usufruit tel qu'ils sont cotés au jour du décès du nu-propriétaire. Dans cette approche, si les titres existent toujours dans le patrimoine du quasi-usufruitier à son décès, le nu-propriétaire en devient automatiquement plein propriétaire.

Reste qu'à notre connaissance, **l'Administration ne s'est pas prononcée formellement sur l'évaluation de la créance de restitution au titre du quasi-usufruit.**

Tableau 26.5 – Comparaison des deux approches

	Approche pleine propriété	Approche démembrement
Liquidités	Créance à terme (art. 760 du CGI) Capital exprimé dans la convention de quasi-usufruit évalué en pleine propriété : 15 000*	Capital exprimé dans la convention de quasi-usufruit évalué en nue-propriété au jour décès du nu-propriétaire : 10 500*
Valeurs mobilières	Créance indéterminée dans son montant : valeur en pleine propriété des titres objet du quasi-usufruit évalués au décès du nu-propriétaire : 25 000*	Valeur en nue-propriété des titres objet du quasi-usufruit évalués au décès du nu-propriétaire (en principe la restitution porte sur ces titres quelle que soit la composition du portefeuille ultérieur) : 17 500*

* Sauf à tenir compte d'une indexation ou d'une subrogation.

3 Donation antérieure en nue-propriété : conséquences fiscales de l'ouverture de l'usufruit successif

Rappel des faits : en 1992, M. et Mme consentent une donation-partage de la nue-propriété de l'immeuble locatif avec usufruit réversible sur la tête du conjoint survivant : usufruit de Monsieur de 40 % et usufruit de Mme de 50 %, en application de l'ancien article 762 du CGI.

Au décès de Monsieur :

Il n'y a plus taxation de la réversion à l'ouverture de l'usufruit de Madame en 2007. La nue-propriété vaut 40 %. Les enfants taxés initialement sur la base de 60 % pourront demander la restitution de droits.

Le calcul des droits, en 1992, s'est opéré de la façon suivante : Mme a 34 ans, M. a 47 ans :

- **part donnée par Monsieur :** 1 150 000 F, soit en nue-propriété (60 %) = 690 000 F, soit 345 000 F pour chaque enfant. Soit 45 000 F taxables après abattement de 300 000 F. 45 000 × 5 % = 2 250 F. 2250 × 75 % (réduction de droits pour âge du donateur). Montant des droits = 1 687 F × 2 = 3 375 F ;
- **part donnée par Madame :** 1 150 000 F, soit en nue-propriété (50 %) = 575 000 F, soit 287 500 F pour chaque enfant. Abattement 300 000 F. Montant des droits = 0.

NB : on supposera ici que les droits ont été acquittés par les enfants... À défaut, la restitution constitue une créance taxable dans la succession du donateur.

Décès du père en 2007 :

Il faut alors calculer les parts recueillies par les héritiers de M. Clermontois. On recalcule leur part de donation en fonction de l'usufruit de leur mère (âge fixé au jour de la donation faite par le mari) déterminé suivant le barème applicable à l'époque (art. 762 CGI).

La part de chaque enfant était en réalité de :

- part donnée par Monsieur : 1 150 000 F ;
- soit en nue-propriété (50 %) = 575 000 F, soit 287 500 F pour chaque enfant ;
- abattement 300 000 F donc montant des droits : 0.

Ils ont droit à une restitution de 3 375 F soit 515 €, à réclamer au plus tard le 31/12 de la 2e année suivant le décès (art. 196-1 LPF).

4 Assurance-vie : gestion du dénouement du contrat et sort de la clause bénéficiaire « mes héritiers »

4.1 Sort de la clause

Article L. 132-8 Code des assurances : « Les héritiers sont considérés comme bénéficiaires déterminés ; ils ont droit au bénéfice de l'assurance en proportion de leurs parts héréditaires. »

Le conjoint est un héritier légitime[1] (légal, par donation entre époux...). Faut-il alors tenir compte de la dévolution *ab intestat* ? (par exemple, 100 % usufruit) ou tenir compte des libéralités ? (par exemple : 1/4 en pleine propriété et 3/4 en usufruit). La réponse est donnée par un arrêt[2] : par « Mes héritiers », il faut donc comprendre « tous les successeurs ». La jurisprudence assimile l'institué contractuel gratifié de l'universalité des biens à un légataire universel ; la même solution s'applique à un légataire à titre universel (*cf.* art. 1010 du C. civ.). La donation entre époux de biens à venir est assimilable à un legs quant à sa nature juridique (*cf.* Michel Grimaldi).

Donc, ici, le bénéfice du contrat sera réparti en fonction de l'option du conjoint survivant. La clause « mes héritiers » peut ainsi aboutir à un démembrement.

Mme Clermontois est donc usufruitière des capitaux, non en vertu du contrat de mariage mais en vertu ici de son option au titre de l'article 757 du Code civil (les époux n'avaient pas fait de « donation entre époux »). La question est alors de savoir si Mme est quasi-usufruitière.

En premier lieu, le droit commun de l'usufruit a vocation à s'appliquer (art. 601 et 603 C. Civ.), et dès lors l'usufruitier doit fournir caution, à défaut il doit employer les capitaux en concertation avec le nu-propriétaire. Une clause contraire est possible (le texte n'étant pas d'ordre public), mais tel n'a pas été le cas ici.

En second lieu, la question est de savoir si l'article 1094-3 C. civ. est applicable (texte d'ordre public, applicable aux libéralités entre époux, en usufruit, en présence de descendants et permettant à ceux-ci de demander emploi des sommes d'argent) ? La doctrine semble partagée : pour certains, l'assurance-vie est vecteur d'une donation indirecte[3] ; pour d'autres, l'article 1094-3 ne serait pas applicable au motif que l'assurance-vie est hors succession[4]. Dans les deux cas il y a nécessité d'établir une convention de quasi-usufruit !

1. Depuis l'ordonnance du 23.12.58 lui conférant la saisine.

2. Cour Cass. Civ. 1re du 04 avril 1978 (*cf.* : 4 sœurs dont une légataire universelle ; c'est elle qui est considérée bénéficiaire en tant que seule héritière).

3. Mémento Patrimoine 2005/2006 n° 28453.

4. M. Grimaldi et B. Savoure, « L'usufruit et le quasi-usufruit : questions de droit civil », *Droit et Patrimoine*, nov. 1999.

4.2 Aspects fiscaux de la clause bénéficiaire démembrée

L'article 990-I concerne les primes versées après le 13 octobre 1998 et avant 70 ans (et après 70 ans si contrat souscrit avant le 20 novembre 1991), qui sont, après abattement de 152 500 € par bénéficiaire, taxable forfaitairement à 20 % (puis 25 % au-delà de 902 838,00 € depuis la loi de Finances rectificative pour 2011). Cette taxation est acquittée par la compagnie sur la valeur de rachat pour les contrats d'assurance-vie et sur les primes versées pour les contrats d'assurances décès.

Démembrement : combien de bénéficiaires ?

La question a fait l'objet d'un revirement.

Initialement, une réponse ministérielle Perruchot[1] avait posé le principe selon lequel : « L'usufruitier est le seul redevable de la taxe de 20 % dès lors qu'il est le bénéficiaire exclusif du capital décès. À ce titre, il bénéficie de l'abattement de 152 500 €. La circonstance que les sommes, rentes ou valeurs soient réparties par la volonté du nu-propriétaire et de l'usufruitier n'est pas de nature à remettre en cause cette analyse. Il est précisé que lorsque les sommes rentes ou valeurs sont versées, lors du dénouement du ou des contrats, à plusieurs usufruitiers désignés comme bénéficiaires, chacun d'entre eux bénéficie d'un abattement de 152 500 € ».

Cette position de l'Administration n'était pas exempte de critiques :

- si l'on s'en tient à l'orthodoxie juridique, en cas de clause bénéficiaire démembrée, et quand bien même la clause prévoirait un quasi-usufruit, il y a bien **deux titulaires** de droits distincts et donc deux bénéficiaires ;
- il n'était pas fait, sur le plan fiscal, de distinguo entre usufruit et quasi-usufruit ;
- cette position était contraire à celle retenue pour les contrats relevant de l'article 757 B CGI ! ;
- il était incohérent d'affirmer que le bénéficiaire exclusif du capital était l'usufruitier après avoir expressément visé l'hypothèse d'un **quasi-usufruit *ab initio* suivi d'une répartition** des droits mettant fin au démembrement ;
- enfin, rien n'était dit sur le **réemploi** : sans doute la position de l'Administration aurait-elle été identique (toujours à tort) en cas d'un dénouement en quasi-usufruit suivi d'un réemploi conventionnel à l'initiative des bénéficiaires, mais l'aurait-elle encore été si le souscripteur avait lui même prévu une obligation de remploi du capital en démembrement de propriété ?

Cette position de l'Administration se révélait néanmoins fort avantageuse, et ce d'autant plus qu'après l'entrée en vigueur de la loi du 21 août 2007 qui a exonéré de tous droits le conjoint survivant, y compris au titre de l'article 990-I, le contrat se trouvait systématiquement exonéré de droits dès lors que le conjoint était bénéficiaire en usufruit ou en quasi-usufruit.

1. Rép. Min. Perruchot n° 60024 du 09.08.05 ; Rép Min. Chatel n° 50207 du 09.08.05 ; Rép Min. Dassault n° 1870 du 25.08.05 ; reprises dans une instruction 7K-1-06 du 12.01.06.

La loi de Finances rectificative pour 2011 a mis fin à cette aubaine fiscale.

Désormais, le nu-propriétaire et l'usufruitier sont considérés, pour l'application de l'article 990-I, comme bénéficiaires au *prorata* de la part leur revenant, déterminée selon le barème de l'article 669 du CGI. L'abattement est réparti entre les bénéficiaires dans les mêmes proportions.

Une cohérence étant ainsi retrouvée avec le régime de l'article 757B du CGI (rép. min. 8 juillet 2008).

Aux termes d'une instruction du 7 mars 2012[1], les précisions suivantes ont été apportées :

– tant l'usufruitier que le (ou les) nu-propriétaire(s) bénéficie(nt) chacun d'une fraction de l'abattement, et il y a autant d'abattement qu'il y a de couple « usufruit-nue-propriété » ;
– au cas où une même personne est bénéficiaire de plusieurs contrats, que ce soit en usufruit, en propriété ou en nue-propriété, elle bénéficie à chaque fois d'un complément d'abattement mais dans la limite globale de 152500 € ;
– si l'un des bénéficiaires est exonéré (ex. : le conjoint), la quote-part d'abattement non utilisée ne profite pas aux autres.

Le démembrement de la clause bénéficiaire risque-t-il d'entraîner l'application de l'article 751 du CGI ?

– **NON** s'il y a quasi-usufruit et que l'on considère que le quasi-usufruit n'est pas un usufruit (position à notre avis discutable ; et à exclure en cas de sortie en UC).
– **NON** si l'on considère que la preuve contraire est rapportée du fait que le démembrement n'est pas créé par l'usufruitier ou le nu-propriétaire mais par un tiers (le souscripteur)[2].

Le démembrement de la clause bénéficiaire risque-t-il d'entraîner l'application de l'article L. 64 LPF (abus de droit) ?

– **NON** s'il n'y a pas exclusivité du but fiscal (objectifs civils à faire figurer dans l'acte).
– **NON** car l'auteur de l'éventuel abus de droit n'est pas la personne à qui il profite.

Y a-t-il un risque d'application de l'article 773-2° CGI ?

– **NON** car la dette n'est pas consentie par le défunt (quasi-usufruitier) à l'un de ses enfants (nu-propriétaire), si le quasi-usufruit résulte de la clause bénéficiaire (application art. 587 C. Civ. – dette légale).

1. BOI 7G-2-12 publiée le 20.03.2012.

2. Voir Rép Mi Poudevigne (18.12.1965) : 751 non applicable lorsque l'usufruitier et le nu-propriétaire tiennent leurs droits d'un tiers donateur.

– **OUI** si la clause prévoyait un remploi et que les parties se sont mises d'accord sur un quasi-usufruit (mais NON si la convention de quasi-usufruit résulte d'un acte notarié ou sous seing privé ayant date certaine).

4.3 Renonciation au bénéfice d'un capital décès : intérêts et conséquences fiscales

Le droit propre du bénéficiaire d'un contrat d'assurance-vie ne devient définitif que par son acceptation (L. 132-9 C. Ass.). S'il renonce, ce sont les bénéficiaires subsidiaires désignés qui ont vocation à recevoir le capital assuré. En réalité, il s'agit plus d'un refus d'acceptation que d'une renonciation à un droit acquis (de telle sorte que le droit propre contre la compagnie n'a jamais transité par le patrimoine du bénéficiaire non acceptant).

Il est donc impératif que la clause soit correctement rédigée (par exemple, dans le cas d'une clause « mes enfants nés ou à naître, à défaut mes héritiers », si l'enfant renonce, il est néanmoins « héritier » de la succession. Donc le capital ne revient pas aux petits-enfants à moins de renoncer à la succession).

Focus

En prévision d'une bonne gestion post-successorale des contrats d'assurance-vie, il est conseillé de souscrire plusieurs contrats.

En effet, on ne pourrait renoncer partiellement : risque de taxation (donation indirecte).

Ex. : clause bénéficiaire : « le conjoint survivant, à défaut mes enfants du premier lit » ⇒ le conjoint pourrait accepter tout, puis faire un don manuel.

La multiplicité des contrats va permettre au bénéficiaire d'accepter les uns et de renoncer aux autres, et ainsi d'obtenir « du sur-mesure » selon ses objectifs.

La solution fiscale[1] : « la renonciation du premier bénéficiaire du contrat d'assurance-vie a pour effet d'attribuer le droit au capital au second bénéficiaire désigné. Par suite les droits de succession éventuellement dus sur la valeur du capital acquis au décès de l'assuré... sont liquidés en fonction du lien de parenté existant entre le second bénéficiaire et l'assuré ».

Madame Chantal Clermontois va renoncer au bénéfice du contrat AFER et va accepter le contrat AXA. Ceci correspond à l'objectif des enfants qui vont ainsi toucher chacun 150 000 € et ce en franchise de droits.[1]

1. Rép Min. Roques JOAN 27 septembre 1993.

Section 3 LES STRATÉGIES POST-SUCCESSORALES

1 Le partage, pour conférer à Madame la pleine propriété sur la résidence principale

1.1 Avant partage

Tableau 26.6 – Situation avant partage

Pavillon	100 % de l'usufruit (Mme)	
	50 % de la nue-propriété (Mme) 37 140	50 % de la nue-propriété (enfants) 37 140
Actions	100 % de l'usufruit (Mme)	
	50 % de la nue-propriété (Mme) 37 140	50 % de la nue-propriété (enfants) 37 140

Partage en démembrement

Calcul de la nue-propriété économique[1] : Mme Chantal Clermontois est âgée de 49 ans. Son espérance de vie est de : 35,588 années.

Résidence principale (300 000 €)

Taux de rendement net : 4,00 %

L'usufruit économique ressort à : 75,24 %

La nue-propriété économique ressort à : 24,76 %

soit : 74 280 €

Portefeuille d'actions TOTAL GABON (586 266 €)

Taux de rendement net : 6,00 %

L'usufruit économique ressort à : 87,43 %

La nue-propriété économique ressort à : 12,67 %

soit : 74 280 €

1. Données issues du portail intranet des notaires de France « notaire en ligne » module « calculs financiers » selon la méthode de calcul tiré de l'ouvrage *Calculs financiers et évaluations mathématiques en gestion de patrimoine* distribué par l'ADSN, dans la collection « Institut Notarial du Patrimoine ».

Tableau 26.7

Droits des parties	Mme	Enfants
1/2 de la nue-propriété de la RP	37 140	37 140
1/2 de la nue-propriété des actions	37 140	37 140
Attribution	**Mme**	**Enfants**
Totalité de la nue-propriété de la résidence principale	74 280	
Totalité de la nue-propriété des actions		74 280

1.2 Après partage

Madame se retrouve plein propriétaire du pavillon et usufruitière de la totalité du portefeuille. Les enfants sont nus-propriétaires de la totalité du portefeuille (les biens désormais détenus par les enfants sont plus importants, alors même qu'il n'y a pas eu de donation).

Tableau 26.8 – Situation après partage

Pavillon	Mme : 100 % en pleine propriété
Actions	Usufruit : 100 % à Madame
	Nue-propriété : 100 % aux enfants

Sur le plan fiscal :

– droit de partage de 2,5 % sur la nue-propriété indivise (valeur art. 669 CGI) ;
– réduction de l'assiette des biens restant à transmettre ;
– effacement des plus-values latentes sur le portefeuille titres (effet déclaratif du partage).

Mais application de la présomption de l'article 751 CGI[1] : le partage constitue la preuve contraire à la présomption (il en est de même pour l'échange[2]). Pour cela, il faut remplir deux conditions :

– **partage complet dont il faut prouver la sincérité :** par exemple, preuve du paiement de la soulte s'il y a lieu, justifier les éléments de calcul retenus pour une évaluation économique (le barème 669 n'étant pas impératif, ce que l'Administration reconnaît elle-même par ailleurs), cause de l'acte (ici récupérer la pleine propriété de la résidence principale)… ;
– **déclaration du partage :** le démembrement est d'origine successorale, des droits de mutation ont été acquittés… Au sujet d'un partage de communauté avec attribution de biens aux uns en usufruit et aux autres en nue-propriété : « Le partage peut constituer la preuve contraire s'il s'applique à l'ensemble des biens indivis, et si les lots

1. Instruction du 27 mars 1996 (7G – 2 – 96) n° 25 et Instruction du 25 septembre 1998 (7G – 14 – 98).
2. Rép Min. Pfimlin, *JO* 12.02.54.

dont il constate l'attribution correspondent réellement aux droits des copartageants tels qu'ils résultent de la dévolution légale ou testamentaire de la succession » (Rép. Min. *JO* 31 octobre 1928).

2 Le remploi en démembrement du portefeuille d'actions vers un contrat d'assurance-vie pour résoudre les soucis de gestion de Madame

2.1 La souscription en démembrement de propriété

La souscription en démembrement d'un contrat d'assurance-vie est-elle valide ?

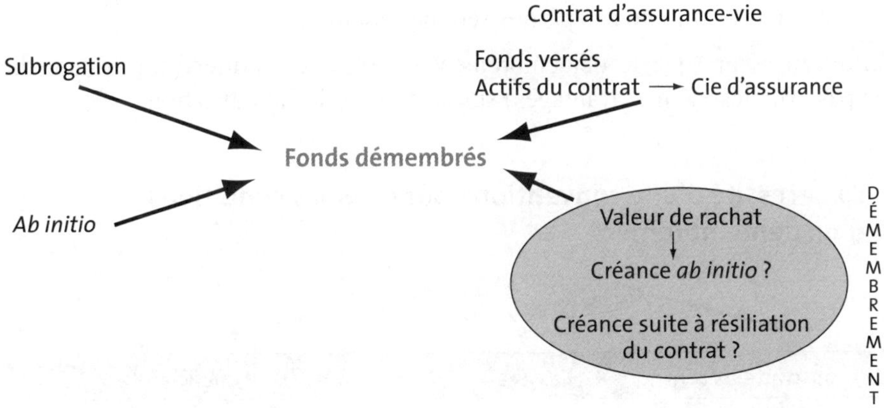

Figure 26.1

Au départ, **deux conceptions** existent quant à la faisabilité d'un démembrement sur un contrat d'assurance-vie. **Pour certains**, l'article 581 du Code civil dispose que l'usufruit peut être établi sur toute sorte de bien mobilier ou immobilier. Dès lors, il est possible d'envisager un démembrement sur un droit de créance. Le droit de créance dont il s'agit serait le droit au rachat (faut-il encore que le contrat en soit pourvu : cas du contrat d'assurance-vie contre-assuré par exemple). Le démembrement ne s'effectue donc, ni sur les capitaux dont les parties se sont dessaisies au profit de la compagnie, ni sur les actifs de cette dernière qui en est seule propriétaire.

D'autres alors nuancent[1] cette position, en se référant à la jurisprudence sur l'insaisissabilité du contrat d'assurance-vie : le droit d'exercer un rachat est un droit personnel parce qu'il correspond à la résiliation de la stipulation pour autrui (modification de la clause bénéficiaire).

1. A. Depondt, « Le démembrement du contrat d'assurance-vie », *JCPN* 2004, art. 1087, P. Jsa et J.J. Branche, « Remploi de bien démembré et assurance-vie », *Profession Patrimoine* de septembre 2002.

C'est d'avantage une créance de résiliation qu'une créance *ab initio*. Le caractère personnel de cette demande de résiliation empêche alors un démembrement en usufruit et nue-propriété. Les parties n'ont chacune qu'une fraction de prérogatives du titulaire.

C'est donc davantage une convention qui va organiser la relation entre deux titulaires (une représentation mutuelle) : qui va demander la résiliation générant une créance contre la compagnie ? Comment répartira-t-on les fonds ainsi reçus ? C'est donc par un artifice de la volonté que l'on va arriver au même résultat qu'un démembrement (par la volonté de l'homme. Art. 579 du Code civil). La créance née de la résiliation peut, elle, faire l'objet d'un démembrement. Mais *quid* alors des droits de l'usufruitier ? La participation bénéficiaire se compose de bénéfices qui viennent s'agréger au capital : donc des produits (revenant au nu-propriétaire) et non pas des fruits. Ici aussi la volonté des parties sera nécessaire.

Enfin, on notera que le démembrement pourrait se reporter (plus valablement, mais pas avec les mêmes avantages) sur un contrat de capitalisation.

2.2 La nécessité d'une convention pour créer les conditions d'un démembrement

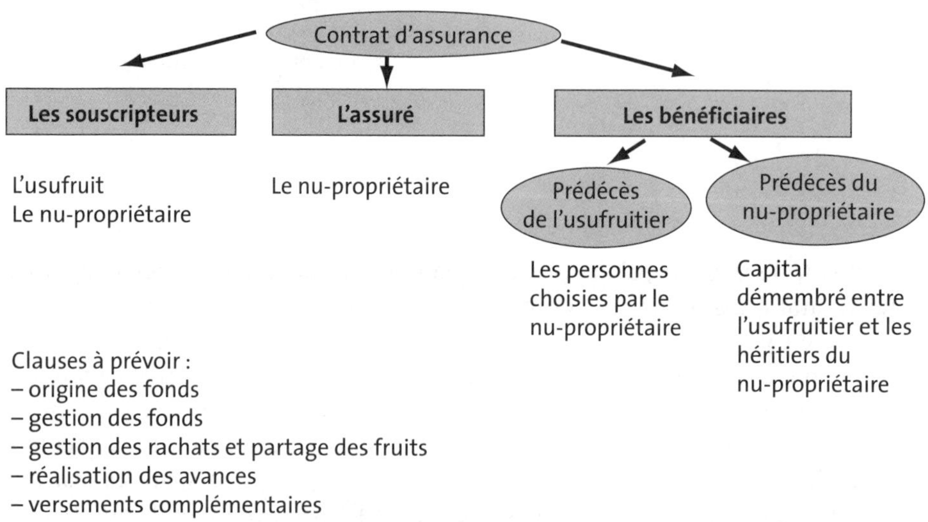

Figure 26.2 – Nécessité d'une convention pour créer les conditions d'un démembrement

Une convention spéciale et préalable à la souscription déterminera les droits de chacun et leurs modalités d'exercice : voir tableau suivant.

Tableau 26.9

Co-souscripteurs	Usufruitier et nu-propriétaire : évaluation économique des droits de chacun. ⇒ Nécessité de relater l'origine des fonds démembrés pour limiter le risque de l'article 751 CGI (risque plus si démembrement *ab initio* que par subrogation : conseil : souscription en nue-propriété par une société civile dont les héritiers seront les associés).
Assuré (le décès de l'assuré déclenche le paiement du capital décès)	Le nu-propriétaire : il serait absurde que ce soit l'usufruitier : – au décès de l'usufruitier, la souscription en démembrement assure déjà par elle-même la transmission du contrat au nu-propriétaire (art. 517 C Civ) ; – risque d'application de l'article 757B CGI alors même que la prime aurait été payée par une personne de moins de 70 ans ; – au surplus, si prédécès du nu-propriétaire, le contrat n'étant pas dénoué, cette nue-propriété serait taxable aux DMTG pour ses héritiers ; – le seul avantage serait d'éviter une éventuelle application de l'article 990 i CGI.
Bénéficiaires	Au regard du droit des biens : – l'usufruitier ne peut transmettre à son décès une propriété qu'il n'a pas, ou un usufruit qu'il n'a pas non plus ; – il pourrait juste transmettre son usufruit mais pour sa durée de vie à lui ; – par contre, le nu-propriétaire peut désigner n'importe qui comme bénéficiaire. ⓘ : Au décès du nu-propriétaire assuré, l'usufruit du contrat cesse et ne se reporte donc pas automatiquement sur le capital décès. Il doit donc être bénéficiaire en usufruit. **Prédécès de l'usufruitier : les bénéficiaires seront ceux choisis par le nu-propriétaire.** **Prédécès du nu-propriétaire : capital démembré entre l'usufruitier et les héritiers du nu-propriétaire.** On prévoira les modalités de ce démembrement (remploi ; partage ; convention de quasi-usufruit) notamment au regard de la situation fiscale.
Gestion des rachats et partage des fruits	Nécessité de définir les fruits : – participation bénéficiaire : intérêts ; dividende ; plus-values… – plusieurs possibilités s'offrent aux parties ; – mais afin d'éviter un risque de requalification fiscale en donation indirecte, on calquera sur le droit des biens, par exemple : Contrats en euros : l'excédent de valeur annuelle acquise par le capital investi pourra être saisi par l'usufruitier (et il s'interdit de prélever au-delà seul) sous forme de rachat partiel, avec l'accord dès à présent du nu-propriétaire, qui s'interdit de demander un quelconque remboursement sans l'accord de l'usufruitier. Contrats en unités de compte : prévoir un rendement minimum en prélevant sur une fraction des éventuelles plus-values. On prévoira qu'au-delà : accord des 2 parties ; sort du démembrement… ⓘ Risque fiscal : certains ont fait observer que qualifier les retraits opérés par l'usufruitier, de fruits, risquait de conduire à les imposer intégralement (alors que normalement, seule la fraction de plus-values intégrée au retrait est normalement imposable, art. 125 OA CGI)
Choix des supports et arbitrages (contrat multi supports ou en unités de compte)	On pourrait ici aussi suivre le droit des biens, et appliquer les solutions rendues sur le portefeuille de valeurs mobilières (*cf.* Arrêt Baylet). La convention devra en déterminer les titulaires, l'étendue de la liberté d'arbitrage, les modalités d'informations…
Avances	Interdire ou aménager. Prévoir, par exemple, que le nu-propriétaire demandant une avance devra verser les intérêts afin de sauvegarder les droits de l'usufruitier.
Versements complémentaires	Préférable de n'envisager que le versement de fonds démembrés entre les mêmes parties, pour éviter tout souci fiscal.

2.3 La fiscalité de la souscription en démembrement d'un contrat d'assurance-vie

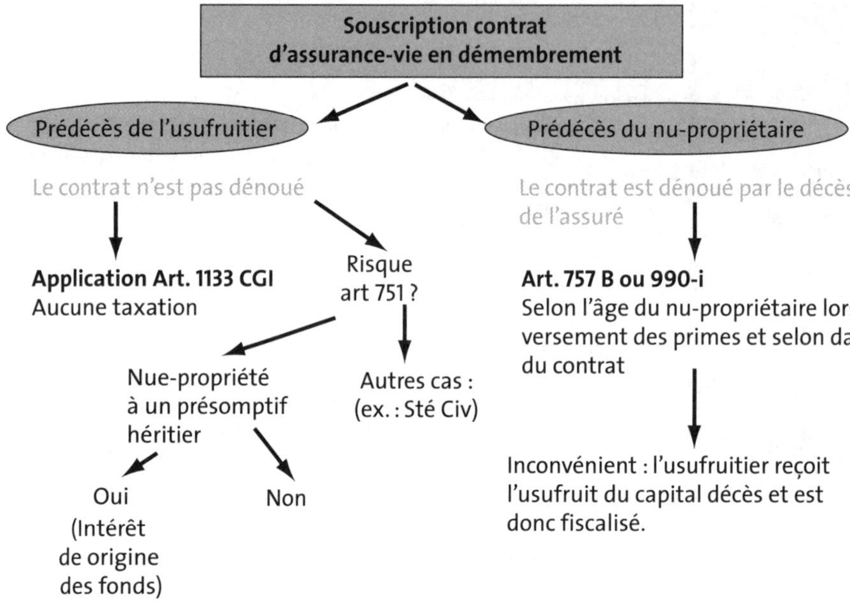

Figure 26.3

3 La vente de la résidence secondaire : Madame ne souhaitant plus y aller et les enfants souhaitant du *cash* (donation-partage + convention quasi-usufruit)

Le partage du prix est pénalisant fiscalement car il réintroduit des droits en pleine propriété dans le patrimoine du conjoint survivant (sur lesquels les enfants seront taxés à son décès), mais il permet aux enfants de jouir immédiatement d'une somme d'argent. L'idée est d'effectuer une donation-partage pour utiliser l'abattement renouvelable tous les 15 ans avec une convention de quasi-usufruit sur la partie démembrée.

Calcul de la donation en nue-propriété du portefeuille propre de Madame :

250 000 € × 40 % = 100 000 €,

Soit chacun = 50 000 – 100 000 (abattement depuis août 2012) ⇒ Droits = 0

Calcul de la donation du quart en pleine propriété (100 000 €) du prix de vente de la résidence secondaire (Madame conservant par ailleurs ¼ du prix de vente en pleine propriété).

Une convention de quasi-usufruit sera établie pour la moitié restant (200 000 €), détenue par le conjoint survivant en usufruit et par les enfants en nue-propriété.

Montant de la donation : 100 000 €

Soit chacun 50 000 €

Calcul des droits : 50 000 – 50 000 (solde d'abattement) = 0

Il est fortement recommandé de prévoir une clause dès le stade de l'attestation immobilière (comme cela est pratiqué dans les donations) aux termes de laquelle l'usufruit se reportera en vertu d'une subrogation conventionnelle sur le prix de vente et qu'en cas d'acquisition l'usufruit sera reporté sur le bien nouvellement acquis.

4 La souscription d'un contrat d'assurance à rachats programmés pour répondre aux soucis de revenus de Madame et pour transmettre aux enfants

Cela va se faire par le réinvestissement des fonds grevés de quasi-usufruit, provenant des titres et/ou du bénéfice de l'assurance-vie et/ou du prix de vente d'un immeuble, sur un contrat assurance-vie dont les enfants sont bénéficiaires en pleine propriété.

D'une manière générale, cette stratégie doit être bien maîtrisée fiscalement.

Elle peut s'avérer désastreuse si le patrimoine restant à transmettre (futur actif successoral) est inférieur à la dette de restitution issue du quasi-usufruit (futur passif de succession). En effet, dans le cas où la prime versée sur le contrat d'assurance serait taxable, il faut savoir que la dette de restitution ne pourra se déduire de cette prime, car celle-ci est hors succession. La solution serait de rédiger une clause bénéficiaire « à titre onéreux », c'est-à-dire servant de paiement à la dette de restitution, cette dernière n'étant alors déductible de l'actif successoral que pour le surplus s'il y a lieu.

Au contraire, la stratégie est très favorable fiscalement lorsque d'une part la prime est non taxable et que d'autre part, il y a suffisamment d'actif pour imputer la dette de restitution : la même somme est en quelque sorte transmise deux fois. Face à l'Administration, des arguments existent : l'intérêt économique pour le quasi-usufruitier du placement en assurance-vie ; la plus grande liberté d'action qui lui est accordée en souscrivant seul plutôt qu'en démembrement (ex. : liberté quant aux rachats). Cependant la prudence est toujours de mise : placement sur plusieurs contrats préexistants ; pas le même montant que la dette de restitution…

Section 4 APRÈS LA MISE EN ŒUVRE DES STRATÉGIES : SITUATION DES HÉRITIERS

Tableau 26.10 – Répartition du patrimoine

Usufruit	Quasi-usufruit	Pleine propriété	
		Enfants	Conjoint survivant
– Portefeuille de valeurs mobilières (Mme) : 250 000 – Immeuble locatif : 450 000 – Contrat d'assurance-vie : 586 266	– Meubles : 5 000 – Liquidités : 38 500 (100 000 – 61 500 frais et droits 1re succession) – Portefeuille de valeurs mobilières (M.) : 160 000 – Partie prix de vente de la résidence secondaire : 200 000 – Assurance-vie 150 000 TOTAL = 553 500 (dont 300 000 seront réinvestis en contrat d'assurance-vie	– 100 000 (donation sur partie prix vente résidence secondaire) – 300 000 (assurance-vie)	– RP 300 000 – Meubles 5 000 – Liquidités 100 000 (solde prix de vente) + 100 000 (solde liquidités communes) – 45 000 (frais stratégie) = 155 000

Tableau 26.11 – Droits de succession au second décès (survenant en 2022)

À la 2nde succession, si rien n'est fait		Après stratégie	
Portefeuille de valeurs mobilières (Mme)	250 000		
1/2 résidence secondaire	200 000	Solde cession résidence secondaire	100 000
1/2 portefeuille de valeurs mobilières	293 133	–	–
Portefeuille de valeurs mobilières (M.)	150 000	Portefeuille de valeurs mobilières (M.) (À supposer que sa valeur n'a pas changé pendant que Mme en avait le quasi-usufruit)	160 000
1/2 résidence principale	450 000	Résidence principale	300 000
Contrat d'assurance-vie	138 500	Partie du contrat AXA non réinvestie	50 000
Liquidités	10 000	Liquidités (après paiement frais et droits 1re cession et stratégie) 200 000 – 61 500 – 45 000	93 500
Meubles		Meubles (à supposer que leur valeur n'a pas changé pendant que Mme en avait le quasi-usufruit)	10 000
		Passif	– 553 500
Total	1 491 633	Total	160 000
Droits : 273 418 €		**Droits : 0**	

Chapitre

27 Étude de cas SCI

Serge ANOUCHIAN

Monsieur Jean Aymar dirige une société prospère dans la distribution d'articles culturels. Ses locaux devenus trop exigus, il souhaite faire l'acquisition, *via* une SCI, d'un bien immobilier que la SCI finance par un crédit sur 17 ans.

Tableau 27.1 – Caractéristiques de l'acquisition

Prix d'acquisition	535 000	Dont 35 000 de frais d'achat
Apport personnel	125 000	Il a « raclé » ses fonds d'économie !
Emprunt souscrit	410 000	
Taux – Durée	2,2 %	17 ans assurance incluse
Échéance annuelle	29 169	Échéances constantes
Loyer de départ	31 000	Revalorisation de 1 % par an
Taux impôt/Revenu	45 %	Suivant taux de 2022
CSG, CRDS...	17,2 %	Taux applicable depuis le 01/01/2018
Bail 3, 6, 9		Stipulant « toutes charges aux locataires »

Jean Aymar fait confiance à son banquier habituel qui lui assure que les loyers prévisionnels de 31 000 € couvraient largement le remboursement de l'emprunt compte tenu de son apport personnel. Ainsi fut fait ! Il vient vous consulter, avant la fin de la première année, car son calcul d'impôt prévisionnel fait apparaître un accroissement d'impôt de 13 672 € alors que la trésorerie disponible de la SCI ne sera que de 1 831 €, soit un décaissement de 11 841 € qu'il n'avait pas prévu...

Il vous demande « toute affaire cessante » de lui expliquer ce mystère et surtout de l'aider à trouver une solution pour sortir de ce mauvais pas !

1 La consultation

La première conclusion, comme le démontre le tableau (*annexe 1*), c'est que les ennuis ne font que commencer... L'explication est simple. La SCI génère des revenus fonciers qui sont imposés, que ce résultat soit disponible ou non[1]. Il faudra donc annoncer à Jean Aymar qu'il n'est pas au bout de ses peines et que sur les 17 ans à venir, c'est au total 227 658 € qu'il aura à décaisser.

Bien entendu, compte tenu d'un rendement assez favorable, l'investissement s'avère très judicieux et particulièrement profitable au terme du remboursement.

Le loyer procure un rendement de 5,79 %, ce qui s'explique notamment par les conditions avantageuses d'acquisition. Mais la situation de Jean Aymar l'empêche, au moins pour les cinq années à venir, de prélever sur sa trésorerie personnelle les

1. Voir chapitre 11.

sommes prévues par le tableau ci-avant, d'autant plus que son apport personnel, indispensable pour l'obtention du crédit a asséché toutes ses disponibilités.

Que faire ?

- Une augmentation de loyer serait une solution ruineuse et soumise aux conditions du marché locatif.
- Un emprunt *in fine* n'est pas plus envisageable car Jean Aymar ne dispose plus de liquidités propres à garantir le remboursement de l'emprunt à l'échéance.
- Une option à l'impôt sur les sociétés (IS) est à écarter car une revente du bien à l'orée de la retraite n'est pas exclue. Autant garder l'espoir d'une exonération définitive au bout de 22 ans pour l'impôt, voire 30 ans pour les contributions sociales.

L'idéal serait de bénéficier des conditions de l'assujettissement à l'IS, sans toutefois y opter, puisqu'une telle option est irréversible[1] et prive le détenteur des parts de la société civile de l'exonération des plus-values de cession acquise après 30 ans de détention. En effet, si la SCI déclarait ses résultats sous le régime de l'IS, le tableau deviendrait le suivant (voir tableau *annexe* 2). Le financement se déroulerait alors éminemment mieux et ce, pour deux raisons concomitantes. La base fiscale du revenu serait diminuée des amortissements[2] et le taux d'impôt sur les sociétés de 25 % serait évidemment moins pénalisant que les 62,2 %[3] en matière de revenus fonciers.

Ajoutons à cela que la loi comptable et fiscale autorise de comptabiliser en charge, dès la première année, les frais annexes d'acquisition qui s'élèvent au cas présent à 35 000 €. On aura alors compris pourquoi ce schéma aboutit à créer un crédit d'impôt la première année et demande des efforts largement moins soutenus les années suivantes. Mais comment bénéficier de ce régime, même temporairement, **sans opter à l'IS** ?

La solution consiste pour Jean Aymar à céder à sa société d'exploitation l'usufruit des titres de la SCI pour une durée temporaire que nous conseillerons de 18 ans.

Avant d'en mesurer les effets, il convient de chiffrer la valeur économique de l'usufruit des parts de la SCI. Cet usufruit va permettre à la société d'exploitation de percevoir les fruits de la SCI représentés par les loyers sous déduction des charges et ce, pendant 18 ans. La valeur de cet usufruit est donc égale, selon la formule chère à Jean Aulagnier, et consacrée par la jurisprudence à la valeur actualisée des flux de revenus, en l'occurrence des **flux de trésorerie** engendrés pendant les 18 prochaines années, comme calculée sur le tableau de l'annexe 2. Le seul vrai problème technique réside dans le choix du taux d'actualisation. Sur 18 ans, l'incidence du taux n'est pas négligeable.

1. Voir cependant la possibilité induite par la loi de Finances pour 2019 d'opter à l'IS dans les cinq premières années.
2. Amortissements de la construction, soit 500 000 € sur une durée de 40 ans, le terrain n'étant jamais amortissable.
3. Depuis le 01/01/18 : 45 % + 17,2 % soit 62,2 %.

Par exemple, compte tenu des flux ci-avant, les valeurs actuelles de l'usufruit des parts sociales, sur une durée de 18 ans, peuvent varier.

Tableau 27.2

Taux d'actualisation	Valeur actuelle
5,79 %	15 164
6,79 %	13 415
2 %	25 597
10 %	9 543

C'est-à-dire que le prix d'acquisition d'un usufruit de 18 ans peut varier selon le taux choisi de 13 415 à 25 597 €. Au cas présent, plusieurs éléments militent en faveur du taux de 6,79 %[1] :

- c'est le taux actuel de rendement du bien (loyer perçu/investissement) majoré du taux d'actualisation des loyers[2] ;
- le prix décaissé permettra à la société d'exploitation de rentabiliser réellement l'investissement ;
- le prix perçu par Jean Aymar est minimisé et génère une plus-value légère, ce qui s'explique par la faible durée de détention et l'apport personnel ;
- ce prix, dont le calcul économique et financier est difficile à remettre en cause, sera le plus facile à défendre vis-à-vis de l'administration fiscale car elle ne pourra mettre en œuvre ni l'arsenal de la répression de l'abus de droit (art. L. 64 du LPF), ni l'acte anormal de gestion. En effet, la motivation de la société est avant tout financière, juridique et économique, et son investissement est fondé sur un taux de rentabilité de plus de 6,79 %[3] !

Voyons maintenant les incidences de ce schéma, respectivement pour Jean Aymar et sa société d'exploitation.

Pour Jean Aymar

Il encaisse le prix de cession de 13 415 € et devra s'acquitter d'un impôt sur le revenu de 62,2 %[4]. Pendant 17 ans, il ne sera pas titulaire des revenus et, par conséquent, sera déchargé de toute imposition, y compris au titre de l'ISF et de l'IFI ce qui, par ailleurs,

1. Des jurisprudences récentes sont venues préciser et argumenter sur la notion de taux à retenir (voir point 2 ci-après). Retenons ici que le taux idéal est celui de la rentabilité du bien (5,79 %), augmentée du taux d'augmentation des loyers (ici 1 %). Au total, c'est donc avec le taux de 6,79 % qu'il faudra actualiser les flux futurs de la SCI, ce qui explique le montant retenu de 23 947 €.

2. Certains préconisent d'utiliser les taux de placement à risques déflatés d'une prime de risque, actuellement d'environ 5 %.

3. À comparer au rendement actuel des SICAV inférieur à 1,5 % !

4. En 2018 : 45 % au titre de l'impôt sur le revenu + 17,2 % de prélèvements sociaux. En réalité, son taux marginal sera plus proche de 30 %.

était déjà le cas. Au terme des 18 ans, l'usufruit s'éteindra et la pleine propriété des parts sera reconstituée. Jean Aymar redeviendra, sans aucune imposition supplémentaire, plein propriétaire des parts de la SCI et des revenus attachés.

Pour lui, les objectifs sont parfaitement atteints, il conserve son patrimoine et le revenu futur, ainsi que l'espoir de plus-values potentielles à la revente. Par ailleurs, non seulement il « ne mettra plus la main à la poche » pour payer chaque année un complément d'impôt, mais il recevra une somme de 5 071 € après impôt[1]. De plus, s'il le souhaite, il pourra en profiter pour transmettre à ses enfants la nue-propriété des parts de la société civile dans des conditions idéales, c'est-à-dire pour un coût quasiment nul, compte tenu des abattements en cours.

Attention, la loi de Finances rectificative pour 2013, en voulant mettre en place un certain nombre de dispositifs anti-abus, a limité les cas d'utilisation de cette stratégie par une disposition fiscale spécifique. En effet, depuis le 14 novembre 2012, les cessions à titre onéreux d'usufruit temporaire sont taxées, non pas dans la catégorie des plus-values mais en fonction de la catégorie des sous-jacents concernés. En clair, pour les SCI, les cessions temporaires d'usufruit seront taxées dans la catégorie des revenus fonciers.

Concernant le cas de Jean Aymar, cela signifie que la plus-value engendrée par la cession de 13 415 € sera taxée au taux marginal de l'impôt, soit au maximum 45 %[2] + CSG de 17,2 %. Soit une différence de : 45 – 19 = 26 % sur une base maximum de 13 415 €.

Pas de quoi remettre en cause l'intérêt économique, juridique et patrimonial de cette stratégie !

Pour la société d'exploitation

Elle décaisse le prix de son usufruit temporaire de 13 415 € qui sera considéré comme une immobilisation incorporelle, amortissable sur 18 ans, soit 745 € par an. Elle s'acquitte des droits d'enregistrements calculés selon le barème précité de l'article 669-II du CGI, qui prévoit qu'en cas d'usufruit temporaire, sa valeur est fixée par référence à la pleine propriété, soit 23 % de la pleine propriété par période de 10 ans. Cependant, suivant une décision, au demeurant surprenante de la Cour de cassation du 30 novembre 2022, cet acte n'est soumis qu'au seul droit fixe de 125 €.

En matière d'IS, la société d'exploitation devra imposer le résultat dégagé par la SCI, sous déduction de l'amortissement de l'usufruit. Corrélativement, les sommes réellement distribuées par la SCI ne seront pas imposées (art. 238 bis K du CGI).

On peut aussi remarquer que, dès la première année, la société d'exploitation percevra de la société civile une trésorerie de 1 831 €. Elle bénéficiera également d'un crédit d'impôt la première année grâce à la prise en compte des frais d'acqui-

1. Soit : prix de cession de l'usufruit temporaire de 13 415 €, moins l'impôt au taux de 62,2 %.
2. Ici aussi, et dans la plupart des cas, la tranche marginale d'impôt sera plutôt de 30 %.

sition (qui s'élèvent à 35 000 €), ce qui représente en trésorerie une ressource (recette) de 7 586 € qu'il est bon de comparer au prix d'acquisition de l'usufruit temporaire des parts qu'elle a effectivement décaissées (13 415 €). Bien sûr, pendant les 17 années suivantes, la société d'exploitation devra supporter un décaissement annuel, d'ailleurs tout à fait minime, pour percevoir, à l'issue du remboursement par la société civile de l'emprunt contracté, un montant significatif de 36 713 €.

Globalement, et sous réserve de quelques précautions dont il sera question ci-après, la société d'exploitation aura également réalisé une opération très profitable :

- sur le plan financier, en faisant un investissement dont la rentabilité faciale est de près de 6 % et dont le décaissement réel s'échelonne sur les 17 années suivantes ;
- sur le plan juridique, par une rédaction adroite des statuts, elle sera à même de sécuriser sur une très longue période ses conditions locatives, tant au niveau du coût de la location que des autres conditions (travaux, déménagement, changement d'objet).

Pour la société civile

En réalité, le seul changement consiste à établir une comptabilité commerciale BIC-IS, au moins tant que l'usufruit est détenu par une société commerciale. À l'extinction de l'usufruit, Jean Aymar redevenant plein propriétaire, il faudra revenir à une déclaration fiscale 2072 établie comme en matière de revenus fonciers.

Voyons maintenant les précautions à prendre.

2 SCI et évaluation de l'usufruit de parts sociales : comment faire ?

Par un arrêt du 30 septembre 2019[1], le conseil d'État a jugé que le revenu futur attendu par l'usufruitier de parts sociales d'une société civile immobilière devait être évalué par référence aux distributions prévisionnelles de la société. Il n'est sans doute pas utile de rappeler ici toutes les pérégrinations qu'a connues le démembrement de l'immobilier d'entreprise, que ce soit pendant ses heures de gloire dans les années 2000 jusqu'au coup d'arrêt provoqué par la loi de Finances rectificative du 14 novembre 2012, taxant la première cession d'un usufruit temporaire comme un revenu foncier. Ne développons pas non plus l'incongruité qui consiste à parler d'usufruit temporaire puisque c'est sa nature même qui en limite les effets, que ce soit à titre viager ou pour un terme fixe.

La conjonction de ces événements a sans doute favorisé la multiplication des opérations consistant à porter le démembrement non pas sur l'immeuble lui-même, mais sur les parts de la société civile, les associés personnes physiques de la société civile, apportant, ou cédant, l'usufruit des parts pour un terme fixe à une société

1. CE 9e et 10e ch, 30 septembre 2019, N° 419855.

d'exploitation. Le schéma est aujourd'hui largement connu, ses avantages et inconvénients circonscrits, à condition toutefois que la valorisation soit correctement effectuée, et il nous a paru utile de revenir sur les nombreux arrêts, articles et commentaires venus nourrirent ce débat.

Il nous semble que deux éléments méritent d'être débattus :
– quelle méthode ?
– quels paramètres ?

2.1 Quelle méthode ?

En réalité, la méthode à employer ne fait plus débat. Lorsqu'il s'agit d'évaluation, l'administration fiscale ainsi que le juge de l'impôt s'en remettent tout d'abord à la méthode dite des comparables.

Force est de constater qu'en matière de cession d'usufruit à terme fixe de parts de sociétés civiles, les éléments de comparaison manquent singulièrement ! Ainsi, l'administration fiscale elle-même s'est définitivement rangée à la méthode des flux de trésorerie actualisés, surnommée souvent par les praticiens méthode DCF (*discounted cash-flow*), qui consiste de façon assez banale à actualiser les flux de trésorerie future que la société civile immobilière sera à même de distribuer.

Dans ses conclusions sur l'arrêt du 30 septembre précité, le rapporteur public, Émilie Bokdam-Tognetti, évoque rapidement la méthode consistant à évaluer le titre en pleine propriété pour en déduire la valeur de l'usufruit, pour s'en écarter tout aussi rapidement – compte tenu de la difficulté technique et de l'impossibilité objective d'appliquer le barème prévu à l'article 669-II du Code général des impôts.

La seconde méthode, celle des DCF, est celle préconisée par la majorité des praticiens à partir des travaux du célèbre doyen Aulagnier. Force est d'ailleurs de constater que cette méthode a été retenue par l'administration fiscale, dans la majeure partie des contentieux portés à notre connaissance sur ce sujet[1], avec les conclusions particulièrement éclairées et éclairantes du rapporteur public Thurian Jouno.

Connaissant la méthode, voyons à présent quels sont les paramètres à prendre en compte.

2.2 Quels paramètres ?

La valeur d'un usufruit correspond à la valeur actualisée, à un certain taux, des revenus futurs qui vont être perçus, sur la durée de l'usufruit[2].

1. Et en dernier lieu CAA Nantes, 15 février 2018, affaire VP Sante et LUCCOTEL.
2. Pour une présentation détaillée de la méthode, voir chapitre 10.

Il s'agit donc de déterminer la durée prévue pour l'usufruit, le taux d'actualisation à retenir ainsi que le revenu à prendre en compte.

La durée

La durée de l'usufruit à terme fixe est dictée par les impératifs financiers, la société d'exploitation tentant de rendre son investissement financièrement efficace. Elle sera donc celle nécessaire pour que le rendement obtenu soit positif, compte tenu des flux à prendre en compte et de l'imposition subie par l'usufruitier.

Le taux

Sur cette question, le conseil d'État ne s'est pas prononcé, là encore sans doute parce que la question ne lui a pas été posée.

Dans l'arrêt LUCCOTEL, et devant la cour d'appel de Nantes, l'administration fiscale proposait de retenir un taux de rendement théorique, comme le préconisait le rapporteur public alors que la société avait choisi de retenir le taux de rendement de l'actif. De très nombreux commentaires sont venus alimenter ce débat déterminant, parfois en se contentant simplement de critiquer les solutions retenues sans apporter de réponse ni sur la méthode, ni sur la philosophie à retenir[1]. D'autres ont apporté une critique plus constructive en affirmant que la méthode d'évaluation doit définir des prix de la nue-propriété et de l'usufruit de manière à qu'ils offrent le même taux de rendement interne de l'investissement pour l'usufruitier et le nu-propriétaire[2].

En substance, nous préconisons de retenir le taux de rendement interne du bien comme étant un taux incontestable et adapté à la situation particulière, mais que ce taux soit augmenté du taux d'indexation ou de revalorisation des loyers afin de partager équitablement le rendement entre le nu-propriétaire et l'usufruitier[3]. Il va sans dire qu'il faut prendre en compte le revenu après impôt comme indiqué ci-après.

Le revenu

Pour la quasi-totalité des praticiens, il n'y avait aucun débat. Il convenait de retenir les flux de trésorerie réellement distribuable par la société civile, c'est-à-dire le montant représenté par la différence entre le loyer perçu, les diverses charges locatives mises à charge du propriétaire et bien sûr le remboursement de l'emprunt lorsque l'acquisition avait été financée par dette. Ce sont d'ailleurs les conclusions du rapporteur public dans l'affaire LUCCOTEL telles que présentées devant la Cour administrative d'appel de Nantes.

---

1. Par exemple CAA Orléans, mars 2019, N° 18/00536, sur la question du droit d'enregistrement lié à la célèbre affaire LUCCOTEL.

2. Affaire Scacaj & Sacajisme-CE 24 octobre 2018, huitième et troisième chambres, N° 412322.

3. Sur ce sujet, on pourra consulter avec profit la quatrième édition de l'ouvrage paru sous le titre *Démembrement de l'immobilier d'entreprise*, aux éditions Revue Fiduciaire sous les plumes de Laurent Benoudiz, Sylvain Guillaud Bataille et Serge Anouchian.

La cour n'a pas suivi les conclusions de son rapporteur public et a décidé qu'il fallait appliquer l'actualisation des flux de trésorerie, non pas sur des flux financiers, mais sur des résultats comptables. C'est précisément cette décision que le conseil d'État a cassée dans sa décision du 30 septembre 2019 en décidant sans aucune ambiguïté qu'il « convenait de déterminer cette valeur sur la base des distributions prévisionnelles... ».

A priori, le conseil d'État n'a pas pour habitude de répondre aux questions qu'on ne lui pose pas ! Le problème soumis à la Cour était celui du montant des revenus à prendre en compte entre le résultat comptable théorique de la société civile et les distributions prévisionnelles de la société. Jamais la question de la prise en compte d'un impôt n'a été soumise dans cette affaire et selon nous pour une raison très simple : parce que la question ne se posait pas.

La décision initiale (CAA Nantes 15 février 2018) avait accepté la prise en compte d'un impôt théorique, ce que l'administration fiscale elle-même est supposée faire puisque cela figure clairement dans son guide de l'évaluation, rendant par là même son application recommandée pour tous les agents de l'administration fiscale. Certains commentateurs ont clairement exprimé que la décision ne statuait pas sur cette question puisque non évoquée dans le pourvoi (Lise Chatain, ingénierie patrimoniale-1-2020, n° 6). D'autres ont conclu, exemple à l'appui, la méthode à employer à la suite de ces décisions en fournissant clairement un exemple de calcul d'un usufruit temporaire, en intégrant un abattement théorique pour la prise en compte d'un impôt au taux de 25 % (Bulletin Patrimoine de Francis Lefebre, n° 6-19, § 225). Ce débat semble donc aujourd'hui tranché.

3 La clause des statuts

Bien sûr, ainsi que nous l'avons maintes fois répété, il faudra porter une attention particulière à la rédaction de ses statuts, notamment sur les clauses suivantes.

1 Sur la présence et le vote lors des assemblées

Il n'est pas utile ici de revenir sur le long et douloureux débat qui agite la communauté professionnelle sur le fait de savoir qui, de l'usufruitier ou du nu-propriétaire, est associé[1]. Il suffit de façon très pragmatique de se souvenir que seul le nu-propriétaire est, au plan du droit civil et du droit fiscal, propriétaire. Cela ne doit pourtant pas conduire à exclure l'usufruitier de toute participation aux assemblées générales ordinaires, voire à le laisser prendre part au vote concernant l'affectation des résultats.

En ce qui concerne notre situation, il faut préconiser d'inscrire dans les statuts que l'usufruitier devra être convoqué à toutes les assemblées générales[2] et qu'il

1. De plus, la Cour de cassation vient, enfin, de proclamer clairement que l'usufruitier n'est pas associé.
2. Cette obligation est maintenant inscrite dans le Code civil.

disposera du droit de vote en ce qui concerne les résolutions d'affectation du résultat annuel.

Enfin, il y a lieu de prévoir de maintenir son droit de vote, pour toutes les résolutions décidant des relations locatives de l'immeuble, propriété de la société civile.

Sur la répartition des résultats

Le calcul ayant abouti à la valeur de l'usufruit temporaire des parts sociales a été établi sur le montant de la trésorerie réellement distribuée à l'associé, à savoir la société d'exploitation.

Comme nous l'avons vu, le résultat de la société civile, malgré l'obligation d'amortir le bien immobilier, sera toujours supérieur à la trésorerie disponible. Pour la majorité des auteurs, l'usufruitier des parts sociales qui se contenterait de n'appréhender que la partie du bénéfice disponible en trésorerie serait susceptible de commettre au profit du nu-propriétaire une donation indirecte, dont les conséquences civiles et fiscales sont relativement importantes[1]. Un arrêt très important, confirmé depuis, est venu « rassurer » les praticiens, en jugeant que cette pratique ne pouvait être assimilée à une donation[2].

Sans revenir ici sur le débat, éminemment technique et compliqué, relatif à la véritable nature de la donation indirecte, nous pensons qu'une rédaction de répartition du résultat prévue dès l'origine dans les statuts de la société civile serait de nature à réduire ce risque. Il suffit, par exemple, d'adopter statutairement une clause selon laquelle la distribution du résultat aux associés ne pourra jamais être supérieure aux liquidités existantes, le surplus du résultat étant affecté au report à nouveau.

À notre sens[3], l'usufruitier des parts sociales, dont il convient de répéter qu'il n'est pas le véritable associé, recevrait la juste contrepartie de son investissement financier puisque son prix d'acquisition a été très exactement calculé sur le montant de la trésorerie à percevoir[4]. Ultime avantage déterminant, on pourra réserver à l'usufruitier une quote-part du résultat exceptionnel en cas de vente de l'immeuble.

1. Voir cependant arrêt contraire commenté par R. Gentilhomme, *Revue de droit fiscal*, n° 19-20 sur CA Lyon n° 06/03324.

2. Pour ceux qui veulent en savoir plus, lire le commentaire très documenté de Rémy Genthilhomme, paru dans la *Revue de Droit Fiscal* n° 12-13 sur l'arrêt CADIOU, Cassation commerciale, 10 février 2009.

3. Il semble que cet avis ne soit pas partagé par tous les professionnels. Cependant, un arrêt tout à fait déterminant, en date du 30/09/2019, est venu mettre un terme à ce débat en jugeant que la valorisation de l'usufruit des parts d'une SCI ne pouvait se faire que sur la base des flux réellement distribuables.

4. Remarquons que de nombreuses opérations sont commercialisées par des professionnels sur ce type de schéma de séparation entre l'usufruitier qui achète en réalité des revenus futurs qu'il compte bien évidemment réellement encaisser, et le nu-propriétaire, investisseur qui n'ayant pas besoin de revenus se contente de consolider son patrimoine futur.

4 La promesse de bail à terme

À titre presque superfétatoire, il est possible de prévoir, dans l'acte de cession de l'usufruit temporaire des parts sociales, qu'au terme de cet usufruit, la société d'exploitation gardera la faculté de poursuivre ou non le bail qu'il lui a été consenti dans les conditions de la législation en vigueur.

5 La clause bénéficiaire de l'assurance-vie

Remarquons, tout d'abord, que la souscription d'un contrat d'assurance destiné à rembourser l'emprunt en cas de décès du souscripteur n'est pas automatique dans le cadre du schéma envisagé. En effet, il est fréquent que, tant la société civile que la société d'exploitation, soient constituées de plusieurs associés qui exercent dans les locaux en question leurs activités professionnelles. Le décès simultané de plusieurs associés étant rarissime et, de plus, la société d'exploitation continuant vraisemblablement à fonctionner, il n'est pas rare que le prêteur se contente d'hypothéquer le bien qu'il finance.

Cependant, dans le cas où le prêteur exigerait la souscription d'une assurance décès, il convient, encore plus que dans les schémas traditionnels, de surveiller la clause bénéficiaire du capital décès. En effet, ainsi que nous l'avons déjà évoqué, la présence parmi les associés, fût-il usufruitier, d'un associé personne morale, entraîne l'obligation pour la société civile d'établir une comptabilité commerciale en respectant les contraintes comptables et fiscales. En cas de survenance d'un décès, le versement du capital décès à la société civile, alors même qu'elle est assujettie à établir une comptabilité commerciale, se transformerait en seconde catastrophe. La perception d'un capital, *via* une assurance décès, serait en effet assujettie, dans les livres de la société associée, à l'impôt sur les sociétés au taux en vigueur, alors même que ce capital serait destiné en totalité à rembourser l'emprunt. En d'autres termes, les associés seraient obligés de financer le tiers du capital ainsi perçu[1].

C'est pourquoi, il convient d'*exiger* du prêteur que le bénéficiaire du capital décès soit une personne physique nommément désignée, quitte à mandater comme séquestre provisoire un notaire[2] chargé, à la perception de ce capital, de désintéresser par priorité le prêteur à hauteur du capital restant dû[3].

En conclusion, voilà un schéma qui correspond assez bien au souhait du plus grand nombre de ceux qui pratiquent ce genre d'investissement, mais dont la mise en œuvre nécessite sagesse et discernement, notamment en ayant recours à de bons professionnels.

1. Les textes fiscaux permettent d'étaler sur cinq ans la perception de l'indemnité d'assurance perçue.

2. Il s'agit, en général, du notaire qui sera appelé à se charger des formalités de déclaration de succession du défunt.

3. Il ne faut pas cacher qu'il n'est pas facile, dans la pratique, de faire comprendre ces enjeux à certains de nos « amis les banquiers ».

TABLEAU ANNEXE N° 1

Année	1	2	3	4	5	6	7	8	9	10	11	12	13	14	15	16
Loyer	75 000	76 125	77 267	78 426	79 602	80 796	82 008	83 238	84 487	85 754	87 041	88 346	89 671	91 016	92 382	93 767
Intérêts	35 100	33 473	31 765	29 972	28 089	26 112	24 036	21 856	19 567	17 164	14 641	11 991	9 209	6 288	3 221	0
Foncier	3 500	3 553	3 606	3 660	3 715	3 770	3 827	3 884	3 943	4 002	4 062	4 123	4 185	4 247	4 311	4 376
Revenu	36 400	39 099	41 896	44 794	47 798	50 914	54 145	57 498	60 977	64 588	68 338	72 232	76 278	80 481	84 850	89 392
Encaissement	71 500	72 573	73 661	74 766	75 887	77 026	78 181	79 354	80 544	81 752	82 979	84 223	85 487	86 769	88 071	89 392
Emprunt	67 632	67 632	67 632	67 632	67 632	67 632	67 632	67 632	67 632	67 632	67 632	67 632	67 632	67 632	67 632	0
Impôt	18 564	19 941	21 367	22 845	24 377	25 966	27 614	29 324	31 098	32 940	34 852	36 838	38 902	41 045	43 273	45 590
Solde annuel	**–14 696**	**–15 000**	**–15 338**	**–15 711**	**–16 122**	**–16 573**	**–17 065**	**–17 602**	**–18 186**	**–18 820**	**–19 506**	**–20 247**	**–21 047**	**–21 909**	**–22 835**	**43 802**
Cumul en K€	–15	–30	–45	–61	–77	–93	–111	–128	–146	–165	–185	–205	–226	–248	–271	–227

TABLEAU ANNEXE N° 2

Loyer	75 000	76 125	77 267	78 426	79 602	80 796	82 008	83 238	84 487	85 754	87 041	88 346	89 671	91 016	92 382	93 767
Intérêts	35 100	33 473	31 765	29 972	28 089	26 112	24 036	21 856	19 567	17 164	14 641	11 991	9 209	6 288	3 221	0
Amortissements	16 000	16 000	16 000	16 000	16 000	16 000	16 000	16 000	16 000	16 000	16 000	16 000	16 000	16 000	16 000	16 000
Foncier	3 500	3 553	3 606	3 660	3 715	3 770	3 827	3 884	3 943	4 002	4 062	4 123	4 185	4 247	4 311	4 376
Frais achat	92 000															
Revenu	−71 600	23 099	25 896	28 794	31 798	34 914	38 145	41 498	44 977	48 588	52 338	56 232	60 278	64 481	68 850	73 392
Encaissement	71 500	72 573	73 661	74 766	75 887	77 026	78 181	79 354	80 544	81 752	82 979	84 223	85 487	86 769	88 071	89 392
Emprunt	67 632	67 632	67 632	67 632	67 632	67 632	67 632	67 632	67 632	67 632	67 632	67 632	67 632	67 632	67 632	0
Impôt SARL	−23 864	7 699	8 631	9 597	10 598	11 637	12 714	13 831	14 991	16 194	17 444	18 742	20 091	21 492	22 948	24 461
Solde annuel	**27 732**	**−2 759**	**−2 602**	**−2 463**	**−2 343**	**−2 243**	**−2 165**	**−2 110**	**−2 079**	**−2 074**	**−2 098**	**−2 151**	**−2 236**	**−2 355**	**−2 509**	**64 930**
Cumul	**27 732**	**24 973**	**22 371**	**19 908**	**17 565**	**15 321**	**13 156**	**11 047**	**8 968**	**6 893**	**4 796**	**2 644**	**408**	**−1 947**	**−4 456**	**60 474**

DANS LA SOCIÉTÉ D'EXPLOITATION																
Résultat fiscal	−71600	23099	25896	28794	31798	34914	38145	41498	44977	48588	52338	56232	60278	64481	68850	73392
Amortissement/ Usufruit	−1480	−1480	−1480	−1480	−1480	−1480	−1480	−1480	−1480	−1480	−1480	−1480	−1480	−1480	−1480	−1480
Base imposable	−73080	21620	24416	27314	30319	33434	36666	40018	43497	47109	50859	54753	58798	63002	67370	71912
IS	−24116	7134	8057	9014	10005	11033	12100	13206	14354	15546	16783	18068	19403	20791	22232	23731
Trésorerie perçue	3868	4940	6029	7134	8255	9394	10549	11722	12912	14120	15346	16591	17854	19137	20438	89392
Impôt payé	24116	−7134	−8057	−9014	−10005	−11033	−12100	−13206	−14354	−15546	−16783	−18068	−19403	−20791	−22232	−23731
Solde disponible	**27984**	**−2194**	**−2029**	**−1880**	**−1750**	**−1640**	**−1551**	**−1484**	**−1442**	**−1426**	**−1437**	**−1477**	**−1549**	**−1654**	**−1794**	**65661**
Cumul	**27984**	**25790**	**23761**	**21881**	**20131**	**18491**	**16941**	**15456**	**14014**	**12588**	**11151**	**9674**	**8125**	**6471**	**4677**	**70338**

Index

A

B

C

86543 - (I) - OSB 70 - PCA - DNN

Dépôt légal : avril 2024 - N° 202403.0020
Achevé d'impression par Imprimerie CHIRAT
42540 Saint-Just-la-Pendue

Imprimé en France